证券法苑

第三十九卷
（2023年10月）

Zheng Quan Fa Yuan

邱勇 总编
蔡建春 王红 主编

法律出版社
LAW PRESS · CHINA
北京

图书在版编目(CIP)数据

证券法苑. 第三十九卷 / 蔡建春, 王红主编. -- 北京 : 法律出版社, 2024
ISBN 978-7-5197-9128-5

Ⅰ. ①证… Ⅱ. ①蔡… ②王… Ⅲ. ①证券法-中国-文集 Ⅳ. ①D922.287.4-53

中国国家版本馆 CIP 数据核字(2024)第095940号

证券法苑(第三十九卷)
ZHENGQUAN FAYUAN
(DI-SANSHIJIU JUAN)

蔡建春 王 红 主编

责任编辑 彭 雨
装帧设计 贾丹丹

出版发行 法律出版社
编辑统筹 法律考试·职业教育出版分社
责任校对 张翼羽
责任印制 胡晓雅
经 销 新华书店

开本 710毫米×1000毫米 1/16
印张 32.75 字数 507千
版本 2024年6月第1版
印次 2024年6月第1次印刷
印刷 固安华明印业有限公司

地址:北京市丰台区莲花池西里7号(100073)
网址:www.lawpress.com.cn
投稿邮箱:info@lawpress.com.cn
举报盗版邮箱:jbwq@lawpress.com.cn

销售电话:010-83938349
客服电话:010-83938350
咨询电话:010-63939796

书号:ISBN 978-7-5197-9128-5 定价:102.00元
凡购买本社图书,如有印装错误,我社负责退换。电话:010-83938349

证券法苑 第三十九卷
（2023年10月）

主办单位：上海证券交易所

卷首语

交易制度是资本市场的基础性制度，是维护市场安全稳健运行、提升交易便利与交易韧性的重要保障，对于塑造良好的资本市场生态具有深远影响。为此，《证券法苑》围绕交易制度组织了专题探讨。同时，基础性法律修订正在稳步推进。《公司法》修订迈出实质性步伐，《企业破产法》修改也在紧密论证。其中的理论和实践问题有待进一步回应，我们持续推动专家学者对这些主题开展研究探讨。本卷集中收录了一批优秀研究成果。相关内容分为5个栏目，简要介绍如下。

"交易制度"栏目收录了4篇文章。《股东身份的识别与登记》一文介绍了欧盟及其成员国在股份间接持有模式下统一股东身份识别标准的实践，指出这些做法在一定程度上提高了股东与发行人直接沟通、参加股东大会并行使股东权利等事项的执行效率。《差异化做市义务的制度变迁——基于境外视角的考察》一文分析了根据股票指数或流动性指标分层引入做市交易的欧洲实践，认为境内市场应当建立综合流动性评价指标，并构建差异化做市义务。《个股期权交易视野下跨市场内幕交易行为规制研究》一文关注了利用现货市场价格波动影响个股期权价格并以此获利的现象，指出现有证券市场与个股期权市场在内幕交易认定方面存在差异，并提出了构建跨期现市场交易衔接机制及其配套机制的建议。《美国新型影子内幕交易的理论与实践》一文跟踪了美国证券市场的新近司法案例,讨论了公司内幕信息知情人交易同行业第三方公司股票是否属于内幕交易的问题,建议我国也打击此类不当交易行为。

"法律修改"栏目收录了4篇文章。《催缴制度中董事责任的解析与重构》一文研究了董事催缴股东出资的责任性质,指出《公司法》修订草案并未赋予董事会依据公司资金需求径行发起催缴的决定权,不利于建构以公司为中心的出资缴纳制度,应重新分配催缴决定权。《德国公司法上的"她力量"及其对我国的启示》介绍了德国公司法在女性担任公司领导职位方面的强制性法律规范,认为公司管理层的性别多样性可以充分发挥女性"风险厌恶"的管理特征,有助于组织体的稳健运营。《司法程序所致个别清偿撤销例外之检讨——兼论最高人民法院〈关于适用《中华人民共和国企业破产法》若干问题的规定(二)〉第15条之去留》指出,经过诉讼、仲裁、执行等法律程序的债权仍属普通债权,无法定优先性,允许对其行使破产撤销权不会在程序上增加诉累,且对规制虚假诉讼与仲裁问题具有积极的实践意义。《论〈企业破产法〉修订中期货公司市场退出制度构建路径》认为,在修订《企业破产法》时应当重视期货公司破产的特殊性,并完善期货公司监管制度,使期货公司进入破产程序前后的监管态势达到动态平衡。

"金融司法案例评注"栏目收录了2篇文章。《上市公司以"未公开承诺"对抗限售股解禁中的责任认定——东方证券诉皇氏集团损害股东利益责任纠纷案》一文指出,包括质权人在内的广大市场参与者对上市公司公告信息享有信赖利益,上市公司股东的自愿限售承诺应当根据监管要求及时披露,否则未公开承诺的真实性及约束力将难以自证。《代币发行融资刑事案件的司法检视与刑法规制》认为,代币发行融资虽然具有证券衍生品属性,但其基础法律关系未脱离非法集资的现有框架,其行为的实质仍在于利用欺诈手段吸收资金,应以集资诈骗罪论处。

"市场观察"栏目收录了4篇文章。译文《论资本市场统筹监管的必要》指出,2012年美国《促进创业企业融资法》通过后,私募市场的不断扩张对公开市场产生了较大影响,建议审视公开市场和私募市场这两大市场的结构性问题和最新变化，并保持监管体制的协调性。译文《公司治理的变迁影响：资本市场的完备性和政策引导》通过考察公司治理的变迁，认为公司治理体系受到资本市场完备性和政策引导两个因素的影响，不同国家的不同时期，两个因素呈动态变化。《美国现代期权市场发展、规制演变与经验借鉴》指出，美国在期权规制史上经过多次反复，最终确认了期权业务的合法性基础，并构建出积极应对市场不当行为和风险因素的“双头”监管体系，建议我国继续加强对期权市场基础问题的研究和讨论，并重点规制各类非标准化期权业务。《实物交割中期货交易所的权责边界》认为，我国《期货和衍生品法》已明确交易所为中央对手方。交易所享有对标准仓单的实质审查权限。但交易所仅在标准仓单指示交付完成之前承担中央对手方职责，对后续实物交收环节中出现的交割违约现象不承担中央对手方职责。

“信息披露专题”栏目收录了3篇译文。《联邦证券监管中的披露过程：一个简要回顾》通过梳理美国证券市场信息披露起源和立法史，认为虽然证券市场的披露过程兼具信息性和保护性双重目的，但美国国会和美国证券交易委员会在制定和执行披露规则时，会将投资者保护视为其主要目标。《联邦证券法下的内部人、外部人及信息优势》提出，若一方拥有信息优势，且公众投资者无论多努力或拥有何种资源，都不能合法地克服这种信息劣势，则应该禁止其交易，即“披露或禁止交易”规则，这对于要求交易商披露其信息优势等规则的确立具有深远意义。《信息披露作为监管系统的使用与误用》指出，信息影响行为的机制十分复杂，信息披露作为一种监管工具，是否能实现监管目标存在一定的不确定性，建议按照成本收益分析原则，为信息披露方案设置具体目标和实现机制。

编　者

2023年10月

证券法苑　第三十九卷(2024)

Securities Law Review Serial No. 39 (2024)

《证券法苑》(2024)
第三十九卷,第1~26页

股东身份的识别与登记*

欧洲交易后组织 著 何家颐**译 郑 彧***校

译者评注:证券交易的源流有多长,证券结算的历史就有多悠久。任何证券市场的核心环节都是卖方转移证券所有权给买方、买方向卖方支付对价这一"交换"的本质。但在以"一对一"为特点的分散式、偶然式交易中,所谓的"证券结算"还只能算是"一手交钱,一手交货"的学理化称谓。更为符合现代意义上的证券结算是伴随规模化、集中化、中心化的证券市场形成和发展的配套性服务。就整个证券市场体系而言,虽然证券在交易所上市或者交易,但实际上交换却是由各种专业的"交易前"(pre-trade)和"交易后"(post-trade)服务完成的,这类服务通常又被分为托管(custodian)、登记(registration)、清算(clearing)和结算(settlement)。从历史沿革上看,证券登记结算机构总是以交易市场配套设施的形式出

---

* European Post Trade Group, *Shareholder Identification and Registration* (December 2015). 本译稿只包括原报告第1~4部分,第5部分涉及一些技术信息的内容不包含在本译稿之中,特此说明。

** 华东政法大学国际金融法律学院2021级法律与金融专业,硕士研究生。

*** 华东政法大学国际金融法律学院教授,法学博士。

现,它虽然不决定交易的形成过程或者不直接决定参与交易当事人的权利(如是否挂牌或者摘牌、是否撤销交易),但却对交易的完成或者交易的安全至关重要。在新的无纸化登记交收方式下,证券市场结算体系建设中最主要的创新是中央证券存管机构。中央托管结算机构的发展水平直接反映了一国金融基础设施的先进程度,影响着该国金融市场的国际竞争力。但在无纸化登记交收方式下,如果在投资者与发行人之间存在中介机构,所有投资者一起将证券集合以中介机构的名义进行登记,并通过在中介机构处的账户享有证券权益,投资者的名称和证券持有情况并不直接体现在发行人的股东名册中,而只是通过中介机构的账簿记录间接呈现他们与发行人之间的股东关系,就会出现导致股东身份识别问题复杂化的间接持有模式。为解决这种股份间接持有模式下的股东身份识别问题,欧盟及其各成员国进行了一系列的标准统一化的努力,本报告即为其中的成果之一。

摘要:本报告是欧洲交易后组织专门就泛欧模式项下各主要成员国现有股票登记与结算系统进行的调研。报告关注了欧盟各成员国对于"股东身份识别"的经济意义和法律意义,并指出了基于以跨境交易为基础的证券登记结算系统与以静态确权为目的的股东身份认定规则之间冲突的可能性。欧洲交易后组织希望在不影响现有直通式处理的前提下,就有关跨境交易中的股东权利认定和股东权利行使提出建议。这些倡议均表明了欧洲交易后组织在股东身份识别和登记问题上对于寻找更好的泛欧解决方案的需求和浓厚兴趣。

关键词:证券登记　中央存管　托管链条　股东识别

一、绪论

(一)欧洲交易后组织(任务和组成)

欧洲交易后组织(European Post Trade Group, EPTG),基于欧盟各成员国就有关市场基础设施的建议于2012年成立,是欧盟委员会、欧洲中央银行、欧洲证券与市场管理局和行业共同倡议的产物。该组织的成员作为在交易后问题方面主要参与者的授权代表,以专家的身份参与组织的工作。组织发起者的目标不仅在于推动拆除壁垒以提高跨境(交易)的安全性和效率,总结自 2003 年第二份“乔瓦尼尼(Giovannini)报告”[1]发布以来所发现的新问题,还包括完善这方面的法律框架[2]和推动欧洲中央银行 Target 证券系统项目工作。* EPTG 已经制定了一份行动清单,并落实了一些举措。[3]

(二)EPTG 工作组对于股东识别和登记的关注(任务和构成)

在 EPTG 会议的讨论中,发现有几个问题需要进一步关注,包括股东身份识别和有关“登记”程序与清算之间关系的问题。为此,两名发起人已被指定参与研究,并且成立了专项工作组。[4]

该工作组的任务主要是就市场参与人对发展泛欧模式的顾虑与预期进行事实方面的调研,以期在不影响现有直通式处理(straight through processing, STP)下就有关跨境行使股东权利和跨境清算的程序提出一些建议。该工作组可以被视为于 2011 年 2 月 28 日提交了最终报告[5]

---

[1] 由阿尔贝托·乔瓦尼尼(Alberto Giovannini)作为主要专家所组成的金融专家组在 2001 年 11 月就欧洲跨境清算交收障碍所发表的一项政策建议报告。

[2] See http://ec. europa. eu/finance/financial – markets/clearing/eptg/index_en. htm.

* Target(trans – European automated real – time gross settlement express transfer, Target)系统,一般指泛欧实时全额自动清算系统,简称 Target 系统,是欧盟内部统一的成员间货币清算系统。在货币支付之外,欧洲中央银行也希望在证券清算领域有类似于 Target 系统的统一证券跨境清算系统。因此,在沿用 Target 系统名称的基础上延伸出了 target to securities(T2S)项目,该等在欧盟进行有关证券清算的项目通常被简称为 T2S 系统。——译者注

[3] 欧洲交易后组织 2013 年年度报告,第 12 页起。本报告的日期为 2015 年 12 月。

[4] 保罗·博达特(Paul Bodart)(T2S,咨询委员会);帕奥拉·玛丽亚·迪安托尼(Paola Maria Deantoni)(法国兴业证券有限公司,意大利);克里斯汀·斯特兰德伯格(Christine Strandberg)(瑞典北欧斯安银行,瑞典);弗洛伦蒂诺·索利瓦(Florentin Soliva)(瑞银集团,即瑞士银行,瑞士);奥利维耶·坎农(Olivier Connan)(环球银行金融电信协会,比利时);马克·尤内斯(Marc Younes)(至 2015 年 7 月)和蒂埃博尔德·克里默斯(Thiebald Cremers)(法国巴黎银行,法国);迈克尔·肯普(Michael Kempe)(凯普资产服务公司,伦敦);拉蒙·赫曼德斯·佩纳斯科(Ramon Hernandez Peñasco)(西班牙发行人协会,西班牙)。

[5] 报告网址:http://www. ecb. europa. eu/paym/T 2S/progress/pdf/subtrans/st_final_report_110307. pdf。也请参见 T2S 股东透明度工作组编制的有关股东透明度做法的欧盟成员国国内市场综合调查,网址:https://www. google. com/url? q = https://www. ecb. europa. eu/paym/t2s/progress/pdf/subtrans/st_analysis_regimes. pdf。

的T2S系统股东透明度工作组的继任者，并且（其成果）也构成有关股东大会联合工作组的内容之一。[6] 这些建议均表明了在股东身份识别和登记上，工作组对于一个更好的泛欧解决方案的需求和浓厚兴趣。

二、对所关注问题的描述

（一）经济意义和法律意义的概念

股东是公司的成员。传统意义上，作为成员的股东应为公司所知，并且成员之间相互应该知晓各自身份。随着时间的推移，不断成长的公司的融资需求叠加不断增长的寻找投资机会并期待回报的人的需求，导致公司股东数量显著增加，并产生了两种不同的股票法律概念：一种是股东在公司登记并为公司所知的记名股，另一种是股东可以通过获得实物证书来证明其作为投资者和公司股东的地位，但公司并不知道具体的股东信息的无记名股票。对于无记名股票，只有当此等股东希望行使其股东权利（如在股东大会上的表决权）时，公司才可能知晓其身份。无记名股票通常具有以下特征：（1）公司不知道无记名股票的持有人（因此无记名股在法语中被称为“société anonyme”）；（2）依靠实物股票作为所有权的证明，只有持有实物股票且根据所适用的法律规则（通常是基于物权概念的证券法规则）获得证书的人才能成为股东。尽管如此，过去几十年也发生了一些变化：绝大多数欧洲股票现在已实现“非实物化”，即股东持有的通常不再是实物证书，而是证券账户中的电子簿记。由此，欧盟各成员国的证券法框架也已进行了相应的调整。

此外，交易的比重在几十年前是无法想象的。这就导致在公司规模变得越来越大的同时，公司所接纳的投资也越来越国际化。作为这两个变化的副产品，匿名持有人和转托管变得越来越重要和越来越普遍。伴

〔6〕（公司行动）联合工作小组起草了“欧盟市场股东大会标准”（参见http://www.ebf-fbe.eu/european-industry-standards/），这些标准已经得到了市场参与者及其协会的认可。

随此等情形增长,投资者与公司之间的联系出现"脱钩"的情况也与日俱增。这其实意味着每一个中介能够在其自身系统中拥有清晰明确的客户及其所有权信息,但此等信息对于发行人却不是透明可见的。这导致面临一个现状,即对于无记名股票或者以名义方式持有的记名股票(见下文说明)而言,托管链中的每一个主体(除了发行人以外)都可以知道其记录中所确认的"终端投资者"是谁,或者只是知道链条中哪一个中介机构持有属于其客户的股票。但这种局面其实是与当今鼓励投资者更好地行使权利、增加在股东大会上的权利(参见欧盟《股东权利指令》修订)以及股东身份识别的趋势背道而驰的。

记名股票的概念是公司知道股东是谁,在存在这一概念的大多数欧盟成员国,当公司股票被转让或出售股份需更新公司的股东名册时,任何股份的转让或出售都要向公司进行披露〔7〕。公司必须维护一份进行股东登记和记载股份变动情况的股东名册。大多数欧盟成员国的公司法规定仅有被记载进股东名册的人才被视为股东。历史上,记名股票以实物股票的形式实现了实物化,但目前此种方式通常已经在公司股票转让时被证券账户的电子簿记方式予以替代〔8〕。大多数欧盟成员国都有行之有效的国内解决方案,以向公司传递那些直接投资股票的终端

〔7〕 意大利的做法是:股东名册的更新不与股份的收购或出售相关联,而是在股东大会或公司行动发生时更新。此时,中介机构有义务以特殊格式向发行人传达相关信息,以使发行人能够更新和维护股东名册。

〔8〕《中央证券存管机构管理条例》(Central Securities Depositories Regulation, CSDR)规定,到2025年,所有欧盟国家都要实现股票非实物化,但这并不一定涉及发行人和终端投资者之间的关系。

投资者(终端投资者的含义由股东大会联合工作组的《市场标准》[9]和T2S工作组[10]所定义)的数据。

虽然在成员国各自境内情形下有关记名股票的数据传递可良好运作,但一旦涉及终端投资者在发行人所在国家以外的他国通过中介机构(通常是一家银行)持有证券账户时,跨境的数据传递有时会显得更加复杂和缺少效率。这导致的情况是,并非所有的终端投资者都被登记在股东名册上(终端投资者是否被要求在股东名册上进行登记并非全市场都统一的要求),而是由诸如托管银行这样的中介机构为终端投资者或其他中介机构提供托管服务。涉及多个中介机构的跨境托管链是很常见的,从中央证券存管机构(central security depositary,CSD)开始,通常涉及全球存管人和链接至终端投资者的其他存管人,直至为终端投资者提供证券账户服务的最后一个中介机构。图1显示了与托管链条中有关的无记名股票和记名股票均存在类似情况[11]。发行人和终端投资者之间的托管链条中可能包含多个中介机构。

---

〔9〕 根据2010年股东大会联合工作组《市场标准》的定义,终端投资者的定义如下:“终端投资者股东是指为自己持有股份的自然法人,不包括可转让证券集体投资承诺中单位的持有人。”终端投资者通常是“账户持有人”,其在银行或另一中介机构拥有证券账户,该中介机构也可能是托管链中的证券账户持有人,直到其到达中央证券存管机构的证券账户。“股东”是指根据发行人适用的公司法被确认为股东的自然人或法人,其不应但可能与“终端投资者”不同,因此是正式(但如果不是终端投资者,则不是经济上)可以行使投票权和股息权的人。尽管“受益所有人”是《美国统一商法典》下的一个美国法律概念,但终端投资者和受益所有人这两个术语被广泛用作同义词,无法完美地融入欧洲法律体系。似乎在证券的概念下,所有权(或者称为“对世权”的那种可以对抗所有人的权利或者物权)从终端投资者处被转移到了中介机构,终端投资者原先可直接具有的对世权的所有权被替代为只能向中介机构主张的合同性权利。根据欧洲法律,“法定所有人”,即根据证券法通过证券转让(结算)获得证券法定所有权的自然人或法人,应始终是终端投资者,以保护其利益和投资。

〔10〕 参见T2S股东透明度工作组提交给T2S咨询组的最后报告,见前注〔5〕。

〔11〕 图1中的“银行”一词应包括银行、经纪商或者其他提供证券账户的中介机构。

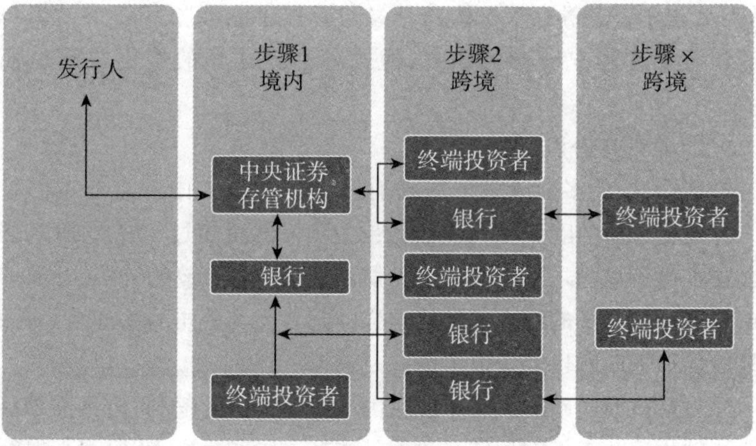

图1　股东(股票)托管结构

经验表明,在涉及大多数大机构投资者的事例中,通常会出现包括中央证券存管机构在内的4个中介机构,〔12〕中介机构的数量会因投资的国内或跨境性质而有所区别。在某些情况下,会出现4个以上的中介机构。一般来说,全球托管市场在过去几十年中已经呈现更加集中的迹象,证券持有的链条已经得到缩短。

中介机构倾向于在中央证券存管机构或(其他)中介机构层面使用"综合"或"集合代理"账户来登记一个以上投资者的证券。投资者对于每一类账户相关的中介机构可行使的权利可能是不同的,并且只是一种中介机构和客户之间的合同关系。这种结构通常伴随由提供"综合账户"的中介机构行使权利还是由托管链条顶端作为拥有证券所有权的投资者的"代理人"或者"受托人"的其他中介机构行使权利(的争议)。中介机构认为综合账户更加易于管理,但投资者却更关注以下问题:(1)所有权;(2)是否有能力行使对于证券使用的决定权;(3)未在发行人处登记时,终端投资者如何行使对于发行人的股东权利;(4)中介机构清算时,终端投资者可拥有的法律地位。欧盟的中央证券存管机构条

〔12〕　在本报告中,我们认为市场中是否存在中央证券存管机构这个中介机构没有区别。

例[13]要求中央证券存管机构向其参与者提供能够"分隔"参与者自身资产和参与者客户资产的账户,但这种独立账户的使用并不是强制性的。

(二)股东身份识别

时至今日,大多数欧洲的股份有限公司的股东中都有非本国投资者。对于更大型的欧洲公司来说,超过50%甚至超过75%的股东居住在公司本身所在国之外已经司空见惯。这是一种开放的公司、开放的资本市场和全球经济的标志。虽然这样的趋势受到公司的欢迎,但有关跨境持股的以下问题也需予以考虑:

1. 只有被通知到的股东才能自由地行使他们的权利,但目前跨境通知股东的程序并未正常运转。虽然一些非本国的投资者/股东与发行人有着直接的联系,但整个欧洲的大多数情况还是以使用中介机构为主,并且有证据表明,目前跨境通知股东的流程并没有正常运转。大多数使用中介机构的散户股东甚至不会收到发行人的会议通知,因为这通常不是银行或其他中介机构在资产服务方面提供的普遍全球服务要约的一部分。在发行人知道终端投资者的名称和地址的情形下,终端投资者则是有可能被发行人通知的,尽管这大多数只是在非跨境的情形下才得以发生。此外,应该注意的是,有关"公司行动"* 在跨境方面做得相对还不错,一种可能的原因在于,公司行动往往是资产服务商"标准"服务的一部分,中介机构在处理公司行动时的风险更高,并且公司行动可能受益于标准电子信息的广泛使用,从而可以改善中介机构之间的直通式处理。

2. 有时,为了能够行使股东权利(特别是投票权),终端投资者的身份[14]不得不被公司所知,一些发行人在进行股东投票时会要求股东提供这种(持有公司股份的)身份证明。

3. 一些欧盟成员国(如意大利、法国、西班牙)会为长期股东提供额

---

〔13〕 特指2014年7月23日欧洲议会和欧盟理事会第909/2014号条例,关于改善欧盟的证券结算和中央证券存管,修订第98/26/EC号和第2014/65/EU号指令以及第236/2012号条例(欧盟),2014年8月28日OJ 257/1。

* 指分红等公司决议后事项。——译者注

〔14〕 关于"终端投资者"的定义,同前注〔9〕。

外的权利,如会为作为长期投资者的终端股东提供额外分红、优先权或者双重投票权。由此,为了确认终端投资者是一个长期投资者,这些投资者的身份就必须为公司所知。[15]

4. 在若干欧盟成员国的公司法项下,公司亦有权要求披露终端投资者的情况。不遵守规定可能会导致股东权利或利益丧失或受限。

5. 还有一种趋势是鼓励投资者在股东大会上更好地行使他们的权利(参照拟议中的《股东权利指令》的修订),因此,与股东直接沟通可能更重要,但无论如何,确保终端投资者能够直接收到来自公司的通知肯定是至关重要的。

6. 对于所有这些而言,股东身份识别就至关重要。虽然有些发行人可能不认为识别所有股东是一个优先事项,但对其他发行人来说,这可能是至关重要的。重要的是,要让需要识别股东的发行人能够切实有效地实现这一目标。

(三)登记

在大多数欧盟市场,为了被视为股东并能够行使其全部或部分股东权利,终端投资者在获得记名股票时进行登记是十分必要的。在其他市场,不是终端投资者而是“第一”持有人*被认为是“股东”。不管怎样,无论是由中央证券存管机构、发行人维护还是由发行人的代理人维护,股东名册都需要使用记名股票持有情况(或者是簿记到终端投资者的证券账户)的交易数据进行维护和更新。这种维护和更新可以通过以下方式实现:

1. 来自中央证券存管机构的交易和结算信息。

2. 任何中介机构的结算信息。

3. 已出售或购买股份的终端投资者的中介机构在其后对终端投资者的证券账户持有所进行的簿记。目的是为记名证券的发行人保持一个中央的持有人名册,因为大多数欧盟成员国要求提供有关终端投资者的信息,并且这种持有人名册也会在多个市场被用作行使股东权利以及

---

[15] 一些投资者反对这种做法,并提到了“一股一票”的原则,他们认为这种原则可能会受到旨在鼓励长期所有权和长期投资前景的公司法文书的影响。

* “第一”持有人,即股东名册上出现的“人”。——译者注

分配那些可享有双重投票权和长期持股激励的股东特权的依据。

4. 如今欧洲的登记存在以下几种模式:登记与结算同时发生(英国)、登记与结算挂钩(法国)、结算先于登记并触发登记(德国)或结算与登记不同步(意大利)。[16] 欧盟各国也有不同的流程用于创建和转发终端投资者的登记数据,或在适用法律允许的情况下,由指定人代替终端投资者(进行登记)。根据 T2S 平台目前计划的架构及其在 T2S 平台上结算最终性的安排,一种令人担忧的情况是,在欧盟方案没有明确界定的情况下,终端投资者的登记和结算的终局性可能受到影响。

有时,国际性托管银行使用“再登记”一词来指称终端投资者需要在股东名册上登记以行使股东权利这一行为。这种“再登记”指以下实际的做法:尽管终端投资者没有卖出股票,但在终端投资者行使股东权利后有关股东的登记仍将复原到托管银行名下。* 由此,终端投资者如果希望下次再行使其股东权利(特别是投票权或股息权时),就需要在股东名册上“重新登记”回终端投资者的名字。这种做法在法律上没有必要;相反,在一些欧盟成员国,如果终端投资者没有出售股票,那么在股东名册中消除这些终端投资者的名字会被视为违反所适用的法律。当然,前述惯例在实践中的必要性在于可以很方便地帮助托管链条中的中介机构之间利用综合账户的便利进行股票交易的结算。如果在整个托管链条中使用独立的账户,前述“再登记”的做法可能就没有必要了。无论如何,一个技术性的解决方案也应当尽可能涉及这一问题。

三、市场的事实和现状

在下文中,“直接持有”是指终端投资者与发行人或发行人的中央证券存管机构存在账户关系或者类似的关系;“间接持有”是指终端投资者在一个中介机构拥有一个账户,该中介机构可能在中央证券存管机

[16] 见上文脚注,意大利采取的做法是,在公司行动或股东大会方面必须进行登记。

* 在终端投资者行权时会将终端投资者的名字替代托管银行暂时显示于股东名册以便终端投资者行权。——译者注

构拥有另一个账户,或者在可能在中央证券存管机构或者其他中介机构拥有账户的另一个中介机构中拥有账户(这一过程称为托管链条);相应的股票被记入所有这些账户之中。[17]

(一)直接和间接控股有模式和登记

以下是对欧盟证券存管架构和持有股份方式不同模式的简要复盘。

直接持有模式(如瑞典)及其登记与识别(类型1)

如果一家公司要成为瑞典中央证券存管机构的会员机构,该公司发行的所有股票必须在中央证券存管机构的账户上进行登记。瑞典国内外的投资者,都可以选择在他们自己开立的中央证券存管机构的证券账户上持有相关的中央证券存管机构会员的证券(所有者注册),或者通过一家中央证券存管机构成员的托管账户持有这些证券,而后者又在中央证券存管机构的名义持有人证券账户上持有客户的这些中央证券存管机构会员证券(名义持有注册)。股东名册由所有持有股份的中央证券存管机构账户组成。股东名册会在结算时自动更新。

代表客户持有证券的中央证券存管机构之成员不被视为这些证券的合法所有人;证券的所有人在名义持有人的账簿中得以证明。名义持有人有义务在被要求时向中央证券存管机构报告他们客户(相关的证券持有者)的情况(也称名义持有人报告)。这个报告可以使发行人能够获知其所有股东的情况,无论股票是在所有人账户持有还是在名义持有人账户中持有。然而,名义持有人报告的义务只对瑞典中央证券存管机构的成员有约束力,那些不是瑞典名义持有人客户的股东可以选择不被发行人知悉。

就大多数操作而言,名义持有人作为客户的代理人接收分红、执行公司行动。然而,对于股东大会,只有实际股东或实际受益人才可以被登记。相应地,在每次股东大会前都会创立一个临时股东名册,名义持有人会在规定的截止日期(股权登记日)前将其客户信息(自动或根据

---

〔17〕 人们也可以用"直接"来指代证券持有人对证券拥有"所有权"的制度["间接"指的是美国的"权利体系",即终端投资者并不持有股份所有权,所有权转移给了银行,而终端投资者获得了另一项(可能只是合同上的)针对中间人的权利]。我们还可以区分"透明"系统,在这种系统中,最终的投资者总是被发行人所了解;在不透明系统中,终端投资者不为公司所知。

具体指示)输入该股东名册。然后中央证券存管机构在股东名册定稿前将全部所有者账户登记信息自动合并到股东名册。

由于股东名册登记的截止日期与股权登记日相同,前述自动替换和合并的过程对于通过多级中介机构持有的股东来说确实有较大的障碍。此外,仅仅是在临时股东名册上的登记并不足以(使股东)获得在股东大会上投票的权利,股东还必须通知公司其参与股东大会的意向,而这通常与股东登记日的截止日期相同。因此,到了最后,瑞典市场几乎完全是一个现场投票的市场,而且股东或其指定的代表必须亲自出席会议。在实践中,中介机构抱怨这套程序很费事,而且不一定能使所有希望行使投票权的终端投资者都能如愿。

直接持有模式(如西班牙)(类型2)

西班牙的持有和登记系统分为两个层次:(1)由中央证券存管机构管理的中央股东名册,其账户仅由银行或其他中介机构的专业参与者("参与者")持有;(2)由每个代表客户持有证券的参与者所管理的详细名册。这两个名册均根据每日交易和结算数据进行更新。西班牙国内投资者通常是参与者的直接客户,而外国终端投资者使用的通常是作为参与者客户的其他银行。西班牙法律规定,记载在任何此类股东名册上的人就是股东,也是唯一有权行使股东权利(股息权、投票权等)的人。附属于股份之上的经济权利由被记载在详细名册中的参与者行使。关于普通的股东大会,股东从发行人或绝大多数情况下从参与者那里获得大会议程,因为提供大会议程是参与者根据相关证券管理协议向投资者所提供的服务之组成部分。西班牙法律允许两种情况:(1)终端投资者授权作为详细名册上账户持有人的相关中介机构为其利益代为行使投票权;(2)相关中介机构将投票权委托给终端投资者或终端投资者所指定的任何其他人。

间接持有模式(如德国和法国)及其登记与识别(类型3)

一些欧盟成员国没有可以让终端投资者直接在中央证券存管机构开立账户的直接持有系统,而是由中央证券存管机构向专业参与者或一级客户提供账户,如托管银行和类似于其他国家中央证券存管机构的金融机构。通常,这些国家的本国投资者会是中央证券存管机构参与者的客户,[18]而非本国的终端投资者可能不是这些参与者的直接客户,而是使用其他银行。这些银行要么是当地中央证券存管机构的一级账户的客户,要么是其客户的客户。这些托管链条通常由3~4家组成,有时是2家,在极少数情况下,在中央存管公司和终端投资者之间的中介机构可多达10家。托管银行或中介机构通常不在同一司法管辖区注册,其提供的账户服务可能受制于发行人或托管链条中其他托管银行所在地法律之外的其他法律。

同样,一种常见的做法是,托管银行并不为每个客户设立独立的账户,而是会保持综合账户,即将几个客户的证券,有时是将几百个发行人的证券组成的几千个客户的证券一并记在一个账户之中。在某些国家,行使股东权利,特别是投票权,可能会被要求向公司披露终端投资者,这就通常需要将终端投资者的数据在股权登记日之前向公司传送。根据欧盟的中央证券存管机构条例,[19]托管银行有义务向每个要求希望拥有独立证券账户的客户"提供"这些账户,但并不是需要强制设立这些独立账户。而且,即使托管银行(中介机构)为特定的投资者保持一个独立的账户,当该托管银行在另一个(全球或次级)托管人那里转存证券时,保管银行通常在托管链条中另一个托管人账簿中的综合托管账户中持有客户的证券。这就出现了中介链条中每一级的不同情况。

其他间接持有模式(如意大利),没有常设股东名册(类型4)

中央证券存管机构参与者(通常是银行)将为其客户提供证券账户(无论是终端投资者还是其他银行),而不使用交易或结算数据持续更新的"常设"股东名册,但在特殊情况下,如召开股东大会或执行公司行动等特殊时刻,会生成一个包含终端投资者(在某些情况下)和名义持有人(包括中央证券存管机构参与者的银行客户,以及根据欧盟的一般规则下为第三方利益所开立的账户)数据的股东名册。这些股东名册的数据会由在涉及股东大会的情形下要求参与股东大会的终端投资者开

---

[18] 实际上,银行重组可能产生新的情况,即国内托管人也通过作为中央证券存管机构参与者的专业银行持有国内证券。

[19] 2014年7月23日欧洲议会和欧盟理事会第909/2014号条例,关于改善欧盟的证券结算和中央证券存管,并修订第98/26/EC和2014/65/EU号指令以及第236/2012号条例(欧盟),2015年OJ L 2571/28.8。

立账户的意大利银行进行转发。当股票通过非意大利银行持有时,发行人可以在自愿的基础上要求识别终端投资者的身份。这些披露的数据(或者在终端投资者没有被披露的情况下的中介机构的数据)将被记入股东名册。

具有(常备)终端投资者和/或名义持有人登记的混合控股模式(类型5)

欧盟一些成员国(如英国和爱尔兰)的持有系统和法律规则是,只有记载入股东名册的人才是"股东"。虽然投资者有机会以非实物化或实物化形式直接在登记簿上持有股份,但也有一些投资者使用中介持有方式。目前,如果是按照股东人数分类的话,那大约有85%的登记者(股东)是终端投资者,中介持有数只占到15%左右。然而,毫无意外的是,(就持有的资本数量而言)发行人的大部分资本是以中介持有方式存在的(将近85%的比例是由中介代表他们的客户和客户的客户,包括所有与这些中介机构关联在一起的终端投资者银行)。登记(终端投资者或名义持有人)于英国进行结算时即行发生("所有权电子转让"模式,这意味着所有权的法律记录功能是CREST系统的一部分),在爱尔兰则至多有2个小时的时间差。尽管投资者可以使用中介机构的服务来购买或出售股票,但是他们没有义务只通过该中介机构持有股票。投资者可以被直接录入股东名册。在英国,股东名册的一部分是由中央证券存管机构维护,然后这部分会以镜像复制方式直接反映在作为发行人代理的公司注册处所统一维护的公司股东名册上。这样就没有必要为了行使股东权利而转发终端投资者或股东的数据。但是,发行人为了股东参会的需要可能仍会要求获得终端投资者的数据。实证数据显示,许多与英国银行不存在业务关系的非英国股东只是通过中介链条获得服务,并且通常不会被录入股东名册。

(二)股东识别规则

爱尔兰和英国法律规定,公司有权要求持有公司股份的任何人披露该股份是以自己的名义持有还是为他人持有,并可以要求必须披露所有相关信息,如相关投资者及其持有的股份(包括代理或投资顾问,如果适用的话[20])。这个过程似乎是跨国界的。一般来说,信息会在48小时内返回发行人,发行人可以对任何不遵守规定的中介机构采取措施。

在一些欧盟成员国,公司也有类似的法律权利,要求确认股东身份或确认在公司有利益的人。在一些成员国,披露请求可以针对任何被认为在股份中拥有利益的人提起;而在其他成员国,披露请求必须针对股东名册上所记载的名义股东。如果答复是股份为另一个人持有,那么另一人也可能被问到同样的问题。在一些欧盟成员国(如英国、德国),不按发行人的要求披露终端投资者的数据可能导致股东权利的行使受到限制,无论是有关投票权还是股利分配。

(三)典型的跨境持有模式和监管链

相对而言,一个比较典型的跨境持有模式和监管链可以体现为图2所展现的基本路径:

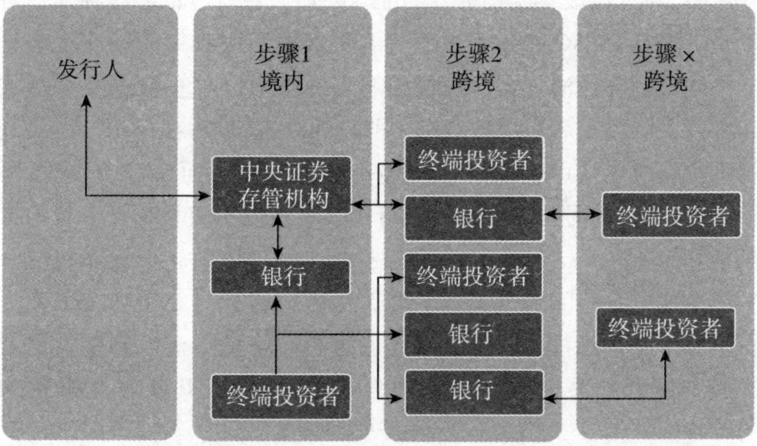

图2　典型的跨境持有模式和监管链

(四)结算的概念和记名股份

在一些欧盟成员国,登记与结算同时进行(如英国)或者是随后迅速完成(如爱尔兰在2小时内),或者是获得记名股票的终端投资者的登记有时会与结算相关(如法国)。比如在法国,如果公司是一个具有强

[20] 正如英国的情况一样,根据《2006年公司法》第793条(见后注[28]),似乎也是如此。

制性发行记名股票义务的公司(valeurs essentiellement nominative),交易结算和终端投资者的数据会通过一个名为 BRN(Bordereaude Référence Nominative)的信息系统与现存的一个特别记账系统(comptabilité de retention)相关联。在此情况下,所有的结算数据都必须与 BRN 相联系,并且在满足双边的信息都被发送的条件时,它们才会被记入发行人的股东名册。这样做的目的是使托管头寸和股东名册记录之间更加匹配。但在实践中,也有些人会认为这个系统缺乏灵活性,并导致登记的延迟。

在其他一些欧盟成员国(如德国),结算是将结算头寸记入其一级参与者账户的中央证券存管机构(如明讯银行)的系统中来执行的。这些账户有 3 个分户头用来管理交易和结算之间的时间差(通常是 2 日)。作为结算的结果,国内一级中央证券存管机构参与者将其开有证券账户的终端投资者所获得的记名股票记入其在中央证券存管机构账户的一个分户头,同时在该终端投资者的证券账户上进行簿记。这种簿记自动触发明讯银行 CASCADE 系统中的由明讯银行所收集的标准化电子消息。并且所有前述消息会在任何结算日的晚上以单一数据文件形式发送到发行人的股东名册并被股东名册自动处理,最后在夜间与中央证券存管机构完成确认(对账)。对于境内终端投资者而言,该系统会不断更新股东名册,同时允许在任何银行或其系统内对交易结算进行内部的净额结算。

在其他另一些欧盟成员国(如意大利),结算与登记完全分离。结算在中央证券存管机构的电子系统中进行。将证券记入终端投资者的证券账户是由中央证券存管机构参与者、银行或其他中介机构来完成的。

(五)实践中的问题

EPTG 工作组对这些不同模式所进行的讨论主要集中于:

参与记名股票交易的所有各方,无论是买入还是卖出,都希望交易具有确定性并实现快速结算。根据现有的欧盟法律的规定,结算通常应在交易的 2 个工作日内完成。

购置股票的终端投资者希望有权行使证券证明的股东权利,并且不需要担负额外的烦琐程序。

发行人[21]基于法律等诸方面的原因希望识别他们的股东的身份，特别是当股东在股东大会期间行使股东权利时。

对于登记而言(无论是常设或临时的)，终端投资者的数据应该是准确的，并且可以通过电子方式得以传递及处理。

参与各方之间的关系与交易结算(作为一端)和行使股东权利(作为另一端)的时间跨度是两个不同的问题。对工作组来说，似乎没有必要对两者适用同样的条件。有可能可以将交易和结算视为交易各方之间的最终结果，即使这不一定将购买股份的终端投资者在公司股东名册上的登记作为一种(交易完成的)条件。另外，最终获得记名股份的投资者也应尽快处于可行使或指示行使该股份所能证明的权利的地位。因此，在适用法律要求的情况下，工作组推荐采用在交易结算后尽快将终端投资者的数据传送给公司的模式。但是，根据可能适用的法律，在每次行使股东权利或公司要求股东或终端投资者披露时，相关(股东)数据都应被传送给公司。

使用多个托管银行或中介机构的持有链条对于记名股票和无记名股票之间的细节会有所不同，这些不同的细节也值得关注。

1. 记名股票

如上所述，国际跨境托管链条的正常模式是包括几个中介机构(通常是托管银行)，其中一个通常是中央证券存管机构的第一级参与者，其他机构是这个第一级中介机构的客户和他们客户的客户。此外，大多数的中介机构通常会使用综合账户为第三方即其客户的利益持有资产，这些资产会包含对于另一家托管银行、名义持有人的标识，并在托管链条中以此类推。通常只有最后一家中介机构才会直接向终端投资者提供独立的证券账户，但也会有相当数量的中介机构在这个链条的所有层级都运营着特定账户*。[22]

在某些市场(如爱尔兰和英国)，无须出于投票目的确定终端投资

[21] 大多数发行人似乎都希望如此，但也有一些发行人可能不太重视这方面的问题。

* 指非终端投资者的独立证券账户。——译者注

[22] 为了本报告的目的，我们暂且不谈美国的制度。在美国制度下，终端投资者不会拥有他们认为已经获得的证券所有权，而只是被赋予一种“证券权利”，这种权利似乎不是一种物权，而只是他们与证券账户提供者之间的一种合同权利。

者,因为他们不是当地法律规定的股东。他们的投票意向或要求将由当地法律规定的股东收集和管理。对于这些市场中的投票,股东将使用托管链条或服务提供商来收集和整理整个托管链条的投票意向,然后进行相应的投票。在大多数市场中,上述做法对于公司遵守其适用的公司法至关重要,因为这些公司法要求公司遵守仅允许股东行使投票权的义务。假如法律最终要求必须向公司披露终端投资者,以便在普通或临时的股东名册中进行股东登记,或者是遵守投票时终端投资者必须被披露的要求,被披露的终端投资者的数据通常会在托管链条中被传递。但这还不够,因为任何记载于股东名册中的名义持有人数据的明确同步性要求托管链条及其组成的绝对确定性。例如,在中央证券存管机构的第一级参与者(在股东名册中作为名义持有人登记)和向终端投资者提供证券账户的银行之间有 3 个中介机构的结构下,名义持有人股东和公司需要持有头寸的信息以及所有参与其中的中介机构之间关系的信息,以便明确汇总和同步终端投资者行使其所声称拥有但却是以名义持有人记录在股东名册上的股东投票权,这些工作只能是在处于托管链条上的任何一级中介机构基于将其自身头寸汇总的目的而向发行人或者其代理进行传递时才能做到。

这项工作必须在设定的股权登记日完成。股权登记日的含义是指一个特定的确定时点,比如以发行人所在时区计算的股东大会日期之前 7 天的那个零点。[23]

过去,中介机构曾经表明过一种顾虑,即其传递的不仅是终端投资者的数据,还包括托管链条上其他中介机构的数据,特别是在托管链条的上一级传递时涉及有关他们自己客户的商业信息、银行的保密协议以及他们对于自己客户承担的义务。一些中介机构表示,为了消除这种顾虑,有些数据不应该被提供给托管链条上的其他中介机构。

2. 无记名股票

当股东的权利是通过无记名股票(无论是实物形式还是账户形式)

〔23〕 如果托管链条的某些部分设在美国或亚洲,在实践中可能意味着即使在不同的时区也会使用同一日历日的营业结束日期,即使作为托管链条最初起点的中央证券存管机构所在时区与发行人所在时区处在同一时区。

的方式呈现时,公司有法律义务验证声称持有该等股份的人实际上是不是公司的股东。为此,在大多数认可无记名股票的欧盟成员国,向终端投资者提供证券账户的中介机构有义务通过选择以下方式证明该终端投资者的持股情况:

提供终端投资者的姓名和地址,并使其能够直接联系公司,以出席股东大会或以其他形式行使表决权;

如果适用法律允许,终端投资者的中介机构将代表终端投资者行使投票权(或要求另一位代表通过代理行使投票权),而不必披露终端投资者的身份。[24]

在间接持有模式中,特别是在由数个中介共同组成的托管链条中,必须确保投票权只被行使一次,而不是由几个中介机构多次行使。目前,投票数据通过托管链条传递给发行人。每一个涉及向上一级中介机构传递投票数据的中介机构都必须进行前述检查,直至这些数据被传递到公司。对这些头寸的准确统计十分必要,尤其是如果无记名股中对于先前股东的识别权利或者披露义务没有得到遵守,其将影响股东权利的行使,特别是表决权会被暂缓行使。这意味着,对于无记名股票,需要准确地统计和同步所有的持股情况。

(六)结论和解决方案

任何提供股东或终端投资者身份、登记数据的解决方案,应考虑到其应能够满足以下要求:

在有此必要的相关市场,终端投资者可以永久或临时地被登记为股东。

在名义持有人和终端投资者中,可以识别终端投资者的身份以回应股东披露的要求[25]。

如果数据对于行使投票权是必要的,终端投资者可以在他们不被所适用的法律认定为"股东"时发出相应的(投票)指示。

对于某些市场(如英国),建议能同时确定在证券中的相关"利益"

---

[24] 例如在意大利,不记名股票只允许用于"优先股",在行使这些股票的权利时,即使指定了代表,也要转发股东的详细资料。

[25] 在投资者将这些责任外包的情况下,确定投资和代理顾问以增加与负责行使股东权利的人直接接触的选择,可能被认为是有帮助的。

方的角色(如是作为股东代理还是投资顾问)。

在直接或间接持有系统中同等适用前述原则。

无论使用的是独立账户还是综合账户,都可以明确地识别托管链条中的终端投资者的股票。这包括在涵盖中央证券存管机构簿记和发行人股东名册的整个托管链条中同步相关股票的持有情况。

四、解决方案的前提条件和要素

(一)法律要求

工作组已经总结了欧盟成员国不同公司法和实践惯例的一些共同点。以下这些共同之处在确定未来的技术解决方案时应予以考虑:

发行人要有能力在特定的日期和时刻收集数据以识别可溯源至包括终端投资者在内的托管链条上的每个投资者。这种识别应至少包括投资者的全名和完整的邮政地址。根据当地法律,它可能还需要包括出生日期、国家或与欧盟《金融工具市场指令Ⅱ》(Markets in Financial Instruments Directive Ⅱ, MiFID2)、二十国集团的"通用报告标准"(Common Reporting Standard, CRS)或者美国的《海外账户税收合规法案》(Foreign Account Tax Compliance Act, FATCA)有关的税务信息以及获得股票的日期。[26]

各中介机构和终端投资者持有的股份数量[27]。

任何可能被任命为代表投资者并在股票中拥有"权益"的相关代理或投资顾问(如适用)的姓名和联系方式。[28]

根据适用的法律或公司章程细则要求,界定"自有持股"或"名义持

---

〔26〕 在许多欧盟成员国,基于持续更新股东名册的需要,必须要有受让日期。

〔27〕 投资或代理顾问的姓名和联系方式可能是有用的,见前注〔21〕。

〔28〕 英国《2006年公司法》在其第793条中规定了以下内容:"公司要求相关方提供股份权益信息的通知。(1)上市公司可根据本条规定向任何公司发出通知,该公司知道或有合理理由相信:(a)在公司股份中拥有权益;(b)在发出通知之日前三年内的任何时间拥有权益的人。"

有人持股”或第三方持股[29]的标准。

金融中介机构的信息，包括托管银行和中央证券存管机构（持有证券的中央证券存管机构应位列报告文件的开头），包括名称、地址、商业识别码（business identifier code, BIC）和全球法人识别编码（又称法律实体标识符，英文名为legal entity identifier, LEI）。[30]

发行人的名称和地址以及国际证券识别号（international securities identification number, ISIN）、全球法人识别编码。[31]

所有这些信息都应在发行人给定的确定时间给出，以使这些信息能够在托管链条中以精确的方式实现同步。

（二）信息技术系统的状态以及相关方、中央证券存管机构和托管银行的交互

证券结算领域的信息格式在欧盟内部并不统一，这也是“乔瓦尼尼报告”中所列建议实施时遇到的障碍之一。虽然在中央证券存管机构和中介机构层面，信息匹配的自动化程度很高，但信息（格式）在跨市场流动中并不统一且未被终端投资者使用。

目前，欧盟各成员国在法律层面对股东身份识别请求的回应或者对行使股票投票权时披露终端投资者数据请求的回应的要求并不统一。虽然在一些成员国国内的统一程度很高（如德国和意大利），但欧盟成员国之间则存在不同的形式、数据格式或程序。

因此，任何技术解决方案最好以开放的标准和格式来实现，以便能接纳、适用一切现有的信息技术系统和标准。若非如此，中介机构、中央结算公司和发行人可能不得不进行投资以改变其信息技术（information

〔29〕 有时被称为“第三方持有”。这个术语可能会被误解，因为根据适用的公司法，股份可能不被视为由“名义持有人”“持有”。人们还应该区分“名义持有人”持有和“综合账户”，前者是指一个不是证券的经济和/或法律拥有者但被记入股东名册的人，后者是指几个终端投资者或股东被中介机构记入一个账户。这些登记可能包括“名义持有人”以及在托管链条中的下一个以“名义持有人”名义提供这种“综合账户”的中介机构 。

〔30〕 在LEI全面实施之前，可能需要BIC和LEI这两方面的数据。LEI是精确的，因为它定义了何为法人或自然人。BIC可能同时被几个法人使用，从而妨碍了监管链中持股的正确分配，使准确识别股东变得非常困难甚至不可能。

〔31〕 中介机构可能需要发行人的ISIN和LEI，以便在托管链条中或使用直接或较短的方式将数据传达给发行人或其代理人时适当处理数据。

technology,IT)系统和软件。新解决方案对现有 IT 系统和软件的包容性越强,现有 IT 系统使用新技术解决方案或标准的可能性就越大,就会更有利于新方案以更快速度、更少成本有效实施。

(三)T2S 工作组股东透明度报告

在该工作组 2011 年 2 月的报告中讨论了两种不同的技术解决方案以解决股东身份识别问题。这两种方案一个是“分布式”解决方案,另一个则是基于现有 T2S 框架下的“集中式”解决方案。“分布式”解决方案可描述为由中央证券存管机构之间的直接链接组成,不涉及现有 T2S 的网络。在该解决方案中,将交换所谓的第一层信息,即中央证券存管机构中参与者的信息。[32] 接着,在使用直接链接获得信息中所显示的所有法人或自然人可以声明他们是以自己的名义或以他人的名义来持有股份。然后,名义持有人可以在下一步中继续按照这样的方式进行声明,直至终端投资者的身份得以识别。“集中式”解决方案的设计包括利用现有的 T2S 平台,与中央证券存管机构之间没有直接的联系。

两种拟议方案的共同点是:第一阶段的信息只产生关于第一级账户的信息,即中央证券存管机构的参与者信息;在后续层级的托管链条中,终端投资者的信息必须经过前后验证方可获得,这种验证必须是在一个可响应有关某个证券持有人信息请求的可识别主体中通过交叉程序进行。

报告继续阐述了这两种解决方案有效运作的共同要素:“原则上,‘分布式’方案可以立即运行,且独立于 T2S 系统的启动。但工作组发现,为了使其有效工作,仍有许多问题需要解决。此外,工作组发现这些问题也与‘集中式’解决方案息息相关。”

该工作组发现:

“缺乏标准化和可机读的披露请求发送和披露回复接收的格式,是一个影响分布式模式有效运作的重大障碍。

持有链条中各参与者之间缺乏协调的市场实践阻碍了披露过程的顺利运作。

---

〔32〕 在这种情况下,声明有关账户是专有账户还是综合账户可能有助于在托管链条中更快地处理必要的数据。

中介机构是否可以共享其客户的持有数据在法律上的不确定性，是一个重大障碍。"[33]

由于该报告的重点是股东身份识别，报告在最后还明确指出为了维护股东名册，需要获得或者使用结算信息的权限。为此，报告提道：

"工作组对于有关结算信息的结论是：最迫切的任务是要找到一个跨境交换持有信息或者头寸信息的解决方案，这也是报告的重点。但工作组也认识到，对于某些（本土）市场，获得结算信息同样非常重要，甚至应该是一项法律要求。"[34]

本工作组相信，前述 T2S 工作组报告中的调查结果仍然有效，非常有用，可以作为定义解决方案要素的基础。该等解决方案应解决终端投资者的股东身份识别、登记和行使股东权利的所有技术问题。

但与此同时，在评估 T2S 工作组提出的解决方案时需要考虑另外两个因素：在直接和间接模式中，股东身份识别的请求将直接发送给中央证券存管机构的一级参与者或中央证券存管机构以外的持有人，他们需要一些时间才能作出响应。实际上，这可能需要不到 48 小时（这是某些市场的当前做法），也可能长达 2 周或 3 周。[35] 然后，发行人将审查收到的数据，并且处理名义持有人就相同问题披露给他的回复。这就使发行人接触到终端投资者的时间可能需要长达 12 周（在最糟糕的情况下），而其他市场却有可能仅在几个小时或几天内就可实现。实证数据表明，并非所有中介机构都能够很容易地响应涉及在股权登记日当时或过去持股的股东身份识别请求。这些信息在一些中介机构的 IT 系统中不容易获取，导致股东身份识别工作受挫。一个优化的解决方案是有一个统一的电子程序，允许各方在同一时间就特定证券的持股数量或者持有者数量的对账进行互动，并且应在行使股东身份识别的股权登记日之前完成（如果适用的话）。这将使发行人能够适时（比如，在发行人所设定的一个需要终端投资者数据的股权登记日）获得可靠的数据。

T2S 工作组赞同不同的流程可被使用。但问题在于，一些中介机构

---

〔33〕 最终报告，第 13 页。

〔34〕 最终报告，第 23 页。

〔35〕 如果事先向中介机构发出了公告，所需的时间通常会更短。

对其客户的数据被传递到托管链条架构上层的其他中介机构时的保密性表示担忧。虽然数据可以加密,但需要考虑并审查对所有流程而言这是不是最佳的解决方案。

(四)其他选择方案或"枢纽平台"

除了T2S工作组报告提出的两种解决方案外,本工作组还讨论了一种涉及特定事件需要终端投资者信息的"枢纽模式"新方案。在这种模式下,发行人或其代理人将同时向所有中央证券存管机构和其他参与的中介机构发出在未来所设定的特定股权登记日的股东身份识别请求。所有中介机构和中央证券存管机构将对全部发行人持有的股份数量和持有此类股份的客户详情的信息作出回应,说明他们是以自己的账户还是以他人的账户持有这些股份。然后,发行人或其代理人将同步这些信息,以便在必要时将终端投资者的信息与股东名册中所登记的名义持有人的信息准确地关联起来。这种解决方案的优点在于:

它使所有相关方有时间准备系统以收集必要的数据。同时,并不需要10~12周的时间来产生结果。而且解决了保密性问题,不要求处于架构上层的中介机构收集客户的数据并将其与自己的数据同步。

图3可以最优地展示这个解决方案:

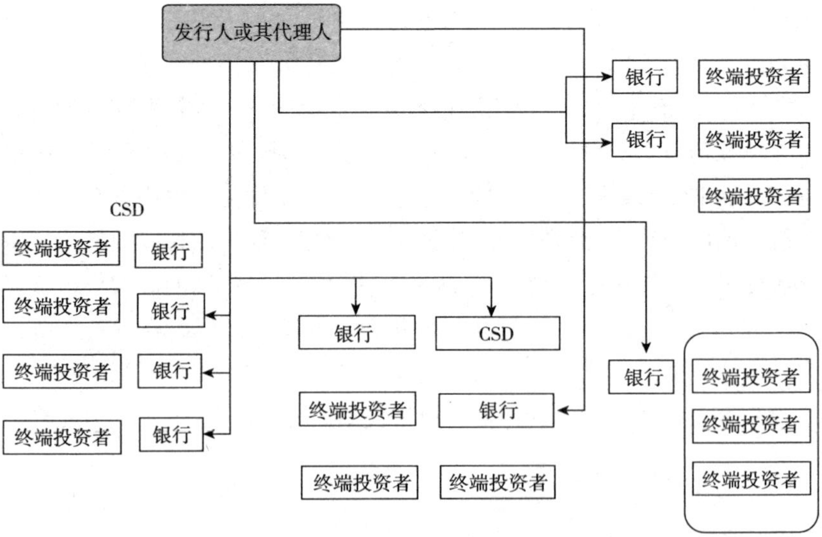

图3 股东信息处理——披露中的请求

同步(或对账)将意味着:

中介机构将在发行人或其代理人指定和设定的某个时间点及时发送其所有客户的数据。

所有收到的数据集将被同步化,即任何人(名义持有人或其他中间人)的数据将与他们的客户的数据相联系,并在整个托管链条中以此类推,直到为每只股票(如适用,须符合一个阈值)建立一个数据串,显示股东名册或股东披露要求中的记录与终端投资者的数据相匹配,以及托管链条中所有中介机构相应股份的对应数据。

(五)登记

如图4所示,欧盟若干成员国中存在良好的与交易结算相关联的终端投资者的数据传递系统。工作组认为,这些系统应该继续存在,并在总体解决方案范围内继续保持并且扩大其潜力。然而,如果目前不存在结算和以登记为目的的数据转发之间的这种联系,那么,在有其他可选择方案的情形下就不应该强制要求引入这种联系。以登记为目的的股东身份识别数据选择应该得到进一步的研究。

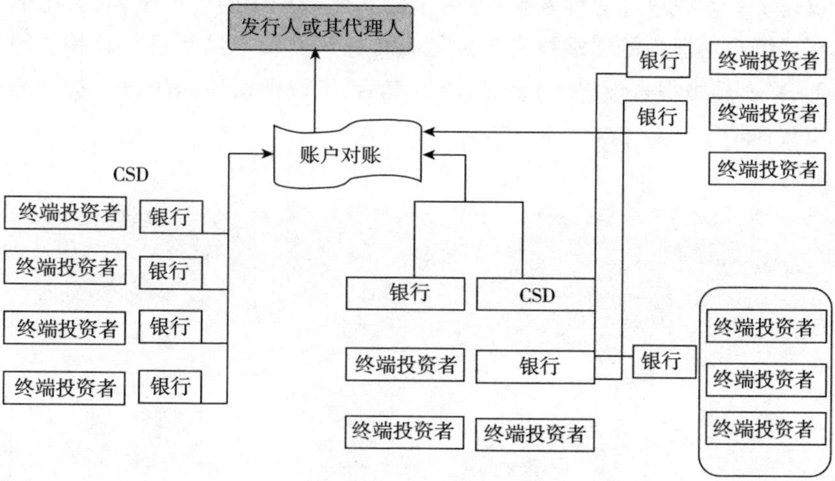

图4 股东信息处理——披露中的账户处理

有时,"再登记"一词被用来指行使权利,特别是在那些行使权利需要在股东名册上登记该终端投资者的国家。这个术语指的是这样一种做法,即名义持有人为行使股东权利而对终端投资者进行登记,然后再撤销对同一终端投资者的登记，尽管该终端投资者并没有出售他的股份，并将名义持有人自己的名字作为名义持有人的名字放在登记册上，然后在下一次行使股东权利需要对终端投资者进行登记时，反复此类操作。一些发行人和投资者认为这是目前的做法、为支持这种做法而开发的 IT 系统以及一些不能正常按照相应法律进行合法传递的中介机构所采用的程序所共同造成的后果。使用这种做法的中介机构抱怨这种对于终端投资者持续的登记会使账户管理、股份交易的结算更加困难，特别是在由多个级别和中介机构组成的托管链条中使用综合账户时。

这是由于托管结构中 IT 系统和软件不匹配，而且并非所有的中介机构都在标的股票被簿记的中央证券存管机构持有一级账户。在股东名册中登记终端投资者时，在中央证券存管机构持有一级账户的中介机构认为他们并不能自由使用用以结算客户交易的账户的平衡表。由于这种做法并不合法，而且似乎是由当前的 IT 系统结构和程序引起的，因此工作组认为，可以通过引入一种可靠、快速、经济高效的股东身份识别方案来解决这些问题，该解决方案也可用于股东登记的目的。工作组提议进一步审查这样一种选择：在尚未建立此类程序的情况下，有关已购买或已出售股份的终端投资者的信息传递未必要与结算进行挂钩。因而，在实施本报告设想的技术解决方案后，可以保留该问题以供进一步审议讨论。

（编辑：徐安安）

《证券法苑》(2024)
第三十九卷,第27~45页

差异化做市义务的制度变迁

——基于境外视角的考察

李泉秀*

摘要:本文回顾了做市商功能实践中的预期与阻遏,并基于全球代表性交易所制度变迁的实践,剖析混合交易制度的分层特征及创新指标。在欧洲主要交易所,做市商交易根据指数分类抑或流动性指标分层引入,对高流动性的头部证券仍然保持纯粹的竞价制度。德国交易所电子交易流动性指标(Xetra liquidity measure,XLM)为我国本土化探索创设表征交易冲击成本的多维度综合流动性评价指标提供了参考。

关键词:做市商制度　做市义务　流动性　冲击成本

境外做市商交易发展的历史实践表明,差异化做市义务是制度构建的核心要素。一个与市场需求相适应的理想交易制度体系,应当是基于上市企业异质性、生命周期阶段性及市场波动性而具有较大柔性灵活度的动态更新体系。交易制度的设计与演进自应在既有体系下,合理并有序地融入差异

---

* 清华大学2015届研究生。

化治理理念,并完善保障该理念的具体规则。以此为定位,本文尝试基于境外视角,剖析承载差异化做市义务的制度设计,并期待获得学界理论回应与资本市场实践检验。

一、证券市场价格发现的制度变迁视角

全球范围内,证券市场的价格发现模式可归纳为做市商报价驱动(quote - driven)与投资者竞价指令驱动(order - driven)两类基本的微观结构[1]。如果说证券交易制度是证券市场法律构建的基础,那么,报价驱动抑或指令驱动的政策选择、历史演进、功能嬗变与有机融合则是证券交易制度的核心问题。制度变迁过程中存在路径依赖现象,体现于包括制度设计与推行、市场参与者的学习与遵循、新制度与既有制度框架的适应等过程。在将制度变迁的成本纳入分析框架并引入新的证券交易制度的过程中,须考虑新的交易机制与已有交易机制的融合。此外,在证券交易制度的变迁中,非正式制度的约束(包括交易习惯、市场传统、伦理规范、监管思路等)可能与正式交易制度产生冲突摩擦成本。[2]

以亚洲国家或地区与英美国家的交易市场作比较。亚洲国家或地区证券投资者风险偏好较高,顶层设计的交易所中心化组织化程度更高,且多年前所谓"庄家"兴风作浪的历史仍历历在目。故亚洲个人投资者有以下特点:更偏好于在高度组织的交易所场内而非做市商主导的场外市场进行交易;更偏好于亲自下场交易而非通过公募基金产品等资产管理产品进行证券投资;更偏好于采用竞价方式交易而对做市

---

〔1〕 参见郭剑光、孙培源、施东晖:《从买卖价差看我国证券市场的流动性水平》,载《证券市场导报》2003 年第 5 期。做市商报价驱动,是指做市商向投资者提供证券买卖双向报价,即做市商将其持有证券出售给投资者或从投资者手中购得证券。此时投资者买卖双方并不直接交易而是均通过做市商完成交易。投资者竞价指令驱动,则是指投资者买卖双方通过经纪商下达交易指令并在交易所撮合成交。

〔2〕 参见周隆斌:《制度变迁视野下的做市商制度选择》,载《上海金融》2004 年第 2 期。

商制度普遍存在疑虑、不信任与排斥感。类似非正式制度文化心理范式在日本证券市场、我国香港地区证券市场和我国台湾地区证券市场均普遍存在。反观英美国家交易市场诞生,无论是“乔纳咖啡馆”或是“梧桐树下”[3],都是投资人在分散的状态下自发组织场外交易,做市商和经纪商自然不可或缺。古老的做市商制度伴随英美国家资本市场的成长壮大,最终成为现代英美国家证券交易制度体系内自然而然的历史遗产。纳斯达克的诞生即在1971年由美国多个交易市场连接而成[4],体现了组织的自发演进性与其做市商的历史必要性。

证券交易制度变迁成本由各利益相关方承担,包括监管者、做市商、投资者、上市企业等。路径依赖理论强调历史的重要性、制度的自我强化正反馈作用以及制度转换的高成本。在证券制度变迁中突破路径依赖,则需要发挥制度主体的主观能动性,通过监管者、做市商、投资者、上市企业等各方有意识的积极行动,形成做市商制度具有本土特色的路径创造。[5] 本文试图从境外视角出发,从交易制度沿革类型及在不同市场环境的适用性差异方面,分析做市商制度的功能意义及差异化做市义务安排的妥当性。[6]

二、发展与挑战:做市商制度的功能实践

在有关做市商制度的讨论中,不同立场下主体的所处视角和功能

---

[3] 一般认为,17世纪的乔纳咖啡馆(Jonathan's Coffee House)是伦敦证券交易所的前身,1792年梧桐树下签订的梧桐树协议(The Buttonwood Agreement)则是纽约证券交易所规程的滥觞。

[4] 在美国证券交易委员会的监管下,1971年,全美证券交易商协会成立了全球首家电子化交易所,即纳斯达克证券交易所。

[5] 参见时晓虹、耿刚德、李怀:《“路径依赖”理论新解》,载《经济学家》2014年第6期。

[6] 我国券商从事做市业务范围广泛。在权益类别中,包含股票、交易所交易基金、公开募集基础设施证券投资基金、期权、股票收益互换等。在固定收益、外汇和大宗商品类别中,包含债券、国债期货、利率衍生品、外汇衍生品、信用衍生品等。本文对做市商的讨论仅限于股票做市业务范畴。

期待并不相同。监管机构及立法机构引入做市商制度的出发点包括提升流动性、加强监管、稳定和规范市场等。券商对于引入做市商制度的期望则是开辟做市业务利润来源,同时带动经纪业务及投行业务等的开展。上市企业及其大股东对于引入做市商制度的期许,则包括通过流动性的改善提升企业估值,便利企业再融资与股东减持。流动性的提高对上市公司估值提升颇有裨益。美国资本市场的研究表明,证券流动性较高的上市公司享有更高市场估值。[7]

(一)实践层面的功能争议:是否能够提升资本市场流动性与稳定性

1. 提升资本市场流动性

通常认为,做市商制度的引入可活跃市场,增加订单撮合,有助于提升上市企业证券流动性。但归根结底,流动性的提升依赖于整体性制度途径的创设提升,而不仅取决于相关交易制度的适配性。高质量上市企业的督导监管、高效清晰的公司治理结构、不断完善的证券法律法规都对资本市场流动性提升具有深远的影响。同时,财政政策与货币政策、宏观流动性、资本市场微观流动性、资金入市渠道及杠杆资金的监管等都对市场流动性长期提升至关重要。上市公司财务业绩的增长更是该公司吸引投资者参与的"定海神针"。同时,流动性的波动也与证券价格涨跌息息相关。

2. 价格极端波动情形下的稳定器效应

通常认为,在极端市场情形下,做市商基于其法定报价义务以及自身资本金及库存规模,可以暂时提供部分流动性,在一定程度上缓和或减轻证券价格剧烈波动,实现市场的相对稳定,故做市商具有一定程度的"稳市"功能。然而,美国证券市场在历史上经历互联网泡沫、金融危机、新冠疫情等数次资本市场波动考验中,做市商制度并不能百分之百阻遏股票大幅波动。[8] 任何交易制度也不可能保证流动性不会枯竭。一方面,做市商为了自身经济利益会在市场大幅波动时尽量减少

---

〔7〕 See Vivian Fang, Thomas Noe & Sheri Tice, *Stock Market Liquidity and Firm Value*, Journal of Financial Economics, Vol. 94, 2009.

〔8〕 参见陈一勤:《从 NASDAQ 看中国做市商制度的建立》,载《金融研究》2000 年第 2 期。

报价义务的履行；另一方面，市场连续多日单边波动，导致做市商的资金储备或证券库存耗尽时，其被迫停止入市。[9] 在某些法定报价义务约束较弱的市场，做市商面对股灾等大幅市场波动时，甚至停止报价以避免亏损。[10]

（二）证券库存的监管挑战：计量方式、库存规模、获取价格的讨论

1. 证券库存：做市的便利与价格波动的元凶

保有证券库存本无可厚非，取得相当数量的证券库存是做市商履行做市业务的准备与前提。然而，在新三板语境下，证券库存却引发诸多讨论。

其一，事与愿违：持有库存的增加反而降低了证券流动性。纽约证券交易所做市商实证研究表明，做市商持有的库存证券越多，做市商风险承受能力降低，证券流动性越低。[11]

其二，角色错位：证券库存获取成本较低，做市商持券赚取资本利得，削弱做市积极性。纳斯达克做市商的库存证券来源可以分为两类：对于首次公开发行的承销商银团成员而言，若想成为做市商，可从发行人处直接获取证券；而承销商银团成员以外的做市商，则需从二级市场购入证券。纳斯达克首次公开发行的主承销商往往是公司上市后该上市公司最主要的做市商。在上市首日，主承销商经手的证券交易量占当天总交易量的近60%，之后比例逐渐下降，在上市后第60天，主承销商经手的证券交易量占当天总交易量约40%。[12] 以上表明，纳斯达克采用多个做市商共存于同一证券的竞争性做市商制度，但主承销商

---

〔9〕 同前注〔2〕。

〔10〕 See David Haddock, *An Economic Analysis of the Brady Report: Public Interest, Special Interest, or Rent Extraction*, Cornell Law Review, Vol. 74, 1989.

〔11〕 See Terrence Hendershott, Pamela Moulton & Mark Seasholes, *Market Maker Inventories and Liquidity*, AFA 2008 New Orleans Meetings Paper, 2007.

〔12〕 See Katrina Ellis, Roni Michaely & Maureen O'Hara, *When the Underwriter is the Market Maker: An Examination of Trading in the IPO Aftermarket*, The Journal of Finance, Vol. 75, 2000. 该研究选取的是1996～1997年306个首次公开发行样本。在这期间纳斯达克处于由纯粹做市商交易制度到逐步引入竞价交易制度的过渡阶段。该研究样本排除了竞价交易的影响，样本内上市企业基本上仍采用做市商交易制度。主承销商经手证券包括做市业务与安定操作等。

同时担任了上述证券最重要的做市商。从美国资本市场来看,做市商获取库存证券折价率非常有限。如果做市商是承销商银团成员,则从发行人处获得证券库存,相对于发行价格约有7%折价[13];其他做市商从二级市场购入库存证券,其价格即市价。美国资本市场做市商面对库存波动风险需小心翼翼地管理库存。

其三,追涨杀跌:证券库存的集中出售成为砸盘"元凶",加剧市场波动。当做市商持有库存比较高时,做市商的角色则更接近于从事自营业务的投资者,"名为做市,实为自营"。做市商具有以出售库存证券为主要获利手段的交易行为特征。在市场大涨时,做市商表现出逢高套现的交易行为,更加依赖于证券价格上涨获取资本利得,而缺乏积极性履行双向报价的做市义务。在市场下跌时,做市商持有的证券浮盈较多,为了保住收益则可能采取减仓行为。做市商库存证券的卖出则会加剧市场下跌,成为砸盘"元凶"。对流动性不甚充裕的证券品种,由于对手盘的缺乏,做市商的部分减持足以造成大幅价格波动。做市商的追涨杀跌,加剧异常波动,打击市场投资者信心。

2. 证券库存波动的回应:成本法计量、库存规模规制及库存获取价格限制

面对做市商证券库存波动带来的诸多挑战,以下思路可能是回应的方向:

其一,证券库存的会计政策选择可能是回应的方向。我国台湾地区会计原则要求兴柜市场股票按照成本法计量,可豁免披露兴柜股票之公允价值。[14] 做市商所持有的证券库存若采用成本法计量,则证券库存价格的涨跌在账面上不会给做市商带来计入当期损益的盈亏变化,以平抑价格涨跌带来的库存波动,从而降低做市商囤积库存证券而赚取资本利得之动机。其二,证券库存的下限与上限的设置。做市商在履行双边报价义务并回应双边报价之前,需要先购入做市证券,形成

---

〔13〕 See Hsuan – Chi Chen & Jay Ritter, *The Seven Percent Solution*, The Journal of Finance, Vol. 55, 2000.

〔14〕 参见陈怡凯、高兰芬、陈安琳、林玫均:《兴柜股票公允价值估价模型探讨》,载《两岸金融季刊》2017年第3期。

足够库存。其三，在实践中，做市商库存证券的获取价格规制可参考过去时段二级市场交易价格、未来拟上市价格，或者进行资产评估披露，避免大幅折价。

三、制度供给角度：差异化做市业务的实现

（一）高流动性股票可继续保持纯粹竞价制度

梳理全球主要资本市场交易制度的沿革脉络，在原有交易制度基础上引入另一种交易制度的动态路径大致可分为3条：第一条路径是在做市商制度基础上引入竞价交易制度达到"混合模式"，以英美交易所为代表（美国纳斯达克、伦敦证券交易所）。第二条路径是在竞价交易制度基础上引入做市商制度达到"混合模式"，以欧洲大陆交易所为代表（泛欧证券交易所、德意志交易所）。第三条路径即"平行模式"，即做市与连续竞价同时进行的混合交易方式，或者保留做市交易或集合竞价择一的交易方式。

其中，第二条路径对于我国目前的竞价交易为基础的制度演进更具有现实意义，拟加以讨论如下：

1. 欧洲大陆的混合模式演进：在竞价交易制度基础上，引入做市商制度

泛欧证券交易所、德意志交易所与伦敦证券交易所并称欧洲三大证券交易市场。欧洲大陆的各交易所盛行竞价交易制度，其中以泛欧证券交易所和德意志交易所为代表。其近年混合交易制度的建立亦是基于竞价交易的历史实践基础，对同样基于竞价交易制度的我国证券市场具有借鉴意义。

(1)泛欧证券交易所[15]

目前,泛欧证券交易所在连续竞价交易的基础上引入做市商[16]的尝试分为以下几类情况:

第一,流动性最好的泛欧100指数[17]成分股采用纯粹连续竞价制度,不得设立做市商。

第二,流动性次优的股票[18]则可在连续竞价的基础上自行选择是否同时引入做市商服务。

第三,流动性较差的其他股票采用集合竞价制度。

---

〔15〕 泛欧证券交易所(Euronext)成立于2000年,由法国的巴黎证券交易所、荷兰的阿姆斯特丹证券交易所和比利时的布鲁塞尔证券交易所三者合并而成。注册地址位于阿姆斯特丹,办公总部位于巴黎。泛欧证券交易所成立后接连收购了葡萄牙的里斯本与波尔图证券交易所(2002年,Bolsa de Valores de Lisboa e Porto)、爱尔兰证券交易所(2018年,Irish Stock Exchange)、挪威的奥斯陆证券交易所(2019年,Oslo Børs)、丹麦中央证券存托处(2020年,Danish Central Securities Depository)、挪威的北欧电力交易所(2020年,Nord Pool)、意大利证券交易所(2021年,Borsa Italiana)等,形成覆盖法国、荷兰、比利时、葡萄牙、爱尔兰、挪威、丹麦、意大利等国的地理分布格局。不同于英美证券交易所由发行人、投资者、做市商及经纪商等市场参与者自发组建的历史演进过程,作为欧洲大陆证券交易所典型代表的巴黎证券交易所则是在政府主导下于1724年成立。阿姆斯特丹证券交易所是为满足荷兰东印度公司证券转让需求于1602年创建。布鲁塞尔证券交易所依据拿破仑法令在1801年成立。巴黎证券交易所曾实施纯粹竞价交易制度,从1992年开始逐步尝试在流动性较低的证券中引入做市商服务。泛欧证券交易所自2000年诞生之日起,继续探索在竞价交易中引入做市商制度。

〔16〕 泛欧证券交易所做市商英文为"Liquidity Providers",意为"流动性提供者"(Apporteurs de liquidité)。

〔17〕 泛欧100指数(Euronext 100 index)是泛欧证券交易所最重要的蓝筹股指数。截至2022年9月底,泛欧100指数包含100个成分股,涉及国家分布为:法国公司51家,荷兰公司21家,挪威公司9家,比利时公司9家,爱尔兰公司6家,葡萄牙公司4家,参见泛欧证券交易所网站,https://live. euronext. com/en/product/indices/FR0003502079 - XPAR/market - information,2022年12月21日访问。

〔18〕 流动性次优的股票包括:(1)Next 150指数成分股(市值和流动性仅次于泛欧100指数成分股的约150个股票);(2)属于荷兰AEX指数、荷兰AMX指数、比利时BEL20指数、法国CAC40指数、爱尔兰ISEQ20指数、挪威OBX指数、葡萄牙PSI20指数、法国SBF120指数成分股,但未被泛欧100指数覆盖的股票;(3)单边年度成交笔数不低于2500笔的股票;(4)根据流通市值预测有足够流动性的上市新股;(5)挪威的奥斯陆证券交易所股票;(6)拥有常设做市商的股票。

(2)德意志交易所集团

德意志交易所集团[19]下辖多套股票交易系统,而其中以1997年推出的交易所电子交易(exchange electronic trading, Xetra)系统最为知名。德国90%以上的证券交易都通过Xetra系统完成,且Xetra系统证券价格也作为德国DAX等主要指数的计价基础。此前德国证券交易以纯粹竞价制度为主流,而德国Xetra系统则在1998年开始了引入做市商[20]的尝试:第一,流动性最好的A类股票采用纯粹连续竞价制度,在Xetra交易,不设立做市商。[21] 第二,流动性次优的B类股票需设立至少1名做市商,才能在Xetra系统连续竞价交易。第三,流动性较低而无法吸引到做市商服务的股票则不能在Xetra连续竞价交易,需要通过其他交易系统进行交易。

2. 流动性头部企业未实施做市商制度

以泛欧证券交易所和德意志交易所为代表的欧洲大陆交易制度,经历了在竞价交易制度基础上引入做市商的实践,与我国市场在引入做市商的路径上最为相似,其分层理念与构建要素值得参考。

通过以上欧洲大陆的境外视野比较可以发现,各交易所在实践中对于不同市值及流动性特质的上市企业适用匹配的交易制度有所不同。总体而言,在竞价制度基础上引入做市商制度的路径演进中,有以下适配规律:首先,流动性良好的大市值公司往往继续沿用纯粹竞价制度,大致原因如下:第一,此类公司流动性充足,无须做市商额外提供流动性;第二,此类公司引入做市商对流动性无明显增益;第三,引入做市商反而徒增投资者成本。其次,流动性稍逊的公司则引入做市商,采用报价驱动与指令驱动混合的交易方式。再次,流动性较低的公司采用

---

[19] 德意志交易所集团(Gruppe Deutsche Börse)成立于1992年,总部位于法兰克福,其前身可追溯至11世纪的法兰克福交易市场以及于1585年正式成立的法兰克福证券交易所(Frankfurter Wertpapierbörse)。德意志交易所集团旗下的法兰克福证券交易所是德国规模最大的证券交易所,证券交易量占德国全国90%以上。其他交易所均为小型区域性交易所(如斯图加特、慕尼黑、柏林、杜塞尔多夫、汉堡、汉诺威等证券交易所)。

[20] 在德国Xetra交易系统当中,既有做市义务要求较为严格的指定保荐人(designated sponsors),也有普通的做市商(market maker)。

[21] 截至2023年3月,德国Xetra系统不需要做市商的A类高流动性股票共有115个。

纯粹做市商制度。最后,流动性最低的公司采用日内多次集合竞价等方式进行撮合。

做市商与投资者的关系与证券流动性相关:流动性较差时,做市商凸显正面效应,是促进投资者订单成交的“润滑剂”;流动性充裕时,做市商或有负面效应,站在投资者的对立面成为流动性的竞争者,做市商的获利价差正是投资者成本。

泛欧证券交易所对流动性最好的泛欧100指数成分股采用纯粹竞价制度,德意志交易所集团Xetra系统则对流动性最好的A类股票采用纯粹连续竞价制度。英国伦敦证券交易所富时100(FTSE 100)指数成分股是伦敦证券交易所首批由做市商制度系统迁入证券交易所电子化交易系统(stock exchange electronic trading service, SETS)系统的股票。流动性优良的头部证券保持纯粹竞价制度是诸多证券交易所的共同实践路径。

泛欧证券交易所做市商服务的引入充分体现了分层实施的顶层设计理念,以指数作为抓手,对不同市值、不同流动性情形的上市企业进行了有效区分。泛欧证券交易所市值较大、流动性较高的股票,更适合采用纯粹连续竞价制度。泛欧证券交易所及其他证券交易所在竞价制度基础上引入做市商服务的实证研究表明:对于低流动性股票而言,引入做市商能够缩小买卖价差、提升流动性、提振股价;而对于高流动性股票而言则可能有相反效果,流动性越好的股票,做市商注入流动性功能就越弱〔22〕,引入做市商对其流动性提高并无裨益,反而可能增加投资者成本。类似地,德国Xetra系统做市商服务的引入同样体现了分层实施的顶层设计理念。以独创的交易所电子交易流动性指标(Xetra liquidity measure, XLM)这一客观指标为核心,以详细的流动性分类为

---

〔22〕 See Steve Mann, Kumar Venkataraman & Andy Waisburd, *Stock Liquidity and the Value of a Designated Liquidity Provider*: *Evidence from Euronext Paris*, Working Paper, 2002. Michael Aitken, Rowan Cook, Frederick Harris & Thomas McInish, *The Role of Market Makers in Electronic Markets*: *Liquidity Providers on Euronext Paris*, Working Paper, 2007. Christiane Goodfellow, Dirk Schiereck & Tatjana Verrier, *Does Screen Trading Weather the Weather? A Note on Cloudy Skies*, *Liquidity*, *and Computerized Stock Markets*, International Review of Financial Analysis, Vol. 19, 2010.

突破，基于流动性差异对上市企业进行精细化区分，创制了具有鲜明特色的制度设计理念。

在区分哪些头部股票沿用竞价交易制度，哪些股票引入做市商服务的具体分类实施方式上，可采用指数分类方式，亦可采用指标分类方式。指数分类方式，可类比泛欧证券交易所、伦敦证券交易所。以指数作为抓手，对不同市值与流动性股票进行分层规划。指数成分股继续实施纯粹竞价制度，其他股票则引入混合交易制度。指标分类方式，可借鉴德国 XLM 经验，创设类似的本土化流动性指标。以该指标作为关键抓手，将所有股票分为流动性较好的头部公司和其他公司，头部公司股票继续保持纯粹竞价制度而无须引入做市商，其他公司股票引入做市商，尝试混合交易制度。

（二）流动性指标的选取：他山之石，可以攻玉

1. 德国 Xetra 系统的综合性指标：表征冲击成本

XLM 是德国 Xetra 系统流动性分类与评价的核心指标，表征了外来订单对某时刻市场的冲击成本：冲击成本越高则流动性越低，反之则流动性越高。德国 Xetra 系统以 XLM 实现了对冲击成本的定义：在买入或卖出证券过程中，实际成交均价相对于理想交易价格（买一卖一中间价）的偏离程度，即成交均价与买一卖一中间价差额的绝对值除以买卖中间价。公式表示为：冲击成本（偏离程度比例）= 成交均价与买一卖一中间价的差额 ÷ 买一卖一中间价。

在建仓买入证券的过程中，实际买入成交价格往往高于买一卖一中间价；卖出证券时，实际卖出成交价格又往往低于买一卖一中间价。且流动性越不足，对手盘缺乏，则实际成交价相对于买一卖一中间价的偏离程度越大。至 20 世纪 90 年代末，流动性相关讨论较为充分，流动性刻画维度及流动性指标的选择成了关注的焦点。基于之前的学术讨论〔23〕，德国 Xetra 系统于 2002 年推出了独具特色的 XLM。具体而言，

〔23〕 See Michael Barclay, William Christie, Jeffrey Harris, Eugene Kandel & Paul Schultz, *Effects of Market Reform on the Trading Costs and Depths of Nasdaq Stocks*, The Journal of Finance, Vol. 54, 1999. Paul Irvine, George Benston & Eugene Kandel, *Liquidity Beyond the Inside Spread: Measuring and Using Information in the Limit Order Book*, Working Paper, 2000.

假设在某时刻,使用2.5万欧元现金进行一次理论上的虚拟买入成交(并不实际发生),将得到的虚拟成交均价与买一卖一中间价进行比较,即得到“买入XLM”;在相同时刻,使用2.5万欧元等值证券进行一次理论上的虚拟卖出成交(并不实际发生),将得到的虚拟成交均价与买一卖一中间价进行比较,则得到“卖出XLM”。“买入XLM”与“卖出XLM”相加,则得到完成一次买卖循环的XLM。综上,XLM表示:在某时刻,2.5万欧元订单,完成一个虚拟交易循环(买入及卖出),买入或者卖出成交均价相对于“买一卖一中间价”的偏离程度。

XLM以基点(0.01%,即万分之一)作为单位。某个股票XLM为1个基点,则意味着2.5万欧元对该股票完成一次买卖循环的“冲击成本”金额为2.5欧元。

2. 德国Xetra系统的XLM的剖析:多维度刻画

证券流动性由多维度指标刻画。[24] XLM作为综合性流动性指标,反映了宽度、深度等多个流动性维度。例如,2022年9月披露部分高流动性股票的XLM:德国电信(DT. Telekom)完成一次买卖循环的XLM为3.0(买入XLM1.5+卖出XLM1.5);德国思爱普(SAP)完成一次买卖循环的XLM为3.1(买入XLM1.5+卖出XLM1.6);德国巴斯夫(BASF)完成一次买卖循环的XLM为4.0(买入XLM2.0+卖出XLM2.0);德国大众(Volkswagen)完成一次买卖循环的XLM为4.1(买入XLM2.0+卖出XLM2.1)。

---

〔24〕 See Albert Kyle, *Continuous Auctions and Insider Trading*, Econometrica, Vol. 53, 1985;孟卫东、杨万里:《连续竞价市场个股流动性的度量方法、指标与模型》,载《当代财经》2006年第8期。1985年,阿尔伯特·凯尔(Albert Kyle)提出股票流动性指标包括3个维度,分别为紧度(tightness, the cost of turning around a position over a short period of time)、深度(depth, the size of an order flow innovation required to change prices a given amount)、弹性(resiliency, the speed with which prices recover from a random, uninformative shock)。孟卫东与杨万里在2006年对流动性指标进行了中国资本市场本土化的探索,提出流动性指标的4个维度,分别为宽度[个股交易价格偏离市场有效价格(买卖报价的中间价格)的程度]、深度(个股在某一给定价格上可以卖出的最大股数)、即时性(证券的成交速度)、弹性(价格发生变化到恢复均衡价格所需的时间)。

两个流动性大类A类、B类的划分基于XLM。对于2.5万欧元订单,如果某个股票的XLM不大于100基点,且日均成交额不低于250万欧元,则可归入A类。如果某个股票的XLM大于100基点,或日均成交额低于250万欧元,则归入B类。该指标的设计理念与分类方式值得借鉴。我国未来也可基于XLM原理并结合国内资本市场特征,自行创设本土化的综合流动性评价指标。

如图1所示,P_{mid}位于卖一价格P_1与买一价格P_{-1}的中点。从P_{mid}到P_1的距离与P_{mid}到P_{-1}的距离相等,该距离反映了流动性的宽度(breadth)。外来买入订单从P_1开始逐档向上成交,甚至直至P_i报价完全成交;而外来卖出订单从P_{-1}开始逐档向下成交,甚至直至P_{-j}报价完全成交。从P_1到P_i的距离以及从P_{-1}到P_{-j}的距离体现了流动性的深度(depth)。[25]

---

〔25〕 德国Xetra系统并未披露XLM的详细计算过程,推测其大致如下:假设某证券某时刻的订单指令簿,多档卖出报价卖一、卖二……报价分别为P_1、P_2…P_i,各档报价对应股票数量为Q_1、Q_2…Q_i;多档买入报价买一、买二……报价分别为P_{-1}、P_{-2}…P_{-j},各档报价对应股票数量为Q_{-1}、Q_{-2}…Q_{-j}。

对于确定金额为D的买入订单,先与第一档卖出报价P_1成交,若未能全部成交再与第二档卖出报价P_2成交……直至金额D全部成交,此时对应成交股数为N_{bid}。

买入成交均价$P_{bidave} = D/N_{bid}$。

买一卖一中间价格为$P_{mid} = (P_1 + P_{-1})/2$。

买入指标$XLM(D)_{bid} = (P_{bidave} - P_{mid})/P_{mid}$。

类似地,对于确定金额为D的卖出订单,卖出成交均价为P_{askave},则有:

卖出指标$XLM(D)_{ask} = (P_{mid} - P_{askave})/P_{mid}$。

对于给定金额D进行一个完整的虚拟买入卖出循环,对应有:

$XLM(D) = XLM(D)_{bid} + XLM(D)_{ask} = (P_{bidave} - P_{askave})/P_{mid}$。

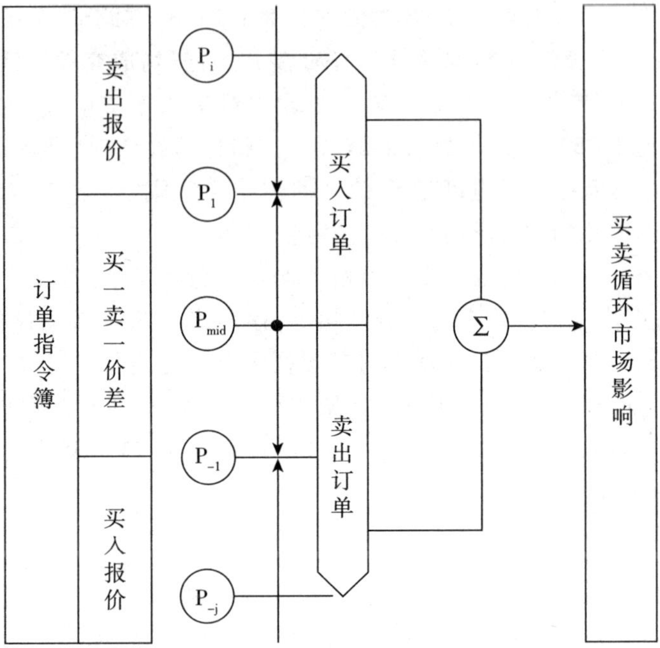

图 1　XLM 示意

资料来源：Peter Gomber & Uwe Schweickert, *The Market Impact – Liquidity Measure in Electronic Securities Trading*, Die Bank, 2002, https://www.xetra.com/resource/blob/5480/784401adc4e0e19bf32e37edcb45926d/data/The-Market-Impact-Liquidity-Measure-in-Electronic-Securities-Trading.pdf, visited Nov. 7, 2023。

（三）买卖价差限制：做市商困境与投资成本

1. 买卖价差之于做市商

在竞价制度市场中引入做市商制度，做市商与投资者同台报价，则做市商丧失了信息优势与单独报价优势，势必加大做市商用来自做市行为的获利平衡其所承担的报价义务的难度，陷入“做市商困境”。做市业务获利相对有限，难以补偿其做市责任带来的损失，进而带来双向报价积极性的降低，部分券商甚至退出做市业务。长期如此，做市商的冷淡甚至回避的态度将导致做市商制度实施效果大打折扣。重构做市义务的讨论对于突破做市商困境有积极意义。

2. 买卖价差之于投资者

在做市商制度约束下，投资者面对做市商双向报出的买入价格与卖出价格进行交易时，两者的差额即做市商的获利。投资者与做市商交易时，总是面临“高价买进，低价卖出”的情景。投资者面对做市商将被迫承担这种“不必要的交易成本”，且买卖价差越大，投资者付出的成本就越高。[26] 研究表明，如果价格波动增大、交易量减小，则买卖价差还将继续扩大。[27] 而且基于非对称信息理论，做市商也只有扩大其双向报价差额，才能减轻不对称信息交易的对其成本的消极影响。[28] 那么，如何看待投资者承受的买卖价差成本呢？

第一，该成本并不能通过多个做市商之间的竞争而缓解；相反，多个做市商更倾向由竞争转向合谋从而制造更大的买卖价差。20 世纪 90 年代，该现象在实施纯粹做市商制度的纳斯达克的实践中得到了验证。[29] 纳斯达克最终的解决方案是在做市商制度基础上引入竞价制度，使买一卖一价格之间的相对买卖价差有了明显下降。

第二，采用行政指令方式限制最大买卖价差以降低投资者成本，则难以把握实践中的边界且难与企业异质性、生命周期阶段性及市场波动性相适应。如果设定做市商双向报价的最大买卖价差过大，则无法起到约束做市商的效果；如果设定的最大买卖价差过小，则做市商做市业务收入难以覆盖其成本。[30] 长此以往，做市商甚至可能陷入困境，退出该证券的做市。理论上，做市商双向报价的价差应当既能让做市商合理盈利，又不至于让投资者承担过高成本，这可称为“理想价差区间”。首先，不同上市企业由于流动性状况的异质性，对应的“理想价差区间”不尽相同。其次，根据企业生命周期理论，即使是同一家企业，在不同发展阶段，也有不同的流动性需求及不同的“理想价差区

[26] 参见周民源：《混合模式——二板市场交易制度的未来取向》，载《金融研究》2001 年第 5 期。

[27] See Thomas Copeland & Dan Galai, *Information Effects on the Bid – Ask Spread*, The Journal of Finance, Vol. 38, 1983.

[28] 参见袁东：《证券市场上做市商制度的运作机理分析》，载《证券市场导报》1997 年第 2 期。

[29] See William Christie & Paul Schultz, *Why Do NASDAQ Market Makers Avoid Odd – Eighth Quotes*?, The Journal of Finance, Vol. 49, 1994.

[30] 参见吕韬：《全国中小企业股份转让系统做市业务特点分析》，载《清华金融评论》2015 年第 4 期。

间”。此外,面对资本市场的整体流动性涨落,上市企业流动性状况也会随之变化。

第三,从全球视角来看,在各证券交易所横向激烈竞争中,降低投资者成本是证券交易所吸引投资者与公司上市的关键环节。[31] 竞价交易制度下,证券交易所投资者成本主要为印花税与经纪佣金等,在经纪业务激烈竞争态势下,非机构投资者竞价买入并卖出成本处于较低水平。相比之下,与做市商成交,则投资者的成本主要为做市商报价的买卖价差等。如果与做市商成交的交易成本较高,投资者市场参与积极性会受到影响。从顶层制度设计与微观市场结构层面来看,努力降低投资者交易成本,可以活跃市场、吸引流动性,进而提高上市公司估值,有利于企业融资。

3. 我国台湾地区交易所:最大买卖价差的固定化设置

至21世纪初,我国台湾地区初步建立起以上市(1962年开始运营)、上柜(设立于1994年)、兴柜(创建于2002年)三者为主体的多层次资本市场格局。其中上市股票市场归属于台湾证券交易所,面向大市值蓝筹企业,而上柜股票市场与兴柜股票市场则归属于台北市的证券柜台买卖中心,服务中小成长型企业。上市与上柜采用竞价交易制度,而兴柜采用纯粹做市商交易制度。从而构成竞价制度与做市商制度分立共存的典型“平行模式”。

2021年,台湾证券交易所在上市一般板之外增设台湾创新板,证券柜台买卖中心则在兴柜市场一般板之外,增设兴柜战略新板。2021~2022年,在各竞价市场对部分优质低流动性股票逐步引入做市商[32],由此开始混合交易制度的初步尝试。至此,上市一般板、上市台湾创新板、兴柜战略新板及上柜都开始在部分优质低流动性股票中尝试竞价与做市商结合的混合交易制度,而兴柜一般板则仍保持纯粹做市商交易制度。然而,各竞价市场规定的做市商义务微有不同,上市一般板与上柜的做市商双向报价相对买卖价差不得超过3%,而上市台湾创新

---

〔31〕 同前注〔2〕。

〔32〕 做市商在我国台湾地区被称为“造市者”(market maker)、“流动量提供者”(liquidity provider)。

板、兴柜战略新板、兴柜一般板的相对买卖价差不得超过5%。

4. 德国 Xetra 系统最大买卖价差:基于流动性与股价的差异化设定

(1)德国 Xetra 系统基于流动性的详细股票分类

前文提到,德国 Xetra 系统采用了独特 XLM 及日均成交额两个指标,将股票分为流动性优良的 A 类与流动性稍逊的 B 类两个大类。更进一步,又将 B 类股票按照流动性由高到低依次划分为 LC1 类(liquidity class 1)、LC2 类(liquidity class 2)、LC3 类(liquidity class 3)3个流动性类别。[33] 与此同时,流动性分类为 A 类的股票又整体归为 LC4 类(liquidity class 4)。

(2)德国 Xetra 系统差异化的最大买卖价差

德国 Xetra 系统做市商双向报价的相对买卖价差不得超过该证券的“最大买卖价差”。[34] 流动性较高的股票最大买卖价差限制较窄,流动性较低的股票最大买卖价差则较为宽松。LC4 类与 LC1 类市值较大、流动性较高,该类别股票允许的最大买卖价差相对较窄,LC2 类次之,LC3 类则相对较宽。同时,对于不同股价区间的股票,允许的最大买卖价差也不同。价格较高的股票允许的最大买卖价差相对较窄,价格较低的股票允许的最大买卖价差则相对较宽。综上,不同证券的最大买卖价差因不同的流动性分类和股价高低而异。

如表 1 所示,不同流动性分类及不同股票价格区间对应允许的最大买卖价差不同。将表 1 转换为我国国内读者熟悉的百分比形式得到图 2。

---

〔33〕 使用 1 万欧元进行虚拟成交(不含做市商提供的流动性,仅考虑投资者参与的流动性),如果 XLM≤100 基点则归入 LC1 类,如果 100 基点 < XLM≤500 基点则归入 LC2 类,如果 XLM > 500 基点,则归入 LC3 类。

〔34〕 See Deutsche Börse, *Designated Sponsor Guide*, 2021, https://www.deutsche-boerse.com/resource/blob/1524500/96568290203ca52bf8e2103e9a600bcf/data/Designated-Sponsor-Guide.pdf, visited Nov. 7, 2023. Deutsche Börse Xetra, *Minimum Requirements for Designated Sponsors & Market Makers*, 2023, https://www.eurexchange.com/resource/blob/3452186/a7cfc42ff39aa9197ca2c730c7918a0a/data/3_Minimum_requirements.pdf, visited Nov. 7, 2023.

表 1　德国 Xetra 系统做市商所允许的最大买卖价差：由流动性及股价综合确定

股票价格区间	流动性分类			
	A类	B类		
	LC4	LC1	LC2	LC3
[8.0,+∞)	2%	2%	3%	4%
[3.2，8.0)	0.16 €	0.16 €	0.24 €	0.32 €
[2.4，3.2)	0.16 €	0.16 €	0.24 €	10%
[1.6，2.4)	0.16 €	0.16 €	10%	10%
[1.0，1.6)	10%	10%	10%	10%
(0.0，1.0)	0.10 €	0.10 €	0.10 €	0.10 €

资料来源：Deutsche Börse, Designated Sponsor Guide, 2021, https://www. deutsche - boerse. com/resource/blob/1524500/96568290203ca52bf8e2103e9a600bcf/data/Designated - Sponsor - Guide. pdf。

注：百分比(%)与欧元(€)混用：是德国交易所最大买卖价差设置的特点。

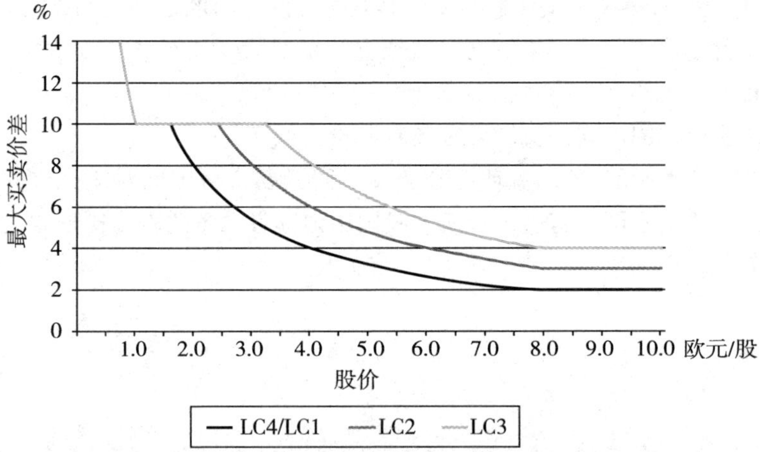

图 2　德国 Xetra 系统做市商所允许的最大买卖价差

德国 Xetra 系统对于每股 8 欧元以下的低价股的最大买卖价差要求较为宽松。且价格越低，要求越宽松。由于交易系统显示精度受限于小数位数，低价股往往显现波动较大、价差较大的特点。适当放宽低价股的最大买卖价差要求，有利于保护做市商服务的积极性。对于每股 8 欧元以上的股票最大买卖价差依流动性分类不同而不同：LC4 类与 LC1 类股票允许的最大买卖价差下限为 2%，LC2 股票允许的最大买卖价差下限为 3%，LC3 股票允许的最大买卖价差下限为 4%。

四、余论：做市商制度之外的延伸性思考

引入做市商只是提升上市企业流动性的第一步，流动性的持续改善还需要多方制度配合。对于我国而言：第一，上市公司质量是资本市场可持续发展的基石，一大批优质上市企业的成长性与创新性与才是赢得资金青睐与流入以及稳步提升上市企业流动性的根本所在。基于此，通过新股发行机制设计，不断提供生机勃勃的新兴企业，是流动性的基础性依托。第二，应持续完善并严格落实退市制度。稳定的优胜劣汰监管预期，将避免“炒壳”“炒差”的流动性消耗，将有限的流动性聚焦于优质企业。对于流动性指标强制退市的情形，则可借鉴境外思路：剔除做市商提供的流动性，而仅考量做市商以外的投资者提供的直接流动性（straight liquidity）。第三，以中长期资金为主体的机构投资者是保持资本市场流动性稳健充裕的主力军，应当鼓励保险机构投资者等中长期资金入市，完善税收递延与优惠等制度。

（编辑：宋　澜）

《证券法苑》(2024)
第三十九卷,第46~67页

个股期权交易视野下跨市场内幕交易行为规制研究*

桂　祥**

摘要:《期货和衍生品法》给我国期货和衍生品高质量发展带来新机遇,也使期现跨市场交易更加复杂和常见。一方面,证券现货和个股期权价格高度联动;另一方面,现有证券、期货和衍生品法律制度对内幕交易行为的规制在多方面存在一定差异,而这种差异在规制个股期权和证券现货跨市场内幕交易时可能导致监管真空。有必要在个股期权交易视野下,从构建跨市场交易衔接机制和完善相关配套机制等方面实现对跨市场内幕交易的规制。

关键词:个股期权　跨市场　内幕交易

一、问题的提出

2022年8月1日起我国施行了《期货和衍生品法》,这是我国第一部期货和衍生品法律,对我国期

---

* 本文系中央高校基本科研业务费项目"智能金融风险的监管法律问题研究"(项目编号:2232021E-08)阶段性成果。
** 东华大学人文学院讲师。

货及衍生品市场未来高质量发展具有重要意义。金融衍生品的价值常依赖于商品或者股票等基础资产价值变动,使金融衍生品交易本身具有跨机构、跨市场交易的特点,[1]期货、现货、金融衍生品等不同市场间的互动也将更加紧密,跨市场交易变得越来越常见,跨市场交易模式也将变得越来越复杂。2013 年 8 月 16 日发生的"光大乌龙指事件"即非常典型的跨市场交易案例,曾引起相关学者的广泛关注和讨论。[2]当然,该事件更多体现的是股指期货市场和现货市场间的跨市场内幕交易行为。而在 2021 年 8 月 17 日,美国证券交易委员会指控美国生物技术公司麦迪韦逊的前高管马修·帕努瓦特在 5 年前辉瑞制药收购该生物技术公司之前从事内幕交易行为,目前该案在美国仍处于法院审判阶段。但与典型的内幕交易行为不同的是,马修在获悉辉瑞制药将收购麦迪韦逊公司的消息后,并没有直接买入其所在的麦迪韦逊公司股票,而是买入了麦迪韦逊公司的竞争对手英赛德公司的股票期权,但马修也并没有直接获取有关英赛德公司的内幕消息,其买入英赛德公司股票期权的原因是他知道辉瑞制药公司收购麦迪韦逊公司的信息将同样导致作为竞争对手的英赛德公司股票上涨,而马修也因此获取了 12 万美元的收益。[3] 由此可以看到,该案中行为人并非利用现货或衍生品的信息在对应的市场中进行交易,而是利用现货市场中的相关信息,在个股期权市场中进行跨市场交易,利用现货市场的价格波动影响个股期权价格并以此获取个股期权交易中的营利,同时由于期权交易本身的特征,这种跨市场交易模式还具有亏损有限而营利倍增的特征。这种交易模式在美国证券市场中也被称为"影子内幕交易"。而在实践中,这种通过个股期权完成的跨市场交易所利用的信息可能不仅包括股票现货的内幕信息,还包括股票现货市场中的个股交易信

---

〔1〕 参见窦鹏娟:《场外衍生品监管:美国式变革的反思与启示》,载《证券市场导报》2013 年第 12 期。

〔2〕 参见缪因知:《光大证券事件行政处罚与民事索赔之合法性质疑》,载《法学》2014 年第 1 期;李西臣:《错单交易信息何以成为内幕信息?——析证监会处罚光大证券"乌龙指"案》,载《兰州学刊》2016 年第 5 期。

〔3〕 参见《买竞争对手期权 美国一高管被控内幕交易》,载百度百家号,https://baijiahao.baidu.com/s?id=1791503625025982235&wfr=spider&for=pc,2024 年 3 月 22 日访问。

息或未来的交易策略等。

随着我国经济发展和各类市场建设的加速,证券市场的复杂化和新型金融工具的不断出现,衍生品交易市场的发展已经是大势所趋,不同类型的跨市场交易将不断增多。[4] 值得思考的是,多层次市场的构建本意不是隔绝各市场间的互动和联系,利用不同市场进行套利或者套保也并非"原罪",不同市场间有关内幕交易行为规制的侧重点也存在较大差异,股票现货市场中的交易信息或者未来交易策略是否必然属于个股期权交易中的内幕信息还有待进一步分析。而相关主体在不同市场间的跨市场交易行为必然伴随资金、信息等要素在不同市场流动、配置,进而打破原有市场的平衡,在特定时空条件下相对于其他市场主体形成相对的优势,而这种优势的形成和基于此种优势的交易是否具有当罚性,是否应将其纳入内幕交易规制视野下等问题,都值得研究。

二、个股期权交易视野下跨市场交易类型分析

(一)我国个股期权交易现状

股票期权,是指一种能在未来特定期限内以预先确定的价格和条件买进或卖出一定数量股票的权利。期权的买方通过向卖方支付一定的费用,获得在约定的时间以约定的价格买入或卖出约定数量标的的股票的权利。[5] 股票期权的基础资产是股票,股票期权与标的股票之间存在较为紧密的内在关联性,正因如此,通过买入现货同时买入认沽期权或者卖出认购期权等跨市场交易方式,股票期权为股票投资者提供了有效的规避风险、资金管理的手段,而从整个市场来看,股票期权交易还能起到发现股票现货价格的功能。2015 年 2 月 9 日,我国在上海证券交易所正式上市了首个场内股票期权交易产品——上证 50ETF

---

〔4〕 参见陈洁、曾洋:《对"8·16 光大事件"内幕交易定性之质疑》,载《法学评论》2014 年第 1 期。

〔5〕 参见彭鲁军、陈亦聪:《股票期权内幕交易法律规制之检视与思考》,载黄红元、徐明主编:《证券法苑》(第 13 卷),法律出版社 2014 年版,第 295 页。

(英文全称为"exchange traded fund",指交易型开放式指数基金,通常又被称为交易所交易基金,是一种在交易所上市交易的、基金份额可变的开放式基金),其后相关交易所又陆续推出了沪深300ETF期权和沪深300股指期权交易,而在2022年9月19日,经中国证券监督管理委员会(以下简称证监会)批准,上海证券交易所又上市交易了中证500ETF期权合约品种。这些期权品种都属于场内交易的期权,都是标准化的交易合约,虽然期权品种的扩充给予市场投资者更多元的对冲选择,提升了我国场内期权市场整体规模,但现有场内股票期权都属于股指期权,以具体公司股票为基础资产的场内标准化个股期权品种数量仍为零。

当然,证券市场内标准化的个股期权品种的缺失不意味着对个股期权交易需求的消失,作为证券市场中的业务创新,诸如私募基金等各类市场主体出于各种目的仍会和券商开展场外个股期权交易。自2012年起,证券公司开始场外期权业务试点,在监管机构多轮规范管理下,场外个股期权交易规模呈现快速增长的态势。中国证券业协会所著《中国证券业发展报告(2022)》(中国财政经济出版社2022年版)显示,2021年场外期权累计新增名义本金规模为3.63万亿元,同比增长39.41%,交易笔数同比增长93.11%。由此可见,场外个股期权业务需求旺盛、发展迅速,同时存在较大的不透明性和非标准性,因此在业务发展过程中仍可能出现相对不规范的现象。例如,2022年6月,证监会分别对华泰证券、中信建投证券、中国国际金融股份有限公司3家一级交易商采取出具警示函或责令改正的监管措施,而具体案由均涉及场外个股期权业务违规。正因如此,中国证券业协会先后发布了《关于进一步加强证券公司场外期权业务监管的通知》和《关于进一步加强证券公司场外期权业务自律管理的通知》,2020年9月,中国证券业协会更在合并上述两份通知的基础上,制定了《证券公司场外期权业务管理办法》(以下简称《管理办法》)。《管理办法》更多属于行业规范而不具有法律效力,同时其中内容更多是有关场外期权业务监管而非具体行为规制。另外,现有证券、期货和衍生品市场有关内幕交易行为的规制更多是着眼于证券市场、期货市场的单个市场交易活动,对个股期权以及通过个股期权交易实施的跨市场内幕交易,尚缺乏针对性规定,如果制度层面不予以跟进,则容易产生监管漏洞[6]。因此,准确厘定个股期权和现货证券跨市场内幕交易打击范围尤为重要。

(二)个股期权交易下期现跨市场交易类型分析

个股期权交易丰富了人们的风险管理和投机渠道,不同方式、方向的期现跨市场交易能实现不同的交易目的,这些跨市场交易方式主要体现为以下5个方面:

1. 同一主体在现货市场中买入股票同时在个股期权市场买入该个股的认沽期权或者卖出认购期权,反之亦然。这种交易模式更多体现为非常典型的套期保值,即投资者为了防止现货价格波动带来的损失,在个股期权上建立与现货相反的交易头寸,当现货价格下跌出现损失时,可以通过在期权交易中行权来获得收益,从而使收益和亏损相互抵消并达到对冲风险的目的。套期保值交易的本质其实是投资者利用自身在现货市场中的交易信息,以最大损失权利金为代价,为所持有的现货购买保险。当然,这种交易模式也可以用于期权市场的无风险套利,比如期权的上下边界套利,在投机者套利过程中其更多是利用了期权本身的价格信息及现货价格信息。期权及现货市场都并非理论中的完全有效市场,在实践中都可能存在价格偏差,这也为投机者提供了期现套利的机会,实际上自2010年股指期货开通后,期现套利成为证券行业存在已久的盈利模式。[7]

2. 同一主体在现货市场中买入股票同时在该股票的个股期权市场中进一步买入认购期权,或者在现货市场中卖出股票的同时在该股票的个股期权市场中卖出认购期权。这种情形下投资者的资金量可能较大,这种巨额的交易规模可能影响现货市场的价格,并通过期现联动进一步对期权合约的价格起到同向影响的作用,进而达到放大收益的效果,这种交易行为可能会因滥用市场影响力而构成市场操纵行为,当然,如果不存在市场操纵行为,该类型交易实际是由交易者利用自身在现货市场上的交易信息通过个股期权市场来实现的,或者是由交易者利用自身在个股期权市场上的交易信息通过现货市场来实现的。

---

〔6〕 同前注〔5〕。

〔7〕 同前注〔4〕。

3. 利用上市公司相关的重大非公开信息在相应的个股期权中交易,此时交易主体在决定进行个股期权交易前更多的是利用有关上市公司的重大非公开信息。例如,美国证券交易委员会诉得克萨斯海湾硫黄公司案(SEC v. Texas Gulf Sulphur Co.)中,即公司内部人利用利好消息大量买进公司股票期权。[8] 但此时交易主体并没有在现货市场直接进行交易而是在个股期权市场中进行交易,因此,还应当审视有关上市公司的重大非公开信息是否属于个股期权市场中的内幕信息,而个股期权市场中的内幕信息相对于现货市场的内幕消息而言有一定的特殊性。

4. 期权交易主体在个股期权交易中利用其他交易主体在现货市场中的巨额交易信息或交易策略。在现货市场中,由于特定证券标的本身具有相对稀缺性,较容易受到市场供求关系的影响,尤其是对于体量较小的上市公司股票而言,较大规模的交易行为能对证券价格产生较为显著的影响。而根据期权定价模型,当前股票价格、执行价格、期权期限、股票价格的波动率、无风险利率、期权期限内预期发放的股息6大因素决定了股票期权的价格。[9] 正因为现货市场短期内的供求关系变化在不同程度上会影响现货股票的价格进而影响个股期权的价格,期权交易主体才可以在得知股票现货交易策略或者交易信息前购买或者卖出相应的股票期权,并依靠这种信息优势获利,这种"抢跑"交易类似于传统的"老鼠仓"交易。

5. 在股票现货交易中利用其他交易主体在个股期权交易中的巨额交易信息或者交易策略,这种交易模式其实与第四种模式类似,从现货市场来看利用的仍然是内幕信息以外的其他未公开信息,仅仅方向相反。当然,个股期权和证券两个不同市场在内幕交易主体、行为、信息种类、信息要素等方面的制度差异可能导致相关行为的规制差异。

综上所述,上述5种较为典型的个股期权和股票现货之间的跨市

[8] 参见刘成墉:《金融衍生品之跨市场内幕交易——以检视台湾地区规范间隙为视角》,载郭峰主编:《证券法律评论》(2015年卷),中国法制出版社2015年版,第545页。

[9] 参见[加]约翰·赫尔:《期权、期货及其他衍生产品》(第8版),[加]王勇、[加]索吾林译,机械工业出版社2012年版,第152页。

场交易行为有的应属合法，如较为典型的套期保值和期现套利；而有的跨市场交易在现有证券、期货和衍生品法律分立的制度语境下则存在一定的模糊性，是否应当纳入内幕信息交易违法行为的打击范围，则仍应结合相关基础理论问题进一步探究。

三、个股期权交易视野下期现跨市场内幕交易认定差异分析

就内幕交易认定而言，《证券法》《期货和衍生品法》的相关规定中存在一定的差异，这些差异多由现货和个股期权的本质特征不同所决定，并给跨市场内幕交易行为的认定带来了一定的困难。

（一）证券市场与个股期权市场内幕信息相关性要素差异

在证券法律制度中，《证券法》第 52 条第 1 款原则性地规定了内幕信息的概念，第 2 款则规定了《证券法》第 80 条第 2 款和第 81 条第 2 款所列重大事件属于内幕信息。虽然也有观点认为内幕信息不必然具有相关性要求，即内幕信息可以不来自公司内部。〔10〕但更多学者认为，禁止内幕交易的初衷就在于防止内部人抢在该公司的其他投资者知晓信息前买卖该公司股票获利而造成证券市场上的不公平。〔11〕因此，《证券法》规定的内幕信息强调了信息与证券标的公司之间的关联性，强调了信息源主要来自证券标的公司。〔12〕这种观点在现有法条中似乎也找到了相关印证，从《证券法》第 52 条规定可以看到“经营、财务或者对该发行人证券的市场价格有重大影响”等都应当接受“涉及发行人”的约束，这也被相关学者认为是从法律上体现了证券市场内幕信息的相关性要素要求。

---

〔10〕 参见闻志强：《“内幕信息”的认定标准和司法适用分析》，载《西南交通大学学报（社会科学版）》2015 年第 1 期；曹理：《新〈证券法〉下内幕交易认定的理念转换与制度重构——以光大证券“乌龙指”案为对象的分析》，载《西南民族大学学报（人文社会科学版）》2022 年第 1 期。

〔11〕 参见李西臣：《错单交易信息何以成为内幕信息？——析证监会处罚光大证券“乌龙指”案》，载《兰州学刊》2016 年第 5 期。

〔12〕 同前注〔4〕。

而与此相对应的是《期货和衍生品法》有关内幕信息的界定没有突出强调信息与特定主体的关联性而导致衍生品市场的内幕信息的范围其实“无所不包”。[13] 这是因为证券现货主要为特定主体融资,特定主体的相关信息决定了其投资价值,而投资者与证券发行人等特定主体之间存在较大的信息落差,容易产生信息不公平。而个股期权的功能并非为特定主体融资,而更多体现的是与现货风险对冲功能,交易者之间的信息落差要远小于证券发行人与投资者之间的落差,交易者根据各自搜集、挖掘的市场信息及其风险偏好对风险出价和交易。[14] 因此衍生品市场中的内幕信息更强调重大性和非公开性而不强调相关性,这在《期货和衍生品法》中也有所体现。[15] 由此可见,《证券法》中内幕信息与《期货和衍生品法》中的内幕信息在相关性要素上出现了较为明显的差异,实际交易中就可能存在以下情况,即某种信息在个股期权交易中属于内幕信息而在相应的个股现货交易中却不属于内幕信息。例如,监管机构工作人员因为工作关系知悉了可能对期权交易价格有重大影响的市场信息,但并不源自上市公司内部或者与特定的上市公司并不相关,这在个股期权市场中交易可能构成内幕交易行为,但对现货市场的具体股票交易则不构成内幕交易行为。又由于个股期权与股票现货之间存在高度关联性和互动性,利用该信息在现货市场中交易虽不构成内幕交易行为,却起到了实际内幕交易的类似效果。

(二)证券市场与个股期权市场内幕信息种类的差异

证券市场中交易主体如果利用了内幕信息进行交易,则该交易将被认定为内幕交易违法行为,而如果特殊主体利用了内幕信息外其他未公开信息进行交易,则该交易可能被认定为利用未公开信息交易违法行为,因此,对于利用其他未公开信息进行交易的行为,目前法律将其作为与内幕交易行为并列的一种独立违法犯罪行为进行规制,有专

---

〔13〕 同前注〔4〕。

〔14〕 参见李明良、李虹:《期货市场内幕交易的内涵:以美国为中心的考察》,载黄红元、徐明主编:《证券法苑》(第13卷),法律出版社2014年版,第281页。

〔15〕 《期货和衍生品法》第14条第1款规定:“本法所称内幕信息,是指可能对期货交易或者衍生品交易的交易价格产生重大影响的尚未公开的信息。”

家将这种路径称为“分轨模式”。[16] 根据2019年最高人民法院、最高人民检察院《关于办理利用未公开信息交易刑事案件适用法律若干问题的解释》(以下简称《利用未公开信息交易司法解释》)第1条的规定,内幕信息以外的其他未公开的信息一般可以包括:(1)证券、期货的投资决策、交易执行信息;(2)证券持仓数量及变化、资金数量及变化、交易动向信息;(3)其他可能影响证券、期货交易活动的信息。

在衍生品市场中,现有法律对于内幕信息种类采用了“并轨模式”,并未将交易信息或决策独立于内幕信息种类之外。《期货和衍生品法》第14条第2款对期货交易的内幕信息进行了列举[17],但对于衍生品交易中的内幕信息种类并未明确规定,也没有其他规范性文件对此进行明确列举。从《期货和衍生品法》对期货交易内幕交易种类的列举可以看到,期货市场内幕交易具有其自身特点,期货市场的内幕信息通常产生于国民经济或交易市场本身,单个公司的经营信息通常不会成为期货市场内幕信息的来源。[18] 期货市场中与标准化合约交易有关的内幕信息与上市公司等证券发行主体不存在任何形式的关联。[19] 而目前《期货和衍生品法》对衍生品与期货采用的是场内场外合并立法模式,如果两者立法思路和理念相仿,是否意味着衍生品的内幕信息也应当体现为宏观经济政策信息、有系统性影响的信息以及特定交易者的交易信息等市场层面信息,而不应该是具体公司经营信息。

这种不同市场中内幕信息种类的差异现象可能导致跨市场交易行为规制上存在一些困惑。当相关交易主体利用个股期权交易信息、决

---

〔16〕 参见龙非:《未公开重大交易信息应当作为内幕信息——光大证券“乌龙指”事件处罚案分析》,载《法律适用》2018年第10期。

〔17〕 《期货和衍生品法》第14条第2款规定:“期货交易的内幕信息包括:(一)国务院期货监督管理机构以及其他相关部门正在制定或者尚未发布的对期货交易价格可能产生重大影响的政策、信息或者数据;(二)期货交易场所、期货结算机构作出的可能对期货交易价格产生重大影响的决定;(三)期货交易场所会员、交易者的资金和交易动向;(四)相关市场中的重大异常交易信息;(五)国务院期货监督管理机构规定的对期货交易价格有重大影响的其他信息。”

〔18〕 参见钟维:《期货市场内幕交易:理论阐释与比较法分析——兼论我国期货法之内幕交易制度的构建》,载《广东社会科学》2015年第4期。

〔19〕 参见谢杰:《最新内幕交易犯罪司法解释的缺陷与规则优化》,载《法学》2012年第10期。

策信息在现货市场上进行证券交易时（上文中提及的第五种交易模式），按照《利用未公开信息交易司法解释》的规定，由于个股期权交易信息并非证券、期货投资决策或交易执行信息，并不属于其他未公开信息，也并非内幕信息，相关主体在证券市场上的交易行为自然也不应当属于内幕交易行为或利用其他未公开信息交易行为。而投资者在个股期权交易中利用上市公司重大非公开经营信息时（上文提及的第三种交易模式），如果具体公司经营信息不被认可为期权市场中的内幕信息，则相关个股期权交易行为也不能成为内幕交易行为，但这对于其他期权交易主体来说其实是不公平的，因为投资者实际利用个股期权价格与基础标的价格的内在紧密联系交易达到了内幕交易相同的效果。

（三）证券市场与个股期权市场内幕交易行为构成要件差异

《证券法》第 50 条规定："禁止证券交易内幕信息的知情人和非法获取内幕信息的人利用内幕信息从事证券交易活动。"可以看到，该条文含有"利用"字样，强调的是知情人进行交易时以内幕信息为投资决策依据这一行为的主观特征，该条文采用的是"利用标准"或"主观标准"。[20] 而《期货和衍生品法》第 13 条规定，"在内幕信息公开前不得从事相关期货交易或者衍生品交易，明示、暗示他人从事与内幕信息有关的期货交易或者衍生品交易，或者泄露内幕信息"。《期货和衍生品法》在内幕交易的行为构成方面采用的是"知悉标准"。总体而言，"利用标准"的构成要件更为严苛，因为不仅需要行为人知悉内幕信息，而且要求行为人的交易应当受到内幕信息的影响，但由于行为人主观状态难以证明，加之司法实践中对于利用要件事实推定的广泛运用，[21] 事实上，证券与个股期权内幕交易行为在该事实要件认定上的差异并不大。

在衍生品法律制度中，所有内幕信息知情主体在信息公开前都不能开展衍生品交易，不能明示、暗示他人从事衍生品交易，不能泄露内

〔20〕 参见曾洋：《证券内幕交易的"利用要件"》，载《环球法律评论》2013 年第 6 期。

〔21〕 参见陈洁：《内幕交易事实认定中自有裁量权的适用及其规制——以内幕交易"知悉"要件的推定为视角》，载《清华法学》2018 年第 6 期。

幕信息。但由于信息种类的“分轨模式”,在《证券法》中,对于内幕信息而言,知情人和非法知情人的禁止行为包括买卖证券、泄露信息、建议买卖证券等;而对于内幕信息以外的其他未公开信息而言,禁止行为则包括从事相关证券交易及明示、暗示他人从事相关交易。通过比较我们首先可以看到证券和衍生品有关内幕交易行为规制标的是相对隔离的,即衍生品内幕交易规制的行为是利用内幕信息进行衍生品的交易而非证券交易,而证券内幕交易规制的行为也是利用内幕信息进行证券的交易而非期货或衍生品交易。《刑法》中的内幕交易、泄露内幕信息罪虽然也规定利用证券市场的内幕信息从事期货交易构成内幕交易犯罪,[22]但由于《期货和衍生品法》中的期货严格来说并不包括目前场外交易的个股期权(其为衍生品),因此在目前的法律规定语境下,如果证券市场相关内幕信息在个股期权市场中不构成内幕信息,则相关主体利用该信息从事个股期权交易仍可能存在一定的规制困境。

另外,在证券法律制度中利用其他未公开信息的交易行为和内幕交易行为规制相比,缺少了泄露信息行为的规制。虽然《利用未公开信息交易司法解释》规定了“以出售或者变相出售未公开信息等方式”,对有价泄露其他未公开信息行为进行了必要规制,但对于特定主体单纯泄露其他未公开信息的行为目前仍然无法规制。当特定主体向一般主体泄露其他未公开信息,一般交易主体在期权市场中抢先进行方向相同交易时(上文提及的第四种交易模式),泄露信息行为规制的缺失可能使对相关主体的行为约束更加困难:一方面,特定主体的泄露行为无法规制;另一方面,一般主体在个股期权市场中的交易行为也较难规制。原因在于,现货交易信息在个股期权市场中可能也较难确定

---

〔22〕《刑法》第180条第1款规定:“证券、期货交易内幕信息的知情人员或者非法获取证券、期货交易内幕信息的人员,在涉及证券的发行,证券、期货交易或者其他对证券、期货交易价格有重大影响的信息尚未公开前,买入或者卖出该证券,或者从事与该内幕信息有关的期货交易,或者泄露该信息,或者明示、暗示他人从事上述交易活动,情节严重的,处五年以下有期徒刑或者拘役,并处或者单处违法所得一倍以上五倍以下罚金;情节特别严重的,处五年以上十年以下有期徒刑,并处违法所得一倍以上五倍以下罚金。”

相关内幕信息具体种类，如果个股期权比照期货内幕信息种类，则交易者资金应当被限定在期货交易所而非现货市场[23]。另外，由于现货和期权的特征差异，不同类型的信息在现货市场和衍生品市场的传导速度和影响大小不同。对整个证券市场或对权重较大的成分股有较大影响的信息，将首先在衍生品市场得到反映；而对证券市场影响较小或对股指影响较小的信息，则更倾向于在股票市场得到反映。[24] 因此可能导致的情形是：某一具体现货的交易信息因为在现货市场中对市场价格影响较大能够被认定为内幕信息，而在个股期权市场中影响较小实质上不能被认定为内幕信息。但其相对于市场中其他交易主体而言存在不公平的信息优势，且这种信息优势并非由该信息知情主体通过自身努力收集、分析已有公开信息达成的，而是通过其他特殊关系达成，以此获取的利益也难言正当。

不仅如此，根据现有法律规定，特定主体利用其他未公开信息交易的行为规制限定于证券、期货交易活动，如果特定主体利用证券市场中的其他未公开信息在个股期权市场中交易，在该其他未公开信息在个股期权市场中不构成内幕信息的前提下，可能会由于具体交易标的属于个股期权而非证券现货、期货而无法对其进行规制；“明示、暗示他人”虽然可以扩展到“相关交易活动”，但根据《利用未公开信息交易司法解释》第4条第4项的规定，“（四）他人从事相关交易的证券、期货品种、交易时间与未公开信息所涉证券、期货品种、交易时间等方面基本一致”，即使特定主体存在“明示、暗示他人从事相关交易活动”，也可能因为未公开信息涉及现货种类和具体交易个股期权种类的不一致而无法规制，但在个股期权交易语境下，这些行为中所涵盖的不公平信息优势并未因交易标的的转换而消失。

---

[23] 《期货和衍生品法》第14条第2款规定，“期货交易的内幕信息包括：……（三）期货交易场所会员、交易者的资金和交易动向”，其中“会员”和“交易者”都应当受“期货交易场所”限定。

[24] 参见王春峰、卢涛、房振明：《股票、股指期货跨市场信息监管的国际比较及借鉴》，载《国际金融研究》2008年第3期。

(四)证券市场与个股期权市场内幕交易主体范围差异

《期货和衍生品法》第15条对期货和衍生品市场中内幕信息的知情人进行了规定,并对期货交易中内幕信息的知情人进行了列举,[25]但对衍生品交易中内幕信息的知情人并没有明确规定。相关学者认为,期货市场内幕交易的基本主体主要包括四类:政府工作人员、期货自律管理组织工作人员、期货经纪商和事件类信息的制造者。[26]由此可见,由于期货交易本身投机风险对冲的功能定位,其与特定主体并没有紧密联系,在具体类型上也基本没有体现出内部人特征,而更多体现为市场经营、管理职能特征。由此带来的疑虑是,证券市场内幕交易中的内部知情人能否被认定为期货内幕交易主体,而这种疑虑在期货和衍生品合并立法模式下可能也会影响对衍生品内幕交易主体的认定。比如,上市公司的高级管理人员在交易个股期权时能否成为内幕交易的主体,决定了其行为能否被内幕交易制度规制。另外,从《期货和衍生品法》相关规定可以看到内幕信息的范围较现货更宽泛,由此引发出值得思考的问题是交易者作为自己交易信息的源头是否也是自己交易信息的知情人,其利用自己的现货交易信息、资金动向等进行个股期权交易是否也构成内幕交易行为(上文提及的第二种交易模式)。在目前的法律语境下,如果现货交易规模较大并能对股票价格、期权价格产生重大影响,因为《证券法》和《期货和衍生品法》中"利用自身信息交易"内幕交易抗辩规则的缺失,[27]交易主体利用自己交易信息可能面临构成内幕交易行为的风险。

在《证券法》方面,在"信息平等理论"基础上,不管是司法层面还

---

〔25〕《期货和衍生品法》第15条规定:"本法所称内幕信息的知情人,是指由于经营地位、管理地位、监督地位或者职务便利等,能够接触或者获得内幕信息的单位和个人。期货交易的内幕信息的知情人包括:(一)期货经营机构、期货交易场所、期货结算机构、期货服务机构的有关人员;(二)国务院期货监督管理机构和其他有关部门的工作人员;(三)国务院期货监督管理机构规定的可以获取内幕信息的其他单位和个人。"

〔26〕同前注〔14〕。

〔27〕参见陈洁:《"利用自身信息交易"作为内幕交易抗辩规则的建构——兼论我国内幕交易安全港规则的基本框架》,载《现代法学》2021年第5期。

是在行政监管层面，内幕交易主体都有扩张至“任何知情人”的趋势。[28] 另外，对于内幕信息外的其他未公开信息，其违法行为主体被限定为“证券交易场所、证券公司、证券登记结算机构、证券服务机构和其他金融企业的从业人员、有关监管部门或者行业协会的工作人员”(《证券法》第54条)。而对于其他一般交易主体而言，如果利用其他未公开信息进行交易，只能通过其他方式来进行规制。比如，在刑事领域可以通过共同犯罪的方式进行处罚，如姜某君、柳某利用未公开信息交易案。[29] 柳某系基金公司的基金经理，负责该基金的运营和投资决策，其将利用职务便利所获取的未公开信息泄露给姜某君，姜某君再通过趋同交易对相关证券进行交易，后被法院判定为共同利用职务便利获取未公开信息从事相关证券交易，柳某泄露未公开信息的行为实际成为共同犯罪的手段之一。虽有案例如此，但因为利用未公开信息交易罪主体的特殊性以及相关建议行为与交易行为之间的复杂性，该罪的共同犯罪问题已经成为刑法理论与实践中一个争议较大的问题。[30] 不可忽视的是个股期权价格也会受供求关系影响，且和现货证券价格具有高度相关性，一般知情主体利用个股期权的交易信息、预先决策信息开展现货交易时(上文提及的第五种交易模式)，其并不符合利用其他非公开信息交易违法行为的主体构成要件(当然，在信息种类、信息和行为的相关性上都存在问题)，无法对其行为进行规制。

综合上述分析，笔者制作了表1，更直观地对证券市场与个股期权市场内幕交易差异进行对比。

---

〔28〕 参见曾洋:《证券内幕交易主体识别的理论基础及逻辑展开》，载《中国法学》2014年第2期。

〔29〕 上海市高级人民法院:姜某君、柳某利用未公开信息交易二审刑事判决书，案号:(2019)沪刑终76号，2019年12月31日。

〔30〕 参见刘宪权、林雨佳:《利用未公开信息交易共同犯罪的认定》，载《政治与法律》2019年第4期。

表1　证券市场与个股期权市场内幕交易差异对比

项目	在证券市场交易	在个股期权市场交易
利用具体企业经营信息	内幕交易行为（买卖证券、泄露信息、建议他人买卖证券）	不明确（具体企业信息是否能成为期权市场内幕信息、企业内部人员是否能成为期权市场内幕交易主体）
利用证券市场交易决策、交易信息	特定主体：利用其他未公开信息交易行为（证券交易，明示、暗示他人从事相关交易）、泄露信息无法规制	特定主体：不明确（证券市场交易决策、交易信息并不一定属于衍生品市场的内幕信息，不一定能以内幕行为进行规制；《期货和衍生品法》规定目前场外个股期权不属于证券和期货而属于衍生品，无法适用《刑法》《证券法》的其他未公开信息交易规定；明示、暗示他人从事相关交易活动也存在证券交易信息和期权交易的品种不一致问题）
	一般主体：无法规制（有共谋可与特定主体构成利用其他未公开信息交易共犯）	一般主体：不明确（证券市场交易者的资金和交易动向信息能否成为个股期权市场的内幕信息）
利用个股期权市场交易决策、交易信息	特定主体：无法规制（根据《利用未公开交易信息司法解释》，个股期权交易信息可能不属于其他未公开信息，同时也因与上市公司不直接相关而不属于现货市场内幕信息）	内幕交易行为（期货交易或者衍生品交易，明示、暗示他人从事期货交易或者衍生品交易，或者泄露内幕信息）
	一般主体：无法规制（主体和信息种类都不适格）	
利用市场系统性信息	不确定（市场系统性信息是否与上市公司相关联）	内幕交易行为（期货交易或者衍生品交易，明示、暗示他人从事期货交易或者衍生品交易，或者泄露内幕信息）

四、完善期现跨市场内幕交易行为规制对策建议

对于《证券法》和《期货和衍生品法》在内幕交易规制方面的制度差异，有两种不同观点：一方面，有观点认为，为了防止出现期现跨市场内幕交易行为的规制困境，可以采用一个市场"准用"另一个市场规定的做法，但期现不同市场间毕竟存在较为明显的差异，采用"准用"法则有可能忽视不同市场的差异性而造成新的不适配，频繁修改法律也不利于保持法律的相对稳定性。另一方面，股票期权与其基础标的紧密联动可能会加速传统证券市场与期权、期货市场界限消逝，[31]如果不顾期现市场制度差异带来的内幕交易行为规制困境，也可能使相关交易主体利用制度差异频繁开展跨市场交易行为，从而起到架空现有不同市场内幕交易规制制度的效果。因此，更为妥当的做法是构建不同市场间制度衔接，并完善相关配套机制。

（一）构建期现跨市场交易衔接机制

1. 进一步明晰个股期权市场内幕信息种类和内幕主体

现有《期货和衍生品法》对衍生品交易中的内幕信息和内幕主体仅有原则性规定，对于衍生品交易的内幕信息种类和内幕交易主体并没有进行具体列举，而我国目前对于期货和衍生品采用的是合并立法模式，期货的立法理念在不同程度上会影响对衍生品内幕信息和内幕主体的认定，而这可能和作为个股期权的衍生品交易特征存在一定的冲突并在司法实践中引起分歧。比如，具体公司经营信息可能对期货影响并不大，但可能对个股期权价格的影响较大。虽然现有《期货和衍生品法》原则性规定的范围较广且也存在兜底条款，但兜底条款并非万能条款。在立法技术上，兜底条款存在的合理性依据似乎就在于人们无法用有限的知识来应对无限的社会变化。[32] 在实践发展已经对法律提出明确需

---

〔31〕 同前注〔8〕。

〔32〕 参见石聚航：《刑法谦抑性是如何被搁浅的——基于定罪实践的反思性观察》，载《法制与社会发展》2014年第1期。

求时,法律则应当以明确的规定对其进行积极回应。因此,有必要进一步明晰个股期权等衍生品交易中的内幕信息种类和内幕主体范围。具体来说,目前的《管理办法》并不具有法律效力,有必要由证监会对场外个股期权交易制定专门的部门规章(以下简称期权规章),提升法律位阶;在期权规章中应当在"禁止行为"章节中加入跨市场内幕交易行为,因为个股期权和现货证券价格的高度关联性,应当明确个股期权市场中内幕信息知情人和非法获取内幕信息的人在内幕信息公开前不得从事相关的证券交易、期货交易或衍生品交易,不得明示、暗示他人从事与内幕信息有关的证券交易、期货交易或衍生品交易,或者泄露内幕信息;可以通过"列举+兜底"的方式明晰跨市场内幕信息种类和内幕主体,明确对于以具体证券或者证券指数为标的资产的期权合约,具体证券、证券指数的内幕信息,具有价格敏感性的证券、期货等相关市场交易者的资金和交易动向信息等应当也是期权市场的内幕信息,而具体证券、证券指数的内幕信息知情人也应当是期权市场的内幕信息知情人。当然从远期来看,随着现货市场和期货、期权市场的高度联动、紧密联系,有必要在未来的《证券法》和《期货和衍生品法》修订中更为直接和全面地构建证券现货和个股期权市场间交易行为的衔接机制,在更高法律位阶上予以保障。

2. 进一步准确认定利用其他未公开信息交易的违法行为性质

现实中,无论是立法者、行政执法机构还是司法机构,对于"老鼠仓"法律性质的认识存在一定模糊性。具体原因是"老鼠仓"行为可能存在多种类型、多种行为模式,简单将其归入一种类型,并不能完全解释各种不同类型的"老鼠仓"行为,也就出现了各种问题。[33] 当然,笔者认为造成"老鼠仓"行为的性质多样性的一部分原因应该是法律上对内幕信息以外其他未公开信息的概括性规定,虽然学理上诸多学者认为其他未公开信息应当具有未公开性和价格敏感性,但在监管和司法实践中通常只关注前者而忽略后者。[34] 其实这可能存在混淆不同种类信息的问

〔33〕 参见彭冰:《重新定性"老鼠仓"——运动式证券监管反思》,载《清华法学》2018年第6期。

〔34〕 参见王晓磊:《利用未公开信息交易罪中未公开信息的认定》,载《中国检察官》2019年第6期。

题，一部分决策信息因为金融机构资金规模较大，或者投资标的体量较小，决定了该决策信息具有价格敏感性，该类信息其实从内幕信息角度来认定更为准确，利用该类信息交易则构成内幕交易行为，而利用不具有价格敏感性的决策信息等其他未公开信息也并不意味着丧失违法性，其仍然受到《刑法》《证券法》相关规定的约束，可以从利用未公开信息交易、职务侵占等角度考虑具体规制。因为利用这种价格敏感性的交易决策、交易信息在交易过程中更多影响的是知情主体和其他主体间的信息和利益不均衡，而非特定交易主体与其所服务机构的背信，尤其是在知情主体交易规模较小或事后趋同交易的情况下。且在相关的典型司法判例中也常认为利用未公开信息交易行为"严重破坏了公开、公正、公平的证券市场原则，严重损害客户投资者或处于信息弱势的散户利益"。〔35〕而这也更多显示出内幕交易行为的特征。〔36〕这种认定方式也能解决特殊主体在个股期权、现货跨市场交易中对具有价格敏感性的决策信息、交易信息的泄露行为规制问题和一般知情主体的交易行为规制问题。一般主体利用个股期权市场中具有价格敏感性的交易信息、决策信息在现货市场中进行交易的，如果这种交易信息、决策信息在证券市场中不被认定为内幕信息则很难进行规制，而如果将其认定为内幕信息，一般主体的交易行为也自然属于内幕交易行为，泄露该信息的行为也应当予以规制。综上所述，可以在相关规定或者司法解释中，对其他未公开信息根据价格敏感性标准进行更为准确的划分，明确具有价格敏感性的交易信息、决策信息应当属于内幕信息，而不具有价格敏感性的信息才是内幕信息以外的其他未公开信息。

（二）完善相关配套机制

1. 建立衍生品违法交易行为举报制度

《证券法》《证券期货违法违规行为举报工作暂行规定》《期货和衍生品法》等对证券、期货有奖举报制度予以完善，但实践中勇于举报并成功获得奖励的举报人寥寥无几，反映出我国证券有奖举报制度从立法设

〔35〕 最高人民法院：原审被告人马某利用未公开信息交易案再审形式判决书，案号：(2015)刑抗字第1号，2015年11月23日。

〔36〕 参见耿利航：《证券内幕交易民事责任功能质疑》，载《法学研究》2010年第6期。

计到实践层面均存在不足,对举报人的奖励过低、保护不足等问题尤为突出。[37] 而且结合本文所论及的个股期权视野下的跨市场违法交易行为,我们更应看到目前的举报规定仅针对证券、期货方面的违法违规行为,对个股期权等衍生品违法交易行为或者期权、现货跨市场违法交易行为并没有建立举报奖励制度,相关知情主体对于个股期权等衍生品违法交易行为缺乏通畅的举报渠道和相应的制度保护。由此,在衍生品交易及期现跨市场交易日益频繁、复杂的背景下,应当构建衍生品违法交易及跨市场违法交易行为的举报制度。同时应当结合现有证券期货违法违规行为举报制度中的不足,在衍生品违法违规交易举报制度中有针对性地进行完善。具体可以体现为:由于衍生品交易中的高杠杆特征,尤其是其收益较证券现货可能成倍增加,而现有证券期货举报规定对于举报人的奖励(最高为60万元)[38] 和违法违规交易行为所得的收益相比明显仍较低,也必然低于衍生品交易违法所得,因此,在衍生品违法交易行为举报制度中可部分借鉴美国证券交易委员会制定的"吹哨人"奖励规则,按照相应的罚款比例对符合条件的举报人进行奖励;目前证券期货违法违规行为举报规定在奖励举报方面仅允许实名举报,举报方式较之前的规定更加严格,但由于现实中的各种原因,知情主体可能并不希望以实名举报。因此,在衍生品违法交易行为举报制度中可以拓宽违法行为举报方式,对不同形式的举报线索只要查证属实都进行相应的奖励。目前对于违法违规行为的举报,现有制度规定需要满足一定的条件才能由举报处理单位进行登记,否则不予登记。[39] 相关条件看似清晰明确,但其中隐含了举报条件,即《证券期货违法违规行为举报工作暂行规定》(2020年修订)第6条的内容。这些登记条件不仅要求较高,而且

---

[37] 参见孙宝玲:《美国证券吹哨人制度改革展望与镜鉴》,载《证券市场导报》2021年第11期。

[38] 2022年11月,证监会公布《证券期货违法违规行为举报工作规定(征求意见稿)》,其中对内部知情人员举报最高奖励金额提高到120万元。

[39] 《证券期货违法违规行为举报工作暂行规定》(2020年修订)第7条规定:"举报有下列情形之一的,举报中心不予登记,可予以存档处理:(一)不符合本规定第六条规定的;(二)举报事项已依法处理,举报人在无新证据或者新线索的情况下就同一事实或者理由重复举报的;(三)违法行为已经超过行政处罚时效的;(四)法律法规规定的其他情形。"

还存在一定的主观判断性，不同主体的认识可能存在偏差，而现有举报登记也并无相应救济机制。因此，在衍生品违法交易行为举报制度中可以明确不予登记的决定形式以及举报人对不予登记决定的救济渠道。

2. 完善利用自身信息交易的内幕交易豁免规则

我国相关法律目前并未构建利用自身信息交易的内幕交易豁免机制。而根据前文所述的期现跨市场交易衔接机制，证券现货市场的交易信息、资金信息可能也会成为个股期权市场的内幕信息，由此带来的现实问题即同一交易主体利用自身在证券现货市场的交易信息、资金信息在个股期权市场进行非套期保值交易是否应当认定为内幕交易。应当明确除非该交易信息在市场中满足重大性要求，交易主体对于其自身交易信息、交易策略等信息的利用应当具有相应的豁免权，因为这种信息优势在获得时并非通过非法手段或附带特殊的义务，其自身利用不涉及侵害他人财产、获得不当利益。且如果将利用自身信息交易行为也认定为内幕交易，一方面将严格限制不同市场间的跨市场交易，但这并不符合构建多层次市场的初衷；另一方面将对相关交易主体的交易权利进行不合理的限制。当然，如果交易主体故意利用其在现货、期货市场上的巨大影响力，且已影响相关标的的正常供求关系，则该行为可能构成信息型市场操纵。[40] 根据上述分析，笔者认为可以在“期权规章”中构建利用自身信息交易的内幕交易豁免规则，具体要件可以包括交易以利用本人信息为限、行为人的主观善意标准、行为的合理标准等。[41]

3. 建立特定主体交易禁止规则

通过场外个股期权进行跨市场交易的优势之一在于场外衍生品的信息披露相对不透明，虽然《管理办法》第 28 条规定：“证券公司应当建立交易对手管理台账，对交易对手进行穿透核查。产品参与的，应当核实产品管理人是否真实承担管理人职责，并对产品最终投资人的投资者适当性进行穿透核查；法人参与的，应当对机构主体及股东信息进行核查。”但相关规定对如何在个股期权等衍生品交易中进行穿透式监管并

---

〔40〕 参见卢勤忠、黄敏：《期货市场中“抢先交易”行为的刑法规制》，载《政治与法律》2017 年第 9 期。

〔41〕 同前注〔27〕。

没有进一步细化,而实践中也可以看到,如果证券从业人员借用其他具有利益分享关系的亲密主体的资金账户购买私募基金产品,再以私募基金产品形式参与场外个股期权交易,实际较难被发现。即使被发现,目前的制度中并不存在特定主体交易禁止规则和惩罚措施。《证券法》第40条、《期货和衍生品法》第53条分别对特定主体交易禁止进行了规定,但其交易的标的也是着眼于单个市场的,即证券、具有股权性质的证券(如可转债)、期货等,均没有涉及个股期权等衍生品交易,即目前法律法规对于证券从业人员能否直接或者间接参与个股期权等衍生品交易并没有明确规定,这对于防范期现跨市场内幕交易较为不利。因此,有必要在“期权规章”中明确规定禁止证券交易场所、证券公司、证券登记结算机构等特定从业人员直接或者以化名、借他人名义等间接形式参与个股期权交易,如果相关特定主体违反规定,则应当承担相应的法律责任。

4. 构建期现跨市场内幕交易民事赔偿规则

《证券法》第53条第3款规定了内幕交易行为给投资者造成损失的,应当依法承担赔偿责任,《期货和衍生品法》第126条第3款也有类似的规定。但目前有关内幕交易民事赔偿的规定仍然较为原则,并不具有操作性,同时结合前文所述,《证券法》《期货法》中有关内幕交易行为的规定更多处于相对隔离的状态,即目前《证券法》《期货和衍生品法》中有关内幕交易民事赔偿的规定更多是针对单个市场上出现的内幕交易。例如,《证券法》中的内幕交易行为是利用现货市场内幕信息所从事的相关证券交易行为,而现货和个股期权间的跨市场内幕交易行为难以纳入其民事赔偿的调整范围内,因此,有必要根据个股期权和现货之间的直接关联性简化跨市场内幕交易行为因果关系认定,在“期权规章”等相关法律法规中明确相关主体对于现货和个股期权跨市场内幕交易行为应当依法承担民事赔偿责任。同时,由于该种内幕交易行为的跨市场价格联动特征,在利用期权市场内幕信息从事现货交易的情形下,其不仅可能对实际交易的现货市场的投资者造成损失,也有可能对信息来源的期权市场的交易者造成损失,因此,一个跨市场内幕交易行为对该两种市场主体所造成的损失都应当进行赔偿。在计算投资者或者交易者具体损失数额时,投资者或交易者出于套期保值的目的,在现货市场和个股期权市场可能会进行数量大致相当的反向交易，如果在同一市场进行反向交易，实践中应当进行冲抵计算，[42]而由于现货与个股期权之间的高度联动性，在计算现货、个股期权跨市场内幕交易损失数额时，也应当进行类似的冲抵计算。

五、结语

《期货和衍生品法》生效施行以来，现货市场和期货、衍生品市场之间的跨市场交易更加频繁和复杂。而我国目前《证券法》和《期货和衍生品法》在规制内幕交易行为时都着眼于单一市场，且各方面都体现出较大的差异性，相关制度间也缺乏必要的衔接机制。由此，在场外个股期权视野下，部分期现跨市场交易行为可能面临内幕交易行为规制的困境。为了合理对期现跨市场内幕交易行为进行规制，有必要通过进一步明晰期货市场内幕信息种类和内幕交易主体范围、进一步准确认定利用其他未公开信息交易违法行为性质的方式，在现货市场和期货、衍生品市场间构建期现跨市场交易衔接机制，防止出现跨市场内幕交易的监管真空。同时，有必要从建立衍生品违法交易行为举报制度、完善利用自身信息交易的内幕交易豁免规则、建立特定主体交易禁止规则、构建期现跨市场内幕交易民事赔偿规则等方面来完善配套机制，以实现对期现跨市场内幕交易行为合理规制的目的。

（编辑：朱锡俊）

---

[42] 参见上海市第二中级人民法院课题组：《证券市场内幕交易民事赔偿责任问题研究——以光大乌龙指引发的内幕交易案为视角》，载黄红元、卢文道主编：《证券法苑》（第18卷），法律出版社2016年版，第717页。

《证券法苑》(2024)
第三十九卷,第 68 ~85 页

美国新型影子内幕交易的理论与实践

任　超[*]　王曦平[**]

摘要:美国证券交易委员会在“影子交易”理论基础上提出了内幕交易法的新适用场景。该理论是围绕公司内部人员在持有自己公司的重大非公开信息时,进行另一家“经济相关”公司的股票交易而发展起来的。2022 年 1 月,美国加利福尼亚州北区地方法院否决了一项驳回美国证券交易委员会控告的动议。这标志着内幕交易执法范围的显著扩大,也引发了人们关于内幕交易责任范围的争议和关注。上市公司和金融专业人士也应当重新审视内幕交易政策,以明确预期标准,保障内部合规管理。

关键词:影子交易　盗用理论　内幕交易政策　经济关联公司

2022 年 1 月 14 日,美国加利福尼亚州北区的联邦地方法院(以下简称加州联邦法院)法官威廉·奥里克(William Orrick)驳回了一项动议,该动

* 华东政法大学经济法学院教授,法学博士。
** 华东政法大学经济法学院 2021 级本科生。

议旨在驳回美国证券交易委员会（Securities and Exchange Commission，SEC）的一项执法诉讼，该执法诉讼是基于内幕交易的新型“影子交易”理论而提出的。“影子交易”的理论是围绕内部人员在持有自己公司的重大非公开信息的同时，进行另一家公司（如“竞争对手”）的股票交易而发展起来的，该第三方公司的股票与内部人员所在的公司之间存在某种“经济联系”。[1] 这项驳回动议被否决后，加州联邦法院允许美国证券交易委员会继续其影子交易的责任理论。该案件表明，美国证券交易委员会已经将内幕交易的盗用理论扩展到机密信息公司之外的公司，即与机密信息公司存在经济联系的第三方公司。美国证券交易委员会的指控正是基于独特的“影子交易”责任理论，该裁决也预示着美国内幕交易执法范围的进一步显著扩大。2024 年 4 月 5 日，加利福尼亚北区联邦法院作出一审判决，根据“影子交易”的理论，帕努瓦应当对内幕交易负责。虽然不服判决的帕努瓦还可以向美国第九巡回上诉法院上诉，但一审判决本身就是对“影子交易”理论的确认和肯定。

一、新型“影子交易”的事实概况

2021 年 8 月 17 日，美国证券交易委员会向加州联邦法院提起了一项内幕交易诉讼，指控麦地纬辛（Medivation）制药公司的前高级管理人员马修·帕努瓦违反了《证券交易法》第 10（b）条以及据此颁布的 10b－5 规则，通过利用自己公司即将被收购的内幕信息，交易竞争对手公司的证券而获利。根据美国证券交易委员会的指控以及加州联邦法院的初步裁决，该案件的基本事实已大致确定。

2014～2017 年的 3 年间，被告帕努瓦在麦地纬辛公司工作，这是一家以肿瘤医学为重点的中型生物制药公司。麦地纬辛公司对雇员有着严格的内幕交易限制政策。入职时，帕努瓦即在公司的内幕交易政策文件上予以签字确认，该政策明文规定：“在你任职期间……你可能

〔1〕 See Mihir N. Mehta, David M. Reeb & Wanli Zhao, *Shadow Trading*, The Accounting Review, Vol. 96, 2021.

会收到尚未公开传播的有关公司的重要信息……由于你可以获得这些信息,你可能会通过买卖或以其他方式交易公司证券……或另一家上市公司的证券,包括公司的所有重要合作者、客户、合作伙伴、供应商或竞争对手。供任何人利用此类信息谋取个人利益……是违法的。"

2016年,帕努瓦升职为麦地纬辛公司业务发展高级总监,该职位的主要职责包括:寻找、评估和寻求战略机会,主要是通过收购和许可,扩大麦地纬辛公司的药物和开发渠道。该职位要求帕努瓦密切跟踪其他生物制药公司的股价、药品和开发渠道。帕努瓦所跟踪的公司中包括其所交易的因赛特(Incyte)公司,这是另一家有价值的、中等规模的、专注于肿瘤学的公司,并且在美国市场上拥有一种美国食品药品监督管理局核准的营利性(商业阶段)的药物。同时,帕努瓦也可以收到有关麦地纬辛公司的其他机密信息,其中就包括公司的实际或潜在的收购信息。

2016年4月,麦地纬辛公司引入了一家投资银行,探索与另一家公司合并的可能性。帕努瓦与投资银行的经理及麦地纬辛公司的高层管理人员密切合作,评估了公司的选择,并审查了"讨论麦地纬辛公司在生物制药行业的同行公司"的演示文稿,文稿中的"同行公司"就包括因赛特公司。投资银行经理曾向帕努瓦表示,投资银行可能会考虑把因赛特公司视为麦地纬辛公司的可比的公司,并密切跟踪两家公司的股价。

2016年7月和8月,麦地纬辛公司秘密征求潜在收购方的报价,并与帕努瓦进行了相关信息分享。8月12日,投资银行经理向帕努瓦发送了一份报价摘要,表明至少有5家公司提出了溢价、全现金交易的报价,并且所有公司都"准备好快速推进"。两天后,帕努瓦出席了麦地纬辛公司董事会的一次会议,该会议授权投资银行在2016年8月19日之前发出邀请最终报价的信函。这些投资银行经理此前也曾向帕努瓦发送了这些信件的副本,这些信件被标记为"机密"。

2016年8月18日,麦地纬辛公司的首席执行官向包括帕努瓦在内的公司高级管理人员发送了一封电子邮件,并在信件中称辉瑞公司(Pfizer)对收购麦地纬辛公司表示了极大的兴趣,辉瑞公司的首席执行官将在当天晚些时候致电麦地纬辛公司的首席执行官解决即将进行的收购的最终细节。在收到这封电子邮件的数分钟内，帕努瓦购买了578份因赛特公司的看涨期权合约，到期日为2016年9月16日。但是，帕努瓦此前从未交易过因赛特公司的股票或期权，也没有将他的行为告知麦地纬辛公司的任何人。

2016年8月20日，麦地纬辛公司与辉瑞公司签署了一份合并协议，8月22日，在证券市场开盘前，该协议被公开披露。麦地纬辛公司的股价随后从每股67.16美元攀升至80.62美元。当天，包括因赛特公司在内的其他中等市值生物制药公司的股价也有所上涨。因赛特公司的每股价格从76.11美元上涨至79.80美元，最高曾到达84.39美元，然后收盘于81.98美元。帕努特也因此赚了107066美元。

美国证券交易委员会指控帕努瓦违反了联邦证券法，通过利用自己公司被收购的机密信息，在竞争性公司的证券交易中获利，违反了其对自己公司的信任或信托义务，并要求帕努瓦承担相应的民事责任。

二、美国内幕交易执法依据及本案的法律适用

（一）美国禁止内幕交易的成文法规定

美国关于禁止内幕交易方面的成文法律是比较简单的，主要体现在《证券交易法》第10(b)条以及由美国证券交易委员会根据其立法权扩展的10b-5规则。《证券交易法》第10(b)条及10b-5规则是一般性反欺诈条款，它们是将内幕交易归类为广义的欺诈行为进行禁止的。

首先，《证券交易法》第10(b)条规定，任何买卖证券的人"在买卖任何证券的过程中使用或利用与买卖的证券有关的……任何操纵或欺诈手段或诡计，违反美国证券交易委员会可能为公共利益或保护投资者而制定的必要或适当的规则和条例"[2]，是违法的行为。

其次，10b-5规则对证券交易中重大事实的不实陈述或者遗漏（虚假陈述），以及任何可能构成证券欺诈的行为作了进一步的规定。

〔2〕 Securities Exchange Act, 15 U.S.C. § 10(b).

该规则禁止任何人作出“直接或间接地……与购买或出售任何证券有关的非法行为”,包括:(1)使用任何手段、计划或伎俩进行欺诈;(2)对重大事实作出任何不真实陈述,或不就某重大事实作出能使其所作陈述根据其所制作的环境不具有误导性的必要说明;(3)从事“对任何人构成或将构成欺诈的任何行为、做法或业务过程”。[3]

最后,10b-5 规则第1(a)条定义了“操纵性和欺诈性工具”:“除其他外,包括根据有关该证券或发行人的重大非公开信息购买或出售任何发行人的证券,违反了对该证券的发行人或该发行人的股东,或提供给该重大非公开信息来源的任何其他人……所负有的信任或保密义务。”

(二)美国禁止内幕交易的判例法发展

上述在一般反欺诈条款下建构的禁止内幕交易的规则,均未直接对何为“内幕交易”作出明确的界定和描述。在缺乏专门的联邦成文法律具体规制内幕交易行为的情况下,美国内幕交易法的相关制度内容是通过对《证券交易法》第10(b)条和10b-5 规则的司法解释而发展起来的。在美国内幕交易法律制度的发展过程中,判例法发挥了重要的作用。在判例法的推动下,美国法院在延伸解释“欺诈”概念的基础上,通过判例法发展出内幕交易起诉的两大依据和理论基础——“经典理论”和“盗用理论”。这一过程中,美国的法院不断稳步扩大被视为属于《证券交易法》第10(b)条和10b-5 规则禁止范围的内幕交易活动的范围,不断加大对内幕交易违法行为的打击力度。以下3个案例在美国内幕交易理论发展方面具有里程碑式的意义。

1. 基亚雷拉(Chiarella)诉美国案(1980年)

基亚雷拉诉美国案是美国联邦最高法院审理的第一起内幕交易案件。该案中,美国联邦最高法院第一次详细阐述了证券市场内幕交易案件应当如何适用《证券交易法》第10(b)条和10b-5 规则,并且创造性地第一次确立了起诉内幕交易违法行为所依据的归责理论——“经典理论”。内幕交易的“经典理论”源于公司内部人士违反对公司负有的保密义务、交易自己公司的证券。根据多数法官的意见,美国最高法

---

[3] 17 C.F.R. § 240.10b-5.

院裁决认为，利用重大的非公开信息进行交易本身，并不一定产生向交易对手预先披露信息的义务；必须在证券交易之前，交易双方基于某种“信任或信托关系”，才会使内部人员负有向交易相对方强制披露信息的义务，而如果违反这一披露义务，故意隐瞒，则构成欺诈，才需要承担内幕交易的法律责任。[4] 例如，一名公司高级管理人员违反了他对公司负有的“信任或信托”义务，就自己所获得的重大非公开信息进行交易，这种交易构成了《证券交易法》第10(b)条所述的“欺诈手段”，因为内部人员与公司之间的信任和信赖关系，产生了内部人员向其交易相对方披露其所掌握的机密信息或戒绝交易的义务，否则就构成一般意义上的欺诈，就要承担内幕交易法律责任。由此也可以看出，“经典理论”只能用以追究公司内部人士的内幕交易责任，因为该理论是建立在公司内部人员与公司之间的信任这一基础之上的，只有当公司内部人士根据重要的非公开信息交易其自身公司的证券时，该理论才是可以适用的。而对于公司以外人员的内幕交易责任，则需要新的理论基础。

2. 德克斯(Dirks)诉美国证券交易委员会案(1983年)

德克斯诉美国证券交易委员会案是美国联邦最高法院将内幕交易责任范围从公司内部人员向公司以外人员扩展的第一次司法尝试。该案涉及的内部人员将公司重大信息泄露或透露给公司以外的人员，而接受透风的公司以外的人员据此进行交易的内幕交易责任问题。该案的裁决认为，透风者，也就是直接或间接从披露中受益的个人，违反了其对公司和股东负有的信义义务，向接受透风者提供重大未公开信息，而接受透风者据此交易公司股票，则接受透风者可能需要对内幕交易承担衍生的法律责任。[5] 由此，德克斯诉美国证券交易委员会案成功地将内幕交易的责任范围扩展到公司以外的人员，即接受透风者。尽管如此，最高法院并未发展出新的内幕交易理论，其所依据的依然是“经典理论”，接受透风者虽然与公司之间不存在直接的信托和信任关系，但他承继了源于或衍生于透风者与公司之间的信任和信托关系，也

[4] Chiarella v. United States, 445 U.S. 222, 228 (1980).

[5] Dirks v. SEC, 463 U.S. 646, 653-54 (1983).

就当然承继了源于公司内部透风者的内幕交易法律责任。

3. 美国诉奥哈根(O'Hagan)案(1997年)

1997年之后的一段时间,美国联邦法院一直在稳步扩大被视为属于《证券交易法》第10(b)条和10b-5规则所禁止的内幕交易行为范围。美国联邦最高法院在奥哈根案中确立了新的内幕交易归责理论——"盗用理论",为扩展内幕交易执法范围提供了新的理论基础。根据"盗用理论",一个人为证券交易目的盗用机密信息,违反了对信息来源的信任和保密义务,这是违反《证券交易法》第10(b)条和10b-5规则的违法行为。其理论逻辑是,盗用机密信息的人,假装"对委托人忠诚,同时为了个人利益而秘密转换委托人的信息",这在本质上是一种欺诈行为。[6] 与公司内部人员与公司股票的购买者或卖方之间的信托或信赖关系的"经典理论"不同,"盗用理论"将受托人的责任转变为交易者欺诈其信息来源者的责任。换句话说,"盗用理论"可以用来规制公司外部人员的内幕交易,而不仅局限于公司内部人员。这种新的理论通过放宽解释重大非公开信息来源和交易人员之间的信任和保密的关系,扩大了禁止的内幕交易的范围。

(三)新型"影子交易"内幕交易的"盗用理论"运用及争议

帕努瓦案作为新型的"影子交易"内幕交易案件,是"盗用理论"运用于公司外部人员的一次新尝试。该案也是美国证券交易委员会对"影子交易"内幕交易提起诉讼的第一起案件。

美国证券交易委员会指控称,作为麦地纬辛公司的一名员工,帕努瓦对麦地纬辛公司负有信任和信义的义务,包括避免使用麦地纬辛公司的机密信息谋取个人利益的义务。同时,美国证券交易委员会还引用麦地纬辛公司内部的内幕交易政策,因为它明确禁止帕努瓦利用麦地纬辛公司的机密信息交易任何其他上市公司的证券。帕努瓦没有就他的期权交易寻求麦地纬辛公司的预先许可或授权,也没有在事后通知麦地纬辛公司的任何人。[7] 基于此,美国证券交易委员会指控认

---

〔6〕 United States v. O'Hagan, 521 U.S. 642 (1997).

〔7〕 Complaint at 5, SEC v. Panuwat, No. 4:21-cv-06322 (N.D. Cal. filed Aug. 17, 2021), ECF No. 1.

为，帕努瓦在明知麦地纬辛公司的内部政策明确禁止员工使用在麦地纬辛公司获得的机密信息来交易任何其他上市公司的证券的情况下，却盗用了这些机密信息谋取个人利益，违反了对雇主麦地纬辛公司这一信息来源的义务，该行为违反了《证券交易法》第10(b)条的反欺诈条款，属于法律所禁止的行为，应当被处以民事处罚，并禁止帕努瓦担任上市公司的高级职员或董事。

针对美国证券交易委员会的指控，帕努瓦在驳回该指控的动议中提出两个方面的意见。首先，他认为应该驳回控告，因为美国证券交易委员会未能充分申辩：其一，所涉的争议信息是重大的非公开信息；其二，帕努瓦违反了他对麦地纬辛公司的义务；其三，帕努瓦的行为具有欺诈的意图。其次，帕努瓦声称美国证券交易委员会在本案中的理论是对"盗用理论"的一种创新应用，这将不适当地扩展现有内幕交易法的范围，因此侵犯了他的正当程序权利。[8]

三、加州联邦法院的法律分析和裁决理由

2022 年 1 月 14 日，加州联邦法院法官威廉·奥里克驳回了帕努瓦的上述动议。加州联邦法院依据内幕交易案件一贯的分析路径，就机密信息的重大性、内部人员违反义务及故意或明知的主观意图 3 个方面进行了分析。最后，法院裁定，美国证券交易委员会已充分证明，有关麦地纬辛公司收购的信息对因赛特公司而言是非公开、机密和重大的，帕努瓦使用该信息购买因赛特股票期权违反了他对麦地纬辛公司的义务，并且他是明知的。

（一）信息对因赛特公司而言具有重大性

内幕交易所依据信息的重大性，是构成法律所禁止的内幕交易行为的首要前提条件。根据美国内幕交易判例法的原则，如果某项信息对理性投资者来说，极有可能被认为在决定是否购买或出售证券时很

---

〔8〕 Complaint at 12, SEC v. Panuwat, No. 4:21 - cv - 06322 (N. D. Cal. filed Aug. 17, 2021), ECF No. 1.

重要，则该信息是重大的。[9] 由于这个标准是从“理性投资者”的角度考虑的，所以它是一项客观标准。[10]

帕努瓦案涉及信息重大性的问题，主要集中在有关即将进行的辉瑞公司对麦地纬辛公司的收购信息，对因赛特公司来说是否重大。帕努瓦辩称，10b－5 规则第 1(a)条要求美国证券交易委员会证明他“基于有关该证券或发行人的重大非公开信息交易了因赛特的证券”。但是，美国证券交易委员会并没有证明他在购买股票期权时拥有任何有关因赛特公司的机密信息。相反，重大非公开信息与麦地纬辛公司的收购有关，这对麦地纬辛公司很重要，但对因赛特公司不重要，因为它不是“关于”因赛特公司的信息。

美国证券交易委员会则认为，帕努瓦试图“不当地缩小重要性的含义”。《证券交易法》第 10(b)条和 10b－5 规则的措辞是通过广泛禁止与“任何证券”相关的内幕交易，支持信息对多家公司具有重大意义的主张。一般的常识是，有关供应商、采购商或同行的商业决策的信息可能对一家公司产生影响，因此这些信息是与该公司“有关的”或“关联的”。美国证券交易委员会进一步认为，10b－5 规则第 1(a)条并非详尽无遗的列举，它并不是一份可能构成内幕交易的操纵和欺诈手段的详尽清单，它所使用的“包括”一词只是描述了内幕交易违法所“包括”的内容，而不是提供有限的清单。美国证券交易委员会的结论是，由于帕努瓦拥有有关麦地纬辛公司的机密信息，因此，信息对包括因赛特公司在内的“其他据称类似的生物制药公司”是至关重要的。

法院支持了美国证券交易委员会的观点并认为，《证券交易法》第 10(b)条和 10b－5 规则撒下了一张大网，禁止使用“任何操纵或欺诈手段”对“任何证券”进行内幕交易。重要的是，10b－5 规则第 1(a)条并未规定“关于该证券或发行人”的信息必须来自证券或发行人本身才能成为重大信息，它只要求信息是重要的和非公开的。此外，法院也认为，鉴于“操纵和欺诈手段包括，除此之外……”的措辞，10b－5 规则第 1(a)条的操纵和欺诈性手段清单并非详尽无遗。即使 10b－5 规

---

[9] Talbot, 530 F. 3d at 1097.

[10] United States v. Reyes, 660 F. 3d 454, 468 (9th Cir. 2011).

则第1(a)条要求有关证券或发行人的信息来自同一证券或发行人,这种措辞也只是表明,这只是法律禁止的操纵和欺诈手段的一个例子和形式。

法院随后就帕努瓦案的关键问题进行了论证,即帕努瓦掌握的有关辉瑞公司收购麦地纬辛公司的信息与因赛特公司之间是否存在足够的联系,以使信息"关联"因赛特公司。法院认为,有关麦地纬辛公司即将进行收购的信息对因赛特公司来说是重要的,其理由是:其一,2016年时,拥有商业阶段药物的中等规模、以肿瘤学为重点的生物制药公司数量有限;其二,收购一家这样的公司(麦地纬辛公司)将使其他公司(如因赛特公司)更具吸引力,从而推高其股价;其三,考虑到辉瑞公司高级管理人员与麦地纬辛公司首席执行官之间的对话表明对该交易"非常感兴趣",可以合理地推断辉瑞公司与麦地纬辛公司的合并将会完成,又考虑到试图收购麦地纬辛公司的其他公司的数量,也可以合理地推断,那些不成功的追求公司会将注意力转向因赛特公司。由此,辉瑞公司对麦地纬辛公司的收购交易对因赛特公司来说是意义重大,因为一个理性的因赛特公司投资者会认为它在决定是否买入或卖出因赛特公司股票时很重要。而因赛特公司的股价在辉瑞公司宣布收购麦地纬辛公司的当天上涨的事实也进一步证实了这一点。

此外,法院也认定麦地纬辛公司相关收购的信息是符合机密和非公开特征的。公开信息是向公众投资者广泛传播的信息,且不能偏袒任何特殊人士或群体。辉瑞公司收购麦地纬辛公司的信息是于2016年8月22日公开披露的,而帕努瓦在8月18日即收到麦地纬辛公司首席执行官的电子邮件并随即购买了因赛特公司股票期权,此时,该收购信息尚未广泛传播给公公投资者。因此,在帕努瓦交易时,上述信息是机密和非公开的。

总而言之,法院最终裁定美国证券交易委员会已经充分证明有关麦地纬辛公司收购的信息对因赛特公司来说是机密的、非公开的和重要的。

(二)违反义务

根据"盗用理论",如果交易者违反了"对信息的所有者或合法拥有者的某些信托、合同或类似义务",则可能要承担责任。[11] 帕努瓦案控辩双方对于帕努瓦对麦地纬辛公司负有信任和信义的义务是没有争议的。该案的问题在于帕努瓦利用麦地纬辛公司收购的信息购买因赛特公司的股票期权,是否违反了这一上述义务。

帕努瓦主要辩称,他交易因赛特公司的股票期权并没有违反其对麦地纬辛公司的义务,因为麦地纬辛公司的内幕交易政策并未禁止内部人员交易因赛特公司的证券。他认为,美国证券交易委员会未能证明因赛特公司是麦地纬辛公司的重要合作者、客户、合作伙伴、供应商或竞争对手(正如麦地纬辛公司内幕交易政策所涵盖的那样)。

但是,法院驳回了帕努瓦的观点,再次依靠麦地纬辛公司内幕交易政策中"包括"一词的阐述得出结论,即该政策中的公司类型列表"仅是所涵盖内容的举例",而不是详尽的清单。法院的结论是,因赛特公司作为一家上市公司的地位使其属于麦地纬辛公司内幕交易政策所禁止交易的公司范围,受到该内部交易政策的保护。

由此,法院裁定,美国证券交易委员会已充分申辩帕努瓦违反了他对麦地纬辛公司的义务,使用有关收购的信息购买了因赛特公司的股票期权。

(三)故意或明知

非法内幕交易的一个关键要素是故意或明知,它指的是一种具有欺诈、操纵或欺诈意图的精神状态。尽管法院并不确定,在内幕交易民事诉讼案件中,"故意或明知"的证明标准是否应当与刑事诉讼案件相同,必须证明被告在进行交易时实际使用了重大非公开信息的事;或是降低民事案件的证明标准,原告仅需要证明被告在交易时知道这些重大非公开信息。

帕努瓦否认他"实际使用"了麦地纬辛公司收购的机密信息,辩称他是根据自己的专业判断所作出的因赛特公司股票期权的投资决策。而美国证券交易委员会的证据并不能证明他实际使用了机密信息进行交易。

但是法院认为,帕努瓦在交易因赛特公司股票期权时,是知道重大

---

〔11〕 United States v. O'Hagan, 521 U. S. 642 (1997).

非公开信息的，因为他当时已经收到了麦地纬辛公司首席执行官的电子邮件，详细说明了即将进行的收购。同时，帕努瓦也确实在交易时使用了上述机密信息，因为他在收到电子邮件后“几分钟内”就购买了因赛特公司的证券，而且他之前从未交易过因赛特公司的股票。[12] 美国证券交易委员会所指控的已经充分证明帕努瓦的交易是故意或明知的。

（四）新型“影子交易”内幕交易执法并不违反正当程序

由于帕努瓦案是新型的“影子交易”内幕交易，帕努瓦认为美国证券交易委员会对他的指控将内幕交易法的“盗用理论”延伸到了侵犯其正当权利的程度，并指出“从来没有人……曾经理解内幕交易法禁止所指控的行为类型”。[13]

诚然，美国证券交易委员会和法院均承认没有任何其他的内幕交易案件曾经涉及利用第三方的重大非公开信息进行交易。但是，法院最终还是裁定，美国证券交易委员会的责任理论属于内幕交易的一般框架，以及《证券交易法》第10(b)条和相应规则的宽泛语言范畴。法院认为，美国证券交易委员会的指控符合两个基本原则：其一，“盗用理论”要求“由公司外部人员而非内部人员进行交易”；其二，信息可能对多家公司具有重要意义。前者是基于先例的要求，后者则是基于常识的判断。尽管被告帕努瓦对于信息可能对多家公司具有重大性的观点持有异议，但美国相关的判例法并未排除某项信息对多家公司具有重大性的可能性。内幕交易的重大性和故意或明知的要素要求，可作为防止可能的过度执法的屏障，提供“足够的内幕交易责任护栏”，从而防止新的责任理论变得模糊不清。

基于此，法院最终裁定，本案中美国证券交易委员会的责任理论虽然是独一无二和新颖的，但它仍然属于“盗用理论”及其适用的法律语言的范畴。美国证券交易委员会已充分指控帕努瓦是在明知的情况下利用重大机密信息进行交易，因此，其以正当程序为由驳回指控的动议

---

〔12〕 Order Denying Motion to Dismiss, SEC v. Panuwat, No. 21 - cv - 06322 - WHO (N. D. Cal., Jan. 14, 2022), ECF No. 18, at 10 - 11.

〔13〕 Order Denying Motion to Dismiss, SEC v. Panuwat, No. 21 - cv - 06322 - WHO (N. D. Cal., Jan. 14, 2022), ECF No. 18, at 12.

被法院否决。当然,法院的这项裁定也符合美国联邦法院在内幕交易案件中的一贯思路,即不轻易否定新的内幕交易执法行动。正如美国联邦最高法院在保险公司总监案中所警告的那样——不要驳回基于新的或不寻常的计划的内幕交易指控:"我们认为,仅仅因为被指控的计划不涉及通常与证券买卖相关的欺诈类型而驳回指控是不合理的。我们认为,《证券交易法》第10(b)条和10b-5规则禁止所有与证券买卖有关的欺诈计划,无论所采用的手段是否涉及花园式的各种欺诈,或呈现独特的欺诈形式。不应向新颖的或非典型的方法提供证券法的豁免权"。[14]

四、新型"影子交易"的影响和意义

尽管本次裁决仅就美国证券交易委员会诉状的充分性进行了确定,从而否决了被告驳回起诉的动议。而帕努瓦将对该新型"影子交易"内幕交易行为承担何种法律责任,尚有待法院最终的判决。但是,这一肯定美国证券交易委员会诉状充分性的初步裁决,允许美国证券交易委员会的"影子交易"理论继续发展下去,不但将对美国内幕交易执法工作的未来产生非常深远的影响,也可能会对证券行业产生广泛的影响。

(一)案件的裁决标志着内幕交易法的重大新发展

由于美国缺乏内幕交易方面的成文法律,这一领域的法律制度经常受到新颖的理论和不断演进的司法判例的影响。

"影子交易"一词并未出现在美国证券交易委员会的起诉书和法院的裁决中,它是在一项学术研究中创造的,该研究声称有证据表明此类交易的行为正在上升中。[15] 但是,对于美国证券交易委员会来说,如何说服地方法院帕努瓦的行为在法律上构成内幕交易,确是一项较有难度的挑战。或许美国证券交易委员会自己也认识到它在法律立场

---

〔14〕 Superintendent of Ins. v. Bankers Life & Cas. Co., 404 U.S. 6, 10 n.7 (1971).

〔15〕 同前注〔1〕。

上的脆弱性。尽管帕努瓦案的事实相对是简单的，并且控辩双方对此争议也不是很大，但法律适用上的模糊性，也使美国证券交易委员会对该案一直非常谨慎。帕努瓦的“影子交易”内幕交易行为发生在2016年8月18日，美国证券交易委员会直至诉讼时效的最后一天，即2021年8月17日才提起诉讼，也充分说明了美国证券交易委员会对基于新理论而提起的“影子交易”内幕交易诉讼的纠结心态。[16]

帕努瓦案的最终结果虽然还存在不确定性，我们既无法预测该案被告帕努瓦将会被判决承担什么样的法律责任，也不能确定该案二审法院美国联邦第九巡回法院是否会确认和接受美国证券交易委员会的新的理论。但是，威廉·奥里克法官的初步裁决本身可以代表美国证券交易委员会新的执法行动和诉讼的阶段性重大胜利，因为它初步验证了新颖的“影子交易”内幕交易理论。这项裁决意味着美国证券交易委员会将更加关注“影子交易”，并将其视为执法行动中一项新的潜在方向。鉴于美国证券交易委员会在诉讼中采用新颖理论以说服法院扩大联邦内幕交易法的范围方面有着悠久的历史，帕努瓦案的初步裁定也会鼓励美国证券交易委员会在未来更加大胆地采取类似的执法行动，加大力度积极追查“影子交易”内幕交易，掀起新一轮执法活动的浪潮，从而在未来几年内继续寻找联邦法律内幕交易行为的边界范围。

（二）新“影子交易”理论的影响范围有待明确

尽管帕努瓦案作为新型“影子交易”内幕交易案件因其潜在的影响而引起了整个证券行业的关注，并且由于美国证券交易委员会在初步裁定中的成功也可能会鼓励它更加积极地在各个领域寻求新颖的内幕交易执法理论。但是，仅就帕努瓦案而言，它的影响范围还有待观察和明确，甚至给整个证券行业带来的先例作用有可能也是有限的。这是因为本案能够适用新型“影子交易”内幕交易理论，是建立在美国证券交易委员会所指控的特定案件事实基础之上的，即在一个重点行业中两家中等规模的公司之间存在非常紧密的联系，并且麦地纬辛公司的投行告诉被告帕努瓦因赛特公司与麦地纬辛公司的地位类似。但

〔16〕 2013年2月，美国联邦最高法院在加贝利等诉美国证券交易委员会案的判决中认定，美国证券交易委员会应该在欺诈行为发生之后的5年内提出指控。

是,这样的事实特征,在未来的内幕交易案件中可能不会重复出现。

其一,美国证券交易委员会关于内幕交易的"盗用理论"取决于被告违反了对信息来源的义务。在帕努瓦案中,被告的违反行为是由麦地纬辛公司的内幕交易政策的宽泛语言范畴所确立的,尤其是其中所包括的"其他上市公司的交易"这样的语言。但是,若未来的案件中,信息来源公司没有制定完备的内幕交易政策去禁止此类交易,或者信息来源公司的内幕交易政策中使用了更窄的政策语言范畴,仅禁止"本公司"的交易,那么,被告的"违反义务"的行为就很难确定,从而导致无法适用这种新颖的"影子交易"理论。

其二,"经济相关"的第三方公司界限难以确定。本案涉及的是高度专业化的肿瘤病治疗的生物制药行业,行业范围较小,市场内运营的直接竞争对手为数不多。[17] 竞争性公司之间的股价关联度较高,其中一家公司股价的波动,会影响其他为数不多的竞争性公司的股票价格。但是,目前还无法确定,在市场范围更大的行业中,竞争性公司之间是否存在这种股价联动机制;也无法确定非直接竞争对手公司的股票价格是否会受到同行业的其他公司的影响。当事实模式与本案有所不同时,"经济相关"的第三方公司的界限究竟在哪里,目前来看也没有明确。

其三,被告帕努瓦一系列行为结合在一起,才能导致最终能够适用新的"影子交易"理论。一方面,帕努瓦签署麦地纬辛公司内幕交易政策,同意对在工作中了解到的信息保密,并明确同意不使用机密信息交易其他公司的证券;另一方面,帕努瓦直接参与了围绕收购公司的讨论而特别了解第三方,他在得到消息的第一时间(几分钟内),在自己的工作电脑上进行了交易,并且他此前从未进行过此类交易。在未来的案件中,帕努瓦案中这些事实上的"巧合"不太可能频繁发生,这也会导致"影子交易"理论在法律适用上的困难。

---

〔17〕 See Jonathan E. Richman & Julia D. Alonzo, *SEC Defeats Motion to Dismiss Insider Trading – Complaint Alleging Novel "Shadow Trading" Theory*, https://www.natlawreview.com/article/sec – defeats – motion – to – dismiss – insider – trading – complaint – alleging – novel – shadow, visited Jan. 19, 2022.

(三)上市公司内幕交易合规安排和政策目标

如上所述,新型"影子交易"执法行动中,上市公司的内幕交易政策是案件的关键因素之一。正如法官奥里克在裁决中所指出的,"管理员工股票交易的麦地纬辛公司政策可以合理地解读为禁止帕努瓦的行为。这种违反行为可以作为认定帕努瓦违反义务的依据,并因此认定内幕交易的责任"。为避免针对高级管理人员的内幕交易指控造成公司声誉的损害和管理分心,上市公司应当根据"影子交易"理论和10b－5规则第1条的规定,重新考虑其合规计划,并制定旨在促进遵守内幕交易法律的合理内幕交易政策和程序。[18] 调查研究表明,当信息来源公司禁止"影子交易"时,影子交易会减弱;来源公司的禁令与经济联系公司的内幕交易之间存在负相关关系。[19]

当然,上市公司的内幕交易政策中是否必须要涵盖此类新型的"影子交易",禁止雇员利用本公司的机密信息去交易公司以外的第三方公司的证券,并没有统一的要求和标准。任何上市公司均可依据自身所处行业的特征以及竞争性对手的情况来自行决定。但从内幕交易法律的基本政策目标来看,禁止内幕交易可以增强投资者对资本市场的信心,因为内幕交易会使公众投资者担心自己的交易地位,扭曲证券价格市场发现机制,从而导致资本市场整体价值的下降。但是,这也并不意味着资本市场需要投资者向交易对手披露所有的信息。

自基亚雷拉案裁决以来,合同法和内幕交易法的标准原则是,资本市场交易对手之间的信息对称并不是合法证券交易的先决条件。除了实施欺诈,市场参与各方均不必向另一方披露相关信息,即使这些信息对交易至关重要。实际上,在有效资本市场假设下,交易对手之间信息不对称是市场能够反映资产潜在价值的价格的基础之一。因此,正如有学者所言,这类信息不对称的交易实际上有助于市场达成正确的资产价格。因此,不能因为信息不对称会影响交易对手方而禁止此类交易。实际上,无论是"经典理论"还是"盗用理论",欺诈始终是构成内

---

〔18〕 See Howard A. Fischer, *SEC Aggressiveness Casts a Shadow over Corporate Insiders*, https://www.thomsonreuters.com/en－us/posts/investigation－fraud－and－risk/sec－shadow－trading/, visited Oct. 1, 2021.

〔19〕 同前注〔1〕。

幕交易的基础。

由此,上市公司的内幕交易政策中是否应当涵盖新型的影子交易,关键核心并不在于信息不对称和对交易对手的隐瞒,而在于是否存在欺诈。根据影子交易所适用的"盗用理论",任何人违反对信息来源承担的义务,盗用该机密信息从事证券交易,违反《证券交易法》第10(b)条和10b-5规则的规定,即构成"与证券交易有关"的欺诈。在"盗用理论"下,内部人员欺诈了授权其使用机密信息的人。在帕努瓦案中,帕努瓦利用自己在制药行业股价相关性方面的专业知识,将机密的公司信息转化为价值。在这种情况下,真正的问题不在于他交易了第三方关联公司的股票期权,而在于他是为了自己的专属利益而进行交易。帕努瓦如果在得到董事会批准后进行此类交易,可以让公司和股东从这种信息交易中获利,但是他的交易却是在隐瞒的情况下进行的,这违反了他对麦地纬辛公司的忠诚义务,构成对麦地纬辛公司的欺诈。由此,如果上市公司高度关注其高级管理人员或员工执行此类证券交易可能引起的潜在欺诈问题,则可以在内幕交易政策中禁止此类交易。当然,上市公司也可以不在内幕交易政策中禁止此类交易,但是要求员工事先向公司报告此类交易。

(四)新型"影子交易"理论对内幕交易理论的影响

正如上文所述,帕努瓦案是"盗用理论"运用于公司外部人员的一次新尝试。在"欺诈"的概念下,美国证券交易委员会指控帕努瓦故意将重大非公开信息用于交易目的,违反了对信息来源的义务。通过这一新型"影子交易"的理论,美国证券交易委员会进一步延展了"盗用理论"的适用范围,因为这种交易是公司内部人士因利用与自己公司有关的重大非公开信息进行涉及与自己无关(但却具有经济关联性)的外部公司的交易。

这一案件的尝试意味着内幕交易理论的进一步发展和拓展,"影子交易"的新实践将公司内部人士所掌握的"涉己"重大非公开信息,与自己公司的业务合作伙伴甚至是竞争对手公司(可以称为"经济关联公司")的重大非公开信息"联结"起来,扩大打击和禁止某公司的内部人士持有机密信息与"经济关联公司"相关,并利用这些机密信息来交易"经济关联公司"的证券。虽然这种"影子交易"与传统的内幕交易有所不同,“影子交易”者并没有利用自己公司的内部信息交易本公司的证券,但是,从保护投资者对资本市场的完整性的信心、保障资本市场良好运作的角度上看,“影子交易”依然会破坏市场的公平性,动摇投资者的信心,这对于证券资本市场价值发现机制的运作和融资功能的发挥都有着重大的破坏。因此,从保护资本市场的完整性、公平性的角度出发,“影子交易”的理论将内幕交易所禁止的范围延伸至“经济关联公司”的重大非公开信息,是符合现代资本市场法律发展趋势和要求的,也确实具有重要的意义。

(编辑:宋　澜)

《证券法苑》(2024)
第三十九卷,第 86 ~103 页

催缴制度中董事责任的解析与重构*

王少祥**

摘要:在催缴制度中,董事的积极催缴能在一定程度上避免公司因资本未充实而遭受损失,故应回归侵权归责路径,在公司因资本未充实而遭受损失的范围内追究董事的损害赔偿责任。公司的损失由股东未出资行为与董事未催缴出资行为共同导致,责任分担的关键在于催缴决定权的分配。2023 年修订的《公司法》未赋予董事会催缴决定权,也没有构建以公司利益为中心、由董事会依据公司资金需求状况径直发起催缴的制度。下一步完善催缴制度时,应将催缴决定权由股东移转给董事,并以此为基础,追究未催缴出资董事相应的赔偿责任。

关键词:催缴出资　勤勉义务　董事责任　资本不足

* 本文是国家社会科学基金西部项目"公司控制人滥用控制权民事责任研究"(项目编号:21XFX023)的部分成果。

** 海南大学法学院博士研究生。

一、问题的提出

股东迟延履行出资义务问题始于出资分期缴纳制度的确立,在认缴资本制度改革之后更甚。针对此问题,充分发挥董事的作用,通过董事的积极催缴督促股东缴纳出资不失为可行方案。但董事未督促股东缴纳出资时,追究其什么样的法律责任却引发争论。

关于懈怠履职董事的法律责任,2018年《公司法》第149条〔1〕将其定性为损害赔偿责任。与之不同的是,最高人民法院《关于适用〈中华人民共和国公司法〉若干问题的规定(三)》(以下简称《公司法司法解释三》)第13条第4款将董事的责任定性为补充清偿责任,〔2〕即只要存在股东迟延履行出资义务的情形,懈怠履职董事理论上就可能在股东未出资范围内承担清偿责任,尽管其事后有权向股东追偿。〔3〕那么,在催缴制度中,失职董事究竟承担的是损害赔偿责任还是补充清偿责任?二者的差异之大不可不察。然而,对于催缴制度中董事责任的性质问题,当前的理论研究并未给予过多关注。多数学者既承认未催缴出资董事承担损害赔偿责任的一般规则,也认可《公司法司法解释

---

〔1〕《公司法》(2018年)第149条规定:"董事、监事、高级管理人员执行公司职务时违反法律、行政法规或者公司章程的规定,给公司造成损失的,应当承担赔偿责任。"

〔2〕最高人民法院民事审判第二庭在注解《公司法司法解释三》第13条第4款时认为,"董事催收资本是勤勉义务的要求,未履行该义务的应当承担相应的责任,这个责任为'补充责任''有限责任'和'一次性责任',即只有公司不能清偿时,董事、高管才对公司不能清偿部分承担赔偿责任,且赔偿范围以股东未履行出资义务的本金及利息为限"。参见最高人民法院民事审判第二庭编著:《最高人民法院关于公司法解释(三)、清算纪要理解与适用》,人民法院出版社2016年版,第214页。

〔3〕尽管《公司法司法解释三》第13条第4款将适用情形限定于公司增资环节,但实际上在理论研究中早已有学者呼吁将该条款中的董事催缴义务扩张适用于公司设立环节,以解决设立股东未按期履行出资义务的问题。代表性观点参见郭富青:《资本认缴登记制下出资缴纳约束机制研究》,载《法律科学(西北政法大学学报)》2017年第6期。因此,本文不再区分董事催缴制度在公司设立环节与增资环节适用的不同。

三》第13条第4款中的补充清偿责任,[4]呈现“一种行为,两种责任”的吊诡结果。此外,若对董事责任的性质不加区分,反映到司法实践中,就会出现将2018年《公司法》第149条和《公司法司法解释三》第13条第4款共同作为裁判依据,并将两类性质不同的责任进行糅合的裁判结果。[5]

在《公司法》修订过程中,有关董事未催缴出资责任的规定有起有伏。《公司法(修订草案)》(以下简称《公司法(一审草案)》)第47条规定未催缴出资董事应当承担损害赔偿责任。《公司法(修订草案二次审议稿)》(以下简称《公司法(二审草案)》)第51条不再规定未催缴出资董事的责任问题。《公司法(修订草案三审稿)》(以下简称《公司法(三审草案)》)第51条重新规定未催缴出资董事的民事责任为损害赔偿责任。最终,2023年修订的《公司法》在条文和内容上基本延续了《公司法(三审草案)》第51条的规定,将其定性为损害赔偿责任。借《公司法》修订之际,明确催缴制度中董事责任的责任性质及其适用问题实有必要。此外,相关问题仍值得关注:其一,缘何在催缴制度中,董事责任会出现损害赔偿责任与补充清偿责任并列?此轮《公司法》修订中,相关草案选择回归损害赔偿责任是否合理?其二,未催缴出资董事承担补充清偿责任的观点是理论研究和司法实践中的共识性结论,对此是否存在路径依赖,又会对修订后的法律适用产生什么影响?其三,催缴并非简单的技术性规范,其背后承载着以公司为中心的资本缴纳制度,2023年修订的《公司法》中规定的董事催缴制度及其责任规范能否肩负起公司资本缴纳制度的建构重任?如若不能,下一步又该如何完善?

鉴于此,笔者试通过剖析我国催缴制度中董事责任的来龙去脉,并结合相关司法案例,就催缴制度中董事责任的理解与适用问题做些研究,以期对我国催缴制度的完善有所裨益。

---

〔4〕 参见黄耀文:《认缴资本制度下的债权人利益保护》,载《政法论坛》2015年第1期;袁碧华:《我国公司资本制度改革研究》,中国政法大学出版社2016年版,第174页。

〔5〕 参见最高人民法院:斯曼特微显示科技(深圳)有限公司、胡某生损害公司利益责任纠纷再审民事判决书,案号:(2018)最高法民再366号,2019年6月28日。

二、从“补充清偿”到“损害赔偿”的更迭

(一)董事补充清偿责任的由来

未催缴出资董事承担补充清偿责任的依据是《公司法司法解释三》第13条第4款,因此有必要追溯第13条第4款的由来。《公司法司法解释三》以明确股东未出资的法律责任为重点,承载这一目的的第13条不仅在第1款和第2款明确股东对公司及公司债权人的直接责任,还附上相关人员的责任。在第3款明确公司设立阶段发起人的连带责任,第4款明确公司增资阶段未尽忠实勤勉义务的董事和高级管理人员的“相应责任”。此处虽用“相应责任”的表述,然而从体系解释的角度理解,董事承担责任后可以向股东追偿的责任分担规则与第3款中发起人承担责任后可以向股东追偿的责任分担规则并无二致,因此,第4款中的“相应责任”实则就是董事与股东承担连带补充清偿责任。[6]

对于董事的补充清偿责任而言,其事后追偿的规则设计表明董事并非终局责任人,因此,补充清偿责任暗含“保证”之意,补充清偿责任的承担者相当于承担“保证责任”[7]。而在《公司法司法解释三》之前,我国《公司法》中对董事责任的规定仅有损害赔偿责任,补充清偿责任缘何而来?依《公司法司法解释三》的起草单位最高人民法院的注解,应是以《日本商法典》第192条设立时董事责任为原型。[8]《日

---

〔6〕《公司法司法解释三》第13条第2款所用表述为“补充赔偿责任”,但实际上该责任的基础是股东就未履行出资义务承担继续出资的违约责任,并无“赔偿”之意。理论上清偿的应是债务,赔偿的才是损失,因此将“补充赔偿责任”改为“补充清偿责任”更符合文义。

〔7〕参见王莹莹:《我国〈公司法〉修订中商事连带责任的重构——基于“连带”的历史发展脉络》,载《政治与法律》2021年第3期。

〔8〕最高人民法院民事审判第二庭在注解第13条时谈及:“《日本商法典》第192条规定,公司设立时发行的股份中,如果在公司成立后仍无人认购时,发起人及公司设立时董事共同承担认购担保责任。如果认购人认购了股份,但未能缴清股款,发起人和董事负连带缴纳股款的责任。”同前注〔2〕所引图书,第216页。

本商法典》第192条规定股份有限公司发起人及设立时董事,对设立阶段的资本缴纳负有出资担保责任,其规定“公司成立后,有未缴清股款或未全部给付现物出资的股份时,发起人及公司成立时的董事负连带缴纳股款及支付未缴财产价额的义务”。《公司法司法解释三》正是为解决资本制度改革后股东出资违约问题,对《日本商法典》中的设立时董事出资担保责任进行本土化移植,最终形成第13条第4款。

然而,事实上,公司资本制度不仅包含资本缴纳制度,资本发行制度同样不容忽视,且二者互为补充。日本在资本发行制度上实行授权资本制,且采用全额缴纳制的资本缴纳方式。为了配合全额缴纳制,《日本商法典》设计有股东经催缴后仍不履行出资义务的失权规则。这也意味着在《日本商法典》的语境之下,股东若不及时缴纳出资,其不仅面临公司设立失败的风险,而且自身也可能失去相应的股东权利。因此,股东本身有着积极的出资意愿,股东出资违约理论上仅存在于公司设立之后发现的轻微出资瑕疵。而设立时董事的出资担保责任虽在功能上起着保障股东出资的作用,但从实际运行效果上看,设立时董事出资担保责任的主要功能是为公司的有效设立进行兜底。当公司在设立程序上虽有瑕疵但并未达到设立无效的程度时,以设立时董事出资担保责任解决公司轻微瑕疵侵害股东或者公司债权人利益问题。[9]

相较而言,我国股东在出资问题上有着极大的自由度和低廉的逸脱成本。因此,我国公司资本制度改革之后所面临的股东出资问题较之于日本而言更为严峻,《公司法司法解释三》第13条第4款所规定的董事补充清偿责任所担负的使命也更为艰巨。[10]“未履行或者未全面履行出资义务”的概括性表述使其调整范围涵盖股东出资违约的方方面面,不仅包括拒绝出资、不能出资、虚假出资等出资义务不履行的情

〔9〕 参见吴建斌:《现代日本商法研究》,人民出版社2003年版,第335页。

〔10〕 2023年修订的《公司法》第47条重新规定有限责任公司股东的最长认缴出资期限为5年,在股东出资期限的规制思路上与2005年修订的《公司法》趋同。事实上,2010年通过、2011年实施的《公司法司法解释三》就是在2005年修订的《公司法》的基础上制定的,因此,2023年修订的《公司法》在最长5年认缴出资期限上的回归,尽管可以在一定程度上减少因约定出资期限过长而诱发的股东出资加速到期问题,缓解股东与公司及公司债权人在出资问题上的紧张关系,但不能从根本上解决股东分期缴纳制度下潜在的迟延出资问题。

形，而且包括迟延出资、出资不实和瑕疵出资等出资义务不适当履行的情形。

最高人民法院民事审判第二庭负责人就《公司法司法解释三》答记者问时，针对第13条第4款解释道："公司增资过程中催收资本应是公司董事、高管人员勤勉义务的内容，增资过程中股东未尽出资义务时，违反该勤勉义务的董事、高管人员应当承担相应的责任。"〔11〕由于条款并未限定董事催收资本义务的适用情形，股东迟延履行出资义务的问题自然落入其调整范围。此后不少学者均认为可以通过适用《公司法司法解释三》第13条第4款中的董事催收出资义务，以督促股东按期足额缴纳出资。〔12〕倘若董事未催缴出资，直接违反《公司法司法解释三》第13条第4款，应当追究其连带责任，尽管董事承担责任之后有权向股东追偿。

董事在股东出资阶段承担补充清偿责任，实际上是暂时替代股东出资。但问题在于，出资义务是股东的法定义务，董事非因特殊事由并不承担出资责任。那么，董事在催缴制度中的懈怠履职是董事承担补充清偿责任的法理依据吗？

（二）董事损害赔偿责任的回归

《公司法司法解释三》第13条第4款中"未尽公司法第一百四十七条第一款规定的义务"即忠实勤勉义务（指2018年《公司法》），董事承担连带责任的基础应是过错行为。但董事未尽忠实勤勉义务的情形表现繁多，这意味着在董事的补充清偿责任中，过错行为要件并不精准。但是，若不对过错行为要件进行精准界定，董事补充清偿责任的适用范围难免过宽，追究催缴制度中懈怠履职董事的补充清偿责任即例证之一。

董事的补充清偿责任实质上有保障股东出资的作用，将其适用于催缴制度，董事有彻底沦为股东出资保证人之嫌。而在具体适用中会出现以下问题：其一，董事行为与责任不匹配。董事是否发起催缴虽可

〔11〕 人民法院出版社编：《解读最高人民法院司法解释（含指导性案例）》（商事卷）（上），人民法院出版社2019年版，第67页。

〔12〕 参见李建伟：《公司法学》（第4版），中国政法大学出版社2018年版，第179页；施天涛：《公司法论》，法律出版社2018年版，第191页。

自主决定,但未催缴的责任范围却并不受其控制,而是取决于股东的欠缴出资,股东欠缴出资越多,董事责任越大。特别是在认缴资本制度改革之后,股东"认而不缴"并非个案,加之非理性股东认缴超越其履行能力的出资额,一旦股东丧失履行能力,董事反而成为天价欠缴出资的"安全网"。若股东非理性认缴出资的不利后果由董事承担,那么诱发道德风险的可能性将急剧增加。其二,董事权利与义务不匹配。多数股东欠缴出资的,其中单个股东也仅承担其欠缴出资范围内的出资责任,而董事则需要对全部欠缴出资承担保证责任。董事作为公司的支薪管理人,未享有股东的权利,却要承担与股东出资义务无异甚至超越股东出资的保证责任,权利与义务明显失衡。这些与董事制度格格不入的责任后果表明,在催缴制度中追究董事补充清偿责任并不合适,董事补充清偿责任的适用情形亟待进行较为精准的界定。

《公司法司法解释三》第 13 条第 4 款虽将董事补充清偿责任限定于公司增资阶段,但并未对增资未充实情形中董事的行为进行细致区分。事实上,与股东增资相关的董事行为包括新股发行的审批、出资股款的审验、非现金出资的接收、对增资注册资本的核查以及对未出资部分的催缴等。董事在其中的一项或者多项行为中存在懈怠履职的,即符合未尽忠实勤勉义务的行为要件,进而承担补充清偿责任。在上述与股东增资相关的董事行为中,董事懈怠履职的情形并不完全相同,要求董事对所有行为统一承担补充清偿责任亦不合理,因此,需要引入一定的标准将股东出资阶段的董事勤勉履职行为进行区分。

董事因过失承担赔偿责任的基本原理是对行为后果的控制力。[13] 以此为标准,可以将股东出资违约诱发公司资本未充实时董事的履职行为划分为两大类:其一,在功能上旨在及时有效阻止公司资本未充实结果发生的董事行为;其二,在功能上旨在对公司资本未充实结果发生后施以补救,却并不能阻止公司资本未充实结果发生的董事行为。而在具体归类上,因董事在股东出资与股东增资时的履职不同而有所区别,在增资过程中因股东出资违约的类别不同也有所差异。具言之,一

〔13〕 参见美国法律研究院通过并颁布:《公司治理原则:分析与建议》(下卷),楼建波等译,法律出版社 2006 年版,第 801 页。

方面，我国《公司法》并未规定设立时董事制度，因此，董事围绕设立股东出资的勤勉履职发生于公司设立之后，此时股东出资违约诱发的公司资本未充实问题已经产生。公司资本未充实结果的发生与董事履职本身并无关联，因而懈怠履职的董事无须承担补充清偿责任。另一方面，在公司增资阶段，增资股东所签订的增资协议主要由公司管理层执行，董事实际上担负着审核查验股东出资状况的“守门人”角色。但就董事在守门人角色上的履职行为而言，亦要区分其是否有能力阻止公司资本未充实结果的发生。其一，对于诸如虚假出资、出资不实和瑕疵出资等股东欺诈出资行为，股东在主观上有明显的欺诈恶意，造成公司资本虚假充实，侵害公司资本的真实性。其中，董事的审核行为旨在抑制增资股东欺诈出资的发生，因而董事积极履职就能有效阻止公司资本未充实的发生。相反，若董事懈怠履职，其行为实质上构成公司资本未充实结果发生的必要条件，故追究董事补充清偿责任具有正当性。其二，对于股东拒绝出资、迟延出资等出资违约行为，股东在主观上没有欺诈恶意，所造成的公司资本未充实亦是显性的，主要侵害的是公司资本的完整性。此时董事虽然负责督促股东缴纳出资，但能否真正避免股东侵害公司资本完整性行为的发生，并不取决于董事是否催缴，而是取决于股东是否切实履行出资义务。相较于董事通过审核行为即可避免侵害公司资本真实性问题的发生，股东迟延出资侵害公司资本完整性问题并非董事所能控制。因此，在股东迟延出资问题上，懈怠履职董事同样无须为股东不能缴纳的出资承担补充清偿责任。

以董事勤勉履职是否可以有效阻止公司资本未充实结果的发生为基点，可以准确地识别董事承担补充清偿责任的情形。概言之，董事仅在公司增资阶段，对股东欺诈出资所导致的公司资本未充实承担补充清偿责任。除此之外，董事无须承担补充清偿责任。但这并不意味着懈怠履职董事无责任可追究，对于此类懈怠履职的董事，应当回到一般侵权责任当中，就其过错行为所引发的公司损害承担损害赔偿责任。[14] 仅规定补充清偿责任的《公司法司法解释三》第 13 条第 4 款存

---

〔14〕 See Ross Grantham & Charles Rickett, *Directors' Tortious Liability: Contract, Tort or Company Law*, Modern Law Review, Vol. 1, 1999.

在适用范围过宽的弊病。[15] 相较而言,此轮《公司法》修订过程中,《公司法(一审草案)》和《公司法(三审草案)》以及2023年修订通过的《公司法》的相关规定,至少在股东迟延出资问题上明确董事承担的是损害赔偿责任,实现了董事责任从“补充清偿”到“损害赔偿”的回归。

三、路径依赖诱发的制度错位及其矫正

负责催缴的董事因无权阻止公司资本未充实结果的发生而免于承担补充清偿责任,理论上应当回归损害赔偿责任。所谓“有损害,斯有赔偿”,损害赔偿责任的前提是损害结果的发生。然而,在催缴制度中,董事的懈怠履职行为具体给公司造成何种损害却并不能较为直观地判断。考虑到适用董事补充清偿责任的制度惯性,若不当界定董事赔偿责任的责任范围,则极有可能重新回到补充清偿责任的立场。因此,有必要重新审视当前学界关于董事赔偿责任范围的主流立场,界定董事真正的责任范围。

(一)责任性质与范围的错位风险

在侵权之债中,董事赔偿责任的范围取决于公司损失的大小。但是在催缴制度中,如何界定公司损失却不无疑问。不少学者将“公司资本未充实”界定为公司损失,并主张董事在股东欠缴出资本息范围内承担赔偿责任。例如,“董事未尽到催收义务,导致公司资本不实,应当承担侵权损害赔偿责任,赔偿范围以股东未履行出资义务的本金及利息为限”。[16] “向股东催收出资是董事的职责所在,违反该义务而使股东出资未缴足的董事应当承担连带责任,但因董事并不具有瑕疵出资股东侵权的故意,因此事后可向被告股东追偿。”[17] 此类观点虽然主张适用侵权损害赔偿责任,但由于以《公司法司法解释三》第13条

---

〔15〕 参见叶林:《公司治理制度:理念、规则与实践》,中国人民大学出版社2021年版,第198页。

〔16〕 同前注〔4〕,黄耀文文。

〔17〕 胡晓静:《公司法专题研究:文本·判例·问题》,华中科技大学出版社2013年版,第227页。

第 4 款为依据，其将责任范围界定为“股东欠缴出资的本息”，这直接导致董事以损害赔偿责任的名义承担事实上的补充清偿责任，责任性质与责任范围出现错位。

实际上，将未催缴出资董事的责任性质与责任范围适用错位并非仅存在于理论研究层面，司法实践中也有展露。在斯曼特微显示科技（深圳）有限公司、胡某生损害公司利益责任纠纷再审案（以下简称斯曼特案）中，再审法院从违法行为、主观过错、因果关系和损害事实 4 个方面对董事未履行催缴出资义务的赔偿责任进行论述，是明显的侵权责任归责路径。但却将“股东欠缴出资所导致的公司资本未充实”认定为董事侵权行为造成的公司损失，并要求董事在股东欠缴出资范围内承担赔偿责任，直接导致董事在事实上代替股东出资。同样是将催缴制度中董事赔偿责任的范围界定为“股东欠缴出资的本息”，相较于学界对《公司法司法解释三》第 13 条第 4 款的误用，司法实践中在侵权责任的论证逻辑下导出相同的结果，则可能诱发更为隐蔽的制度错位：将《公司法》（2018 年修正）第 149 条中的损害赔偿责任与《公司法司法解释三》第 13 条第 4 款中的补充清偿责任进行糅合，导致董事表面上承担损害赔偿责任，实质上仍是对股东欠缴出资承担补充清偿责任。

（二）懈怠履职董事真正的责任范围

董事毕竟仅为公司的支薪管理人，其责任设计应以适度为要。[18] 在催缴制度中，懈怠履职董事的真正责任应是损害赔偿责任，因此必须准确界定公司的损害事实。但棘手之处在于，董事未催缴出资行为与公司损害事实之间并非单一行为导致单一结果的简单结构，其中嵌套股东出资违约行为，是股东出资违约与董事懈怠履职的共同结果，复杂的责任结构加剧了界定公司损害事实的难度，其中关键在于如何理解公司资本未充实这一问题。

在斯曼特案中，再审法院以股东出资违约直接导致公司资本未充实，董事未催缴出资属于放任公司资本未充实的持续为论证逻辑，将公司资本未充实视作董事懈怠履职所造成的公司损失。这样的论证逻辑

〔18〕 See Conard, A. F., *Behavioral Analysis of Directors' Liability for Negligence*, Duke Law Journal, Vol. 5, 1972.

是以股东责任为中心,旁及董事责任。而事实上,就股东的主要责任而言,股东迟延出资所导致的公司资本未充实是否属于公司所遭受的"损失"不无疑问。一方面,在认缴资本制之下,公司资金使用的灵活性成为影响制度设计的重要因素。在此背景下,若公司经营资金充足,无须补足资本,股东到期未实缴出资的行为对公司和其他股东并无任何损失。[19] 另一方面,即使坚守股东按期足额缴纳出资的规范要求,股东欠缴出资所造成的公司资本未充实在法律关系上也应当回归合同关系。股东的行为属于出资违约,股东欠缴出资部分应当属于未完全履行的债务。在责任承担上,股东应当继续履行出资义务,而非承担损害赔偿责任。在以股东责任为核心的责任结构中,公司资本未充实尚且不能认定为股东行为所造成的损失,作为次要因素的董事行为自然也无法成为公司资本未充实损失的原因。

寻找催缴制度中董事责任的真正范围,应当将董事放在责任结构的中心,正确认识董事在其中的作用。其实在上述论证逻辑中,最高人民法院已然明确股东的行为导致公司资本未充实的发生,而董事的行为仅与资本未充实的持续相关。如若参照损害事实发生与损害事实扩大的分类,将公司资本未充实视为公司遭受的第一阶段"损失",公司资本未充实的持续所诱发的损失可视为第二阶段的损失。从董事在催缴制度中的定位及其所发挥的作用可知,其无力阻止股东迟延履行出资义务所导致的公司资本未充实,因此无须对公司资本不足承担责任。但是面对公司因资本未充实可能遭受的损失时,董事因其知晓公司资本未充实而有义务阻断该损失的发生,[20] 因此,董事真正的责任范围应当是公司因资本未充实而遭受的损失。

总体而言,在催缴制度中,董事应当对懈怠履职所造成的公司损失承担赔偿责任是侵权责任条款的当然适用,但囿于董事责任的特殊构造,极易将董事的责任范围与股东出资责任范围相混淆,诱发制度适用

---

[19] 参见袁碧华:《"认"与"缴"二分视角下公司催缴出资制度研究》,载《中国法学》2019年第2期。

[20] 从因果关系的角度看,催缴制度中的董事侵权行为是较为特殊的第三人介入式不作为侵权,属于"必要条件说"的例外适用情形。参见陈聪富:《因果关系与损害赔偿》,北京大学出版社2006年版,第52页。

的错位。董事的责任虽与股东出资违约不无关联，但其是否催缴并不能改变公司资本未充实已然发生的事实。相反，当董事核验公司资本收缴情况，知晓公司存在资本未充实时，积极催缴能够在一定程度上避免公司因资本未充实而遭受损失。因此，公司因资本未充实而遭受的损失，理论上才是未催缴出资董事真正的责任范围。

四、董事损害赔偿责任的类型化适用

在损害赔偿责任的路径之下，只有将未催缴出资董事的责任范围界定为公司因资本未充实而遭受的损失，才能避免对补充清偿责任的路径依赖。然而，董事的责任范围并不等同于董事责任的最终承担，公司因资本未充实而遭受的损失是股东未出资行为与董事未催缴出资行为共同导致，应进一步探讨责任分担问题。在具体的责任分担上，董事的责任因未催缴出资行为的不同而有所区别。

（一）董事未催缴出资行为的认定及分类

追究董事赔偿责任的前提是对董事未催缴出资行为违法性的认定。董事未催缴出资行为本质上属于未尽勤勉义务，该问题可转换为对董事勤勉履职的判断。判断董事未催缴出资的关键是催缴决定权的分配。由股东掌握催缴决定权，意味着董事只能就股东迟延出资被动发起催缴；由董事掌握催缴决定权，意味着董事可自主发起催缴，不受股东出资期限利益的限制。

主张股东催缴决定权的学者认为催缴是董事的“义务”而非“权力”。在具体表述上虽有催收资本义务、〔21〕设立时董事义务、〔22〕监督义务〔23〕等不同，但其根本目的均是维护现行的认缴资本制度。一方面，该观点认可股东按期足额缴纳出资的制度设定，因此，股东迟延出资必然侵害公司资本充实，董事为维护公司利益有义务督促股东缴纳

〔21〕 同前注〔2〕所引图书。

〔22〕 参见赵树文：《日本公司设立时董事制度及其借鉴》，载《法商研究》2013年第4期。

〔23〕 参见邹学庚：《论董事对股东出资的监督义务——兼评“斯曼特”损害公司利益责任纠纷案》，载《甘肃政法大学学报》2022年第2期。

出资;另一方面,该观点也维护股东出资期限利益,这导致董事虽然负担催缴出资义务,但仅适用于股东出资期限届满的认缴出资,无权主动对未届期出资发起催缴。在认缴资本制度改革之后,面对股东以出资期限利益对抗公司资本利益的现实问题,主张董事掌握催缴决定权的学者开始进行理论修正。其核心主张为变革现行的公司筹资机制,将公司资本收缴的决定权由股东移转给董事。董事会比股东更适合判断公司何时需要资金,授予董事依职权判断公司资金状况,进而发起催缴的决定权,可以从根本上解决认缴资本制度改革后的股东出资遗留问题。事实上,从更为实用的立场出发,若抛弃出资期限的桎梏,将制度重点放在确保公司在注册资本范围内收缴股东出资的灵活性上,则催缴无疑应当成为公司重要的权力。从这个角度看,催缴出资已经成为公司一项重要的融资事项,〔24〕将是否发起催缴的决定权交由公司董事会更为合适。

将是否发起催缴的决定权交由董事会依据公司资金需求状况判断,〔25〕则董事无论是为了维护公司经营利益,还是为了避免因懈怠履职而承担赔偿责任,均有动力去积极督促股东缴纳出资。而当董事认为公司当前经营状况不需要多余资金时,董事未催缴股东出资不构成对公司催缴制度的违反。这样的制度安排,一方面,符合认缴资本制度改革的初衷,考虑到公司设立初期经营资本需求量不大,故而可以由股东在初期仅实缴少量出资,减缓股东出资压力的同时激发投资热情;另一方面,也保障公司对其注册资本的控制权,避免公司独立人格借道公司资本关系遭受股东个人的干预,从根本上解决认缴资本制度改革后的股东出资遗留问题。

如果由董事掌握催缴决定权,那么,公司是否向股东发起催缴,应当以董事会对公司资金需求的判断为准。因此,董事未催缴出资行为的违法性认定,可以转换为对董事在经营判断过程中是否勤勉履职的认定,而非简单化为股东未按期足额缴纳出资发生后,董事催缴出资行

〔24〕 参见丁勇:《认缴制后公司法资本规则的革新》,载《法学研究》2018年第2期。

〔25〕 参见蒋大兴:《论出资义务加速到期的商业逻辑——股东/董事作为履行者与监督者责任之差异》,载《上海政法学院学报》2022年第6期。

为的有无。在此基础上,董事未催缴出资行为中的主观过错可进一步区分为故意和过失两类:其一,董事明知公司有资金需求却故意不发起催缴;其二,董事因重大过失导致对公司资金状况过于乐观的过失未催缴。

(二)董事损害赔偿责任的最终承担

董事未催缴出资行为的分类与董事责任的最终承担密切相关。多数行为导致同一损害事实,需要引入责任分担规则以确定行为人的最终责任,因此,董事损害赔偿责任的最终承担需要探讨其在不同情形下与股东的关系。[26]

其一,董事明知公司有资金需求却故意不催缴。董事是公司利益的切实维护者,其明知公司有资金需求却无故不发起催缴的,构成对公司利益的直接侵害。理论上,若董事的决策明显与公司利益相悖,表明董事任职不合格,直接影响其职业生涯,因此这并非董事的最佳决策。[27] 而董事违反职业道德的决策,很大程度上与股东的影响不无关联。股东会中心主义仍是我国主流的公司治理理念,这导致我国董事受股东意志影响较大,甚至沦为股东操作公司的傀儡。因此,当有证据证明董事故意不催缴是基于董事与股东之间达成的合意,或者董事受股东的指示时,即可认定董事与股东以共同故意的方式构成共同侵害公司利益的违法行为。此时董事的侵权行为被股东的违约行为所吸收,董事以其主观故意与股东在拒不履行出资义务上构成恶意串通,符合以合同形式实施的共同侵权。在共同侵权的责任分担中,未催缴出资的董事与未出资的股东应当对公司损失一同承担连带赔偿责任。

其二,董事因重大过失导致对公司资金状况过于乐观的过失未催缴。在催缴制度中,若董事因盲目自信或者疏忽大意,认为公司资本尚属充足,无须发起催缴,但公司却因资本未充实遭受损失,此情形下董

〔26〕 股东未出资行为本质上属于违约行为,董事未催缴行为本质上属于侵权行为,因此,股东的行为与董事的行为虽然造成同一损害事实,但二者并非同一责任类型,属于违约损害赔偿责任与侵权损害赔偿责任的竞合。有学者称这种特殊的连带责任类型为"基于合同的连带责任"。参见张平华:《侵权连带责任的现实类型》,载《法学论坛》2012年第2期。

〔27〕 See Kondo, M., *The Management Liability of Directors*, Law in Japan, Vol. 20, 1987.

事的过失未催缴出资行为与股东的未出资行为对损害事实的发生均具有因果关系,且以股东未出资为主,以董事过失未催缴为辅。过失责任与故意责任的性质不同,难以成立共同侵权,但较为符合补充责任的适用要件。补充责任即由直接责任承担者承担第一顺位的赔偿责任,间接责任承担者在前一顺位责任承担者无力赔偿的范围内承担第二顺位的补充赔偿责任。实际上,《公司法》中的补充赔偿责任并不鲜见,如验资机构因过失出具虚假验资报告时,其所承担的责任就是补充赔偿责任。[28] 因此,在催缴制度中,过失未催缴出资董事损害赔偿责任的最终分担应是:由未出资股东承担直接赔偿责任,因过失未催缴出资的董事承担补充赔偿责任。

五、催缴制度中董事责任的重构

《公司法(一审草案)》第 47 条第 2 款与《公司法(三审草案)》第 51 条第 2 款虽然都明确了未催缴出资董事应当承担损害赔偿责任,但由于前后条文内容的变化,导致二者传达出的法律意蕴并不完全相同。具言之,《公司法(一审草案)》第 47 条作为股东违反出资义务民事责任和董事懈怠履职民事责任的一般条款,其第 1 款中的股东责任有着明显的责任承担顺位,即先承担补足出资责任,未及时补足差额造成公司损失的再承担损害赔偿责任。可见,此处股东承担的损害赔偿责任并非补足出资,那么,此处的公司损失也就不能理解为“股东的欠缴出资”。循此逻辑,从体系解释的角度理解,第 47 条第 2 款董事“知道或者应当知道设立时的股东有前款规定的行为未采取必要措施,给公司造成损失的,应当承担赔偿责任”中的公司损失,也应当与第 1 款中股东未出资导致的公司损失作相同理解。因此,在《公司法(一审草案)》第 47 条第 2 款的语境中,界定董事未催缴出资赔偿责任的责任范围时

〔28〕 《公司法》(2023 年修订)第 257 条第 2 款实际上并未明确验资机构承担补充赔偿责任,但从最高人民法院出台的司法解释中可以看出,司法实践中所采纳的是补充赔偿责任。参见最高人民法院《关于审理涉及会计师事务所在审计业务活动中民事侵权赔偿案件的若干规定》第 10 条。

可以较为明确地将“股东欠缴出资导致的公司资本未充实”排除在外，从而避免对《公司法司法解释三》第 13 条第 4 款中董事补充清偿责任的路径依赖。然而在《公司法(三审草案)》中，股东违反出资义务时其先承担补足出资责任，给公司造成损失时再承担损害赔偿责任的责任顺位被打乱，而且在董事责任方面缺乏股东出资阶段董事懈怠履职民事责任的一般条款。这些变化共同导致在理解《公司法(三审草案)》第 51 条第 2 款中的董事赔偿责任时，无法与股东违反出资义务的民事责任形成联动，从而不能从体系上对未催缴出资董事的损害赔偿责任进行较为准确的界定。因此，在该条款中，“董事会未履行前款规定的义务，给公司造成损失的，负有责任的董事应当承担赔偿责任”中的公司损失是否包含股东欠缴出资，仍有歧义。此外，此轮《公司法》修订过程中，三轮审议稿中的公司催缴制度均未授予董事催缴决定权，董事是否发起催缴的关键因素并非董事的经营判断，而是股东的出资期限是否届满。显然，董事未催缴出资赔偿责任的适用范围有着明显的阶段性特征，其被限定于股东未按期足额缴纳出资情形下的董事未催缴出资。最终 2023 年修订通过的《公司法》在条文内容上基本延续了《公司法(三审草案)》第 51 条的规定，因此上述问题同样存在。

完善催缴制度中的董事责任不能仅着眼于适用规则的细化，而是应当考虑催缴制度本身的特殊性，与催缴制度联动修改。就功能定位而言，董事催缴并非仅是一项督促股东缴纳出资的技术性规则，其背后承载着公司资本缴纳制度的建构。资本缴纳制度和资本发行制度互为补充，同等重要。资本发行端的松绑必然要求资本收缴端的收紧，二者配合才能保障公司资本的真实性和有效性。这就需要将公司利益放在首位，贯彻分权制衡的公司治理架构，将发起催缴出资的决定权分配给董事会，由董事基于经营判断径行催缴。将董事的催缴出资与经营判断规则相衔接，可以进一步区分不同情形下的董事责任，增加董事责任规范的可操作性。从这个角度看，2023 年修订的《公司法》中的催缴制度以及董事责任仍有较大的改进空间。

事实上，新增加的催缴制度是在《公司法司法解释三》第 17 条基础上改造的条款。相较于第 17 条，其虽扩宽适用范围，但却并未改变以股东利益为中心的制度设计。如此构建的公司催缴制度实质上是对公司到期出资债权如何行使的细化,其在股东出资期限利益与公司资本利益之间,选择优先保障股东出资期限利益,兼顾公司资本利益。作为股东分期缴纳制度的一个“补丁”,其尚未触及诱发公司资本制度混乱〔29〕的股东出资期限利益保护问题。公司独立的法人人格是其作为独立市场主体的前提,而过于强调股东出资期限利益的保护,忽视公司对其注册资本的管控力,无疑是对公司独立人格的侵蚀。这样的制度设计会直接导致股东以出资协议对抗公司意志,公司无权要求股东提前缴纳认缴出资的公司资本收缴。即使公司董事有意发起催缴出资,也需在股东会中就是否提前出资事宜进行全体一致决,〔30〕而提前缴纳出资的股东并没有强制批准义务,这也意味着公司收缴未到期的认缴出资取决于股东个人意志。在公司制度运行过程中过多地掺入股东个人因素,使公司经营情况受股东个人左右,有将“公司式资本规则”导向“合伙式资本规则”的“开倒车”之嫌,有损于公司独立法人人格的基本法理。〔31〕 事实上,境外的公司催缴制度多是作为一项公司掌握出资主导权的资本缴纳制度存在,与资本发行制度同等重要。〔32〕 将催缴决定权分配给董事而非股东,董事会可依据公司资金需求随时向股东发起催缴,并无出资期限的限制。而我国学者为解决股东出资期限利益与公司资本利益的冲突,主张建构的也正是以公司利益为中心、由董事会掌握催缴决定权的公司催缴制度。〔33〕

---

〔29〕 由于股东出资期限利益保护维度的加入,导致原本基于公司法人人格所建立的公司内外法律关系被打乱。由股东以全部认缴出资额为限对公司承担责任、公司以全部财产对公司债权人承担责任的简单法律关系,转变为股东在到期认缴出资期限内对存续公司承担责任,公司在股东实缴出资为主要财产范围内对公司债权人承担责任,公司债权人在受偿不能时申请公司破产或者向受出资期限利益保护的股东行使代位权,股东在公司破产或加速到期情形下被迫放弃出资期限利益提前缴纳出资。

〔30〕 提前出资决议不适用资本多数决,参见上海市第二中级人民法院:鸿大(上海)投资管理有限公司与姚锦城公司决议纠纷二审民事判决书,案号:(2019)沪02民终8024号,2019年10月11日。

〔31〕 参见徐强胜:《公司关系视角下认缴资本制的修正》,载《法治研究》2022年第5期。

〔32〕 参见葛伟军:《英国公司法要义》,法律出版社2014年版,第92~93页;《特拉华州普通公司法》(最新全译本),徐文彬、戴瑞亮、郑九海译,中国法制出版社2010年版,第61~62页。

〔33〕 参见朱慈蕴:《中国公司资本制度体系化再造之思考》,载《法律科学(西北政法大学学报)》2021年第3期。

显然,2023 年修订的《公司法》中规定的公司催缴制度,并非学者呼吁建构的董事依职权径行发起催缴的催缴制度。其相较于境外以公司利益为中心、由董事会掌握催缴决定权的催缴制度,新规定的公司催缴制度在定位上仍是趋于保守的。若将催缴决定权分配给董事,由董事依据公司资本需求状况酌情发起催缴,可以扭转股东个人左右公司整体经营、侵害公司独立法人人格的制度导向,理顺公司资本相关主体之间的法律关系,彻底解决股东出资期限与公司资本利益的冲突问题。

由此观之,2023 年修订的《公司法》中规定的催缴制度仍有继续完善的空间,其既未改变以股东利益为中心的制度设计,也没有构建以公司利益为中心、由董事会依据公司资金需求状况径直发起催缴的催缴制度。下一步,催缴制度中的董事责任可以考虑从以下 3 个方面加以完善:其一,明确董事未催缴出资责任的适用情形。严格区分股东未履行或者未全面履行出资义务的不同情形,并将适用范围限定于股东拒绝出资和迟延出资。其二,明确董事未催缴出资责任的责任性质与责任范围。董事未催缴出资的行为本质上是违反勤勉义务,其仅有督促而无担保股东出资的功能,因而责任性质应定性为损害赔偿责任,责任范围为公司因资本未充实而遭受的损失。其三,公司损失是股东未出资行为与董事未催缴出资行为共同导致,在具体的责任分担中应区分董事故意未催缴出资和过失未催缴出资两种情形,并分别追究其连带赔偿责任和补充赔偿责任。

(编辑:韩励豪)

《证券法苑》(2024)
第三十九卷,第104~122页

德国公司法上的“她力量”及其对我国的启示

刘江伟*

摘要:当前我国《公司法》中尚无女性担任公司管理职位的专门规定,也没有女性担任公司管理职位的监管要求。鉴于我国公司法规范的继受性与全球公司治理趋同化趋势,德国公司法在女性担任公司领导职位方面的法律规范为我国提供了可资借鉴的经验。未来我国公司法改善公司中的“她力量”,既要关注董事会性别多样性,也应关注监事会性别多样性,采取固定配额与“遵守或解释”相结合的方法,并要求上市公司在年度报告中提供实质性别多样性信息披露内容。

关键词:性别多样性　女性配额　遵守或解释　信息披露

一、我国公司中“她力量”的基本现状及问题

公司领域有着明显的女性和男性之间的不平衡,不仅是女性和男性之间工作时间、系统性薪酬

* 清华大学法学博士,上海政法学院法律学院讲师。

的差异,还涉及女性在公司领导职位上扮演的角色。德勤会计师事务所2022年发布的一份调查报告显示,2021年董事会席位中女性的全球平均比例仅为19.7%,相比于2018年仅增长2.8%,女性董事数量增长缓慢;而我国2021年上市公司中女性董事的比例仅为13.1%,低于女性董事的全球平均比例。[1] 由此可见,男性在董事会中的人数仍然大大超过女性,女性在公司董事会中的代表性不足。与之形成鲜明对比的是我国高等教育中女性数量从2009年开始就超过了男性,出现高等教育女性化现象。[2] 我国高等教育女性高比例与女性董事的低比例之间的明显差距,反映出担任公司领导职位的女性比例远未达到与受高等教育的女性比例相适应的程度。

在全球范围内,由于立法机构、监管机构、证券交易所、投资者和公众对公司领导职位上女性缺位的关注度越来越高,公司领导职位上的性别多样性(如董事会性别多样性)已经成为一个极其重要的公司治理议题。公司领导职位上的性别多样性不仅涉及努力帮助女性消除职业障碍,支持女性职业成长,提升更多的女性进入公司领导岗位,实现性别平衡,还关系到公司能否实现可持续发展,取得长期成功。

如何改善公司领导职位上的性别多样性,增加公司中的“她力量”,是我国公司法需要面对且解决的一个重要问题。我国法律目前既没有为女性担任公司领导职位制定相关的配额规则,也没有关于女性担任公司领导职位的监管要求。当前改善公司中的“她力量”仅依赖私人秩序推动。例如,2020年,位于深圳的12家投资机构和11家上市公司共同发起“香蜜湖女性董事倡议”,呼吁将董事会性别多样性作为评估公司治理的关键绩效指标,设立针对女性在董事会和董事会主席职位上有较高占比之公司进行投资的投资基金,基金投资的目标公司应当分阶段提升女性在董事会或者高级管理人员职位上的比例。2020年,南开大学中国公司治理研究院发布了引起社会各界广泛关注

---

〔1〕 See Deloitte, *Women in the Boardroom: A Global Perspective*, https://www2.deloitte.com/content/dam/Deloitte/global/Documents/gx - women - in - the - boardroom - seventh - edition. pdf, visited Jan. 1,2023.

〔2〕 参见马宇航、朱纯洁:《德国双轨制的性别分流:对缓解中国高等教育女性化的启示》,载《高等教育研究》2020年第6期。

的《中国上市公司女性董事专题报告》,该研究院在2021年继续推出《2021年中国上市公司女性董事专题报告》,其中建议"鼓励规定女性董事的最低比例"。[3]

在上述背景下,本文通过关注和剖析德国(因为它也是大陆法系国家且同样具有二元制公司治理结构)在女性担任公司领导职位方面的法律规制,试图在改善公司领导职位上性别多样性、增加公司中"她力量"方面为我国公司法得出一些有益启示。

二、德国双层制委员会与性别多样性

德国股份公司的一个最重要的特征是其双层制委员会,其中必须设立监督委员会(监事会)和管理委员会(董事会)。[4] 监事会由股东代表或者股东代表与职工代表组成,股东大会负责选举和任命股东监事。监事会功能上是公司管理者的监督机构,无权参与公司的经营和管理。法律授予监事会对个别重要的经营事项的决策权,如任命和罢免董事会成员、对董事会计划的某些特定业务的否决权及批准公司年度报表等。公司的经营和管理由董事会负责,在其授权范围内,可以不必听从股东大会或者监事会的指令。监事会成员或者董事会成员不能在对方机构里相互兼职。

德国法上公司双层制委员会不仅明显区别于英美法上的公司单层制委员会,与我国公司双层制委员会的组织结构也有些许差异。在单层制委员会中,只存在董事会而无监事会,股东会负责任命和罢免董事

[3] 参见南开大学中国公司治理研究院女性董事研究课题组:《董事会中的"她力量"呈持续增长态势——〈2021年中国上市公司女性董事专题报告〉》,载《上海证券报》2022年2月15日,第8版。

[4] See Klaus J. Hopt & Patrick C. Leyens, *Board Models in Europe—Recent Developments of Internal Corporate Governance Structures in Germany, the United Kingdom, France, and Italy*, European Company and Financial Law, Vol. 1, 2005.

会成员。[5] 在我国公司双层制委员会的组织结构中，除职工董事和职工监事外，无论是董事会成员，还是监事会成员，均由股东会选举和罢免，董事会和监事会是位于股东会之下的平行机构。换言之，股东会、董事会和监事会构成三角形的组织结构形式。

德国对公司中“她力量”的关注与公司双层制委员会相联系，不同于英美法上对公司中“她力量”的关注。美国公司单层制委员会模式对公司中“她力量”的关注主要集中在董事会成员的性别多样性上。美国加利福尼亚州率先通过法案，要求总部办公地位于加尼福利亚州的公众公司在董事会中分阶段实施固定女性配额。[6] 2021 年，美国证券交易委员会批准纳斯达克关于在纳斯达克上市的公司必须遵守或者解释为什么没有至少 2 名多样性的董事会成员的披露规则。[7] 德国公司双层制委员会制度模式不仅关注董事会中的性别多样性，还关注监事会中的性别多样性，下文将予以详述。

三、公司中“她力量”在德国的演进历程及剖析

在德国公司中设定女性配额的想法和行动受到政治、经济等因素推动。经过长期的准备和争论，才通过立法行动在德国公司法中注入了女性主义因子。虽然立法者在调整有限责任公司的《有限责任公司法》中对有限责任公司监事会、经理及以下两个领导层的性别多样性作了规定，但由于上市公司和建立共同决定机制的股份有限公司不仅具有经济重要性，而且承担特殊的社会义务，故受到公众的特别关注，立法者重点在调整股份有限公司的《股份法》中对女性担任公司领导

---

〔5〕 See Carsten Jungmann, *The Effectiveness of Corporate Governance in One - Tier and Two - Tier Board System*, European Company and Financial Law Review, Vol. 3, 2006.

〔6〕 See Darren Rosenblum, *California Dreaming*, Boston University Law Review, Vol. 99, 2019.

〔7〕 See Gregory H. Shill & Matthew L. Strand, *Diversity, ESG, and Latent Board Power*, Delaware Journal of Corporate Law, Vol. 46, 2022.

职位的相关问题作了详细规定,本文亦将讨论的重点集中在《股份法》对女性担任公司领导职位的法律规制上。《股份法》对女性担任公司领导职位的法律规制主要是在区分监事会和董事会的基础上进行类型化处理。

(一)德国增加公司中“她力量”的动因

政治因素是在德国公司中设定女性配额的一个最主要的动因。2009 年,德国基督教民主联盟(以下简称基民盟)与德国基督教社会联盟(以下简称基社盟)组建的联盟党和自由民主党(以下简称自民党)组建的联合政府赞成经济生活中的多样性,其签署的《联合执政协议》中通过一个分步骤的计划增加女性在董事会和监事会领导职位上的比例,第一步是建立公司自律义务及有约束力的公司信息披露义务。〔8〕德国绿党将私有经济中女性配额作为必须在政治上捍卫的核心项目,在 2010 年就曾向德国联邦议会提交一份提案,提出到 2015 年德国公司监事会成员必须至少有 40% 的女性。〔9〕由于自民党认为提升女性比例依赖自愿解决方案,法定女性配额这种对经济的干预是不可接受的。由于受到自民党的抵制,最终,在第 17 届立法期内并没有成功通过一项关于女性配额的法律规定。在 2013 年德国大选中,基民盟与基社盟组建的联盟党和社会民主党(以下简称社民党)都曾在竞选中宣传女性配额。在 2013 年德国联邦议院选举之后,基民盟与基社盟组建的联盟党和社民党达成第 18 届立法期的《联合执政协议》,其中包括在确保平等项目下提升女性在私有经济中的地位,接续上一届联邦政府关于女性配额失败的立法项目。〔10〕

在德国,增加女性在公司领导职位中的比例被立法者和政治家认为是落实德国《基本法》确立的国家目标和提升德国的国家竞争力的体现。一方面,德国《基本法》第 3 条第 2 款第 1 句规定男女应享有平等的权利,第 2 句进一步规定国家应促进男女平等之实际贯彻,并致力

〔8〕 Vgl. Joachim Jahn, Der Koalitionsvertrag: Ein Füllhorn für Wirtschaftsrechtler, GWR 1 (2009), S. 390.

〔9〕 Vgl. Raphaële François-Poncet/Barbara Deilmann/Sabine Otte, Frauenquote in französischen Aufsichts-und Verwaltungsräten, NZG 14 (2011), S. 45.

〔10〕 Vgl. Ulrich Seibert, Frauenförderung durch Gesellschaftsrecht, NZG 19 (2016), S. 16.

于消除现存之歧视。尽管德国大学中有近一半学生是女性,但实现中在公司领导职位中的女性人数仍然不足。2013年女性在DAX 30指数(由德意志交易所集团推出的一个蓝筹股指数。该指数中包含30家主要的德国公司)公司监事会的比例为21.9%,前200强公司董事会中女性比例为4.4%。[11] 这种现状与《基本法》性别平等要求相矛盾,德国联邦政府迫切需要采取法律措施履行《基本法》规定的男女平等之任务。另一方面,自从挪威在2004年率先引入强制性女性董事配额起,西班牙、葡萄牙、比利时、法国、意大利、荷兰等欧洲大陆国家相继规定公司监事会和(或)董事会的女性配额。来自其他欧洲国家的压力促使德国联邦政府迅速采取行动,提升德国在国际上的竞争力。[12]

除了政治因素,经济因素也促使女性配额的立法行动。越来越多的实证研究发现,董事会或监事会中女性成员对公司成功有积极影响。例如,董事会中性别多样性与公司绩效呈正相关,董事会中女性代表对公司绩效有积极影响。[13] 有女性在公司董事会或管理层任职的公司有更好的回报率,投资者和客户的信任度更高。[14] 因此,从经济层面看,增加女性在公司领导职位上的比例,可能有助于提高公司的竞争力。

现实中,在促进公司领导职位中女性比例方面存在市场失灵。股份公司的监事会在监事选任中有建议义务(《股份法》第124条第3款),董事由监事会选任(《股份法》第84条),股东大会可以提出监事候选人建议(《股份法》第127条),这些工具都可以用来增加女性在公司领导职位中的比例,但是从现实中女性董事和监事的低比例来看,公

〔11〕 Vgl. Hanna Olbrich/Christopher Krois, Das Verhältnis von „Frauenquote“ und AGG, NZA 32 (2015), S. 1289.

〔12〕 Vgl. Renate Künast, Geschlechtergerechte Besetzung von Aufsichtsräten, ZRP 44 (2011), S. 12.

〔13〕 See Jorge Moreno - Gómez, Esteban Lafuente & Yancy Vaillant, *Gender Diversity in the Board, Women's Leadership and Business Performance*, Gender in Management: An International Journal, Vol. 33, 2018.

〔14〕 Vgl. Joachim Wieland, Ist eine Quotenregelung zur Erhöhung des Anteils der Frauen in Aufsichtsräten mit dem Grundgesetz und Europarecht vereinbar, NJW 63 (2010), S. 2408.

司事实上没有积极利用这些工具。为落实基民盟与基社盟组建的联盟和自民党《联合执政协议》的愿景,政府委员会在2010年版《德国公司治理准则》第4.1.5条、第5.1.2条和第5.4.1条中建议在企业领导职位、董事会和监事会组成中适当考虑女性。因《德国公司治理准则》不是具有约束力的法律,公司采取遵守或解释的执行策略,公司可以偏离其建议,公司领导职位中女性比例没有得到有效增加。[15]

在上述因素推动下,德国联邦政府在2014年提出《关于男女平等担任私有经济和公共部门领导职位法草案》(Referentenentwurf eines Gesetzes für die gleichberechtigte Teilhabe von Frauen und Männern an Führungspositionen in der Privatwirtschaft und im öffentlichen Dienst),德国联邦议会于2015年通过《关于男女平等担任私有经济和公共部门领导职位法》(Gesetz für die gleichberechtigte Teilhabe von Frauen und Männern an Führungspositionen in der Privatwirtschaft und im öffentlichen Dienst)。该法的立法宗旨是大幅提高女性在私有经济和公共部门中担任领导职务的比例,从而实现《基本法》规定的性别平等。[16] 为了进一步提高《关于男女平等担任私有经济和公共部门领导职位法》的效力,德国联邦议院在2021年通过《关于补充和修正男女平等担任私有经济和公共部门领导职位法》(Gesetz zur Ergänzung und Änderung der Regelungen für die gleichberechtigte Teilhabe von Frauen an Führungspositionen in der Privatwirtschaft und im öffentlichen Dienst)。德国立法者通过《关于男女平等担任私有经济和公共部门领导职位法》和《关于补充和修正男女平等担任私有经济和公共部门领导职位法》,在《股份法》中增加了关于监事会和董事会的性别多样性规定,并完善了相应的制度。

(二)监事会中的性别多样性

《关于男女平等担任私有经济和公共部门领导职位法》为监事会引入了刚性配额和灵活配额。

首先,适用《共同决定法》、《煤炭和钢铁工业职工共同决定法》或

---

〔15〕 Vgl. Gerald Spindler/Kathrin Brandt, Verfassungsrechtliche Zulässigkeit einer Gleichstellungsquote im Aufsichtsrat der börsennotierten AG, NZG 14 (2011), S. 403.

〔16〕 Vgl. Claudia Junker/Jan Schmidt – Pfitzner, Quoten und Zielgrößen für Frauen (und Männer) in Führungspositionen, NZG 18 (2015), S. 929.

者《共同决定补充法》的上市公司规定了监事会成员中男女固定比例，要求监事会至少应由30%的女性和30%的男性组成，监事会作为一个整体必须达到这一最低比例要求，股东方面和职工方面可以反对这一整体履行，但条件是股东方面选举的监事代表和职工方面选举的监事代表需要分别满足这一比例要求。无论是整体履行，还是分别履行，违反最低比例要求将导致选任或委派的监事无效，出现空缺席位（《股份法》第96条第2款）。

其次，对于其他上市公司或建立共同决定机制的公司，公司必须为其监事会的男女比例自行设定最终目标和实现这一目标的期限，设定最终目标时监事会成员比例低于30%的，设定的最终目标不得低于现有监事会成员女性比例（不利益变更禁止），而设定的期限最长不得超过5年（《股份法》第111条第5款）。违反灵活配额要求不会导致监事选任无效的后果。《股份法》没有明确规定对未设定和未实现最终目标的制裁，立法者依赖消极的披露效果。〔17〕 公司管理声明中必须包括公司自我设定的最终目标及实施情况，说明实施期限内是否实现目标，没有实现的需要说明理由（《商法典》第289f条）。因为需要在公司管理声明中披露，当编制公司管理声明不符合《商法典》第289f条的规定时，就可能面临《商法典》第331条以下的罚款等制裁。

《关于男女平等担任私有经济和公共部门领导职位法》生效后出现喜忧参半的现象。在积极方面，适用固定配额的公司监事会中女性比例持续上升，2018年女性比例相较2015年增加8.4%；在消极方面，不适用固定配额的公司监事会中女性比例增加缓慢。〔18〕 有很多适用灵活配额的公司为其监事会中女性比例设定零的目标，但由于没有规定公司为零目标说明理由，不清楚具体情形中这些公司设定零目标的原因。这显然与《关于男女平等担任私有经济和公共部门领导职位法》所要实现的目标不符。

在此情形下，《关于补充和修正男女平等担任私有经济和公共部门

---

〔17〕 Vgl. Christian Mense/Marcus Klie, Update zur Frauenquote, GWR 7 (2015), S. 445.

〔18〕 Vgl. Bundesministerium der Justiz und für Verbraucherschutz, FüPoG II: Frauen in Führungspositionen: Die Quote wirkt, NZG 24 (2021), S. 1427.

领导职位法》进一步发展《关于男女平等担任私有经济和公共部门领导职位法》的措施,以期缩小差距。《关于补充和修正男女平等担任私有经济和公共部门领导职位法》引入了设定最终目标为零的说明义务,明确规定其他上市公司或建立共同决定机制的公司监事会中女性比例设定为零的,必须作出明确、可理解的解释及决策所依据的考虑因素(《股份法》第 111 条第 5 款第 2 句、第 3 句、第 4 句)。通过说明和披露设定零目标的原因,由公众审查和评估其合理性,促使公司考虑招聘女性领导者。

在《关于男女平等担任私有经济和公共部门领导职位法》和《关于补充和修正男女平等担任私有经济和公共部门领导职位法》出台后,《德国公司治理准则》对监事会中女性比例规定进行了调整。《德国公司治理准则》没有比《股份法》采取更进一步的措施,而是建立同步措施。

(三)董事会及其以下两个领导层中的性别多样性

《关于男女平等担任私有经济和公共部门领导职位法》为董事会及其以下两个领导层(Führungsebenen)引入灵活配额。对于上市公司或建立共同决定机制的公司,公司必须自行为董事会及其以下两个领导层的男女比例设定最终目标和实现该目标的期限,女性比例在设定最终目标时低于 30% 的,所设定的最终目标不应低于现有的女性比例,设定的期限最长不得超过 5 年。违反规定并不导致选任无效,但公司管理声明中必须包括公司自行设定的最终目标,没有实现目标的需要说明理由,旨在通过提高透明度和公众压力来确保目标的实施。

《股份法》第 76 条第 4 款没有明确定义董事会以下两个领导层,领导层作为新表述并不是严格意义上的法律概念。根据立法说明,领导层不是根据企业管理学(高层管理、中层管理和基层管理)来确定的,而是根据实际的企业科层制来确定的。[19] 在明显的科层制组织结构中,董事会以下两个领导层指直接隶属于董事会且相互平等的两个组织单位。如果扁平化的科层制构造是在董事会以下只有一个管理层,

〔19〕 Vgl. Gregor Thüsing/Johannes Fütterer, Führungsebene im Sinne des § 76 IV AktG, NZG 18 (2015), S. 778.

领导层则指该管理层。但是,不是每个公司都有清晰的层次构造,仍然很难确定层次,[20]董事会对此有很大的判断余地。

与实施灵活配额的监事会情况相同,实施灵活配额的公司董事会中女性比例增加缓慢,总体上处于低水平,不少公司董事会中没有女性,[21]没有达到《关于男女平等担任私有经济和公共部门领导职位法》的立法预期,《关于补充和修正男女平等担任私有经济和公共部门领导职位法》为此进行改进。

首先,《关于补充和修正男女平等担任私有经济和公共部门领导职位法》为特定上市公司董事会引入了固定配额。适用《共同决定法》、《煤炭和钢铁工业职工共同决定法》或者《共同决定补充法》的上市公司规定,董事会由 3 人以上组成的,至少应由 1 名女性和 1 名男性组成,违反这一最低比例要求的董事选任无效(《股份法》第 76 条第 3a 款)。这一最低比例要求可以使公司在此基础上设定更高的比例目标,进一步提高女性的参与。

其次,要求其他上市公司或建立共同决定机制的公司为其董事会及以下两个领导层设立零目标提供正当化理由,必须作出明确、可理解的解释及决策所依据的考虑因素,通过在公司管理声明中披露的方式来保障目标的实施(《股份法》第 76 条第 4 款第 2 句、第 3 句、第 4 句)。

在《关于男女平等担任私有经济和公共部门领导职位法》和《关于补充和修正男女平等担任私有经济和公共部门领导职位法》出台后,《德国公司治理准则》在董事会及以下两个领导层中女性比例建议方面建立了同步措施。

(四)学界对女性配额的看法

公司领导职位中女性配额是德国学界十年来讨论的一个重要论题。除女性配额与公司的业务决策和监督的关系外,德国学界的讨论

---

[20] Vgl. Cornelius Simons/Ferdinand Fromholzer, Die Festlegung von Zielgrößen für den Frauenanteil in Aufsichtsrat, Geschäftsleitung und Führungspositionen, AG 60 (2015), S. 462.

[21] Vgl. Jan – Mark Steiner, Die Mindestbeteiligung von Frauen in deutschen Vorständen im Spannungsfeld zwischen Gesellschaftspolitik und Gesellschaftsrecht, NZG 24 (2021), S. 276.

主要集中在女性配额是否符合宪法规定和女性配额的有效性两个方面。

一方面，有学者认为女性配额方法面临宪法障碍，〔22〕甚至有学者对利用公司法解决社会政治问题持根本性的怀疑态度，拒绝任何形式的女性配额。〔23〕但是，也有许多学者认为要求女性配额的做法本身是正当的，是为落实德国《基本法》上促进男女平等的要求，符合《基本法》的规定。〔24〕

另一方面，有学者认为寻求一个灵活的解决方案是可以接受的，在此情形下，灵活配额方法值得赞同，能够适应不同公司的特殊性和要求，〔25〕固定女性配额对不同公司的现实并不公平。〔26〕与之相对，不少学者对灵活配额能否取得成功保持怀疑。灵活配额是一种自律义务，且由于缺乏不遵守情况下的制裁，这种“君子协定”在实践中注定是失败的，不能与刚性女性配额相比较。〔27〕灵活配额并不是一个有效增加公司领导职位中女性比例的有效手段，引入固定女性配额有其正当性。〔28〕固定配额能够很快促成公司领导职位中女性比例的增加，是一种实用且有效的手段。〔29〕不乏学者提出有针对性且具有可操作性的固定配额建议。〔30〕实践情况验证了多数学者关于固定配额和灵活配额的观点，即固定配额在促进公司领导职位中女性比例提升方面比灵

---

〔22〕 Vgl. Tim Drygala, Harte Quote, weiche Quote und die Organpflichten von Vorstand und Aufsichtsrat, NZG 18 (2015), S. 1130.

〔23〕 Vgl. Walter Bayer, Grundsatzfragen der Regulierung der aktienrechtlichen Corporate Governance, NZG 16 (2013), S. 7.

〔24〕 Vgl. Heide M. Pfarr/Christine Fuchsloch, Verfassungsrechtliche Beurteilung von Frauenquoten, NJW 41 (1988), S. 2201.

〔25〕 Vgl. Christian Mense/Erik Rosenhäger, Mehr Vielfalt wagen-Zu den jüngsten Änderungen des Deutschen Corporate Governance Kodex, GWR 2 (2010), S. 312.

〔26〕 Vgl. Daniela Weber-Rey/Friederike Handt, Vielfalt/Diversity im Kodex-Selbstverpflichtung, Bemühenspflicht und Transparenz, NZG 14 (2011), S. 2.

〔27〕 同前注〔15〕。

〔28〕 Vgl. Ingrid Ohmann – Sauer/Moritz Langemann, Der Referentenentwurf zur Einführung einer „gesetzlichen Frauenquote“, NZA 31 (2014), S. 1121.

〔29〕 Vgl. Gerhard Röder/Christian Arnold, Geschlechterquoten und Mitbestimmungsrecht, NZA 32 (2015), S. 285.

〔30〕 同前注〔14〕。

活配额更有效。因此,《关于补充与修订男女平等担任私有经济和公共部门领导职位法》为董事会引入固定配额和强化灵活配额措施具有其必要性和合理性。

四、我国公司中“她力量”的实现路径

公司可持续性和可持续公司治理的重要性与日俱增,将可持续性进一步嵌入公司治理框架,关系到公司长期、可持续的发展,公司中“她力量”是可持续公司治理的重要一环。同质化组织与破坏独立思考的无意识偏见、群体思维的风险增加有关。[31] 群体思维是指在一个高度凝聚力的群体中,群体成员为维持群体表面上的一致,避免提出异议,宁愿牺牲决策质量也要追求群体一致的现象。性别多样性能够带来认知和视角的多样性,相比于同质化组织,异质化组织(如董事会性别多样性)能够抵制群体思维,不容易被群体思维俘获,可提高思考的质量,作出更明智的决策,[32] 带来更好的结果。这对公司可持续性来说很重要,性别多样性可以成为缓解风险的工具,帮助公司选择风险较小的战略和政策,减少公司欺诈等不法行为,进而降低威胁公司生存的风险。

鉴于公司中“她力量”给公司可持续发展带来的积极意义,我国有必要改变对女性担任公司领导职位没有明确规定的现状,逐步推进和落实女性担任公司领导职位的顶层设计,提升我国公司的国际竞争力。由于上市公司的市场影响力及其重要性,这种顶层设计可以在上市公司中先行先试。德国公司法上的女性配额规则在这方面至少带来3个层面的重要启示。

(一)董事会与监事会中的女性配额

与采取单层委员会制度的国家相似,我国现有研究对公司中“她力

〔31〕 See Antony Page, *Unconscious Bias and the Limits of Director Independence*, University of Illinois Law Review, Vol. 2009, 2009.

〔32〕 See Lynne L. Dallas, *The New Managerialism and Diversity on Corporate Boards of Directors*, Tulane Law Review, Vol. 76, 2002.

量”的关注主要集中于公司董事会。董事会在公司中履行经营和管理职能,是公司的核心决策者,处于公司治理的核心地位,因而董事会的性别多样性尤为受到关注,这使我国现有研究的相关建议围绕董事会性别多样性展开。

德国法经验表明,监事会性别多样性同样值得关注,监事会在公司治理中履行重要职责,具有重要的监督功能。在德国公司双层委员会制度模式中,监事会不仅对公司经营和管理进行回顾性监督,随着一系列立法行动、司法实践和学界建议,监事会的职责和职权不断扩展,监事会的回顾性监督朝着预防性、展望性监督转移,监事会监督董事会的经营管理,并向董事会的经营管理提供咨询,尤其是公司未来方向,监事会与董事会对公司的经营管理承担共同责任。〔33〕 因此,德国通过许多履职保障机制确保监事会合格监督。例如,法律赋予监事会人事决定权和特定事项决定权以对监督对象施加影响,〔34〕2022 年版《德国公司治理准则》建议董事会定期、及时和全面地向监事会报告与公司有关的所有问题,董事会主席应不迟延地向监事会主席报告对公司情况和发展的评估及对公司管理具有重大意义的重要事件。

我国现有研究忽视监事会性别多样性与监事会在我国实践中缺少有效运行不无关系。在我国公司双层制委员会结构中,《公司法》将监事会定位为监督机构,监事会和董事会之间没有高低之差,并囿于我国公司治理中控股股东、强势董事(经理)的结构性矛盾,监事会缺少真正的履职保障机制,监事会在实践中未能充分发挥监督作用,甚至出现监督缺位,导致监事会成为摆设。〔35〕 监事会的功能失效很大程度上使监事会性别多样性不受重视。

2023 年修订通过的《公司法》进一步弱化了监事会的必要性。根据新《公司法》第 69 条和第 121 条的规定,监事会/监事由必设的公司

---

〔33〕 Vgl. Arbeitskreis Recht des Aufsichtsrats, Eckpunkte für eine Reform des Aufsichtsratsrechts, NZG 24 (2021), S. 477.

〔34〕 参见[德]托马斯·莱塞尔、[德]吕迪格·法伊尔:《德国资合公司法》(第 6 版)(上),高旭军等译,上海人民出版社 2019 年版,第 237 ~ 240 页。

〔35〕 参见郭雳:《中国式监事会:安于何处,去向何方——国际比较视野下的再审思》,载《比较法研究》2016 年第 2 期。

组织机构成为可选择设立的组织机构，有限责任公司和股份有限公司可以按照公司章程规定，在董事会中设置由董事组成的审计委员会，而可以不设立监事会/监事。有限责任公司审计委员会组成和股份有限公司审计委员会组成的区别在于要求股份有限公司的审计委员会成员过半数为非执行董事，不得在公司担任除董事以外的其他职务，且不得与公司存在任何可能影响其独立客观判断的关系。制度变革的宗旨是赋予公司在组织机构方面更大的自主权，为我国企业“走出去”和外商到我国投资提供便利。

由此产生的一个疑问是，审计委员会是不是监事会的功能等值物？董事会下设的审计委员会最主要的职责是对公司财务会计进行监督。[36]《公司法》修订过程中曾将审计委员会的职责集中在对公司财务、会计进行监督上，审计委员会的其他职权交由公司章程自行规定。与此不同，监事会的职责不仅是对公司财务进行监督，还包括向董事会提供咨询，对公司经营管理、董事或高级管理人员执行职位的行为等进行监督。监事会的职责和职权的涵盖范围明显要比审计委员会的职责和职权的涵盖范围广。在德国法上，审计委员会是监事会下设的一个专业委员会，负责监督公司财务会计程序、内部监督制度、内部风险管理制度和内部复合制度的有效性（《股份法》第171条），目的是使监事会工作更加细致，提升监事会的监督效率。[37] 因此，审计委员会在功能上不能完全替代监事会。

新《公司法》为此尝试缩小审计委员会和监事会的功能差距。其明确规定公司在董事会中设置审计委员会，不设监事会或监事，由审计委员会行使本法规定的监事会职权，以缩小审计委员会和监事会之间的职权差距。但是，以设置审计委员会来替代监事会的做法本身表明，尽管近些年董事会本身发展出一些监督功能（如由多数外部董事组成董事会），但董事会本身难以履行日常的监督任务，仍然需要专门的机构来负责日常监督，以维护公司利益。即便允许公司通过设立审计委

〔36〕 参见［美］斯蒂芬·M. 贝恩布里奇：《理论与实践中的新公司治理模式》，赵渊译，法律出版社2012年版，第160页。

〔37〕 参见［德］格茨·怀克、［德］克里斯蒂娜·温德比西勒：《德国公司法》（第21版），殷盛译，法律出版社2010年版，第518页。

员会来替代监事会,监事会作为公司重要的监督机构,监事会性别多样性同样需要我们关注。

(二)固定配额,"遵守或解释"及制裁与交易所问询

提升女性担任公司领导职位的比例应当明确规定女性董事和监事的最低比例。德国实践经验表明,固定配额在提升女性担任公司领导职位的比例方面要比灵活配额更为有效,灵活配额允许公司自行设定女性董事和监事的比例,却未能产生预期的效果。我国尚无关于董事会性别多样性的明确规定,实践中推动女性董事比例的增加主要依赖公司的自愿行动,而实践中女性在董事会席位上的参与不足,显示出自愿性治理方法的局限性。为进一步有效推动女性董事和监事比例的增加,发挥其在公司治理的作用,有必要规定女性董事和监事的最低比例,违反比例要求的选任无效。

然而,提升女性担任公司领导职位比例的规则设计不应给公司造成过重的合规成本。因为不同行业和规模的公司对女性董事和监事比例的需求不同,固定配额饱受诟病之处是其可能过于僵化,"一刀切"的治理方法不是最优的方法,不能适应各公司的特殊性,给公司造成过重的合规成本。[38] 因此,应用固定配额的方法需要考虑不同公司因所处行业和规模不同,产生的不同需求,必须仔细权衡与固定配额有关的公司合规负担。

为发挥固定配额的有效性并缓和固定配额的僵化,在固定配额的执行上可以采取遵守或解释的策略,具言之:

首先,法律上需要为董事会和监事会中女性成员规定一个固定的最低比例。固定的最低比例既是主观性问题,又是技术问题,但法律上可以借鉴相关比较法经验(如德国法经验)和既有实证研究成果确定一个经验数字,数字一旦确定下来,就可以引导公司的具体行为,例如,公司董事会和监事会至少应由30%的女性组成。

其次,对于固定配额的僵化问题采取遵守或解释的执行策略。遵守或解释是公司治理领域内常用的方法,起源于英国,并被德国、日本、

---

〔38〕 See Daniel Greene, Vincent J. Intintoli & Kathleen M. Kahle, *Do Board Gender Quotas Affect Firm Value*, Journal of Corporate Finance, Vol. 60, 2020.

比利时等诸多国家使用。遵守或解释，指监管机构向上市公司提供一份最佳公司治理实践的建议清单，上市公司应当遵守最佳公司治理实践的建议，并在公司报告中说明是否遵守最佳公司治理实践的建议，不遵守则必须在公司报告中说明不遵守的理由。在遵守或解释执行策略下，公司应当遵守法律规定的董事会和监事会中女性的固定配额，如果不遵守，公司负有解释义务，不说明不遵守的理由则违反法律规定。遵守或解释是一种软法机制，[39]允许公司根据其特殊性和治理需求偏离最佳公司治理实践的建议，这可以弱化固定配额的僵化效果，增加固定配额的灵活性。遵守或解释亦是信号传递机制，根据公司的遵守和解释情况能够传递出重要信息，有助于监管机构据此调整法律规则，形成反射性监管。[40] 例如，如果有缺陷的解释破坏遵守或解释的运行，影响固定配额措施的有效性，监管机构可能就需要加强遵守或解释的执行。

最后，遵守或解释执行策略本身可能存在弱点，即公司对不遵守建议的解释缺乏充分性、解释质量差。[41] 综观遵守或解释执行策略的运行情况，存在公司只纯粹披露不遵守而不说明不遵守的理由，以及仅以公司规模、结构、行业特殊性作为理由而不进行详细说明等情况，削弱遵守或解释执行策略的有效性。为改善遵守或解释执行策略的弱点，有两种方法值得考虑。第一，允许监管机构对不遵守建议未进行说明的公司实施制裁。例如，日本将遵守或解释规范作为东京证券交易所上市规则的一部分，交易所能够对不遵守建议未进行说明的公司实施自律管制制裁，施加命令提出改善报告书、公布名称、裁处上市契约违

---

〔39〕 See Jean - Christophe Duhamel, *The "Comply or Explain" Approach as a Pascalian Wager*, Accounting, Economics and Law, Vol. 5, 2015.

〔40〕 See Virginia Harper Ho, *Comply or Explain and the Future of Nonfinancial Reporting*, Lewis & Clark Law Review, Vol. 21, 2017.

〔41〕 See Hana Horak & Nada Bodiroga - Vukobrat, *EU Member States' Experiences with the Comply or Explain Principle in Corporate Governance*, Croatian Yearbook of European Law and Policy, Vol. 7, 2011.

约金,及以违反上市契约为由废止上市等制裁措施。[42] 我国监管机构可考虑对不遵守建议未进行说明的公司责令提出改善报告书、公布公司名称及罚款等制裁。第二,充分利用交易所问询函。交易所问询函是针对上市公司信息披露的监管模式,要求公司对问询函中的问题按期进行答复和披露,进而补充相关信息。国内外实证研究已发现交易所问询函对改善公司信息披露质量的积极作用,[43] 因而交易所问询函能够被用来有针对性地改善遵守或解释执行策略的弱点。

(三)实质性别多样性与信息披露

董事会和监事会性别多样性分为形式性别多样性和实质性别多样性,形式性别多样性是实质性别多样性的前提。形式性别多样性,指董事会和监事会中女性的数量和女性数量相对于男性数量的比例。实质性别多样性,指女性董事和监事在董事会和监事会中的实际角色与影响力。实质性别多样性可以从女性董事和监事任期、女性是否担任董事会和监事会主席、女性是否在董事会下设的关键董事会委员会(如审计委员会、薪酬委员会、提名委员会)中服务、年龄等指标进行观察。[44] 例如,董事任期是公司治理中的一个重要因素,任期较长的董事在董事会中有更大的影响力,[45] 如果女性董事任期较短,可能会限制女性董事在董事会和公司内获得影响力的能力,抵消女性在董事会中代表的增加力度。

实现真正的董事会和监事会性别多样性不仅需要关注形式性别多样性,还需要关注实质性别多样性。德国公司法上的固定配额和灵活配额措施主要关注的是形式性别多样性,未能实质触及实质性别多样

---

〔42〕 [日]神作裕之:《公司治理下机构投资人之角色定位与尽责管理责任》,第十届中日公司法制研究会闭门圆桌会议论文,清华大学商法研究中心,2019 年 3 月 23 ~ 24 日。

〔43〕 See Stephen V. Brown, Xiaoli Tian & Jennifer Wu Tucker, *The Spillover Effect of SEC Comment Letters on Qualitative Corporate Disclosure: Evidence from the Risk Factor Disclosure*, Contemporary Accounting Research, Vol. 35, 2018.

〔44〕 See Yaron Nili, *Beyond the Numbers: Substantive Gender Diversity in Boardrooms*, Indiana Law Journal, Vol. 94, 2019.

〔45〕 See Yaron Nili, *The New Insiders: Rethinking Independent Directors' Tenure*, Hastings Law Journal, Vol. 68, 2016.

性，仍有不足之处。实现真正的董事会和监事会性别多样性不能停留在形式性别多样性层面上，其只是实现真正的董事会和监事会性别多样性的第一步。在通过固定配额措施实现形式性别多样性的基础上，我国应当进一步将关注的焦点集中在实质性别多样性层面。

推动董事会和监事会实质性别多样性，可以考虑完善上市公司信息披露制度，增加上市公司董事会和监事会实质性别多样性信息披露内容。[46] 信息披露可以成为使公司董事会和监事会性别多样化的工具。公司董事会和监事会实质性别多样性信息披露能够为监管机构、投资者和利益相关者提供关于公司对董事会和监事会实质性别多样性承诺之更有意义的信息。[47] 监管机构需要可靠的公司董事会和监事会实质性别多样性信息披露来作出监管回应，投资者需要可靠的公司董事会和监事会实质性别多样性信息披露来作出投资和投票决策，利益相关者同样需要公司董事会和监事会实质性别多样性信息披露来采取有关行动。

具体而言，类似高级管理人员薪酬披露，可以由监管机构制定一份由指标组成的实质性别多样性披露表格，列入影响女性董事和监事在董事会和监事会中的实际角色和影响力的指标，如女性董事和监事在董事会和监事会中的比例、女性董事和监事任期、女性是否担任董事会和监事会主席、女性是否为执行董事或非执行董事，以及董事会下设关键委员会中女性成员的情况等，并在每一项指标上与男性董事和监事作比较。上市公司需要在年度报告中披露实质性别多样性披露表格，同时在交易所网站和公司网站上进行公布。由监管机构制定统一的实质性别多样性披露表格有助于形成标准化信息披露，方便人们对各上市公司的董事会和监事会实质性别多样性情况进行比较，进而充分利用公众压力和公司声誉机制来推动上市公司提升其董事会和监事会实质性别多样性的程度。

---

〔46〕 同前注〔44〕。

〔47〕 See Thomas Lee Hazen, *Social Issues in the Spotlight: The Increasing Need to Improve Publicly – Held Companies' CSR and ESG Disclosures*, University of Pennsylvania Journal of Business Law, Vol. 23, 2021.

五、结语

公司中“她力量”是近些年人们关注的一个重要问题,许多国家和地区针对公司董事会和监事会性别多样性采取立法和监管行动。本文通过剖析德国法在规制女性担任公司领导职位方面的利益博弈、制度变迁的原因与内容,为未来我国《公司法》如何改善上市公司中的“她力量”得出一些有益的启示。第一,在公司组织结构方面,需要同等关注经营机构(董事会)性别多样性和监督机构(监事会)性别多样性。第二,在具体措施方面,可以采用董事会和监事会中女性固定配额与“遵守或解释”相结合的措施,并通过完善制裁措施和交易所问询函提升“遵守或解释”执行策略的有效性。第三,除形式性别多样性之外,需要强化实质性别多样性,对此可以考虑通过增加实质性别多样性信息披露来进一步改善上市公司中的“她力量”。

(编辑:严　琦)

《证券法苑》(2024)
第三十九卷,第123~144页

司法程序所致个别清偿撤销例外之检讨

——兼论最高人民法院《关于适用〈中华人民共和国企业破产法〉若干问题的规定(二)》第15条之去留*

金骑锋**

摘要:《民法典》并未将经过诉讼、仲裁、执行程序的个别清偿排除在债权人撤销权行使范围之外,最高人民法院《关于适用〈中华人民共和国企业破产法〉若干问题的规定(二)》第15条的相反规定可能引发破产法与民法的规则矛盾。经过法律程序的债权仍属普通债权,无法定优先性,允许对其撤销不会在程序上增加诉累,且对规制虚假诉讼与仲裁问题具有积极的实践意义,因此原则上应允许对此类债权行使破产撤销权。在现行规定下,可以软化"恶意串通"之构成要件和限缩不予撤销的个别清偿之范围,但根本的解决之道仍在于废除此类个别清偿之例外。

---

* 本文系教育部人文社会科学重点研究基地重大项目"民法典与法治体系研究"(22JJD820017)的阶段性成果。

** 中国人民大学法学院民商法学博士研究生。

关键词:债权人撤销权　破产撤销权　个别清偿　恶意串通

一、问题的提出

最高人民法院《关于适用〈中华人民共和国企业破产法〉若干问题的规定(二)》(2020 年修正,以下简称《企业破产法司法解释二》)第 15 条规定:"债务人经诉讼、仲裁、执行程序对债权人进行的个别清偿,管理人依据企业破产法第三十二条的规定请求撤销的,人民法院不予支持。但是,债务人与债权人恶意串通损害其他债权人利益的除外。"根据本条规定,除债务人与债权人恶意串通外,管理人不得对经过诉讼、仲裁、执行程序对债权人进行的个别清偿行使破产撤销权。实践中法院亦多持此观点作出裁判。[1]

根据 2019 年《全国法院民商事审判工作会议纪要》(以下简称《九民纪要》)第 120 条第 1 款第 2 项的规定,因债务人与他人的权利义务被生效裁判文书确定,导致本来可以对《合同法》第 74 条和《企业破产法》第 31 条规定的债务人的行为享有撤销权而不能行使的,债权人可提起第三人撤销之诉以保障其债权。在破产语境下,亦可解释为债权人在债务人破产时,不能径行通过行使破产撤销权以保全生效裁判文书所确认的债权,否则司法解释就无须专设该条款,采第三人撤销之诉的方式"曲线救国",以保全债务人之责任财产。

依据上述两条规定,经过诉讼、仲裁、执行程序的个别清偿被排除在破产撤销权的行使范围之外。然而,作为民商事领域的基本法,《民法典》有关债权人撤销权的规范表述及相关权威解释并未将经过诉讼、仲裁、执行程序的个别清偿排除在债权人撤销权的行使范围之外,由此可能导致破产撤销权与民法中的债权人撤销权产生规则矛盾,从而引发法秩序上的冲突。民法中的物权、担保债权、合同等概念和理论

〔1〕 根据学者实证统计,针对危机期间个别清偿行为撤销之诉决定不予撤销的理由,经诉讼、仲裁、执行程序不予撤销的比例为 6.74%,占法官适用《企业破产法》明文规定的不予撤销情形的比例(33.70%)的 1/5。参见胡利玲、刘骐宁:《危机期间个别清偿行为撤销构成要件实证研究》,载《湖北社会科学》2019 年第 6 期。

均是破产法的支柱，对其具有重要的基础意义。[2] 处理破产法与民法的基本规则应当是：除非有特别理由，破产法应贯彻民法。仅在有充分价值判断依据的情况下，出于法律应用与增强法律体系性考虑，才能以特别规定的行使明确作出有别于民法基本原理的规则设计。[3]

鉴于《企业破产法》修订已接连纳入第十三届、第十四届全国人民代表大会常务委员会立法规划，实有必要立足两种权利的体系根源，基于实践，从实体法与程序法等多维视角审视破产撤销权是否以及何以能够突破债权人撤销权之规定，从而厘正破产撤销权在诉讼、仲裁、执行情形下的适用，实现债权人、债务人与次债务人之间的利益平衡，促进优质营商法治环境构建。

二、经诉讼、仲裁、执行的个别清偿行为原则上亦可撤销

事实上，对于经诉讼、仲裁、执行的个别清偿行为，《企业破产法》第 32 条本身并未进行例外规定，而是由司法机关在司法解释中创设。深究《企业破产法司法解释二》对该例外的规定，司法机关虽认为“在债务人具有清偿能力的情形下，自动履行生效裁判或被强制执行是债务人的法律义务，也是法院生效裁判执行力的体现，但在债务人丧失清偿能力的情况下，其在可撤销期间内为对个别债权人偏袒清偿等非法目的而利用执行名义进行的可撤销行为，违背破产法公平受偿的基本原则，损害多数债权人的利益，应予撤销”，但又基于交易安全和经济秩序的考量，认为“自动履行或被强制执行生效裁判毕竟在法律形式上是债务人的义务，如执行行为可以任意被撤销，也将影响到交易”，规定仅在双方存在恶意串通时才可主张撤销。[4]

---

〔2〕 参见刘冰：《〈民法总则〉视角下破产法的革新》，载《法商研究》2018 年第 5 期。

〔3〕 参见许德风：《破产法论——解释与功能比较的视角》，北京大学出版社 2015 年版，第 14 页。

〔4〕 最高人民法院民事审判第二庭编著：《最高人民法院关于企业破产法司法解释理解与适用　破产法解释（一）·破产法解释（二）》，人民法院出版社 2017 年版，第 232～233 页。

但是,经过诉讼、仲裁、执行程序的债权在性质上仍属普通债权,无法定优先性,允许对其撤销并不会在程序上增加诉累,且能够弥合与债权人撤销权之龃龉,避免撤销权体系的逻辑冲突,对规制虚假诉讼与仲裁也具有积极的实践意义。因此,原则上应允许对此类债权行使破产撤销权,以下将从多个维度对此进行证成,并对司法机关的支撑观点予以剖析。

(一)现实层面的困境

近年司法实践中,存在某些债务人为实现破产欺诈或者偏袒性清偿的目的,对于在危机期内本属于可撤销的不法行为,通过诉讼或者仲裁的方式取得生效法律文书,假借法院执行程序使债权获得合法受偿,以损害全体债权人的利益的情况。[5] 此类虚假诉讼和虚假仲裁情形逐渐增多,也是允许对经诉讼、仲裁、执行的个别清偿行为行使破产撤销权的重要实践支撑。

以"虚假诉讼"为关键词,在威科先行平台对裁判文书"裁判理由及依据"部分进行检索,可以发现近年来相关案件数量呈直线上升趋势。[6] 最高人民检察院更是连续发布指导性案例第52~56号专门处理虚假诉讼问题。[7] "在企业破产清算程序中,当事人恶意串通骗取法院判决或调解书,并以法院生效文书认定的虚假债权申报破产债权,是一类典型的虚假诉讼,也是检察机关近年来的监督重点。"[8] 最高人民法院《关于防范和制裁虚假诉讼的指导意见》(法发〔2016〕13号),最高人民法院、最高人民检察院《关于办理虚假诉讼刑事案件适用法律若干问题的解释》(法释〔2018〕17号),最高人民法院《关于深入开

〔5〕 同前注〔4〕,第231页。

〔6〕 涉虚假诉讼:2001~2017年共计11123件,2018年6096件,2019年11934件,2020年12495件,检索日期:2023年3月30日。

〔7〕 检例第52号:广州乙置业公司等骗取支付令执行虚假诉讼监督案;检例第53号:武汉乙投资公司等骗取调解书虚假诉讼监督案;检例第54号:陕西甲实业公司等公证执行虚假诉讼监督案;检例第55号:福建王某兴等人劳动仲裁执行虚假诉讼监督案;检例第56号:江西熊某等交通事故保险理赔虚假诉讼监督案。参见《最高人民检察院发布第十四批指导性案例》,载最高人民检察院网,https://www.spp.gov.cn/zdgz/201905/t20190522_419049.shtml。

〔8〕 徐日丹:《最高检解密:虚假诉讼那些"隐秘的角落"》,载最高人民检察院网,https://www.spp.gov.cn/spp/zdgz/202008/t20200804_475375.shtml。

展虚假诉讼整治工作的意见》(法〔2021〕281 号)等文件专门规制虚假诉讼行为,并指出企业破产纠纷是虚假诉讼易发重点领域。

在仲裁领域,[9]基于仲裁的意思自治、保密性、一裁终局等特点[10],虚假仲裁较之诉讼更为容易且隐蔽。为了规制虚假仲裁,最高人民法院特意在《关于人民法院办理仲裁裁决执行案件若干问题的规定》(法释〔2018〕5 号)中创设案外人申请不予执行仲裁裁决制度。同时,最高人民法院《关于民事诉讼证据的若干规定》(法释〔2019〕19 号)也对民事诉讼中的免证事实规定作了修改,虽仍旧将"已为仲裁机构的生效裁决所确认的事实"列为"当事人无须举证证明的事实",但却加以"当事人有相反证据足以反驳的除外"这一但书条款,背后理由为"由于仲裁机构并非具有社会管理职能的组织,仲裁裁决本身不属于公文书证,因此对于仲裁裁决的反证不需要按照公文书证的标准,达到有相反证据足以推翻的程度,而应当按照私文书证的反证标准,以有'相反证据足以反驳'作为其反证标准"[11],实质应视为对仲裁文书效力的司法回应。实践中,业已有通过虚构职工债权并进行虚假劳动仲裁以避债的案件。[12]

在如此现实背景下,于资不抵债的破产程序中,相关民事主体面对构建虚假债务,通过诉讼和仲裁方式转移财产的巨大利益诱惑,铤而走险的道德风险显著增加。此时,司法的天平更宜从尊重交易稳定的角度向公平清偿一端适度倾斜,以应对此种道德陷阱,抑制虚假诉讼、虚假仲裁之恶风。允许对经诉讼、仲裁、执行的个别清偿行为行使破产撤销权,具有充分的现实需求与实践意义。不宁唯是,对此类个别清偿的撤销亦符合民事实体法与诉讼法之基本机理。

---

〔9〕 以"虚假仲裁"为关键词,在威科先行平台对裁判文书"裁判理由及依据"部分进行检索发现:涉虚假仲裁:2015 年 368 件,2016 年 2240 件,2017 年 2205 件,2018 年 3648 件,2019 年 2084 件,2020 年为 302 件,检索日期:2023 年 3 月 30 日。

〔10〕 参见汪勇钢、陈伟君:《在幻象中寻求突破:虚假仲裁现象研究——兼议案外人取消仲裁裁决异议之诉制度的构建》,载《法律适用》2012 年第 1 期。

〔11〕 刘敏、宋春雨、潘华明等:《关于新〈民事证据规定〉理解和适用的若干问题》,载《人民法院报》2020 年 3 月 26 日,第 5 版。

〔12〕 参见蒋丽娇:《天宁办结常州首例破产领域虚假劳动仲裁检察监督案 13 起虚假劳动仲裁被撤销》,载《江苏法治报》2023 年 8 月 24 日,A05 版。

（二）法律体系的制约

债权人撤销权，是指债权人对于债务人所为的危害债权的行为，可请求法院撤销以维持债务人责任财产的权利，制度目的在于保障一般债权人全体的利益，而非各个债权人的个别利益。[13] 其源自罗马法，由罗马法务官保罗（Paulus）所创设，又称保罗诉权（actio pauliana），[14] 为后世大陆法系国家广泛继受。随着商业的不断发展，14 世纪，意大利法首次对撤销权修正了构成要件，承认了不以主观要件为必要的撤销权。[15] 随后，采客观主义立场的破产撤销权从民法中独立出来，各国逐渐形成了债权人撤销权与破产撤销权二分的趋势，我国也在《民法典》第 538 ~ 542 条与《企业破产法》第 31 ~ 32 条分别进行了规定。

破产撤销权，是指破产管理人对于债务人在破产申请受理前的法定期间内进行的欺诈债权人或损害全体债权人公平清偿的行为，有申请法院撤销并追回财产的权利。其与债权人撤销权根出同源，实质系债权人撤销权在破产法特殊语境下的延伸，但是，囿于其不同的适用场景，两者也存在以下主要差异：

1. 可撤销行为对象不同。债权人撤销权主要针对通过有偿或者无偿等方式影响债权人债权实现的行为。破产撤销权则不仅针对受理破产申请前 1 年内的上述恶意行为，同时规制受理破产申请前 6 个月内的所有个别清偿行为。

2. 撤销时效长短不一。债权人撤销权应自债权人知道或者应当知道撤销事由之日起 1 年内行使；自债务人的行为发生之日起 5 年内没有行使撤销权的，撤销权消灭。而破产撤销权则可在破产申请期间及破产程序终结后 2 年内请求撤销。

3. 主观要件宽严有别。债权人撤销权针对债务人对财产的不同处分情形规定了相对人不同的主观要件。破产撤销权未对相对人的主观状态作出规定，实质是针对我国目前破产欺诈行为较为严重，需强化对债权人利益保护的产物。[16]

---

〔13〕 参见韩世远：《合同法总论》（第 4 版），法律出版社 2018 年版，第 453 页。

〔14〕 参见黄右昌：《罗马法与现代》，丁玫勘校，北京大学出版社 2008 年版，第 230 页。

〔15〕 参见杨立新：《论债权人撤销权及其适用》，载《法学研究》1992 年第 3 期。

〔16〕 参见王欣新：《破产法》（第 4 版），中国人民大学出版社 2019 年版，第 142 页。

相较于侧重债权人个体权益保护的债权人撤销权，破产撤销权在价值上更倾向于对所有债权人的公平保护，也因此摒弃了主观要件等限制，此亦契合破产法之制度本质。从该立法价值判断出发，理应认为，在无特别理由存在的情形下，破产撤销权的行使范围应囊括债权人撤销权的行使范围；亦即，能够适用债权人撤销权的情形，也均应适用破产撤销权。因此，在债权人撤销权并未将经过诉讼、仲裁、执行程序的个别清偿排除在外的情形下，〔17〕破产撤销权更不应越俎代庖，对该类撤销情形进行制约。《企业破产法司法解释二》第15条将此类清偿排除在破产撤销权的行使范围之外，无疑与债权人撤销权制度规定相背离。

（三）实体维度的证成

1. 债权平等之本质

“债权平等原则”是破产法的核心原则之一。在破产法上，“债权平等原则”主要强调同类债权人的受偿比例应相同，排除债权人谋求个别强制执行的权利。在打破形式意义上债权平等以保证实质平等，对破产程序中债权的清偿顺序进行特别规定时，有关的顺序规则不应违背一般经济规律，强行规定某个债权优先于另一债权，以致劣后债权人被迫全部或部分地放弃交易。〔18〕因而，仅在存在法定优先清偿事由时，特定债权人之债权方可先于其他债务人优先受偿，典型如《企业破产法司法解释二》第14条规定的存在担保物权之债权等。但是，就经过诉讼、仲裁、执行的个别清偿而言，诉讼、仲裁、执行程序仅是司法机关对债权存在状态的确认，并不影响债权的本质属性。换言之，不存在优先受偿属性的债权即使已经过法律程序确认，在性质上仍为普通债权，不具有实体法上的优先受偿性，与一般撤销情形下的个别清偿并无本质差异，仍旧不得优先受偿，而仅能根据债权比例参与分配。因此，经诉讼、仲裁、执行的个别清偿行为不得撤销缺乏债法上的有力依据。

---

〔17〕 参见金印：《诉讼与执行对债权人撤销权的影响》，载《法学》2020年第11期；王洪亮：《〈民法典〉第538条（撤销债务人无偿行为）评注》，载《南京大学学报（哲学·人文科学·社会科学）》2021年第6期。

〔18〕 参见许德凤：《论破产债权的顺序》，载《当代法学》2013年第2期。

2."先到先得"之反思

在现行民事执行实践中,处理多份生效法律文书确定金钱给付内容的多个债权人分别对同一被执行人申请执行时,按照执行法院采取执行措施的先后顺序受偿,一定程度上突破了债权的平等性,是一种"先到先得"的做法。〔19〕 但是,实体法、诉讼法、执行法构成了自下而上的阶层逻辑,即实体法包摄于诉讼法,诉讼法应以实体法为基础,而执行法处于最上层。〔20〕 因此,除非存在特殊的价值考量,原则上,执行法应服从于实体法的规定。

此外,就强制执行立法本身而言,因关涉多个债权人之间的公平、执行程序的效率、执行程序与破产程序的衔接、债务人利益保护的强弱等多重因素,采取优先原则和平等原则本身即存在巨大争议。我国虽然在民事执行平等与优先原则的取舍上,经历了由过去的平等主义向目前的优先主义转变的过程,但是亦存在许多平等主义模式的规范的残留。〔21〕

联系最高人民法院《关于人民法院执行工作若干问题的规定(试行)》的上下文可知,适用优先原则的必要前提是债务人的责任财产足以偿还所有债务。〔22〕 否则,在债权人资不抵债之时,亦即破产撤销权的适用情形出现时,应当通过企业破产程序解决多个债权人之间的清

---

〔19〕 最高人民法院《关于人民法院执行工作若干问题的规定(试行)》(法释〔1998〕15号)第55条第1款规定:"多份生效法律文书确定金钱给付内容的多个债权人分别对同一被执行人申请执行,各债权人对执行标的物均无担保物权的,按照执行法院采取执行措施的先后顺序受偿。"该试行规定的2020年修正版(法释〔2020〕21号)对此款予以保留。

〔20〕 参见段文波:《规范出发型民事判决构造论》,法律出版社2012年版,第11~16页。

〔21〕 参见肖建国:《中国民事强制执行法专题研究》,中国法制出版社2020年版,第36~45页。

〔22〕 最高人民法院《关于人民法院执行工作若干问题的规定(试行)》(法释〔1998〕15号)第89条规定:"被执行人为企业法人,其财产不足清偿全部债务的,可告知当事人依法申请被执行人破产。"该条在条文顺序上紧跟前条表述,说明第88条的适用情形应仅限于非破产时。同时,最高人民法院《关于适用〈中华人民共和国民事诉讼法〉的解释》(法释〔2022〕11号)第511条规定:"在执行中,作为被执行人的企业法人符合企业破产法第二条第一款规定情形的,执行法院经申请执行人之一或者被执行人同意,应当裁定中止对该被执行人的执行,将执行案件相关材料移送被执行人住所地人民法院。"

偿问题,而不能径行按照"先到先得"进行处理。[23] 事实上,在我国,参与分配制度的实质即在于弥补有限破产主义的缺陷,在公民或其他组织资不抵债时,为各债权人提供一条公平受偿的途径。[24] 因此,在所有债权人的债权都能得到相应清偿的前提下,司法解释所规定的"先到先得"不过是一种基于效率的考量,不会对债权的公平清偿造成实质影响。

退一步讲,强制执行制度和破产制度虽然都是通过国家公权力介入,从而强制性实现债权人债权的制度,但两者的功能定位却不相同,前者注重债权的个别清偿,后者则注重多个债权的公平受偿,在强制执行中贯彻平等原则,意味着在执行程序中适用了破产程序的分配原则,显然会造成制度上的重复。[25] "将民事执行程序的价值取向与破产原因联系起来,实属勉强。"[26] 反之,即使我国在民事执行程序立法中已转向优先原则,也并不代表在破产程序中同样适用该原则。基于执行制度与破产制度的不同价值取向,破产撤销权的适用中理应坚守所有债权人公平受偿的宗旨,强调除法定优先权之外的所有个别清偿原则上一律应得撤销。同时,我国并未像德国般承认查封行为产生的优先质权效力,[27] 因此,经过诉讼、仲裁执行程序的个别清偿亦无法获得法定的优先受偿权,自应可以撤销。

3. 立法价值之决断

《企业破产法》第 32 条所禁止的个别清偿的前提是"债务人有本法第二条第一款规定的情形",即此时作为债务人的企业法人已经不能清偿到期债务,并且资产不足以清偿全部债务或者明显缺乏清偿能力,较《企业破产法》第 31 条规定的适用情形更为严苛。因此,该条适用时债务人企业势必已经显露出即将陷入破产境地之颓势,相对人提起诉讼、仲裁、执行程序时,应足以预见债务人即将破产,对其债权可能

---

〔23〕 参见李潇洋:《债权平等与查封的优先效力》,载《清华法学》2023 年第 3 期。

〔24〕 同前注〔21〕,第 43 页。

〔25〕 参见齐树洁主编:《破产法研究》,厦门大学出版社 2004 年版,第 118 ~ 119 页。

〔26〕 同前注〔21〕,第 38 页。

〔27〕 《德国民事诉讼法》第 804 条第 1 款规定:"实施动产查封时,债权人因查封行为而在查封之标的物上取得查封质权。"

无法得到完全清偿已有所预期,对其个别清偿之撤销也具有一定的可预见性。因此,此时适用破产撤销权并未打破合理信赖。同时,鼓励此种情形下的个别清偿,不仅违背债权平等性,更可能导致债权人群起而诉之,加速债务人破产。如此,一则不利于和谐稳定商业秩序之构建;二则将不利后果最终传导至所有债权人,影响全体债权人之利益实现。

对经诉讼仲裁的个别清偿进行保护,反而容易造成不同实力债权人间的不公平,提前知道债务人具有破产情形、具有信息和诉讼实力优势的债权人可以先一步提起诉讼仲裁,从而实现比担保物权等法定优先权更优先的个别清偿,而处于相对弱势的普通债权人则需背负此较为不公的结果,这无异于承认"先下手为强"的丛林法则。

最高人民法院《关于适用〈中华人民共和国合同法〉若干问题的解释(一)》(法释〔1999〕19号)第20条规定:"债权人向次债务人提起的代位权诉讼经人民法院审理后认定代位权成立的,由次债务人向债权人履行清偿义务,债权人与债务人、债务人与次债务人之间相应的债权债务关系即予消灭。"此司法解释的观点囿于特殊的"三角债"时代背景,〔28〕从债权人积极性、诉讼经济、不告不理等角度出发,〔29〕否认了传统民法下的"入库规则",确认了债权人提起撤销权之诉后的直接受偿效力。但是,自该司法解释颁布以来,学界一直有反对之声,认为此举违反了债权的平等性。〔30〕及至《民法典》制定时,各种观点仍不一而足。最终,《民法典》第537条坚持了"直接受偿规则",〔31〕但是该条第二句规定"债务人对相对人的债权或者与该债权有关的从权利被采取保全、执行措施,或者债务人破产的,依照相关法律的规定处理",实则直接通过法定形式否定了在强制执行程序以及破产程序中代位权行使的"直接受偿"后果。〔32〕

---

〔28〕参见谢怀栻等:《合同法原理》,法律出版社2000年版,第170页。

〔29〕参见曹守晔、张进先、尹鲁先、杜万华、侯建军、刘凯湘、陈现杰、曹士兵、邰中林:《〈关于适用合同法若干问题的解释(一)〉的理解和适用》,载《人民司法》2000年第3期。

〔30〕主要理由可参见崔建远:《论中国〈民法典〉上的债权人代位权》,载《社会科学》2020年第11期。

〔31〕亦有不同观点认为,《民法典》关于代位权效力的规定仍属于法定抵销下的"入库规则",参见韩世远:《债权人代位权的解释论问题》,载《法律适用》2021年第1期。

〔32〕参见龙俊:《民法典中的债之保全体系》,载《比较法研究》2020年第4期。

因此,在债务人已届破产的“生死关头”,立法者在此已经作出了明确的价值判断,即将尊重债权平等、保障公平清偿放置于激励债权人积极行使债权之前。而债权人代位权系以债务人的现有权为范围,对于既成的社会秩序尚无破坏,制度运作上的考虑较为单纯;债权人撤销权则不以债务人的现有权为限,其制度运作上的考虑较为复杂。[33] 对社会秩序破坏较小的债权人代位权,立法尚且对其在破产程序中的“直接受偿”予以禁止,那么对于社会秩序破坏较大的债权人撤销权,更应拒绝“直接受偿”原则的适用。此时,若司法机关坚持《企业破产法司法解释二》第15条的做法,并在破产法语境下秉持“先下手为强”之思维,无疑将与立法者之最新价值取向背道而驰,不仅将导致法律体系的外部规范冲突,也将造成法律体系的内在价值冲突,值得深思。

更进一步而言,《企业破产法司法解释二》第15条限制了《企业破产法》第32条设定的破产撤销权的行使范围和主观要件,事实上构成对《企业破产法》第32条的实质性限缩解释,已经超越法律解释的范围。恰如学者所言,“如果法律规定依据生效法律文书进行的个别清偿具有不可撤销性,那么债权诉讼将泛滥,成为个别债权人进行优先清偿利用工具,破产撤销制度的基本价值将落空”。[34]

(四)程序维度的检讨

如前所述,就经诉讼、仲裁、执行的个别清偿行为构成破产撤销权之例外,司法解释制定者的主要考量在于“自动履行生效裁判或被强制执行是债务人的法律义务,也是法院生效裁判执行力的体现”和基于交易安全和经济秩序的考量。然而,承认经诉讼、仲裁、执行程序的个别清偿之可撤销性与上述两点考量之间不存在实质性冲突。

1. 裁判效力之审视

就司法的既判力和执行力而言,允许经诉讼、仲裁、执行之个别清偿可撤销与前述两个考量之间并非“针尖对麦芒”。所谓司法之既判力,即当事人之间原争议的民事法律关系已经人民法院判决解决并确定生效,当事人不得对此再提起诉讼或在以后的诉讼中主张与该判决

[33] 参见邱聪智:《新订民法债编通则》(下),中国人民大学出版社2004年版,第310页。
[34] 唐军:《论破产撤销权》,载《社会科学研究》2013年第1期。

相反的内容,人民法院也不得对该民事法律关系作出相冲突的判决。诉讼、仲裁、执行程序的实质仅是法院或仲裁庭对债权人和债务人之间存在债权关系的确认,而其后破产管理人行使撤销权的行为并非否认双方间债权的真实性,而是要求归入债务人责任财产后公平受偿。债权人撤销权本身和债权人撤销权对象是两个相互独立、层次不同的法律关系。即使撤销权成立,也不会与先前判决相冲突,[35]该生效判决所确定的债权仍可以通过申报破产债权等方式予以确认。因此,破产撤销权之诉与先诉判决分属两个不同的诉讼标的,解决的是两个完全不同的问题,不存在既判力上冲突的可能性。

而所谓执行力,则是指具有给付内容的判决可以作为执行根据而具有强制执行的效力。[36] 不可否认,债权人与债务人之间的先前给付判决确实足以产生执行力,但是,执行力解决的仍然是双方间的债权债务关系,债权人得以根据该判决的执行力申请强制执行该债权,但执行行为与撤销行为同样分属两个不同阶段,执行完毕后基于撤销权引发的“执行回转”并不会影响原判决的执行力。

事实上,根据《九民纪要》第120条第1款第2项的规定,债权人可以通过第三人异议之诉的方式请求撤销债务人与他人间的生效判决。此时同样涉及前诉判决的既判力和执行力问题,若认可债权人能通过第三人异议之诉的方式主张实体权利,则排除破产撤销权适用的正当性基础将存疑,毕竟两者在此问题上不存在本质差异,不宜厚此薄彼。换言之,该条规定的第三人异议之诉,实质认可了针对债务人与次债务人的权利义务已被生效裁判确定情形的救济,此时再通过《企业破产法司法解释二》第15条否认此种情形的可救济性,也有自相矛盾之嫌。

此外,针对虚假诉讼、仲裁的行为行使破产撤销权时,客体仍然是债务人在诉讼中以损害债权人的方式作出的承认对方诉讼请求、和解等行为。鉴于法院的判决无非对该类行为的确认,一旦这些行为被撤

〔35〕 类似观点可参见中国裁判文书网的公开判决书。湖北省宜昌市中级人民法院:浙江新建纺织有限公司、宜昌欣立破产清算事务所有限责任公司请求撤销个别清偿行为纠纷二审民事判决书,案号:(2020)鄂05民终1071号,2020年11月13日。

〔36〕 江伟、肖建国主编:《民事诉讼法》(第8版),中国人民大学出版社2018年版,第326页。

销,建立在其基础之上的判决自然失去了正当化依据,也不会存在既判力和执行力之困扰。〔37〕

2. 执行行为之审思

反对破产撤销权行使的原因可能还有"破产撤销权指向的是民事主体间的民事行为,执行行为是公权力行为,把执行行为作为撤销权的行使对象,在对象上不符合撤销权的行使要件"。〔38〕但是,"公法行为的既判力和公信力并不代表公法行为不会出现错误,也并不代表公法行为不能被撤销或者推翻,更不代表公法行为可以肆意损害私权利。而破产撤销权恰恰就为撤销法院的强制执行行为提供了契合点和可能性"。〔39〕因此,在破产撤销权制度背景下,执行行为的公权力属性并非其不可撤销的"金字招牌"。同时,强制执行不过是帮助债权履行的一种方式。事实上,即使是当事人自愿进行的清偿,也可以说是受国家强制力的间接影响作出的。〔40〕无论是自愿履行或是强制执行,法律关系实质仍是对有效债权的个别清偿行为。因此,在强制执行场景下行使破产撤销权的对象仍为民事主体间的债权债务关系,此种反对理由当不成立。

至于"民事行为已经被生效裁判确认并被执行完毕的,如仍对其主张撤销,那么确认该民事行为的生效裁判所依据的基础关系变化,该生效裁判的效力将难以认定"〔41〕等观点,撤销权行使的法律效果是指可撤销行为对债权人没有法律拘束力,而不是在主债务人和撤销相对人之间无法律拘束力。〔42〕因此,破产撤销权的行使并不影响原生效判决的效力。域外也有类似立法例。例如,《日本破产法》第165条规定:"对于就拟否认的行为具有执行力的债务名义存在时,或者其行为系

---

〔37〕参见戴鹏:《虚假诉讼中受害普通债权人救济程序之辨——基于法教义学的分析》,载《河南财经政法大学学报》2023年第3期。

〔38〕同前注〔4〕,第232页。

〔39〕房绍坤、崔艳峰:《论破产临界期内强制执行行为的撤销》,载《甘肃社会科学》2013年第5期。

〔40〕同前注〔3〕,第374~375页。

〔41〕同前注〔4〕,第232页。

〔42〕参见许德风:《民法典中的债权人撤销权行使的法律效果》,载《人民法院报》2020年7月30日。

基于执行行为时,不妨碍否认权的行使。”[43]《德国支付不能法》第141条规定:“撤销不因已为该法律上的行为取得可执行的债务名义或因行为系强制执行所致而排除。”[44]

而就交易安全与经济秩序而言,基于有效判决的存在,确应保证相对人的信赖和交易安全,但切不可忽视破产撤销权存在的特殊场合背景。破产撤销权乃至债权人撤销权本就是对合同相对性原则的突破。立法者既然创设了这一制度,已在交易安全和实质公平清偿之间作出了价值衡量,认可此场景下实质公平清偿的优先性,此时司法便不宜因噎废食,过分维护交易安全和经济秩序而违背破产公平清偿的本质。

3. 司法效率之考量

针对程序法,效率亦是程序设计的关键考量因素之一。所谓“效率”,包括两方面含义:其一,应尽可能迅速地推进诉讼、了结纠纷,缩短诉讼周期;其二,应降低诉讼成本,尽可能减少诉讼投入。[45] 及于破产程序,效率更是贯彻其始终的追求。对经诉讼、仲裁、执行程序的个别清偿行为行使破产撤销权是否会对破产程序的效率产生不利影响?若是,则对其限制可能存在一定的正当性基础。然而,允许对此类个别清偿的撤销,并不会明显地影响效率。首先,破产撤销权的行使既可以通过诉讼方式主张,也可以通过其他方式主张。[46] 因此,管理人可通过自身名义向相关各方发出书面通知,行使撤销权,而无须强制通过个案诉讼方式增加讼累。《九民纪要》诉诸的第三人异议之诉反而增加了管理人行使破产撤销权的成本,从司法经济角度而言似不可取。其次,破产撤销权之行使已有既定范式,允许此种情形下行使破产撤销权,不会新增程序上的困扰。同时,在管理人行使破产撤销权之后,此类个别清偿的债权人仍然能够凭借在先判决向管理人申报债权,管理人可以在审核债权时一并处理。因此,允许对诉讼仲裁执行的个别清偿行为行使破产撤销权,不会对破产程序效率产生不利影响。

---

〔43〕 李飞主编:《当代外国破产法》,中国法制出版社2006年版,第785页。

〔44〕 同前注〔43〕,第61页。

〔45〕 参见张卫平:《双向审视:民事诉讼制度建构的实体与程序之维》,载《法制与社会发展》2021年第2期。

〔46〕 参见徐阳光、陈科林:《民法典视域下的破产撤销权》,载《人民司法》2022年第4期。

三、前述问题的破解思路

（一）软化"恶意串通"之构成要件

《企业破产法司法解释二》第15条已对现实中存在的虚假诉讼和仲裁问题作出了部分考虑，体现在其规定的对经诉讼、仲裁、执行程序的个别清偿可予撤销的例外规定，即恶意串通情形下此类个别清偿可撤销。但是，盖因恶意串通在实体与程序上的严苛性，实践中可能达不到司法预期的效果。

恶意串通是我国受苏联影响提出的概念。理论与实务界的通说认为，恶意串通损害他人利益中的"恶意"主观上存在两层要件，不仅需要"当事人双方具有目的"（恶意），同时需要"希望通过订立合同损害国家、集体或者第三人的利益（害意）"。[47] 换言之，"恶意"在民法上有两种含义：（1）明知，即行为人对其行为的相关客观情况是明知的，至于其主观上是否有加害他人的故意，则不予考虑。（2）明知且具有损害他人的意图，指行为人不仅明知相关的客观事实，而且在实施行为时主观上有侵害他人的故意。此种恶意以损害他人利益为目的，侧重于行为人主观意志上的应受谴责性。恶意串通中的恶意，应当属于第二种意义上的恶意，即行为人具有加害他人的不良动机，且主观上具有损害第三人合法权益的故意。[48] 从这一要求来看，恶意串通的主观方面的恶意程度较高，仅有双方欲达到某种目的尚且不足，还需要双方明确有损害他人利益的恶意。然而，串通行为毕竟系发生在两造之间，第三方无从知晓双方沟通过程，对行为存在"损害他人之恶意"的证明难度不言而喻。

同时，程序法上也对恶意串通的证明标准作出了较高的证明要求。最高人民法院《关于适用〈中华人民共和国民事诉讼法〉的解释》（法释

---

〔47〕 同前注〔13〕，第225页。

〔48〕 参见最高人民法院民法典贯彻实施工作领导小组主编：《中华人民共和国民法典合同编理解与适用（一）》，人民法院出版社2020年版，第776页。

〔2022〕11 号)第 109 条规定:“当事人对欺诈、胁迫、恶意串通事实的证明,以及对口头遗嘱或者赠与事实的证明,人民法院确信该待证事实存在的可能性能够排除合理怀疑的,应当认定该事实存在。”亦即,人民法院以“排除合理怀疑”的较高标准替代了“高度盖然性”的一般标准,要求须达到理性人不再怀疑或者看起来其他可能性都被排除的程度,这无疑拔高了原告的证明难度,给原告证明恶意串通事实存在的难度带来极大挑战。

综上,第三方不仅要证明当事人之间具有损害自己利益的意图,而且要证明双方必须有相互串通的行为,导致在司法实践中证明双方存在恶意串通极为困难。[49] 此时,将可撤销的司法文书裁判限定于“恶意串通”,无异于放纵或者鼓励当事人通过虚假诉讼和仲裁以实现个别清偿。因此,从实践角度考量,“恶意串通说”不可取。

不过,法院基于交易安全与经济秩序的考量亦有一定道理,在现有规范条文体系下,或可从解释论角度对司法解释的做法进行缓和,以达到法教义学视角下债权人权益保护和司法秩序间的动态平衡。具体而言,可能的变通路径存在以下两种:

一是放宽“恶意”的要件和证明难度,仅需原告证明相对方主观上明知对方企业存在破产情形且个人清偿在破产撤销权的时间范围内即可撤销。此种做法将“恶意”限缩,仅要求行为人对其行为的相关客观情况是明知的,至于其主观上是否有加害他人的故意,则不予考虑。由此,从根本上降低恶意串通的主观恶意标准,极大降低原告的举证难度,既符合我国破产撤销权的行使未要求主观恶意要件的现实,也契合破产撤销权追求公平清偿的根本制度目的。事实上,最高人民法院已经在指导案例 33 号中,对恶意要件进行过此种扩张解释。该案中,“债务人将主要财产以明显不合理低价转让给其关联公司,关联公司在明

---

〔49〕 截至 2023 年 4 月 1 日,笔者在威科先行数据库中,就引用《企业破产法司法解释二》第 15 条的案例以“恶意串通”为关键词进行进一步检索,共检索到 91 个案例,其中仅有 1 个案例,法官认定双方存在恶意串通,个别清偿可以撤销,其余案例均因证据不足等原因而未予认定“恶意串通”。参见辽宁省大连市中级人民法院:孙某国、高某蓉请求撤销个别清偿行为纠纷再审民事判决书,案号:(2020)辽 02 民再 8 号,2020 年 4 月 16 日。

知债务人欠债的情况下,未实际支付对价”,即足以认定“债务人与其关联公司恶意串通、损害债权人利益”,并未要求对主观害意的证明。[50] 但是,此种解释面临与传统民法体系下“恶意串通”定义的概念冲突和协调的问题,仅系权宜之计。

二是考虑举证责任倒置的方式,将举证责任交给个别清偿的相对人,由该相对人对其行为的善意承担举证责任,亦即由其主张其不存在与破产企业恶意串通的情形。例如,第三人可以通过举证证明自己行为时确实并不知晓债务人财务状况,对债务人的经营状况已恶劣至极亦无从知晓,从而避免被撤销以保护自己的权益;或者证明自己虽然知道债务人经营困境,但是当时有足够理由认为债务人很快就能摆脱困境,证明其行为目的不是破产程序中的偏颇性清偿;[51] 或者证明其根本不知道其他债权人的存在,不存在损害其他债权人的故意等。此种方式相较第一种方式而言,更符合现行法关于恶意串通的规定,也更符合保护善意者利益的价值取向。但其硬伤在于,证明责任倒置往往关涉立法者的多重价值取向,一般应由法律明确规定,而不能由法院在个案中随意分配变更。

依笔者所见,上述两种途径均可在遏制虚假诉讼和仲裁现象的同时,于不损害善意相对人的合法利益的前提下,最大限度地保障公平清偿。不过,鉴于两种模式均有其理论瑕疵,具体如何选择,或可由司法机关依据实际情况定夺。

(二)限缩不予撤销的个别清偿之范围

《企业破产法司法解释二》第 15 条保护稳定交易环境之良苦用心本身无可指摘,但实践中存在因对条文原旨理解不同而滥用的情形,突出表现在对“经诉讼、仲裁、执行程序对债权人进行的个别清偿”行为的范围和主观清偿要件等因素的分歧。该规定本身就是对《企业破产法》第 32 条的例外限制,理论上应慎重适用。故可通过廓清规定文义的涵射范围,限缩不予撤销的个别清偿之范围,减少对平等债权的不当

---

〔50〕 参见最高人民法院:瑞士嘉吉国际公司诉福建金石制油有限公司等确认合同无效纠纷案,案号:(2012)民四终字第 1 号,2012 年 8 月 22 日。

〔51〕 参见祝伟荣:《破产撤销权制度的反思与重构——以利益衡平理念为视角》,载《法律适用》2012 年第 5 期。

侵害。

首先,针对“经诉讼、仲裁、执行程序对债权人进行的个别清偿”行为的清偿节点问题,实践中存在两种不同的理解。有观点认为,此处的个别清偿应采广义理解,不仅包括经诉讼、仲裁、执行程序确认后进行的个别清偿,亦包括在诉讼、仲裁、执行程序之前作出,后经相关程序予以确认的个别清偿。[52] 另有观点则采狭义理解,认为仅应包括诉讼、仲裁、执行程序发生后进行的个别清偿,而不包括个别清偿发生在前,诉讼、仲裁程序确认在后的情形。[53] 基于本条规定的规范目的与制度价值考量,采狭义说为宜。本条司法解释的根本逻辑在于执行生效裁判本身是债务人的法律义务。既为执行生效判决之考量,则首先必须有一在先的生效裁判。同时,如果承认在先个别清偿的不可撤销性,会变相鼓励双方当事人假借恶意清偿的证明难度,在先行通谋清偿后利用虚假诉讼、仲裁等方式,通过调解书等生效法律文书,确认其偏颇个别清偿行为的不可撤销性,实不可取。此外,还需注意,人民法院裁定受理破产申请时已经扣划到执行法院账户但尚未支付给申请执行人的款项,仍属于尚未执行完毕的债务人财产,不适用个别清偿。[54] 起诉

[52] 参见江苏省高级人民法院:江苏经纬房地产有限公司管理人与李某请求撤销个别清偿行为纠纷二审民事判决书,案号:(2020)苏民终623号,2020年9月8日。

[53] 参见宁夏回族自治区高级人民法院:银川高新区丽园物业服务有限公司、宁夏东港明珠餐饮有限公司管理人破产撤销权纠纷民事二审民事判决书,案号:(2021)宁民终292号,2021年7月26日;河南省高级人民法院:中国农业发展银行驻马店市驿城区支行、河南荣盛农牧科技集团股份有限公司管理人请求撤销个别清偿行为纠纷二审民事判决书,案号:(2020)豫民终1087号,2020年11月27日;浙江省金华市中级人民法院:浙江佳龙工贸有限公司管理人、浙江武义中银富登村镇银行有限责任公司请求撤销个别清偿行为纠纷二审民事判决书,案号:(2021)浙07民终5090号,2022年1月6日;浙江省绍兴市中级人民法院:中国建设银行股份有限公司柯桥支行、浙江中兴会计师事务所有限公司请求撤销个别清偿行为纠纷二审民事判决书,案号:(2020)浙06民终3856号,2020年11月27日。

[54] 参见贺小荣主编:《最高人民法院民事审判第二庭法官会议纪要——追寻裁判背后的法理》,人民法院出版社2019年版,第128~138页;山东省淄博市博山区人民法院:山东广合贸易有限公司、浙江舜龙化工有限公司买卖合同纠纷执行异议执行裁定书,案号:(2022)鲁0304执异50号,2022年11月23日。

后又撤诉情形中的个别清偿,也因不涉及司法公信力,一般应予以撤销。[55] 破产申请受理后法院的执行行为,则应根据《企业破产法司法解释二》第5条的规定,以执行回转的方式进行纠正。[56]

其次,就个别清偿是否系主动清偿而言,实践中亦存在两种观点。一种观点认为不可撤销的个别清偿行为应仅包括通过强制执行等程序的被动清偿;[57] 另一种观点则认为,生效裁判文书作出后债务人的主动清偿行为亦可构成此处的不可撤销之个别清偿。[58] 最高人民法院民事审判第二庭在《最高人民法院关于企业破产法司法解释理解与适用》一书中采后者观点。[59] 此处,站在司法解释制定者的立场考量,主被动清偿行为确实都系司法公信力和执行力的体现,原则上确实不应予以差别对待。执行程序也仅是对生效裁判文书的确认,不存在如审判程序般"决疑"的效力。且采前一观点也会倒逼当事人必须开启执行程序以确认清偿效力,给执行程序带来较大负担,一定程度上造成司法资源之浪费。

此外,还应根据诉的类型,对此处作为诉讼、仲裁、执行的个别清偿行为作进一步的廓清。根据诉讼请求的不同,民事诉讼可具体区分为形成之诉、确认之诉和给付之诉。(1)确认之诉仅是对现存法律关系的确认,而无法产生给付和执行的效力,债权人无法援用确认之诉的裁

〔55〕 参见广东省中山市第一人民法院:中山市朗桥自动化科技有限公司管理人、中山市三乡镇锐华机械模具厂请求撤销个别清偿行为纠纷民事一审民事判决书,案号:(2022)粤2071民初15830号,2022年9月30日。

〔56〕 参见江苏省南京市中级人民法院:常州市金坛区鼎金混凝土有限公司与江苏苏博特新材料股份有限公司其他案由执行裁定书,案号:(2020)苏01执复304号,2020年11月30日。

〔57〕 参见贵州省遵义市中级人民法院:胡某华、杨某兵请求撤销个别清偿行为纠纷二审民事判决书,案号:(2019)黔03民终5281号,2019年11月13日。

〔58〕 参见湖北省宜昌市中级人民法院:浙江新建纺织有限公司、宜昌欣立破产清算事务所有限责任公司请求撤销个别清偿行为纠纷二审民事判决书,案号:(2020)鄂05民终1071号,2020年11月13日;吉林省吉林市中级人民法院:吉林华业房地产开发有限公司破产管理人与高某请求撤销个别清偿行为纠纷一审民事判决书,案号:(2020)吉02民初376号,2020年11月25日;湖北省武汉市中级人民法院:武汉翔龙建筑幕墙工程集团有限公司管理人、常某请求撤销个别清偿行为纠纷二审民事判决书,案号:(2019)鄂01民终13332号,2020年5月29日。

〔59〕 同前注〔4〕,第233页。

判文书申请强制执行。因此,针对通过确认之诉确认的债权,理论上可通过申报破产债权方式予以解决,若涉及物权的确认,则可通过破产取回权等制度进行清偿。故而,确认之诉形成的裁判文书不应属于破产撤销权不予撤销例外中的裁判文书,经确认之诉产生的个别清偿可予撤销。(2)形成之诉形成的裁判能够直接产生物权效力。[60] 因此,原则上法律关系已随判决的生效而尘埃落定,法律效果由生效文书直接生成,而并非由当事人决定是否进行个别清偿。此时,对其结果的撤销确实事关司法的公信力和执行力,也可能影响交易关系的稳定,故形成之诉的生效法律文书原则上可以构成诉讼、仲裁、执行的个别清偿行为的生效裁判文书。(3)给付之诉的裁判文书产生的是债务人对债权人的给付义务,债权人亦可据此主张强制执行,此为债权人撤销权适用的主要场景,故理应认定给付之诉产生的生效法律文书可以构成诉讼、仲裁、执行的个别清偿行为的生效裁判文书。

根据上述分析,仅有给付之诉和形成之诉产生的裁判文书才满足司法对不可撤销之个别清偿的内在考量,因此,应将《企业破产法司法解释二》第 15 条规定的"经诉讼、仲裁、执行程序对债权人进行的个别清偿"限定在经给付之诉和形成之诉的诉讼、仲裁、执行等程序。

(三)根本之法是废除此类例外

或有观点认为,首先,针对此类问题,法院可以根据 2019 年《九民纪要》第 120 条第 1 款第 2 项的规定,借道第三人撤销之诉的方式解决。但是,该条针对的是《企业破产法》第 31 条规定的偏颇清偿行为,较第 32 条规定的个别清偿行为要件更为严格。其次,第三人撤销之诉的起诉门槛较高,需要证明第三人因不能归责于本人的事由未参加诉讼,且在起诉之时就需要通过发生法律效力的判决、裁定、调解书的

[60] 最高人民法院《关于适用〈中华人民共和国民法典〉物权编的解释(一)》(法释〔2020〕24 号)第 7 条明确规定:"人民法院、仲裁机构在分割共有不动产或者动产等案件中作出并依法生效的改变原有物权关系的判决书、裁决书、调解书,以及人民法院在执行程序中作出的拍卖成交裁定书、变卖成交裁定书、以物抵债裁定书,应当认定为民法典第二百二十九条所称导致物权设立、变更、转让或者消灭的人民法院、仲裁机构的法律文书。"

“部分或全部内容错误，损害其民事权益”的实体审查。[61] 此外，针对债权人撤销权，虽有部分判决借此方式对生效裁判进行了撤销，[62]但囿于严格的实体与程序要件，实践中往往存在重重阻碍。[63] 及至破产撤销权领域，相关案例则更为罕见。因此，参照第三人撤销之诉方式解决此种问题的效果不甚理想。

相反，在司法实践中，已有法院在双方不存在恶意串通的情形下，通过破产撤销权撤销经生效调解书确认的个别清偿行为。[64] 此外，虽然司法解释制定者认可生效裁判文书作出后债务人的主动清偿行为亦可构成不可撤销之个别清偿，[65]但针对执行终结后的个别清偿行为，多数法院都认为应予以撤销。[66] 在作为执行依据的诉讼、仲裁文书仍旧有效的情况下，该类裁判事实上肯定了经诉讼、仲裁的个别清偿仍可撤销，与《企业破产法司法解释二》第 15 条的规定相悖。

无独有偶，另有一些观点，也似与上述司法解释严格限制撤销的观

---

〔61〕 参见最高人民法院：屠某芳与毛某阳、赖某娣第三人撤销之诉再审审查民事裁定书，案号：(2021)最高法民申 6225 号，2021 年 9 月 24 日。

〔62〕 参见最高人民法院：李某与四川营山农村商业银行股份有限公司等民事二审判决书，案号：(2022)最高法民终 117 号，2022 年 6 月 30 日；陕西省高级人民法院：王某与党某柱、郭某鹏、王某生等确认合同效力纠纷二审民事判决书，案号：(2020)陕民终 871 号，2020 年 12 月 17 日。

〔63〕 同前注〔17〕，金印文。

〔64〕 例如，在某案中，破产人 B 公司对 A 公司享有债权，对 C 公司负担债务，在 B 公司申请破产清算前，B 公司将其对 A 公司享有的债权转让给 C 公司，以抵销 B 公司与 C 公司之间的债务，C 公司随后起诉 A 公司并获得法院出具的生效调解书，对 A 公司与 C 公司的债务和清偿行为进行了确认。后 B 公司管理人提起破产撤销权之诉，法院撤销了此债权转让行为。参见四川省乐山市中级人民法院：杭州康锐电气工程有限责任公司、乐山市成发造纸机械有限责任公司管理人请求撤销个别清偿行为纠纷二审民事判决书，案号：(2017)川 11 民终 1192 号，2017 年 8 月 23 日。

〔65〕 同前注〔4〕，第 233 页。

〔66〕 参见河南省高级人民法院：洛阳市郑叶成套电器有限公司、洛阳金鹏集团有限公司管理人与破产有关的纠纷二审民事判决书，案号：(2021)豫民终 34 号，2021 年 1 月 27 日；广东省中山市第二人民法院：中山市零陆家居用品有限公司管理人、广州湘佳装饰材料有限公司破产撤销权纠纷民事一审民事判决书，案号：(2021)粤 2072 民初 22822 号，2022 年 2 月 21 日；广东省中山市第一人民法院：中山市朗桥自动化科技有限公司管理人、珠海市肯盈机电设备有限公司请求撤销个别清偿行为纠纷民事一审民事判决书，案号：(2022)粤 2071 民初 15827 号，2022 年 9 月 30 日。

点相冲突。“如果债务人宣告破产,代位权判决完全丧失约束力,债权人对债务人、债务人对相对人的权利均恢复如初。”[67]“依照合同编本条规定,债权人提起代位权诉讼,债务人的相对人向债权人履行债务,债权人接受履行后,债权人的债权得到事实上的清偿,虽然并不是由债务人直接向债权人履行债务使债权得到清偿,但也不能排除《企业破产法》第32条的适用;符合《企业破产法》第32条规定情形的,管理人仍然可以请求人民法院撤销债务人的相对人对债权的清偿。”[68]因此,即使是经过代位权诉讼进行的个别清偿,也可以适用《企业破产法》第32条的规定,对其进行撤销,而无须受存在“恶意串通”情形的掣肘。就此,上述观点或可视为立法机关和司法机关对《企业破产法司法解释二》第15条观点的更正。希望该点能在《企业破产法》修改中得到体现。

(编辑:姜沅伯)

〔67〕 同前注〔48〕,第522页。

〔68〕 黄薇主编:《中华人民共和国民法典合同编解读》(上册),中国法制出版社2020年版,第264页。

《证券法苑》(2024)
第三十九卷,第145～158页

论《企业破产法》修订中期货公司市场退出制度构建路径*

张善斌** 张 振***

摘要:我国《企业破产法》《期货和衍生品法》对期货公司市场退出之规定语焉不详,期货公司在面临市场退出时存在法律适用困境。期货公司应当具备破产能力,但其较之于非金融机构的一般企业而言存在较大特殊性。期货公司属于典型的金融机构,破产重整、和解以及清算程序均可适用,这需要在修订《企业破产法》时予以明确。同时,立法者亦应当加强对与期货公司破产相关的其他规范性文件体系化构建,完善期货公司监管制度,使期货公司进入破产程序前后的监管态势达到动态平衡。

关键词:期货公司 市场退出 破产 监管

---

* 本文系2021年上海期货交易所合作课题“新发展格局视角下期货立法的基础性制度体系建构——以提升重要大宗商品价格影响力和健全‘四大体系’为切入点”阶段性研究成果。

** 武汉大学法学院教授,博士生导师。

*** 武汉大学法学院博士研究生。

一、问题的提出

2022年8月1日,我国《期货和衍生品法》正式施行。作为期货和衍生品市场的主要参与者,期货公司扮演着关键角色,《期货和衍生品法》对期货经营机构亦作出了专章规定。公开数据显示,目前我国共计拥有期货公司150家。[1] 并且,随着期货和衍生品市场持续发展以及《期货和衍生品法》施行,我国期货公司数量亦会不断上涨。对于企业个体而言,有"生"就会有"死",有进入就会有退出,此乃现代市场经济的自然规律。可以说,规范市场退出秩序是实现文明社会的重要路径。[2] 近年来,党和国家屡屡发布文件强调加快完善市场主体退出制度改革。依照《期货和衍生品法》第62条的规定,期货公司申请破产应当经国务院期货监督管理机构核准。由此可知,期货公司具备破产能力,其符合破产情形时,可以依照法定程序申请破产。然而,除了对期货公司申请破产设置了国务院期货监督管理机构核准的前置条件之外,《期货和衍生品法》并未就期货公司的破产进行进一步规定。根据《企业破产法》第134条的规定,"商业银行、证券公司、保险公司等金融机构"有《企业破产法》第2条规定情形的,国务院金融监督管理机构可以向人民法院提出对该金融机构进行重整或破产清算的申请。由此观之,期货公司是否属于《企业破产法》第134条中"金融机构"的范畴,以及对于破产程序中的重整、和解、清算,期货公司是否均可以适用,现有法律并未作出明确规定。对此,理论界存在不同意见。有观点认为,期货公司破产只能清算而不能重整。[3] 另有观点认为,期货公

---

〔1〕 数据参见中国期货协会官方网站:http://www.cfachina.org/informationpublicity/futurescompanyinformantionpublicity/qhgsjbqk/,2023年8月20日访问。

〔2〕 参见张钦昱:《公司市场退出法律制度的嬗变逻辑与进化路径》,载《政治与法律》2021年第2期。

〔3〕 参见温观音:《期货公司破产法律问题初探》,载《法学杂志》2009年第5期。

司发生符合破产原因对应的情形后可以进行破产清算或重整。[4]

2021年8月18日，全国人民代表大会常务委员会执法检查组《关于检查〈中华人民共和国企业破产法〉实施情况的报告》正式发布，其中明确指出要"加快法律修改工作，完善破产法律体系"，并明确了将金融机构破产纳入《企业破产法》的修订工作范围的立法思路，待《企业破产法》修订完成之后，由国务院有关部门同步做好对相关部门规章、规范性文件的修改工作。而在金融机构破产入法的过程中，无法回避的一个重大问题即如何对期货公司破产进行有效规制，以及《企业破产法》修订之后，如何为国务院相关部门对期货公司破产的具体特殊性问题制定相应的规范性文件留出适当空间。鉴于此，基于法律衔接以及学术观点的龃龉，有必要对期货公司市场退出的破产程序规范作出明确厘定。[5]

二、期货公司市场退出破产程序规范的制度逻辑

（一）期货公司破产能力之证成

破产能力概念源于德国法上的破产能力理论，系指具有破产原因的债务人在法律上可以适用破产程序的资格。[6] 破产能力是构成法院依法宣告债务人破产的充分条件，如果不具有破产能力，法院则不得宣告债务人破产。[7] 我国现行《企业破产法》虽然并未明确规定"破产能力"，但依照其第2条之规定，我国破产程序的适用范围限于企业法人。同时，依照其第134条之规定，商业银行、证券公司、保险公司等

---

〔4〕 参见巫文勇、陈杍晖：《我国〈期货投资者保障基金管理暂行办法〉修改若干问题》，载强力主编：《长安金融法学研究》（第7卷），法律出版社2016年版，第102页。

〔5〕 本文仅在正式法律的修订层面对期货公司破产入法作出探讨，对于期货公司破产的具体特殊性应用问题，应当留待法律修订完成之后，由国务院相应部门制定相应的行政法规或部门规章。限于主题及篇幅，本文对此不予论述。

〔6〕 参见张艳丽：《破产能力探究》，载《北京理工大学学报（社会科学版）》2004年第1期。

〔7〕 参见周永生：《破产法定条件及程序探析》，载《河北法学》2002年第1期。

金融机构在一定情形下亦可适用破产程序。[8] 由此可见,企业法人、金融机构属于具备破产能力的主体。从法律规定的具体内容来看,《企业破产法》在对金融机构的范围进行界定之时,采取了列举式的形式,即商业银行、证券公司、保险公司等,虽然其间并未明确规定期货公司,但法律条文之中明确规定了"等"字,为期货公司适用破产程序留出了必要空间。此外,我国现行《企业破产法》颁布于2006年,囿于彼时我国市场经济远不如此时成熟,期货市场的发展更是不可与当前同日而语,但又为了给法律的适用扩大与时俱进的应用空间,其第134条方才作出了"商业银行、证券公司、保险公司等金融机构"的表述。如今,我国《期货和衍生品法》已然出台,尽管第62条第1款第1项对期货公司申请破产设定了应当经国务院期货监督管理机构核准的限制条件,然而通过文义解释,期货公司的破产能力无疑得到了法律的肯认。《期货和衍生品法》通过对期货公司可以申请破产的确认,也强化了《企业破产法》第134条的可适用性。可以预见,在《企业破产法》即将全面修订的背景下,期货公司的破产能力会得到《企业破产法》的明确承认。

(二)期货公司破产的境外法考察及我国镜鉴

破产法目的之一在于在适当时候启动破产程序,以便破产财产能够充分清偿债权人、工人、税收和其他国家利益,并使优质公司能够进行重组。[9] 考察境外发达经济体规制包括期货公司在内的金融机构破产的立法模式,其近年来的立法及司法状况表明,用以规范金融机构破产的法律制度事实上已不局限于单纯的破产法,而是以破产法提供的破产制度为基本框架,辅之以其他相关法律制度,后者主要是囿于期货公司等金融机构破产的特殊性。这种特殊性在于金融机构破产程序

---

〔8〕《企业破产法》第134条仅明确列举了商业银行、证券公司、保险公司三类传统金融机构,其他金融机构以"等"字进行概括,缺乏明确性。由此导致实践中对其他亦具有较大规模和影响力的金融机构是否同样适用《企业破产法》第134条的规定模糊不清。参见王斐民:《金融机构破产综合立法体系研究》,载《中国政法大学学报》2021年第4期。

〔9〕Emil Priskić/Lucija Bačić, Bankruptcy as a Function of Company Revitalisation Abstract, Učenje za poduzetništvo, 2(2012), S. 357.

中司法力量介入或干预的尺度有别于非金融机构。例如,在美国,由于破产法并未设置金融机构破产的专门条款,实践中虽然主要以破产法为依据来规范金融机构破产程序,但在具体案例中又和非金融机构破产存在不尽相同的操作模式。例如,在美国最大的金融机构之一雷曼兄弟(Lehman Brothers)破产案后,国会通过了有序清算机构(Orderly Liquidation Authority)法案,这是针对系统重要性金融机构(systemically important financial institutions)破产的一种监管替代方案,被纳入2010年《多德-弗兰克华尔街改革和消费者保护法》第二编。〔10〕 在德国,立法机构从2011年开始,通过修订金融投资经纪和资产投资的法律,对所谓的"灰色资本市场领域"进行有效监管。〔11〕 在西班牙,除了常规的破产程序之外,还涉及一整套针对金融机构财务状况的法律监管机制,在分析金融机构内部的逐案贷款决策方面发挥着重大作用。〔12〕 在日本,在完善破产法律制度的过程中,理论及实务界已逐渐对早期预防破产、持续营业、保护债权人、集团性处理以及追究责任的必要性等问题达成共识。〔13〕 对于期货公司而言,由于其经营领域往往涉及能源、农产品等与国民经济息息相关的实业,一旦进入破产程序,势必对行业及市场发展造成重大影响。〔14〕 正因如此,境外发达经济国家或地区一方面注重对常态经营状态下的期货公司的监管,另一方面又积极完善与破产法相关的金融法律法规,使其在出现破产原因乃至进入破产程序后,能够更好地匹配破产制度,实现破产制度目的的最优化。

---

〔10〕 See Stephanie Massman, *Developing a New Resolution Regime for Failed Systemically Important Financial Institutions: An Assessment of the Orderly Liquidation Authority*, American Bankruptcy Law Journal, Vol. 4,2016.

〔11〕 Vgl. Tobias Riethmüller, Auswirkungen des Kleinanlegerschutzgesetzes auf die Praxis der bankenunabhängigen Finanzierung, das Crowdinvesting und Crowdlending, Der Betrieb, 25(2015), S. 1451.

〔12〕 See Matthew Smith & Francisco Alvarez, *Predicting Firm - Level Bankruptcy in the Spanish Economy Using Extreme Gradient Boosting*, Computational Economics, Vol. 1, 2022.

〔13〕 参见[日]伊藤真:《日本金融机构破产处置法制》,崔延花译,载《中国政法大学学报》2015年第5期。

〔14〕 See Alexia Brunet & Meredith Shafe, *Beyond Enron: Regulation in Energy Derivatives Trading*, Northwestern Journal of International Law & Business, Vol. 3,2007.

事实上,我国早在20世纪90年代中期,便已产生首例国内期货公司破产案件。[15] 此后数十年间,随着我国期货市场的稳步发展,国家逐步建立规范期货公司运营的监管规范。《期货和衍生品法》正式颁行,标志着我国期货市场法律制度体系化构建已基本完成。考察我国现行《企业破产法》,其较之于先前的《企业破产法(试行)》虽然有巨大进步,但是囿于现行《企业破产法》制定之时,我国的金融市场仍处于蓬勃发展期,因而针对金融机构破产的相关条文仍不够完善。相较于境外发达经济体规制期货公司破产的法律制度,我国的制度供给已有一定滞后性,尤其是境外立法者已经充分认识到金融机构破产的特殊性,并探索出了一些可资借鉴的制度规则。[16] 在此情况下,我国应当借助《期货和衍生品法》施行以及《企业破产法》修订的契机,在期货公司市场退出的破产程序规范制度完善方面有所作为。

三、期货公司市场退出破产法规范的应然路径

(一)明确期货公司在破产法中的适用主体地位

我国现行《企业破产法》已赋予金融机构破产能力。然而,相关法律条文并未对金融机构的范畴给出明确界定。就已有研究成果来看,关于金融机构的界定亦并不清晰。例如,有观点认为,"破产金融机构指存在资不抵债情况而进入破产处置程序已被消灭主体资格的金融企业"。[17] 从文义来看,显然是将金融企业与金融机构视作等同概念。也有观点在界定金融机构范畴时,将非银行金融机构与银行金融机构作对比,认为非银行金融机构的判断标准是"不具备较强的信用创造能力"以及"没有银行字样"的金融机构,包括信托投资公司、融资租赁

〔15〕 参见杨永清:《首家期货公司申请破产的启示》,载《技术经济与管理》1996年第1期。

〔16〕 参见巫文勇、张崟:《国家干预视角下金融机构破产安全港保护制度规则和边界》,载《江西社会科学》2021年第1期。

〔17〕 黎四奇:《问题金融机构界定法律问题透视》,载《湖南大学学报(社会科学版)》2015年第4期。

公司、财务公司、证券公司、保险公司、城乡信用合作社以及共同基金公司等。[18] 还有观点认为，界定金融机构须满足两个条件：一是该机构能以自己的名义拥有资产和承担负债，是能够独立从事经济活动并与其他实体进行交易的经济实体；二是该机构主要从事金融生产活动并向其他机构提供金融服务。[19] 从现有立法对期货公司的规定来看，期货公司系依照《公司法》及《期货和衍生品法》设立，期货公司的设立与经营范围等均有法律明确规定，其从事资产管理业务还应当符合《证券投资基金法》等法律、行政法规的规定。可以说，期货公司属于现代市场经济中的典型金融机构的范畴。[20]

当前，在《企业破产法》修订已被国家立法机关纳入立法工作计划的背景下，对于涉及金融机构破产的立法规范，理论界主要存在以下观点：一是“单独设章说”，即认为应当在《企业破产法》中设置“金融机构破产”专章，[21] 以“回应金融机构及其破产之特殊性”。[22] 二是“单独立法说”，即认为“在《企业破产法》中增设专章规定金融机构破产的时机还不成熟”，“未来的金融机构风险处置程序应当制定《金融稳定法》为引领而非以《企业破产法》为主导”。[23] 该观点不仅强调金融机构破产相对于一般企业破产的特殊性，亦强调在金融机构范畴内，不同类别的金融机构亦各自存在不同程度的差异。

以上两种观点的共同之处在于，均承认金融机构破产具有区别于非金融机构的一般企业的特殊性。以上两种观点均存在一定程度的合理性。一方面，从一般正义的角度来看，金融机构也属于企业，其破产问题似乎应适用普通破产法。但若适用传统的破产法律制度，可能在

〔18〕 参见胡新明、吴强：《非银行金融机构的内涵界定》，载《当代经济》2007 年第 19 期。

〔19〕 参见胡晋豪：《关于金融机构的界定及分类标准化的探讨》，载《知识经济》2014 年第 19 期。

〔20〕 有观点认为，结合我国实际现况，包括金融期货与实物期货在内的期货公司属于典型且值得进一步展开理论研究的金融机构。参见曾康霖：《依法治国，需要建立和完善企业破产制度》，载《东岳论丛》2016 年第 4 期。

〔21〕 参见李曙光：《推进〈企业破产法〉修订 健全金融机构破产制度》，载《清华金融评论》2020 年第 2 期。

〔22〕 贺雪喆、陈斌彬：《金融机构破产对现行〈企业破产法〉适用的挑战及因应》，载《南方金融》2021 年第 1 期。

〔23〕 同前注〔8〕，王斐民文。

金融机构破产中的某些特殊问题上缺乏有效的法律规制,无法实现特殊问题特殊处理的积极效果。[24] 另一方面,金融机构具有涉众性、基本服务性、风险外溢性等特殊性,且不同类型金融机构的特殊性强弱不一。[25] 例如,以期货公司与企业年金管理公司对比,二者虽然同为金融机构,但在破产处置的法律操作上,期货公司涉众性较强,保证金金额较大,与结算相关的法律问题较多,监管机构在风险处置阶段处于主导地位,这些特征与企业年金管理公司均有所不同。[26]

对期货公司破产的立法规范,以金融机构破产应当归属何种法律调整为基础。而金融机构破产究竟应当在《企业破产法》中"单独设章",还是在《企业破产法》之外"单独立法",将对我国市场主体退出立法体系造成重大影响。从法律调整范围来看,《企业破产法》旨在调整市场主体退出的问题,这是其他法律所不能替代的。以前述主张通过金融稳定法以规范金融机构破产问题的观点来看,考察已经发布的《金融稳定法(草案征求意见稿)》,其定位是为防范化解重大金融风险提供坚实制度保障,并强调健全金融风险的事前防范、事中化解和事后处置,其事前、事中以及事后的防范或处置重在监管,[27] 并不涉及具体的金融机构破产制度规范。依靠《金融稳定法》为金融机构提供专门的破产制度规范不具有现实性,且与其应然的法律定位及调整范围不符。如果在《金融稳定法》基本内容已然定型的情况下,再将金融机构的破产事宜另行单独立法,势必面临诸多困境:一是金融机构在破产程序的适用方面,亦需要以《企业破产法》设立的制度为基本框架,如果将金融机构破产进行单独立法,容易与已有的企业破产制度规定重复;二是在当前我国破产制度逐渐完善的背景下,将金融机构破产独立于《企业破产法》,无异于对破产制度完整性和体系性的冲击;三是立法往往以必要为原则,强调金融机构破产的特殊性,并不意味着将其进行

〔24〕 参见张世君:《中国金融机构破产的理论探索与制度构建》,法律出版社 2017 年版,第 46 页。

〔25〕 同前注〔8〕,王斐民文。

〔26〕 参见颜宇泽:《期货公司破产处置的立法选择与建议》,载《北方金融》2022 年第 5 期。

〔27〕 参见李曙光、周栋:《金融稳定长效机制的基本法》,载《中国金融》2022 年第 8 期。

单独立法为必要。换言之,在统一的《企业破产法》之内对金融机构破产予以规定,在《企业破产法》内部通过恰当的体例安排与条文设计,完全可以在保证破产制度统一的前提下,兼顾金融机构乃至其范畴内不同类别的金融机构破产的特殊性。这种做法无疑更为高效和科学。

由此,鉴于我国金融机构破产与非金融机构一般企业的破产具有极大区别,在破产制度完善的过程中,可通过提取公因式的方法对金融机构破产的一般性特征进行归纳,将金融机构破产进行专章规定。其中,为了稳固金融机构进入破产程序的法律通道,首要的条文设计便是对金融机构的内涵与外延作出明确界定。宜采取“列举 + 概括”的形式为包括期货公司在内的金融机构的破产法律制度的可适用性作出明确规定,将期货公司明确规定在金融机构的范畴之内,以明确期货公司在《企业破产法》中的适用主体地位。

在对金融机构破产进行专章规定的同时,不可忽视的是,如银行、保险、证券、期货、信托等在具备金融机构的一般特性的同时,亦具有其自身不同于其他类别的金融机构的特征。归纳起来,期货公司破产之特殊性主要体现在以下 4 个方面。

一是在期货资产的担保性质方面,由于期货交易的实然形态,相对于市场经济的其他商品,期货资产具有明显的高杠杆属性,使期货市场的风险较之其他市场而言更易“传染”。当然,我国《期货和衍生品法》中所规定的中央对手方机制在一定程度上也有防范风险扩散的作用,但从期货公司运行状态来看,缺乏科学的市场退出机制,对于我国期货市场的健康发展将极为不利。事实上,从境外立法与实践情况来看,通过明确的法律制度为陷入困境的期货公司提供破产隔离处置路径,是一种有效化解期货市场系统性风险的重要手段。[28]

二是在大宗商品对于国家经济的安全性方面,如今期货市场的全球化程度已高度发达,而期货品种作为大宗商品,如黄金、大豆、原油等,这些商品交易往往具有交易规模大、交易主体众多、影响范围广等特征,并且这些商品本身既深受国际市场价格影响,又与本国的国计民

---

〔28〕 参见李寿喜、张晨:《世界顶级期货交易商破产原因探究——来自曼氏金融的教训》,载《技术经济与管理研究》2018 年第 5 期。

生息息相关,对国家经济的安全性有重大影响。

三是在终止净额结算方面,在期货合约存续期间,如果期货公司发生破产等违约事项,守约方有权终止合同涵盖的所有交易,在计算每个被终止交易的盈亏后进行轧差计算,最终确定应由一方支付给另一方的单一金额。《期货和衍生品法》中的终止净额结算规则,本身是期货和衍生品交易过程中的专有规则,然而,当其适用于破产情形时,就需要与破产法上管理人的合同履行选择权、撤销权、抵销权等制度相协调。〔29〕

四是在破产财产方面,以期货交易过程中的保证金为例,理论界对于保证金的性质尚存在不同认知,〔30〕如财产所有权说、金钱质押说、信托担保说、特殊担保说等,〔31〕依照《期货和衍生品法》第76条第2款之规定,期货经营机构在注销相关业务许可证前,应当结清相关期货业务,并依法返还交易者的保证金和其他资产。〔32〕依照该规定,一般而言,在"返还交易者的保证金和其他资产"之前,期货公司已完成破产程序。如何在处置期货公司破产过程中,对保证金等不属于破产财产的相关权益人资产予以充分保护,亦是我国破产制度完善过程中不可避免的话题。

对于以上期货公司破产的具体操作问题,即便《企业破产法》修订后设置"金融机构破产"专章,也并不意味着所有涉及金融机构破产的规则都需要纳入《企业破产法》。金融机构破产规则变动性较强,无论采用何种立法模式,众多技术性规范都应于效力层级较低的部门规范

---

〔29〕 同前注〔8〕,王斐民文。

〔30〕 参见樊健:《论客户期货交易保证金的信托法律构造》,载《法学》2019年第2期。

〔31〕 参见万国华、李铭:《我国期货保证金的法律性质和权属》,载《南京社会科学》2015年第6期。

〔32〕 依照2017年《期货交易管理条例》第28条第3款的规定,期货公司向客户收取的保证金,属于客户所有。2019年《期货公司监督管理办法》第81条进一步规定:"客户的保证金和委托资产属于客户资产,归客户所有。客户资产应当与期货公司的自有资产相互独立、分别管理。非因客户本身的债务或者法律、行政法规规定的其他情形,不得查封、冻结、扣划或者强制执行客户资产。期货公司破产或者清算时,客户资产不属于破产财产或者清算财产。"然而,2022年《期货和衍生品法》却删去了保证金归客户所有的规定。由此,关于保证金的法律性质问题仍然存在可以探讨的空间,并且不同性质的认定会对期货公司破产中债权人的利益产生重大影响。

性文件、操作指引中加以规定,并根据金融市场变化及时调整修改,以弥补统一立法对不同类型金融机构特殊性关照不足的缺憾,避免频繁修法影响法律的安定性。〔33〕 在对金融机构破产的共性问题通过破产法进行统一规定之后,法律可以进一步授权国务院期货监督管理机构结合期货公司的特殊问题制定具体实施办法。

(二)期货公司可适用破产程序之厘定

从法律条文构造层面来看,无论是外国还是我国,在制定破产法时并未将期货公司排除在重整、和解、清算的任意一项制度的适用范围之外。鉴于我国如《商业银行法》《保险法》《企业破产法》等立法已对金融机构的破产清算作出相关规定,理论界一般亦认可破产清算可适用于金融机构,〔34〕本文拟从更深层次的法理视角对期货公司是否可适用破产清算之外的破产重整或和解程序作出厘定。

对于期货公司可适用的破产程序,我国理论界已有学者表达了相应论断。例如,有观点认为,期货公司在破产程序中只能适用破产清算,而不能适用破产重整。其理由主要有两点:一是重整的目的在于维持企业的持续运营价值,而濒临破产的期货公司实际上已丧失运营价值,并不存在重整的必要;二是期货公司在成立和运营中处于被持续严格监管的状态,且其监管标准远远高于普通企业,当期货公司出现破产原因时其已丧失作为金融机构的业务资格,在此前提下便失去了重整的可行性。〔35〕

以上论断有待商榷。设立破产制度的动因或目的在于为全体债权人而非特定的债权人有利的司法程序,各国对于金融机构的重整与救助程序虽然与普通企业破产适用的重整等具体规则有所差异,但并未就此否定破产重整等司法程序对于金融机构的适用性。同时,境外学者普遍认为,金融机构作为以营利为目的的企业,和其他商事企业一样

〔33〕 参见余江波:《司法主导型金融机构破产程序:现实反思与优化路径》,载《南方金融》2023 年第 2 期。

〔34〕 参见朱天华、滕岩:《浅谈金融机构破产相关法律体系的完善》,载《法学杂志》2009 年第 5 期。

〔35〕 同前注〔3〕。

具有破产资格,具备适用于重整等程序在内的破产法律制度。[36] 对于陷入破产程序的期货公司而言,尽管其出现了经营困境,启动破产程序与丧失拯救价值仍不能直接画等号。期货公司是否具备运营价值,亦不以是否进入破产程序为标志,需要结合期货公司的内部架构、经营策略、产品的市场力等多方面进行综合判定。另外,反对破产重整程序可适用于期货公司的另一个理由是,期货公司的严格监管已使其丧失了适用破产重整程序的可行性。然而,期货公司作为我国金融机构体系的重要组成部分,其经营势必对我国市场秩序产生广泛影响。加强对期货公司的监管力度是不可或缺的市场治理手段,这亦是境外发达经济体的通行做法。从制度属性来看,监管体制更倾向于一系列动态的治理措施的体系化集合,而破产重整则是为具有拯救价值的企业提供有力救助措施的制度规范。前者适用于更广泛意义上的市场主体,包括其正常经营状态下以及进入破产程序之后的所有时间节点;而后者则仅适用于具有拯救价值的市场主体进入破产程序之后。以此观之,监管与破产重整二者尽管有所交叉,在一定形态下可能会互相影响,但绝非对立关系。基于期货公司的金融机构特殊属性以及比一般企业更为严格且规范的监管措施,在一定程度上不仅不会影响其破产重整的可行性,反而会提高具备拯救价值的期货公司在进入破产程序之后的重整的可行性及可能性。

除了破产重整可适用于期货公司之外,破产和解程序对于期货公司而言亦存在广泛的适用空间。事实上,破产和解程序作为破产再生制度的重要组成部分,可以克服破产清算程序的诸多弊端,世界各国均对其有所规范。[37] 在司法实践中,虽然我国现行破产和解制度缺乏有效的监督机制,往往导致债权人进行破产和解的信心与动力不足,但并不能因此而否定破产和解的制度价值甚至否定破产和解程序适用于金融机构。恰恰是因为实践的不足,才更加迫切需要建立有效、独立、强

---

〔36〕 参见巫文勇:《金融机构破产程序性规则修正研究》,载《山东社会科学》2012 年第 10 期。

〔37〕 参见陶乾、张世君:《意大利破产和解制度的发展及经验借鉴》,载《社会科学战线》2016 年第 10 期。

大的监督机制。[38] 从一定意义上讲，破产和解程序的有效运行需要强大的监督机制来支撑，这与金融机构破产比一般企业破产更需要强大的监督机制作保障是类似的。理论界一般均承认破产和解具有有别于破产重整与破产清算的独特制度价值。通过破产和解，既可以拯救企业、预防破产，又可以有效清理债权债务。[39] 从现行法律体系来看，我国已有部门法明确肯认了金融机构可以依法进行破产和解，如《保险法》第90条的规定。对于期货公司进入破产程序之后，符合破产和解的条件的，法律无必要亦不应当予以禁止。

（三）完善与《企业破产法》相衔接的其他法律制度

如上所述，规范包括期货公司在内的金融机构破产，单单依赖破产法制度建构是不够的。期货公司从设立、运营，再到破产，需要强大的市场监管规范作以配套，如《期货和衍生品法》通过专章的形式对期货经营机构的设立和存续期间的诸多问题予以了规定，并就期货和衍生品所涉及的监管问题进行了专章规定。但是，《期货和衍生品法》所规定的监管规范，更多的是基于期货和衍生品交易常态化的考量或者是对交易风险的防范，且被监管主体远不止期货公司。关于期货公司进入破产程序之后的监管问题，《期货和衍生品法》并未作专门规定。如今，境外对金融机构破产的制度构建已呈现明显的“双线制”，即以破产法所提供的基本规则为制度框架，同时充分考虑金融机构破产的特殊性，在破产制度之外通过其他关联制度加强对金融机构进入破产程序前后的监管。我国在全面修订《企业破产法》的背景下，同时亦加强了以《金融稳定法》为代表的相关法律制度体系的构建完善，与境外规范金融机构破产的“双线制”立法形态趋势是不谋而合的。

需要指出的是，若将金融机构破产以专章形式纳入日后的破产法，除了需要明确期货公司的破产法适用主体地位以及可适用之破产程序，还需要加快针对期货公司破产的监管规范构建。不仅包括已有的制度规范中针对期货公司破产的监管规范，还包括法律实施过程中涉

---

〔38〕 参见邹杨、丁玉海：《破产和解制度的反思：价值、规范与实践的统一》，载《海南大学学报（人文社会科学版）》2013年第6期。

〔39〕 参见张善斌、翟宇翔：《破产和解制度的完善》，载《河南财经政法大学学报》2019年第5期。

及具体规范应用的相关行政法规、司法解释以及行业规范等规范性文件。[40]

代结语

若《企业破产法》进行修订,为了避免不必要的歧义,建议立法者在列举可适用破产程序的金融机构主体之时,对期货公司予以明确规定。我们不但需要归纳出金融机构不同于非金融机构的一般特性,而且应正视不同类别的金融机构自身的特性,同时还应当构建起完善的事前、事中、事后监管制度。对于期货公司破产而言,其是将金融机构破产统一纳入《企业破产法》的关键一环。当然,对于在金融机构破产的一般性规定之后,如何对包括期货公司在内的各类金融机构作出符合其自身特性的具体规定,还有待理论界与实务界的共同研究与探讨。

(编辑:姜沅伯)

〔40〕 参见张善斌、钱宁:《论破产法修订应考量的几个重要关系》,载《宁夏社会科学》2022 年第 4 期。

《证券法苑》(2024)
第三十九卷,第 159 ~174 页

上市公司以"未公开承诺"对抗限售股解禁中的责任认定

——东方证券诉皇氏集团损害股东利益责任纠纷案*

符　望**　朱婧婧***

摘要:上市公司股票限制出售存在种种原因,其中之一是防止相关持股主体利用信息不对称等获取短期利益,损害上市公司及其他股东利益,冲击股票市场稳定。本案中,在限售股相关承诺已完成的情况下,受让人针对其在司法执行程序中取得的股票,要求上市公司配合办理解除限售手续,但上市公司不愿配合,并提交了一份此前未曾公开的承诺进行对抗。该案反映出目前限售股的受让方解禁面临的程序难题,最终法院判决上市公司配合办理解禁并赔偿损失。

关键词:承诺履行　解除限售　损害赔偿

---

* 本文所引法律法规均为案件发生及审理时有效,文中不再逐一指出。

** 上海金融法院综合审判二庭庭长。

*** 上海市黄浦区人民法院金融审判庭法官助理。

一、案情简介[1]

原告:东方证券股份有限公司(以下简称东方证券)。

被告:皇氏集团股份有限公司(以下简称皇氏集团)。

2014年11月25日,皇氏集团发布《广西皇氏甲天下乳业股份有限公司发行股份及支付现金购买资产并募集配套资金暨关联交易实施情况及新增股份上市报告书》("广西皇氏甲天下乳业股份有限公司"为皇氏集团原名),载明:(1)皇氏集团以发行皇氏集团股份35520446股和支付现金人民币204750000元(以下币种相同)相结合的方式,购买李某某持有的御嘉影视100%股权;(2)李某某以资产认购的皇氏集团股份在业绩承诺期内(2014～2017年)不得转让,即在2017年审计报告出具后及《发行股份及支付现金购买资产协议》约定的盈利承诺与补偿责任履行完毕后,方可转让其在本次发行中取得的股份。在上述锁定期限届满后,其转让和交易依照届时有效的法律和深圳证券交易所的规则办理。

东方证券与案外人李某某之间的质押回购交易,引发公证债权文书强制执行案,由北京市第二中级人民法院执行。2017年10月12日,北京市第二中级人民法院出具执行裁定书,明确东方证券有权将李某某出质的58410000股皇氏集团股票以折价或拍卖、变卖所得价款优先受偿。2018年1月,该院向皇氏集团出具《协助执行通知书》,要求其协助法院查明上述质押股份是否达到解除限售条件。皇氏集团答复北京市第二中级人民法院称:上述股票尚属限售状态,并提出皇氏集团2017年度审计报告尚未出具,御嘉影视2017年度业绩完成情况仍有待审计机构的审定,尚未具备办理股票解除限售手续的相关条件。

针对御嘉影视盈利与业绩承诺情况,皇氏集团2015～2018年发布

[1] 上海市高级人民法院:皇氏集团股份有限公司与东方证券股份有限公司损害股东利益责任纠纷二审民事判决书,案号:(2021)沪民终514号,2022年7月25日。上海金融法院:东方证券股份有限公司与皇氏集团股份有限公司损害股东利益责任纠纷一审民事判决书,案号:(2020)沪74民初3479号,2021年7月29日。

多份关于御嘉影视集团有限公司盈利情况报告、承诺完成情况说明。上述报告确认御嘉影视2014～2017年业绩承诺完成率均超100%。除此之外,2018年4月28日,皇氏集团发布的《皇氏集团股份有限公司2018年第一季度报告》中,载明多名股东持有的限售股情况,包括李某某、徐某。同时,在“三、公司实际控制人、股东、关联方、收购人以及公司等承诺相关方在报告期内超期未履行完毕的承诺事项”中,专门载明盛世骄阳原股东徐某未完成2016年与2017年的业绩承诺。但该报告未载明李某某超期未履行完毕的承诺事项。

后法院对上述股票进行拍卖。2018年7月31日,皇氏集团发布《关于公司持股5%以上股东股权将被司法拍卖的提示性公告》,告知了上述法院准备拍卖股票的情况,并载明“本次司法拍卖对公司的正常生产经营不产生影响,公司将持续关注此次拍卖的进展,并根据相关法律法规的规定及时履行信息披露义务”。后因拍卖无法成交,2018年9月,北京市第二中级人民法院出具裁定书将李某某的限售流通股作价人民币300694680元交付东方证券抵债,办理了过户手续,并随后向皇氏集团出具《协助执行通知书》,要求皇氏集团协助办理解除限售手续。2018年9月7日,东方证券作为信息披露义务人,发布了《皇氏集团股份有限公司简式权益变动报告书》,披露了上述股票抵债情况,并提到李某某所持股份对应的所有业绩承诺已完成。

2020年3月起,东方证券工作人员王某通过微信向皇氏集团工作人员王某某了解解禁流程及所需材料。在微信沟通记录中,王某表示准备申请解禁,但应该不会减持,并多次向王某某了解解禁时需要准备的材料清单。王某某回复称:看了一下相关的材料,基本都是上市公司填,因为规则上都是对于非公开、定增对象的解除限售,对于司法划转的情况没有提及,故要求王某把东方证券相关案件的判决书、中登公司的股份划转文件扫描发给她。但皇氏集团后续并未办理。2020年7月24日,东方证券正式向皇氏集团发送一封《要求办理股票解禁手续的公函》,要求皇氏集团收函后3日内办理解禁手续,随后又于8月5日发出《律师函》。但皇氏集团仍未配合解禁,故东方证券遂于2020年12月2日向上海金融法院起诉,请求法院判令:(1)皇氏集团停止对东方证券股东权利的侵害,并立即为上述限售股办理解除限售手续;

(2)皇氏集团赔偿因延迟解除限售而给东方证券造成的损失50000000元。

在案件诉讼过程中,皇氏集团提出还存在一份由李某某向皇氏集团出具的载明日期为2018年3月20日的《解除股份限售之自律承诺函》(以下简称《承诺函》),《承诺函》载明李某某自愿增加以下解除股份限售之自律条件:(1)2018年3月20日,御嘉影视及其子公司产生的应收账款、预付账款、存货及其他应收款,李某某已完成全部保值收回。(2)李某某因本次交易所取得的现金已完税(包括因后期国家税务政策变化和调整新增的应缴所得税)。(3)就拟申请解除限售部分的股份在未来转让时涉及的个人所得税税金(以申请解除限售时国家相关税务法律政策为准)已足额缴纳至皇氏集团。2020年8月13日,皇氏集团将上述增加限售条件事宜向深圳证券交易所进行报告。此后,皇氏集团先后召开董事会、股东会,通过决议认定李某某的新增条件未完成,并同时提出,对于东方证券因抵债取得股票,应先由东方证券缴纳李某某应承担的账款清收和税费责任11110.70万元,然后才可以解除限售。

二、审判结论

本案争议焦点为:(1)李某某向皇氏集团出具的《承诺函》的真实性以及该函对东方证券要求皇氏集团解除限售是否具有约束力;(2)皇氏集团通过的股东大会决议是否可以限制东方证券请求解除限售条件;(3)若皇氏集团应配合而不配合东方证券解除限售,皇氏集团应赔偿的东方证券损失如何确定。

上海金融法院一审认为:

1. 直至2020年8月,皇氏集团才向东方证券以及深圳证券交易所提及该《承诺函》。此前皇氏集团发布的多个公告中,不仅未曾提及该《承诺函》,而且明确披露解禁条件已成就。作为上市公司,如存在这样一份《承诺函》并新增了许多解禁条件,会影响原来已经符合条件的股票解禁。若不对投资者提及,不符合企业经营常理。在法院司法拍卖系争股票、东方证券联系解除限售过程中，法院、东方证券多次与皇氏集团联系，但皇氏集团从未提及存在《承诺函》，故该《承诺函》真实性存疑。

2. 即便《承诺函》签署日期确系2018年3月20日，但其内容有别于原先的限售承诺，对市场、投资者、东方证券均有重大影响，故应按中国证券监督管理委员会制定的《上市公司信息披露管理办法》以及《深圳证券交易所中小企业板上市公司规范运作指引（2015年修订）》进行披露。皇氏集团直至2020年10月28日才披露，现有的或者潜在的投资者此前无从知晓系争股票又增加了限制条件。

3. 东方证券作为司法执行程序的当事人，对执行过程中的公告信息有充分的信赖，根据当时公开信息及拍卖公告，案涉股票上并不存在《承诺函》，不存在除业绩承诺之外的承诺，原有业绩承诺已经完成，在此基础上，才形成了以司法拍卖的保留价作为抵债价格。如果存在《承诺函》，自然会对抵债价格产生重大影响。基于对东方证券信赖利益的保护，股票抵债过户之后方才披露的《承诺函》对东方证券并无约束力。

4. 皇氏集团无权通过股东大会决议的形式限制某个股东出售股票的权利。综上，法院认定皇氏集团拒绝配合解禁的行为存在过错，限制了东方证券的交易自由与交易机会，故判决皇氏集团配合办理手续解除限售。

5. 关于损失的认定，2020年4月至本案起诉之时即2020年12月，皇氏集团股价经历了先涨后跌的过程。起诉后，股价先跌后涨。根据一审中这一股价波动情况，故酌定皇氏集团先行赔偿损失500万元，其余损失待配合解禁后东方证券卖出后可视情主张。

综上，上海金融法院于2021年7月29日作出一审判决：皇氏集团在判决生效之日内10日内配合办理解除限售手续，赔偿东方证券损失500万元，支付东方证券律师费等。

判决后，皇氏集团不服，向上海市高级人民法院提起上诉。上海市高级人民法院于2022年7月25日作出二审判决，认可了一审裁判中的主要认定，但根据二审期间股价继续上涨情况将赔偿损失固定为500万元，不再允许东方证券根据出售的情况另行求偿。最终驳回上诉,维持原判。

三、案例评析

(一)上市公司限售承诺制度与司法难题

上市公司限售股是与上市公司无限售流通股相对应的概念,屡屡见于上市公司公告中。限售股,指的是因为法律限制或者持股人自我承诺,而在特定期限届满或特定条件成就前不能在公开市场自由买卖的上市公司股票。我国资本市场上的限售股制度基于法律强制与私人契约二者共同发挥作用从而产生限售效果,通常情况下是通过公开限售承诺形式来实现,即行为人公开承诺在特定期限届满或特定条件成就前不能在公开市场自由买卖上市公司股票。

限售承诺属于涉及上市公司公开承诺的类别之一。近年来,上市公司及其大股东、董事、监事、高级管理人员公开承诺的情形并不少见,在首次公开募股、上市公司再融资、并购重组等情形中,承诺人通过承诺释放信息,增强中小投资者信心。大多数承诺内容为承诺人表示自愿承担不利益,限制自己权利(如限售承诺)或增设自己义务(如资产注入承诺),具有自我限制的特征。限售承诺虽以自我限制的方式出现,但仍可进一步细分为基于监管的限售承诺与基于约定的限售承诺。

1. 基于监管的限售承诺主要规定于《公司法》《证券法》等法律、《监管规则适用指引——关于申请首发上市企业股东信息披露》[2]等部门规章以及《上海证券交易所股票上市规则》《深圳证券交易所股票上市规则》等行业规范中。比如,《深圳证券交易所股票上市规则(2022年修订)》第3.1.4条规定:“发行人首次公开发行股票前已发行的股份,自发行人股票上市之日起1年内不得转让。”第3.1.5条第1款规定:“发行人向本所申请其首次公开发行股票上市时,其控股股东和实际控制人应当承诺:自发行人股票上市之日起三十六个月内,不转

---

〔2〕 第3条第2款规定:“上述新增股东应当承诺所持新增股份自取得之日起36个月内不得转让。”

让或者委托他人管理其直接和间接持有的发行人首次公开发行股票前已发行的股份,也不由发行人回购其直接或者间接持有的发行人首次公开发行股票前已发行的股份。发行人应当在上市公告书中公告上述承诺。”

2. 基于约定的限售承诺则不同于前者,是以私人契约的形式存在的,系基于自身意愿作出的限售承诺。上市公司的股东、董事、高级管理人员可以在通常的监管要求之外,基于一些特定事项作出更高承诺。这些承诺作出之后,在一定程度上成为广义行政监管手段。目前上市公司股东做出限售承诺的现象较为常见,深圳证券交易所“承诺事项及履行情况”中“股份限售承诺”栏目载明的限售承诺共有1400多页。〔3〕

限售承诺作出之后,便具有了相应的法律约束力。中国证券监督管理委员会于2013年11月发布的《关于进一步推进新股发行体制改革的意见》中提到“(三)强化对相关责任主体承诺事项的约束。发行人及其控股股东、公司董事及高级管理人员等责任主体作出公开承诺事项的,应同时提出未能履行承诺时的约束措施,并在公开募集及上市文件中披露,接受社会监督。证券交易所应加强对相关当事人履行公开承诺行为的监督和约束,对不履行承诺的行为及时采取监管措施”。《证券法》第84条第2款也规定:“发行人及其控股股东、实际控制人、董事、监事、高级管理人员等作出公开承诺的,应当披露。不履行承诺给投资者造成损失的,应当依法承担赔偿责任。”

限售承诺明确行为人在一定期限内不得转让股份,或约定满足一定条件前不得转让股份。违反这些承诺,会产生一定的民事责任,〔4〕但如果承诺人成为债务人以及司法程序中的被执行人,则会产生限售股能否在强制执行后流通的争议。实践中,人民法院一般通过司法拍

〔3〕《承诺事项及履行情况》,载深圳证券交易所官网,http://www.szse.cn/disclosure/supervision/promise/index.html,2024年3月1日访问。

〔4〕有学者以侵权和违约两类责任为基础,提出责任承担方式应包括“停止侵害、返还财产、实际履行、赔偿损害”等。参见陈亦聪、武俊桥:《上市公司承诺履行与上市公司诚信塑造》,载黄红元、徐明主编:《证券法苑》(第7卷),法律出版社2012年版。

卖或者拍卖无法变现后以股抵债的方式清偿债务,此时限售期可能届满,也可能尚未届满,但无论如何,实务中拍卖、抵债的受让方要真正出售股票,仍要面对程序与实体阻碍。根据相关规则,股票受让方无法自行向交易所提交解禁申请,若上市公司不予配合,解禁程序便不能启动。而控股股东实际掌控上市公司,在控股股东与限售股受让方利益不一致的情况下,受让方交易该等股份的权利实现将面临困难。这种情况下,受让方只得通过投诉或诉讼的方式寻求救济,本案即为典型。

(二)限售承诺的约束力与司法应对

1. 限售股的转让、执行与司法的态度

由于限售涉及上市公司中小股东的利益,受到市场关注。实践中,对于约定限售股的执行,司法持相对审慎态度,具体做法也略有不同。比如,《北京市法院执行工作规范》第 390 条规定:"被执行人作为发起人持有本公司股份的,人民法院对该股份可以强制进行转让,不受《中华人民共和国公司法》第一百四十二条'发起人持有的本公司股份,自公司成立之日起一年内不得转让'的限制,有关单位应当按照人民法院的裁定书和协助执行通知书办理转让股份的变更登记手续。"《江苏省高级人民法院关于执行疑难问题的解答》第 6 条第 2 款规定:"执行被执行人所持上市公司限售流通股(股票),可以先将限售流通股强制扣划至申请执行人账户,待限售股办理解禁手续转为流通股后再行处置。在此过程中,执行法院视情可以冻结申请执行人该账户,防止变价款高于执行标的额时申请执行人转移变价款损害被执行人利益。"《上海金融法院关于执行程序中处置上市公司股票的规定》第 18 条第 2 款规定:"处置上市公司限售流通股、存托凭证,根据限售条件、解禁条件、案件情况可选择适用大宗股票司法协助执行方式或网络司法拍卖方式。"上海金融法院未就限售股的强制执行可行性问题予以规定。

在司法执行过程中,司法会尊重法律规定以及监管部门的要求。比如,《公司法》限制了发起人股份在 1 年内转让,而发起人为了规避司法执行,签订转让协议并让受让人提出异议。法院认定这种情形系违反法律规定的限售条件，并非善意，不予保护。[5] 对于约定的限售承诺，司法也会考虑监管部门的规定。比如，《深圳证券交易所主板上市公司规范运作指引(2015年修订)》第4.5.14条以及《深圳证券交易所创业板上市公司规范运作指引(2015年修订)》第4.5.14条明确规定：“承诺人作出股份限售等承诺的，其所持股份因司法强制执行、继承、遗赠、依法分割财产等原因发生非交易过户的，受让方应当遵守原股东作出的相关承诺。”在浙江省嘉兴市中级人民法院审理的张某与巴士在线股份有限公司(以下简称巴士公司)股票权利确认纠纷一案[6]中，2018年5月，巴士公司公告称标的公司未完成业绩承诺，中麦公司等11名股东需履行业绩补偿承诺，其持有的巴士公司股份由公司以1元总价回购并注销。同年5月23日，张某与中麦公司达成调解协议，由中麦公司于5月31日前偿还借款，并最终通过司法拍卖方式获得中麦公司持有的巴士公司股票。法院认为，中麦公司作出的业绩补偿承诺早已在2015年以公告形式发布。张某作为投资者可以随时查阅相关承诺的具体信息以及动态情况，故其对案涉股票存在的限售风险理应明知。中麦公司明知其所持有的巴士公司股票首先应作为业绩补偿，且其并无能力向张某履行还款义务，仍签订一份履行期限仅为8天的调解协议，显然主观上具有将案涉股票转让给张某以变现的意图，系对其公开承诺的违反。在此情况下，如果以司法拍卖形式即可完全涤除股票上承载的公开承诺业绩补偿义务，则会导致原设定的业绩补偿机制以及股票限售制度目标落空，司法拍卖形式将成为原限售股股东恶意以合法形式逃废相关债务，并损害上市公司及中小投资者的

---

[5] 最高人民法院：甘肃创新商贸集团有限公司、亚联盟资产管理有限公司等案外人执行异议之诉其他民事裁定书，案号：(2021)最高法民申3062号，2021年6月29日。最高人民法院认为：“致远公司作为发起人在一年期内向创新公司转让股权的行为违反了《中华人民共和国公司法》第一百四十一条第一款关于‘发起人持有的本公司股份，自公司成立之日起一年内不得转让’的规定，创新公司明知违反上述法律规定而受让股权，应自行承担不利后果。……案涉兰州农商行1000万元股权仍然登记在致远公司名下，原判决据此认定创新公司不作为案涉股权的权利人，不足以排除对案涉股权的强制执行，并无不当。”

[6] 浙江省嘉兴市中级人民法院：张某、巴士在线股份有限公司股票权利确认纠纷二审民事判决书，案号：(2021)浙04民终162号，2021年3月16日。

合法权益的方式,不利于建立健康的证券市场秩序环境,故对张某解除限售的请求不予支持。

2. 公开承诺与未公开承诺:本案限售的特殊性

上文总结了司法尊重限售承诺、审慎处理的态度,但实务总是丰富多彩。本案中,在解除限售的条件满足之后,限售承诺股票的受让方要求上市公司配合解禁,又不得不面临新增的未公开承诺,由此产生了法律难题。本案中,根据皇氏集团公布的多份文件,股权转让人李某某分别作出了两份约定限售的承诺。第一份系李某某以资产认购的皇氏集团股份在业绩承诺期内(2014~2017年)不得转让,即在2017年审计报告出具后及《发行股份及支付现金购买资产协议》约定的盈利承诺与补偿责任履行完毕后,方可转让其在本次发行中取得的上市公司股份。第二份系于2018年3月20日由李某某向皇氏集团出具的《承诺函》,该《承诺函》载明李某某对皇氏集团购买其持有的御嘉影视100%股权时向其发行的全部皇氏集团股份,除国家规定的解除限售股份法定条件外,自愿对上述股份(包括上述股份实施的送红股,资本公积金转增股份等原因新增的股份)增加解除股份限售之自律条件……但该《承诺函》于2020年8月13日才对外公布披露。基于公告披露情况与时间点的不同,笔者将第一份承诺称为公开限售承诺,第二份承诺称为未公开限售承诺(面临诉讼才披露)。对于它们的效力,具体分析如下:

(1)公开限售承诺之效力。对于第一份公开承诺,其本质与合同法上的承诺并无不同,行为人可以单方作出承诺,一旦公开作出,其他人便可以对该承诺产生信赖。如果随意违反承诺,行为人应承担相应的法律责任[7]。对于上市公司而言,这种公开承诺会在相关公告中公布,并且附着于相应股票之上。交易相对方在交易时知晓这一承诺,

[7] 对于公开承诺行为的学理分析,尚存在不同路径。比如,有观点认为公开承诺属于民法上的单方允诺,行为人对此产生信赖。但也有观点认为,民法分析框架存在不足,公开承诺应以证券法框架加以分析,公开承诺属于信息披露行为,违反则可能构成虚假陈述或者操纵市场。参见龚澄渝:《公开承诺的法律定位与责任框架——论〈证券法〉第八十四条第二款的适用》,载彭冰主编:《金融法苑》(2021)(总第一百零五辑),中国金融出版社2021年版。

故应受其约束。故第一份限售承诺函的效力及于东方证券。东方证券只能等待限售条件成就之后,才能处分该股票。

(2)未公开限售承诺之效力。在东方证券要求皇氏集团配合解除限售的过程中,皇氏集团突然提出还有一份李某某出具的日期为2018年3月20日的《承诺函》,这种未公开的承诺,其内容会对东方证券权利产生重大影响,也会对投资者判断皇氏集团财务状况、进行投资决策产生影响。但在东方证券取得涉案股票的司法执行过程中,皇氏集团从未告知过执行法院或者东方证券存在这样一份承诺函。因此,该函的真实性以及约束力成为本案争议的焦点。

在真实性方面,东方证券提出该函完全可能是倒签日期形成,因为直至2020年8月,皇氏集团才向东方证券以及深圳证券交易所提及该份《承诺函》。此前皇氏集团发布的多个公告中,不仅未曾提及该《承诺函》,而且明确记载御嘉影视业绩承诺完成率超过100%,即符合了相关的解禁条件。笔者认为,作为上市公司,如存在这样一份《承诺函》并新增了许多解禁条件,却不对投资者提及,会影响原来已经符合条件的股票解禁,且不符合企业经营常理。此外,2018年4月28日发布的《皇氏集团股份有限公司2018年第一季度报告》未载明李某某超期未履行完毕的承诺事项,却载明另一股东徐某某未完成承诺事项。在2018年7月31日皇氏集团关于司法拍卖的公告中,也没有提及存在《承诺函》。2020年3月,东方证券与皇氏集团工作人员沟通过程中,微信记录显示双方已经在协商办理解禁所需手续与清单,皇氏集团也没有提及存在李某某的《承诺函》。本案审理过程中,法庭专门询问了皇氏集团何时收到该《承诺函》,但皇氏集团的律师无法当庭回复并要求庭后书面答复。事后的书面答复写明“在皇氏集团敦促之下,李某某于2018年3月20日向皇氏集团出具《解除股份限售之自律承诺函》”,并未正面回复法庭问题即皇氏集团何时收到《承诺函》。这些不合逻辑与常理的现象,自然会让法庭对《承诺函》的日期真实性产生怀疑。不过,双方当事人亦未申请对《承诺函》签字日期进行技术鉴定。即便申请技术鉴定,现有技术亦未必能鉴定出《承诺函》的真实签署时间。综合考虑上述情况,法庭认为《承诺函》存在倒签日期的可能性较大。

在约束力方面,即便《承诺函》签署日期确系2018年3月20日,亦不能约束东方证券,原因如下:

第一,《承诺函》增加了多项解除股份限售条件。该《承诺函》内容有别于原先的限售承诺,对市场、投资者、东方证券均有重大影响。对此,中国证券监督管理委员会制定的《上市公司信息披露管理办法》存在相关规定:“上市公司应当披露的定期报告包括年度报告、中期报告。凡是对投资者作出价值判断和投资决策有重大影响的信息,均应当披露”(第12条第1款);“发生可能对上市公司证券及其衍生品种交易价格产生较大影响的重大事件,投资者尚未得知时,上市公司应当立即披露,说明事件的起因、目前的状态和可能产生的影响”(第22条第1款);“上市公司应当在最先发生的以下任一时点,及时履行重大事件的信息披露义务:……(三)董事、监事或者高级管理人员知悉该重大事件发生并报告时”(第24条第1款第3项)。《深圳证券交易所中小企业板上市公司规范运作指引(2015年修订)》(以下简称《深交所运作指引(2015)》)第4.5.10条进一步对相关承诺作出披露规定:“承诺人作出追加承诺后二个交易日内,应当通知上市公司董事会;追加承诺达到披露标准的,公司应当及时公告,并向本所提交下列文件:(一)承诺人追加承诺申请表;(二)承诺人追加承诺的公告;(三)承诺人出具的追加承诺书面文件;(四)本所要求的其他文件”。皇氏集团作为深圳证券交易所中小企业板上市公司,应清楚了解这些制度要求。按照皇氏集团的主张,李某某于2018年3月20日向皇氏集团出具《承诺函》,但皇氏集团于2020年10月28日才将此承诺公告,并不符合上述规定对于重大信息及时披露的要求,现有的或者潜在的投资者此前无从知晓系争股票又增加了限制条件。

第二,东方证券系因司法执行而取得股票所有权,李某某并未在相关质押回购合同中把《承诺函》内容作为合同条款。在司法执行过程中,皇氏集团亦未把《承诺函》内容及时告知东方证券。在这种情况下,东方证券作为系争股票的善意取得者,李某某的单方承诺仅对李某某有约束力,对东方证券并无约束力,否则难言公平。

第三,东方证券作为司法执行程序的当事人,对执行过程中的公告信息有充分信赖,根据当时公开信息及拍卖公告,案涉股票上并不存在承诺函,不存在除业绩承诺之外的承诺,原有业绩承诺已经完成,在此基础上才以司法拍卖保留价作为抵债价格。如果存在《承诺函》,则流动性折扣的不同会影响股票的保留价,进而会对抵债价格产生重大影响。最高人民法院《关于人民法院民事执行中查封、扣押、冻结财产的规定》第24条第1款规定:“被执行人就已经查封、扣押、冻结的财产所作的移转、设定权利负担或者其他有碍执行的行为,不得对抗申请执行人。”突然出现的《承诺函》,即属于对冻结财产设定权利负担,损害了东方证券作为执行申请人的权利。而且,皇氏集团在接受《承诺函》后,既未在合理期限内向公众披露,也没有在股票处置前告知东方证券和执行法院。执行法院和东方证券在不知道新设负担的情况下,将系争股权折价3亿余元抵偿债务,如认可《承诺函》对不知情的东方证券发生约束力,无疑有悖诚信原则。因此,基于对东方证券信赖利益的保护,股票抵债过户之后方才披露的《承诺函》对东方证券并无约束力。

(3)上市公司无权通过股东大会决议强加限售条件。本案中,皇氏集团还通过董事会、股东大会作出决议,限制了东方证券解除限售。《公司法》第137条规定:股东持有的股份可以依法转让。第144条规定:上市公司的股票,依照有关法律、行政法规及证券交易所交易规则上市交易。根据上述规定,股东有权转让自己所持有的股票,这是股东最基本的权利之一。除非事先存在特别约定〔8〕,否则股东大会并不能通过事后决议程序来限制某位股东转让自己所持有的股票。对于上市公司而言,股东之间的人合性更弱,这种自由转让股票的权利应得到更好的保障。在司法执行程序中,如果受让方基于对系争股票满足自由流通条件这一公开信息的信赖取得了股票,则事后通过的股东大会决议不能约束先前的受让行为。另外,上市公司在解除限售过程中并非审批主体,并无权自行施加其他限制。《深交所运作指引(2015)》第4.3.6条规定:股东申请限售股份上市流通的,应当委托公司董事会办理相关手续。这表明上市公司董事会对此类事项系受托办理手续的角色,并非审批者,其无权通过董事会决议或进一步形成股东大会决议来限制股票受让人的权利。如果施加无理限制,则构成侵权。

---

〔8〕 比如,一些员工持有股票期权如何行使权利的约定。

(三)不予协助解禁限售股的责任承担

根据沪深交易所相关规则,限售股解禁申请只能通过上市公司提出,若上市公司坚持不向交易所提出申请,解禁程序便无法启动。股票受让人依据其自由意志进行处分的可能性进而受限,上市公司的不作为导致持有人无法及时处置股票,股票价格可能下跌,导致持有人遭受损失。但是,这种侵权行为的因果关系以及损失认定较为困难。本案中,东方证券的损失认定属于本案的难题之一。《民法典》第 1184 条规定:“侵害他人财产的,财产损失按照损失发生时的市场价格或者其他合理方式计算。”此类损失,不同于上市公司虚假陈述造成的投资者损失,也不同于公开承诺人违反限售承诺导致其他中小投资者的损失,《证券法》《公司法》均无明确规定。除此之外,起诉时由于东方证券尚未出售股份,故实际损失是否发生,亦存在争议。

一审、二审过程中,皇氏集团的股价涨跌不同。2020 年 4 月 23 日收盘价为 6.13 元,7 月 31 日收盘价为 5.93 元。2020 年 12 月 1 日立案后,股价先跌后涨。一审判决后,股价先涨后跌。截至 2022 年 10 月 22 日,该股日线走势如图 1 所示(重要时间点已标明):

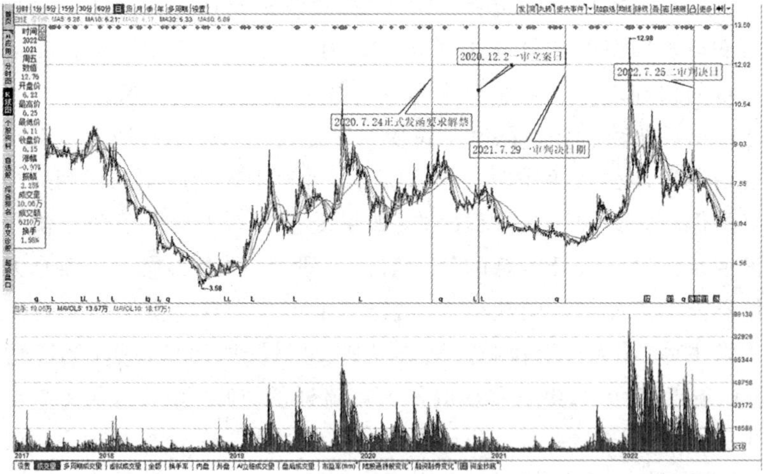

图 1　皇氏集团股价走势

资料来源:同花顺股票证券交易软件,2022 年 10 月 22 日。(截图清晰度欠佳,仅作示意,可溯源查看。——笔者注)

起诉时，东方证券提出了两种损失计算方式：一是在股价较高时卖出；二是一经解禁便着手卖出。在第一种方式中，假定股份于2020年4月解禁，则2020年4月1日至2020年11月16日，东方证券可通过二级市场集中开展竞价交易及大宗交易进行股份减持。按照相关的交易规则，东方证券可以在股价较高时的2020年7月13日进行集中交易，按市场收盘价7.50元减持8376400股（占皇氏集团总股本1%），同时进行大宗交易（交易价格约为收盘价的九折），减持16752800股（占皇氏集团总股本2%），合计减持金额为170596467.78元。按中国证券监督管理委员会《上市公司股东、董监高减持股份的若干规定》，3个月后的10月12日，东方证券可继续从事上述同样操作，合计减持金额为133522407.55元。上述两次可合计减持50258400股，合计金额304118875.33元。东方证券认为，上述金额与2020年11月17日的股票市场价值相比（收盘价4.92元×50258400股），差额已超过5000万元。第二种损失计算方式与第一种类似，只不过是以2020年4月23日、7月22日、10月20日作为交易日，将股票全部减持完毕，差额亦不低于5000万元。故东方证券主张皇氏集团赔偿5000万元损失。皇氏集团则对东方证券的计算方式不认可，提出股票有涨有跌，而且东方证券未必能够预料到最高点并且在最高点减持。

一审法院认为，根据具体案情，东方证券实际要求皇氏集团配合解禁，应以7月31日作为解禁时间点，当日股票收盘价为5.93元。假定此时开始根据相关规则分批减持股票，按照东方证券的第二种计算方式分批减持，全部减持后所获得的资金为2.8亿元左右。需要注意的是，东方证券计算的差额系以其自行选取的2020年11月17日的股票价格4.92元作为基准，而股价其实不停变动，在本案一审判决之时已超过了上述价格。如果未予按前述计划减持，反而可能对原告有利。当然，股价保持在相对高位，也有可能是原告未能减持的结果，因为原告一旦大量抛售股票，将引发价格猛烈下跌。因此，在未完成实际减持的情况下，难以直接认定差额损失。最终，一审法院以2.8亿元（按前文所述假定东方证券2021年2月全部减持完毕）作为基数，以贷款市场报价利率作为基准，考虑诉讼程序的持续时间，酌定皇氏集团赔偿东方证券500万元。该损失为本案暂定损失，如果本案判决生效后，股票得以解禁,东方证券可以按合理方式进行减持,如差额损失超过500万元的,东方证券仍可另案主张。

二审法院亦同意在未实际出售的情况下损失难以直接确定。皇氏集团的不作为并未导致股票本身发生减损,而是由于限制处分,东方证券无法在股价较高时抛售股票,进而损害了其经济利益。这种经济利益损害具有特殊性和不确定性。流通股的股价涨跌属于常态,以历史上的最高成交价作为基准价的方式确定损失,是假设受害人处于"上帝视角",在绝佳的时机发出了交易指令,不具有合理性。损失确定也不能以股票实际解禁日为基准点。因为实际解禁日的股价完全可能高于应当解禁日的股价。单纯从股票价差上看,此时东方证券没有损失,但东方证券长期无法变现、获取资金占有所带来的经济利益因而受损却是显见的。故不应拘泥于损失必须已经固定,也不应过分倚重股价的实际表现,而应依据个案情况酌情确定损失金额,并考虑一次性解决纠纷,降低当事人诉讼成本,故酌定东方证券全部损失金额为5000000元作为终局赔偿金额,不再保留东方证券的诉权。

在司法实务中,以利息计算损失以及酌定损失的判决均有出现,比如,在天津市第一中级人民法院审理的(2017)津01民终8582号案件[9]中,以受让人提交解限申请材料之日(2014年8月5日解限)起至开庭2017年9月12日为区间,按银行同期贷款利率计算其资金的利息损失。而在湖北省武汉东湖新技术开发区人民法院审理的(2020)鄂0192民初1477号[10]案件中,法院认为因股市行情变化不定,原告要求按最高价与最低价之间的差价作为损失数额的依据不充分。根据案件实际情况,法院酌定按限售期满后6个月内的平均股价(1.88元)和目前股价(0.44元)的差价作为依据。司法实务中的不同做法,表明该问题值得进一步研究。

(编辑:姜沅伯)

---

〔9〕 天津市第一中级人民法院:振兴生化股份有限公司、西南证券股份有限公司与公司有关的纠纷二审民事判决书,案号:(2017)津01民终8582号,2018年5月2日。

〔10〕 湖北省武汉东湖新技术开发区人民法院:王某楚与湖北华奥安防科技运营股份有限公司、张某损害股东利益责任纠纷一审民事判决书,案号:(2020)鄂0192民初1477号,2020年10月10日。

《证券法苑》(2024)
第三十九卷,第175~199页

代币发行融资刑事案件的司法检视与刑法规制

任素贤*

摘要:代币的发行与交易是否具有非法集资的属性,以高额回报吸引投资者投资代币是否具有利诱性等,是代币发行融资刑事案件刑法规制的难题。财产形式流变对"存款""资金"概念边界产生冲击,代币发行融资的刑法评价缺少互联网元素特征,互联网金融立法精细化不足导致刑法规制困难。代币发行融资性质上具有证券衍生品特征,实质在于利用欺诈手段吸收资金后的纯资本运作,侵害了金融秩序和投资者的财产利益,应以集资诈骗罪进行完整评价。

关键词:代币　数字货币　首次代币发行(ICO)　区块链　非法集资

随着互联网技术的发展,金融市场产生了较大的变革,去中心化的区块链技术催化了新型融资方式的诞生。2008年,署名中本聪的作者在网络上发

* 法学博士,东南大学长三角法治创新研究中心研究员,曾任上海市第二中级人民法院刑庭庭长,全国法院办案标兵,上海市审判业务专家。

表了《比特币:一种点对点的电子现金系统》的文章,阐述了比特币和区块链的技术,匿名性、去中心化、不易更改等特点使比特币引发全球广泛关注,基于区块链底层技术的各种数字货币应运而生。[1] 随着区块链技术的成熟和普及,以比特币为代表的各类数字货币作为融资对象已成为可能,首次代币发行(Initial Coin Offering,ICO)融资模式应运而生。它通常是指初创区块链公司通过发行代币的方式进行融资,交易模式为投资者用比特币、以太币等主流数字货币购买初创区块链公司设计并准备未来发行的代币,投资者用获得的主流数字货币在二级市场兑换为法定货币来支持企业的发展,投资者可以获得代币上市后的服务或利润,[2] 具体运行模式有类股权模式的ICO和非股权模式的ICO两种。所谓类股权模式的ICO,是指初创区块链公司以类似公开发行股权的方式发行代币,筹集资金用于公司或者项目的发展;非股权模式的ICO,指初创区块链公司以待开发或者正在开发的代币为对价获取投资者投资的主流数字货币。投资者持有的代币会随着初创区块链公司项目运行的好坏而波动,如果代币可以上市交易,投资者可以在自己认为合适的时机在比特币交易市场抛售,换回比特币等通行的主流数字货币,进而"兑换"为法定代币。

---

〔1〕 对于数字货币、加密货币、虚拟货币和代币,目前还没有明确的定义,理论界与实务界经常会将数字货币等同于虚拟货币,主流观点认为广义的虚拟货币除了指Q币等虚拟货币以外,还包括比特币等数字货币,加密货币则是数字货币的另一个称谓。而代币和比特币是由企业或项目方在区块链基础上自己设计并准备未来发行,还没有得到社会广泛承认、不能在交易所交易的虚拟货币。随着区块链技术的发展,我国行政部门颁布的相关规定在ICO融资模式中使用了代币的表述,故本文将企业自行设计并准备发行的虚拟货币统一称为代币。

〔2〕 See Wikipedia, *Initial Coin Offering*, https://en.wikipedia.org/wiki/Initial_coin_offering, visited Nov. 14, 2020.

一、问题的提出——代币发行融资刑事案件[3]司法实务中的争议

2015年,被告人温某、王某等人成立网络科技有限公司,搭建网络平台,设置宝特币投资理财项目,对投资者发布“白皮书”,宣称宝特币具有区块链性质,有开源代码,总量只有2.1亿枚,是中国、美国、澳大利亚三国的数字货币团队联合通过挖矿方式获得的互联网虚拟货币,和比特币一样可以在世界各个交易网站流通交易,投资者可以线上租赁宝特币的挖矿机通过挖矿获利。2016年,温某等人又搭建了国际积分和扶贫积分交易平台,让宝特币的投资者把名下的宝特币兑换成国际积分,宣称可用于中国石油化工集团有限公司加油站、新能源出租车的消费,可以在网上用积分缴纳罚款和社保,还可在我国台湾地区用宝特币支付70万家商户的商品等。同年6月,宝特币在温某等人搭建的网络平台上每枚价格达人民币4.11元(以下币种相同),交易规则被温某等人设定为不能低挂、只涨不跌,卖出时需以5元以上高价卖出。通过上述方式,温某等人共吸收资金1.2亿余元。被告人郭某等人在推销宝特币的过程中,大力宣传宝特币的两种营利模式:一是矿工收益,即会员在指定的矿机网站注册,租赁挖矿机以挖取宝特币的方式获利;二是推广收益,推荐会员注册或自己注册成为会员,推荐一级会员可获20%的直推奖,直至九级结束。郭某等人共发展六级会员83人。

法院认为,被告人温某、王某等人以非法占有为目的,以高利润、高回报为诱饵进行虚假宣传,虚构宝特币线上线下项目,诱导被害人进行投资,其行为构成集资诈骗罪。被告人郭某等人以投资虚假货币为名,要求投资者购买宝特币、注册获得会员资格,并按照一定顺序组成层级,直接或间接以发展人员的数量作为推广返利,引诱参与者继续发展他人,严重扰乱了市场秩序,其行为构成组织、领导传销活动罪。

---

[3] 福建省福州市中级人民法院:温某、王某、郭某等集资诈骗罪二审刑事裁定书,案号:(2019)闽01刑终1300号,2019年12月9日。

对于上述被告人温某、王某的行为是否构成集资诈骗罪,郭某等人的行为是否构成组织、领导传销活动罪,司法实践中存在不同的观点。第一种观点认为,温某等人没有非法占有投资者钱款的目的,没有提供具有融资性质的金融产品,其发行、交易代币的行为不具有集资诈骗罪的利诱性特征,投资者的利益主要来自代币在二级市场的买卖或发展会员所获得的动态、静态收益,不宜将商品提供者宣称的可投资获利视为一种获利的承诺,否则会不当扩大非法集资的打击面。故对于投资者在二级市场投机获利的,行为人如果在代币发行过程中有欺诈行为或发展会员达到三层以上的,应以诈骗罪或者组织、领导传销活动罪定罪处罚。第二种观点认为,行为人假借区块链技术发行代币,以静态收益与动态收益为诱饵,搭建网络交易平台并自行设置代币变现条件及交易价格,其主要目的并非在于代币的设计或未来的上市交易,而是将代币作为诈骗的一个工具,对于在代币销售过程中行为人采取的传销模式,只是犯罪的外在表现形式,不能因其具体手段而认定为罪行较轻的组织、领导传销活动罪,从而忽视了对案件的完整评价。就实质要件而言,行为人具有非法占有的主观故意和诈骗的行为,应以诈骗罪定罪处罚。第三种观点认为,温某等人将缺乏流动性但可预期未来收益的代币通过运营平台份额化发行并销售给投资者,使代币的投资风险与收益元素重组分离,份额化发行具有标准化拆分的特征,结合公开发行、连续交易等行为,出金入金频繁,资金体量巨大,呈现证券化特征,应以擅自发行股票、公司、企业债券罪定罪处罚。第四种观点认为,行为人将发行代币作为融资的手段,搭建网络交易平台,向不特定对象公开销售,吸收资金形成资金池,操控资金进行资本游戏,区块链和代币只是被告人集资诈骗的幌子,投资者的盈利并非来自代币未来上市交易后的服务或利润,温某等人的行为不但侵犯了金融管理秩序,也侵犯了投资者的财产权益,应以集资诈骗罪定罪处罚;郭某等人虽未参与代币的发行,但主观上明知温某等人假借区块链技术发行代币,与温某等人系共犯,共同吸收资金共计 1.2 亿余元,不宜以组织、领导传销活动罪定罪处罚,而应认定为与温某等人一起构成集资诈骗罪。

二、代币发行融资刑事案件的现状审视与刑法规制困境

(一)代币发行融资的背景流变

2015年,ICO从美国传入中国,各种五花八门的代币在中国涌现。2017年,中国人民银行等七部门发布《关于防范代币发行融资风险的公告》(以下简称《防范代币融资公告》),明确指出代币发行融资是指融资主体通过代币的违规发售、流通,向投资者筹集比特币、以太币等所谓"虚拟货币",本质上是一种未经批准非法公开融资的行为,涉嫌非法发售代币票券、非法发行证券以及非法集资、金融诈骗、传销等违法犯罪活动。《防范代币融资公告》还指出,代币发行融资与交易存在多重风险,包括虚假资产风险、经营失败风险、投资炒作风险等。同年,中国人民银行货币政策分析小组《中国区域金融运行报告(2017)》指出,"中国互联网金融的快速发展推动了金融服务创新发展……但也容易导致风险扩散和交叉传导。特别是部分不法分子打着'互联网金融'幌子开展非法集资、金融诈骗等违法犯罪活动,严重影响了经济社会的稳定发展"。中国互联网金融风险分析技术平台2017年8月发布的《2017年上半年国内ICO发展情况报告》显示,2017年上半年我国已经完成65个ICO项目,比特币和以太坊占90%以上,累计融资规模达26.16亿元,约有10.5万人参与。而中国产业研究的数据显示,2018年年初,我国利用区块链概念的传销平台已超过3000家,同年上半年141起虚拟货币传销案中,至少有65种所谓的"虚拟货币"实为传销噱头。[4] 区块链技术的火热、比特币的暴涨,吸引了大量带有投机性质的人涌向代币发行与交易市场,无论是ICO项目数量还是融资规模、参与人数等都呈现递增态势,ICO的癫狂也意味着类似于个人对个人(又称点对点)(peer to peer,P2P)网络借贷的金融体系风险聚积。2019年,中国互联网金融协会发布的《关于防范以区块链名义进行ICO与"虚拟货币"交易活动的风险提示》指出,"据金融监管部门和中

---

〔4〕 许炯:《虚拟币还是传销币》,载《知识经济(中国直销)》2018年第9期。

国互联网金融协会监测发现,近期一些不法分子打着区块链旗号大肆炒作‘虚拟货币’,ICO与‘虚拟货币’交易活动有死灰复燃迹象”。

(二)代币发行融资刑事案件的特点

通过搜索中国裁判文书网,截至2024年3月20日,笔者在中国裁判文书网中以“代币发行”为关键字,检索到刑事裁判文书48份,民事裁判文书953份,发现涉案代币超过30种,涉及我国29个省份,以广东、江苏、浙江等省份居多。犯罪时间集中在2015年之后,与ICO融资模式从美国传入我国的时间契合。这些刑事案件犯罪的团伙因素较为明显,涉案被告人在10人以上的有7起,占比达14.6%;5人以上的有14起,占比达29.2%。涉案金额巨大,亿元以上的有7起,占比达14.6%,其中湖南一起虚拟货币传销案传销资金高达19.9亿余元,江苏一起案件中行为人以会员形式发展层级712层,收取会费共计12亿余元,被告人个人实际违法所得6000余万元。通过研判上述裁判文书,笔者发现代币发行融资刑事案件具有3个特点。

1.“区块链”“数字货币”成为融资的幌子

ICO的基本流程主要是企业在早期营销阶段发布“白皮书”;在代币众筹阶段通过路演、促销广告、专家咨询等方式向潜在投资者推介ICO项目,投资者以投资主流数字货币方式获得代币,代币与主流数字货币的兑换比率由企业自行决定;在代币交易阶段,投资者可以在二级市场通过代币价格的上升获利,未来如果数字货币交易所提供了将代币换成法定货币或其他主流数字货币的机会,企业也可以通过上市交易来获利。对照上述ICO基本流程,笔者发现我国的ICO融资模式发生了异化,归纳起来主要是四种:一是投资模式,即以金融理财的形式定期分成,通过代币的交易价格上升来获取利润,此种模式的交易重点不在于代币的发行,而是披上了投资的“外衣”。由于行为人自行搭建的交易平台没有资本增值的渠道,随着内盘交易次数的增多,资金的缺口将越来越大并形成泡沫,当泡沫积累到一定程度时,内盘的缺口只能通过外盘的资金进入来消化;在没有外盘资金进入的情况下,交易平台将不可避免地崩盘。二是“挖矿”模式,即通过购买行为人自行研发的“矿机”以“挖币”的方式获利。所谓的“挖币”,通常是行为人自己开发一个交易平台,设计类似于游戏币的“代币”进行挖掘,没有任何区块链技术支撑，与主流数字货币之间也不会产生交集。三是会员模式，此种模式的行为重点不在于发行而在于销售。行为人要求投资者先充值一定数额的主流货币成为正式会员，再发展下线成为代理人，相应的奖励回报是通过下线的人数来获取，与传统的传销模式类似，只是销售的对象从实物商品变为了主流货币。四是返利模式，即通过互联网加实体店的购物返利，行为人诱导用户用主流数字货币或法定货币兑换代币或者积分，在行为人自建的商城上兑换实体产品，兑换后用户可获得一定量的消费返利，但每日提取和返还的数额有限，行为人的获利模式是不等消费代币或积分返还完毕就关闭交易平台。

2. 发行代币与传销手段耦合导致行为认定较为复杂

随着区块链技术的发展、民间融资的增长，代币发行中纯资本运作的传销模式往往淆杂着多个罪名的构成要件，是构成组织、领导传销活动罪还是非法吸收公众存款罪、集资诈骗罪等存在分歧。笔者考察的48起代币发行融资刑事案件中被认定为组织、领导传销活动罪的有21起，占比约43.8%；认定为非法吸收公众存款罪的有10起，占比约20.8%；认定为集资诈骗罪的有8起，占比约16.7%；认定为诈骗罪的有6起，占比约12.5%。此外，还有案件被认定为非法获取计算机信息系统数据罪，帮助信息网络犯罪活动罪，掩饰、隐瞒犯罪所得罪等。之所以有近半数案件被认定为组织、领导传销活动罪，是因为行为人的犯罪模式被设计得较为复杂，加入了会员层级。例如，在发展投资者上将投资回报制度改为奖金制度，把会员分为多个档次，缴纳一定资金成为会员后就有静态收益和动态收益；静态收益又叫月红利，动态收益有拓展红利、业绩红利和管理津贴等，按不同比例以直接或间接发展会员的投资额计酬、返利。此类案件的行为模式与其他案件相比并无实质不同，实务中过度强调了传销活动的表面犯罪样态，对复杂的行为模式予以了简单化的处理，出现了行为人手段复杂化却予以轻刑化处理的悖论。

3. 刑民交叉案件的裁判思路存在差异

笔者考察的48起代币发行融资刑事案件在发行的币种上五花八门，有“易物币”“亚盾币”“利姆币”等，行为人宣称上述即将推出的代币未来会与比特币等主流数字货币接轨，有“区块链项目”的性质，但实际没有前期代币开发的计划和投入。有的案件中行为人自己搭建交易平台,模拟股票交易,平台实际在后台控制下闭环运作;有的自行设定虚拟货币与主流数字货币之间的兑换比例,具有较为明显的欺骗性。笔者注意到,对于代币虚假发行融资活动所引发的借贷纠纷、委托合同纠纷,是属于平等民事主体之间的法律关系,还是因涉嫌非法融资而导致合同无效,进而是否需要移送公安机关并案处理等,不同的司法裁判者做法不一。例如,湖北的一起借贷纠纷案中,判决认定网络虚拟货币的性质与法定货币不同,它不具有货币的属性,不可以作为货币在市场上流通,公民投资与交易虚拟货币不受法律保护,因此驳回了原告的诉请,但判决中没有涉及行为人的行为是否违法犯罪并移送公安机关处理。江西的一件借贷纠纷案中,司法裁判者认为代币发行融资本质上是一种未经批准公开融资的行为,涉嫌非法发售代币票券、非法集资、金融诈骗、传销等违法犯罪活动,案件可能涉及违法犯罪,故驳回原告的起诉,但没有进一步说明驳回之后的司法处断。湖北的一起借贷纠纷案中,虽然认定涉案比特币不能在市场上流通,存在缺乏国家监管和扰乱金融秩序的可能,对虚拟货币的交易和流通需要从国家层面进行监管以保障社会公共利益不受侵害,但依然支持了原告关于委托合同纠纷的诉请。广东的一起不当得利纠纷案中,司法裁判者对原告提出的被告涉嫌犯罪的诉请进行了释明,告知原告可以向相关行政职能部门主张权利,将案件线索移送公安机关的义务转移给了原告。江苏的一起买卖合同纠纷案中,司法裁判者认定原被告之间买卖虚拟货币的行为违反了法律、行政法规的强制性规定,系无效的民事行为,根据《合同法》第58条的规定〔5〕,因该合同取得的财产应当予以返还,双方都有过错的,各自承担相应的责任。可以看出,在代币融资的刑民交叉案件中,司法裁判者的处理思路不尽相同。

(三)代币发行融资刑法规制的困境

对于随着区块链技术发展而产生的代币发行融资刑事案件,司法

---

〔5〕 现为《民法典》第157条:"民事法律行为无效、被撤销或者确定不发生效力后,行为人因该行为取得的财产,应当予以返还;不能返还或者没有必要返还的,应当折价补偿。有过错的一方应当赔偿对方由此所受到的损失;各方都有过错的,应当各自承担相应的责任。法律另有规定的,依照其规定。"

裁判者习惯于按照常规案件的传统审理思路,从非法集资的4个要件(违法性、社会性、公开性和利诱性)着手审查案件事实,看其在法律规范中是否能寻觅到妥适的位置并予以相应的处罚。但随着互联网技术的发展所带来的行为模式的变迁,区块链技术、数字货币等技术的复杂性,使个案特殊性与法律规定普遍性之间的关系趋向紧张。

1. 财产形式的流变对"存款""资金"的概念边界产生冲击

传统型的非法集资募集的通常是法定货币,而对于由法定货币组成的"存款""资金",现有法律没有对其具体含义作出明确界定。2021年起施行的《防范和处置非法集资条例》中并无"存款"和"资金"的二分,但因该条例施行而废止的《非法金融机构和非法金融业务活动取缔办法》于1998年明确将"存款"的概念扩大到了"资金"。之后的专门性司法解释和司法实践对"存款"和"资金"二者之间已不做切割,故非法集资募集的"资金"和"存款"虽称谓不同,但实质上已作为同一概念予以认定。随着区块链技术的发展,融资的手段出现变化,ICO募集的是以比特币为代表的主流数字货币,这是不是可以成为非法集资的对象,理论界与司法实务界均有不同的观点。第一种观点认为,比特币等数字货币凝聚了民众的实物投资与智慧,且能在二级市场与法定货币进行普遍交换,并被越来越多的商业机构认可从而成为支付工具,其已成为"货币替代品",因此数字货币显然属于资金。[6] 第二种观点认为,2022年最高人民法院修正的《关于审理非法集资刑事案件具体应用法律若干问题的解释》(以下简称《2022年非法集资司法解释》)将投资入股、委托理财等"资金"形式视为变相存款,已经对"存款"范围进行了扩张,实践中也尚未出现将吸收法定货币以外财产的行为认定为集资的先例,因此,将"资金"的范围扩至数字货币不符合刑法的逻辑。[7] 从形式上看,比特币等数字货币不属于法定货币,也不是加密股权、债券、资产等,其法律性质在我国未得到法律上的确立,故其不属

---

〔6〕 参见邓建鹏:《ICO非法集资问题的法学思考》,载《暨南学报(哲学社会科学版)》2018年第8期。

〔7〕 参见朱娴:《代币发行交易中的犯罪风险》,载《国家检察官学院学报》2018年第6期。

于我国非法集资司法解释规定的“资金”范畴，应当属于“其他财物”。〔8〕第三种观点认为，货币由国家发行，承认数字货币的资金属性等于承认它的法定货币地位，2013年中国人民银行等五部门联合发布的《关于防范比特币风险的通知》已经明确将数字货币作为商品，故不宜将其定性为“资金”或者“存款”。

理论上的分歧传导至司法实践领域，案件的处理中就出现了不同的裁判结论。一种意见认为，比特币、以太币等数字货币具有财产属性。主要理由是《民法典》第127条“法律对数据、网络虚拟财产的保护有规定的，依照其规定”，彰显了虚拟财产已经纳入我国民法调整和保护的范围，《关于防范比特币风险的通知》仅否定了数字货币的法定货币属性，但没有否定私人间持有、流转数字货币的合法性，更未否定其财产属性，故数字货币可以成为非法集资的对象。另一种意见认为，比特币等数字货币是0和1二进制数据依据特定算法产生的，在法律属性上本质是计算机信息系统数据，不能成为非法集资的对象，但可以成为非法获取计算机信息系统数据罪中的犯罪对象。虽然曾有相关规定认为数字货币系特定的虚拟商品，但它无论是与有形财物还是与无形财物相比，均存在明显的差异，将其解释为刑法意义上的“公私财物”超出了司法解释的范畴。上述司法实践领域中的分歧会导致量刑的明显不均衡，因为集资诈骗罪的最高刑为无期徒刑，而非法获取计算机信息系统数据罪的最高刑仅为7年。

2. 对代币发行融资的刑法评价缺少互联网元素特征

随着互联网的快速发展，加入了互联网因素的金融活动在呈现丰富性的同时亦伴随着复杂性，新型金融行为不断涌现，是金融创新还是金融违法抑或金融犯罪，是否侵害了法益或侵害了何种法益，均存在较大的争议。立法的滞后性与接踵而至的各种复杂行为之间存在适法的困惑，传统的非法集资认定思路因互联网元素的介入而疲于应对。1995年，全国人民代表大会常务委员会《关于惩治破坏金融秩序犯罪的决定》中将金融秩序作为基本法益，金融管理秩序与金融交易秩序

---

〔8〕 参见陈志敏、姜立文：《ICO被禁下的金融创新与监管的法律思考》，载《福建金融管理干部学院学报》2018年第3期。

为法益子系统。[9] 1997 年，我国《刑法》对金融犯罪进行了类型化的编撰，分设破坏金融管理秩序罪与金融诈骗罪两节，非法集资行为主要涉及的罪名非法吸收公众存款罪在破坏金融管理秩序罪一节中，集资诈骗罪因增加了非法占有目的的构成要件而被放在金融诈骗罪一节。[10] 上述规定均建立在传统非法集资的模式上。《2022 年非法集资司法解释》第一次对非法集资从违法性、公开性、利诱性、社会性 4 个方面明确了裁判规则，但这些规定立足于传统非法集资方式，缺少了互联网时代的因素，以转让林权并代为养护、养殖等方法进行非法集资的方式在司法实践中已难觅踪影，新型非法集资手段在上述规定中没有涉及。同时，互联网非法集资的基本特性使公开性、社会性无须证明，它们作为非法集资的构成要件已失去证明的价值和意义。按照非法吸收公众存款罪的立案标准，在数额上，非法吸收或者变相吸收公众存款数额在 100 万元以上；在人员上，非法吸收或者变相吸收公众存款对象 150 人以上；或者非法吸收或者变相吸收公众存款，给集资参与人造成直接经济损失数额在 50 万元以上亦可以纳入打击的范畴。而代币发行融资通过互联网信息技术的传输，借助技术的扩张效应，在社会性、公开性上可以轻易突破上述红线，简单地以数额、人员数量、经济损失等作为定罪的标准，显然已“不堪重负”。

3. 互联网金融立法精细化的缺失导致定性出现分歧

互联网融资兴起之初，监管部门并未预测到这一新兴金融行为对传统金融领域会带来何种影响，也未预料到其对社会经济生活以及社会稳定带来的强烈冲击，立法上的规定较为原则与模糊，导致司法实践中无论是民事还是刑事领域，互联网融资都成为金融领域的主要案件类型。从互联网融资设计的制度规范来看，各地的金融服务工作办公室、银行、电信等多个部门虽然对互联网融资行为有相应的制约和管理规定，但在实际运行过程中，由于缺乏精细化的指导，“多头管理”并没

---

〔9〕 有文章认为，金融秩序由横向的金融交易关系与纵向的金融管理关系构成，其中，金融交易秩序是金融交易的目的和核心，金融管理秩序是金融秩序的手段和保障。参见刘远、赵玮：《论金融犯罪的概念与地位》，载《河北法学》2005 年第 7 期。

〔10〕 参见钱小平：《中国金融刑法立法的应然转向：从“秩序法益观”到“利益法益观”》，载《政治与法律》2017 年第 5 期。

有取得良好的成效,行政违法与刑事犯罪成为法庭上主要的争议焦点。例如,我国虽然将互联网融资列入特许行业,规定须具备金融单位及电信业务两家核发的许可证才可以经营,从制度层面看似实施了双许可制,但在互联网融资平台的具体运作过程中,简单的登记备案制度为此类行为的快速发展大开方便之门。为了防止行为人吸收资金形成资金池,保障投资人的资金安全,我国设置了银行存管制度,互联网交易平台向地方金融监管部门申请备案登记后可采用银行直连模式,或者采用银行和支付公司联合存管模式进行资金存管;资金被存管后,互联网交易平台的所有交易资金应该都在银行托管的主账户内流动,平台无权动用该账户内的资金。以此方式意图实现交易资金与互联网交易平台的自有资金完全隔离,体现互联网交易平台信息中介的功能定位。正式交易后,所有的交易合同也须在银行备案,银行会按照合同对交易进行检验,不符合合同规定的不予通过。上述制度设计看似完美,但现实操作中却不尽如人意,在笔者考察的互联网非法集资案中,2016 年前成立的互联网交易平台没有实行银行资金托管。2016 年之后银行托管账户内的资金与平台自有资金因为细节问题而没有实现有效隔离,因为投资人虽然在银行托管账户设立个人账户,但当个人账户内没有资金时,银行不会实施催讨行为,向投资人催讨的义务由互联网交易平台负责;平台催讨来的钱款可以不进入银行托管账户,而是直接进入行为人设立的公司或者个人账户,银行托管账户和网络平台自有资金账户之间的隔离线被打破。

三、代币发行融资行为的刑法属性证成及评价思路

(一)代币发行融资所筹"资金"的货币属性

对代币发行融资行为的性质进行界定之前,需要对其所筹集的主流数字货币的属性予以明确,分析其是否可以成为非法集资的对象。而以比特币为代表的数字货币既然冠名"货币",在功能属性上是不是当然属于货币呢?对此,问题学界和社会各界自数字货币诞生起就存在巨大的分歧。2015 年,美国商品期货交易委员会首次将比特币定性

为“商品”;[11]2020年,美国联邦法院将比特币定性为“货币”。这种转变反映了数字货币的商品与信用的争议,而这恰恰又映射了传统货币的本质在理论界存在激烈争议。对于传统货币的本质属性,理论界主要有三种观点:第一种观点也是当代经济学的主流观点,认为货币起源于物与物的交换,这种观点催生了货币商品论。第二种观点认为,货币起源于政府的权威,依托于政府信用发挥作用,这种观点被称为货币债权论,其认为,传统理论以物易物发展出货币的假设并不符合事实,货币的本质不是从商品中分离出来、固定地充当一般等价物的特殊商品,而是用于记录、转移、结清债务的一般性债务凭证,[12]所以,货币商品论更多的是一种理论上的逻辑推理。第三种观点认为,货币商品论和货币债权论是货币本质的一体两面,将货币视作债权,强调了货币在实际应用中的关系属性,刻画的是货币价值转化的经济过程,而货币商品论体现的是货币的价值衡量的功能。[13] 笔者认为,上述三种观点实质上是在货币的价值标尺特性和社会关系特性之间产生的争议,第三种观点则是将两种特性整合在了一起,赋予了货币综合的特性。以比特币为代表的数字货币在实际运行中,不属于中央银行管理,无法借出部分准备金,无法创造信用;去中心化的特征使其亦没有特定的管理主体。这两点排斥其依托政府信用发挥作用的债权特征。但比特币在不同用户之间可以自由流通,可以通过物权原始取得根据中的劳动生产“挖矿”来获得,也可以通过买卖、赠予等继受取得,相较于货币五大职能(价值尺度、流通手段、贮藏手段、支付手段和世界货币)而言,比特币似乎具备了货币的功能,所以比特币作为互联网科技发展的产物,虽然无法创造信用和依托政府信用发挥作用,但从形式上而言具备了现行货币的一般功能属性。

既然数字货币具有现行货币的功能属性,其如果作为发行融资的

〔11〕 参见《美国商品期货交易委员会将比特币和数字货币定义为商品》,载比特币资讯网,https://www.ibitcoin86.com/news/8331.html,2020年11月14日访问。

〔12〕 参见孙国峰:《货币创造的逻辑形成和历史演进——对传统货币理论的批判》,载《经济研究》2019年第4期。

〔13〕 参见王陈慧子、杨东:《从比特币定性看数字货币的价值维度》,载《学习与探索》2021年第6期。

对象,是否属于非法集资的"资金"或者"存款"就是需要进一步研究的问题。笔者认为,从形式上看,以比特币为代表的数字货币具有法定货币的一般功能属性,但其没有经过中国人民银行统一发行,法律上没有确认其货币的属性和地位,无法认定其属于法律意义上的货币。但不能回避的是,法律在社会、经济生活领域里存在一定的滞后性,尤其是互联网时代的区块链经济,其发展的迅猛程度已远远超出立法的步伐,依循传统思维已很难应对现代经济社会的快速变迁。2013 年,中国人民银行等五部门联合发布的《关于防范比特币风险的通知》明确了比特币的性质,认为比特币是一种特定的虚拟商品,不能且不应作为货币在市场上流通使用,否定了数字货币的货币属性;但 2017 年中国人民银行等七部门发布的《防范代币融资公告》又明确指出,代币发行融资本质上是一种未经批准非法公开融资的行为,涉嫌非法发售代币票券、非法发行证券以及非法集资、金融诈骗、传销等违法犯罪活动。从上述规定可以看出,虽然 2013 年的通知否定了比特币的货币属性,但 2017 年我国行政监管部门又从代币的功能属性出发,将代币作为融资的对象,间接承认了代币的资金属性。在司法实务中,虽然有刑事判决不但否定代币的货币属性,更否定其财产属性,将其直接认定为计算机信息数据,认为代币不能成为财产犯罪的对象,但在判决中又认定了代币的销赃价格,赋予了其财产的属性,存在逻辑上的悖论,反映出司法裁判者一方面不认同代币的财产属性,另一方面在案件的审理过程中又无法回避代币所呈现的财产价值。

(二)代币发行融资的证券衍生品属性

早期互联网融资以 P2P 网络借贷和股权众筹为代表,与之相比,代币发行融资模式具有明显的不同:一是发行的对象不同,代币发行融资的对象是基于区块链技术提供的主流数字货币,给投资者购买初创公司开发的产品或服务的权利,而 P2P 网络借贷吸收的是法定货币,股权众筹发行的是类权益工具。二是投资者的特征不同,股权众筹的投资者主要是天使投资人,而代币发行融资和 P2P 网络借贷针对的是拥有不同目的的投资者。三是交易的主要特征不同,股权众筹需要制定商业计划书,且必须向投资者披露重要信息,但代币发行融资仅以"白皮书"的方式由初创企业自愿披露,初创企业只需承担较低的费用,就可以在不稀释创始人控制权的基础上筹集到相当的资金量,具有更大的信息不对称性;P2P 网络借贷和股权众筹有融资的上限,而代币发行融资没有。四是发行成功的标准不同,对于代币发行融资而言,学界对发行成功的标准有不同意见,有的学者认为应以募集资金的规模来界定,[14]有的学者认为应当以代币能否成功上市及代币的交易能力、[15]上市首日回报率、上市总收入以及上市时间来衡量[16],而 P2P 网络借贷和股权众筹没有此方面的规定。

代币发行融资过程中,行为人将缺乏流动性但预期未来收益的代币通过运营平台份额化发行并销售给投资者,交易表现出明显的标准化拆分,代币的投资风险与收益元素重组分离,再加上公开发行、连续交易等行为,代币发行融资行为具有资产证券化特征,但是否具有证券衍生品的属性,国际理论界存在不同的观点。一种观点认为,代币的发行意味着投资者在未来可享有发行人提供的产品和服务,代币发行融资属于合同法或消费者保护法的约束,故不属于证券或变相证券发行。另一种观点认为,代币发行融资是发行人给予投资者分享企业未来收益的承诺,属于公开发行证券,应当遵守证券法的相关规定。2020 年 3 月,美国纽约南区联邦法院就美国证券交易委员会诉即时通讯软件电报(Telegram)案作出裁决,基于经济现实原则(economic reality)[17]审视了案件所涉争议焦点,法官判定电报发行的数字货币 Grams 满足豪

---

〔14〕 Howell S. T., Niessner M. & Yermack D., *Initial Coin offerings: Financing Growth with Cryptocurrency Token Sales*, The Review of Financial Studies, Vol. 9, 2020.

〔15〕 See Amsden R., Schweizer D., *Are Blockchain Crowdsales the New "Gold Rush"? Success Determinants of Initial Coin Offerings*, https://ssrn.com/abstract=3163849, visited April 16, 2018.

〔16〕 See Momtaz P., *Initial Coin Offerings, Asymmetric Information, and Loyal CEOs*, Small Business Economics, Vol. 3, 2020.

〔17〕 经济现实原则是在 1975 年美国 Forman 案中确立的,即在研究"证券"一词的意思和范围时,重实质轻形式,这一原则被法院用于确定数字货币的发行是否属于证券发行。在适用经济现实原则的过程中,法官需考虑与数字货币发行相关的多种因素,如发行人运行项目的能力、对工作人员的管控能力,以及发行人和购币者的责任和义务。

威检测(Howey Test)[18]下的所有要件,属于投资合同,而投资合同又属于证券的一种,从而认定数字货币 Grams 的投资人是证券法下的证券"承销商",电报在没有豁免的情况下出售非主权数字货币融资的行为属于未经注册的证券发行。根据豪威检测标准,代币的发行符合向共同的创新或风险事业支付对价的两个条件,即利润是否依靠他人努力、是否存在获利目的。这些是判断代币发行融资是否属于证券发行的关键要素。对于利润是否依靠他人努力,判断的核心是投资者对利润产生的控制力和参与度,如果投资者有权控制利润产生的活动,则不属于依靠他人的努力,无须证券法的保护。显然,代币发行融资过程中投资者参与程度较低,无权控制代币的发行;投资者的获利主要依靠发行人的专业知识和努力,故在这一要素上符合投资合同的构成。对于是否存在获利目的,代币因可以在二级市场上发行从而具有投资价值,吸引没有使用意图而具有投资意图的人购买,此时投资者的意图就不再是消费而是投资获利期待,所以代币发行融资又符合了这一要素。综上所述,代币发行融资符合证券发行的判定标准。

(三)代币发行融资的非法融资性

理论上,大多数学者将代币发行融资定义为介于传统风险投资和众筹之间的融资行为,而我国监管层将其定性为非法公开融资行为。[19] 有学者从代币发行融资的项目分类角度出发,根据后续投资者与项目主体的合同约定,将项目划分为回报型与权利赋予型,认为回报型代币发行融资实质是对商品或者服务的预购,受《民法典》《消费者权益保护法》《产品质量法》等法律的约束;权利赋予型代币发行融资则分别带有资产证券化、证券投资类、股权性融资等法律属性。[20] 但笔者对代币发行融资刑事和民事案件分析后发现,代币发行融资刑事案件中,涉案代币主要由某个企业或机构发行,有的表面上有开源代码,但实质上系完全抄袭他人,没有使用开源代码来搭建程序、研发代币,程序里的所谓代币与 Q 币无异。有的干脆没有开源代码,仅将代

---

〔18〕 豪威检测是美国证券法上判断"投资合同"的权威标准,包括 4 个要件:金钱投入,投资于共同的事业,获利目的,利润依靠他人努力。

〔19〕 参见李爱君:《互联网金融的法治路径》,载《法学杂志》2016 年第 2 期。

〔20〕 参见张超:《首次代币发行法律本质的类型化研究》,载《福建金融》2018 年第 8 期。

币作为融资的手段，公司自建平台进行交易，交易的核心是充值购买产品，并不涉及项目的运作机制；且为了吸引投资者投入资金，行为人会在初始阶段自买自卖提升价格，扩大宣传，如在网站醒目位置标注“轻松月入百万”“只要投资，买房买车不再是梦”等明显与事实不符的带有鼓动性、诱惑性的标语，针对人们的投机心理、暴富心理进行宣传，故无论是回报型还是权利赋予型代币发行，在我国，其非法融资的属性较为明显，故以非法集资行为进行评价更为妥适。

四、代币发行融资刑法规制路径

（一）刑法规制中构罪要素的改造

按照传统的违法性、社会性、公开性、利诱性四要件的评价，互联网金融领域下的新型融资行为在司法实务中难以有效展开，基于鲜明的互联网元素，公开性、社会性这两个特征在网络空间里已不具有独立评价的意义，笔者收集的48起代币发行融资刑事案件中，司法裁判者遵循传统意义上“四个特征”对号入座式的评判，已显得公式化和流程化，不但评判理由千篇一律，也难以揭示此种融资模式的实质内涵和行为特征。笔者认为在互联网时代下，可以对非法集资的“四个特征”进行改造，赋予其合理的评价内容。

1. 金融准入秩序的违反

我国对金融业务采取金融许可证制度，根据《证券法》的相关规定，公开发行证券必须符合法律、行政法规规定的条件，并依法报经国务院证券监督管理机构或者国务院授权的部门注册。然而，在代币发行融资刑事案件中，行为人均未取得相关部门核准或者审批。从工商部门批准的企业经营范围来看，涉案公司均不具有证券期货类的投资、咨询等经营资格，有的行为人通过离岸社团中国互联网金融研究院获得一块“中国互联网金融研究院数字货币研究中心”的牌照，遂大肆宣传牌照由工业和信息化部颁布，为非法融资行为披上“合法”的外衣。故对于没有经过相关部门许可，没有取得金融牌照的公司、企业，发行具有证券性质的产品，在违法性的审查上可以对金融准入秩序的违反作为标准之一。

2. 利诱性手段的实质理解

以投资交易形式表现出来的向社会公众募集资金，对于被告人来说，是否符合最高人民检察院《关于办理涉互联网金融犯罪案件有关问题座谈会纪要》第 14 条规定的“资金使用成本过高，生产经营活动的盈利能力不具有支付全部本息的现实可能性的”非法集资行为，是否符合非法集资的“利诱性”特征，也是需要考量的一个重要因素。代币发行融资交易形式上表现为行为人设立代币交易平台进行代币交易，对外宣称系为了拓宽数字资产在资本市场的投资渠道，推动更多社会资金投入区块链，但对其行为进行实质分析后会发现，行为人是利用这一交易形式在资本市场吸收资金，并利用资金优势操控代币的单价、交易量等，低买高卖，赚取利润。笔者研究的相关案件在事实的表述上各不相同，但均没有出现传统非法集资在利诱性手段上承诺还本付息的表现形式，将此类案件以非法集资类犯罪定罪处罚，虽与传统非法集资保本保息的常规认定标准不同，但因交易模式并不具有真正意义上生产经营活动的盈利能力，投资者本应期待的新的增值空间无法实现，无论是行为人还是投资者，实质上均不关注交易本身的未来价值，本质上系以投资交易形式表现出来的互联网非法融资，是在行为人操控下的击鼓传花式的资金游戏，故在利诱性手段上可以将传统的给付回报进行实质的解释，而并非仅仅以还本付息作为利诱性手段的表现形式。

3. 集资名义的弱化

司法实践中，随着社会经济的发展，带有互联网因素的非法融资呈现复杂多变的样态，行为人通常不会如传统模式般以集资的名义募集资金，传统上以林地、矿业等实物进行集资的行为在互联网金融领域中较为罕见，这也是行为人辩称不构成非法集资类犯罪的主要理由。有的代币发行融资刑事案件在软件开发、代币发行等主要行为模式上与其他案件相同，但犯罪手法设计得更为复杂，在发展投资者上采取了更为复杂的方式，将投资回报制度改为奖金制度，把会员分为若干层级，设置缴纳最少钱款成为会员后就有静态收益和动态收益，按不同比例以直接或间接发展会员的投资额计酬、返利。囿于传统非法集资“四个特征"认定的掣肘，司法裁判者通常以行为的表面样态以组织、领导传销活动罪进行定罪处罚。而在理论界，有学者认为代币发行融资行为构成非法集资的主要障碍在于如何理解"集资"和"存款"的概念，有学者提出司法实践对上述概念作了扩大化的理解与适用。笔者认为，随着互联网技术的快速发展，立法先天的稳定性和滞后性使其不可能随着社会、经济的发展而不断迅速变化，司法的解释功能应发挥其应有的功效。从实质上来看，行为人通过发行代币吸收了大量资金，不可避免地形成了资金池；为吸引投资者购买作了各种虚假的承诺，在实质要件上，其性质与传统非法集资相比并无明显区别，更因为互联网的特性而加大了社会危害性，故投资交易型互联网非法集资的认定可以从资金池的形成、行为的欺骗性、交易的不可持续性、交易平台的操控性、高额回报的利诱性等多角度进行综合而实质的判断，而非简单地以"集资名义"这一要件进行考量。

（二）单纯代币发行融资行为的构罪思路

对于没有耦合组织、领导传销行为的单纯代币发行融资，对其应如何定性，司法实务中存在以侵犯金融管理秩序而定性非法吸收公众存款罪，以侵犯金融管理秩序、投资者财产所有权而定性集资诈骗罪，或者以侵犯金融交易秩序而定性擅自发行股票、公司、企业债券罪或非法经营罪的分歧意见。上述分歧意见的背后，是代币发行融资行为具有非法集资还是非法发行证券的行为属性之争。

立法上，对于如何认定非法证券行为，2008 年最高人民法院、最高人民检察院、公安部、中国证券监督管理委员会《关于整治非法证券活动有关问题的通知》（以下简称《整治非法证券通知》）第 1 条作了规定，将非法证券活动表述为"典型的涉众型的违法犯罪活动"。可以看出，非法证券行为在社会性、公开性上与非法集资类犯罪具有两个相同的要件。《整治非法证券通知》第 2 条对非法证券活动的定性作了规定，"未经依法核准，擅自发行证券，涉嫌犯罪的，依照《刑法》第一百七十九条之规定，以擅自发行股票、公司、企业债券罪追究刑事责任"，"未经依法核准，以发行证券为幌子，实施非法证券活动，涉嫌犯罪的，依照《刑法》第一百七十六条、第一百九十二条等规定，以非法吸收公众存款罪、集资诈骗罪等罪名追究刑事责任"，"任何单位或个人经营证券业务,必须经证监会批准。……涉嫌犯罪的,依照《刑法》第二百二十五条之规定,以非法经营罪追究刑事责任"。上述规定将发行证券或变相发行证券的行为分别以擅自发行股票、公司、企业债券罪,非法吸收公众存款罪,集资诈骗罪或者非法经营罪等不同罪名予以刑法规制,但在何种情形下定何种罪,并未具体展开。反向来看,上述规定没有否定非法集资类犯罪存在以发行证券为幌子实施非法证券活动的情形。司法实践中,代币发行融资行为以非法集资类犯罪定性居多,定性为擅自发行股票、公司、企业债券罪以及非法经营罪的则较少。究其原因,首先,《整治非法证券通知》规定本身存在模糊性,发行证券的行为属于向社会公众募集资金的一种方式,而非法向社会公众募集资金亦属于非法集资的范畴,将非法集资既以擅自发行股票、公司、企业债券罪进行打击,又以非法集资类犯罪进行打击,将一种行为予以不同的处理,却没有做精细化的区分,造成司法实践中定性的混乱。其次,擅自发行股票、债券罪的核心指向是信息披露和欺诈防范等证券法核心问题,而利用证券进行非法集资的犯罪,发行证券本身是非法集资行为的手段变化,并不涉及信息披露等核心要素,《整治非法证券通知》没有将二者区分开来。最后,《整治非法证券通知》将非法经营罪纳入其中,造成定性上的进一步模糊。该通知所规定的"任何单位或个人经营证券业务,必须经证监会批准……涉嫌犯罪的……以非法经营罪追究刑事责任",与"未经依法核准,以发行证券为幌子,实施非法证券活动,涉嫌犯罪的……以非法吸收公众存款罪、集资诈骗罪等罪名追究刑事责任"规定相比,均具有相同的构罪要件——"违法性",在"违法性"的前置条件下,何种情形构成非法经营罪,何种情形构成非法集资类犯罪,需要司法实践的摸索。

立法上的模糊传导至理论界,理论上对非法证券活动的认定存有三种观点。第一种观点认为,资产证券化与传统利用证券进行非法集资的行为不同,公众投资者购买股票债券,依据的不是对集资人的了解,而是基于对互联网平台提供投资信息的信任。而互联网平台在资产证券化过程中,往往进行债权重组、期限错配,甚至刻意隐瞒部分信息,扭曲了集资信息的公布与传递,这种情形正是《证券法》以及《刑法》中“擅自发行股票、公司、企业债券罪”所要重点规制和打击的范畴,〔21〕“平台对债权打包转让的过程,涉及资产切割、组合拆分,期限、流动性和资金错配,涉嫌建立‘资金池’,出售‘理财产品’,实为资产证券化的过程,涉嫌非法发行证券”,〔22〕故应当以擅自发行股票、公司、企业债券罪定罪处罚。第二种观点认为,根据《刑法》第225条第3项的规定,违反国家规定,未经国家有关主管部门批准非法经营证券业务,扰乱市场秩序,情节严重的,以非法经营罪定罪处罚,根据上述规定,构成非法经营罪的前提是违反国家规定,而根据《证券法》第2条第1款的规定,“在中华人民共和国境内,股票、公司债券、存托凭证和国务院依法认定的其他证券的发行和交易,适用本法;本法未规定的,适用《中华人民共和国公司法》和其他法律、行政法规的规定”,而“收益权份额”不属于我国《证券法》规定的证券,不能认定资产证券化行为属于擅自发行证券业务。第三种观点认为,此种异化的融资模式符合公开性、社会性、利诱性以及非法性的要件,从而可以构成非法吸收公众存款罪。〔23〕 上述三个观点研究的核心要义在于代币发行融资行为是否属于发行证券。第一种观点评价了行为的证券属性,但没有评价向社会公众非法募集资金中所存在的虚假标的、资金池等要素。第二种观点显然是对变形的金融不法行为从表面形式上与《刑法》条文所列举的典型犯罪构成要件进行比较,在表现形式与特定构成要件存在差异时,简单地以找不到完全相符的法律准则予以否定。且在前置法的考察上,非法吸收公众存款罪的前置法规表述为“国家金融管理法规”,集资诈骗罪则为“有关金融法律、法规的规定”,非法经营罪是经营行为的“国家规定”,三个罪名的前置法规定显然存在交叉、重叠,且在司法实践中非法性要素虚置的现实情境下,以前置法的违法性作为上述几个罪名的区分标准显然已难以实现。第三种观点认为异化的资

〔21〕 参见林越坚、李俊:《P2P网贷平台犯罪及司法治理研究》,载《河北法学》2016年第10期。

〔22〕 张影:《P2P网络借贷债权转让模式的法律风险与防范》,载《哈尔滨商业大学学报》(社会科学版)2015年第2期。

〔23〕 参见国家检察官学院课题组:《P2P网络借贷平台异化的刑事规制》,载《国家检察官学院学报》2018年第1期。

产证券化不属于发行证券行为,不能构成擅自发行股票、公司、企业债券罪,但以更重的非法吸收公众存款罪予以了认定,并简单地根据"四个特征"对号入座,分析理由没有展开和完善。

对于非法证券活动的认定,笔者始终赞同坚持刑法实质解释论,"对构成要件的解释应当以法条的保护法益为指导,不能停留在法条的字面含义上;对刑法的解释不能只单纯强调限制处罚范围,而应当强调处罚范围的合理性、妥当性"。〔24〕 代币发行融资平台不设投资人资质门槛,没有对单个投资人、单个投资项目、投资金额作上限规定,也未将投资人限定在特定范围内,或者对投资人承担投资风险总量进行控制,明显符合向社会公众募集资金的要件。〔25〕 从运行模式来看,投资人的钱款进入行为人控制的账户,行为人发行代币并交易的主要目的是形成资金池,在庞大的资金体量下进行标准化单位的分割,对单个权益挂牌交易,并对投资者买入后卖出或卖出后买入设置最低时间间隔,将单个权益的购入价拉高或做低,即以集中竞价、做市商等交易方式赚取其中的差价。综上所述,上述行为明显属于非法发行证券行为,但之所以不以擅自发行股票、公司、企业债券罪或非法经营罪定罪处罚,笔者认为关键点在于行为人违法的故意和手段的欺诈性上有所不同。对于擅自发行股票、公司、企业债券罪或者非法经营罪而言,发行标的物行为的欺诈性并不明显,行为人通常具有发行股票、债券用于生产经营的主要目的,投资者期待的是股票、债券未来的增值空间,而不是在虚假标的物基础上的低买高卖赚取差价。从事互联网金融业务需按照法定程序向金融监管部门申请行政许可,并由金融监管部门进行日常金融监管,未取得金融许可就开展互联网金融业务活动,违反金融准入规则,擅自发行股票、公司、企业债券罪或者非法经营罪的侧重点更在于市场准入秩序的违反。

而在非法集资类犯罪中,发行股票、债券只是幌子,所谓的股票、债券背后并不具有真正意义上的生产经营活动的盈利能力和模式,股票、

〔24〕 张明楷:《实质解释论的再提倡》,载《中国法学》2010 年第 4 期。

〔25〕 笔者撰写的《艺术品资产份额化交易案件的司法检视与刑法规制》(载《学术论坛》2021 年第 5 期)一文中,代币发行融资的行为模式在实质上与艺术品份额化交易具有高度相似性。

债券的未来价值不是行为人、投资者的关注点,虚假标的物的存在使未来价值更不可能实现。行为人的主观故意系通过向社会公众募集资金达到吸收公众存款并非法获利的目的,集资诈骗罪更是具有标的物虚假、发行手段欺诈等构罪要件,如前所述,其实际上是行为人操控下的一场击鼓传花式的资金游戏。表面上看,行为人实施的是发行证券行为,但其进行标准化单位的分割、单个权益的挂牌交易等复杂交易结构的行为,是实现低买高卖、赚取差价的主要目的,其法律关系并未脱离非法集资的框架。从笔者收集的代币发行刑事案件来看,行为人均存在发行行为的虚假性,有的案件中数字货币只是一个幌子,有的案件中行为人对外宣称的情况与实际情况明显不同。在交易过程中,行为人对外宣称的投资回报,并非基于正常交易的承诺,而是明显带有利诱性;行为人通过集中交易、做市商等后台操控拉高或做低单个权益的价格,对投资者来说明显具有欺诈性,如果认定为擅自发行股票、公司、企业债券罪或者非法经营罪,只是从表面上评价了资产证券化中非法发行证券这一行为,没有对行为人非法占有目的、行为欺诈手段等进行完整评价,亦无法反映出资金池形成后纯资本运作对金融秩序的破坏和对投资人财产利益的损害。

(三)代币发行与传销行为耦合的构罪思路

对于代币发行中带有传销性质的纯资本运作的行为定性,出现了组织、领导传销活动罪与非法集资类犯罪的定性争议。有观点认为,定性的分歧来源于对客观事实的判断本身嵌入了裁判者的主观因素,司法工作人员往往根据自身的认知来对案件的具体事实进行筛选。[26]笔者仔细研读了将代币发行定性为组织、领导传销活动罪的裁判文书,发现该定性主要是基于以下3个方面的考量:一是基于案件的证据情况所作出的选择。在案件的侦查方向上,由于代币发行融资属于新型犯罪类型,其区块链背景、金融属性、犯罪手法等对侦查人员而言系全新的领域,在侦查初始难以把握它的核心要素,故只能从明显的外在犯罪形态入手确定侦查方向、固定证据。例如,一起行为人发行“开元

〔26〕 王筱:《揭开“传销式非法集资行为”的面纱——“传销式非法集资行为的刑法处遇”》,载赵秉志主编:《刑法论丛》2020年第2卷,法律出版社2021年版。

券”的刑事案件中,行为人在互联网平台设立拆分盘,通过线上虚拟“开元券”价格的涨幅,以“开元券”拆分倍增盈利来引诱投资人投资购买“开元券”,吸收资金共10亿余元,但卷宗材料里“开元券”的运作模式、基本原理等只在几个证人证言里简单出现,主犯的笔录里几乎没有涉及此项内容,侦查机关收集的证据重点在行为人层级的设定、人员的发展、收益的设置等要素上,行为人非法占有的主观故意、诈骗的行为模式、资金的融资属性等均无涉及。可以看出,组织、领导传销活动罪的定性不是司法裁判者基于主观因素的自我选择,更多时候是基于证据情况难以从非法集资类犯罪入手评判,只能采纳有利于被告人原则作出从轻处罚。二是基于非法占有目的证明的难度而作出的选择。对于呈金字塔形的传销活动,处于金字塔顶端的参与者对传销活动的运作模式、资金汇集方向等主观上一般有较为准确的认知,而中下级参与者通过发展更多下线来提高层级和返利比例,是否对传销特征有清楚的认识、对集资诱骗特征是否明知等需要有确凿的证据予以支撑。在资金支配上,需要审查:行为人是否能掌控、支配资金,行为人是否以所有者的身份使用、挥霍资金以维持传销组织正常运转,或者将资金用于支付高回报、高收益项目等,行为人对于资金来源于新参与传销者缴纳的“入门费”,及“拆东墙补西墙”的偿付方式不能持久维系是否具有主观上的认识。从具体案件来看,在证明组织、领导传销上证据确凿、充分,但若想证明行为人发行代币主观上具有非法占有的目的,客观上实施了诈骗的行为,不但证明难度较高,也对司法人员在新型金融犯罪行为与法律规范的相对应上提出了更大的挑战,如何评价行为的性质,如何找到妥适的规制途径,均较为不易。此时,以更为明显的手段行为即组织、领导传销活动罪定罪处罚就较为容易。三是基于诈骗手段的表现形式存在交叠而作出的选择。传销犯罪本身也具有诈骗性,骗取财物也是传销活动的基本特征或者构成要件,组织者、领导者要通过虚假夸大宣传手段骗取参加者加入组织,从而可以通过传销获取利益,这造成了集资诈骗罪与组织、领导传销活动罪的交叠。在难以认定系何种诈骗时,有的司法裁判人员认为,根据刑法的谦抑精神以处罚更轻的组织、领导传销活动罪定罪较为保险。笔者认为,虽然两个罪都具有诈骗的表现形式,但诈骗手段有本质的区别:组织、领导传销活动罪的本质在于传销,传销是其行为的主要模式,是通过传销这种方式非法获利。对于传销活动的组织、领导者而言,传销组织的规模、持续时长是盈利的保障,组织、领导者为维持传销组织的运转和发展,会将所得的款项主要用于维持传销组织的运作。有些行为人为了传销会采取诈骗的手段,但诈骗手段改变不了传销的本质特征,即诈骗的行为没有达到刑法上需要单独评价的程度。而耦合了传销模式的集资诈骗罪其诈骗性主要表现在提供的项目或者商品的虚假性上,行为人运用多层次传销的模式,以招募会员、吸收资金并要求参加人不断介绍他人加入而取得佣金、奖金或其他经济利益,并且行为人仅单纯吸收资金或者告知参与者投资项目,实际上并未有真实的商品或服务。在代币发行融资案件中,行为人建立传销组织只是手段,其目的在于通过名义上的代币发行,汇集资金从中获利;为吸引更多的投资者,行为初期会以层级方式发展会员,按人头返利,主要目的表面上看系传销组织的维系和运转,实际在于通过传销组织发行和销售代币,其行为更大的危害性在于汇聚巨额资金形成的资金池后,通过更多的违法行为赚取巨额利益,其不但损害了投资者的财产所有权,对金融秩序亦有较大的侵害,故以危害性更大的非法集资类犯罪定罪处罚更能罚当其罪。

五、结语

随着互联网金融的快速发展,其便捷性、开放性、普惠性、传播性以及创新性给传统金融带来巨大冲击的同时,金融安全、金融稳定也面临巨大的挑战。新的金融衍生品的涌现,使作为法规制对象的复杂性、流动性出现很大的变化,立法时未曾出现也未曾想到的问题接踵而至,金融创新与金融违法之间的界限亟须及时而有效地进行区分。对于融合了互联网因素的代币融资行为,如何在互联网金融的创新功能与互联网金融的合理管控之间把握平衡,避免金融创新发展之初空白监管而导致的无序甚至违法犯罪,刑事规制如何必要而理性地介入,是当下理论界和司法实务中均值得研究的问题。

(编辑:宋　澜)

【市场观察】

《证券法苑》(2024)
第三十九卷，第200～268页

论资本市场统筹监管的必要*

[美]爱德华·F. 格林** 埃文·S. 加博***
索尼娅·卡塔兰尼·汗****
雅克琳·米津·康*****著
乐宇歆 王子康 潘茹君******译

摘要:2012年美国通过了《促进创业企业融资

---

* Edward F. Greene, Evan S. Gabor, Sonia Katharani – Khan & Jacqueline Mijin Kang, *The Need for a Comprehensive Approach to Capital Markets Regulation*, 2021 COLUM. Bus. L. REV. 714 (2021). 本文已获得作者翻译授权。

** 佳利律师事务所(Cleary Gottlieb Steen& Hamilton LLP)高级法律顾问。哥伦比亚大学法学院的高级研究学者和法学讲师，哥伦比亚大学法学院和哥伦比亚大学商学院资本市场法律和经济学项目的联合主任。于1981年至1982年担任美国证券交易委员会总法律顾问，并于1979年至1981年担任公司融资监管部(division of corporation finance)主任。2004年至2008年，担任花旗集团的机构客户集团总法律顾问。

*** 2020年获得哥伦比亚大学法学院法学博士学位;2012年获得波士顿学院文学学士学位。

**** 2020年获得哥伦比亚大学法学院法学博士学位;2016年获得卡内基梅隆大学理学学士学位。

***** 2019年获得哈佛大学法学院法学博士学位;2016年获得加州大学圣地亚哥分校文学学士学位。

****** 译者分别为华东政法大学经济法学院博士研究生、华东政法大学国际金融法律学院硕士研究生、华东政法大学法律与金融硕士研究生。

法》。随着私募市场的扩张和上市公司数量的下降,由国会和美国证券交易委员会对市场结构和市场参与度进行全面审视可谓恰逢其时。本文就私募市场发展对公开市场的影响提出了一些关键问题和担忧,并就美国证券交易委员会在扩大投资者进入私募市场方面给予了建议。有必要开展一项专题研究,审视公开市场和私募市场的结构性问题和最新变化。同时,为了既保护公开市场和广大投资者,又确保适当扩大私募市场,需要采取更为全面的监管方式。

关键词:私募市场　公开市场　企业融资　投资者　统筹监管

2012年美国《促进创业企业融资法》(Jumpstart Our Business Startups Act,以下简称《JOBS法》)通过后,美国国会逐渐认识到需要通过增加公开市场准入机会来刺激经济增长。然而,该法的某些部分似乎已为公司更久地维持封闭式的公司形式创造了机会,同时增强了由公司决定是否成为公众公司的选择权。如今,鉴于私募市场的扩张,且上市公司数量从20世纪90年代后期持续稳定下降,由美国国会和美国证券交易委员会(Securities and Exchange Commission,SEC)对市场结构和市场参与度进行全面审视,可谓恰逢其时。本文介绍了近年来证券法变化的来龙去脉,就私募市场发展对公开市场的影响提出了一些关键问题和担忧,并就SEC应该如何在扩大投资者进入私募市场资格的尝试中取得进展给予建议。此外,本文呼吁开展一项专题研究,审视公开市场和私募市场这两大市场的结构性问题和最新变化,对监管体制的协调性改革提出建议。我们认为,为了既保护公开市场和广大投资者,又确保适当扩大私募市场,我们需要采取更为全面的监管方式。

一、简介

私募证券市场在过去的十年里经历了巨大增长,前所未有的大量资金可以用于私募市场投资。在此期间,私募股权公司的数量翻了一番,专业机构管理的私募市场资产规模增长了 170%(4 万亿美元)。[1] 对中小企业来说,进入公开市场的费用太高,令人望而却步,而快速增长的私募市场则为中小型企业提供了有效的资本来源。但私募资本的日益增加使公司在能够成为公众公司前要进行更多轮融资,从而推迟了大型封闭式公司进入公开市场的时间。尽管私募市场投资交易额有所增加,但由于促进投资者保护的法规出台,非合格中小投资者已被排除在私募市场投资机会之外。因此,这些投资者仅能在公开市场中进行投资。虽然以总市值来衡量,公开市场的总体规模仍然强劲,而且在过去十年中一直在增长,[2] 但有关数据表明,上市公司的数量在稳步下降——从 20 世纪 90 年代后期的峰值 7322 家下降到 2017 年的 3671 家。[3] 每年的首次公开发行(initial public offering,IPO)数量同样在下降,从 1999 年的 486 次降至 2017 年的 176 次。[4]

---

〔1〕 See SARA BERNOW ET AL., MCKINSEY & CO., A NEW DECADE FOR PRIVATE MARKETS 2 (2020), https://www.mckinsey.com/~/media/McKinsey/Industries/Private%20Equity%20and%20Principal%20Investors/Our%20Insights/McKinseys%20Private%20Markets%20Annual%20Review/McKinsey-Global-Private-Markets-Review-2020-v4.pdf [https://perma.cc/4TVT-RR27].

〔2〕 See *Total Market Value of U. S. Stock Market*, SIBLIS RSCH., https://siblisresearch.com/data/us-stock-market-value/ [https://perma.cc/36M2-U8G7] (last visited Feb. 24, 2021).

〔3〕 See Jason M. Thomas, *Where Have All the Public Companies Gone?*, WALL ST. J. (Nov. 16, 2017, 7:10 PM) (on file with the Columbia Business Law Review), https://www.wsj.com/articles/where-have-all-the-public-companies-gone-1510869125.

〔4〕 See *Number of IPOs in the United States from* 1999 *to* 2019, STATISTA (on file with the Columbia Business Law Review), https://www.statista.com/statistics/270290/number-of-ipos-in-the-us-since-1999/ (last visited May 10, 2021). 1999 年和 2000 年的 IPO 数量分别为 486 家和 429 家,很可能是异常值,因为这两年恰逢"互联网泡沫"。自上次金融危机以来,美国 2010 年至 2019 年的每一年 IPO 数量,在低至 2016 年有 100 家和高至 2014 年有 268 家的数字之间徘徊。参见同上。但有证据表明,2020 年可能与这一趋势背道而驰,因为该年有超过 235 家公司成为公众公司。See Corrie Driebusch, *IPO Market Parties Like It's* 1999, WALL ST. J. (Sept. 25, 2020, 12:47 PM) (on file with the Columbia Business Law Review), https://www.wsj.com/articles/ipo-market-parties-like-its-1999-11601052419. 这些 IPO 中,超过 80% 是由医疗保健公司、技术公司和特殊目的收购公司进行的。参见同上。疫情引起的市场变化(包括关闭后私募市场资金的可用性减少、联邦政府的资金涌入市场、知名公司利用特殊目的收购公司成为公众公司后特殊目的收购公司

私募市场的发展与公开市场的衰落同时出现,令监管陷入两难境地。一方面,私募市场中不断增长的投资机会,有利于将进入私募市场的投资者范围扩大到更为广泛的群体。另一方面,私募市场在没有相关立法和加强监管的情况下,公开市场为投资者所提供的至关重要的利益和保护,在私募市场中是无法复制的。公开市场中健全的强制性信息披露和责任制度,保护了那些可能缺乏投资分析专业知识的中小投资者。与之相反,私募市场更宽松的信息披露和责任制度,给中小投资者带来了更大的风险。监管机构基于这些因素的考量应更倾向于采取措施,通过增加对公司成为公众公司的激励机制来保护公开市场。但美国国会和 SEC 对这一两难境地的监管回应是权宜之计,因为他们采取的监管只是变更了每个市场的准入条件,却没有评估这些变更对另一个市场的影响。通过《JOBS 法》及后续的规则和修订,国会和 SEC 确定了这样一个框架:在理论上,通过允许公司秘密递交申请资料(confidential filings)和"试水",使公司能够在准备和提交注册声明的费用产生之前,衡量市场对其公开发行的兴趣,从而刺激其对公开市场参与度。到目前为止,虽有证据表明《JOBS 法》成功吸引了新投资者对公开市场的某些行业进行投资,但其整体效果尚不明确。〔5〕同时,近期私募市场改革又扩大了发行豁免范围和有资格参与私募发行的投资者群体。〔6〕因此,问题仍然在于,这样的扩大是否能带来对投资者

的增长、技术和医疗保健行业的增长)促进了 IPO 数量的增长。参见同上。有关特殊目的收购公司的进一步讨论,参见后文第三部分和第四部分。此外,由于 IPO 数量自 2000 年以来一直在下降,有证据表明,除监管变化外,这种下降至少部分是由整合和规模经济驱动的。See, e. g., Xiaohui Gao, Jay R. Ritter & Zhongyan Zhu, *Where Have All the IPOs Gone*?, 48 J. FIN. & QUANTITATIVE ANALYSIS 1663, 1667 (2013).

〔5〕 参见后文第三部分第(二)节。

〔6〕 See Press Release, SEC, SEC Proposes Rule Changes To Harmonize, Simplify, and Improve the Exempt Offering Framework (Mar. 4, 2020), https://www. sec. gov/news/press - release/2020 - 55 [https://perma. cc/HHN3 - MY2P]; see also Tom Zanki, *SEC Small Biz Panel Wants Limits Eased on Private Offerings*, LAw360 (May 8, 2020, 6:50 PM) (on file with the Columbia Business Law Review), https://www. law360. com/articles/1271699/secsmall - biz - panel - wants - limits - eased - on - private - offerings.

保护力度的相应提高。

公开市场和私募市场是相互联系的。想达到既适当扩大投资者进入私募市场的机会又维护公开市场稳定的双重目标,需要更加协调的监管方法。此外,由于公开市场存在的结构性问题,对于许多中小型企业和大型封闭式企业来说,参与公开市场毫无吸引力可言。所以,如果不解决这些结构性问题,就无法增加他们参与公开市场的兴趣。这些问题在很大程度上仍未通过最近的改革措施得到解决,而解决这些问题需要对资本市场进行深入的研究。上一次这样的研究是在 50 多年前进行的,并在此研究基础上进行了重要而有效的监管改革。[7] 从那时起,由于技术发展、全球化和监管改革等因素叠加,市场发生了巨大变化。

因此,本文建议国会和 SEC 开展一项全面研究,探讨能够应对如今资本市场已发生实质性变化情形下的监管改革思路。就短期来看,为安全地扩大投资者进入私募市场的机会,本文建议进一步修订 D 条例*第 501 条中关于合格投资者的定义。[8] 从长期来看,本文还呼吁开展一项专题研究,这项研究将审视如何根据最新技术创新来解决公开市场的结构性问题,并确定所需要考虑的变化。考虑到应对新型冠状病毒疫情需要刺激资本增长,开展这一研究的时机已经成熟。除了本文所讨论的问题外,该项研究还应当考虑如何确保受疫情影响最严

---

[7] See *The New Special Study of the Securities Market*, COLUMBIA L. SCH.: THE PROGRAM IN THE L. & ECON. OF CAP. MKTs., https://capital-markets.law.columbia.edu/content/new-special-study-securities-markets [https://perma.cc/3WMB-RLVD] (last visited Feb. 24, 2021).

* Regulation D is a SEC regulation governing private placement exemptions,即 SEC 关于私募豁免的规定。

[8] 直到最近,D 条例中的“合格投资者”定义包括投资公司,封闭式业务开发公司,发行人的董事、执行董事或普通合伙人,以及任何符合明确财富或收入要求的个人。17 C.F.R. § 230.501(a) (2020). 但是,2020 年 8 月,SEC 修改了该定义,允许持有某些专业证书的投资者取得合格投资者资格。Accredited Investor Definition, 85 Fed. Reg. 64,234, 64,237 (Oct. 9, 2020) (to be codified at 17 C.F.R. pts. 230, 240). 该定义还规定董事、高级管理人员和直接参与私募基金投资活动的个人(知识型员工)有资格成为合格投资者。正如下文第四部分所讨论的,我们认为有必要进行进一步的改革,以便在保护投资者的同时,将可进入私募市场的投资者范围扩大到更多的投资者。

重的中小型企业能更容易地获得融资，以及非合格投资者如何能够安全地参与后疫情时代有望到来的经济增长。

本文将分以下几个部分展开：首先，介绍美国证券法的背景，以及其在形成公开市场和私募市场中所起到的作用；其次，讨论推动监管改革时应当考虑的政策因素，包括公开市场的好处、可能阻碍公司成为公众公司的结构性问题，以及对私募市场不受限制扩张的担忧；最后，建议修改合格投资者的定义，以解决对进入私募市场的短期担忧，并呼吁开展一项专项研究，重点研究可能阻碍公开市场发展的结构性问题。

二、资本市场监管制度概述

现行美国证券法区分了公开发行和私募发行。股份公开交易的公司必须遵守根据《1933 年证券法》（以下简称《证券法》）和《1934 年证券交易法》（以下简称《交易法》）所建立的注册和披露制度的法律框架。这一加强的披露和法律责任制度，旨在保护公司在美国交易所交易上市公开发行筹资时的初始投资者，以及公司证券的后续投资者。认识到封闭式公司也需要筹资，《证券法》及之后的立法规定了一些豁免，允许某些个人和实体投资于私募发行。就私募发行而言，其披露和责任制度更为宽松，对象范围较窄，仅限于被认为能够自我保护的成熟投资者（sophisticated investor）。本部分将概述公开市场的监管，解释适用于私募发行并帮助促进私募发行市场发展的豁免规定，以及这些豁免规定的近期改革，并提出对这些豁免规定进行进一步改革的建议。

（一）对公开市场的监管

《交易法》将 SEC 确立为一个直属美国联邦的独立机构，该机构负责保护投资者，维护证券市场的公平有序的运作，并促进资本形成。[9] SEC 通过广泛的信息披露制度进行运作。信息披露制度的建立深受路易斯·布兰代斯（Louis Brandeis）法官提出的监管理念（“阳光是最好

---

〔9〕 参见《交易法》，Pub. L. No. 73-290, § 4, 48 Stat. 881, 885 [codified as amended at 15 U.S.C. § 78d (2019)]。

的消毒剂")影响。[10] 而《证券法》建立上述规则的前提是,在经历了两次大战之间的滥用职权和猖狂的投机之后,只有"证券中的真相"才能在证券市场上使得投资者建立起信心。[11] 信息披露制度是建立在两个基本观念之上的:第一,公司最终将不得不向社会公众募集资金,用于经营和扩大规模;第二,《证券法》和《交易法》所要求的充分披露将为投资者提供足够的信息,使其在没有任何金融专门知识或过往投资经验的情况下,即可作出明智的投资决策。[12]

根据《证券法》第5条的规定,对于任何属于"公开发行"的情形,即不符合豁免条件的发行,发行人必须首先向SEC申请注册。[13] 其所提交的注册声明以及招股说明书,都旨在向投资者提供关于所发行证券的完整、公平的信息披露。[14] 公司在提交其注册声明之前不得要约出售证券,并且在SEC宣布注册声明"生效"之前,不得结束公开发行。[15] 根据《证券法》所制定的初始结构化步骤,发行人通常会在拟进

---

〔10〕 See LOUIS D. BRANDEIS, OTHER PEOPLE'S MONEY AND HOW THE BANKERS USE IT 92 (Frederick A. Stokes Co. 1914); see also JAMES D. Cox, ROBERT W. HILLMAN & DONALD C. LANGEVOORT, SECURITIES REGULATION: CASES AND MATERIALS 6 (8th ed. 2017).

〔11〕 See HAROLD S. BLOOMENTHAL & SAMUEL WOLFF, SECURITIES & FEDERAL CORPORATE LAW, Westlaw (database updated Dec. 2020) (preface); see also COX ET AL., 同前注〔10〕, at 6 (internal quotation marks omitted) [quoting H. R. REP. No. 73 - 85, at 2 (1933)]["轻易致富的诱人承诺是自由做出的,很少或根本没有试图让投资者注意到那些对估计任何证券价值所必需的事实。在这个最危险的事业中,高压的推销(而不是谨慎的建议),才是规则。"].

〔12〕 有趣的是,当《证券法》最初颁布时,评论家们指出,这一基本的政策决定存在一个逻辑问题。例如,一些人"质疑,许多投资者是否会从《证券法》的信息披露要求中受益。登记中所提供的高技术信息对那些需要投资指导的人来说是一种'小小的安慰'。普通投资者很难吸收大量的信息,从而作出明智的投资决定"。Elisabeth Keller & Gregory A. Gehlmann, Introductory Comment, *A Historical Introduction to the Securities Act of* 1933 *and the Securities Exchange Act of* 1943, 49 OHIO ST. L. J. 329, 342 - 43 (1988) (footnotes omitted) [quoting William O. Douglas & George E. Bates, *The Federal Securities Act of* 1933, 43 *YALE L. J.* 171, 172 (1933)]. 然而,随着有效市场假说的发展,很明显,具有金融专业知识的分析者将能够辨别与登记声明和持续信息披露有关的信息,以确保市场交换价格是对公众可获得的信息的公允反映。参见后文第四部分第(一)节。

〔13〕 See 15 U. S. C. § 77e (2019).

〔14〕 COX ET AL., 同前注〔10〕, at 6 - 7.

〔15〕 同上, at 7.

行 IPO 的几个月之前,接触并聘请承销商,开始准备证券发行事宜。[16] 提供"包销服务"的典型承销商会从发行人处购买相关证券,然后以特定发行价格转售给公众。[17] 但是,在注册声明提交之前,发行人和承销商都不得与潜在的投资者会面。[18] 从决定发行之日[准备期(pre-filing period)]起到发行人的注册声明被宣布生效[生效后期间(post-effective period)],SEC 对发行人和承销商可以进行的沟通时间和类型都施加了许多限制。[19] 尽管近期法律进行了修订,被称为"试水"的制度已经允许发行人、承销商和潜在购买者在准备期和申请后/生效前的期间进行更广泛的沟通,但通常情况仍是,除非获得豁免,发行人和承销商在提交注册声明之前,不得作出要约出售证券,亦不得在注册声明被宣布生效前完成发行。[20] 其结果是,发行人在不知道发行是否能为投资者所积极接受的情况下,就必须承担制备注册声明相关的巨额费用。

对《证券法》相关限制的严格遵守,是通过私利救济和公力救济来保证的。[21] 比如,对于注册声明中的重大虚假陈述,投资者可根据《证券法》第 11 条的规定行使私诉权。[22] 根据该条规定,申请注册人对任何故意的虚假记载或遗漏负有绝对责任,且不能对此进行任何抗辩。[23] 此外,在没有对披露的准确性进行合理调查的情况下,便在注册声明上签字的任何人(包括董事、首席执行官和首席财务官),都应对注册声明中包含的重大虚假陈述负责。[24] 《证券法》第 12 条对"通

---

〔16〕 同上, at 108.

〔17〕 同上, at 106.

〔18〕 同上, at 139.

〔19〕 See LATHAM & WATKINS LLP, US IP0 GUIDE 15 (2020), https://www.lw.com/thoughtLeadership/lw-us-ipo-guide [https://perma.cc/G3AB-R9UU].

〔20〕 同上, at 15-16.

〔21〕 COX ET AL., 同前注〔10〕, at 7.

〔22〕 同上。

〔23〕 See 15 U.S.C. § 77k (a)-(c) (2019).

〔24〕 See ADAM E. FLEISHER & SOPHIE GRAIS, CLEARY GOTTLIEB, GOING PUBLIC: A GUIDE TO U.S. IPOS FOR FOUNDERS, OFFICERS, DIRECTORS AND OTHER MARKET PARTICIPANTS 19 (2020), https://www.clearygottlieb.com/-/media/files/alert-memos-2020/going-public-a-guide-to-us-ipos-for-founders-officers-directors-and-other-market-participants-2020.pdf [https://perma.cc/E4BY-A2NP].

过提供包含重大虚假记载或遗漏的资料,或口头信息来发行或出售证券的任何主体"规定了相应的民事责任。[25] 也可以根据《交易法》的一般反欺诈规定[第10(b)条和10b-5规则],就误导性或不准确的陈述追究所有参与发行个人的责任,只要有证据表明"被告的行为是鲁莽的或故意的,而原告依赖"该陈述作出了投资。[26]

与《证券法》只要求发行人在证券发行时进行信息披露不同,《交易法》要求报告公司进行某些持续性的信息披露。[27] 一家公司在符合以下任一情形时,属于《交易法》所称的"报告公司":(1)有证券在全国性的交易所上市;(2)有超过1000万美元的资产,并且至少有2000名权益性证券的登记持有人或500名非合格投资者(accredited investors)的登记持有人;(3)已根据《证券法》的规定提交注册声明,并且注册声明已经生效。[28] 报告公司必须遵守持续性的财务披露要求,包括年度报告(10-K表格)、季度报告(10-Q表格)和定期报告(8-K表格)。[29] 由于这些持续性的财务披露通常被包含在随后提交的注册声明中,董事和管理人员存在就这些定期报告中的任何虚假陈述承担《证券法》下潜在责任的风险。[30] 除了要求相关主体承担《证券法》规定的报送文件中的陈述负责,以及根据第10(b)条的一般反欺诈规

〔25〕 同上。根据《证券法》第11条或第12条负有主要责任的当事人个人可能根据《证券法》第15条或《交易法》第20条的规定被认定为对重大虚假记载负有次要责任。参见同上。

〔26〕 同上。

〔27〕 See 3 BLOOMENTHAL & WOLFF, 同前注〔11〕, § 1:60.

〔28〕 COX ET AL., 同前注〔10〕, at 10.

〔29〕 See Syed Haq, Comment, *Revisiting the Accredited Investor Standard*, 59 MICH. BUS. & ENTREPRENEURIAL L. REV. 59, 64 (2015). 虽然所有报告公司通常都需要提交这些表格,但SEC将发行人分为四类:大型加速申报人(large accelerated filers)、加速申报人、非加速申报人和小型报告公司(smaller reporting companies)。根据公司属于哪个类别,《交易法》规定的报送文件和报送截止日期会有所不同。MORRISON & FOERSTER LLP, FREQUENTLY ASKED QUESTIONS ABOUT PERIOD REPORTING REQUIREMENTS FOR U. S. ISSUERSOVERVIEW 2-3 (last visited May 25, 2021), https://media2. mofo. com/documents/faq - periodic - reporting - requirements - for - us - issuers - overview. pdf [https://perma. cc/TWJ3 - PUJY].

〔30〕 See MORRISON & FOERSTER LLP, 同前注〔29〕, at 12-13.

定承担责任外,《交易法》第18(a)条还允许依赖向SEC报送的报告中的虚假记载或误导性陈述的投资者行使针对公司和高级管理人员的私诉权。[31]

尽管在评估证券发行价值和二级市场交易价值时,投资者会寻求类似信息,但在《证券法》和《交易法》颁布后50年的大部分时间内,依据《证券法》和《交易法》颁布的关于证券发行和二级市场交易时信息披露要求的规定是独立发展的。[32] 然而,在SEC实施了《证券市场专题研究》(Special Study of the Securities Markets)所提出的建议后,这种趋势开始有所改变。《证券市场专题研究》是一份综合性报告,由国会资助,并由弥尔顿·科恩(Milton Cohen)带领[33]由经济学家、律师、统计学家和金融分析师组成的团队共同完成。[34] 这一专题研究独立于SEC的领导,不对SEC负责。此项研究通过反映和评估自上述制定法颁布以来资本市场所发生的变化,审视监管体系的结构,并质疑整体的

---

〔31〕 同上, at 13. 根据《交易法》第18 (a)条,如果一个人依赖向SEC提交的报告中的虚假记载或误导性陈述而买卖证券,并且证券价格受到该等陈述的影响,则该个人明确享有针对作出该陈述的主体的私诉权。15 U. S. C. § 78r(a) (2019). 这意味着,向SEC提交的定期报告中的任何不充分披露[8 – K表格中的经营成果和财务状况以及FD条例(《公平披露条例》)披露除外]可以构成针对公司及其高级管理人员的私诉诉因。参见同上;临时报告(8 – K表格),第2页 (2021年版),https://www.sec.gov/files/form8 – k.pdf[https://perma.cc/E6YU – HWCD] [就第18(a)条适用范围的例外情况指示报告公司]。

〔32〕 See A. C. Pritchard, *Revisiting "Truthin Securities" Revisited: Abolishing IPOs and Harnessing Private Markets in the Public Good*, 36 SEATTLE U. L. REV. 999, 999 – 1000 (2013). 如果发行人在未注册登记的情况下出售非豁免证券,购买者可以撤销其购买,并获得全额退款。15 U. S. C. § 77l(a)(1).

〔33〕 See Report of the Special Study of the Securities Markets of the Securities and Exchange Commission, H. R. Doc. No. 88 – 95, pt. 1 (1963); see also Stanley Sporkin, Commentary, A Call for a New Special Study of the Securities and Financial Markets, 46 MD. L. REV. 915, 916 (1987) (描述上述报告的影响).

〔34〕 See Michael S. Piwowar, Acting Chairman, U. S. Sec. & Exch. Comm'n, New Special Study of the Securities Markets: Keynote Address (Mar. 23, 2017), https://www.sec.gov/news/speech/piwowar – keynote – columbia – university – 032317 [https://perma.cc/8LEU – GMB8].

制度设计,从而为证券监管的后续改革做出了巨大贡献。[35] 整份报告超过3000页,提出了超过175项建议,其中包括整合《交易法》所要求的信息披露。[36] 尽管专题研究在20世纪60年代早期就提交给了国会,但直到80年代,对信息披露制度的整合才出现有意义的变化。当时SEC采取了一项程序,允许根据《证券法》注册证券的公司为完成众多披露义务,将《交易法》规定的报送文件纳入注册声明。[37] 这一程序发展为采用储架发行制度(shelf registration)[38],并且到2005年,采用了针对知名成熟发行人(well - known seasoned issuers)的自动储架发行制度(automatic shelf registration)。[39] 这一经整合的信息披露制度,包括储架发行制度流程,以通过提高发行效率,降低与新注册发行证券相关的费用,以及显著减少证券注册和销售之间的时间差,从而在降低成熟发行人的注册负担方面发挥了重要作用。[40]

在《证券法》和《交易法》颁布后的头70年里,SEC实施证券监管的重点是,通过信息披露制度来保护投资者。[41] 2002年,为了应对臭名昭著的安然(Enron)和世通(WorldCom)丑闻事件,国会通过了《萨班斯-奥克斯利法》(Sarbanes - Oxley Act,以下简称《萨班斯法》),从

〔35〕 See James D. Cox & Randall S. Thomas, *Revolving Elites: The Unexplored Risk of Capturing the SEC*, 107 GEO L. J. 845, 874 - 75 (2019).

〔36〕 Piwowar, 同前注〔34〕; Sporkin, 同前注〔33〕, at 916(讨论专项研究对一体化的影响)。

〔37〕 COX ET AL., 同前注〔10〕, at 11.

〔38〕 See Barbara Ann Banoff, *Regulatory Subsidies, Efficient Markets, and Shelf Registration: An Analysis of Rule* 415, 70 VA. L. REV. 135, 135 - 36 (1984). 储架发行,是指符合条件的发行人能够在"目前无意立即出售所有已注册证券"的情况下,向SEC提交公开发行的注册声明,允许发行人在其想向公众出售证券时"下架"证券。LLOYD S. HARMETZ & BRADLEY BERMAN, MORRISON & FOERSTER LLP, FREQUENTLY ASKED QUESTIONS ABOUT SHELF OFFERINGS 1 (2017), https://media2.mofo.com/documents/faqshelfofferings.pdf [https://perma.cc/G2MN - CW46].

〔39〕 See Joseph F. Morrissey, *Rhetoric and Reality: Investor Protectionand the Securities Regulation Reform of* 2005, 56 CATH. U. L. REV. 561, 590 - 91 (2007).

〔40〕 COX ET AL., 同前注〔10〕, at 11.

〔41〕 同上, at 7 - 12(讨论信息披露制度)。

而偏离了上述监管重点。[42]《萨班斯法》对公司治理等方面作了规定,扩大了 SEC 的权限,引入了针对报告公司的进一步程序性和实质性要求,要求报告公司在财务信息披露之外增加保障措施。[43] 这些制度适用于所有股份公开交易的公司,包括让首席执行官和首席财务官直接对财务报告的准确性负责,并要求建立和维护内部控制、正式的数据安全政策以及书面记载有关《萨班斯法》合规性目标遵守情况和持续监测情况的记录。[44]

随后的立法所规定的信息披露要求,也并不直接解决投资者的教育或保护问题,而是为了应对一些社会问题。例如,2010 年施行的《多德 – 弗兰克法》(Dodd – Frank Act)指示 SEC 发布以下规则:"使用'冲突矿产(conflict minerals)'的发行人应当每年披露使用的此类矿产是否源自刚果民主共和国……或毗邻国家。"[45] 此外,《多德 – 弗兰克法》要求公司就某些高管薪酬表决事宜,在其年度委托投票说明书(proxy statement)以及相关股东表决中披露与高管薪酬相关的信息["薪酬发言权(say – on – pay)"]。[46] 在整个 20 世纪,立法都强调与社会事务相关的信息披露重要性,一些投资者呼吁在环境、社会和公司治理(Environmental, Social and Governance, ESG)领域也提高相应的披

---

〔42〕 同上, at 12; Sarbanes – Oxley Act of 2002, Pub. L. No. 107 – 204, 116 Stat. 745 (codified as amended in scattered sections of 15 U. S. C.).

〔43〕 COX ET AL., 同前注〔10〕, at 13.

〔44〕 See Jeff Petters, *What is SOX Compliance? Everything You Need To Know in* 2019, VARONIS, https://www. varonis. com/blog/sox – compliance [https://perma. c/G5MS – 98VX] (last updated Sept. 23, 2020).

〔45〕 See BLOOMENTHAL & WOLFF, 同前注〔11〕, § 1:479 [引用专项披露报告 (specialized disclosure report, 即 SD 表格)], at 2 (2020), https://www. sec. gov/files/formsd. pdf [https://perma. cc/73PU – PF2G]. SEC 根据《交易法》第 13(p) 条颁布了这些规则。参见同上。

〔46〕 See David S. Huntington, *Summary of Dodd – Frank Financial Regulation Legislation*, HARv. L. SCH. F. ON CORP. GOVERNANCE (July 7, 2010), https://corpgov. law. harvard. edu/2010/07/07/summary – of – dodd – frank – financial – regulation – legislation/ [https://perma. cc/FB8C – UH8P].

露要求。[47] 在 SEC 内部,对 ESG 相关信息披露的呼吁在 2010 年变得强烈。当时 SEC 发布了一份指南,确定了公司报告中可能需要披露与气候变化相关的领域。[48] 最近,有人质疑,这份 10 年前发布的指南是否满足投资者关于被投资公司充分披露环境问题和风险的愿望[49]。不过,截至 2020 年,SEC 尚未要求更具体的 ESG 专项披露,只是表示其将继续关注基于重要性原则所进行的披露。[50]

除了通过《证券法》的注册要求对公司进行监管,以及通过《交易法》的持续披露要求对报告公司进行监管外,SEC 还允许公司通过 A 条例进行有限融资。并随后在《JOBS 法》中对 A 条例进行了修订,形

〔47〕 See Letter from Cynthia A. Williams, Osler Chair in Bus. L., York Univ. & Jill E. Fisch, Saul A. Fox Distinguished Professor of Bus. L., Univ. of Pennsylvania L. Sch., to Brent J. Fields, Sec'y, U. S. Sec. & Exch. Comm'n 1 (Oct. 1, 2018), https://www. sec. gov/rules/petitions/2018/petn4 - 730. pdf [https://perma. cc/J2NA - XQYA].

〔48〕 See generally Commission Guidance Regarding Disclosure Related to Climate Change, 75 Fed. Reg. 6,290 (Feb. 8, 2010). SEC 在该指南中指出,公司在披露"业务描述、法律程序、风险因素以及管理层对财务状况和经营结果的讨论和分析"时,可能会被要求进行 ESG 相关披露。Press Release, Allison Herren Lee, Comm'r, U. S. Sec. & Exch. Comm'n, "Modernizing" Regulation S - K: Ignoring the Elephant in the Room (Jan. 30, 2020), https://www. sec. gov/news/public - statement/lee - mda - 2020 - 01 - 30 [https://perma. cc/8LYP - J9T2].

〔49〕 See Lee, 同前注〔48〕["投资者就规则制定发出意见函和提出申请,接连不断地告诉我们,他们需要公司报告对可持续性措施的风险和机会(特别是气候风险)进行一致、可靠和可比较的披露。"]。

〔50〕 See Donna Mussio, Mary Beth Houlihan & Taylor Souter, To Lead or Not To Lead: Contrasting Recent Statements by SEC and ESMA Chairson ESG Disclosure, HARV. L. SCH. F. ON CORP. GOVERNANCE (Mar. 16, 2020), https://corpgov. law. harvard. edu/2020/03/16/to - lead - or - not - to - lead - contrasting - recent - statements - by - sec - and - esma - chairs - on - esg - disclosure [https://perma. cc/LN47 - UKKX]. 有趣的是,在美国公开市场之外,似乎确实在推动更多 ESG 相关披露。例如,欧洲证券和市场管理局主席表示,现在是公共部门介入,促进可靠、相关和可比的 ESG 信息的时候了。参见同上。而贝莱德等主要的私人市场投资者,也将重点放在了其投资组合公司中与 ESG 相关的问题上。Letter from Larry Fink, Chairman & CEO, BlackRock, to CEOs (2020), https://www. blackrock. com/us/individual/larry - fink - ceo - letter [https://perma. cc/63ZS - NVND].

成了 A + 条例[51]和《众筹条例》(Regulation Crowdfunding)。这两类发行条例都对公司可以筹集的资金进行了限制,从而使公司符合可适用略低的注册和持续性披露要求的资格。[52]

A + 条例发行有时被称为小型 IPO(mini - IPO),它允许公司在 12 个月内有两个发行层级:高达 2000 万美元的第一层级(tier 1)发行,以及高达 7500 万美元的第二层级(tier 2)发行。[53] 由于这些发行规模的限制,A + 条例发行主要由不受《交易法》持续报告要求规制的中小型企业使用。[54] A + 条例要求发行人向 SEC 提交发行声明,[55]但其披露要求不如《证券法》第 5 条对公开发行规定的披露要求严格。A + 条例发行仍需遵守一些持续性报告要求:第一层级发行人需要提交退出报告,第二层级发行人必须提交特定年度报告和半年度报告。[56] A + 条例小型 IPO 就此通过限制发行规模(从而限制可能的总跌价损失)来保护投资者,同时还要求最低限度的信息披露这一阳光措施,确保给予投资者一定程度的保护力度。与本文第二部分第(二)节讨论的私募发行不同,A + 条例发行是未注册的公开发行。未注册的公开发行

---

〔51〕 See *Reg A + Bombshell*: *$50M Equity Crowdfunding Under Regulation A*, *SEED INVEST* (Sept. 7, 2016), https://www.seedinvest.com/blog/regulation - a - equity - crowdfunding - rules[https://perma.cc/1\835 - 8TNY].

〔52〕 See MORGAN, LEWIS & BOCKIUS LLP, SEC ADOPTS FINAL RULES ON REGULATION A +, at 2 - 3 (2015), https://www.law.umich.edu/clinical/internationaltransactionclinic/Documents/May%2011%20Conference%20Does/Final%20Rules%20on%20Regulation%20A +.pdf [https://perma.cc/3A8G - Y9G5] (讨论 A + 条例); 17 C.F.R. § 227.100(a)(1) (2020) (《众筹条例》).

〔53〕 Facilitating Capital Formation and Expanding Investment Opportunities by Improving Access to Capital in Private Markets, 86 Fed. Reg. 3,496, 3,498 tbl. 1 (Jan. 14, 2021) (codified in scattered parts of 17 C.F.R.). 以前,第二层级的上限是 5000 万美元。17 C.F.R. § 230.251(a)(2).

〔54〕 See MORGAN, LEWIS & BOCKIUS LLP, 同前注〔52〕, at 8(但请注意,该等发行人仍可使用 D 条例豁免);see also U.S. SEC. & EXCH. COMM'N, REPORT TO THE COMMISSION: REGULATION A LOOKBACK STUDY AND OFFERING LIMIT REVIEW ANALYSIS 14 (2020), https://www.sec.gov/files/regulationa - 2020.pdf [https://perma.cc/NT2QHMY4].

〔55〕 See 17 C.F.R. § 230.252.

〔56〕 同上, § 230.257(a) - (b).

允许劝诱非合格投资者,[57]并且任何A+条例发行的证券都不属于第144条规则下的"受限证券"(restricted security)。[58] 完成A+条例发行的公司,除了根据《交易法》第10(b)条的一般反欺诈规定承担责任外,还可能会根据《证券法》第12(a)(2)条的规定,就任何包含重大误导性陈述或事实的发行资料或口头沟通而作出的要约或者销售,承担民事责任。[59]

众筹融资被设想为创业公司可以在没有严格信息披露制度负担下进行融资的一种方式。《JOBS法》和《众筹条例》允许公司在12个月内筹资500万美元,[60]并对每位投资者在该期间内的出资额进行了限制。对这些投资者的限制,是基于比合格投资者定义中对收入和净值标准更为包容的标准作出的。[61] 众筹融资可以免于遵守《证券法》第5条的注册要求,这一豁免规定旨在通过创设一种向所有企业家开放的低成本融资方式,来提供一个高效、开放的公开证券市场。[62] 在众筹发行中,发行人通过一个注册经纪商或"集资门户"(funding portal)

---

[57] 不过,根据净值,非合格投资者可以投资于第二层级发行的金额存在一定限制。See *Updated Investor Bulletin: Regulation A*, U. S. Sec. & Exch. Comm'n (May 24, 2019), https://www.sec.gov/oiea/investor-alerts-bulletins/ib_regulationa.html [https://perma.cc/8F93-D9W2].

[58] See MORGAN, LEWIS & BOCKIUS LLP, 同前注[52], at 2. 关于受限证券,参见后注[93]~[101]及相关文章内容。

[59] See MORGAN, LEWIS & BOCKIUS LLP, 同前注[52], at 7.

[60] See Facilitating Capital Formation and Expanding Investment Opportunities by Improving Access to Capital in Private Markets, 86 Fed. Reg. 3,496, 3538 (Jan. 14, 2021) (codified in scattered parts of 17 C. F. R.). 此前,筹资上限为107万美元。17 C. F. R. § 227.100(a)(1).

[61] 同上, § 227.100(a)(2)。净值或年收入低于107000美元的投资者,不得投资超过2200美元或其年收入的5%(以较高者为准)。参见同上, § 227.100(a)(2)(i)。年收入或净值不低于107000美元的投资者,不得投资超过其年收入或净值(以较低者为准)的10%。参见同上, § 227.100(a)(2)(ii)。

[62] See Andrew A. Schwartz, The Gatekeepers of Crowdfunding, 75 WASH. & LEE L. REV 885, 898, 903 (2018). 尽管包容性是证券众筹的一大目标,但当SEC在《众筹条例》中颁布众筹规则时,其包容性受到了一些限制。参见同上, at 913。例如,《众筹条例》确实允许众筹平台在其网站上"过滤并拒绝其不想列入众筹发行名单的公司"。参见同上。因此,并非所有有想法的企业家都能从人群中寻求融资。参见同上, at 912-13.

进行发行。集资门户是一个涉及证券发行和销售的中介机构,通常被称为众筹平台,但它不具备经纪商资格,因为它不提供投资建议,不过它会受到其他限制。[63] 与通过公开发行方式进行发行的证券不同,根据《众筹条例》规定发行的证券受到转售限制——该证券在1年内不得转售,除非被出售给发行人、合格投资者[该术语将在本文第二部分第(二)节中详细描述]、家庭成员,或作为注册发行的一部分而出售。[64] 《JOBS 法》第302(b)条明确规定了针对根据《众筹条例》规定发行的发行人可行使的私诉权。[65] 根据这一规定,如果在发行证券时,发行人[包括发行人的管理人员、董事和潜在的中介机构(集资门户)][66] 在书面或口头沟通中对重大事实作出任何不实或误导性陈述,或存在任何重大事实遗漏,那么发行人就可以被追究责任。[67] 尽管A+条例和《众筹条例》都为中小企业提供了向较大范围投资者群体筹集

---

〔63〕 See 3 BLOOMENTHAL & WOLFF, 同前注〔11〕, § 1:533.02. "集资门户"必须通过提交"集资门户表格"(form funding portal)申请,向SEC申请注册,但不能提供投资建议,招揽购买,为招揽或销售给雇员报酬,或持有、管理或交易投资者的证券。See *Registration of Funding Portals*, U. S. SEC. & ExcH. COMM'N, https://www.sec. gov/divisions/marketreg/tmcompliance/fpregistrationguide. htm [https://perma.cc/234K-266D] (last modified Jan. 18, 2017). 集资门户从事任何上述活动的,必须注册为经纪自营商。参见同上。

〔64〕 See 3 BLOOMENTHAL & WOLFF, 同前注〔11〕, § 1:533.02.

〔65〕 同上。[citing JumpstartOur Business Startups Act (JOBS Act), Pub. L. No. 112-106, § 302(b), 126 Stat. 306, 318-19 (2012)].

〔66〕 See *Jo Won*, *Jumpstart Regulation Crowdfunding: What Is Wrong and How To Fix It*, 22 LEWIS & CLARK L. REv. 1393, 1419 (2018) [first citing 15 U. S. C. § 77d-1(c)(2) (2018); then citing id. § 77d-1(c)(1)(A); and then citing Crowdfunding, 80 Fed. Reg. 71,387, 71,478 (Nov. 16, 2015) (codified as amended in scattered parts of 17 C. F. R.)]. 《众筹条例》专门创设了针对发行人的救济手段,而SEC拒绝免除中介机构的该等责任。参见同上。在《众筹条例》的最终规则中,SEC解释称,中介机构的潜在责任"可能鼓励[他们]制定充分的程序来全面评估依赖发行人的陈述是否合理"。Crowdfunding, 80 Fed. Reg. at 71,433 n.643. 此外,"国会规定,如果中介机构不知悉并且在合理谨慎的情况下也不可能知悉上述不实陈述或遗漏,则中介机构可以对任何此类责任进行抗辩"。参见同上。

〔67〕 See 3 BLOOMENTHAL & WOLFF, 同前注〔11〕, § 1:533.02 [citing JOBS Act § 302(b)].

有上限资金的途径,但公司还没有广泛利用这些筹资途径。[68]

(二)私募市场的豁免

报告公司受到广泛的监管和披露制度的约束,但《证券法》和随后的立法规定了一些豁免,允许公司在不成为报告公司的情况下,便可在私募市场上筹集资金。然而,作为对这种更宽松的披露和责任制度的交换条件,私募发行的对象在传统上只限于范围较窄的"成熟"投资者,并且在某些情况下,私募发行对可筹集的资本数额有限制。非报告公司可利用的主要豁免,包括《证券法》第4(a)(2)条规定的豁免——最重要的是D条例发行相关的豁免。

《证券法》第4(a)(2)条规定,不涉及"公开发行"的交易免于遵守第5条的注册要求。[69] 国会之所以纳入这项豁免,是因为其认为在"没有实际需要适用这些要求或公共利益过于遥远"的情况下,没有必要施加广泛的披露要求。[70] 虽然国会没有定义"公开发行"一词,但最高法院在SEC诉罗尔斯顿·普瑞纳公司(SEC v. Ralston Purina Co.)[71]这一开创性案件中解释了该条款。在该案中,法院解释说,是否适用第4(a)(2)条的规定,取决于投资者是否"需要该法的保护",或是否"被证明能够自我保护"。[72] 换句话说,问题在于投资者是否成熟。

SEC在1974年通过了"第146条规则"[该规则要求获得私募发行证券的投资者,需要金融成熟度高(financially sophisticated),具体是足以使他们根据自身投资知识和经验、评估投资风险和价值的能力,以及承担投资的经济风险的能力作出决策],从而将罗尔斯顿·普瑞纳

[68] 发行人通过A+条例和《众筹条例》发行,在2019年合计筹集了约11.04亿美元,相比之下,发行人通过使用D条例第506(b)条规则的豁免,筹集的资金估计为14,92亿美元。See Facilitating Capital Formation and Expanding Investment Opportunities by Improving Access to Capital in Private Markets, 85 Fed. Reg. 17,956, 17,958 tbl. 1 (proposed Mar. 31, 2020) (to be codified in scattered parts of 17 C. F. R.).

[69] See 15 U. S. C. § 77d(a)(2) (2019).

[70] See Haq, 同前注[29], at 61 (alteration in original) [quoting H. R. REP. No. 73-85, at 5 (1933)].

[71] See 346 U. S. 119, 124-25 (1953); see also Haq, 同前注[29], at 61.

[72] Ralston Purina, 346 U. S. at 125; see also Haq, 同前注[29].

案的判决编入法典。[73] 第146条规则为《证券法》第5条的注册要求创设了无限制的豁免,但其中的要求“非常烦琐和昂贵,以至于实际上无法获得豁免,特别是对于小规模发行人的小规模发行而言”。[74] 此外,事实证明,投资者是否属于豁免范围是含糊不清的,令发行人难以把握。[75]

SEC从失败中吸取了教训,在1982年用D条例取代了第146条规则和类似的豁免条款[第240条规则(一项针对小型发行人的豁免条款)]以及第242条规则[一项针对不超过500000美元发行的豁免条款][76]。D条例引入了一条明确的规则,即根据投资者数量和发行规模,澄清了哪些投资者可以参与(“合格投资者”)和被豁免的发行。D条例规定了针对《证券法》第5条注册要求的两项豁免条款:第504条

---

〔73〕 See Haq, 同前注〔29〕, at 62 (citing A. NICOLE CLOWERS ET AL., U.S. GOVT ACCOUNTABILITY OFF., GAO - 13 - 640, SECURITIES AND EXCHANGE COMMISSION: ALTERNATIVE CRITERIA OR QUALIFYING AS AN ACCREDITED INVESTOR SHOULD BE CONSIDERED 8 (2013), https://www.gao.gov/assets/gao-13-640.pdf) [https://perma.cc/TDV7-8M54].

〔74〕 Rutheford B Campbell, Jr., *The Wreck of Regulation D: The Unintended (and Bad) Outcomes for the SEC's Crown Jewel Exemptions*, 66 BUS. LAW. 919, 923 - 24 (2011).

〔75〕 See Rutheford B. Campbell, Jr., *The Plight of Small Issuers Under the Securities Act of 1933: Practical Foreclosure from the Capital Market*, 1977 DUKE L.J. 1139, 1143 - 44 (1977)(讨论了购买者可以“接触”发行人相关资料的时点,以及成为成熟投资者的时点是如何模棱两可、令人难以把握的);see also Transactions by an Issuer Deemed Not To Involve Any Public Offering, 39 Fed. Reg. 15,261, 15,267 (May 2, 1974)(阐明如果发行人根据第146条规则下的豁免规定发行或销售证券,其仅能将该证券发行或销售给其“有合理理由相信并且应当相信”具有金融和商业经验并能承担投资的经济风险之人)。See *repealed by* Revision of Certain Exemptions from Registration for Transactions Involving Limited Offers and Sales, 47 Fed. Reg. 11,251 (Mar. 16, 1982) (codified as amended at 17 C.F.R. pts. 230, 239).

〔76〕 See Campbell, 同前注〔74〕, at 924.

规则,该规则仅适用于1000 万美元的发行;[77] 第 506 条规则,该规则允许无限制地筹集资金,但在不允许公开劝诱的情况下,将作为非合格投资者购买人的数量限制在 35 人以内[第 506 (b)条规则],或允许公开劝诱,只要发行人采取措施确保所有购买者都是合格投资者[第 506 (c)条规则]。[78] 在这些选项中,第 506(b)条规则是被利用最多的私

---

〔77〕 See Facilitating Capital Formation and Expanding Investment Opportunities by Improving Access to Capital in Private Markets, 86 Fed. Reg. 3,496, 3,570 (Jan. 14, 2021) (to be codified at 17 C. F. R. § 230. 504). 此前,筹资上限为500 万美元。17 C. F. R. § 230. 504(b)(2) (2020). 根据第 3(b)条的规定,第 504 条规则发行被豁免,并且该发行通常不被视为"私募发行"。ROBERT B. ROBBINS, PILLSBURY WINTHROP SHAW PITTMAN LLP, DUE DILIGENCE IN PRIVATE PLACEMENT OFFERINGS 9 (2013), https://www. pillsburylaw. com/images/content/4/6/v2/468/RobbinsDueDiligence2013. pdf [https://perma. cc/R8QL – 2UGL]. 一般而言,第 504(c)条规则发行不允许公开劝诱和一般广告(general solicitations and general advertisements),除非仅向合格投资者出售。17 C. F. R. § 230. 504(b)(1)(iii).

〔78〕 See 17 C. F. R. § 230. 506(a) – (c): 理论上,SEC 允许非合格投资者参与第 506(b)条规则发行,因为他们现在或应该受到的信息披露的保护程度,与"成熟"合格投资者在就特定披露和发行人谈判后所获得的披露程度一致。当非合格投资者购买第 506(b)条规则发行的证券时,发行人必须向该购买人提供向任何合格投资者提供的所有信息的描述。参见同上, § 230. 502(b)(2)(iv). 尽管第 506(b)条规则允许发行人向非合格投资者募集资金,但为初创公司提供建议的公司通常建议发行人不应当向任何非合格投资者募集资金。See, e. g., Derek Colla, *Can You RaiseMoney from Investors who Are Not "Accredited Investors?"*, COOLEY GO, https://www. cooleygo. com/can – you – raise – money – from – unaccredited – investors/ [https://perma. cc/P6KM – MFVT] (last visited Mar. 4, 2021)("简单的答案是,'你不应该',或'技术上你可以,但这不值得,因为你必须跨越重重困难"); James Graves, *Why It Is So Difficult To Take Investment from Non Accredited Investors*, THE STARTUP L. BLOG (July 21, 2020), https://thestartuplawblog. com/why – it – is – so – difficult – to – take – investment – from – non – accredited – investors/ [https://perma. cc/K66Z – 4GCJ](如果你想从一个非合格投资者处获得资金,你的披露义务不会按比例调整——它们会剧增); Matthew W. Bower, *Reasons To Include Only Accredited Investors in Your Rule 506 (b) Private Offering*, VARNUM (Sept. 6, 2018), https://www. varnumlaw. com/newsroom – publications – reasons – to – include – only – accredited – investors – in – your – rule – 506b – private – offering [https://perma. cc/C5EP – SPMZ] ["能够从非合格投资者那里筹集到的资本额……很少足以证明提供第 502 (b)(2)条规则所要求的信息的费用是合理的。事实上,遵守第 502 (b)(2)条规则的法律和会计费用总额可能轻易超过 50000 美元。"]。

募豁免条款。[79]

2020年8月以前,D条例中的“合格投资者”仅包括投资公司,封闭式业务发展公司,发行人的董事、执行董事或普通合伙人,以及任何符合明确财富或收入要求的个人。[80] 该定义将投资者的财富和收入作为衡量投资者是否成熟到能够“保护自己”的唯一标准,而满足以下任一条件的投资者即为“合格投资者”:净资产(或与其配偶的共同净资产)超过100万美元(不包括其主要居所的价值),或过去两年的个人年收入超过200000美元(或与其配偶的共同年收入超过300000美元)。[81] 然而,2020年8月,SEC在35年来首次修订了合格投资者的定义。[82] 根据新定义,SEC可以指定某些专业资格证书,而该等证书的持有人符合合格投资者的资格。[83] 新定义还将私募基金的董事、高级管理人员以及直接参与私募基金投资的个人(知识型员工)(knowledgeable employee)视为合格投资者,因为从理论上说,这些人无论其净值如何,其金融成熟度都高。[84] 该修订于2020年秋季生效,

---

〔79〕 2019年,发行人利用D条例第506(b)条规则下的豁免规定,大约筹集了14.92亿美元,相比之下,利用第506(c)条规则大约筹集了660亿美元,利用第504条规则大约筹集了2.28亿美元,利用A条例的两个层级大约筹集了10.42亿美元,利用《众筹条例》筹集了0.62亿美元。Facilitating Capital Formation and Expanding Investment Opportunities by Improving Access to Capital in Private Markets, 85 Fed. Reg. 17,956, 17,958 tbl. 1 (proposed Mar. 31, 2020) (to be codified in scattered parts of 17 C. F. R.).

〔80〕 See 17 C. F. R. § 230.501(a).

〔81〕 同上,§ 230. 501(a)(5) - (6)。然而,这些财富分界点并未根据通货膨胀进行调整。Elisabeth de Fontenay, *The Deregulation of Private Capital and the Decline of the Public Company*, 68 HASTINGS L. J. 445, 467 (2017).

〔82〕 SULLIVAN & CROMWELL LLP, SEC FINALIZES AMENDMENTS TO “ACCREDITED INVESTOR” DEFINITION 1 (2020), https://www. sullcrom. com/files/upload/sc - publication - sec - finalizes - amendments - accredited - investor - definition. pdf [https://perma. cc/244F - HGXW]; see also *generally* Accredited Investor Definition, 85 Fed. Reg. 64,234 (Oct. 9, 2020) (to be codified at 17 C. F. R. pts. 230, 240) (宣告变更情况).

〔83〕 See SULLIVAN & CROMWELL, 同前注〔82〕, at 2.

〔84〕 同上。此外,定义上的变化扩大了有资格成为合格投资者的实体名单,并允许同居伴侣(spousal equivalent)将他们的收入或净值集中起来,从而有资格成为合格投资者。同上。

“旨在改进合格投资者的定义,更有效地识别具备参与私募资本市场的知识和专业技能、无须受《证券法》注册要求而获得额外保护的机构投资者和个人投资者”。[85]

尽管根据第506条规则发行证券不受《证券法》第5条烦琐注册要求的限制,D条例下的私募证券发行人仍必须向非合格投资者提供特定材料,包括特定的非财务信息和财务信息。[86] 尽管非报告型发行人不需要向合格投资者提供任何特定信息,但他们通常需要向投资者提供私募备忘录(private placement memorandum)。[87] 私募备忘录通常提供有关发行人和所要发行证券的描述。[88] 重要的是,发行人所提供的信息通常不会被SEC审查或向SEC提交。[89] 由于在第506条规则下的D条例私募发行中,发行人不必提交注册声明和招股说明书,所以这些发行不适用《证券法》第11条和第12条的规定。[90] 因此,在这些发行过程中作出的重大虚假记载或误导性遗漏的责任,只能根据《交易法》第10(b)条来追究。[91] 由于第10(b)条和10b-5规则仅适用于故意作出的虚假陈述或“贸然不顾披露的准确性”作出的虚假陈述情形,因此,对于发行人因过失作出的虚假记载或遗漏,投资者不能获

---

〔85〕 同上, at 1-2. 该修订适用于2020年11月初开始的新发行。Larry W. Nishnick et al., *SEC Adopts Changes to "Accredited Investor" Definition*, DLA PIPER (Sept. 1, 2020), https://www.dlapiper.com/en/us/insights/publications/2020/09/sec-adopts-changes-to-accredited-investor-definition/ [https://perma.cc/642H-LQAP].

〔86〕 See 17 C.F.R. § 230.502(b)(2).

〔87〕 See *Investor Bulletin: Private Placements Under Regulation D*, U.S. SEC. & ExcH. COMM'N, https://www.sec.gov/oiea/investor-alerts-bulletins/ib_privateplacements.html [https://perma.cc/Z5A9-ZYG4] (last modified Feb. 6, 2017).

〔88〕 同上。向合格投资者提供的任何信息也必须向任何非合格投资者提供。17 C.F.R. § 230.502(b)(2)(iv).

〔89〕 See *Investor Bulletin: Private Placements Under Regulation D*, 同前注〔87〕。然而,发行人的确要提交D表格,D表格“包括发行人、其管理层和发起人以及发行本身的简要情况”。参见同上。

〔90〕 See ROBBINS, 同前注〔77〕, at 2, 8-10. 然而,请注意,根据第504条规则进行的配售不能免除第12条的责任,因为根据第3条豁免发行的证券在第12条的责任制度中被特别提及。参见同上, at 9; see also 15 U.S.C. § 77l(a)(2) (2019).

〔91〕 ROBBINS, 同前注〔77〕, at 10.

得赔偿。[92]

与在公开发行中出售的证券不同，根据D条例发行的证券是“受限”的，以确保它们暂停转让，而不是很快地被出售，以致被视为公开发行的一部分。[93] 在D条例发行中，投资者在出售证券前必须持有至少1年，除非他们可以适用一项单独豁免规定。[94] 通常来说，根据D条例私募发行的受限证券个人持有者就转售受限证券，依赖第4(a)(1)条豁免的衍生规定[第144条规则、“第4(a)($1^1/_2$)条”或第4(a)(7)条]。第4(a)(1)条规定了“由发行人、承销商或交易商以外的任何主体进行的交易”免于第5条的注册要求。[95] 第144条规则对第4(a)(1)条中的“承销商”含义作了以下解释：直接从发行人处获得证券的个人若持有证券满1年，并且可以在1年后将该受限证券出售给任何人，则该人将不会被视为“承销商”。[96] “第4(a)($1^1/_2$)条”[97]是通过判例法发展起来的，允许将受限证券转售给以投资为目的而不是以分销为目的购买的合格投资者。[98] 第4(a)(7)条将“第4(a)($1^1/_2$)条”的部分内容编入法典，则更加明确地允许将受限证券转售给

---

〔92〕同上。

〔93〕See 17 C. F. R. § 230. 502(d); *Investor Bulletin: Private Placements Under Regulation D*, 同前注〔87〕; see also ROBERT B. ROBBINS, PILLSBURY WINTHROP SHAW PITTMAN LLP, OFFERS, SALES AND RESALES OF SECURITIES UNDER SECTION 4[A](1-1/2) AND RULE 144A, at 2-3 (2013), https://www.pillsburylaw.com/images/content/4/8/v2/481/RobbinsSalesand Resales under4ll2andRule1 44A2013.pdf[https://perma.cc/M3D9-3BWQ].

〔94〕See 17 C. F. R. 230. 144(d)(1)(ii)(关于不进行报告的发行人的一般规则); *Investor Bulletin: Private Placements Under Regulation D*, 同前注〔87〕。

〔95〕15 U. S. C. § 77d(a)(1).

〔96〕See *Securities Laws for Reselling Shares: How Section 4(a)(7) Compares to Other Available Securities Exemptions*, SPRINGMEYER L., http://www.calstartuplawfirm.com/business-lawyer-blog/section-4a7-Fast-Act-resales.php[https://perma.cc/7GBR-4ZYY] (last visited May 10, 2021).

〔97〕这不是一项法律规定或成文规则，因此在提及时通常带引号。参见同上。

〔98〕See Bradley Berman & Steven J Bleiberg, *Restricted Securities vs. Control Securities: What Are the Differences?*, THE CLS BLUE SKY BLOG (Jan. 14, 2014), https://clsbluesky.law.columbia.edu/2014/01/14/restricted-securities-vs-control-securities-what-are-the-differences/[https://perma.cc/UZ7Z-C66B].

合格投资者。[99] 尽管受限证券的流动性不如公开市场证券，但是这些关于转售豁免规定为私募市场合格投资者和合格机构购买人（qualified Institutional Buyer）提供了多种变现投资的渠道。

第144A条规则可以被看作转售限制中最重要的豁免条款，但它仅适用于特定实体。虽然根据D条例发行的证券是典型的权益性证券，但第144A条规则下的交易几乎只涉及债权证券。[100] 根据第144A条规则，除发行人和交易商外的任何人可以自由地将受限证券转售给其或其代理人合理地认为是合格机构购买人的投资者。[101] 第144A条规则还允许交易商或投资银行在"承销的私募发行"中购买证券，并可

〔99〕 See 15 U. S. C. § 77d(a)(7). 新的第4 (a)(7)条豁免规定了私人卖方（除发行人或其子公司以外的个人和实体）可将证券转售给合格投资者。SIDLEYAUSTIN LLP, THE FAST ACT'S AMENDMENTS TO THE SECURITIES ACT: PRACTICAL IMPLICATIONS FOR ISSUES AND UNDERWRITERS 4 (2016), https://www.sidley. com/~/media/update - pdfs/2016/03/practice - note—the - fast - acts - amendments - to - the - securities - act. pdf [https://perma. cc/4ECAKNLU]. 允许这些私下销售[像未编入法典的"第4 (a)($1^1/_2$)条"豁免中的私下销售一样]的理论是，此类销售的私下性质意味着不存在证券的分销，卖方不是承销商。参见同上。因为不存在分销或承销证券，所以销售证券不需要注册。参见同上。根据第4 (a)(7)条豁免，不允许卖方进行公开劝诱，且如果证券最初是由一家非报告公司发行的，卖方"必须提供关于该公司的具体披露，包括财务信息"。参见同上。关于提供非报告公司信息的要求，将根据第4 (a)(7)条进行的转售与先前依赖于"第4 (a)($1^1/_2$)条"进行的转售区别开来，并可能降低该条款的使用，因为"公司的配合将是使豁免可用的必要条件"。参见同上。

〔100〕 See John Armour, Martin Bengtzen & Lucas Enriques, *Globalization*, *in* SECURITIES MARKET ISSUES FOR THE 21ST CENTURY 385, 424 – 25 (Merritt B. Fox et al. eds., 2018).

〔101〕 See Robert B. Robbins, *Offers, Sales and Resales of Securities and General Solicitation Under Section 4(a)(1 – 1/2), Rule 144A, and the New Section 4(a)(7)*, PRAC. LAW., Oct. 2016, at 49, 50 – 52. 合格机构投资者被定义为拥有或管理的证券组合（于财政年终时确定的、按成本计算的）价值超过1亿美元的机构，拥有或管理至少1000万美元证券的注册代理券商，以及(i)拥有或酌情投资至少1亿美元第三方证券且(ii)经审计净值至少为2500万美元的银行或储蓄贷款机构。参见同上。

以立即将证券通过大宗交易转售给合格机构购买人。[102] 虽然根据第144A条规则,发行人不能直接发行证券,但发行人可以将证券出售给金融中介机构(类似于传统IPO中的承销商),然后由金融中介机构"将证券转售给数量不限的合格机构购买人"。[103] 因此,第144A条规则为未注册证券的转售提供了便利,从而创造了一个"未注册证券的机构交易市场"。[104] 个人投资者甚至是合格投资者不能直接参与第144A条规则下的"发行",他们只能通过在合格机构购买人开立的账户中间接参与。[105] 总的来说,第144A条规则缩短了投资者的持有期限,降低了交易成本,从而提高了私募发行市场的流动性、发行效率和准入机会。[106]

在美国国内,对于那些试图进行私募证券豁免发行的公司来说,第144A条规则的作用是有限的,因为该规则下的证券"不得与在美国证券交易所上市的证券具有可替代性"。[107] 因此,美国封闭式公司根据D条例以私募方式发行权益性证券,合格机构购买人再根据第144A

---

〔102〕 同上。纳斯达克运营着一个基于网络的平台,即私募发行、转售和交易系统(private offerings, resales, and trading through automated linkages, PORTAL),用以促进私募发行和合格机构投资者之间的私募转售。Press Release, NASDAQ, NASDAQ Announces Approval of the PORTAL Market Trading System (Aug. 1, 2007), http://www.nasdaqtrader.com/Content/NewsAlerts/2007/headtraderalerts/hta2007 - 158.pdf [https://perma.cc/5TS7 - L9H8].

〔103〕 See Kathleen Weiss Hanley, *The Economics of Primary Markets*, *in* SECURITIES MARKET ISSUES FOR THE 21ST CENTURY, 同前注〔100〕, at 34, 91.

〔104〕 COX ET AL., 同前注〔10〕, at 379.

〔105〕 See Robbins, 同前注〔101〕, at 51. ("适用于第144A条规则的证券仅可向[合格机构投资者]发行或出售。")

〔106〕 See Robbins, 同前注〔101〕, at 51.

〔107〕 Armour et al., 同前注〔100〕, at 424 - 25. 第144 A条规则通过排除下列证券的出售,防止在公开市场和私募市场上的"肩并肩"的证券出售:(1)"可代替"(fungible)证券,即在最初发行时,与在美国证券交易所上市的证券或在交易商间自动报价系统[不包括"粉单"(pink sheet)报价系统]中报价的证券属于同一种类的证券;(2)根据《1940年投资公司法》(Investment Company Act of 1940)注册或要求注册的开放式投资公司、单位信托以及面额证券公司(face - amount certificate company)的证券。在证券发行时已确定转售资格,从而保留了在发行人成为公众公司之前私募发行的证券资格。Robbins, 同前注〔101〕, at 52; see also 17 C.F.R. § 230.144A (d)(3) (2020).

条规则[108]交易这些证券。然而,外国发行人却可以利用第144A条规则来转售根据S条例发行的证券,因为S条例“为那些销售发生在美国境外、先前无须在美国进行任何定向销售努力的境外发行……提供了一个安全港”。[109] 实际上,通过按照S条例构建发行结构,外国发行人可以“向美国境外的初始投资人进行出售……即使这些投资人会根据第144A条规则,立即将证券转售给合格机构购买人”[110]。由此,外国发行人可以通过第144A条规则转售给合格机构购买人,获得进入美国市场的实质性机会,同时仍然不受SEC的报告要求以及更严格责任标准的约束。但这样的结果是,只有合格机构购买人(而不是合格投资者或非合格投资者)能够投资于外国发行人的证券——尽管事实上该发行人很可能是其国内市场中的报告公司。

(三)SEC对私募市场发展的回应

尽管公开市场的市值经历了长达10年的飙升,但自20世纪90年代末以来,美国上市公司和IPO的数量在稳步下降。[111] 1996年,约有8000家上市公司;到2015年,只有约4300家上市公司。[112] 与此相反,私募市场取得了惊人的发展,[113]就总发行规模而言,甚至超过了公开市场。[114] 2014年,私募市场发行规模为2.1万亿美元,而公开市场仅筹资1.35万亿美元。[115]上文第二部分第(二)节所讨论的发行豁免使用,特别是第506(b)条规则的使用,刺激了私募市场的扩张。

---

〔108〕 相反,对于美国发行人而言,第144A条规则“发行”用于每年出售数十亿美元的投资级债务(investment grade debt)。Robbins, 同前注〔101〕, at 51 & n.4.

〔109〕 Armour et al., 同前注〔100〕, at 425; see also 17 C.F.R. § 230.903.

〔110〕 MORRISON & FOERSTER LLP, FREQUENTLY ASKED QUESTIONS ABOUT RULE 144A, at 2 (2018), https://media2.mofo.com/documents/faqrule144a.pdf [https://perma.cc/P5AM-Z9BN].

〔111〕 See Gao et al., 同前注〔4〕, at 1663.

〔112〕 See Louise Lee, *The Decline of the IPO*, STANFORD GRADUATE SCH. OF BUS. (Apr. 12, 2018), https://www.gsb.stanford.edu/insights/decline-ipo [https://perma.cc/BZS4-K28X].

〔113〕 在过去的10年中,专业机构管理的私募市场资产增长了4万亿美元。BERNOW ET AL., 同前注〔1〕, at 2.

〔114〕 See H.R. REP. No. 115-375, at 3 (2017).

〔115〕 同上。在2014年的2.1万亿美元私募发行中,有1.3万亿美元(62%)是通过D条例发行筹集的。同上。

私募市场的发展可能会破坏证券法所依赖的一个基本假设：当公司最终需要筹集大量资金时，它们将不得不通过公开发行的方式来进行。[116] 如上所述，公开发行使公司受到更严格披露要求的约束，通过重要信息可获取性来提高市场的效率，并允许国会和 SEC 通过《萨班斯法》规定的披露要求，提高公司治理标准。[117] 然而，公司可以在私募市场获得更多的资金，公司能够更久地推迟进入公开市场。此外，大量的封闭式公司正被其他公司收购，而不是寻求 IPO 的途径进行融资，[118] 这些情形都进一步减少了公众公司的数量，并允许被收购公司在其整个生命周期中，避免作为独立公司遵循更严格的披露要求。这些市场的变化要求国会和 SEC 作出回应，以帮助促进公开市场的发展。

监管机构对这些市场变化的回应始于 2012 年，当时国会通过《JOBS 法》对证券法进行了全面改革。《JOBS 法》实施的举措，"旨在减轻对传统 IPO 的监管负担的同时，促进对资本市场的准入机会"。[119] 这些举措主要针对新兴成长型公司（emerging growth company）（年总收入低于 10 亿美元的公司）[120]，并允许此类公司：（1）秘密递交初始注册声明，使 IPO 计划能够保密到程序后期；（2）"参与和某些潜在投资者的'试水'沟通"；（3）在注册声明中"仅提交两年经审计的财务报表"，而不是三年经审计的财务报表；（4）豁免《萨班斯法》中某些公司治理要求。[121] 这些改革的目的是，减轻成为公众公司相关的负担，包

---

[116] 关于传统的筹资流程，参见后注〔202〕~〔206〕。

[117] 参见前文第二部分第（一）节。

[118] See Thomas Chemmanur et al., The Disappearing IPO Puzzle: New Insights from Proprietary U. S. Census Data on Private Firms 1 (Oct. 2020) (unpublished manuscript) (on file with the Columbia Business Law Review), https://papers.ssrn.com/sol3/papers.cfm?abstract_id=3556993.

[119] 1 BRENT A. OLSON, PUBLICLY TRADED CORPORATIONS HANDBOOK § 8.46, Westlaw (database updated Oct. 2020).

[120] 15 U. S. C. § 77b(a)(19) (2019).

[121] See Patrick J. Gallagher, Note, *Going Public Secretly: The SEC's Unavailing Effort To Increase Initial Public Offerings Through Confidential Registration*, 2019 COLUM. BUS. L. REV. 305, 322–23; 1 OLSON, 同前注〔119〕, § 8.46 (mentioning the SOX exemption).

括后续的报告要求。2017 年,SEC 对《JOBS 法》进行了扩展,允许"所有公司提交与首次公开发行相关的注册声明草案,以供不公开审查"。[122] 秘密递交程序背后的原因是,鼓励更多的公司寻求 IPO。该程序确保公司可以在提交初始注册声明和回复美国 SEC 意见时,无须提醒公众或其竞争对手其目前存在的任何问题,从而使公司在撤回其注册声明时,不会有在公众面前感到尴尬的情形。[123]

2019 年,SEC 通过了一项允许所有公司使用"试水"进行沟通的规则,再次扩展了《JOBS 法》规定。[124] "试水"赋予发行人预先评估市场兴趣的权利,允许其在提交注册声明之前与潜在投资者进行沟通,前提是这些投资者是(或发行人有理由相信他们是)合格机构购买人(qualified institutional buyer)或者机构合格投资者(institutional accredited investor)。[125] 鉴于保密注册声明范围的扩大,SEC 采取允许所有公司"试水"的措施是合乎逻辑的,因为市场兴趣不足同样会阻碍公司进行 IPO。[126] 随着"试水"适用的扩大,公司可以充分利用秘密递交过程所提供的选择权,因为它们可以在这一过程中较早地开始询价(book building),并在注册声明出现问题或认购不足的情况下撤回发行。[127] 这种"试水"的扩大,使所有公司能就首次发行和后续发行"评估机构投资者对潜在发行的看法",并"更好地了解市场是否会支持它

---

〔122〕 Press Release, U. S. Sec. & Exch. Comm'n, SEC's Division of Corporation Finance Expands Popular JOBS Act Benefit to All Companies (June 29, 2017) (emphasis added), https://www. sec. gov/news/press - release/2017 - 121 [https://perma. cc/GZXB - F8R2].

〔123〕 See Gallagher, 同前注〔121〕, at 308, 322.

〔124〕 See Michael Zeidel, Andrew J. Brady & Ryan J. Adams, *SEC Expansion of "Testing - the - Waters" Communicationsto All Issuers*, HARV. L. SCH. F. ON CORP. GOVERNANCE (Oct. 4, 2019), https://corpgov. law. harvard. edu/2019/10/04/sec - expansion - of - testing - the - waters - communications - to - all - issuers/ [https://perma. cc/2LTX - T5C2].

〔125〕 同上。

〔126〕 See Tom Zanki, *SEC's 'Test The Waters' Expansion Could Spur More Offerings*, LAW360 (Oct. 11, 2019, 12:03 PM), https://www. cov. com/ - /media/files/corporate/publications/2019/10/secs - test - the - waters - expansion - could - spur - more - offerings. pdf [https://perma. cc/8MTY - WLKC].

〔127〕 同上。

们的发行”。[128] 因此，在产生递交注册声明有关的巨额费用之前，公司可以评估发行是否会成功。[129]。

尽管秘密递交和“试水”均旨在促进 IPO，但《JOBS 法》中的其他条款和随后的提案放松了对私募发行的监管制度，增加了公司在被视为《交易法》下的报告公司之前可以拥有的投资者数量，从而很可能促进私募市场的发展。[130] 例如，《JOBS 法》修订了 D 条例，允许公司在第 506(c)条规则下的私募发行中，采用一般广告并劝诱合格投资者。[131] 像“试水”一样，这一规则的变化允许发行人在重大费用发生之前衡量投资者对发行的兴趣，而这在以前是不可能的。[132] 发行人可能会通过以下方式利用这一条款：利用互联网优势，进一步提升接触潜在投资者和衡量投资者兴趣的能力。[133]

在科技公司的游说下，《JOBS 法》还提高了会使发行人自动成为

---

〔128〕 同上。

〔129〕 像优步(Uber)和来福车(Lyft)这样的公司在 IPO 后股价下跌，而 WeWork 则以一种非常公开的方式取消了 IPO。一些人指出，如果“试水”对非新兴成长型公司有效，这些公司本可以从“试水”中受益，要么更成功地为 IPO 定价，要么会在公开沟通 IPO 之前衡量 IPO 的潜在失败的风险。同上。

〔130〕 See ANNA T. PINEDO & DAVID LYNN, A QUICK GUIDE TO THE JOBS ACT 1, 4 tbl. Exchange Act Thresholds (2012), https://media2. mofo. com/documents/120416 – pli – quick – guide – jobs – act. pdf [https://perma. cc/7ZM6 – N6XC]. “但为了获准进行公开劝诱，发行人必须核实所有购买方(而非受要约人)均为合格投资者。”同上, at 5.

〔131〕 同上; see also RAFFI GARNIGHIAN, GONZALO GO & ANNA PINEDO, MAYER BROWN, GENERAL SOLICITATION AND GENERAL ADVERTISING 1 (2019), https://www. mayerbrown. com/ – /media/files/perspectives – events/publications/2019/08/on – point—general – solicitation. pdf [https://perma. cc/GKU2 – WK4S]. SEC 和《JOBS 法》均未定义如何构成公开劝诱。同上。但是，第 502(c)条规则规定以下内容可能构成公开劝诱：“(1)在任何报纸、杂志或电视或广播电台上的类似媒体或广播上，发布的任何广告、文章、通知或其他通信；(2)由于公开劝诱或一般广告邀请而参与的任何研讨会或会议。”同上[quoting 17 C. F. R. 230. 502 (c) (2019)]. 在过去的 40 年中，SEC 亦一直通过无异议函(no – action letter)提供额外的指导。同上。

〔132〕 转引自 GARNIGHIAN ET AL.，同前注〔131〕, at 1(描述本次改革的资本形成目标)。

〔133〕 同上, at 3, 6 – 7. SEC 已确认，发行人可以在提供投资机会之前，通过使用电子媒体来衡量投资者的适当性。同上, at 7.

报告公司的股东人数上限。[134] 在此之前,资产超过1000万美元的封闭式公司一旦拥有500个以上的登记股东,就会成为报告公司。《JOBS法》将这一数字上调至2000名登记股东或500名非合格投资者,使公司能够拖缓上市的进度,将IPO推迟更长的时间。[135]

近期,即2020年11月2日,SEC又宣布了一系列修正案,宣称旨在"协调、简化和改进多层且过于复杂的豁免发行框架"。[136] 自旨在降低当前框架的复杂性的"实质上按照提议"[137]的规则通过以来,"使某些未注册的私募发行"对小公司"更具吸引力"。[138] 该提案提高了公司在各种豁免下获准筹集的资金限额。具体而言,在D条例第504条规则下,可筹集的资本从500万美元提高到1000万美元;A条例第二层级下,可筹集的资本从5000万美元提高到7500万美元;根据《众筹条例》进行的发行,可筹集的资本从107万美元提高到500万美元。[139] 它还允许根据《众筹条例》进行发行的发行人在向SEC报送资料前进行"试水"[140],并修订了A+条例和《众筹条例》有关的资格限制。具体而言,投资者在投资根据《众筹条例》进行发行的发行人[141]时,可以使用特殊目的公司(special purpose vehicle),而已有2年未能提交《交

---

[134] See Paul Sloan, *Three Reasons Facebook Has To Go Public*, CNET (Jan. 31, 2012, 7:07 AM), https://www.cnet.com/news/three-reasons-facebook-has-to-go-public/ [https://perma.cc/B5N2-JTHN].

[135] See Susan Beblavi, Note, *JOBS Act Title V: Raising Threshold for Registration*, 90 DENVER L. REV. ONLINE 63, 65-68 (2013).

[136] Press Release, U.S. Sec. & Exch. Comm'n, SEC Harmonizes and Improves "Patchwork" Exempt Offering Framework (Nov. 2, 2020), https://www.sec.gov/news/press-release/2020-273 [https://perma.cc/KQ9W-3T2C]. 修订案与2020年3月提出的更改保持一致。同上。

[137] Facilitating Capital Formation and Expanding Investment Opportunities by Improving Access to Capital in Private Markets, 86 Fed. Reg. 3,496, 3521 (Jan. 14, 2021) (codified in scattered parts of 17 C.F.R.).

[138] Zanki, 同前注[6]。

[139] See Press Release, U.S. Sec. & Exch. Comm'n, 同前注[136]; see also Facilitating Capital Formation and Expanding Investment Opportunities by Improving Access to Capital in Private Markets, 86 Fed. Reg. at 3,498 tbl. 1.

[140] Facilitating Capital Formation and Expanding Investment Opportunities by Improving Access to Capital in Private Markets, 86 Fed. Reg. at 3,523-24.

[141] 同上, at 3,544.

易法》第 13 条或第 15(d)条规定的报告的公司,则不得进行 A 条例发行。[142]

此外,修订案还创设了第 241 条规则,这条新的豁免规定允许发行人利用与证券要约相关的“兴趣资料的一般征集”(generic solicitation of interest materials)制度,以使发行人能够“在产生准备和进行发行的费用之前”,衡量市场对豁免发行的兴趣。[143] 但是,“取决于传播上述信息的方式,该要约可能被认定为公开劝诱”。[144] 如果发行人使用兴趣资料征集的方式被认定为公开劝诱,则发行人可能会被禁止进行不允许公开劝诱的未注册发行,如第 506(b)条规则发行。[145]

而对于第 506(c)条规则发行来说,SEC 提议,在相关投资者提交书面证明的情况下,发行人可以假定上一次发行时的合格投资者仍是合格投资者,无须采取额外的步骤来核实他们的地位。[146] 除了调整豁免发行的规定,新的修订案旨在通过给予发行人更多的灵活性,“使发行人能够优化其融资策略,降低其融资成本”。[147] 然而,它对促进公开发行并没有任何作用。

---

〔142〕 同上, at 3,548 -49.

〔143〕 同上, at 3,520. 拟议的第 241 条规则下的一般征集,就一般反欺诈规定而言,将被视为出售证券的要约。同上, at 3,521. 发行人根据这一新规则向潜在投资者发送的任何材料,都必须包含有关征集兴趣限制的免责声明。同上, at 3,522.

〔144〕 同上, at 3,521.

〔145〕 同上, at 3,522. 因此,如果发行人使用被视为公开劝诱的一般征集兴趣方式,但随后决定进行未注册的发行,而不是 A 条例或《众筹条例》下的豁免发行,那么,该发行人的唯一选择可能是依据第 506(c)条规则[而不是第 506(b)条规则]进行发行,因为第 506(c)条规则允许公开劝诱,不过要求发行人采取额外措施验证所有购买者是合格投资者。参见前注〔78〕和相关文章内容(讨论第 506 条规则发行)。在这些情况下,如果基于禁止公开劝诱的豁免发行中的每个投资者相关的事实和情况,发行人合理认为,其(或代表其的任何主体)要么没有公开劝诱此类购买者,要么在禁止公开劝诱的豁免发行开始之前与此类购买者建立了实质性关系,那么,该发行人只能依赖第 506(b)条规则进行发行。Facilitating Capital Formation and Expanding Investment Opportunities by Improving Access to Capital in Private Markets, 86 Fed. Reg. at 3,522.

〔146〕 See Facilitating Capital Formation and Expanding Investment Opportunities by Improving Access to Capital in Private Markets, 86 Fed. Reg. at 3,527.

〔147〕 同上, at 3,551.

三、政策因素和并未作出回应的改革

《JOBS 法》的内容、随后颁布的规则以及近期的提案,都证明了SEC 试图增加公司进入公开市场筹资的机会。然而,在许多情况下,这些努力反而使公司有更大的选择余地留在私募市场,导致私募市场不断发展。私募市场的兴起和公开市场的萎缩现象,引起人们争论是否应该将私募市场扩大到更广泛的投资者范围,以及这种扩大将如何影响已衰落的公开市场。但由于 SEC 试图单独解决每一市场中出现的问题,近期的改革努力似乎没有达到它们的目标,其作用反而有可能会相互抵消。本部分审视了对保护公开市场方面的一些政策考量,讨论最近的改革努力仍未适当解决的公开市场结构性问题和对扩大进入私募市场机会的一些论点,以及最近拟议改革努力的多重影响。

(一)应该推动监管的政策因素

1. 公开市场的好处

公开市场提供了一系列广泛的对公开市场投资者的好处和保护,这是私募市场基本上没有的,也很难在私募市场上复制。如果公众公司的数量继续减少,可利用的公开市场投资也随之减少,投资者就可能无法享受到这些好处。公开市场的监管机制促进了信息透明和有效证券定价。希望从公开市场筹资的公司,必须遵守针对保护较小和非成熟投资者的重大披露要求。[148] 针对欺诈的各种各样的公力救济和私力救济以及内幕交易法,进一步加强了强制性披露制度所创造的信息效率和价格透明度的环境。[149] 通过使投资者可获得的信息标准化,这种监督和强制性披露制度在为较小投资者提供公平竞争的投资环境方

---

〔148〕 参见前文第二部分第(一)节。

〔149〕 See Elisabeth D. de Fontenay, Professor of L., Duke Univ. Sch. of L., et al., Comment Letter on Concept Release on Harmonization of Securities Offering Exemptions 3 – 4 (Sept. 24, 2019), https://scholar.law.colorado.edu/cgi/viewcontent.cgi?article=1010&context=research-data [https://perma.cc/8BCC-FDAB].

面,也起着至关重要的作用。[150]

公开市场的参与者可以依赖有效市场假说(efficient market hypothesis),确保为散户和成熟投资者进行有效定价,而不依赖个人的金融成熟度。[151] 在半强式(semi-strong form)有效市场假说下,由于投资分析师不断评估和调整价格来反映所有新信息,所有公开信息几乎会立即反映在证券的公开交易价格中。[152] 在具有流动性的公开证券市场中,个人可以确信,基于大量公开信息(而无须自行对新信息进行处理),交易中的价格能公允反映预期未来现金流的现值。[153] 相比之下,个人不能确定私募市场证券的价格在任何一个规定时点都是“公允的”,因为私募市场证券缺乏强制性的公开披露,流动性相对较差,评估此类证券准确的“市场价格”十分困难。此外,反欺诈保护和内幕交易法律在公开市场之外很难执行。[154] 因此,公开市场的信息效率和价格透明度是私募市场难以复制的。由于这些特征,公开市场常常成为私募市场的基准。例如,私募市场常常依赖公开市场价格作为公允定价的指标。[155] 公开市场证券的透明和高效性质,也使它们能够成为其他金融交易的可靠担保物。[156]

公开市场中证券的流动性很强,这使中小投资者能够支付较低的手续费,获得最佳交易执行价格,并通过出售他们在公开市场上的投资,迅速满足现金需求。[157] 从公众公司中退出的便利性以及公众公司的治理程序,也是投资者惩戒业绩不佳或管理不善的公司的工具。[158] 与此相反,私募市场证券的交易很少,投资者很难进行平仓——事实上,个人通常至少在1年内不能交易许多受限证券。[159] 这给散户投资

---

〔150〕 同上, at 3.

〔151〕 See Haq, 同前注〔29〕, at 65 - 66.

〔152〕 同上, at 66.

〔153〕 同上。

〔154〕 See de Fontenay et al., 同前注〔149〕, at 9.

〔155〕 同上, at 3.

〔156〕 同上。

〔157〕 同上, at 4.

〔158〕 同上。公众公司的公司治理程序包括独立审计委员会、委托代理程序和证券交易所上市标准。同上。

〔159〕 参见前注〔94〕的相关文章内容。

者造成了很大的流动性风险,因为他们更有可能“有机构投资者通常不会有的资金流动性需求”。[160] 此外,鉴于私募市场缺乏流动性和治理程序,通常情况是,只有具有很强讨价还价能力和金融成熟度高的投资者,才能够对表现不佳的封闭式公司进行惩戒。[161]

除了侵蚀公开市场的定价和流动性优势之外,放任公开市场规模大幅缩水还会降低散户和机构投资者的收益,并增加其风险。首先,公开市场使散户投资者能够通过指数基金实现分散投资的目的,并因此降低风险。[162] 由于私募市场不能为资金并不雄厚的个人投资者提供有意义的分散投资(diversification)机会,因此,公开市场规模的大幅缩减将会增加这些投资者的风险。[163] 公开市场能为资金充足的机构投资者提供有价值的分散投资机会,因为私募股权基金主要投资于私募

---

〔160〕 See de Fontenay et al. , 同前注〔149〕, at 8.

〔161〕 同上, at 9.

〔162〕 同上, at 3.

〔163〕 See Interview by the Columbia Program in L. & Econ. of Cap. Mkts. with Anonymous Interviewees (2019) [*hereinafter* Special Study Interview]; *cf. also* de Fontenay et al. , 同前注〔149〕, at 6(声称高净值投资者已经涌入私募市场,剩下的投资方式并不适合散户投资者)。有关本文中对所提及的访问的讨论,See Merritt B. Fox et al. , *Distributed Ledger Technology and the Securities Markets of the Future*: *A Stakeholder Survey*, 2021 COLUM. Bus. L. REV. 652. 设定受益计划(defined benefit plan),如养老金计划,是私募市场和私募基金的重要投资者。因此,如果任何个人由于其合格投资者身份而无法投资私募发行或私募基金,该个人可以通过养老金计划等获得多样化的收益。然而,大多数散户投资者并不主张通过设定提存计划(defined contribution plan)[401(k)计划]获得一些分散投资的好处。See Michael Doherty, Partner, Ropes & Gray LLP, et al. , Comment Letter on Concept Release on Harmonization of Securities Offering Exemptions 6 (Sept. 24, 2019), https://www.sec.gov/comments/s7-08-19/s70819-6190355-192429.pdf [https://perma.cc/83YQ-BY3M]. 虽然这些计划不被禁止投资私募基金,但对私募基金的投资实质上是有限的,因为在行使信义义务时,设定提存计划的受托人必须考虑投资的流动性。参见同上, at 6-7.

市场,与标准普尔500指数不完全相关。[164] 因此,公开市场中公司数量的缩减,无疑也减少了机构投资者分散投资的机会。其次,如下文第三部分第(一)节第3点所述,私募市场为公司的早期成长提供高回报,而散户投资者目前被排除在这些回报之外。然而,这些回报通常是通过承担更高风险获得的,并且通常受机构投资者的运营和金融成熟度的驱动。[165] 对于缺乏金融成熟度和适当建议的投资者而言,投资私募市场的风险可能会“呈指数级上升”,预期回报也会显著下降。[166] 最后,私募市场信息披露匮乏对散户投资者的影响,可能远远大于对机构投资者的影响,因为机构投资者通常具有较高金融成熟度和获取必要信息的谈判能力。

由于私募市场中散户和机构投资者之间的这种信息不对称,一旦允许个人甚至是合格投资者直接投资私募市场,可能会造成“柠檬”问题。换句话说,最有价值的私募市场投资机会将流向机构投资者,而留给个人投资者的机会最为渺茫。[167] 由于这些投资可能是由不受监管的主体发起,散户投资者可能获得的是不满足美国金融业监管局适当性标准或《最佳利益条例》(Regulation Best Interest)的投资机会。[168] 这些问题由于缺乏客观数据,也很难解决。尽管美国金融业监管局要求经纪商为面向个人的投资提交私募证券发行文件,但这样的披露仍

---

〔164〕 See de Fontenay et al., 同前注〔149〕, at 11 – 12; Miriam Gottfried, *Private – Equity Firms Are Raising Bigger and Bigger Funds. They Often Don't Deliver*, WALL ST. J. (June 18, 2019, 8:00 AM) (on file with the Columbia Business Law Review), https://www.wsj.com/articles/private – equity – firms – are – raising – bigger – and – bigger – funds – they – often – dont – deliver – 11560859200(指出资产规模在100亿美元以上的私募股权基金与标普500指数的相关系数为0.62,而规模低于3.5亿美元的基金与标普500指数的相关系数仅为0.38)。

〔165〕 See Special Study Interview, 同前注〔163〕。

〔166〕 同上。有关在顾及中小投资者缺乏运营和金融成熟度的同时,如何增加中小投资者对私募市场的进入机会的讨论,参见后文第四部分第(二)节。

〔167〕 See de Fontenay et al., 同前注〔149〕, at 6.

〔168〕 同上, at 7. For the suitability rule, see FINRA R. 2111 (Fin. Indus. Regul. Auth., Inc. 2020). For Regulation Best Interest, see 17 C.F.R. § 240.151 – 1 (2020).

然不太可能完整地反映面向个人私募市场投资的性质。[169]

通过披露制度、对不遵守该制度的公司实行强制措施的可能性，以及对有效市场假说的依赖，公开市场确保投资者能够对证券价格的准确性产生信心，限制证券流动性风险，并免受管理不善的公司影响。使公开市场萎缩的监管改革不仅会削弱这些关键的保护措施，还会对其他市场产生不利影响。[170] 因此，对私募市场进行改革时，应当考虑对公开市场可能产生的不利影响。

2. 公开市场的结构性问题是市场进入的阻碍因素

尽管公开市场很重要，维护公开市场的论据也很有说服力，但近期的改革并未对公开市场存在的基本结构性问题作出回应。公司能够在私募市场上筹集大量资金，这些结构性问题的存在可能会阻碍它们"成为公众公司"。如下文第四部分所讨论的，为了维护公开市场，鼓励公司成为公众公司，应当解决这些结构性问题。本条强调的结构性问题是指成为公众公司的高成本，以及公司以牺牲长期发展为代价注重短期收益的压力。

成为公众公司的成本很高，与筹集私募资本相反，IPO 的前景可能会因为成本过高使人望而却步。[171] 例如，在 IPO 的过程中，公司必须在提交注册声明时花费大量的时间和金钱。在传统发行方式中，发行

---

〔169〕 See Special Study Interview，同前注〔163〕。只有约 1/5 的私募证券（private placement offerings）系通过经纪人提供，而这些证券往往属于小众投资。See, e. g., MARY M. DUNBAR, DLA PIPER, FINRA ISSUES GUIDANCE ON PRIVATE PLACEMENT RETAIL COMMUNICATIONS 2 (2020)（指南表示，大约 1/5 的 D 条例发行有经纪商参与），http://pdf. dlapiper. com/pdfrenderer. svc/v1/ABCpdf9/GetRenderedPdfByUrl//FINRA% 20issues% 20guidance% 20on% 20private% 20placement% 20retail% 20communications. pdf/? url = https://www. dlapiper. com:443% 2Fen% 2Fus% 2Finsights% 2Fpublications% 2F2020% 2F07% 2Ffinra - issues - guidance - on - private - placement - retail - communications% 2F% 3F% 26pdf% 3D1&attachment = false [https://perma. cc/ZHM5 - 3DVP].

〔170〕 See de Fontenay et al.，同前注〔149〕，at 3.

〔171〕 如果成为公众公司的好处，比如为早期投资者提高证券流动性不足以抵销注册和持续披露要求的成本，公司可能会决定继续依赖于私募融资方式。

人必须委托承销商先以一定折扣购买证券,[172]然后由承销商进行“询价”,承销商在向本次证券发行时的初始购买人销售证券时获利。[173]尽管近期的改革[174]旨在降低成为公众公司的费用,但它们可能只是推迟产生这些费用,而不是降低这些费用。例如,将“试水”的范围扩大到所有发行人,并不一定会降低成为公众公司的成本。当发行人决定公开发行时,它仍然被要求支付与发行有关的法律和承销费用。因此,上述改革只是推迟产生这些费用。在“试水”之后认识到发行不会成功的发行人肯定会在短期内节省成本,但如果他们最终决定还是要进行 IPO,仍然会产生类似支出。这可能是上述改革没有使 IPO 数量增加的一个重要原因。[175]

SEC 试图通过改革,降低成为公众公司的成本,但市场参与者实际上已经采取了能降低这一成本的替代措施。比如,最近公开市场的两种趋势,均是为了降低成为公众公司的成本:直接上市(direct listing)和特殊目的收购公司(special purpose acquisition company,SPAC)。直接上市是一种公司“不直接向公众出售其股票,也不需要投资银行家的传统承销协助”的上市方式。[176] 前独角兽公司 Spotify 和 Slack 分别在

〔172〕 明确支付给承销商的这种折扣或“价差”(spread),平均占每个 IPO 项目总收益的 7%。See Susan Chaplinsky, Kathleen Weiss Hanley & S. Katie Moon, *The JOBS Act and the Costs of Going Public*, 55 J. ACCT. RscH. 795, 807 tbl. 2 (2017). 这还不包括支付给会计师、律师以及其他中介机构的占总收益 2% 的费用,以及由于定价过低产生的占总收益 13% ~14% 的隐性成本(承销商因低估 IPO 价值导致部分收益实质上从发行人流入承销商选择的机构投资者手中)。同上。

〔173〕 See Frederick A. Elmore IV, *When, as, and if How an Obscure Security Could Make Initial Public Offerings More Efficient*, 14 VA. L. & Bus. REV. 1, 10 (2020).

〔174〕 关于这些改革的总结,参见前文第二部分第(三)节。

〔175〕 关于经验研究的讨论,参见后注〔217〕~〔223〕相关文章内容。

〔176〕 See *The Rise of Direct Listings: Understandingthe Trend, Separating Fact from Fiction*, FENWICK (Dec. 5, 2019), https://www.fenwick.com/insights/publications/the-rise-of-direct-listings-understanding-the-trend-separating-fact-from-fiction [https://perma.cc/RA85-XFGZ].

2018 年和 2019 年公开上市时,都选择了直接上市。[177] 与 IPO 不同,直接上市不是筹资事件,它是现有员工和投资者向公众出售股票的机会。[178] 不过,如下文第四部分第(二)节第 1 点第(2)项所述,SEC 已批准纽约证券交易所(以下简称纽交所)和全国证券交易商协会自动报价系统(以下简称纳斯达克)提出的允许某些公司同时进行直接上市和发行新股筹资的提案。

SPAC 是由发起人组建的公司,其目的是通过 IPO 在交易所筹集的资本,收购一家公司,并且通常是收购一家封闭式公司。[179] 如果"空白支票公司"(blank check company)在 IPO 后的规定时间内(通常是 2 年)没有进行收购,所有筹集的资金将退还给投资者。[180] 在这 2 年期间,SPAC 通常会通过反向并购(reverse merger)收购一家封闭式公司,并购后的存续实体是原封闭式运营公司,它通过"去 SPAC(de-SPAC)"交易成为股份公开交易的公司。[181] SPAC IPO 最近变得越来越受欢迎,一些人将 2020 年称为"SPAC 年"。[182] 截至 2020 年 10 月,SPAC 占 2020 年完成 IPO 总体的 66%。[183] 这样的趋势在降低成为公

---

〔177〕 See Bob Pisani, *Slack Going Public in a Red – Hot IPO Market*, *with a Twist*, CNBC, https://www.cnbc.com/2019/06/20/slack – going – public – in – a – red – hot – ipo – market – with – a – twist.html [https://perma.cc/XNB8 – TYEA] (last updated July 16, 2019, 3:33 PM).

〔178〕 See *Direct Listing*, CORP. FIN. INST., https://corporatefinanceinstitute.com/resources/knowledge/finance/direct – listing/ [https://perma.cc/S2LW – 9JFP] (last visited Mar. 6, 2021).

〔179〕 See Kevin LaCroix, *Rain on the SPAC Parade*?, THE D&O DIARY (Oct. 12, 2020), https://www.dandodiary.com/2020/10/articles/director – and – officer – liability/rain – on – the – spac – parade/ [https://perma.cc/5C6L – ZL25].

〔180〕 同上。

〔181〕 同上。

〔182〕 See James Dunne, 2020: *The Year of the SPAC*, YAHOO!: ENT. (Jan. 5, 2021), https://www.yahoo.com/entertainment/2020 – spac – 194704978.html [https://perma.cc/P48A – QFR4]; *see also* Dave Michaels & Alexander Osipovich, *Blank – Check Firms Offering IPO Alternative Are Under Regulatory Scrutiny*, WALL ST. J. (Sept. 24, 2020, 4:34 PM) (on file with the Columbia Business Law Review), https://www.wsj.com/articles/blank – check – firms – offering – ipo – alternative – are – under – regulatory – scrutiny – 11600979237.

〔183〕 See LaCroix, 同前注〔179〕。

众公司成本方面的功效,会在第四部分第(二)节第1点中讨论。

除了成为公众公司所需的巨大成本外,保持公众公司地位的成本也可能是一种威慑。由于强制性披露要求和与这些披露有关的潜在诉讼威胁,报告公司面临巨大成本。普华永道的一项研究估计,成为公众公司的年平均成本在100万美元到190万美元。[184] 由于这些成本的存在,公司可能只有动力维持封闭式公司形式。[185] 随着《萨班斯法》的通过,公司的合规成本大幅增加,因为报告成本的很大一部分与遵守该法案的披露制度有关。而根据公司的规模,遵守该法案的成本增量从每年10万美元不到至每年200多万美元。[186] 出于对投资者的保护,《萨班斯法》改善了财务报告的内部控制,一些组织已经意识到这一改善对整个公司产生了积极的影响。[187] 然而,对于考虑成为公众公司的封闭式公司来说,这些巨大成本却可能对其产生一种威慑效应。根据《JOBS法》[188]颁布的有关新兴成长型公司免于遵守《萨班斯法》披露要求的豁免规定,可能会减轻一些对新兴成长型公司的威慑效应。但事实上,有证据表明,《萨班斯法》合规成本并不是小公司避免IPO[189]或在IPO后表现不佳的主要原因。[190] 非新兴成长型公司的封闭式公司,像最近仍是封闭式公司形式的科技独角兽公司(估值超过10亿美

[184] See STEPHANIE REVERING ET AL., PRICEWATERHOUSECOOPERS, CONSIDERING AN IPO TO FUEL YOUR COMPANY'S FUTURE?: INSIGHTS INTO THE COSTS OF GOING PUBLIC AND BEING PUBLIC 14 (2017), https://www.pwc.com/us/en/deals/publications/assets/cost-of-an-ipo.pdf [https://perma.cc/ND9V-KTAR](报道记载了2/3受访首席财务官提供的成本范围)。

[185] 同上。

[186] 报告显示大约1/3的组织每年在《萨班斯法》合规上花费至多50万美元,而"一半的组织支出不足100万美元"。PROTIVITI, UNDERSTANDING THE COSTS AND BENEFITS OF SOX COMPLIANCE 1 (2016), https://www.protiviti.com/sites/default/files/united_states/insights/2016-sox-survey-protiviti.pdf [https://perma.cc/Z9DK-KRV3]. 然而,"相当数量的大规模公司"每年花费超过200万美元。同上。

[187] 同上, at 29.

[188] 关于《JOBS法》及其豁免,参见前注[119]~[121]相关文章内容。

[189] See John C. Coates & Suraj Srinivasan, *SOX After Ten Years: A Multidisciplinary Review*, 28 ACCT. HORIZONS 627, 638 (2014).

[190] See Gao et al., 同前注[4], at 1690.

元的公司)和十角兽公司(decacorn)(估值超过100亿美元的公司)[191],会在成为公众公司时,立即受到《萨班斯法》规定的所有披露要求的约束,而无法像新兴成长型公司一样只需遵守《JOBS法》较宽松的披露要求。

另一个可能阻碍公司成为公众公司的重要结构性因素是,公众公司受到来自投资者的更大压力。市场参与者评论说,公开市场旨在奖励短期利益,而不是长期业绩和战略。[192] 这对散户投资者尤其不利,因为他们倾向于通过指数基金持有长期头寸,而不是满足于使用算法交易实现利益的短期战略。[193]

这种对短期利益的关注可能由几个原因造成。首先,短期表现不佳的公众公司可能会受到激进投资者的攻击,这些激进投资者可能会促使董事会采取剥离资产(divestiture)或实施降低成本的措施,促进短期收益增长。[194] 其次,《交易法》中季度报告制度也可能会助长短期主义。[195] 季度报告可能会因为定期提供市场信息而提高价格效率,并可能会通过披露公司的财务状况促进投资者保护。事实上,一些人坚持认为季度报告是提高公司经营状况透明度的一项重要机制,以便投资者和监管机构能够获取作出投资和监管决策所需的信息。[196] 然而,其他人认为,在季度报告制度下,需满足短期收益预期的压力可能会造成"柠

---

[191] See Begum Erdogan et al., *Grow Fast or Die Slow: Why Unicorns Are Staying Private*, MCKINSEY & Co. (May 11, 2016), https://www.mckinsey.com/industries/technology-media-and-telecommunications/our-insights/grow-fast-or-die-slow-why-unicorns-are-staying-private [https://perma.cc/2SL8-NK4X].

[192] See Special Study Interview,同前注[163]。

[193] 同上。

[194] 关于短期主义的讨论,可以参考 John C. Coffee, Jr. & Darius Palia, *The Wolf at the Door: The Impact of Hedge Fund Activism on Corporate Governance*, 41 J. CORP. L. 545, 573-81 (2016),这一话题引起了相当多的争论。

[195] See Press Release, U. S. Sec. & Exch. Comm'n, SEC Solicits Public Comments on Earnings Releases and Quarterly Reports (Dec. 18, 2018), https://www.sec.gov/news/press-release/2018-287 [https://perma.cc/FL2A-JMZU].

[196] See Michael Posner, *Why Quarterly Reporting from Business Makes Sense*, FORBES (Aug. 17, 2018, 1:46 PM), https://www.forbes.com/sites/michaelposner/2018/08/17/why-quarterly-reporting-from-business-makes-sense/ [https://perma.cc/CY74-XNJ7].

檬”问题，因为它会阻碍具有长期愿景的公司成为公众公司，“剥夺经济创新和机会”。[197] 由于封闭式公司没有具体的报告要求，也就没有季度收益压力，此类公司可能会更自由地去追求长期目标和独特的愿景。此外，21 世纪的公司可能需要利用私募股权市场的隐私保护和治理灵活性的优势，保持灵活并更持续地创新。[198]

公开市场的好处（早期投资者享有的流动性）无法抵消公司成为公众公司和保持公众公司地位的令人望而却步的成本和影响。在此情形下，上述每个结构性问题都可能单独或共同产生影响，使公司更愿意在私募市场融资，而不是通过 IPO 融资。

3. 扩大私募市场准入的考虑因素

尽管公开市场仍保持着对投资者保护的“黄金标准”地位，[199] 但私募市场也提供了前景广阔的投资机会，因为目前绝大多数投资者由于不是合格投资者而被排除在私募市场之外。[200] 投资者保护确实是 SEC 首要考虑的问题，但允许封闭式公司在无须进入公开资本市场的情况下便可成长为庞然大物，将有效地阻止非合格投资者直接参与一些发展前景令人振奋公司的成长，如美国太空探索技术公司（SpaceX）或 Instacart（都是维持封闭式公司形式的十角兽公司）的成长。[201] 当

[197] Jamie Dimon & Warren E. Buffett, *Short – Termism Is Harming the Economy*, WALL ST. J. (June 6, 2018, 10:00 PM) (on file with the Columbia Business Law Review), https://www.wsj.com/articles/short – termism – is – harming – the – economy – 1528336801.

[198] See Jerold L. Zimmerman, *The Role of Accounting in the Twenty First Century Firm*, ACCT. & BUS. RSCH. 485, 499 (2015). 齐默尔曼（Zimmerman）解释说，与 19 世纪和 20 世纪依赖通过流动性股票筹集大量实物资本的企业相比，“21 世纪的企业……更多地依赖知识型人才，以积累无形资产”。同上，at 487. 由于只拥有少量的实体财产用作债务担保物，这些企业更有可能转向私募市场而非向公开市场吸收资本。同上。

[199] See de Fontenay et al., 同前注〔149〕, at 2.

[200] See Accredited Investor Definition, 85 Fed. Reg. 64,234, 64,272 (Oct. 9, 2020) (to be codified at 17 C.F.R. pts. 230, 240). 受通货膨胀影响，约有 13% 的美国家庭符合合格投资者标准，而 1983 年仅有 2% 的美国家庭符合合格投资者标准。同上。

[201] See *The Complete List of Unicorn Companies*, *CB INSIGHTS*, https://www.cbinsights.com/research – unicorn – companies [https://perma.cc/7CLP – JY82] (last visited Mar. 2, 2021).

然,事情并不总是这样。创业公司的传统成长轨迹包括多轮私募融资,通常最终都会进行 IPO 和公开上市。[202] 多轮融资包括来自亲朋好友的初始启动资金,以及来自天使投资者的额外资金,这些种子资金用于创业公司早期成长;还包括一系列风险资本的融资,用于为公司发展提供资金,直到投资者能够通过 IPO 或战略投资者的收购来变现。[203] 风险投资者(venture investor)对这类公司的第一次投资和退出之间的时间间隔通常是 7 年。[204] 这个周期与大多数风险资本基金(通常上限是 10 年)的时间表一致。[205] 公司在私募市场经过 7 年的成长并进入公开市场后,传统的散户投资者可以通过直接投资公司股票或持有多样化的指数基金,参与公司的持续成长。[206]

截至 2014 年,封闭式公司,尤其是科技公司,维持公司形式的时间更长了,平均为 11 年,而私募资金正在产生越来越多的独角兽公司和十角兽公司。[207] 随着公司维持封闭式形式的时间延长,非合格投资者错过了公司发展最迅猛的阶段。[208] 事实上,从 2017 年到 2019 年,进

[202] See Seth C. Oranburg, *Democratizing Startups*, 68 RUTGERS U. L. REV. 1013, 1032 (2016).

[203] 同上。

[204] 同上。

[205] 同上。

[206] See Frank Partnoy, *The Death of the IPO*, ATLANTIC (Nov. 2018), https://www.theatlantic. com/magazine/archive/2018/11/private - inequity/570808/ [https://perma. cc/8ZNL - RV4S]. 值得注意的是,中小投资者确实有机会通过共同基金投资封闭式公司。然而,根据《1940 年投资公司法》(Investment Company Act of 1940)第 22e - 4 条规则,注册的开放式投资基金(open - ended investment fund)最多只能将其资产的 15% 投资于非流动性投资(私募投资),以确保基金能每日赎回。17 C. F. R. § 270. 22e - 4(b)(1)(iv) (2020). SEC 还规定 15% 的限制适用于注册的封闭式基金(closed - end fund),除非该基金仅面向合格投资者。See Doherty et al., 同前注〔163〕, at 9 & n. 54, 10 & n. 55.

[207] See Erdogan et al., 同前注〔191〕。

[208] See Matt Phillips & Erin Griffith, In This Tech I. P. O. Wave, Big Investors Grab More of the Gains, N. Y. TIMES (Mar. 28, 2019), https://www. nytimes. com/2019/03/28/business/startups - ipo. html [https://perma. cc/EM2C - KYV8].

行 IPO 公司的市值平均下跌了 8%，而标准普尔 500 指数上涨了 12%。[209] 由于公司维持封闭式形式的时间延长，这些公司的早期成长将越来越多地被最富有的投资者所实现。这些投资者可以投资于风险基金，或直接投资于 D 条例发行，并在高估值的 IPO 中“套现”。[210] 推迟给予中小投资者投资高成长性封闭式公司的机会，很可能会增加财富不平等，而证券法的施行也可能已经在加剧这种不平等。[211] 非合格投资者不能投资于对冲基金、私募股权基金或风险投资基金，从而错失了平均回报高于公募股权投资工具的机会。[212] 限制非合格投资者投资于私募股权和潜在高成长性的投资工具，已经“使投资精英相对于中产阶级更加富有”。[213] 随着私募市场的不断发展，继续将非合格投资者大范围地排除在私募市场之外，很可能加剧财富不平等。

（二）零散改革并未对政策考量作出回应

如前所述，对公开市场和私募市场的政策考量，呈现相互竞争的趋势。为此，监管机构试图以权宜之计来解决这些问题。在过去 10 年陆续出台立法和制定规则，试图通过《JOBS 法》和随后颁布的规则来激励公司成为公众公司，从而保护公开市场。[214] 但种种证据表明，这些举措取得的效果有限。而且，最近私募市场因早期成长回报的良好前景，导致各方力求扩大豁免发行框架。[215] 总体而言，公开市场和私募市场的改革似乎正在增加公司维持封闭式形式的能力，而没有能够在这种能力与推动公司成为公众公司的激励措施之间提供适当的平衡。

《JOBS 法》旨在通过减轻 IPO 过程的成本负担，缩减某些持续披

---

〔209〕 同上。这表明，公众公司在公开发行时的市值被高估，进而剥夺了中小投资者在公司高成长时期的收益。然而，应该谨慎对待该统计数据——仅依赖标准普尔 500 指数，会让人觉得公司表现良好，而且由于这些被统计的公司每月都会被添加至标准普尔 500 指数中或从中被删除，因此，使用上述指数作为基准可能会产生选择偏见。

〔210〕 See Partnoy，同前注〔206〕。

〔211〕 See Kevin G. Bender, *Giving the Average Investor the Keys to the Kingdom: How the Federal Securities Laws Facilitate Wealth Inequality*, J. BUS. & SEC. L., Spring 2016, at 1, 26 – 28.

〔212〕 同上, at 26.

〔213〕 同上, at 36.

〔214〕 参见前文第二部分第（三）节。

〔215〕 参见前注〔136〕~〔147〕相关文章内容。

露义务和公司治理要求，从而鼓励新兴成长型公司走向公开市场。[216] 然而，这些变化是否有意义地增加了新兴成长型公司的IPO数量，相关的证据表明，其效果并不特别明显。[217] 在某些行业，特别是在生物技术公司中，有证据表明《JOBS法》对IPO的增加产生了积极意义。[218] 最近的一项研究发现，"在《JOBS法》施行后的6年期间，生物技术公司IPO数量增加了219%"。[219] 这一研究表明，从理论上说，新兴成长型公司的《JOBS法》合规成本降低，对生物技术公司非常重要，因为生物技术公司在获得美国食品药品监督管理局（Food and Drug Administration）的批准之前，必须在研发上投入大量资金。[220] 在这个行业中，这些与资本相关的成本，使这些公司成为IPO的主要候选者。由于IPO后的合规成本降低，生物技术公司能够在无营收情况下向公众筹集更多资金，并将资本集中投在研发上，而不是用在完成通常对上市公司强制更高的披露义务上。[221] 重要的是，这项研究发现"没有证据表明成为公众公司的生物技术公司的质量会下降"。[222] 然而，将新兴成长型公司作为一个整体进行更广泛的研究后发现，在这些公司成为公众公司的

---

〔216〕 参见前文第二部分第（三）节。

〔217〕 See Gallagher，同前注〔121〕，at 329 – 30. 例如，一项研究发现，在《JOBS法》施行后的两年里，IPO的数量增加了50%。但另一项研究表明，小公司（即《JOBS法》针对的公司）的IPO数量并没有显著增加。参见同上，at 327 – 28［first citing Michael Dambra，Laura Casares Field & Matthew T. Gustafson，*The JOBS Act and IPO Volume：Evidence that Disclosure Costs Affect the IPO Decision*，116 J. FIN. ECON. 121，122（2015）；and then citing Carlos Berdejó，*Going Public After the JOBS Act*，76 OHIO ST. L. J. 1，35（2015）］.

〔218〕 See Craig M. Lewis & Joshua T. White，Deregulating Innovation Capital：The Effects of the JOBS Act on Biotech Startups 2（Aug. 21，2020）（unpublished manuscript）（on file with the Columbia Business Law Review），https://papers. ssrn. com/sol3/papers. cfm? abstract_id = 3640852.

〔219〕 同上。

〔220〕 同上，at 2 – 3.

〔221〕 同上。

〔222〕 同上，at 33.

质量方面,结果却并不令人满意。[223]

虽然最近的一些数据表明,《JOBS 法》增加了新兴成长型公司 IPO 的数量,但披露要求的放宽,似乎降低了这些公司成为公众公司的质量。[224] 在提供了内部控制管理报告的新兴成长型公司申请人中,有46%的公司报告了公司治理方面的重大弱点,[225] 而在交易所上市的新兴成长型公司报告的重大控制弱点数量,却是在交易所上市的非新兴成长型公司报告重大控制弱点的2倍。[226] "这表明,《JOBS 法》关于新

---

〔223〕 See *The JOBS Act at Five: Examining Its Impact and Ensuring the Competitiveness of the U. S. Capital Markets: Hearingon the Jumpstart Our Business StartupsAct (JOBS Act), Pub. L. No.* 112 – 106, 126 *Stat.* 306 (2012) *Before the H. Subcomm. on Cap. Mkts., Sec. &Inv. of the H. Comm. on Fin. Servs.*, 115th Cong. 8 (2017) [*hereinafter JOBS Act Hearing*] (statement of Andy Green, Managing Director of Economic Policy, Ctr. for Am. Progress).

〔224〕 同上, at 8 – 9. 在一版未经口头供述的证词中,格林(Green)指出,《JOBS 法》施行以来,87%的 IPO 是由新兴成长型公司申请人进行的,因为他们能够利用《JOBS 法》中适用于其的较宽松的监管标准。ANDY GREEN, CTR. FOR AM. PROGRESS, THE JOBS ACT AT FIVE: EXAMINING ITS IMPACT AND ENSURING THE COMPETITIVENESS OF THE U. S. CAPITAL MARKETS: TESTIMONY BEFORE THE U. S. HOUSE OF REPRESENTATIVES SUBCOMMITTEE ON CAPITAL MARKETS, SECURITIES AND INVESTMENT 3 (2017) (citing EY, UPDATE ON EMERGING GROWTH COMPANIES AND THE JOBS ACT (2016), http://www. ey. com/Publication/vwLUAssets/ey – update – on – emerging – growth – companies – and – the – jobs – act – november – 2016/ $ FILE/ey – update – on – emerging – growth – companies – and – the – jobs – act – november – 2016. pdf), https://docs. house. gov/meetings/BA/BA16/20170322/105717/HHRG – 115 – BA16 – Wstate – GreenA – 20170322. pdf [https://perma. cc/87V5 – XP7X]. 然而,新兴成长型公司的标签仅仅是一个公司规模的暗示,并不表示公司"令人兴奋或富有创新性"。同上。事实上,如按资产计算公司规模,多数新兴成长型公司申请人"是房地产投资信托、州立和联邦特许商业储蓄银行以及药物制剂公司",而不是我们通常所说的"成长型"公司。参见同上[citing KEVIN MURPHY, TOSHA WILLIAMS & HARSHA SAMARAWEERA, WHITE PAPER ON CHARACTERISTICS OF EMERGING GROWTH COMPANIES AS OF MAY 15, 2016, at 12 (2016), https://pcaobus. org/EconomicAndRiskAnalysis/ORA/Documents/White – Paper – on – Characteristics – of – Emerging – Growth – Companies – May – 2016. pdf] [https://perma. cc/DUV2 – STDE].

〔225〕 See *JOBS Act Hearing*, 同前注〔223〕, at 8 (statement of Managing Director of Economic Policy, Ctr. for Am. Progress).

〔226〕 See GREEN, 同前注〔224〕, at 4.

兴成长型公司无须进行《萨班斯法》审计鉴证的条款,对发行质量产生了负面影响。"[227] 2017 年的一项研究发现,在《JOBS 法》施行之前,新兴成长型公司的资产回报率比非新兴成长型公司平均低 10.6%,但在该法案通过后的前 4 年,这一差距扩大到了 21.8%。[228] 最后,一项由查普林斯基(Chaplinsky)、汉利(Hanley)和穆恩(Moon)进行的实证研究表明,虽然《JOBS 法》可以降低公司成为公众公司的成本,但这种降低可能以牺牲资本形成和股票流动性为代价。[229] 这项研究发现,与《JOBS 法》施行前进行 IPO 的类似规模公司相比,新兴成长型公司发行人面临价格下跌增加了 76%,并由此得出结论,认为这可能是由于投资者可获得的发行人信息减少了,而投资者不愿意为他们无法充分评估的股票支付那么多钱。[230] 平均来说,对于受《JOBS 法》宽松披露要求影响的新兴成长型公司发行人,其 IPO 后市场价值大约下降了 3%。[231]

2017 年和 2019 年将秘密递交和"试水"优势扩大至非新兴成长型公司,其整体效果仍有待观察。一项对秘密递交扩大影响的分析研究发现,在 SEC 于 2017 年扩大秘密递交范围后的一年中,非新兴成长型公司的 IPO 数量和在市场中的 IPO 比例均未增加。[232] 既然非新兴成长型公司也能够"试水",可能更多的该类公司将开始推进 IPO 程序。但是,鉴于这一变化最近是于 2019 年 9 月发生的,再加上 2020 年上半年的市场动荡因素,此次扩大对公开市场发展的影响尚不清楚。

---

[227] 同上。

[228] See Kai Lu, The JOBS Act and Post IPO Performance of EGC Firms 20 (Feb. 1, 2017) (unpublished manuscript) (on file with the Columbia Business Law Review), https://papers.ssrn.com/sol3/papers.cfm?abstract_id=2927722. 尽管在《JOBS 法》施行之后新兴成长型公司的回报可能低于非新兴成长型公司的回报,但应该注意的是,公司质量未必是这种差距的唯一原因。新兴成长型公司与非新兴成长型公司相比,规模更小,成立时间更短,因此也可能无法表现得像非新兴成长型公司申请人那样良好。因此,将不同的披露要求作为导致差异化表现的原因,可能是不恰当的。

[229] See Chaplinsky et al., 同前注〔172〕, at 799.

[230] 同上, at 797–99. 在 IPO 申请中,新兴成长型公司可能会对财务和高管薪酬的披露进行限制。参见同上, at 796–97.

[231] 同上, at 800.

[232] See Gallagher, 同前注〔121〕, at 348 tbl. 7(显示了 2015 年至 2017 年的相似比例)。

《JOBS 法》在吸引公司进入公开市场方面成效有限，这可以归因于它未能解决公众公司持续衰退背后的促因。近几十年来的市场结构变化和监管规则选择，改变了公司决定成为公众公司时的成本效益分析。从历史上看，为换取接触更广泛的投资者群体即社会公众的机会，公司承担了成为公众公司的成本。[233] 然而，如上文第三部分第(一)节第 2 点所述，多年来的监管显著增加了公司成为公众公司并维持公众地位所需的成本。与此同时，最近的改革却增加了公司维持封闭式形式的好处。这些改革使公司能够更久地维持封闭式形式，扩大能够在私募市场投资的投资者类别，从而增加了可用私募资本的数量。[234]

《JOBS 法》允许甚至是规模最大的公司通过增加其在被视为报告公司前可以拥有的登记股东数量，从而更久地延迟成为公众公司。[235] 脸书(Facebook)是游说增加登记股东数量的公司之一，它就是一个很好的例子。[236] 2011 年，Facebook 在完成一轮私募融资(当时估值 500 亿美元)之后不久，就达到了之前规定的 500 名股东的门槛。[237] 由于当时《JOBS 法》尚未签署成为法律，这从根本上迫使这家科技巨头公

[233] See de Fontenay，同前注[81]，at 466.

[234] 参见前文第二部分第(二)节至第(三)节。

[235] 参见前注[134]-[135]相关文章内容。

[236] See Sloan，同前注[134]。

[237] 同上。该次募资因其本身结构和可能存在违反劝诱与沟通规则，而受到 SEC 的密切关注。See Michael J. de la Merced, *Facebook Completes $1.5 Billion Fund Raising Round*, N. Y. TIMES: DEALBOOK (Jan. 21, 2011, 4:50 PM), https://dealbook. nytimes. com/2011/01/21/facebook - completes - 1 - 5 - billion - fundraising - round/ [https://perma. cc/RZ2P - R7SX]. 该交易的结构是，起初由高盛(Goldman Sachs)自掏腰包 4.5 亿美元投资 Facebook，然后是高盛向其客户筹集 15 亿美元，用于投资于一个专为投资 Facebook 设立的特殊目的实体。See *The Goldman Sachs Facebook Deal: Is this Business as Usual?*, KNOWLEDGE@WHARTON (Jan. 19, 2011), https:/knowledge. wharton. upenn. edu/article/the - goldman - sachs - facebook - deal - is - this - business - as - usual/ [https://perma. cc/89F8 - QXJ2]. 这个基金将作为单一投资者，确保 Facebook 满足股东人数不超过 499 人的限制。同上。据沃顿金融学教授大卫·韦塞尔斯(David Wessels)说，这种结构“可能符合法律的文意，但肯定不符合法律的精神”。同上。然而，由于筹资消息的泄露及引发的广泛关注，人们担心这次发行可能违反 SEC 的沟通禁令。同上。最后，高盛仍然投资了 4.5 亿美元，但将外部投资限制在外国人身上，以确保不违反任何规则。同上。

司只能成为一家报告公司。[238] 如果《JOBS 法》在 2012 年前生效,Facebook 就可以等到其股东数量达到原来的 4 倍时再进入公开市场。

此外,投资者希望能够对创业公司进行股权投资,而《众筹条例》本身可以被视为对这一愿望作出的临时监管回应,它使低于一定净值或年收入上限的投资者能够进行有限的投资。[239] 更重要的是,如下文第四部分第(一)节所述,SEC 决定扩大合格投资者定义[240],却不将财富门槛与通胀挂钩,这将进一步扩大能够投资于私募市场的投资者数量。最后,SEC 在 2021 年 1 月敲定的新规则[241]增加了通过各种豁免发行所能筹集的资金总额。总而言之,我们认为这些改革措施,并没有在鼓励进入公开市场和解决私募市场发展之间取得合适的平衡。

四、哥伦比亚大学专题研究的建议和观点

到目前为止,自《JOBS 法》施行以来所进行的零散改革,并没有在有意义地增加公众公司数量的同时,为公司创造更大的维持封闭式形式的选择权。如果要在鼓励公司走向公开市场和扩大进入私募市场的机会之间取得合适的平衡,就需要先考虑拟议变化同时对这两个市场的影响,再采取更协调的方式。这一方式包括确保准入私募市场的投资者范围仅扩大到那些能够充分保护自己免受风险的投资者。为此,在短期内,我们建议将合格投资者的定义与通胀挂钩,并将获得受托人建议的投资者纳入其中。

然而,要想补救公开市场上公司数量下降的问题,就需要对公开市场的结构性问题进行深入的考察。鉴于这两个市场都发生了重大变化,对整个市场结构进行全面考察的时机已经成熟。由于包括技术发展和金融创新在内的根本性变化,今天的市场与之前几十年的市场有了巨大不同。为了有效地改革监管方式,有必要对这些变化背后的驱

[238] See Sloan, 同前注〔134〕。

[239] 参见前注〔60〕~〔61〕相关文章内容。

[240] 参见前注〔8〕。

[241] 参见前注〔136〕~〔147〕相关文章内容。

动因素进行全面考察。因此，从长远来看，我们呼吁对哥伦比亚大学法律和经济学项目主席对其倡导的一项专题研究进行资助。

(一)对合格投资者定义的补充修订

考虑到私募市场可以为知识型投资者带来巨大利益，最佳策略是将准入私募市场的投资者范围扩大到金融成熟度高或能获得适当投资建议的投资者。合格投资者的定义或许是实现这一目标的最重要工具。[242] 由瑞斯顿·普瑞纳公司一案来看，[243] 我们认为证券法应当在投资者成熟度与投资者保护、信息披露和法律责任之间建立一种有弹性的平衡。SEC 通过将合格投资者定义扩展到包括符合特定认证标准的个人投资者，在一定程度上正朝着这一方向前进。[244] 然而，此次修订并未解决合格投资者定义中一些最紧迫的问题，即修订后的合格投资者定义未能将通货膨胀因素纳入考量[245]（这意味着每年都有更多的个人投资者可以获得合格投资者的资格），或未能以其他方式保护最弱势的投资者。为更好地平衡投资者保护与扩大私募市场准入之间的关系，我们建议将合格投资者定义与通胀挂钩，并对其进行修订，纳入可以获得受托人建议的投资者。[246]

包括学者、监管者、投资者和行业组织在内的多个团体，都表示支持将合格投资者定义中的财富门槛与通胀挂钩。[247] 事实上，未能将通

---

[242] See Press Release, Allison Herren Lee, Comm'r, U. S. Sec. & Exch. Comm'n & Caroline Crenshaw, Comm'r, U. S. Sec. & Exch. Comm'n, Joint Statement on the Failure To Modernize the Accredited Investor Definition (Aug. 26, 2020), https://www. sec. gov/news/public – statement/lee – crenshaw – accredited – investor – 2020 – 08 – 26#_ftn1 [https://perma. cc/V97D – AYFG].

[243] SEC v. Ralston Purina Co., 346 U. S. 119 (1953).

[244] Accredited Investor Definition, 85 Fed. Reg. 64,234, 64,241 (Oct. 9, 2020) (to be codified at 17 C. F. R. pts. 230, 240).

[245] 同上, at 64,254.

[246] 2017 年，财政部发布了一份报告，建议扩大合格投资者定义，将获得受托人建议的投资者包括在内。TEVEN T. MNUCHIN ET AL., U. S. DEP'T OF TREASURY, A FINANCIAL SYSTEM THAT CREATES ECONOMIC OPPORTUNITIES: CAPITAL MARKETS 44 (2017), https://www. treasury. gov/press – center/press – releases/documents/a – financial – system – capital – markets – final – final. pdf [https://perma. cc/BH3G – 22R3].

[247] See Press Release, Lee & Crenshaw, 同前注〔242〕。

胀纳入考量,已经导致符合合格投资者资格的家庭数量自1983年以来增加了550%,[248]这一扩张与投资者的成熟度完全无关。SEC的理由是,将通胀因素纳入考量会减少私募市场的资本供给,并且是不必要的,因为如今的投资者能够通过互联网获得更多的信息。[249] 然而,SEC对《众筹条例》下的投资所采取的监管方式削弱了这一理由。众筹投资者往往拥有较小的资本供给,并且只能接收相对有限的信息,但是众筹投资的规则却对投资限制和财富门槛都根据通胀情况进行了调整。[250] 此外,私募市场贡献了2019年筹集新资本总额的70%。[251] 因此,尽管将通胀纳入考量可能会对私募市场中的可用资本产生负面影响,但跟这种担忧相比,我们似乎更需要确保只有那些能够理解和承担私募市场风险的投资者才能投资于私募市场。[252] 此外,关于私募市场的信息仍然匮乏,包括有多少次发行,投资者对投资回报或面临欺诈风险时的表现如何,个人投资者的比例是多少,以及有多少投资者会因为该定义的修订而成为合格投资者等。[253] 而对这些信息的了解,可以帮助形成对"合格投资者"更有针对性的重新定义。

最近修订的合格投资者定义,也没能减少可能在私募市场中面临

---

[248] 同上。

[249] 同上[quoting Amending the "Accredited Investor" Definition, Securities Act Release No. 10,824, at 79, 145 (Aug. 26, 2020), https://www.sec.gov/rules/final/2020/33-10824.pdf][https://perma.cc/H5FR-QW7B]。SEC认为,当今的投资者由于互联网的出现而能获得更多信息的理由,是站不住脚的。仅在互联网上获得更多的信息,与投资者能否"自我保护",或是否成熟、足以分析关于封闭式公司有时有限的公开信息无关。同上。

[250] See EDWARD JOHN GRATTAN II, BUCHANAN INGERSOLL & ROONEY PC, THE SEC ADOPTS INFLATION ADJUSTMENTS AND OTHER TECHNICAL AMENDMENTS UNDER THE JOBS ACT 1 (2017), https://www.bipc.com/assets/PDFs/Insights/The%20SEC%20Adopts%20Inflation%20Adjustments%20and%20Other%20Technical%20Amendments%20Under%20the%20JOBS%20Act.pdf [https://perma.cc/ZL4U-BSJB].

[251] See Press Release, Lee & Crenshaw, 同前注[242](citing Amending the "Accredited Investor" Definition, Securities Act Release No. 10,824, at 5)。

[252] 同上(强调保护非成熟投资者免受私募市场风险的重要性)。

[253] 同上(quoting Amending the "Accredited Investor" Definition, Securities Act Release No. 10,824, at 102, 104, 110)。

欺诈风险的投资者数量。[254] 私募市场投资通常缺乏信息披露和流动性，使投资者面临更大的欺诈风险。[255] 尽管SEC能注意到合格投资者定义中的财富门槛并不直接导致此类欺诈发生，但该财富门槛由于允许更多非成熟投资者进入私募市场，可能间接导致此类欺诈的发生。[256] 修订合格投资者定义，纳入可以接受顾问指导的投资者，由于这些顾问均受到信义标准(fiduciary standard)约束，这将比目前的修订更好地解决前述提及的风险。[257] 该提案要求私募市场投资者由1名受托人提供建议，从而确保非机构投资者至少能够意识到私募市场存在的特有风险。负有信义义务的顾问始终都应以客户最大利益为出发点行事，这是其法定义务。[258] 同样地，负有信义义务的信托投资顾问或经济自营商(broker-dealer)还有一项法定义务，为仅在某项私募市场投资符合客户最大利益的情况下，才能推荐该投资。因此，接受由受到信义标准约束的顾问建议的投资者，可以实现"自我保护"，应当享有在私募市场进行投资的机会。此外，负有信义义务但未能尽到其信义责任的顾问，应当对客户承担民事损害赔偿责任。[259] 除这一信义义务标准外，对客户来说充满竞争的市场预期，将提高经纪自营商和投资顾

---

[254] 同上。

[255] 同上。老年投资者尤其容易受到此类欺诈。老年人之所以财富丰厚，是因为时间的积累，而不是金融成熟度，并且，如今财富越来越集中在老年家庭。因此，未注册发行经常被用来欺诈老年投资者。See RACHITA GULLAPALLI, MISCONDUCT AND FRAUD IN UNREGISTERED OFFERINGS: AN EMPIRICAL ANALYSIS OF SELECT SEC ENFORCEMENT ACTIONS 4, 19 (2020), https://www.sec.gov/files/Misconduct%20And%20Fraud%20In%20Unregistered%20Offerings.pdf [https://perma.cc/5JKD-UWC8]

[256] See Press Release, Lee & Crenshaw, 同前注[242]。

[257] 此外，在净值门槛因通货膨胀而被调整后，原先合格的投资者可能不再符合标准。而对基于顾问的合格投资者的定义，将确保这些人仍能够通过顾问投资私募市场。

[258] See *Information for Newly-Registered Investment Advisers*, U.S. SEC. & EXCH. COMM'N (Nov. 23, 2010), https://www.sec.gov/divisions/investment/advoverview.htm [Q9VG-8VFP].

[259] See Jonathan N. Eisenberg, *The Year in Review: SEC Enforcement Actions Against Investment Advisers*, HARV. L. SCH. F. ON CORP. GOVERNANCE (Dec. 19, 2016), https://corpgov.law.harvard.edu/2016/12/19/the-year-in-review-sec-enforcement-actions-against-investment-advisers/ [https://perma.cc/NWD6-ZY6F].

问的谨慎标准,因为他们的商业模式依赖于其声誉,以及客户对其业务的持续需求。因此,市场力量应该对信义义务标准起到补充作用,以确保顾问提供高质量的投资建议。

要求不符合特定知识标准的非机构投资者由一位受托人提供建议,将降低私募市场上有限披露所带来的风险。许多私募"投资很可能达不到美国金融业监管局所规定的'适当性'标准,以及SEC最近通过的《最佳利益条例》标准"——这两个标准的严格性都不如信义义务标准。[260] 负有义务的顾问会向投资者提出上述风险建议,并很可能对此类高风险投资提出防范建议,甚至可能会使投资者获得相对机构投资者而言更有前景的投资机会。这都将可能减轻私募市场上散户投资者目前面临的信息不对称问题。[261] 由此可见,拟修改的定义还将限制私募市场上散户投资者可能面临的损失风险。最后,拟议修订将最大限度地减少不知情的投资,以及在负有信义义务顾问擅长于基本面价值分析的情况下,使投资者更大范围的知情。这将提高投资价格的准确性,进而促进资本投资。我们相信,拟议修订若与其他使公开市场更具吸引力的措施相结合,将会使私募市场的资本分配更加有效,同时对公开市场造成的不利影响减到最小。

在扩大合格投资者定义的同时,SEC还应该考虑调整私募市场中的法律责任标准。如先前所讨论的,私募市场中的法律责任标准要远低于公开市场中的法律责任标准。[262] 在公开市场中,公司的董事和高管对公司注册声明或持续披露中的任何重大虚假陈述都要承担绝对法律责任。相反,封闭式公司的董事和高管仅会因投资者所依赖的鲁莽虚假陈述,承担《交易法》规定的一般欺诈标准下的法律责任。虽然这些公司的确会根据这一标准被认定承担责任,[263] 但这一标准仍然比公

---

〔260〕 See de Fontenay et al., 同前注〔149〕, at 7.

〔261〕 关于这种不对称性,参见前注〔167〕~〔169〕相关文章内容。

〔262〕 关于这一讨论,参见前注〔21〕~〔26〕、〔90〕~〔92〕相关文章内容。

〔263〕 See, e. g., Erika L. Robinson, Rosemary G. Reilly & Yoon - Young Lee, *SEC Reaffirms the Broad Reach of Rule 10b - 5 to Private Companies*, WILMERHALE (Dec. 22, 2011), https://www. wilmerhale. com/en/insights/publications/sec - reaffirms - the - broad - reach - of - rule - 10b - 5 - to - private - companies - december - 22 - 2011 [https://perma. cc/WUV9 - HEKW].

众公司承担责任的标准要低得多。因此,如果在没有额外的投资者保护措施到位的情况下,为扩大私募市场的投资者群体,那么,SEC 就应该考虑建议国会将私募市场的责任制度从欺诈标准改为过失标准,以便更好地保护投资者。

上述对合格投资者定义的修正建议,将财富标准与通胀挂钩,并纳入可获得受托人建议的个人投资者,可能会减少有能力在私募市场进行投资的个人数量。为了减轻这些变化的影响,并安全地扩大非合格投资者进入私募市场的机会,SEC 还应该考虑允许非合格投资者投资于公开交易基金(publicly traded funds),再由公开交易基投资于私募市场。[264] 允许中小投资者投资于开放式或封闭式公开交易共同基金,该类基金用于对私募市场进行投资,将会增加中小投资者分散投资的机会,同时也能确保投资者的流动性。[265] 此外,雇主资助的设定提存计划,即 401(k)计划,也可以是非合格投资者用来投资于私募市场的工具。尽管《1974 年雇员退休收入保障法》(Employee Retirement Income Security Act of 1974)并不禁止设定提存计划用于投资私募基金,但是由于私募基金中的股份流动性有限,以及计划顾问(plan advisor)作为受托人所面临的诉讼风险,该等投资并不普遍存在。[266] 为促进通过 401 (k)计划投资私募市场基金,美国劳工部(Department of Labor)应当做到:(1)就受托人在作出与其信义义务相符的投资决定时,可能考虑的全部因素给予明确的指引;(2)"为在长期退休基金投资方面见多

---

〔264〕 See John Finley, Expanding Retail Access to Private Markets 10 (Nov. 2019), https://www. sec. gov/spotlight/sbcfac/expanding - retail - access - to - private - markets - finley. pdf [https://perma. cc/2TPK - PARR].

〔265〕 当然,允许这样做,需要修改《1940 年投资公司法》中关于开放式基金投资非流动资产的限制。See Doherty et al., 同前注〔163〕, at 9 & n. 54, 10. 然而,这样的提议可能会给开放式基金带来流动性问题。如果该基金投资了大量的非流动性封闭式公司,而基金出现了抛售,那么在赎回方面可能会出现问题。同上, at 9 n. 54. 与只投资于可以在市场中售出的公开交易证券的共同基金不同,投资受限证券的基金在基金抛售时,可能需要在豁免转售中出售这些证券。

〔266〕 同上, at 12.

识广、作出善意努力的计划受托人扩大[诉讼]安全港范围”。[267]

无论是采用以受托人为基础的合格投资者定义,还是允许非合格投资者通过基金进行投资,都将大大降低根据第506(b)条规则向非合格投资者发行证券的边际成本。因为,如果发行人根据第506(b)条规则向非合格投资者发行证券,发行人目前必须向该等投资者提供其向合格投资者提供相同信息披露的内容。[268] 提供这些额外信息披露的边际成本很高,因此在实践中,一般不建议发行人根据第506(b)条规则向非合格投资者发行证券。[269] 然而,负有信义义务的顾问或基金可以被认定为单一的合格投资者。因此,这两种解决方案中的任一种(或两种),都会以更具成本效益的方式在确保非合格投资者受到充分保护的同时,可以根据第506(b)条规则向非合格投资者发行证券。

SEC最近发布了《最佳利益条例》,这是一项针对提供投资建议的经纪自营商的新规则。[270] 《最佳利益条例》是一项新的行为标准,高于现行的适当性标准,但低于投资顾问必须遵守的信义义务标准。[271] 目

---

[267] 同上, at 12 – 13. 值得注意的是,2020年6月3日,劳工部确实就此事发布了一批指导意见;然而,尽管这些指导意见可能使得针对401(k)受托人投资私募基金的诉讼更难获胜,但它并没有完全“免除[受托人的]责任”。See Lydia Wheeler, *Private Equity Options for* 401(*k*)*s Bring Litigation Uncertainty*, BLOOMBERG: L. (June 4, 2020, 3:54 PM), https://news. bloomberglaw. com/employee – benefits/private – equity – options – for – 401ks – bring – litigation – uncertainty [https://perma. cc/5ECM – 4RGZ]. 指导意见函的结论是,受托人不会仅因为其提供了一个带有私募股权成分的专业管理资产配置基金而违反信义义务。Letter from Louis J. Campagna, Chief, Div. of Fiduciary Interpretations, U. S. Dep't of Lab., to Jon W. Breyfogle, Groom Law Grp. 5 (June 3, 2020), https://www. dol. gov/sites/dolgov/files/EBSA/about – ebsa/our – activities/resource – center/information – letters/06 – 03 – 2020. pdf [https://perma. cc/ZKP8 – HX62]. 但同时,指导意见函还提醒,受托人仍然必须“进行客观、全面和分析性的过程,将资产配置基金与不包括私募股权成分的适当替代基金进行比较,预期投资分散和提高投资回报的机会,以及与私募股权成分相关的复杂性”。同上, at 5 – 6.

[268] 参见前注〔78〕相关文章内容。

[269] 参见前注〔78〕。

[270] 17 C. F. R. § 240. 151 – 1 (2020).

[271] *Compared id.* § 240. 151 – 1(a) (《最佳利益条例》), *with* FINRA R. 2111(a) (Fin. Indus. Regul. Auth., Inc. 2020) (适当性), *and Information for Newly – Registered Investment Advisers*, 同前注〔258〕(信义义务).

前尚不清楚《最佳利益条例》将如何在实践中实施。因此,我们建议,SEC 目前不要将合格投资者定义扩大到“包括接受经纪自营商根据《最佳利益条例》标准提供建议的投资者”。

尽管有上述潜在好处,但采纳对合格投资者定义的修改方案,可能会让封闭式公司利用这一定义的漏洞,在保持封闭式公司形式的同时,成为事实上的公众公司。为了防止这种情况发生,SEC 应该审查适用于私募市场证券交易平台的规则,以及因为此类市场活动而拥有大量股东封闭式公司的后果。在这方面,我们建议,SEC 应当考虑修改《交易法》第 12(g)条,要求公司进行报告的股东门槛改回至 500 人。〔272〕

(二)通过新专题研究解决与公开市场有关的结构性问题

尽管通过以上建议的方法扩大可进入私募市场的投资者范围,将有助于保护中小投资者免受私募市场风险的影响,但鉴于公开市场目前的结构和监管方式,私募市场仍然会比公开市场更具吸引力。为了研究保护公开市场的方法,我们支持哥伦比亚大学一项新专题研究的继续进行,该研究系资本市场法律与经济学项目主席所倡导,我们还建议增加对该项研究的资助。该项研究旨在促进对“市场微观结构和监管改革之间关系”的更好理解,由 3 个阶段组成。〔273〕 第一阶段于 2018 年夏季完成,最终以出版书籍的形式,确定了当今最紧迫的证券监管问题,并明确了哪些问题已被现有文献所回答,哪些问题需要进一步的实证研究。〔274〕 第二阶段是在上述工作的基础上,就“被认为最重要的”法律和经济问题,对证券监管机构和私人行为者展开问卷调研,并召开了一次为期一天的会议,以明确近期和预期技术变革对市场结构变化的影响。〔275〕 这一阶段最终将发布一份项目结项报告,在报告中会“概述最终研究,并具体说明”解决所提出问题所需的研究大纲。〔276〕 最后,如果资金到位,第三阶段将于 2021 年开始,将实施项目结项报告中确

〔272〕 关于这一门槛的变更信息,参见前注〔134〕~〔136〕相关文章内容。

〔273〕 See The New Special Study of the Securities Market, 同前注〔7〕。

〔274〕 See generally, SECURITIES MARKET ISSUES FOR THE 21ST CENTURY, 同前注〔100〕。

〔275〕 See The New Special Study of the Securities Market, 同前注〔7〕。

〔276〕 同上。

定的研究方向。[277] 最终公布的报告将提供给国会、相关监管机构和社会公众。[278]

本文的这一部分分析了可在上述研究第三阶段进行进一步探讨的潜在问题,其中许多问题已在第二阶段调查中已经得到强调。具体地说,评论者建议该项研究应探讨的领域包括以下几点:(1)如何使成为公众公司的过程更具成本效益;(2)如何在不降低投资者保护标准的情况下,减少持续报告费用;(3)如何确保公司把重点放在长期增长,而不是短期收益报告上;(4)如何利用新技术使公司和投资者受益。本文接下来的讨论,并非对公开市场结构问题的详尽分析,相反,它旨在说明当前市场环境的哪些方面对成为公众公司或维持封闭式公司形式决定有重大影响,但这仍需要进一步研究以确定适当的监管改革。

1. 使进入公开市场更具成本效益

成为公众公司的成本一直是 SEC 近期改革关注的重点,但这些改革在实际降低成本方面收效甚微。[279] 为了进一步解决发行人在进行 IPO 时所面临的成本问题,专题研究应该考虑对 IPO 流程所做的 3 个潜在改变,每个改变的目标都是降低成本,并确保发行人能够使用在首次公开中筹集到的资金,为其成长提供资金。第一个改变是利用 SPAC 交易的趋势变得流行;第二个改变是纽交所在 2020 年 6 月提出修改直接上市相关条款的提案;第三个改变是允许 pre - IPO 发行市场(when-issued market),以帮助减少 IPO 抑价。

(1) 特殊目的收购公司交易

如前文所述,SPAC 交易涉及一家“空白支票”公司通过反向并购收购另一家封闭式公司,从而有效地使先前非公开交易股票的公司在无须通过 SEC 繁杂注册流程的情况下,便可“成为公众公司”。[280]

---

〔277〕 同上。

〔278〕 同上。

〔279〕 参见前文第三部分第(三)节。

〔280〕 有关 SPAC 的先前讨论,参见前注〔179〕~〔183〕相关文章内容。

SPAC 交易最近空前流行:2020 年,SPAC 筹集的资金与过去 10 年一样多;[281] 截至 2021 年 2 月中旬,约有 400 家 SPAC 寻求收购;[282] 截至 2021 年 3 月中旬,在 2021 年发生的 302 次 IPO 中,有 80% 应归功于 SPAC。[283] 一些人将 SPAC IPO 吹捧为一种"金融民主工具",使中小投资者有机会接触之前只能通过私募股权才能接触到的公司。[284] 然而,最近一项对 2017 年至 2019 年发生的共 47 起 SPAC 进行的研究表明,至少在当前市场上,这一看法是被误解了的。该研究发现,SPAC 并不向"普通投资者提供穷人的私募股权……[SPAC]既不具有私募股权的功能,也不为普通投资者提供服务"。[285] 相反,SPAC 投资者通常是两个截然不同的群体:大多数并购前 SPAC 投资者是在 SPAC IPO 时买入并在并购前赎回的大型基金,还有一类是并购后运营公司的投资者,他们"承担给予 IPO 阶段投资者相当慷慨的交易成本"。[286] 鉴于这一理解,并考虑到 SPAC 如此空前受欢迎程度,未来有必要对 SPAC 进行深入分析,以充分理解此类交易工具是否是对公开市场的积极补充。

对传统 IPO 程序的一个普遍抱怨是,新公众公司在 IPO 后经常会

---

[281] See Michael Klausner, Michael Ohlrogge & Emily Ruan, *A Sober Look at SPACs*, HARV. L. SCH. F. ON CORP. GOVERNANCE (Nov. 19, 2020), https://corpgov.law.harvard.edu/2020/11/19/a-sober-look-at-spacs/ [https://perma.cc/N4S5-TS65].

[282] See Kazi Ahmed, *Special Purpose Acquisition Companies Grow in Popularity on Wall Street During the Pandemic*, TICKER (Feb. 19, 2021), https://ticker.squarespace.com/ticker/2021/2/19/special-purpose-acquisition-companies-grow-in-popularity-on-wall-street-during-the-pandemic [https://perma.cc/G9T9-3YCB].

[283] See Luisa Beltran, *The Booming IPO Market Shows No Signs of Slowing*, BARRON'S, https://www.barrons.com/articles/the-booming-ipo-market-shows-no-signs-of-slowing-what-investors-need-to-know-51615546800 [https://perma.cc/JGK8-WFWP] (last updated Mar. 15, 2021).

[284] See Michael Klausner, Michael Ohlrogge & Emily Ruan, *A Sober Look at SPACs*, YALE J. ON REGUL. (即将出版的)(manuscript at 3, 13)(载《哥伦比亚商法评论》), https://papers.ssrn.com/sol3/papers.cfm?abstract_id=3720919(质疑该想法).

[285] 同上(manuscript at 54).

[286] 同上(manuscript at 5).

立即面临价格上涨的局面,以及作为IPO程序的一部分,需要向投资银行支付大量承销费。[287] 一些人声称,SPAC可以解决这两个问题。在SPAC交易中,目标公司的一个显著优势是,在签署并购协议时,目标公司就知道它将在交易中获得的价格。[288] 相反,在传统IPO中,在投资者表态之前,即将成为公众公司的公司并不知道每股价格是多少[289](这一问题可以通过"试水"沟通来部分解决)。因此,SPAC交易可以帮助解决IPO程序中的价格发现问题。然而,这是否意味着目标公司获得了其"真实"的市场价值,尚不清楚。"事实上,最近一些引人注目的SPAC基本上是以每股10美元的价格收购公司,而这些被收购公司的股价却立即涨到了每股20美元或30美元,这是风险资本家喜欢抱怨的那种令人尴尬的IPO价格。"[290] 此外,SPAC作为空壳公司成立时,还必须至少向投资银行支付其所筹资金的5.5%,并且在收购目标公司时可能还要支付额外的投资银行费用。[291] 因此,有可能SPAC的收购至少与传统IPO一样费用高,只是这些成本被"更好地掩饰了"。[292]

即使SPAC确实解决了IPO定价过低和与成为公众公司相关的高承销成本,它们仍然引发了一些法律上的担忧。[293] 有评论家观察此类

---

[287] See Matt Levine, *SPACs Aren't Cheaper than IPOs Yet*, BLOOMBERG: OP. (July 27, 2020, 8:59 AM), https://www. bloomberg. com/opinion/articles/2020 - 07 - 27/spacs - aren - t - cheaper - than - ipos - yet [https://perma. cc/227B - DRT8].

[288] See Matt Levine, *Bill Ackman Wants a Mature Unicorn*, BLOOMBERG (June 23, 2020, 11:59 AM), https://www. bloomberg. com/news/newsletters/2020 - 06 - 23/money - stuff - bill - ackman - wants - a - mature - unicorn? sref = lkJVNqnU [https://perma. cc/3WPB - J5AP].

[289] 同上。

[290] Levine, 同前注[287]("与IPO一样,SPAC将以可能过低的价格收购目标公司;SPAC的业务是为其股东争取优质的交易,因此它希望以低于公允价值的价格,使目标公司成为公众公司。")。

[291] 同上。

[292] 同上。

[293] See, e. g., generally NICOLAS GRABAR, ADAM BRENNEMAN & JARED GERBER, CLEARY GOTTLIEB STEEN & HAMILTON LLP, SPAC SPONSORS BEWARE: THE RISING THREAT OF SECURITIES LIABILITY (2020), https://www. clearygottlieb. com/ - /media/files/alert - memos - 2020/spac - sponsors - beware—the - rising - threat - of - securities - liability. pdf [https://perma. cc/7JTC - NSEU].

现象并警告,SPAC 的交易已经成熟到可能引发潜在的欺诈和诉讼。对冲基金经理加布里埃尔·格雷戈(Gabriel Grego)解释说:“[SPAC]结构本身似乎就是为了吸引欺诈而设计的。”[294] 此类欺诈的一个典型例子是 Akazoo,它是格雷戈在 2019 年做空的一家公司。[295] Akazoo 是某一 SPAC 并购中的运营公司,该公司被发现伪造了“账簿和记录”,包括 SPAC 在交易谈判时使用的“尽职调查材料”。[296] SPAC 和机构投资者在 de-SPAC 交易中的行为是否尽到勤勉义务,引起了证券诉讼律师和监管者的注意;[297] 但 SPAC 的流行也引起了保险公司的注意。[298] Akazoo 交易的最终结果是,投资者以该运营公司通过此类虚假记载和误导性陈述涉嫌人为抬高价格为由,对该运营公司提起了证券集团诉讼。[299]

---

[294] Ortenca Aliaj, Sujeet Indap & Miles Kruppa, *Can Spacs Shake off Their Bad Reputation*?, FIN. TIMES (Aug. 13, 2020) (internal quotation marks omitted), https://www.ft.com/content/6eb655a2-21f5-4313-b287-964a63dd88b3 [https://perma.cc/F8W9-BTJE].

[295] 同上。

[296] 同上。

[297] 在 2020 年 10 月 20 日与 CNBC 的一次采访中,当谈到如何对比 DE-SPAC 交易与传统 IPO 时,SEC 主席杰伊·克莱顿(Jay Clayton)指出:“有一些事件在 IPO 的过程中会发生,但是在 de-SPAC 过程中并不多见。这就是机构投资者会在传统路演中对公司进行审查。而 de-SPAC 交易中,这种情况并不会那么常见。” Interview by Bob Pisani with Jay Clayton, Chairman, U.S. Sec. & Exch. Comm'n, at the CNBC Fin. Advisor Summit (Oct. 20, 2020), https://www.cnbc.com/2020/10/20/cnbc-transcript-cnbcs-bob-pisani-interviews-united-states-securities-and-exchange-commission-chairman-jay-clayton-from-the-cnbc-financial-advisor-summit-today.html [https://perma.cc/7RFA-44E2].

[298] 2021 年 3 月,保险公司 Beazley 推出了一款专为 SPAC 设计的董事和高管责任保险产品套件。Ryan Smith, *Beazley Launches D&O Coverage for SPACs*, INS. Bus. AM. (Mar. 10, 2021), https://www.insurancebusinessmag.com/us/news/professionalliability/beazley-launches-dando-coverage-for-spacs-248855.aspx [https://perma.cc/MQ4W-UPET]. 该计划的负责人表示:“这些精简产品专为 SPAC 及其董事和高管设计,如今,更严格的监管审查、更紧密的媒体关注以及日益活跃的原告,使他们必须具备适当的保险覆盖范围,并充分了解这一范围的内容。”同上。

[299] See Priya Cherian Huskins, *Why More SPACs Could Lead to More Litigation (and How To Prepare)*, AM. BAR ASS'N (June 25, 2020), https://www.americanbar.org/groups/business_law/publications/blt/2020/07/spacs-litigation/ [https://perma.cc/YES-W586].

但是,一些人认为,鉴于引人注目的 de - SPAC(如 Draft Kings 和 Nikola)成功,以及随着更知名的投资者[如比尔·阿克曼(Bill Ackman)和比利·比恩(Billy Beane)]参与创立知名度高的 SPAC, SPAC 不再被认为是"可疑的金融家向毫无戒备的群众推销可疑业务的工具"。[300] 尽管如此,除了对欺诈的担忧之外,SPAC 交易也将不可避免地引发其他形式的诉讼。例如,如果目标公司在交易完成后表现不佳,SPAC 可能会因其在 IPO 注册声明中的内容违反第 11 条的规定而承担法律责任,也可能会在主张委托投票说明书存在瑕疵的典型并购诉讼中,或针对运营公司的诉讼中承担法律责任。[301] 随着越来越多的 SPAC 进行 IPO,更多的诉讼将不可避免地发生,[302] 并且为规避 de - SPAC 交易由于其要求的比传统 IPO 更少的信息披露而引起的风险,投资者采取更多的诉讼,实际上确实可能是比较合理的选择。

与此相关的一些人,尤其是 SEC 公司融资监管部代理主任约翰·科茨(John Coates),也认为《私人证券诉讼改革法案》(Private Securities Litigation Reform Act)项下前瞻性陈述的证券法责任的安全港原则不应适用于 de - SPAC 交易。[303] 这些评论者的理由是,该安全港条款不适用于传统 IPO,因为这是投资者第一次看到公司的业务和财务信息,因此,"通常最需要联邦证券法来克服信息不对称的不足"。[304] 此外,尽管 SPAC 已经是一家公众公司,但 de - SPAC 交易实际上是一家正

---

[300] Aliaj et al., 同前注[294]。Apex Clearing Corp. 是一家提供加密货币解决方案和清算等服务的金融科技公司,与 SPAC 北极星投资公司 Ⅱ(SPAC Northern Star Investment Corp Ⅱ)合并后成为公众公司,合并后的实体估值为 47 亿美元。See *Apex Clearing To Go Public via $4.7 Billion Deal with Ledecky's SPAC*, REUTERS (Feb. 11, 2021, 7:17 AM), https://www.reuters.com/article/us - apexclearing - m - a - northern - star - in/apex - clearing - to - go - public - via - 4 - 7 - billion - deal - with - ledeckys - spac - idUSKBN2AM18D [https://perma.cc/6ZHE - KWGT].

[301] See Huskins, 同前注[299]。

[302] 同上。

[303] See John Coates, Acting Dir., Div. of Corp. Fin., U.S. Sec. & Exch. Comm'n, SPACs, IPOs and Liability Risk Under the Securities Laws (Apr. 8, 2021), https://www.sec.gov/news/public - statement/spacs - ipos - liability - risk - under - securities - laws [https://perma.cc/YPX9 - W2L3].

[304] 同上。

在运营的目标公司的IPO。因此,出于同样的原因,《私人证券诉讼改革法案》的安全港条款也不应予以适用。[305] 因此,从目前构建的结构来看,SPAC 似乎并不是一个可以在增加 IPO 数量的同时还保护中小投资者的适当结构。鉴于 SPAC 的 IPO 数量小幅增长,上述专题研究应该探索如何利用这一替代工具在使封闭式公司成为公众公司的同时,确保 SPAC 的投资者得到适当保护。

(2)通过证券直接上市应对承销成本

2020 年 6 月,纽交所提出了一项规则修改,允许与直接上市相关的首次发行。[306] 拟议修改将允许此前未上市的公司直接上市计划(primary direct floor listing),在相关注册声明生效后的第一个交易日,以公开竞价(open auction)方式出售股票。[307] 这一新的直接上市计划将仅适用于市值至少 1 亿美元的公司。[308] 该提议的估值指标大大高于承销 IPO 的 4000 万美元要求。[309] 直接上市要求更高的估值,将有助于确保公开市场上有足够的股票,以便在公开竞价程序完成后实现流动性交易。[310] 为了减轻通常对传统直接上市相关的价格波动担忧,纽交所的提案还要求,在发行中出售的股票定价必须在公司注册声明规

---

[305] 同上。尽管 de - SPAC 并非传统意义上的 IPO,并且理应属于适用《私人证券诉讼改革法案》安全港的范围,但科茨(Coates)的理论建立在"de - SPAC 交易是将经济上可行的公司引入市场的真正途径,因此安全港不应适用于关于此类交易的陈述"。Corey Rogoff, *SEC Speaks out on SPACS*, *Highlights Legal Liability and Reporting Risk*, JD SUPRA (Apr. 19, 2021), https://www. jdsupra. com/legalnews/sec - speaks - out - on - spacs - highlights - 9165295/ [https://perma. cc/FM3U - 29ZH]. 由于《私人证券诉讼改革法》并没有定义"IPO",这一论点得到了进一步的支持。同上。

[306] See Notice of Filing of Proposed Rule Change, as Modified by Amendment No. 2, To Amend Chapter One of the Listed Company Manual To Modify the Provisions Relating to Direct Listings, 85 Fed. Reg. 39,246, 39,246 (June 30, 2020).

[307] 同上, at 39,246 - 47.

[308] 同上, at 39,247. 该估值将根据独立评估方式以及发行公司股票在私募市场的最近交易价格进行计算。同上。或者,如果没有私募市场内的交易,则公司必须证明其公开持有的股票价值超过 2.5 亿美元。同上。

[309] 同上。

[310] 同上。

定的范围内进行。[311]如果发行没有得到充分满足,上市竞价将无法进行。[312]在2020年8月26日,SEC批准了纽交所的该项交易规则修改。[313]该规则的通过也表明,SEC认识到“为投资者提供充分的保护并不一定要采用包销方式(firm commitment underwriting)”。[314]

然而,在一个由机构投资者组成的行业组织反对该规则后,SEC在8月31日暂停了对该规则的批准,以接受进一步的审查。[315]反对该提案的人认为,该提案为投资者提供的法律保护较少,投资者要举证证明他们所持有的股票“确为虚假陈述的注册声明相应发行的股票,以便支持有可能胜诉的诉讼请求”,而这样做是非常困难的。[316]反对者还担心,纽交所没有提供任何证据支持其观点,即发行规模将大到足以为投资者提供必要的流动性。[317] 反对的根本原因可能是,担心一旦取消传统承销商会对投资者的保护产生不利影响。在传统的发行程序中,投资者可以依赖承销商与发行人协商上市的参数。[318]但是,直接上市却不会提供这些保护。在传统IPO中,承销商有法定的义务和责任,因此会在发行过程中进行尽职调查,这为投资者提供了保护。但是,减少或取消承销商的作用,可能意味着投资者需要为了获得类似的保护,更直接地参与直接发行过程。[319]

---

〔311〕 同上, at 39,248.

〔312〕 同上, at 39,250.

〔313〕 See DAVIS POLK & WARDWELL LLP, PRIMARY DIRECT LISTINGS BY COMPANIES GAIN MOMENTUM 1 (2020), https://www.davispolk.com/sites/default/files/2020_08_28_direct_listings_by_companies_gain_momentum.pdf [https://perma.cc/55H3-DHDX]. 纳斯达克也提交了类似的直接上市规则。同上。

〔314〕 同上, at 2.

〔315〕 See MORRISON & FOERSTER LLP, PE & VC EXITS: U. S. DIRECT LISTING RULES IN FLUX 1 (2020), https://www.mofo.com/resources/insights/200904-investor-exits.pdf [https://perma.cc/AF3L-KTEZ].

〔316〕 See Letter from Jeffrey P. Mahoney, Gen. Couns., Council of Inst. Invs., to Sec'y, U. S. Sec. & Exch. Comm'n 3 (July 16, 2020), https://www.sec.gov/comments/sr-nyse-2019-67/srnyse201967-7435112-220582.pdf [https://perma.cc/KRS6-96PL].

〔317〕 同上, at 5.

〔318〕 See MORRISON & FOERSTER LLP, 同前注〔315〕, at 4.

〔319〕 同上。

2020年12月22日，SEC再次批准了纽交所提出的直接上市规则。[320] 尽管有2名委员提出异议，担心"将传统承销商排除在上市程序之外"等方式可能会损害投资者利益，但SEC仍认为该提案符合《交易法》的规定。[321] 2021年5月19日，SEC批准了纳斯达克交易所的类似提案。[322] 但是，与上述投资者保护相关的担忧并非杞人忧天。通过纽交所的直接上市规则，将使规模较大的封闭式公司省去聘请承销商以及与承销商共同发行证券的高额程序费用，因此可能会降低这些公司上市的总体价格。此外，随着私募股权二级交易市场的开发及新技术利用，定价和交易信息更容易获得，私募市场价格透明度也将得到提升。[323] 封闭式公司将有可能能够更好地理解其交易价格和估值，并因此更愿意成为公众公司。[324] 这将促进通过直接上市成为上市公司的无缝过渡。[325] 与通过SPAC成为公众公司相比，直接上市规则也可能为某些公司提供一个具有吸引力的替代选择。[326] 2021年年初，直接上市

---

[320] See Order Setting Aside Action by Delegated Authority and Approving a Proposed Rule Change, as Modified by Amendment No. 2, To Amend Chapter One of the Listed Company Manual To Modify the Provisions Relating to Direct Listings, 85 Fed. Reg. 85,807, 85,807 (Dec. 29, 2020); *see also* Brian Hecht, Mark D. Wood & Mark J. Reyes, *SEC Again Approves NYSE's Direct Listing Rules*, NAT'L L. REV. (Jan. 8, 2021), https://www. natlawreview. com/article/sec - again - approves - nyse - s - direct - listing - rules#: ~ :text = On% 20December% 2022% 2C% 202020% 2C% 20the, sales% 20of% 20shares% 20by% 20existing [https://perma. cc/RGNL - JUHG].

[321] See Hecht et al.. 同前注〔320〕。

[322] See Self - Regulatory Organizations; The Nasdaq Stock Market LLC; Order Approving a Proposed Rule Change, as Modified by Amendment No. 2, to Allow Companies to List in Connection with a Direct Listing with a Primary Offering In Which the Company Will Sell Shares Itself In the Opening Auction on the First Day of Trading on Nasdaq and to Explain How the Opening Transaction for Such a Listing Will be Effected, Securities Act Release No. 34 - 91947 (May 19, 2021).

[323] See Special Study Interview. 同前注〔163〕。

[324] 同上。

[325] 同上。

[326] See Preston Brewer, *New Rules May Help Direct Listings Snack on SPACs*, BL (March 5, 2021, 4:18 AM) (on file with the Columbia Business Law Review), https://news. bloomberglaw. com/capital - markets/analysis - new - rules - may - help - direct - listings - snack - on - spacs.

再次成为新闻,当时 Coinbase 加入 Spotify 和 Palantir 等公司的行列,避开了传统 IPO。[327] 然而,直接上市的实际效果仍有待观察。[328] 随着围绕纽交所规则和纳斯达克交易所规则变更的争论仍在继续,上述专题研究应审查这些变更的影响,并探讨 SEC 如何在不降低投资者保护的情况下,降低 IPO 过程中所产生成本的其他方法。与此同时,上述专题研究还应探讨中介机构在 IPO 和直接上市过程中应发挥的作用,以及适用于上述过程中的适当行为标准。

(3)增加交易机会以应对发行抑价

有一些经验证据表明,IPO 市场存在定价过低的现象,特别是在《JOBS 法》出台之后。[329] 包销发行中的定价过低是普遍存在的,因为承销商的动机是,确保所有股票尽快售出,从而确保自己不会被认购不足所留下的股票"卡住"。[330] 当某一 IPO 定价过低时,发行人筹集到的资金就会低于其股票的价值,因此造成筹资过程的低效率。

如果 SEC 采纳纽交所的直接上市提案,一些 IPO 的定价偏低问题将得到解决,因为发行人将不必支付 4% ~7% 的承销费。[331] 然而,定价偏低也可以通过改善价格发现机制来缓解。"试水"可以解决对一些定价偏低的担忧,因为承销商和发行人将能够衡量市场对特定价格的兴趣。然而,这也许不能完全解决这个问题。新的 IPO 经常立即出现价值飙升,这一事实表明,试水并不能完全评估发行人在 IPO 过程中可以就发行证券提供的最高价格。为了回应这个问题,不止一位的法律

---

〔327〕 See Taylor Tepper, *Coinbase IPO: Here's What You Need To Know*, FORBES: ADVISOR (Apr. 14, 2021, 10:20 AM), https://www.forbes.com/advisor/investing/coinbase-ipo-direct-listing/ [https://perma.cc/RPR9-BATK].

〔328〕 自 2021 年 4 月 14 日通过直接上市成为上市公司以来,Coinbase 的股价一直在下滑。See Trefis Team & Great Speculations, *What's Happening With Coinbase Stock?* (May 6, 2021, 10:30 AM), https://www.forbes.com/sites/greatspeculations/2021/05/06/whats-happening-with-coinbase-stock/? sh=6f374b481901 [https://perma.cc/468E-AGXW]. 有人认为,这种下跌的部分原因在于,与传统 IPO 不同,直接上市没有锁定期,并允许内部人士立即出售股份。参见同上。Palantir 和 Asan 的股价也出现了类似的下跌趋势,这两家公司同样是通过直接上市成为上市公司的。同上。

〔329〕 See, e.g., Chaplinsky et al., 同前注〔172〕, at 822-24.

〔330〕 See Elmore, 同前注〔173〕, at 14-15(总结定价过低的解释).

〔331〕 关于承销发行费用,参见前注〔172〕。

专业人士提议采用“预发行证券”制度。“预发行证券是一种关于特定基础证券在发行时便进行交割的附条件合同。”[332] 如果基础证券没有在特定日期发行,或以特定价格发行,预发行合同将无效。[333] 对德国预发行市场的研究表明,预发行证券“改善了对首次发行总需求的估计”,并提高了发行价格的准确性。[334] 国会对《证券法》作了允许 IPO 前预发行的修订,可以使询价过程(承销商寻找机构投资者在 IPO 中购买证券的过程)更加准确、可靠和公平,[335] 从而减少了承销商的不确定性,并在理论上允许他们在首次转售时收取更高的价格。这将使发行人能够更有效地为其 IPO 定价,并在 IPO 过程中获得更多资金,从而使整个筹资过程更有效、更具成本效益。

加强价格发现机制,也可以在预发行证券没有发展的情况下实现。如第二部分第(二)节所述,在私募市场上发行的证券通常受到限制。这些限制使证券难以交易,从而使二级私募市场效率低下,导致证券难以定价。然而,新兴公司正专注于私募市场交易,帮助改善公开发行前的价格发行机制。ClearList 公司希望为封闭式公司证券交易建立一个更有效的二级市场。[336] 对于一个封闭式公司更有效的证券交易二级市场来说,“接近于公开上市的二级市场交易可以帮助公司更好地了解其当前估值”。[337] 如果为早期投资者和合格投资者之间的私募证券交易创造一个流动性更好、费用更低、近乎即时清算和结算以及定价透明的市场,那么公司的估值就会比上一次融资时更为接近公司的目前状况。这将有助于在公司准备 SPAC 收购时更好地对自身定价,或者为直接上市提供参考价格。[338] 当然,建立流动性更好的私募证券二级市场,也可能会对公开市场产生不利影响。如果早期投资者和员工能

---

〔332〕 See Elmore, 同前注〔173〕, at 17.

〔333〕 同上, at 17 – 18.

〔334〕 同上, at 33 – 35.

〔335〕 同上, at 18.

〔336〕 See Yuliya Chernova, *Secondary Market Trading Services Gain Steam*, CLEARLIST (Oct. 28, 2020), https://www.clearlist.com/2020/10/28/secondary-market-trading-services-gain-steam/ [https://perma.cc/3D9A-92XW].

〔337〕 同上。

〔338〕 同上。

够轻易地清算并分散其在封闭式公司持有的证券,那么,这些人推动封闭式公司成为公众公司的动力就会减弱。因此,上述专题研究应考虑是否应建立一个预发行市场,或流动性更好的私募证券二级交易市场,以更好地解决价格过低的问题,以及研究这些市场的发展会对公开市场产生何种影响。[339]

2. 重新考虑信息披露要求

第三部分第(三)节讨论了与信息披露相关的持续费用,这是公开市场中的结构性问题,可能阻碍封闭式公司成为公众公司。到目前为止,关于公众公司信息披露要求的争辩,集中在这些要求是否直接阻碍了公司成为公众公司。支持者经常指出,披露要求实际上会对公司作出成为公众公司的决定带来真正意义上的影响,但这些并没有经验证据证明。[340]然而,信息披露要求的降低,可能会潜在地减少另一个阻碍公司成为公众公司的主要因素,即诉讼成本和风险的增加。尽管封闭式企业并非没有诉讼风险,但在公开市场中潜在诉讼的发生概率和成本要高得多,因为公开市场规则中存在潜在集体诉讼和可能导致诉讼的多种信息披露要求。[341]信息披露要求的广泛程度,不仅增加了公司的预期诉讼成本,而且降低了公众公司预测诉讼来源的能力。诉讼风险很可能成为小公司和外国发行人的一个特别感受强烈的威慑因素。[342]尽管 SEC 不能直接控制公众公司面临的诉讼,但它可以通过删除或完善与公司或投资者保护关系不大的信息披露要求,以减少潜在的诉讼风险。比如,ESG 信息披露要求可以根据每个行业(或行业类型)中存在的重大问题进行调整,而不是采取"一刀切"的方式。这种方式可以更好地定位于投资者真正感兴趣的 ESG 信息披露内容,同时

---

〔339〕 当然,除了承销商会为确保自己不在认购不足的发行中"陷入困境",而对证券定价起到作用外,公开市场中还存在许多其他的可能导致定价过低的结构性问题。例如,承销商可能就信息提供,补偿机构投资者。因此,上述专题研究应通过考虑定价过低可能存在的原因,探讨可以为特定发行人量身定制的方案,以确保 IPO 价格公允、准确地反映市场对发行人的看法,从而全面解决定价过低问题。

〔340〕 关于模棱两可的证据的举例,参见前注〔216〕~〔223〕的相关文章内容(关于《JOBS 法》的讨论)。

〔341〕 See Special Study Interview. 同前注〔163〕。

〔342〕 同上(观察到诉讼风险可能是对外国投资者最大的阻碍之一)。

删除多余的披露内容。上述专题研究应对信息披露要求的成本与收益进行评估,并在可能的情况下,提出改善信息披露要求的建议。该项研究还可以分析公众公司在解决社会问题方面增加的压力对其成为公众公司决策的影响。

3. 公开市场短期主义的讨论

尽管有关于价格效率的论据支持季度报告制度,但仍需进一步研究该制度是否事实上对效率产生了积极影响,以及该影响是否会被对长期投资的阻碍所抵消。2018 年,可能出于受到特朗普总统在推特上支持结束季度报告制度事件的影响,SEC 就季度报告如何推动公开市场中的短期主义行为征求意见。[343] 为推动 SEC 就此问题发布的概念公告(concept release),我们建议,上述专题研究应当探讨公开市场的短期主义问题,以更好地了解季度报告是否可能会促使公司管理层决策更倾向于短期利益,而非长期增长。就本研究而言,上述专题研究应考虑,除季度报告制度外,是否存在兼顾价格效率和信息效率的同时、又不会阻碍长期投资的替代方案。[344]

4. 新技术影响的讨论

虽然本文没有直接解决此部分的问题,但新技术[包括但不限于分布式账本技术(distributed ledger technology)和算法交易(algorithmic trading)]的发展,引起了与证券市场及其监管相关的关注。这些技术的潜在好处包括提高证券流动性、定价效率和信息获取便利性。分布式技术可以通过降低清算和结算成本,增强公开市场和私募市场中的流动性。[345]

---

[343] See Press Release, U. S. Sec. & Exch. Comm'n. 同前注[195]。

[344] 例如,SEC 可以决定是否模仿欧盟只要求半年度报告。See *Trump's Pitch To End Quarterly Reports Would Follow EU*, *Australia*, REUTERS, https://www.reuters.com/article/us-usa-sec-trump-factbox/trumps-pitch-to-end-quarterly-reports-would-follow-eu-australia-idUSKCN1L51ZN [https://perma.c/7QVM-9KQ6] (last updated Aug. 20, 2018, 3:53 PM).

[345] See COLUMBIA-IBM CTR. FOR BLOCKCHAIN & DATA TRANSPARENCY, STAKEHOLDER SURVEY PRELIMINARY WHITE PAPER 18 (2020), https://capital-markets.law.columbia.edu/sites/default/files/content/7.25.20%20Program%20in%20the%20Law%20and%20Economics%20of%20Capital%20Markets%20-%20IBM%20-%20Stakeholder%20Survey%20-%20Preliminary%20White%20Paper.pdf [https://perma.cc/5AP2-6MJ4].

这项技术还可以通过降低与成为公众公司相关的成本,如降低与股息分配相关的成本,来帮助说服和推动公司成为公众公司。[346] 此外,分布式账本技术允许证券分析师可以在不产生高额费用的情况下,持续并几乎即时地访问发行人的原始数据,从而提高定价效率。[347]

与分布式账本技术一样,算法交易和高频交易(high frequency trading)也可能提高流动性。高频交易操盘手(trader)能够对未就市场动态及时更新的订单作出更快反应,从而导致其他市场参与者[包括经常试图通过扩大买卖价差(bid - ask spread)降低逆向选择成本的被动做市商(market maker)]承担"逆向选择成本"。[348] 通过提高交易速度和监控能力,高频交易做市商能够缩小买卖价差,从而降低上述逆向选择成本,提高资本流动性。

尽管新技术可以给市场带来好处,但它们也带来了潜在风险,应该对这些潜在风险加以研究,并以期最终加以解决。比如,尽管高频交易和算法交易可以增强流动性,但它们并不承担提供流动性的义务。因此在市场动荡时期,它们可能不会增强流动性。[349] 此外,这些技术对投资者(特别是散户投资者)的影响是不确定的。一方面,这些技术可以使散户投资者能够更快、更自由地获得可以利用的信息。另一方面,交易所使用的新技术增加,可能进一步加剧中小投资者已经存在的劣势。[350] 与此同时,分布式账本技术可以进一步增强基于人工智能的投资,从而降低中小投资者的交易成本。因此,投资交易所交易基金(exchange - traded fund)将不再是必要的:智能投顾可以指导投资者购买。

---

[346] 同上, at 19.

[347] 同上, at 19 - 20.

[348] See U. S. SEC. & EXCH. COMM'N, STAFF REPORT ON ALGORITHMIC TRADING IN U. S. CAPITAL MARKETS 70, 71 & n. 278 (2020), https://www.sec.gov/files/Algo_Trading_Report_2020.pdf [https://perma.cc/S9KQ - WWQT].

[349] 同上, at 72 - 73.

[350] 因为在典型中小投资者[尤其是通过顾问管理型基金(adviser - managed fund)(如封闭式共同基金)进行投资的投资者]可以就这些信息进行交易之前,高频交易公司和算法交易者早就已经可以利用这些信息,所以中小投资者在获取信息的速度上处于劣势。

为探讨新技术可能对公开市场和投资者产生影响的方式，我们建议上述专题研究应进一步探讨分布式账本技术和算法交易在证券监管中的作用。该项研究还应探讨 SEC 最近讨论的解决方案，包括对高频交易施加做市和报价的义务，以减少市场动荡期间流动性减少的风险，[351] 以及监管公司与自动交易程序有关的控制措施。

除了探讨最新技术的影响外，该项研究还应探讨将 IPO 程序的全部或重要部分在网上进行的可能性。注册说明和招股说明书可在线获取将增加信息的获得机会，降低信息的传播成本。加上其他提高发行效率的措施，参与 IPO 程序的公司可以不必等到招股说明书寄给潜在投资者后才能进行发行。此外，建立投资者可以注册成为合格投资者的网上系统，将减少核实合格投资者身份所花的时间和成本。该项研究可以对已经创建这种门户网站的公司进行调查，比较它们根据第506(b)条规则向非合格投资者发行证券的边际成本与尚未创建这种门户网站的公司成本。[352]

五、结论

私募市场的扩张、公开市场的新进入者减少现象的同时存在，需要监管部门密切关注和审查。公开市场仍然是投资者保护的“黄金标准”，监管部门要继续思考公开市场进入者减少的结构性原因。然而，随着私募市场财富的积累，确保所有希望参与该市场的投资者在得到适当保护的情况下都能够参与该市场，也是很重要的。

本文研究了美国证券市场监管的历史和当前市场面临的问题，最终目的在于，对于 SEC 可以采用的有关安全地提高私募市场投资者参与度的短期解决方案，以及用以解决公开市场和私募市场结构性问题

---

[351] 参见前注[348], at 72 - 73.

[352] 至少有一家名叫 EquityZen 的公司已经创建了一个投资者可以注册并验证合格投资者身份的门户网站。Investor Page, EQUITYZEN, https://equityzen.com/investor/ [https://perma.cc/G3BV - RPV2] (last visited May 12, 2021).

的长期解决方案,并提出相关建议。当然,这篇文章仅仅是一个开始,下一个关键的步骤是开始一项有意义的研究,以解决本文中提出的与公开市场结构性缺陷有关的问题。

(编辑:宋　澜)

《证券法苑》(2024)
第三十九卷,第 269 ~314 页

公司治理的变迁影响:资本市场的完备性和政策引导*

[美] 罗纳德·J. 吉尔森**
柯蒂斯·J. 米尔豪普特*** 著
陈岱松****　齐　飞*****　何　铚****** 译

摘要:传统观点认为,公司治理体系受单因素驱动。实际上,公司治理体系是两个因素(资本市场完备性和政策引导)相互作用的结果。资本市场

---

* Ronald J. Gilson and Curtis J. Milhaupt, Shifting Influences on Corporate Governance: Capital Market Completeness and Policy Channeling, 12 HARV. Bus. L. REV. 1 (2022). 作者非常感谢彼得·康蒂·布朗、杰弗里·戈登、佐哈尔·戈申、戈恩·后藤、亨利·汉斯曼、迈克尔·克劳斯纳、丹·布切·尼娅克、爱德华·罗克、利奥·斯特灵,以及哥伦比亚大学法学院、得克萨斯大学法学院、普林斯顿大学比较法工作进展研讨会和2021 年亚洲法律和经济学协会会议与会者提出的有益意见。本文已获得作者翻译授权。部分内容有删减,注释位置与原文有变化。

** 哥伦比亚法学院马克和伊娃·斯特恩(Mark& Eva Stern)法律和商业教授;斯坦福大学法学院法律和商业名誉教授;欧洲公司治理研究所研究员。

*** 斯坦福法学院国际法律教授;欧洲公司治理研究所研究员。

**** 华东政法大学教授。

***** 华东政法大学经济法学院博士研究生。

****** 华东政法大学国际法学院 2021 级本科学生。

完备性决定了公司的所有权结构,资本市场越完备,对股东和股东价值最大化的治理越敏感。政策引导是指出于经济政策或社会目的,通过对公司的工具性利用实现股东价值最大化以外的其他目的。不同国家的不同时期,两个因素呈动态变化模式。本文的目标是提供改善公司治理的方法,并非精确预测结果。

关键词:公司治理　股东价值　政策引导　双因素　周期

历史不会重演,但总会惊人相似。

——[美]马克·吐温

引　言

公司治理通常被描述为单因素驱动模型,如股东价值最大化、董事优先权或团队合作。单因素治理模式认为某个因素是公司治理的中心,其他因素都围绕它旋转,是哥白尼式的。[1] 本文认为,任何时候公司治理体系都是资本市场完备性和政策引导这两个核心影响因素相互作用的结果。

天体物理学领域的比喻说明了该观点。远处看一些恒星是独立的物体,但近处看,它们实际上是双星系统的一部分。两颗恒星相对彼此旋转,其轨道受到相互作用力的影响。在任何时间点上,“公司治理”可以更好地被理解为是一种像天体物理学家所描述的“双体问题”的解决方案,即双星系统中两颗恒星之间的相互作用。

公司治理过程中必须平衡好两种力量,即资本市场的完备性和政策引导。正如未来发展的目标,资本市场的完备性决定了公司的所有权结构。资本市场越完整,对股东和股东价值最大化的治理就越敏感。例如,通过新金融工具的扩展来转移风险,或是通过其他有效性技术来

[1] See Ronald J. Gilson, From Corporate Law to Corporate Governance, in Oxford Handbook of Corporate Law And Governance 3 (Jeffrey N. Gordon & Wolf - Georg Ringe eds., 2018).

调整权益证券相关的控制权。政策引导是指出于经济政策或社会目的,通过对公司的工具性利用推动公司治理的重心转向股东价值最大化以外的其他目的。对公司工具性利用包括通过公司法和治理规则、资本市场的监管、公司证券的国家化,以及不以国家所有权占比衡量的国家间接影响等方式实现。[2] 如同双星轨道,任何时候资本市场完备性和政府政策引导对公司治理影响的平衡点,都是由这两个因素的相对“权重”决定的。

分析的关键点是认识到这两个治理影响因素之间的关系是动态的。其中一个因素的变化会以可预测的方式影响另一个因素。公司治理体系是一个循环体系,两种合力产生的平衡的变化来自各自的变化。

在探索公司治理内部关于股东价值和其他政策因素之间关注重点的循环问题时,本文借鉴了阿尔伯特·赫希曼不太受欢迎的作品之一《转变参与:私人利益和公共行动》。[3] 通过使用赫希曼的理论来强调不同方式对公司治理的动态影响,而不是治理系统的典型静态描述。公司治理的静止状态,实际上是一幅动态图像在某个时间点的快照。在《转变参与:私人利益和公共行动》中,赫希曼描述了一个在私人事务和公共事务之间的持续循环,这种循环是由对最终效用的失望所驱动的,而不是由预期效用驱动的。参与私人或公共活动的预期效用与实际效用之间的差异导致反弹,从而驱动了重复的循环。

我们对赫希曼关于私人和公共事务之间的周期性互动理论进行了扩展,公司治理转变的主导驱动力是以下因素相互作用产生的:一是资本市场完备性的增加以及由此产生的股东价值最大化对公司治理的影响。二是应对公司对非股东产生影响的“真正的”受治理影响的政策引导。在赫希曼的描述中,人类个体行为的周期性驱动力是对个体的失望。在商业和组织行为领域,驱动力是对公司业绩的失望,包括对股

〔2〕 See Curtis J. Mihaupt & Mariana Pargendler, Related Party Transactions in State - Owned Enterprises: Tunneling, Propping and Policy Channeling, in The Law and Finance of Related Party Transactions 245 (Luca Enrique s & Tobias H. T roger eds., 2019). 首先将政策引导的概念发展为公司治理战略。

〔3〕 See Albert O. Hirschman, Shifting Involvements: Private Interest and Public Action (1982).

东财务回报的失望以及对更广泛的利益相关者群体非财务目标的失望。在这种情况下,失望的原因可能是由于社会或政治上对治理制度中普遍平衡抱有幻想的破灭,对公司治理改革可能实现的目标抱有不切实际的期望,或者选择了无法实现预期结果的机制。改变这两个影响因素之间平衡的参与者以及为实现这种改变而选择的机制都将随着时间的推移和不同的治理体系发生变化。

在特定时刻,需要关注哪些治理改革很大程度上取决于以下背景原因:特定国家在赫希曼式治理周期中的位置,以及资本市场变化和实际治理对公司治理干预之间的相互影响。如果对治理系统动态变化的描述是正确的,那么政策分析的相关性就更强。举个例子来说明背景因素对理解周期性变化的重要性,正如本文第三部分讨论的那样,日本一直在缓慢地从极端政策引导转向股东价值最大化,而此时许多人都在敦促美国和英国的公司治理以更广泛的利益相关者为导向。

当前美国和英国对公司治理争论,其框架是由股东价值最大化驱动的系统和利益相关者系统之间的紧张关系构成的,利益相关者系统关注如何利用治理系统来影响公司活动所创造的价值在所有受其影响者之间的分配。科林·迈耶最近的著作[4]强调了重塑上市公司的必要性,他牵头了当前英国科学院关于公司未来发展的研究项目,该项目旨在实现“公司概念的彻底重构”。[5] 马丁·利普顿的“新范式”[6]反映了一位知名学者和一位有影响力的从业者的观点,即公司不仅要实现股东价值最大化,还应有一个更宏大的目标。美国最大的机构投资者——黑石,其首席执行官拉里·芬克[7]在每年给黑石投资组合

---

[4] See, e. g., Colin Mayer, Prosperity: Better Business Makes the Greater Good (2018); Colin Mayer, Firm Commitment: Why The Corporation is Failing US and What To Do About It(2018).

[5] See Brit. Acad., Reforming Business for the 21st Century: A Framework for the Future of the Corporation 5(2018).

[6] See Martin Lipton, Corporate Governance: The New Paradigm, Harv. L. Sch. F. on Corp. Governance (Jan. 11, 2017), https://corpgov. law. harvard. edu/2017/01/11/corporate - governance - the - new - paradigm/.

[7] See Tim Lemke, The Ten Largest Investment Management Companies Worldwide, The Balance (Apr. 9, 2020), https://www. thebalance. com/which - firms - have - the - most - assets - under - management - 4173923.

公司高级管理人员的信中重复了这一主题。[8]

关注股东价值最大化和更广泛地关注多元化利益相关者之间循环的公司治理,很好地体现在“商业圆桌会议”对企业目标的反复转变上。“商业圆桌会议”1978 年和 1981 年的声明试图在股东和利益相关者的对立主张之间小心翼翼地画出一条线。1981 年的声明解释说:“平衡股东对最大回报的期望和其他优先事项是公司管理层面临的基本问题之一。股东必须获得丰厚的回报,但其他主体的合理关切也必须得到适当关注。”[9] 18 年后,在 1997 年,“商业圆桌会议”转向了明确的股东价值最大化框架:“商业企业的主要目标是为其所有者创造经济回报。”[10] 然而,2019 年又回到了更广泛的公司义务框架:“对所有利益相关者的基本承诺。”[11] 在解释 2019 年回归利益相关者导向时,“商业圆桌会议”坦率地解释说,1997 年向股东价值最大化的转变“部分是为了应对恶意并购者日益增长的压力”。[12] 据说,2019 年回归更广泛的框架,对大量利益相关者的关注,是为了“更好地反映企业当

---

〔8〕 See Larry Fink, A Sense of Purpose, Harv. L. SCH. F. on Corp. Go Vernace (Jan. 17,2018), https://corpgov. law. harvard. edu/2018/01/17/a – sense – of – purpose/. Mostrecently, see the 2022 edition:Larry Fink's Annual Letter to CEOs: The Power of Capitalism, Blackrock, https://www. blackrock. com/corporate/investor – relations/ larry – finkceo. letter? cid = ppc: blk: ll: na: ol: goog: na: v2: bhv: tl&gclid = 5581c76ff49615a8e83fa683fbfb287c& gclsrc = 3p. ds(last visited Feb. 8, 2022).

〔9〕 The Bus. Roundtable, Statement on The Purpose of the Corporation(1981). 1978 年的声明试图走大致相同的路线:“董事会的职责是考虑公司活动对其所属社会的总体影响,以及对与公司没有直接联系的群体的利益和观点的总体影响。这一义务产生于主要为股东的利益——特别是他们的长期利益——行事的责任。”The Business Roundtable, The Role and Composition of the Board of Directors of the Large Publicly Owned Corporation, 33Bus. L. 2086(1978). 商业圆桌会议由美国最大的上市公司的首席执行官组成。

〔10〕 The Bus. Roundtable, Statement on the Purpose of the Corporation 3 (1997) (“在商业圆桌会议看来,管理层和董事会的首要职责是对公司股东负责;其他利益相关者的利益是对股东义务的衍生物。”).

〔11〕 The Bus. Roundtable, Statement on the Purpose of the Corporation(Aug. 19, 2019), https://s3. amazonaws. com/brt. org/BRT – StatementonthePurposeofaCorporationJuly 2021. pdf (emphasis in the original).

〔12〕 同上。值得注意的是,圆桌会议的报告没有解释为什么企业袭击者影响了圆桌会议对其原则的评估,或者为什么这句话中反映的变化可能会减轻压力。

下运营方式”。[13] 因此,可以看到从广义到狭义,并再次返回到广义的企业目标的循环。在政治领域,伊丽莎白·沃伦参议员提出了《资本主义问责法案》作为她竞选民主党2020年总统候选人的政策之一。[14]

继赫希曼之后,本文提供了一个松散的分析性描述[15],明确了驱动公司治理周期以及影响其方向和轨迹的竞争因素,而非说明具体结果。简而言之,本文的目标是提供改善当前公司治理争论的方法论,并非精确预测具体结果。该方法因时因地而异,并取决于一个国家治理周期中当时的地位以及不断变化的影响因素背后的市场力量。为了更好理解公司治理的转变,在更严格的建模或实证工作成为可能之前,分析必须是正确的。[16] 特别是当偏好在很大程度上是非物质的,且路径依赖和系统的初始位置很重要的时候,需要清晰地设定分析框架。

本文对公司治理周期性的分析如下。第一部分详细解释了公司治理二元体系中的两个影响因素的含义:一是资本市场的完备性。它是决定公司所有权结构的关键因素,并为股东价值最大化提供制度基础。二是政策引导。它反映了政府利用公司治理来促进非股东利益的真正目的。

第二部分分析了美国公司治理的周期性变化。这些变化反映了市场完备性和政策引导之间的变化关系如何影响公司治理结构的内生循环。简要讨论公司的早期概念后,本文考察了19世纪中期美国的转变。

---

〔13〕 PressRelease, The Bus. Roundtable, Business Roundtable Redefines the Purpose of a Corporation to Promote ‘An Economy That Serves All Americans’ (Aug. 19, 2019), https://www.businessroundtable.org/business-roundtable-redefines-the-purpose-of-a-corporation-to-promote-an-economy-that-serves-all-americans.

〔14〕 See Accountable Capitalism Act, S.3348, 115th Cong. 6(2018). 参议员沃伦的提议将要求总收入10亿美元的公司董事会的40%由员工选举产生。参议员桑德斯提出了类似的立法(45%的董事会成员由员工选举产生),但涵盖了更广泛的公司:资产或收入超过1亿美元的上市公司。Bernie Sanders, Corporate Accountability and Democracy, Bernie Sanders Official Website, https://berniesanders.com/issues/corporate-accountability-and-democracy/(last visited Sept. 25, 2021).

〔15〕 See Robert H. Bates et al., Analytic Narratives(1999).

〔16〕 See Paul Pfleiderer, Chameleons: The Misuse of Theoretical Models in Finance and Economics, 87 Economica 81 (2020).

初期,通过特定的立法行为才能设立公司,通常是为了基础设施开发等“公共”目的。后来过渡到“自由”设立公司时期,即所有人都可以设立公司,无须政府进行规范性审查,也不关注公司的业务。这种转变是从政策引导驱动的公司形式向资本市场完备性的转变。资本市场完备性将股权融资的有效性扩展到纯私人企业和私人收益。随后,本文分析了阿道夫·贝尔和加德纳·米恩斯 1932 年对美国上市公司所有权分配的经典描述,以及这种分配与公司治理结构的联系。[17] 最后,本文关注了 21 世纪初美国股票所有权的巨大调和作用,以及股权向机构投资者集中对主动投资者崛起的影响。

以前,我们认为市场完备性和政策引导之间的赫希曼式循环对于理解公司治理的变化至关重要。在本文第三部分中,转向在其他情况下对同一周期模式的描述。考察了从传统战后日本公司治理全盛时期对政策引导的单一关注,到过去十年中向股东价值最大化轨道缓慢但明显的转移,以及可能回到政策引导的潜在开端。[18] 不同经济体和不同时期对公司治理影响不断变化的现象,为公司治理动力的解释提供了有力的支持。

第四部分研究了美国和英国对严格的资本市场规则和股东价值最大化感到失望的主要渠道,这些渠道推动了当前公司治理改革的转变,即“管理运动”以及公司也应该有非股东价值“目的”的理念。在英、美两国,改革将有助于缓和资本市场对企业行为的影响,最终赋予企业管理层更多的自主权。本文探讨了这些渠道的局限性以满足改革支持者的期望,改革最终导致的不可避免的失望将为向股东财富最大化的方向转移奠定基础。本文认为,对公司治理的二元影响及其赫希曼式的周期性特征之间的相互作用,将有助于让当前的争论变得更加透明。

---

〔17〕 See Adolph A. Berle & Gardiner C. Means, The Modern Corporation and Private Property (1932).

〔18〕 See Kansai Econ. F., Developing Corporate Governance Structures to Improve Medium – to long – term Corporate Value(2019)(反对当前以股东为中心的公司治理改革的核心原则,支持回归日本长期以来以利益相关者为导向的公司治理实践). KEF 是一个类似商业圆桌会议的组织,由日本关西地区的 1300 家公司组成,包括大阪、京都和日本第二大经济区神户等城市。

一、对公司治理的双重影响:市场完备性和政策引导

(一)市场完备性

显而易见,所有权是公司治理体系的核心。对所有者身份的哥白尼式理解来自这样一个事实,即治理有助于通过资本市场转移风险。简单地说,资本市场在转移风险方面起着重要的作用,这是通过出售公司的金融权益来实现的。风险转移工具的范围反映了资本市场的完备性:用阿罗-德布鲁术语来说,就是每一种和每一部分风险都有可交易工具。[19] 反过来讲,公司治理体系存在的部分原因是为了转移风险,即在公司发行的风险转移工具的持有人之间分配控制权,以反映工具的相对不完全性。从这个意义上说,有益于市场完全性。

例如,债务合同是公司发行的正式工具,其条款由公司和债权人协商确定,债权人参与公司决策由债务合同的明确条款规定。另外,普通股股东参与公司决策由公司法和监管规则决定,法律与公司的组织规范共同构成了股权合同。如果不支付利息或违反契约,破产制度下的基础工具中会提供明确的补救措施。因此,债务治理是刚性的。

相比之下,股权治理是柔性的。如果不支付股息或公司业绩不如预期,股东只能求助于公司治理体系——质疑董事选举的能力、发出要约收购以及对管理层违反信托义务申请法律赔偿。可用风险转移工具(阿罗-德布鲁条件下资本市场的完备性的范围)决定了公司选择的融资工具,进而决定了支撑这些工具的公司治理结构。就权益证券而言,由工具开发者授予的普通股股东的控制权允许通过资本市场获得的一系列权益工具,并将风险、回报和控制权分割成无数不同的权益工具,其条款用来影响公司管理层免受资本市场影响的程度。例如,有权召集特别股东大会或无故更换董事的股票不同于没有上述权益的证

---

〔19〕 See, e. g, Peter Friesen, The Arrow - Debreu Model Extended to Financial Markets, 47 Econometrica 689 (1979). 请注意,本文中的"完备性"不是一个规范术语。如果没有一个完全完善的资本市场(理论上的理想类型),就不可能有一个更完善的资本市场优于不太完善的资本市场的普遍假设。

券。赋予股东这些权利使资本市场更加完善,形成了与特定权益证券相关的影响力特征及其互惠性,即管理层暴露于资本市场监督之下。通过该方式,资本市场的变化引起了治理层面的变化。

资本市场的完备性通过公司法和公司治理的杠杆来强化股东控制,并强调股票价值最大化是公司治理制度的主要目标。时任特拉华州最高法院首席大法官的利奥·斯特林指出:"公司权力就是企业目标。"[20]

(二)政策引导

从上述分析中可以看出,"公司"(股东)治理和"真正的"治理(政府在分配决策中的作用以及将公司治理用作社会变革的工具)的目标不一定相同,事实上有时可能会发生冲突。本文语境下,政策引导意味着使用"真实的"治理工具(与公司相对)来影响公司实现的目标和系统设计,该系统除了增加公司发行的证券的价值[21],也支持公司追求公共政策目标。在当前的公司治理争论中,受益于公司行为要求、规则支持或特殊保护(如德国法典要求监事会中有劳工代表)的非股东,被称为"利益相关者",[22]相应的公司治理体系被称为"利益相关者治理"。政策引导的受益者有很多。一种方式是,政府可能完全排除这种做法,只以最大化股票价值和减少任何由此产生的外部性为目标,对企业行为进行直接监管。这种方法非常类似于高度理想化的当代美国制度,它假设社会福利通过在公司层面上最大化股东财富而实现目标最

---

〔20〕 Leo Strine, Jr., Corporate Power is Corporate Purpose Ⅰ: Evidence from My Hometown, 33 Oxford Rev. Econ. Pol'y 176 (2017).

〔21〕 柯蒂斯·米尔豪普特(Curtis Milhaupt)和玛丽安娜·帕金德勒(Mariana Pargendler)创造了"政策引导"一词,用来描述作为实现政策目标的一种手段的国有商业企业。参见前注〔2〕,Milhaupt & Pargendler 文。在本文中,我们更广泛地使用这一术语来描述政府试图(通过任何机制,包括监管、所有权或其他方式)利用公司作为推进公共政策目标的手段。

〔22〕 雇员协商和参与在德国有着悠久的历史,并被写入各种法规中。有关员工人数超过2000人的公司监事会中的员工代表的规定出自1976年《法案终止法》。Gesetz uber dieM it bestimmung der Arbeit neh mer[Mit best G][Co – determination Act], May 8, 1976, Bundes gesetz blatt[B GBl] (Ger.), http://www.gesetze – im – internet.de/mit best g/index.html.

大化。[23] 利润表上的每一行都反映了一个非股东利益相关者,从客户关注的销售收入,到供应商关注的销售成本,再到公司工资账单中的劳动力成本。[24] 在弗里德曼式的分析框架中,利润表的每一行驱动着公司业绩在各种利益相关者之间的分配。

另一种方式是,政府可能会推行国家控股商业公司的战略,通过与公司利润最大化目标完全无关甚至冲突的公司治理要素来实现政策目标。例如,为了保持就业水平,国家可能拒绝将财务状况不佳的企业私有化。在混合所有制的企业中,国家可能以牺牲非国有股东的利益来执行公共政策,非国有股东承担了为实现社会或产业政策目标而放弃利润的成本。因此,国家所有权和影响力代表了“利益相关者治理”的一种特殊形式,在这种形式中,国家通过所有权将公司治理制度作为工具来追求股东财富最大化以外的其他目的。这种政策引导不仅会影响公司管理层在公司层面的决策,还会影响管理国家全部公司投资组合的政府机构的决策。[25]

在两种方式之间,政府通过公司治理的各种技术来促进公共政策目标。比如,法国政府试图鼓励长期持股,同时通过改善公司治理来扩大其对重要战略意义公司的股东影响。法国制定了长期投票制度,为持有 2 年以上的股东提供双倍投票权,从而提升政府对公司决策的影响力。其中,持有期在 2 年以上的股东很多是国有股东。[26]

---

〔23〕 See Milton Friedman, The Social Responsibility of Business is to Increase Profits, N. Y. Times Mag., Sept. 13, 1970, at 17 (“企业的社会责任只有一个,那就是利用其资源,参与旨在增加其利润的活动,只要它遵守游戏规则,即参与公开和自由的竞争,不欺骗或欺诈。”). 就像任何对复杂问题的简要描述一样,弗里德曼的说法回避了大多数难题。例如,任何企业合规体系都取决于投入的资源和对决策的影响,如对违规的处罚。See Ronald J. Gilson, Corporate Governance versus Real Governance (Jan. 12, 2022) (unpublished working paper) (on file with the Harvard Business Law Review).

〔24〕 See Gilson,同前注〔1〕,p. 24.

〔25〕 See Curtis J. Mil haupt, The State as Owner – China's Experience, 36Oxford Rev. Econ. Pol' Y 362, 376 (2020).

〔26〕 See Loi 2014 – 384 du 29 mars 2014 visant i reconquerir l'conomie rdelle [Law 2014 – 384 of Mar. 29, 2014 on Aiming at Reconquering the Real Economy], Journal Officiel de la Riapublique Franqaise [J. O.] [Official Gazette of France], Apr. 1, 2014, p. 6231. See Curtis J. Milhaupt & Mariana Pargendler, Governance Challenges of Listed State – Owned Enterprises Around the World, 50 Cornell Int' L. J. 473, 485 (2017).

正如下文详细讨论的那样,政策引导与公司本身的历史交织在一起。一个熟悉的例子是拥有准政府权力的荷兰东印度公司。美国早期的公司被要求提供公共服务,[27]并被广泛认为是促进社区目的的"政府机构"。[28]第二次世界大战前,贝尔和米恩斯设想,政府为实现更广泛的目的而采取行动是必要的,其中一部分通过公司治理间接实现,另一部分将通过对公司实质性活动的直接监管实现。那个时代最明显的例子是根据 1934 年证券交易法案发布的代理规则。[29]更近期的例子是,2018 年,加利福尼亚州成为美国第一个要求总部设在该州的上市公司董事会中有女性代表的州,[30]并于 2020 年成为第一个要求公司董事会中有广泛多样性代表的州。[31] 在欧洲,挪威规定女性董事会代表比例的时间比加州早了十多年,违反该规则的公司将被解散。[32]

〔27〕 See Pauline Maier, The Revolutionary Origins of the American Corporation, 50Wm. & Mary Q. 51, 55(1993).

〔28〕 同上注。

〔29〕 See 15 U. S. C. SS 14(a), 78(n). Policy channeling is particularly evident in the SEC's regulation of shareholder proposals. See 17 C. F. R. 240. 14a – 8 (2021). 美国证券交易委员会最近扩大了代理规则作为政策引导工具的用途,通过采用一项规定,要求使用通用代理卡,使股东能够在有争议的选举中投票支持所有候选人,而不是实际上仅限于投票支持竞争名单中的所有被提名人。See Universal Proxy, 86 Fed. Reg. 68. 330 (Dec. 1, 2021) (to be codified as amended sections of 17 C. F. R. pt. 240). 从业者评论通常将该行为视为加强了那些进行代理权争夺的人的实力。See, e. g., K. Liekefett et al., SEC Dramatically Changes the Rules for Proxy Contests, Harv. L. Sch. F. on Corp. Governance (Nov. 19, 2021) https://corpgov.law.harvard.edu/2021/11/19/sec – dramatically – changes – the – rules – for – proxy – contests.

〔30〕 See 2018Cal. Stat. ch. 94(codified as CAL. CORP. CODES $ 301.3, 21115.5). 在签署该法案时,前加州州长杰里·布朗评论说:"鉴于公司长期以来享有的所有特权,现在是公司董事会包括占美国一半以上人的时候了。" Devika Krishna Kumar, California State Law Mandates Female Board Directors by 2019, Reuters (Oct. 1, 2018), https://www.reuters.com/article/us – california – board – women/california – state – law – mandates – female – board – directors – by – 2019 – idUSKCN1MB 172.

〔31〕 See 2020 Cal. Stat. 92 (amending Cal. Corp. Codes § 301.3 and adding § 301.4 and § 2115.6).

〔32〕 See Norwegian Public Limited Liability Companies Act, § 6 – 11a; see Aagoth Storvik, Women on Boards: Experience from the Norwegian Quota Reform, CESifo DICE Rep., Jan. 2011, at 35.

(三)资本市场完备性和政策引导之间的内生转变

在赫希曼对个人和公共事务参与度变化的解释中,失望是驱动个人偏好不断变化的机制。在人类行为中,失望是由个人消费、公共事务的期望与通过相关行为实际获得的效用之间的差距产生的情绪。在对商业和组织行为的解释中,影响公司治理的这两个影响因素的相对权重的反复振荡在很大程度上是由对公司业绩的失望所驱动的。公司业绩可能达不到预期:一方面是因为过分相信市场机制能够为公司管理者提供激励和监督工具的最佳组合,以实现股东回报最大化。另一方面是因为过分相信公司有能力为更广泛的社会问题提供解决方案,而这些社会问题最终需要政府直接采取行动。未能满足公司治理领域的不切实际的期望,或者冒着社会或政治对当前影响平衡不满的风险,会导致两个影响因素的相对权重向相反方向转移。尤其是在丑闻或危机之后,表现得更为明显。在改变影响力平衡的努力中涉及的具体行为者和机制将随着时间的推移和不同的公司治理体系而变化。

二、美国公司治理周期

(一)从立法特许到一般公司制度

在作为公共政策工具的公司和作为增加私人利益工具的公司之间振荡的解释,始于早期的公司概念以及从政府特许制到自由公司制的最终转变,随后是政府以管制的形式重新干预公司行为。

古罗马等地的早期法律人格受到对商业道德和过度财富不信任等流行观点的影响。正如一位评论家所指出的,“这些支配性的文化规范可能促成了一种信念,即公司注册是一种特权,只授予那些明确体现公共目的或社会利益的企业,而排除私人商业企业”。[33]

在近代早期,民族国家之间的竞争和帝国主义的征服日益加剧,美

〔33〕 Leonardo Davoudi et al., The Historical Role of the Corporation in Society, 6 J. Brit. AcAD. 17,24(2018).

国各州开始授予公司特许经营权，作为推进其全球利益的一种手段。[34] 最著名的荷兰东印度公司被赋予准政府权力，包括发动战争、创建殖民地、缔结条约和铸造货币的权力。这个时代的特许公司代表了“公司历史发展中的一个明显的突破，原因是一些追求私有商业目的的实体可以被批准成立公司”。[35] 但是公司仍然与政府保持密切关联。垄断特权必须通过向授予其特许权的民族国家提供利益来合法化，无论是通过增加贸易、帝国征服还是扩大国家软实力等方式。[36] 因此，“历史上，公司和国家一样被用来实现政府的目的”。[37]

19 世纪，无论政治倾向如何，世界各地政府都与私人公司合作提供公共产品，如运河、铁路和码头。[38] 通常的做法是，政府向提供公共服务的公司的债券进行贴息和担保。[39] 与国家利用授予公司特权来提供公共服务的做法一致，限制单一股东投票数量的投票上限制度被用来防止私人控制公共服务。[40] 有时私营企业的失败会导致政府接

---

〔34〕 同上，p. 25 – 26.

〔35〕 同上，p. 30.

〔36〕 同上。

〔37〕 Joshua Barkan, Corporate Sovereignty: Law and Government Uner Capitalism 5 (2013).

〔38〕 See Aldo Musacchio & Francisco Flores – Macias, The Return of State – Owned Enterprises: Should We be Afraid?, Harv. Intl Rev. (April 4, 2009), https://www.hbs.edu/faculty/Pages/item.aspx? num = 36235.

〔39〕 同上。

〔40〕 See Henry Hansmann & Mariana Par gendler, The Evolution of Shareholder Voting Rights: Separation of Ownership and Consumption, 123YALEL. J. 948(2014). 汉斯曼(Hansmann)和帕金德勒(Pargendler)认为由于股权往往是地方性的，投票上限实际上支持了公司作为服务于当地商人的供应商合作社的角色。See also Ronald J. Gilson, The Case Against Shark Repellant Amendments: Structural Limitations on the Enabling Concept, 34Stan. L. Rev. 775, 818 (1982)（认为投票上限不是出于对股东的关心，“而是为了公司所服务的社区。”）. Providence & Worcester v. Baker, 378 A. 2d 121 (Del. 1977)，提供了在基础设施扩建的立法特许中投票上限的公共职能的当代说明。在破产诉讼的背景下，一家铁路公司的最大股东质疑铁路公司章程中的投票上限公式，该公式将投诉股东的投票从 28% 降至 3%。如特拉华州衡平法院意见中所述，上限包含在公司的 1844 年马萨诸塞州立法宪章中，这是 1836 年马萨诸塞州法令的要求，该法令规定所有铁路宪章的投票上限，目的是限制“控制权的集中”。E. Merrick Dodd, American Business Corporations Until1860: With Special Reference to Massachusetts 327 – 28 (1954).

管企业,这就形成了国有企业(SOE)的早期例子[41]。我们将在下文作更详细的讨论。第一次世界大战前,此类形式的国家干预经济活动在世界各地广泛存在。[42] 类似地,内战前的美国,公司特许经营权通常是由州立法机关出于符合公众利益的目的而以特别法案的形式授予的。如前所述,这一时期,"公司不完全是以营利为目的的组织,而是国家的准公共机构"。[43]

尽管如此,美国公司的广泛参与度还是引起了政府一定程度的不安。对新共和国而言,政府向拥有特权的实体进一步授予特权似乎不合时宜,并令人不安。[44] 人们越来越担心拥有特权的公司获得太多的权力,降低了私人经济的积极性。随之而来的是与立法权相关的腐败,这种腐败将有经济价值的特权给予了受优待的支持者。[45] 事实上,特许公司的坚定批评者亚当·斯密也表达了类似的担忧。[46] 无论公司的目的如何,所有人均可自由地组建公司。该理念开始深入人心,尤其是在安德鲁·杰克逊执政期间。从19世纪中期开始,各州开始废除以准公共目的为重点的特别特许证,并转向一般的公司制度,即州向任何符合某些法定要求的公司提供特许证。到1860年,38个州和地区中

---

〔41〕 See Aldo Musacchio & Sergio G. Lazzarini, Reinventing State Capitalism: Leviathan in Business, Brazil and Beyond 24(2014).

〔42〕 See Musacchio & Flores – Macias,同前注〔38〕.

〔43〕 David McBride, General Corporation Laws: History and Economics, 74 LAw & Con – Temp. Probs. 1, 3(2011). 早期的美国人将公司视为"政府机构",因为国家授权他们为公共目的服务。Maier, 见前注〔27〕,p. 55. 例如,1780年至1801年,美国批准的317个立法特许状中,有2/3是针对运输业的。See James Willard Hurst, The Legitimacy of the Business Corporation in the United States 1780 – 197017 (1970). 1790年至1860年的70年间,除了新英格兰地区(由于新英格兰地区规模较小,因此运输需求更有限),运输公司占美国所有地区由数量和授权资本组成的所有公司的一半或一半以上。See Richard Sylla & Robert E. Wright, Corporation Formation in the Antebellum United States in Comparative Context, 55 Bus. Hist. 653, 656(2013).

〔44〕 See P. M. Vasudev, Corporate Law and Its Efficiency: A Review of History, 50 Am. J. Legal Hist. 237, 253(2010).

〔45〕 同上,p. 254.

〔46〕 See Davoudi et al. , 同前注〔33〕,p. 31 – 32. See also Adam Smith, An Inquiry into the Nature and Causes of the Wealth of Nations 154(1776).

的 24 个已经颁布了普通公司法，[47] 根据这些法规成立的公司数量（4000 家）正在接近拥有立法特许证的公司数量（22000 家）。[48]

随着时间的推移，自由注册制度的引入以及由此带来的资本市场的完备对美国公司法的方向产生了重大影响。公司法变得“更加自由，取消了对公司规模、存续时间和经营范围的限制，并朝着人们熟悉的授权立法模式发展”。[49] 到了 19 世纪晚期，州政府从上至下的特许竞争的基础已经奠定，这是美国公司法体系化的一个标志。[50]

在 19 世纪的后几十年里，将公司视为一种准政府职能的观点逐渐让位于将公司视为一种非常适合于工业活动的私人营利组织的观点。公司角色从专注于服务公共目的转变为面向所有人放开，这种转变反映在 20 世纪早期自由公司对经济增长重要性的评估中。公司重心从主要作为政策引导工具转变为使公司股票广泛地作为私人融资工具来提高资本市场完备性。

未来的经济史学家可能会将有限责任公司的佚名者与瓦特、斯蒂芬森及其他工业革命的先驱者比肩。这些人的天才创造了一种手段，使人类对自然资源的控制迅速增长；有限责任公司是筹集、组织和有效管理实现他们发现所需的大量资本的手段。[51]

公司法越来越关注股东的治理权和董事对股东的信托责任。因此，“公司已经从实现‘君主’特殊目的而创建的专业化实体，发展成为

---

〔47〕 See Sylla & Wright，同前注〔43〕，p. 654.

〔48〕 See Robert E. Wright & Richard Sylla, Corporate Governance and Stockholder/Stake - holder Activism in the United States, 1790 - 1860: New Data and Perspectives, in Origins of Shareholder Advocacy 231, 231 (Jonathan G. S. Koppel ed., 2011).

〔49〕 Charles M. Yablon, The Historical Race; Competition for Corporate Charters and the Rise and Decline of New Jersey: 1880 - 1910, 32 J. Corp. L. 323, 329 (2007).

〔50〕 随着州收费制度的发展，竞争的结果似乎形成了两个赢家的稳定格局：特拉华州和公司主要业务所在的州。See Marcel Kahan & Ehud Kamar, The Myth of State Competition in Corporate Law, 55 Stan. L. Rev. 679 (2002).

〔51〕 See The Ownership of British Industrial Capital, The Economist, Dec. 18, 1926, at 1053. 从功能上来说，有限责任早在自由合并之前就存在了，可以追溯到罗马时代。但毫无疑问，现代股份公司的发展促进了一种以前不存在的“现成的”有限责任形式。

一个促进经济所需的新的不断发展的组织形式"。[52] 这种公司法观点在20世纪80年代达到顶峰,由法律学者弗兰克·伊斯特布鲁克和丹尼尔·菲谢尔引领,呼应了詹森和梅克林的开创性文章,[53] 即将公司描述为"契约的纽带",公司法是由国家无偿提供的一套提高效率的默认规则。[54]

但是,公司的私有化引起了一系列新的关注。企业活动产生的外部性由整个社会承担,污染就是一个典型的例子,现在已被气候变化所取代。为了应对来自私人商业活动的负面溢出效应,政府通过一系列管理竞争、工人安全和污染的联邦法律,以间接的方式对公司进行干预。1890年《谢尔曼反托拉斯法》、1893年《安全设备法》和1899年《河流和港口法》就是早期的例子。正如一位评论家所指出的,"州政府对特许经营的竞争可以被视为一种成功,因为它缔造了更有效和更统一的公司法模式;同时也被视为一种失败,因为它允许公司借用了需要联邦干预的负外部性"。[55] 因此,19世纪末美国公司特许经营的历史揭示了公众情绪的赫希曼式转变,在这种转变中,公司首先被视为政府政策的工具,然后被视为促进私人财富增长的机制,最后被视为政府管制的直接对象。

(二)贝尔和米恩斯的循环重构

主导公司法和公司治理的公共和私人问题之间的第二种振荡模式,显然来自贝尔和米恩斯1932年对上市公司股权分布及其公司治理和政策影响的标志性描述的学术理解的变化。[56] 通过赫希曼的解释视角,我们看到了股权和治理之间关系框架的规律性周期,从应对大萧条的政策引导到理解公司治理结构是促进资本市场完善的一种手段,其结果是关注股东价值。

---

〔52〕 McBride, 同前注〔43〕, p. 4.

〔53〕 See Michael C. Jensen & William H. Meckling, Theory of the Firm: Managerial Behavior, Ownership and Agency Costs, 3 J. FIN. Econ. 305, 310 – 11(1976).

〔54〕 See Frank Easterbrook & Daniel R. Fischel, The Economic Structure of Corporate Law (1996). 这种描述没有避免有力的经验挑战。See Michael Klausner, Fact and Fiction in Corporate Law and Governance, 65 Stan. L. REv. 1325, 1329(2013).

〔55〕 Yablon, 同前注〔49〕, p. 329.

〔56〕 See Berle & Means, 同前注〔17〕.

1. 政策引导:赫希曼式的公私循环始于1932年贝尔和米恩斯的启示,即他们认为控制美国经济的大型公司的广泛股权分布使得股东无法有效监督管理层。[57] 广泛分布的小股东所有权和大公司的结合导致了贝尔和米恩斯的结论,即公司治理不能约束强大的管理层,只有政府有真正的能力对大公司不受约束的管理层行为作出反应。[58] 因此,贝尔和米恩斯在股东无力控制他们所拥有的公司基础上,进一步强调真正治理的作用,而不是公司治理的结构,该术语最初出现在贝尔和米恩斯论文的第一次重新排版时。如果公司治理不能监管公司行为,那么就需要真正的治理来保护公共利益,为商业监管新政提供正当理由。几十年后,罗伯特·克拉克在阐述这一机制时解释说,面对分散股东的"理性冷漠",政府必须进行干预以保护公共利益,这种"理性冷漠"不可避免地来自"搭便车"的逻辑以及监督手段和激励机制的缺乏。[59]

2. 资本市场完备性和股东治理:现在时间快进到大约40年前的1976年和1977年,当时学术界对贝尔和米恩斯的所有权分离的理解急剧向右转移,远离政策引导并转向资本市场完备性和股东价值最大化。[60] 在这一点上,贝尔和米恩斯对受新政刺激的广泛分布的股权影

[57] 斯蒂格勒(Stigler)和弗里德兰(Friedland)指出,贝尔(Berle)和米恩斯(Means)没有提供所有权和控制权分离的实际效果的经验证据。我们认为这个事实与更柔和的赫希曼机制的运作方式是一致的。See George J. Stigler & Claire Friedland, The Literature of Economics: The Case of Berle and Means, 26 J. L. Econ. 237(1983).

[58] 伯利本人表达了一种有趣的、非民粹主义的大企业观。尽管伯利早期受雇于路易斯·布兰代斯律师事务所,并在新政中发挥了积极作用,但他认为规模在经济上很重要。因此,他支持政府监管大企业行为的角色,而不是追随布兰代斯的观点,即超大型企业应该被拆分。See Nicholas Lehman, Transaction Man: The Rise of the New deal and the Decline of the American Dream(2019).

[59] See Robert C. Clark, Corporate Law 390 - 392(2d ed. 1986). 克拉克毋庸置疑是曼瑟·奥尔森的思想继承者。See Mancur Olson, The Logic of Collective Action (1965).

[60] See Stigler & Friedland, 同前注[57],对经济和政治理论中的动力驱动因素表达了浓厚的兴趣:"一个具有巨大潜在科学和政治意义的命题的形成过程神秘得令人着迷。"同上,p. 237.

响的观点被经济史〔61〕和金融经济学〔62〕的新文献削弱了。引人注目的是,这份文献对贝尔和米恩斯的描述进行了重新改写,将新政引发的超大型公司的股权分布广泛的问题转化为一系列不同问题的解决方案。在新的描述中,所有权和管理权的分离促成一种基于效率的解决方案,即管理者不再需要向企业提供个人资本而产生的管理专业化与股东多样性产生的风险承担专业化的交叉。作为当时最重要的商业历史学家,阿尔弗雷德·钱德勒将贝尔和米恩斯问题的重构总结为有效的双重专业化产物:

现代企业管理的兴起带来了所有权与经营权关系的新变化。当一个企业的创立和发展需要大量外部资本时,所有权和管理层之间的关系就不同了,所有权变得非常分散。股东没有影响力、知识、经验或承诺来参与最高指挥。取薪管理层决定长期政策并组织短期经营活动。他们主宰了企业上中下层的管理。对投资者而言,公司变成了一个收入来源,而不是一家需要管理的企业。〔63〕

诚然,小股东难以监督管理层所产生的代理成本问题必须得到解决,〔64〕但这恰恰代表了现实世界中的摩擦,这类摩擦更适合由市场和依靠有限信息披露的政府监管来解决。像贝尔和米恩斯的“最初的框架”一样有影响力,詹森和梅克林以他们自己的方式,与钱德勒几乎同时进入争论的焦点。〔65〕 雇用专业经理人意味着让专家们代表股东运用专业知识,这种方式以牺牲股东利益为代价,强化了“代理成本”。“代理成本”既包括约束管理层为自身利益行事的技术成本,也包括约束制度

〔61〕 See Alfred D. Chandler Jr., The Visible Hand: The Managerial Revolution in American Business (1977).

〔62〕 See Jensen & Meckling, 同前注〔53〕.

〔63〕 See Chandler, 同前注〔61〕, p. 9 – 10.

〔64〕 钱德勒(Chandler)把专业化强加的成本理解为伴随管理专业化而来的不可避免的管理自由裁量权的结果。他的分析,与詹森关于管理过度投资的自由现金流解释相似:“在做出行政决策时,职业经理人更喜欢有利于企业长期稳定和增长的政策,而不是那些最大化当前利润的政策。对于受薪经理来说,企业的持续存在对他们的职业生涯至关重要。”同上, p. 10; see Michael C. Jensen, The Eclipse of the Public Corporation, Harv. Bus. Rev., Sep. – Oct. 1989, at 61(提出杠杆收购组织是降低专业化成本的一种更有效的方式)。

〔65〕 See The Jensen and Meckling article has been cited more than 100000 times.

不完善产生的成本。以独立董事、披露要求和财务审计报表为代表的标准公司治理特征,以及以代理权争夺、敌意收购为代表的资本市场监督机制,有助于降低代理成本,使约束管理层的措施的成本比减少高管自益行为的成本更高。赫希曼式的转变将再次出现:公司治理成为一种工具,通过提高作为融资工具的普通股的效率,使资本市场更加完善。

钱德勒的双重专业化理论,以及被詹森和梅克林的代理成本理论重构的贝尔和米恩斯"对无效小股东概念的民粹主义解释"很难被超越。在接下来的40年里,美国公司法和公司理论的使命采取了寻找"圣杯"的方式,这是一种通过协调股东和管理层利益,使所有权和控制权有效分离的成本最小化的技术,从而使资本市场更加完善。

3. 作为所有者的股东:股东"所有权"变得更具工具性。股东被赋予专属投票权,并不是因为他们在某种概念上是"所有者"。所有权被广泛理解为一系列权利。向特定方提供何种权利取决于分配的目的。调查是工具性的,不是规范性的。这种区分可以追溯到1913年霍菲尔德关于一般产权的表述,〔66〕反映在美国法律学会1936年《财产重述》中,〔67〕并于1981年在公司治理的背景下明确提出。股东的公司治理角色取决于赋予剩余财产分配权人如何评估管理层和董事会绩效的制度设计,并作为一种降低代理成本的工具。"事实上,如果法律没有赋予股东此类权利,我们就必须创造他们。"〔68〕

4. 所有权的重新集中:我们现在又前进了40年左右,从贝尔和米恩斯最初对政府必须干预公司治理以服务于新政实施的政策引导目的,到资本市场的完备性。此时,治理的作用是最大程度减少基于效率导向由所有权和控制权分离所产生的代理成本,使普通股成为更有效的融资方式。对所有权和控制权分离的解释的第二次转变形成于21

---

〔66〕 See Wesley N. Hohfeld, Some Fundamental Legal Conceptions as Applied to Judicial Reasoning, 23 Yale L. J. 16(1913).

〔67〕 See Restatement (First) of property § § 8, 10(Am. L. Inst. 1936)(将"不动产"定义为若干占有性权益之一,将"所有者"定义为这些权益之一的持有人)。

〔68〕 Ronald J. Gilson, A Structural Approach to Corporations: The Case Against Defensive Tactics in Tender Offers, 33 Stan. L. Rev. 819, 834(1981). 弗兰克·伊斯特布鲁克和丹尼尔·菲谢尔在其他出版物中也提出了同样的观点。Frank H. Easterbrook & Daniel R. Fischel, Voting in Corporate Law, 26 J. L. & Econ. 395(1983).

世纪的第二个十年,是由上市公司股东分布的根本变化引发的。资本市场的日益完善和股东价值最大化的回归发挥了主导作用,而不是贝尔和米恩斯的“政策引导理论”。

直到1950年,贝尔和米恩斯对其20世纪20年代提出的所有权模式理论仍然准确。股票仍主要由家庭持有。1950年,包括养老基金在内的机构投资者仅持有约6.1%的美国股票。[69] 到1980年,股权的分布开始从家庭转向机构。当时,机构投资者持有28.4%的美国股票。[70]到2009年,股权通过中介机构重新集中的过程基本完成,机构投资者持有50.6%的美国上市公司股权和73%的美国最大的1000家公司的股权。[71] 到2017年,机构总持股量上升至70%。[72] 与此同时,被动资产管理的指数基金的出现和惊人的增长速度导致机构投资者的持股比例进一步提升。到2016年,最大的20家机构平均控制了20家最大公司平均约33%的股份。[73] 到2018年,股权中介机构以及从主动管理到被动管理的转变已经完成。2009年至2018年,美国股票基金中被动管理的比例从19%上升至44%。由于被动管理的经济规模巨大,市场变得高度集中:2017年,三大被动管理公司——黑石、

〔69〕 See Matteo Tonello & Stephan Rahim Rahimov, The 2010 Institutional Investor Report 22, The Conf. Bd., tbl. 10(2010); Ronald J. Gilson & Jeffrey N. Gordon, The Agency Costs of Agency Capitalism: Activist Investors and the Revaluation of Governance Rights, 113 Colum. L. Rev 863, 874(2013).

〔70〕 同上。

〔71〕 同上。For a time series of institutional ownership between 1950 and 2004, see Jeffrey N. Gordon, The Rise of Independent Directors in the United States, 1950 - 2005: Of Shareholder Value and Stock Market Prices, 59 Stan. L. Rev. 1465, 1568(2007).

〔72〕 See Eric Posner, Fiona Scott Morton & E. Glenn Weyel, A Proposal to Lin it the Anti competitive Power of Institutional Investors, 81 Antirust L. J. 669(2017).

〔73〕 See Lucian A. Bebchuk, Alma Cohen & Scott Hirst, The Agency Problems of Institutional Investors, 31 J. Econ. Persp. 89, 92(2017); Ronald J. Gilson & Jeffrey N. Gordon, Agency Capitalism: Further Implications of Equity Intermediation, in Research Handbook on Shareholder Power 32, 35 (Jennifer G. Hill & Randall S. Thomas eds. 2015).

先锋和道富——持有标准普尔 500 超过 15% 的股份。[74]

普通股持有者从直接的个人转换为代个人持股的共同基金和养老基金，以及机构投资者持股集中等现象，彻底颠覆了贝尔和米恩斯的所有权理论。不同于贝尔和米恩斯大约 80 年前阐述美国公司股份广泛分布的情况，现代金融理论支持多样化，第二次世界大战后美国政策导向是退休储蓄将通过公司养老金计划而不是广泛扩展的社会保障来管理。随后，出现了从固定退休福利到固定缴款退休计划的转变，导致了公司所有权的巨大集中，吉尔森和戈登称之为“代理资本主义”[75]。打个比方，在没有控股股东的情况下，对大多数美国大公司有效控制的投资机构的代表可以很轻松地被一张董事会会议桌容纳。例如，三大指数基金提供商黑石、先锋和道富在 2017 年合计持有标准普尔 500 约 15% 的流通股；约 31% 的标准普尔 500 公司有 4 个或更少的股东，他们合计持有公司 20% 以上的流通股。指数“三驾马车”持有市值最高的苹果公司 20% 的流通股。[76]

所有权的转移产生了新的治理结构。主要以对冲基金形式出现的主动投资者利用股权的重新集中，通过代理机制向其认为表现不佳的公司的机构股东提出替代性战略方案。如果公司管理层不同意采纳该替代性战略方案，主动投资者就会发起或威胁发起代理权争夺战，用主动投资者选择的候选人名单替换部分或全部现有董事会成员。大型机构股东有资源和专业知识来评估主动投资者的提案，通常集体持有足够的股票以影响主动投资者发起的以实施替代性战略为目的的代理人之争的胜率。机构投资者因此开始扮演贝尔和米恩斯描述的角色，1932 年，股权分布广泛的股东不能有效地监督管理层，但现在通过主动管理的中介机构可以。

一个更加完善的资本市场对管理层的监督能力发生了巨大变化。

[74] See John C. Coates, The Future of Corporate Governance Part I: The Problem of Twelve (Harv. L. Sch., Pub. L. Working Paper, Paper No. 19 - 07, 2018), https://ssrn.com/abstract = 3247337.

[75] See Gilson & Gordon，同前注[73]。

[76] See Coates，同前注[74]. Gilson & Gordon，同前注[73]，追踪了推动股权中介的力量。

20 世纪 80 年代的敌意收购是通过利用目标公司的资产来支持收购所需的借贷。然而,由于资本市场无力为这种规模的收购提供资金,最大的公司免受敌意收购。[77] 21 世纪的维权代理挑战完全不同,而且可能更加强大;主动投资者利用机构投资者的股票所有权以及投票权,而不是利用目标公司的资产负债表来收购目标公司。在大多数情况下,主动投资者不一定要赢得代理权竞争才能成功。在过去的 20 年里,越来越多的代理权竞争的结果是与现任者达成和解,主动投资者获得董事会席位。[78] 这些机构在大型上市公司中的持股比例与小型上市公司大致相同,结果是,任何一家没有控股股东的公司都不能大到足以仅靠规模来抵御主动投资者的挑战。[79]

即使最大公司的管理层也面临威胁,引发了对贝尔和米恩斯理论最终和最激进的重构。为了应对由更加完善的资本市场带来的股东价值最大化的过度影响,重新转向政策引导。管理层及其支持者贬低股东最大化股票价值的努力,这种努力是由集中的股权中介机构实现的,并受到主动对冲基金的帮助。他们把这种努力描述为迫使管理者进行短期操作,损害了公司、股东和经济的长期最佳利益。[80] 此前,贝尔和米恩斯将广泛持股的小股东造成的问题定义为不受股东约束的管理

[77] 在敌意收购期间,资本市场的日益完善,确实导致规模大得多的公司成为看似合理的目标。对这种扩大潜在收购目标规模的标准解释,可以追溯到 KKR 有能力迅速筹集必要的债务,为 1988 年收购 RJR Nabisco 提供资金。Bryan Burrough & John Helyar, Barbarians at the Gate(1989).

[78] 从 2001 年到 2016 年,在主动投资者获得席位的和解中,投票代理权角逐的百分比从不到 25% 增加到近 50% 。Jason Frankl & Steven Balet, The Rise of Settled Proxy Fights, Harv. L. Sch. F. on Corp. Governance(March 22,2017), https://corpgov.law. harvard. edu/2017/03/22/the – rise – of – settled – proxy – fights/.

[79] 从 2016 年到 2019 年,平均有 66 家公司成为代理权争夺的目标,导致平均每年 133 个董事会席位。在大约 84% 的情况下,席位是通过和解获得的。Lazard S'holder Advisory Grp. , Lazard 2019 Shareholder Activism Review 15, tbl. 4(2019) https://www. lazard. com/perspective/lazards – 2019 – annual – review – of – shareholder – activism/.

[80] See Compare Lynn A. Stout The Toxic Effects of Shareholder Primacy, 161 U. PA. L. Rev. 2003(2013), with Mark J. Roe & Roy Shapira, The Power of the Narrative in Corporate Law making (Eur. Corp. Governance Inst. , Working Paper No. 554, 2020), https:/ssrn. com/abstract = 3703882.

层,因此需要政府为了整个经济的利益进行真正的干预,而非实现股东价值最大化。大约80年后,当股权中介机构强化了股东约束时,管理层支持者认为,引发贝尔和米恩斯担忧的管理层自治是解决方案,而不是问题。股东价值最大化,受到股权中介机构和代理资本主义的推动产生了另一个赫希曼式转变:因为可能导致短期主义、创新减少和收入均等化,要反对股东至上。第四部分分析了当前向利益相关者资本主义导向的趋势。

(三)总结

我们对过去两个世纪美国公司治理的知识和法律发展的关键举措的概述揭示了两种截然不同的公司观点之间的转变——作为政府公共政策的工具和作为投资者私人财富创造的工具。在很大程度上,公司主流观念的周期性变化是内生的,是对当时公司治理中社会或经济效果平衡状况失望的产物。

三、美国以外的治理周期

此前,对赫希曼式的公司治理影响转移周期的分析集中在美国。现在将分析扩展到世界其他地方。首先关注日本,研究结果表明,在任何给定的时间,不同国家的治理体系的重点可能在政策引导和资本市场完善性之间的不同周期上。从空间角度来看,一个国家的公司治理体系通常会反映一个内部问题,而不是一个角落的解决方案。该体系位于一个连续体的某个点上,一个端点标志着纯粹的政策引导,另一个端点标志着纯粹的资本市场完备性。可以看到,日本公司治理一直在从政策引导和利益相关者转向资本市场完备性和更加强调股东财富最大化,当然这种转变是断断续续的。日本对作为股东财富创造工具的公司的高度关注,在美国和英国朝着相反的方向发生,朝着以利益相关者为导向的政策引导发展的时期。不同的公司治理体系可能同时沿着连续体向相反的方向发展,这一事实说明背景因素在比较分析中的重要性,也说明全球各国向特定意识形态或理想状态的公司治理趋同的障碍。很重要的一点是,对不同历史和不同时期国家影响力的类似变化的观察支撑了以下观点:提高资本市场完备性的努力和加强政策引导的努力之间的变化在公司治理体系中是内在一致的。

本文的目的不是详尽地描述日本制度,而是强调企业发展的内生驱动周期与特定国家、特定经济组织、特定意识形态或特定时间点无关。美国和日本的公司治理体系目前在大致相同的时期沿着连续体向相反的方向发展。

(一)日本:从政策引导到股东资本主义

第二部分描述了从1932年至今,对美国上市公司股权的认知和实际分配的变化如何反映了政策引导和资本市场完备性之间的转变模式。世界不同地区的有着不同的治理方向,甚至与美国的方向相反。从明确使用公司治理进行政策引导,到通过政治经济变革实现资本市场完备性以更加强调股东价值,并最终更明确地推动公司在社会中实现股东财富最大化。在日本,推动方向转变的关键是明确的"安倍经济学"政府政策和外国机构投资者在日本资本市场的崛起。

在日本高速增长时期,作为围绕战后时期发展起来的非正式制度构建,公司治理有助于支持基本的社会目标,包括最重要的长期稳定就业。这与战前日本的公司治理大相径庭,当时"股东是制度的国王"。[81] 战后大公司对大部分劳动力终身雇佣的承诺导致了以银行为中心而不是以资本市场为中心的公司金融体系,因为前者不太可能破坏公司对劳动力的隐性承诺。一家公司的"主要银行",是公司最大的贷款人,通常也持有其股权,监督公司业绩,并在公司出现财务困境时提供帮助。拥有同一家主要银行的关联公司之间的稳定持股网络(企业集团)进一步使管理层免受资本市场的压力,支持人力资本长期投

〔81〕 See Takeo Hoshi & Anil Kashyap, Corporate Finacing and Governance in Japan: The Road to the Future 50(2001)(总的来说,当银行不参与公司治理过程。相反,股东们似乎在监督公司和威胁管理层方面起了带头作用。战前的金融体系可以概括为证券市场占主导地位的体系。银行是盈利的,提供了大量的融资,但股票和债券融资更为重要。股东是这个系统的国王。事实上,如果将战前的体系与战后的美国体系和战后的日本体系相比,美国体系与战前的日本有更多的共同点。).

资。反过来，日本的银行体系得到了政府隐性的“不失败”保证的支持。[82] 这些非正式机构的互动支持了公司管理层对大部分男性劳动力终身雇佣的隐性承诺。[83] 公司治理机制为日本战后的社会安全网提供了重要元素。敌意收购、代理权争夺、主动投资者和管理层对财务回报的关注等资本市场或以股东为中心体系的标准特征，在该体系中并不普遍，并经常被诋毁为日本版企业资本主义的诅咒。[84]

20 世纪 90 年代初，日本资产泡沫的破裂和随之而来的金融危机严重削弱了战后公司治理制度。“失去的十年”见证了持续的低增长、低通胀甚至负通胀。[85] 银行倒闭出现，实力较弱的银行被兼并。主银行和稳定的持股关系开始瓦解，[86] 侵蚀了以主银行为中心的企业集团。植根于战后时期的管理实践非常强调保持市场份额和保护员工，变得过度规避风险并不适应随商业条件变化来有效利用资本。日本经

---

〔82〕 See Curtis J. Milhaupt & Geoffrey P. Miller, Conflict Cooperation and Convergence: Evidence from the “Jusen” Problem, 29 Law & Pol'y Intl Bus. 1, 48(1997)（分析非正式规范的运作，包括 90 年代初日本银行业的“不失败规范”）.

〔83〕 See Curtis J. Milhaupt, Creative Norm Destruction: The Evolution of Non legal Rules in Japanese Corporate Governance, 149 U. PA. L. Rev. 2083(2001); Ronald J. Gilson & Mark J. Roe, Lifetime Employment: Labor Peace and the Evolution of Japanese Corporate Governance, 99Colum. L. Rev. 508(1999).

〔84〕 同上，p. 2089. 2008 年，日本最有权力的部门之一的一名官员发表演讲，质疑日本企业需要改变以应对全球经济变化的观点。He made the case that companies should be able to choose their shareholders (which he described as “fickle, irresponsible, and greedy”) rather than the other way around. Michiyo Nakamoto, One Way Street? As Its Companies Expand Abroad, Japan Erects New Barriers at Home, Fin. Times(Mar. 2, 2008), https://www.ft.com/content/98c 40880 – e 858 – 11dc – 913a – 0000779fd2 ac.

〔85〕 日本 1990 年前的 GDP 增长率导致 GDP 每 14 年翻一番。1990 年后的增长率意味着 GDP 每 80 年翻一番。Fed. Rsrv. Bank of St. Louis, Japan's Lost Decade vs. the U. S. Great Recession, On The Econ. (June 25, 2018), https://www.stlouisfed.org/on – the – economy/2018/june/japan – lost – decade – us – great – recession.

〔86〕 See Hideacki Miyajima & Fumiaki Kuroki, The Unwinding of Cross – Shareholdings in Japan: Causes, Effects, and Implications, in Corporate Governance in Japan: Institutional Change and Organizational Diversity 79(Masahiko Aoki, Gregory Jackson & Hideaki Miyajima eds., 2007).

济的创新能力下降。[87] 企业对通缩环境的反应是,越来越不愿意雇用受终身雇佣保护的工人,导致低收入、低工作保障的"非正规"工人比例大幅上升。[88] 日本战后的社会安全网开始随着其公司治理体系出现问题。

战后以银行为中心的公司治理制度的弱化,为日本管理层创造了一个规则真空。2014 年,《经济学人》谴责"日本高层管理人员缺乏监督,导致长期表现不佳"。[89] 奥林巴斯会计丑闻之后,《经济学人》问道:"想投资没有外部董事的表现不佳的公司吗? 去日本吧。"[90] 在与艾丽西娅・小川奈那共同起草的一份工作文件中,日本养老基金协会公司治理总监北古建(Ken Hokugo)对 21 世纪第二个十年的情况总结如下:

长期以来,日本公司的利润一直低于全球同行;他们失去了全球市场份额;他们选择积累巨额现金余额,而不是冒险刺激创新。他们非常抵制对外透明(尤其是股东),这导致了最近一些渎职的例子。很大一部分日本上市公司的股价仍低于账面价值,这表明投资者认为管理层没有能力创造新的增长点。[91]

各种背景因素增强了公司治理改革的紧迫感。一个面临人口迅速老龄化和下降问题的成熟经济体必须通过资产创造价值,以履行养老

---

〔87〕 See Lee G. Branstetter & Yoshiaki Nakamura, Is Japan's Innovative Capacity in Decline?, in Structural Impediments to Growth in Japan 191(Magnus Blom stro metal. eds. 2003).

〔88〕 See Andrew Gordon, New and Enduring Dual Structures of Employment in Japan: The Rise of Non-Regular Labor, 1980s - 2010s, 20 Soc. Sci. JAPAN J. 9, 9 (2017) (reporting rise in non-regular employees as percentage of total from 15% in 1982 to 38% in 2014).

〔89〕 Corporate Governance in Japan: A Revolution in the Making, Economist (May 3, 2014), https://econ. st/2XOXODD.

〔90〕 Corporate Governance in Japan: Olympian Depths, The Economist (Nov. 3, 2012), https://econ. st/3CEbwrw.

〔91〕 See Ken Hokugo & Alicia Ogawa, The Unfinished Business of Japan's Stewaerdship Code (Ctr. for Japanese Econ. & Bus.: Corp. Governance & Stewardship Program, Working Paper No. I,2017), https://academiccommons. columbia. edu/doi/10. 7916/D8D79PTM.

金义务并防止赤字进一步扩大。[92] 不断萎缩的国内市场迫使管理层寻求创新和海外投资机会。过去 20 年来,日本上市公司所有权结构的变化,特别是外国投资者所持股份比例的显著增加,[93] 开始使日本管理层面临投资者更高水平的期望和参与。

在此背景下,第二届安倍晋三政府(2012 ~ 2020 年)公布了"复兴战略",其中包括一系列公司治理改革,明确旨在通过鼓励冒险和关注财务回报来振兴经济,这是向股东价值明显转变的表现。为了落实安倍推动经济复苏的政策,2014 年通过了《管理法案》,希望鼓励公平的机构投资者参与投资组合公司。本文第四部分提到,日本采用《管理法案》的动机与英国和美国的情况形成对比,英国和美国鼓励机构投资者参与是为管理层提供资本市场压力的缓冲阀。[94] 日本的《公司法》于 2015 年生效,为公司董事会构成提供了一个新的选择,重点是改善董事会的审计和监督职能。同年,在遵守或解释的基础上通过了一项公司治理法案,以鼓励任命独立董事,并强制披露公司稳定持股的理由,期望这一义务将导致交叉持股的解除。《公司治理法案》寻求"以

---

〔92〕 正如日本经济产业省一份颇具影响力的报告所言,"日本必须将自己转变为一个'资产管理国家',专注于从长期投资中获取回报"。Kunio Ito, Ito Review of Competitiveness and Incentives for Sustainable Growth: Building Favorable Relationships Between Companies and Investors 3 (2014), https://www.meti.go.jp/english/policy/economy/corporate_governance/pdf/FRIR.pdf.

〔93〕 外国人(几乎所有机构)持有的股份比例从 1970 ~ 1985 年的约 5% 上升到 2018 年的约 30%。Japan Exch. Grp., Inc., 2018 Share Ownership Survey, 4 tbl. 3 (2019), https://www.jpx.eo.jp/english/markets/statistics - equities/ examination/b5b4pj000002xzt8 - att/e - bunpu2018.pdf.

〔94〕 日本监管准则是以英国监管准则为蓝本的,但其目的非常不同:鼓励机构投资者"为其客户和受益人提高中长期投资回报"。基于对公司及其商业环境的深入了解,通过建设性接触或有目的的对话,提高和促进被投资公司的企业价值和可持续增长。Gen Goto, The Logic and Limits of Stewardship Codes: The Case of Japan, 15 Berkeley Bus. L. J. 365, 371 (2019) [引用专家委员会关于《日本版管理法案》的意见,"负责任的机构投资者原则:通过投资和对话促进公司的可持续增长 1" (2014), https:// www.fsa.go.jp/en/refer/councils/stewardship/20140407/01.pdf]; see also infra Part Ⅳ.

增长为导向的治理”。[95] 该法案“没有过分强调避免和限制风险或防止公司丑闻。相反,它的主要目的是刺激企业创业精神,支持企业可持续增长并在中长期内增加企业价值”。[96]

上述改革反映出的远大目标不应被掩盖。安倍改革寻求战后日本公司治理向资本市场的根本转向,并大幅提升股东在利益相关者中的地位。因此,安倍的改革“不仅仅是修补股东和管理层之间的正式关系,更反映了一种有意识的努力,即利用政府干预来克服路径依赖,该路径依赖维系着一个不再有利的治理和生产体系”。[97]更通俗地说,这种新政可以被称为“让我看看公司治理的业绩”。[98]

可以预见的是,迄今为止这些干预的结果喜忧参半。让日本经济走向建立在更完善的资本市场基础上的以股东为中心的资本主义绝非易事。对许多公司来说,强调对资本市场的责任(部分通过代表投资者利益的独立董事来实现)与日本战后以利益相关者为导向的组织结构和实践并不完美契合,特别是在就业领域。[99]此外,围绕股东财富最大化的好处,也没有形成社会共识来实现平稳过渡。柔性法律准则和新的董事会结构所能实现的目标也是有限的,尤其是在面临来自企业界重要部门的阻力时。简而言之,在日本,安倍公司治理改革所展现的愿望和战后日本资本主义制度的僵化逻辑之间存在一种悬而未决的矛盾。这在引言部分强调的日本地区商业游说团体的声明中显而易见。声明警告不要“过分关注股东,追求股东利益最大化,而忽视所有

[95] The Council of Experts Concerning the Corp. Governance Code, The Preamble of “Japan’s Corporate Governance Code Final Proposal” 7 (2015) (internal quotation marks omitted), reprinted in Tokyo Stock Exch., Inc., Japan’s Corporate Governance Code app. (2021), https://www.jpx.co.jp/engl ish/equities/listing/cg/tvdivq0000008jdy-att/b5b4pj0000046p71.pdf.

[96] 同上。

[97] Gilson, 同前注[1], p. 12.

[98] John Vail, Japan’s “Show Me the Money” Corporate Governance: 4Q Economic Troubles, Forbes (March 4, 2019), https://www.forbes.com/sites/johnfvail/2019/03/04/japans-show-me-the-money-corporate-governance-4q-economic-troubles/#6e459ad82b7d.

[99] See Masahiko Aoki, Toward an Economic Model of the Japanese Firm, 28 J. Econ. Lit. 1(1990).

其他利益相关者的利益”。[100] 相反,它强调日本管理哲学中的“普世价值”:

这些理念强调公司与所有利益相关者之间的纽带,包括股东、员工、客户、商业伙伴、当地社区和机构投资者以外的其他各方,它们代表了一整套价值观,坚持认为公司价值可以通过与广泛的利益相关者分享公司活动成果的方式来不断提升。[101]

安倍经济学改革可能被简单地视为应对危机而尝试政策引导的一个例子。就像美国伊丽莎白·沃伦提出的《可问责资本主义法案》,[102] 日本的改革代表着一种尝试,即该国先前的资本市场体系被认为失败之后,试图从根本上对该体系进行改造。但安倍经济学改革与众不同,它是政策引导的一个例子,鼓励向增加资本市场完备性的赫希曼式转变,从而更加关注企业盈利能力和为整个社会利益承担风险,而美国和典型的政策引导转变则是在另一个方向上。因此,对比美国和日本的实践说明了环境在公司治理改革中的至关重要性。在日本,尽管经济条件不断变化,但对利益相关者(特别是员工)利益的过度关注导致人们对治理体系的财务表现越来越失望,这促使政府干预以加强股东治理和资本市场规则,并向资本市场完备性转变。如果最终成功,这些干预将让日本资本主义回归战前以资本市场为导向的状态。

(二)总结

通过观察日本的现象发现,只要企业是经济中的核心角色,公司治理中的二元力量就具有普遍性。同样重要的是,在理解特定国家的公司治理在资本市场完备性和政策引导连续体中所处的位置以及在特定时刻其转变方向时,背景因素具有重要意义。尽管面对私营部门的阻力时有相当大的犹豫,日本政府的政策仍是选择以资本市场股东价值为导向的公司治理,而此时美国和英国正朝着与日本相反的方向转变。

---

〔100〕 Kansai Econ. F., 同前注〔18〕,p. 1 – 12.

〔101〕 同上,p. 2 (emphasis in the original).

〔102〕 See Accountable Capitalism Act, S. 3348, 115th Cong. (2018).

四、现在处于治理周期的哪个阶段

在21世纪第三个十年的赫希曼周期中,公司治理处在哪个阶段呢?正如前文所述,这个问题没有唯一的答案。不同的国家处于周期的不同点,反过来印证了这样一个观点,即每个国家的治理体系都是在特定的历史条件下构建而成的。本文重点关注美国的情况,并对日本作简要的分析。

相信读者已经预料到美国的答案,一个更完善的资本市场已经减少了管理层的自由裁量权,并产生了对股东价值的更多关注,导致政策引导方向的反弹以及对利益相关者的相应关注。在文章最后部分,简要概述了反弹发生的两个相关渠道。一个是机构投资者应该在其投资组合中充当上市公司治理的"管理者"。另一个是上市公司除了为股东创造利润之外,还应该承担明确的"目标"。

正如我们将要看到的,这两个渠道都可以被理解为对资本市场完善程度提高的直接反应,这反映在文章第二部分描述的大型机构投资者手中的股权重新集中;〔103〕每家公司都试图利用这些集中的投票权,实现更广泛的利益相关者目标,而不是减少管理层免受资本市场约束。在管理方面,颇具讽刺意味的是,支持增加政策引导和更加关注利益相关者治理的评论者现在正依靠代理权争夺中的投票支持主动投资者的同一批机构投资者来支持远离市场完备性的转变。正是机构投资者股权的重新集中,通过主动投资者导致了资本市场完备性的转变,从而首先引起了对股东价值最大化的关注。因为机构投资者所有权的增加会给管理层带来更大的约束,这是由主动投资者的新角色导致的,所以赫希曼式的向利益相关者的反弹必然要求大机构股东远离股东价值最大化和受约束的管理层自由裁量权,因为它们被"商业圆桌会议"视为资

〔103〕 这种集中在美国、英国和加拿大最为明显,但不限于这些市场。在世界范围内,机构投资者拥有上市公司41%的股权(按市值计算)。A. De La Cruz et al., Organisation for Econ Coop. & Dev., Owners of the World's Listed Companies, 11 (2019), https://www.oecd.org/corporate/ca/Owners-of-the-Worlds-Listed-Companies.pdf.

本市场力量的阴暗面。[104]

对管理和企业目标这两个渠道的研究已经产生了大量的文献,超出了本文讨论范围。[105]本文的目的是确定二元公司治理体系的当前位置,并结合周期性特征,认为当前阶段可能会像之前的阶段一样短暂。

(一)第一个渠道:管理

对资本市场日益严格的规则感到失望的第一个渠道是管理者概念的出现。大型机构投资者,尤其是超大型指数基金,是其投资组合公司的"管理者",并主动与管理层接触以解决其中任何的问题。机构投资者是长期股东,对主动投资者过于关注短期利益的做法非常敏感。[106]指数基金也是如此,除非指数发生变化或重新分布,否则其投资组合持有的资产是不变的。[107]

这里的目标只是强调机构投资者作为有效管理者所面临的困难。[108] 他们的无效性预计会缩短下一次赫希曼式反弹的时间。大型机构投资者作为管理者做出重大贡献的潜力首先取决于其持股的规模和集中度,这两者都有助于确保管理者倾向于听取其意见。

目前,机构投资者很容易满足规模和集中度标准。2020 年,机构

[104] See The Bus. Roundtable, 同前注〔13〕.

[105] 关于管理权, see, e. g., Jennifer Hill, Good Activist/Bad Activist, The Rise of International Stewardship Codes, 14 Seattle U. L. Rev. 497 (2018); on corporate purpose, see, e. g., Edward B. Rock, For Whom is the Corporation Managed in 2020? The Debate Over Corporate Purpose (Working Paper 2020), https://papers. ssrn. com/sol3/papers. cfm? abstract_id = 3589951; Mayer, 同前注〔4〕; Brit. Acad, 同前注〔5〕.

[106] See, e. g., Robert C. Pozen, The Role of Institutional Investors In Curbing Corporate Short - termism (2015), https://www. brookings. edu/articles/the - role - of - institutional - investors - in - curbing - corporate - short - tennism/; Larry Fink, Letter to Chief Executives Blackrock (2016), https://www. blackrock. com/corporate/investor - relations/2016 - larry - fink - ceo - letter(今天这种歇斯底里的季度收益文化完全违背了我们需要的长期方法).

[107] See, e. g., Adriana Robertson, The (Mis) Uses of the S&P 500, (Working Paper 2018), https://papers. ssrn. com/sol3/papers. cfm? abstract_id = 3205235.

[108] 将机构投资者定义为现在所谓的"管家"的早期努力可以追溯到 20 世纪 90 年代初,其目标是增加股东价值最大化,而不是政策引导和对利益相关者的更多关注。See, e. g., Ronald J. Gilson & Reinier Kraakman, Reinventing the Outside Director: An Agenda for Institutional Investors, 43 Stan. L. Rev. 863 (1991).

投资者拥有美国上市公司约70%的流通股。[109] 这些大型控股公司也高度集中,大大减少了与合作方的摩擦。截至2020年5月,前1%最大的投资公司集团管理着61%的行业总资产,是最底层的50%投资公司管理公司资产的243倍,其集中度还在进一步上升。2020年,前1%最大的基金家族与最底层的50%基金家族的持股差异是10年前的2.3倍。[110] 最后,基金的分布正急剧向指数基金转移,资产管理公司也是如此,它们管理着足够多的资产,可以获得与被动管理的指数基金相对应的规模经济。指数基金经理越来越集中,甚至更倾向于三大指数运营商:黑石、先锋和道富环球顾问。从2010年到2019年,指数化股票基金和交易所交易基金(ETF)的净现金流为1.8万亿美元,其中1.7万亿美元与主动管理基金的负现金流大致相当,即从主动投资组合管理到被动投资组合管理的巨大转变。[111] 从2009年到2019年,黑石、先锋和道富全球顾问公司获得的82.4%资产流入股票共同基金和ETF。[112]

随着英国财务报告委员会(U. K. Financial Reporting Council)为应对2008年贝尔斯登(Bear Stearns)和雷曼兄弟(Lehman Brothers)破产引发的大衰退以及对美国国际集团(AIG)的隔夜纾困需求而发布

[109] Posner et al., 同前注[72].

[110] See Siobhan Rinding, Trillion - dollar Club Tightens Grip on Fund Market During Crisis, Fin. Times (May 9, 2020), https://www.ft.com/content/a6aa1010-3dff-4521-af52-tbadb496c89d.

[111] See Investment Company Institute, Investment Company 2020 Fact Book, fig. 3.4 (2020). 关于股票共同基金日益集中和从被动管理向主动管理转变的更多信息, see, e.g., Coates, 同前注[74]; Lucian A. Bebchuk & Scott Hirst, Index Funds and the Future of Corporate Governance: Theory, Evidence and Policy, 119 Col. L. Rev. 2029 (2019); Edward Rock & Marcel Kahan, Index Funds and Corporate Governance: Let Shareholders be Shareholders (Eur. Corp. Governance Inst., Law Working Paper No. 467/2019), https://ssrn.com/abstract=3295098; Gilson & Gordon, 同前注[69].

[112] Lucian A. Bebchuk & Scott Hirst, The Specter of the Giant Three, 99 Boston U. L. Rev. 721, 732 (2019).

2010年《管理法案》[113]，管理概念受到了高度关注。[114] 2010年《管理法案》在2012年和2020年进行了两次修订，[115]许多其他国家也采用了类似法规。[116]

然而从一开始，即使是对管理运动起源的简单描述也提出了一个难题，引起了对整个企业的质疑。机构投资者在金融危机爆发时持有足够多的股份，足以影响大多数激进的代理权争夺战的结果，并在机构决定参与时引起投资组合公司管理层的注意。因此，机构有权力充当管理者，而且因为持股足够集中导致协调成本不会成为障碍。但是，如果这场自大萧条以来最大的金融危机是商业银行和投资银行过度冒险的结果，那么那些强大的机构股东在哪里？他们的管理能力本可预见

---

[113] Fin. Reporting Council, UK Stewardvhip Code, (2010), https://www.frc.org.uk/getattachment/e223e152 – 5515 – 4cdc – a951 – da33e093eb28/UK – Stewardship – Code – July – 2010. pdf.

[114] See, e.g., Brian R. Cheffins, The Stewardship Code's Achilles' Heel, 73 Moo. L. Rev. 1004 (2010) (采用英国管理规范的调查背景). On the financial crisis, see, e.g., Ben Bemanke, The Courage to Act: A Memoir of a Crisis and its Aftermath (2015); on the AIG crisis and rescue, see, e.g., Timothy Geithner, Stress Test: Reflections on Financial Crises (2015).

[115] See Fin. Reporting Council, UK Stewardship Code (2012), https://www.frc.org.uk/investors/uk – stewardship – code/2012 – uk – stewardship – code – (1); Fin. Reporting Council, UK Stewardship Code (2012) frc.org.uk/getattachment/5aae59 ld – d9d3 – 4cf4 – 814a – d14e156a ld87/ Stewardship – Code_Dec – 19 – Final – Corrected. pdf.

[116] See Hill, 同前注〔105〕, p.497, 它很好地跟踪了管理法规在国际上的传播以及不同国家采取的不同方法。尽管这些准则的语言相似，但这些准则在不同国家的用途却大相径庭。See Dan W. Puchniak & Earnest Lim, The False Hope of Stewardship in the Context of Controlling Shareholders: Making Sense Out of the Global Tran. 1plant of a Legal Misfit (Eur. Corp. Governance Inst., Law Working Paper No. 589/2021, 2021). 欧洲公司治理协会网站提供了各国公司治理守则的副本。See Codes, Eur. Corp. Governance inst., https://ecgi.global/content/codes – stewardship? field_categories_tid = stewardship (last visited Feb. 9, 2022).

灾难到来,并通过他们的股权提供防止灾难发生的力量。[117]

因此,当前的管理概念代表了对这个非修辞性问题的非监管性回应。[118]这是一种赫希曼式的反应,对日益关注股东价值最大化的结果感到失望。这种反应依赖于极大地增强了这种关注的中介作用,将其作为稀释这种关注的工具。

正如第二部分提到的,股权中介机构重构了股权分布格局,大型机构所有者控制了上市公司超过70%的流通股。例如,大型主动管理的共同基金顾问的商业模式是增加基金管理下的资产价值(AUM)。因为共同基金顾问的报酬通常设定为资产管理规模的百分比,增加基金投资组合中股票价值的决策也会增加顾问的报酬。如果管理要成功,主动投资组合的经理是至关重要的;正是这些追求阿尔法的专业人士拥有评估投资组合公司的业绩和战略的技能。直观上看,这是一名管家的核心职责。

主动型基金顾问成功增加基金资产价值的间接效应,极大地增强了管理基金通过增加资产管理规模进而增加顾问和投资组合经理薪酬的动机。资产管理规模随着现有投资组合价值的增加而上升;但它也因新购买该基金股票的资产流入而上升,这可能是该基金相对表现良好的结果。因此,基金份额的更好表现导致了资产管理规模上升的两个不同来源。

用治理术语来说,资产管理规模导向的顾问薪酬的结果是,让基金有可能接受溢价敌意收购;如果顾问代表基金股东通过投标基金的目

---

〔117〕 一个熟悉的对花旗集团的引用说明了这一点。2007年,当其首席执行官查尔斯·普林斯(Charles Prince)被问及为何没有让该银行退出杠杆收购市场风险最高的部分时,据说他回答说"只要音乐在播放,你就必须站起来跳舞。" Michiyo Nakamoto & David Wighton, Citicorp Chief Stays Bullish on Buyouts, FIN. TIMES (July 9, 2007), https://www.ft.com/content/80e2987a-2e50-11dc-821c-0000779fd2ac. 在这方面,请注意,花旗集团有一个非常大的、友好的投资者,他有能力让资本市场纪律难以实施;不清楚普林斯害怕谁。

〔118〕 See Dodd-Frank Wall Street Reform and Consumer Protection Act, Pub. 111-203, 124 Stat. 1376 (2010). 大多数管理和公司治理准则不是强制性的。相比之下,美国的回应是大规模的新法规,数百项条款长达2000多页。该法令预计将强制发布数千页的法规,这些法规创建了新的金融监管阿根体系,并解决了从信用评级质量到对冲基金注册、从衍生品交易到美联储紧急贷款权力的所有问题。

标份额接受溢价出价,基金份额的价值将增加到溢价的程度,从而使基金股东双方受益,并且因为投资者将他们的投资转移到资产增长最快的基金,所以,给予基金顾问通过接受溢价出价来增加其资产管理规模的动机。出价高于市场的溢价提高了受益者的绝对回报,而且在其他基金既没有持有目标公司的股票也没有参与竞标的情况下,也提高了基金的相对表现:表现较好的基金从表现较差的基金中拿走了资产。

这种激励导致基金顾问反对对投资组合公司在资本市场的风险敞口设置障碍,并使他们能够接受敌意收购者对其股票提出的溢价。因此,共同基金通常会在其网站上宣布,它们将投票反对防御性策略,这种策略允许投资组合公司管理层阻止敌意溢价收购,例如通过采用毒丸计划或交错董事会。[119]

至少就公司管理层而言,一系列机构激励措施导致了一种赫希曼式的反应,远离市场完善并转向政策引导,即从股东价值最大化转向利益相关者导向,更多地保护管理层免受资本市场约束。然而要做到这一点,无论如何都有必要鼓励大型基金顾问抵制溢价敌意收购(如果确信目标的长期价值超过了所获得的溢价),投票反对主动投资者提议的补充战略。抛开基金顾问能否评估出合适的贴现率的问题不谈,必须说服机构投资者更倾向于长期投资而不是短期利润。

随后出现了这样的观点,机构投资者应该是其投资组合公司的管理者。正如 2019 年英国修订的《管理法案》*,“管理的责任是负责机构投资界的资本分配和管理,为受益人、经济和社会创造可持续的价值。管理的主要目的是照看受托保管的受益人资产”。[120] 从这个意义上出发,管理是股权再度集中的赫希曼式推论。该政策要求更广泛地

---

〔119〕 See, e. g., BlackRock, Corporate Governance and Proxy Voting Guidelines for U. S. Securities (2021), at 5, 7, 9, https://www.blackrock.com/corporate/literature/fact-sheet/blk-responsible-investment-guidelines-us.pdf (反对交错董事会和最毒毒丸).

* 2019 年开始修订,2020 年完成修订。——译者注

〔120〕 Fin. Reporting Council, Proposed Provision to the UK Stewardship Code, at Annex A – Revised UK Stewardship Code 1 (2019).

整合“经济和社会”的利益,而不是只关注基金顾问的利润以及受益人的投资表现。推动资本市场的完备性让位于政策引导。

但这种管理架构面临一个简单的问题:它会成功吗?管理角色与管理者的业务模式一致吗?[121]我们看到的是在田间劳作弄脏双手的管家,还是喜欢这份工作的职责但对这份工作没兴趣的英国地主绅士?

答案将由资产管理经济学决定,其结果受到该行业两项发展的强烈影响,这两项发展几乎与通过中介进行的股权再集中同时发生。首先是资产管理规模的大规模转变,从寻求阿尔法回报的主动管理基金转向只寻求机械地提供与它跟踪的特定指数相同回报的指数基金;其次,指数基金和主动管理基金的管理费因此大幅下降。[122]

目前为止可以看到,机构投资者拥有足够的所有权,能够影响但不一定支配投资组合公司的管理。投资管理市场足够集中,合作的可行性大幅提升。最后一个问题是,机构投资者是否拥有有效履行管理职责的资源。回答这个问题需要更多地关注管理者的实际行动。

管理箭筒中的令箭可以大致分为监督、投票和参与。虽然监督和参与可能是管理者履行其投票职责的前提条件,但更准确地了解所涉

〔121〕 我们在这里注意到,文中的讨论假设机构投资者是一个盈利企业,其吸引资金的能力取决于其业绩。换句话说,未来管理导向型基金的潜在投资者可以选择投资对象,因此该基金面临股东价值最大化的市场压力。相比之下,机构投资者锁定了只能投资于管理导向型基金的资金流,从而避免了绝对和相对业绩的激励效应。这种锁定投资者基金包括如加州公共雇员退休系统等美国州级公共雇员养老基金,以及新加坡和挪威的主权财富基金。

〔122〕 指数基金管理费的规模驱动下降,加上指数基金在相当长一段时间内的净值表现优于积极管理的基金,导致最大指数基金的管理费从0到0.3%不等。机构投资者如何在不为所提供的服务收费的情况下赚钱?正如我们将在下文注释〔125〕-〔128〕中讨论的那样,指数基金经理分享向希望做空股票的投资者出借证券的费用。然而,将证券借贷作为一种收入来源,可能会在履行管理者的核心职责之一方面产生冲突:对投资组合的股票进行投票。我们在后注〔128〕中讨论了这一冲突。第二个资格与指数经理除投资组合管理以外的费用有关。在几乎所有情况下,管理费仅包括支付给基金顾问的投资建议费用。收取单独的费用,涵盖除基金份额分配之外的所有其他基金费用,根据1940年《投资公司法》,基金份额分配不能向投资者收取。2021年9月29日,美国证券交易委员会(SEC)提出了《交易法》(Exchange Act)规则10c-1,该规则将大幅增加有关证券借贷的重大信息的披露。See Reporting of Securities Loans, 86 Fed. Reg. 69, 802 (Dec. 8, 2021).

及的投票规模和提交给股东的问题类型是有益的。例如,一只标准普尔500指数基金每个季度会投出数千张选票,涵盖该基金500家投资组合公司提交给股东的问题。需要机构投资者投票的数量巨大,但其中大部分投票都是批准公司的外部审计机构这样的常规事项,决定如何投票几乎不涉及任何费用。但即使基金公司维护机械投票所需的管理机构,实际投票的成本仍然很高,而机构股东服务公司(ISS)和格拉斯·刘易斯(Glass Lewis)等领先的代理顾问通过提供一项服务来减轻这一问题,该服务根据基金公司给出的指示机械地进行投票。[123]

作出投票决定的必要成本可能被夸大。对投资组合公司的公司治理结构作出投票的问题并不新鲜,如毒丸计划、交错董事会、独立首席执行官和董事会主席职位等。上述问题已经被大型共同基金普遍解决了,其立场也出现在网站上。可以肯定的是,当投票与价值或交易有关时,一般政策性问题(如反对毒丸计划)可能需要投入更多资源,这种投票直接影响投资组合公司的股价。例如,一家公司可能希望采用与特定敌意收购或代理权争夺相关的短期毒丸,而不是标准的10年毒丸计划。有证据表明,如果董事会等到有机会挑战管理层时,尽管其可以在没有股东投票的情况下马上服用药丸,其作出可能会服用的意思表示也可能会影响股价。[124]这种情况下,可以要求一个基金批准一个条款适合特定情况的药丸,例如一个精心制作的药丸,以保护房地产投资信托的税务地位,或防止因所有权变化而丧失净经营损失的结转。这些都是常规问题,不需要深入分析。

对管理者投票的最后一个担忧,是各类基金费用下降导致投资公司收益率压缩。基金不仅可以从管理费中获得收入,还可以通过向希望做空发行人股票的主体出借投资组合股票来获得收入。虽然这些费

---

[123] ISS网站描述了该公司在大量投资组合公司选举中管理机构投资者投票机制的能力。See Inst. S'holder Servs., Proxy Voting Services, https://www.issgovernance.com/solutions/proxy-voting-services/(last visited Feb. 9, 2022).

[124] See Emiliano Catan, The Insignificance of Clear Day Poison Pills, 48 J. Leg. Stud. I (2019); Merritt B. Fox et al., The Core Corporate Governance Puzzle: Contextualizing the Link to Performance, 99 B. U. L. Rev. 1995 (2019)(解决采用晴天毒丸可能产生信号效应的情况).

用通常由顾问和基金共同承担,但股票借贷可能会与董事的投票义务产生冲突。如果基金的股份在投票的登记日被借出,则该董事不能投票。这对于有争议的投票尤其重要,因为此时借入股票的费用可能是最高的。[125]

近期发生的一个极端例子很好地诠释了潜在问题。2020 年 6 月,游戏驿站(GameStop Corp.)面临与两位维权投资者的代理权争夺。根据第一季度报告,三大股东总计持有约 40% 的流通股。然而投票时,他们的持股比例已经减少到 5% 。据报道,股价下跌的原因是黑石、先锋和富达在记录日期前出借股票而没有收回,而收回股票将导致贷款费用的损失。[126]

主动投资者赢得了代理权之战。在这种情况下,游戏驿站股票的新借款人据说已经按年支付了股票价值的 80% ~190% 。[127] 美国证券交易委员会在 2019 年发布的指导意见称,只要基金评估了其对客户的冲突义务,便可以权衡其投票义务与贷款费用。[128]

管理角色的核心是监督和参与。问题和分析都很简单。问题层面,基金应该通过评估其投资组合中公司的表现,充当主动投资者的替

---

[125] See Joshua Mitts, Passive Exit (Colum. L. & Econ. Working Paper, Paper No. 638, 2020), https://papers.ssrn.com/sol3/papers.cfm? abstract_id =3716249.

[126] See Dawn Lim, Investing Giants Ceded Full Vote Power, WALL ST. J., June 11, 2020, at B1, B10.

[127] See Dawn Lim, How Investing Giants Gave Away Voting Power Ahead of Proxy Fight, Market Screener. com (Jun. 10, 2020), https://www.marketscreener.com/quote/stock/ GAMESTOP - CORP - 12790/news/How - Investing - Giants - Gave - Away - Voting - Power - Ahead - of - a - Shareholder - Fight - 30751433/.

[128] See Commission Guidance Regarding Proxy Voting Responsibilities of Investment Advisers, 84 Fed. Reg. 47,420 (Sep. 10, 2019). The SEC did not address how this balance would be undertaken. 杰克逊专员发表了一份单独的声明,提出了对安全贷款会降低投票积极性的担忧。Robert A. Jackson, Statement on Proxy - Advisor Guidance, SEc. & ExcH. Comm'n (Aug. 21, 2019), https://www.sec.gov/news/public - statement/statement - jackson - 082119. 最近的经验证据显示,指数基金借出受代理权争夺战影响的股票,而不是投票给它们的数量显著增加。Hu et al., The Index Fund Dilemma: An Empirical Study of the Lending - Voting Tradeoff (Colum. L. & Econ. Working Paper, Paper No. 647, 2020), https://ssrn.com/abstract = 367531.

代者,并在认为自己可以提供指导时,直接与公司管理层接触,以影响公司的政策和战略。[129] 至于分析层面,基金必须确定必须监督投资组合公司的数量、公司管理和战略中应该解决的问题以及监督和参与的成本。卢西安·别丘克和斯科特·赫斯特对一个大型基金家族需要监督的投资组合公司数量、直接参与的公司数量以及每项工作的成本进行了详细评估。[130] 得出的结论是,大型基金家族目前的管理实践并没有削弱真正的管理所需要的东西。

然而,当前管理工作的困难不在于基金做了什么,而在于做错的事情。[131] 从赫希曼周期来看,当前走向管理的趋势是一个海市蜃楼,它不能有效地促进政策传导,因此很可能导致失望驱动的转变。要明白这一点,不妨看一下美国大型基金家族的实际做法。

无论如何定义投资组合公司的实际表现,投票、监督和参与(基金对其管理工作的描述)离真正改善股东和利益相关者关心的事情至少有一步之遥。别丘克和赫斯特认为大型基金不仅仅参与实际上有望带来更好业绩的活动,在此基础上,本文进一步认为大型基金不投资于影响投资组合公司业绩的企业并制定应对措施。[132] 这一点可以从公司雇佣来管理项目的员工身上明显看出。可以肯定的是,他们不同于主动投资组合经理。别丘克和赫斯特估计,管理人员每年人均成本约为30 万美元。相比之下,一个认真主动投资组合经理的薪酬将达到 7 位

---

[129] 注意,发挥这一作用的机构投资者取代了吉尔森(Gilson)和戈登(Gordon)强调的积极投资者和机构投资者的互补性。参见前注[69],p. 897。扩大的管理角色将激进者的角色转变为机构投资者。对于一些管理支持者来说,这正是这项工作的重点。See Symposium, Session I: Corporate Purpose and Governance, 31 J. Applied Corp. Fin. 10, 23 (2019) (“除非我们能让主要投资机构认同我们的目标和文化,否则我们无法解决问题”).

[130] See Lucian A. Bebchuk & Scott Hirst, Index Funds and the Future of Corporate Governance: Theory, Evidence, and Policy, 119 Colum. L. Rev. 2029, 2076 – 80 (2019); see Jill E. Fisch, The Uncertain Stewardship Potential of Index Funds, in Global Stewardship: Complexities, Challenges and Possibilities (manuscript at 101) (Dan Puchniak and Dionysia Katelouzou, eds., forthcoming), https://ssrn.com/abstracts=3525355.

[131] See Bebchuk & Hirst, 同前注[130], p. 2095.

[132] 同上。

数。管理人员的技能与投资经理的表现、薪酬之间的差异是显而易见的。在过去的10年里,黑石大幅增加了管理团队的人数。[133] 2017年,该公司表示,将活跃的基本面投资组合经理的数量减少约10%。[134] 因为技能较高的员工被技能较低的员工取代,节省了人力成本和管理成本,并限制了管理。[135]

同样引人注目的是大型基金家族不会做的事情。最重要的是,如果机构管理者非常关心投资组合公司的业绩,他们将取代主动投资者,并不会就公司董事的身份与投资组合公司沟通。大约30年前,吉尔森和克拉克曼设计了一种方法,让基金在不寻求影响控制权的情况下影响董事的选择。[136]可以肯定的是,吉尔森和克拉克曼方案因为不合理从未被采用。大型基金集团不直接与表现不佳的投资组合公司就董事的身份进行沟通的事实反映出,人们对有效的管理的看法严重扭曲。

无论对英国和美国管理理论的怀疑是否正确,本文研究的其他国家的情况在其对待赫希曼循环的方式上几乎没有更大的不同。日本专注于提高公司盈利能力和股东回报,并在朝着与英国和美国相反的方向前进。日本的管理法案深受英国法的影响,但其引入的动机与其来

---

[133] See Dawn Lim, BlackRock Power Broker Barbara Novick ls Stepping Down, WALL ST. J. (Feb. 26, 2020), https://www. wsj. com/articles/blackrock – power – broker – barbara – novick – is – step ping – down – 1 1 582718402? mod = searchresults&page = l&pos = 8.

[134] See Sabrina Willmer, BlackRock Cuts Dozens of Jobs and Fees in Stock – Picking Unit, BLOOMBERG NEws (March 28, 2017), https://www. bloomberg. com/news/articles/2017 – 03 – 28/ blackrock – said – to – cut – jobs – fees – in – revamp – of – active – equity – unit.

[135] 黑石最近宣布将增加约1800名新员工,占员工总数的10%。这些新员工被描述为"初级角色"。Blackrock to Hire Up to 1800 Staffers, IGNITES. COM, Jan. 18, 2022, https:// www. ignites. com/c/3464644/443833/blackrock _ hire _ staffers? referrer _ module = emailMost Popular.

[136] Gilson & Kraakman, 同前注[108].

源国的动机非常不同。[137] 虽然英国法案的重点是限制过度冒险和短期行为的公共利益,但日本法案旨在激励保守的机构投资者并改善公司治理以支持日本“振兴战略”所必需的“积极”管理。[138]

在这个表面上是柔性法律移植故事中隐藏着多重讽刺。首先,日本选择努力摆脱政策引导,转而更加关注股东利益,该策略最初旨在鼓励机构投资者更有耐心,并为管理层提供更多考虑非股东利益的自由裁量权。其次,英美的管理理论与作为该理论践行者的机构投资者之间并不匹配。但与英美不同,日本的管理法案要求机构投资者推动治理周期向资本市场完备性的方向转变,并且机构投资者非常胜任该项任务。政策制定者将加强日本管理层对股东回报的关注称为“管理”,这可能被视为营销的妙招,或者是试图表明政府和市场参与者意图改变机构投资者与其投资组合公司之间的被动性关系。[139] 最后,尽管日本管理法案旨在调动投资者的参与度,但使用的语言“比英国版本更温和、更微妙,即不鼓励机构投资者对被投资公司采取强硬立场”。[140]

(二)第二个渠道:企业目标

赫希曼周期目前在美国和英国的政策通道方向上的转向所通过的第二个渠道被称为“企业目标”。与其说企业目标的概念是与管理分开的渠道,不如说二者是两个分叉,它们在当前公司治理的核心特征处重新汇合,通过机构投资者实现股权中介。

当下争论的企业目标并不是新思想。在概念上,公司最早被认为

---

〔137〕 Goto, 同前注〔94〕,p. 365. 日本对英国法案的模仿并非一字不差。例如,日本省略了英国监管法规中鼓励机构投资者采取集体监管行动的部分。日本并不是唯一一个亚洲国家表面上利用英国管理法案来达到东道国特定目的,而不是其在本国的预期目的的例子。新加坡还通过了机构投资者管理守则。但与日本一样,促使其采用的公司治理问题与英国的公司治理问题没有任何相似之处。See Dan W. Puchniak & Samantha Tang, Singapore's Puzzling Embrace of Shareholder Stewardship: Successful Secret(Nat'l Univ. of Sing., Law Working Paper No. 2019/022), https://papers.ssm.com/sol3/pa - pers.cfm? abstract_id = 3474151.

〔138〕 See Goto, 同前注〔94〕,p. 387.

〔139〕 See Singapore's Stewardship Codes also have a strong signaling function. Puchniak & Tang, 同前注〔137〕, p. 23.

〔140〕 Goto, 同前注〔94〕, p. 386.

是政府的工具或合作伙伴。[141] 随后在与玛格丽特·布莱尔和林恩·斯托特关于狭义上团队生产方式的学术辩论中,这一概念再次出现。[142] 最近,出现在公司治理争论中的主流派和政治争论中的重要参与者几乎同时发表的声明中。2020 年达沃斯宣言提道:“企业的目的是让所有利益相关者参与共享和持续的价值创造。在创造这种价值的过程中,公司不仅为股东服务,也为所有利益相关者服务,包括员工、客户、供应商、当地社区和整个社会。”[143] 类似的表述出现在导言部分的概述中:2019 年修订的关于企业目标的“商业圆桌会议”声明,[144] 马丁·利普顿的“新范式”[145],由科林·梅尔领导的英国学院 21 世纪商业改革项目“公司的未来”。[146] 令人惊讶的是,考虑到当前股东与利益相关者之间的激烈辩论,经济学家并不反对用一个宽泛的标准来评估公司业绩,即所有与公司做生意的人的净收益。这种方法本质上是卡尔多-希克斯效率,[147] 需要计算收益和损失的净值[148]。

---

〔141〕 See, e. g., Howard Bowen, Social Responsibilities of the Businessman (1953)(这可能是第一部提出企业社会责任的学术著作主张“商人有义务推行那些政策,做出那些决定,或者遵循那些符合我们社会的目标和价值的行动路线。”).

〔142〕 Margaret M. Blair & Lynn A. Stout, A Team Production Theory of Corporate Law, 85 VA. L. Rev. 247 (1999) (the original statement of the theory).

〔143〕 Klaus Schwab, The Davos Manifesto: The Universal Purpose of a Company in the Fourth Industrial Revolution, (Dec. 2, 2019) https://www.weforum.org/agenda/2019/12/davos - manifesto - 2020 - the - universal - purpose - of - a - company - in - the - fourth - industrial - revolution(与大多数委员会的草案立场一样,该框架几乎为任何事情都留有余地).

〔144〕 参见前注〔11〕~〔13〕及相关表述。

〔145〕 “从本质上说,新的范式重新调整了上市公司与其主要机构投资者之间的关系,并将公司治理视为公司、股东和其他利益相关者之间的合作。”Lipton, 同前注〔6〕.

〔146〕 Brit. Acad., 同前注〔5〕, p. 8; see also Mayer, 同前注〔4〕, 其中阐述了该项目的基础。颁布目的倡议为董事会出版了一份执行报告。Enacting Purpose Initiative, Enacting Purpose Within the Modern Corporation (2020), https://www.enactingpurpose.org/assets/enacting - purpose - initiative — eu - report - august - 2020.pdf.

〔147〕 See Gilson, 同前注〔1〕, p. 23.

〔148〕 See generally Marco Becht, Patrick Bolton & Alicia Roell, I Corporate Governance and Control, in Handbook of The Economics of Finance, 1 - 109 (George Constantinides, Milton Hanis & Rene Stulz eds., 2003).

为了实现这个目的,需要采取本文第一部分那样的方法,想象一张公司的利润表。销售额、工资、销售成本、税收和净收入等利润表的科目分别对应客户、员工、供应商、政府和股东等不同的利益相关者。[149]反过来,这些利益相关者通过不同的要素市场与企业产生联系。如果市场有效运作,市场将作出每个利益相关群体可分配利益的决策,股东承担成本,拥有剩余利润分配权并获得有效管理投入带来的好处。当不同的策略可以被用来生产相同的产品时,这个问题就变得更有趣了,因为投入的数量和特征都不同。一个经典的例子是两家大型超市的战略差异:开市客和沃尔玛旗下的山姆会员店。虽然他们都在同一个零售行业,但开市客对待员工更好,支付更高的工资,提供健康保险,实行更轻松的轮班安排等。开市客对支付高于劳动力要素市场出清价格的解释是,按照有效工资理论,[150]如果员工喜欢并想保住他们的工作,公司利润将会更高。[151]但是山姆会员店对待员工没以前那么好了,其表现却仍然良好。[152]

按照这个架构,对企业目标的研究就不再那么重要了。[153]经营公司的方式多种多样,如果能够说服机构投资者积极主动地评估管理质

〔149〕 同前注〔148〕。

〔150〕 See Carl Shapiro & Joseph E. Stiglitz, Equilibrium Unemployment as a Worker Disciplinary Device: Reply, 75 Am. Econ. Rev. 892 – 93 (1985).

〔151〕 同上,p. 19.

〔152〕 例如,开市客的平均时薪为20.89美元,而山姆会员店的平均时薪为11.23美元。See Liza Featherstone, Wages Against the Machine, SLATE (June 27, 2008), http://www. slate. com/articles/business/moneytbox/2008/06/wage _ against _ the _ ma – chine. html. 开市客和山姆会员店在对待员工方面的差异,已成为公司治理争论中一个常见的对比。See Alex Edmans, Grow the Pie: How Great Companies Deliver Both Purpose and profit 43 (2020). 开市客首席执行官在国会做证时,没有解释其战略反映了一个更广泛的目的:"这不是利他主义。在开市客,我们知道向员工支付高薪和提供实惠的福利对我们的业务来说是有意义的,也是我们的一个重要竞争优势。"Michael Corkery, Costco Will Raise its Minimum Wage to $16 an Hour, NY Times (Feb. 25, 2021), https://www. nytimes. com/2021/02/25/business/costco – to – raise – mini – mum – wage – to – 16. html#: – : text = costco% 20Wil I% 20Raise% 20Minimum% 20Wage, Says % 20% 2D% 20The% 20New% 20York% 20Times.

〔153〕 See Bebchuk & Tallarita, The Illusory Promise of Shareholder Governance, 106 Cornell L. Rev. 91 (2021).

量,并根据评估情况采取行动,如要求管理人员能够在短视和远视之间游走,可能会比新范式获得更多的成就。[154] 显而易见的是,在这一轮赫希曼周期中,真正的工作将通过机构投资者的监督和参与等管理活动来完成,而不是通过法律或象征性地重构公司义务。[155]除非机构投资者大大提高管理的决心,否则预期的结果可能是赫希曼式的失望驱动的逆转,即治理体系重新关注股东价值最大化。

对公司治理产生二元影响的市场完备性和政策引导构成的赫希曼式循环,预示着改革的未来方向,但并不预示着改革成功与否。目前主流观点认为公司治理重点从股东价值最大化转向其他利益相关者的政策引导,距离成功还存在实质性障碍,但加强了本文的结论,即解决分配问题是政府的职责,而不是公司治理的职责。[156]

---

〔154〕 马丁·利普顿(Martin Lipton),在构建以目的尤其是利益相关者为重点的公司法新范式方面发挥了主导作用,他认识到自己的议程最终取决于吸引机构投资者的合作。See Symposium,同前注〔129〕, p. 23 (“如果黑石和道富集团和先锋基金都出来说,我们支持目的和文化,我们同意所有这一切,但随后继续投票支持激进对冲基金的提案,那么我们什么也干不成。新范式中没有什么新东西,在过去的30年里也没有什么新东西。但投资管理业务的竞争性特征从本质上阻止了问题的真正解决。除非我们能让主要投资机构接受我们的支持目标和文化,否则我们无法解决问题。”).

〔155〕 我们怀疑重新设计定义董事会义务的标准可能会有任何重大意义。首先,正如文中的开市客/山姆会员店的例子所表明的,在现实世界有摩擦的市场中,利益相关者之间的不同分配在相同的市场中是可持续的。See Ronald J. Gilson, Charles F. Sabel & Robert E. Scott, Contracting for Innovation: Vertical Disintegration and lnterfzrm Collaboration, 109 Colum. L. Rev. 431, 494 – 501 (2009) (“对特定交易成本有不止一种组织对策。这种关系至少是一对多的。”). 科林·迈尔(Colin Mayer)教授建议,法院将强制执行董事会对股东的更广泛的信托责任,这种责任在章程中有明确的目的。美国公司律师将会明白,开市客和山姆会员店的不同战略之间的选择将受到商业判断规则的保护,该规则指示法院不要评估公司经理选择的商业战略,实际上是将评估商业成功的责任分配给市场,而不是法院。其次,如果市场认为管理层选择的亲利益相关者战略导致股价下跌,但并非卡尔多–希克斯效率低下,资本市场可能会通过发起敌意收购或对冲基金运动来改变董事会进行干预。如果机构投资者接受溢价收购或支持维权投资者的代理权争夺以改变董事会和战略的倾向没有改变,那么,梅耶尔的企业目标将需要通过赋予现有管理层保护其控制权的权力来保护。最后,实现这一点最简单的方法是与控股股东合作,控股股东不对公司的业绩向任何人负责。

〔156〕 See also Gilson,同前注(23).

五、总结

本文在阿尔伯特·赫希曼"转变参与"理论基础上,从概念层面推动了对公司治理发展模式的广泛研究。作为目前主流治理理论的单因素模型预测了一个稳定的哥白尼式公司治理体系,其中的股东价值最大化、董事优先权或团队生产等单因素处于中心地位。亨利·汉斯曼和赖尼尔·克拉克曼的《公司法历史的终结》[157]在文章第一段就有力地指出了这一点:

公司治理基本法……在发达市场管辖范围内实现了高度统一。公司的核心法律特征在一百年前的20世纪之交,就已经在先进的司法体系中确立……对于公司法应该主要致力于增加长期股东价值的观点,不再有任何有力的竞争者。[158]

相比之下,我们看到的不是稳定性,而是赫希曼提出的对公司治理体系的两个影响权重相对变化的周期性振荡模式。首先是资本市场的完备性,它赋予股东价值最大化的特权。其次是政策引导。针对分配和社会问题,政府将公司治理作为一种工具来解决。本文认为,这种模式并不局限于某个特定的国家。事实上,不同国家的公司治理体系中存在着相同的周期性,在不同的时间点朝着相反的方向发展。在公司治理中,两个影响因素的相对权重反复波动的模式似乎在很大程度上是由两个方向的过度扩张所引起的。一方面,过度相信市场机制能够为公司管理者提供激励和监督措施的最佳组合,以实现股东回报最大化;另一方面,本应通过真正治理解决的经济和社会问题,过度相信管理有能力强制或促进公司上述问题。在公司治理的任何领域,如果不能满足不切实际的期望,就会产生推动公司治理体系回到起点的动力。

汉斯曼和克拉克曼认为我们已经进入了股东价值最大化的稳定体

---

〔157〕 See Henry Hansmann & Reinier Kraakman, The End of History for Corporate Law, 89 Geo. L. J. 439 (2001).

〔158〕 同上,p. 439.

系。而本文认为公司治理的周期性模式从关注股东价值转向更广泛地关注公司利益相关者,随后又不断转换。谁将在这场争论中占据上风?

框定差异的一种方式是对公司治理均衡的专注,即存在一种稳定的"自然均衡"或公司治理模式,一旦系统稳定下来,均衡状态是持久的。自然科学研究的成果可以说明这一点,特别是远离中间平衡点是一种常态的现象。自然生态学一直被自然平衡的概念所统治,从这个角度讲,我们期待大自然的"平衡"。然而,部分生态学者开始质疑系统被破坏后会恢复到自然状态的观点。[159]从这个角度讲,变化是不断发生的,系统中的参与者以特殊的方式对变化做出反应。大自然的正常状态是变化的,由一连串短暂且非常不同的平衡组成。[160]本文研究表明,治理体系显示出类似的特征,系统不稳定并以特殊的方式对外部发展做出反应。因此,环境非常重要。该结论应该让各种公司治理改革的支持者产生一定程度的谦逊和历史的态度。

(编辑:宋　澜)

---

〔159〕 See, e. g., Daniel B. Botkin, Discordant Harmonies (1990). Daniel B. Botkin, Science and the Global Environment, in Changing the Global Environment, 3 (Daniel B. Botkin et. al. eds 1989).

〔160〕 报纸对这种理解上的潜在变化的报道提供了一个可获得的来源。See William K. Stevens, Balance of Nature? What Balance is That?, NY Times, Oct. 22, 1991, at C4; William K. Stevens, Eye on Nature: The Real Constant is Eternal Turmoil, NY Times, July 31, 1990, at C1.

《证券法苑》(2024)
第三十九卷,第315~335页

美国现代期权市场发展、规制演变与经验借鉴*

朱小川**

摘要:对于期权市场,美国监管自律机构组织了多次讨论,形成了多份具有影响力的研究报告。根据研究结论和市场发展的不断演变,美国在期权规制史上出现了4次法律禁令,经历了4次监管试点,最终确认了期权业务的合法性基础,并构建出积极应对市场不当行为和风险因素的"双头"监管体系,推动美国形成全球领先的现代期权市场。结合我国期权市场的发展现状和规制安排特点,参考美国现代期权200多年的发展经验教训,我国需继续加强对期权市场基础问题的研究和讨论,推动形成社会共识,根据《期货和衍生品法》重点规制各类非标准化期权业务的发展路径和规制安排。

关键词:美国　期权　市场　规制　借鉴

期权是一个抽象的概念,权利持有方可以按照合约的规定选择是否对标的物作出买入或者卖出

---

* 本文仅代表作者个人观点,不代表任何单位意见,文责自负。

** 上海市法学会金融法研究会成员,副研究员。

的行为。古代期权以圣经故事、橄榄压榨机故事为代表,近代期权以荷兰郁金香事件为代表,现代期权以 1973 年美国芝加哥期权交易所(Chicago Board Options Exchange,CBOE)成立为代表。根据交易场所的不同,期权可以分为场内期权和场外期权;根据底层资产的不同,期权可分为金融类期权和商品类期权。其中,金融类期权主要指以汇率、利率和股票(或称权益)为标的物的期权,商品类期权指以农产品、金属等作为标的物的期权;根据标的物的现货、期货形式不同,期权还可以分为现货期权和期货期权;按照行权时间不同,期权分为美式期权、欧式期权、百慕大式期权等。此外,不同标的物的期权合约可对应不同的行权日、不同的行权价格、认购认沽情况。期权不仅种类繁多,而且不同种类的期权组合在一起又会形成不同的策略,应对不同的市场行情。作为非线性衍生品,期权为使用者提供了更加丰富的价格风险管理手段;特别是风险承受能力较低的使用者可以充分利用期权的"保险"功能,减少在标的物价格波动不利时追加保证金的压力。与期货只能根据当前市场行情成交建仓不同,期权可以根据使用者对成本和收益目标的需要,灵活选择未来买入或卖出标的物的价格,这也为相关主体开展精细化管理风险提供了重要途径。期权市场因此发展迅速,目前已成为国际衍生品市场中的重要组成部分。根据国际期货业协会对全球 85 家交易所交易数据的统计,[1]2021 年全球场内期权交易量为 333.09 亿手,较 2020 年增长 56.6%。从产品类别看,2021 年,全球场内股票期权成交量增长最为突出,贡献了 2021 年大部分的期权交易增量;利率期权经历多年的低迷后交易开始回升;外汇期权的交易量也同比明显增长;商品期权中,农产品、金属的交易量同比增长,能源的交易量同比下降。另根据国际清算银行统计,截至 2022 年 3 月末,全球场内期权的未平仓权益(open interest)为 53.9 万亿美元,是同期期货未平仓权益的 1.3 倍;期权品种以场内利率期权为主,占 99% 以上;地

---

〔1〕 See FIA, *Global Futures and Options Trading Hits Another Record in* 2021, https://www.fia.org/resources/global - futures - and - options - trading - hits - another - record - 2021, visited May 4, 2022.

域分布以北美市场为主,交易币种以美元为主。[2] 全球场外金融期权(外汇、利率和权益期权)名义未付清金额(notional amount outstanding)常年保持在50万亿美元以上。2021年下半年,全球场外利率期权名义未付清金额为38.5万亿美元,场外外汇期权名义未付清金额为10.4万亿美元,场外权益期权名义未付清金额为3.3万亿美元。[3]

一、美国现代期权市场概况

(一)近代期权的发展[4]

在美国,近代股票期权和商品期权各自独立发展,初期都被称为“特惠权”。美国内战之后,股票“特惠权”交易在纽约非常活跃。1873年到1875年,每周六的《商业和金融史》都报道股票期权的价格行情。商品期权则从农产品期货发展而来。19世纪后期,农产品“特惠权交易”在芝加哥兴起并盛行起来,参与者多为投机者,也有农场主。由于当时没有对期权交易实施任何监管,期权市场非常混乱。

(二)现代期权的交易场所

20世纪60年代末,当商品期货交易量开始萎缩的时候,美国芝加哥期货交易所(Chicago Board of Trade,CBOT)[5]开始发展期权市场。1973年,经美国证券交易委员会(Securities and Exchange Commission,SEC)批准成立了全球第一家专业的期权交易所——CBOE,试点上市交易16只股票的看涨期权,开创现代期权场内交易之先河。同年,美国期权清算公司成立,提供期权交易的清算服务。

期权也可以在交易所外交易,称为场外期权。1791年,美国证券

〔2〕 See BIS Statistics, https://stats.bis.org/statx/srs/table/d1; https://stats.bis.org/statx/srs/table/d4, visited May 4, 2022.

〔3〕 See BIS Statistics, https://stats.bis.org/statx/srs/table/d5.1, visited May 14, 2022.

〔4〕 参见王学勤:《美国商品期货期权市场监管政策及案例研究》,载《期货日报》2005年10月12日,第3版。

〔5〕 2007年7月12日,CBOT与芝加哥商品交易所(Chicago Mercantile Exchange,CME)合并成为全球最大的衍生品交易所——芝加哥商品交易所集团(CME Group)。

交易所成立后不久,在交易所外就出现股票期权交易,并由经纪交易商作为中介进行买卖撮合;经纪交易商通过报纸公布期权的交易意向,但效率不高。为了更好达成期权交易,并加强经纪交易商之间的业务联系,1934年成立了期权经纪与自营商协会。场外期权主要由买卖双方私下协商达成交易,一般没有二级交易市场。

现代场外期权产品可以在一定程度上弥补场内期权产品的不足,满足投资者特定的投资需求。2020年,美国证券业与金融市场联合会(Securities Industry and Financial Markets Association, SIFMA)的一份上市期权研究报告也显示,部分市场参与者在场内市场无法实现特定的交易需求(如复杂期权产品),故选择场外市场进行交易。[6] 场外市场的对冲交易者和投机交易者可以不受场内期权交易的相关限制,更为精准地建立自己所希望的头寸。美国场外期权交易目前仍未强制执行集中清算,因而行权价格和到期日可以自由协商,并且场外市场的信息披露要求也仍相对较少。由于没有二级交易市场,场外期权交易者只能通过与反向交易者进行交易来对冲头寸风险;而在场内市场中,交易者只要卖出购入的期权即可达成对冲目的。

二、美国期权交易的规制演变和监管框架

美国期权市场的发展一方面反映了美国实体经济的金融需求,另一方面也与美国对期权业务的规制安排有关。由于期权一开始就以场外交易的形式出现,游离于监管视野之外,导致在过去200多年里,美国有关部门多次组织对期权产品的合理性和合法性进行讨论,规制安排也出现多次反复。

---

〔6〕 See SIFMA, *A Deeper Look at US Listed Options Volumes: Additional Tracking of the SPX and VIX Contracts*, https://www.sifma.org/wp-content/uploads/2020/05/SIFMA-Insights-Options_Final-for-Web.pdf, visited June 4, 2022.

(一)规制演变

1. 法律上的4次禁令[7]

近代的股票或商品期权多数在场外成交,期权市场依靠那些为期权的买家和卖家寻找对手方的经纪商而得以运行,基本体现为自由发展的特征,并无监管介入,期权市场充斥着各种不当行为。对期权的态度,反对派与支持派之间分歧很大,立法也摇摆不定,在美国期权规制史上出现了4次法律禁令。

第一次禁令以1874年伊利诺伊州立法院的禁令为代表。1874年,伊利诺伊州的立法院禁止了特惠权交易。为规避禁令,交易者就转移到威斯康星州去交易。在交易所方面,由于有交易者不通过CBOT的喊价池进行交易,而是在CBOT的走廊中进行交易,CBOT为此禁止其会员从市场外任何地方交易期权,交易者就跑到中美洲商品交易所去交易。期权反对派还提出了禁止期权的立法议案,如1890~1893年美国国会议员哈奇提出“反期权法案”,[8]拟通过立法禁止开展期权交易。1921年,美国制定了《期货交易法》,对所有谷物期权施加禁止性的税收。高税收直接导致期权交易不具有经济合理性而逐渐消失。然而,在Trusler v. Crooks案中,[9]法院认为1921年《期货交易法》对期权交易征税的做法违宪,不具有法律效力,期权交易再次获得新生。1922年,经调整后的《期货交易法》更名为《谷物期货法》。

第二次禁令以1936年《商品交易法》为代表。放开后的期权市场依然问题很多,如诈骗性销售、交易对手拒绝履约、投机过度与利用期权操控农产品价格等,许多农场主因在期权市场上过度投机而破产。于是,主张限制或禁止农产品期权交易的声音又一次高涨。1932年,CBOT发生了小麦价格崩盘事件,被认为与投机性期权交易相关。1936年,《谷物期货法》修订并更名为《商品交易法》,禁止对《商品交

---

[7] 参见前注[4]。另见[美]哈威尔·E.杰克逊、[美]小爱德华·L.西蒙斯编著:《金融监管》,吴志攀等译,中国政法大学出版社2003年版,第969~973页。

[8] 该法案最终未通过成为法律。See Stassen J. H., *The Commodity Exchange Act in Perspective a Short and Not – So Reverent History of Futures Trading Legislation in the United States*, Washington and Lee Law Review, Vol. 39, 1982.

[9] See U. S. 475(1926).

易法》列明的商品发售期权。被列入《商品交易法》"黑名单"的商品包括小麦、棉花、大米、玉米、燕麦、大麦、黑麦、亚麻籽、高粱、麸皮、黄油、鸡蛋和爱尔兰土豆;后续又列入了优质羊毛、脂肪和油脂、棉籽粕、棉籽、花生、大豆和豆粕、牲畜、牲畜产品和冷冻浓缩橙汁等。对没有被列入"黑名单"的商品,则依然可以进行相关期权的交易。

第三次禁令以1974年出台《商品期货交易委员会法》为代表。由于《商品交易法》"黑名单"之外的期权交易依然存在欺诈和不当行为,1968年美国国会修订《商品交易法》并在1974年制定了《商品期货交易委员会法》,成立商品期货交易委员会(Commodity Futures Trading Commission,CFTC)取代原先的农业商品交易部门对商品期权进行监管,规定商品期权只能依据CFTC的规定、规则和命令进行创设和交易,但排除了CFTC对外汇期权等的管辖权。自1975年开始运作以来,CFTC根据《商品交易法》检查各类"新"商品上设立的期权是否合法,并允许在特定情形下进行场外期权的销售和交易。

第四次禁令以1978年修订的《商品交易法》为代表。CFTC当时认为,尽管其投入了大量资源试图对期权交易进行监管而不是直接禁止,但某些时候在商品期权的销售中仍然弥漫着欺诈以及其他不合适的行为。为此,CFTC禁止了大部分商品期权在1978年6月1日以后进行销售,但允许为实现贸易目的购买不是面向普通大众的商品期权("贸易期权")。[10] 1978年修订的《商品交易法》采纳了CFTC的意见,在法条中明文禁止多数商品的期权交易,但对贸易期权、交易商期权[11]给予了豁免。

2. SEC的监管评估[12]

CBOE成立后,场内股票期权交易发展迅速。1977年,SEC决定对相关期权交易所的结构和监管举措进行一次评估,并在1978年下令暂停上市新的期权品种。1978年,SEC完成了《关于期权市场的特别报告》并递交国会,报告认同场内期权有利于金融市场和经济发展,提出

---

[10] See 43 Fed. Reg. 16153(1978).

[11] 交易商期权,是指1978年5月1日以前的有限类型的交易商场外商品期权。

[12] See Evans J. R., *Regulation and Expansion of Options Markets*, https://www.sec.gov/news/speech/1980/091680evans.pdf, visited June 4, 2022.

了完善期权市场的监管建议。[13] 1980 年，SEC 根据评估制定了新的监管规则，恢复批准股票期权上市和交易。SEC 对期权市场的监管主要集中在投资者权益保护、确保市场公平、打击欺诈等方面，并强调交易所会员和自律组织对市场成员的行为监督和合规管理要求。

3. CFTC 的 4 次监管试点[14]

根据《商品交易法》的授权，CFTC 对商品期权交易进行监管试点。

第一次试点始于 1981 年。该年，美国国会重新允许商品期权在交易所进行交易，CFTC 发起了一个 3 年期的期权“试行计划”。该计划允许每个交易所申请上市两种商品期权。这一时期批准的期权包括股票指数期货期权、中期国债期货期权、白糖期权、黄金期权。

第二次试点始于 1984 年。该年 3 月，CFTC 批准了第二次期权试验项目，范围扩大到期货期权。这一时期上市的期货期权包括玉米、大豆、活猪、活牛、小麦、棉花、白银期货期权。

第三次试点始于 1993 年。该试点包括 1993 年至 1995 年 3 个农作物年度。农民等生产商可以从其选择的经纪商处购买指定的期权，美国农业部将补偿生产商支付的期权权利金。参加这项试验的农民，可自愿选择以最低保护价水平或目标价格水平出售相关农产品。

第四次试点始于 1998 年。CFTC 在该年 4 月公布了商品贸易期权法规，包括登记制度、公开制度、交易记录制度、报告制度等规定。6 月，CFTC 又发起了 3 年期贸易期权试点。

（二）主要监管框架

美国期权市场的监管是从自律监管开始的，早期由于没有强制监管安排，一般由交易所对商品期权交易实施自律管理。但这种管理没有强制性，规范效果不明显。为此，美国通过立法先后授权 SEC 和 CFTC 对相关期权市场进行监管。

1. 监管框架

根据《证券法》的规定，SEC 主要对股票类期权实施行政监管；根

---

〔13〕 See SEC, *Report of the Special Study of the Options Market*, https://babel.hathitrust.org/cgi/pt? id = mdp.39015081945233&seq = 8, visited June 4, 2022.

〔14〕 See Lower R. C., *The Regulation of Commodity Options*, Duke Law Journal, Vol. 1978, 1978.

据《商品交易法》,CFTC主要负责对商品期权实施行政监管。由于上述法律之间缺乏协调,当“证券”“商品”的外延发生重合时,SEC与CFTC之间就产生了监管管辖权争执,官司甚至打到了最高法院。SEC与CFTC之后达成监管分工协议,即《约翰逊—夏德协议》,美国期权市场监管框架确定为“双头”模式,即股票、指数的期权由SEC和金融业监管局负责监管;商品和期货的期权由CFTC和全国期货业协会负责监管。

对于场外股票类期权,SEC通过监管经纪商和做市商等中介机构落实市场管理职责。对于场外商品类期权,《商品交易法》授权CFTC负责监管,并规定只有合格交易方,如注册的期货经纪商以及零售外汇交易商才可以与零售客户进行期权交易;除此之外,中介机构不得与零售客户进行期权交易。不同期权市场的经纪商以及做市商还需要接受金融业监管局或全国期货业协会的监管。

2. 主要监管内容

期权的监管规则内容主要包括期权设立、登记、标准化、修改或更新交易规则,具体包括期权行权价和到期日、交易单位、批量规模、仓位限制、对冲仓位豁免、平仓机制、订单报告和例外处置、场外交易、杠杆率及保证金上限、卖空规则、交易报告、争议处理、违规处置等内容。

2008年次贷危机后,美国监管机构鼓励市场各方通过场内进行期权交易、对场外期权交易则鼓励进行集中清算和统一报告,以更好管理期权市场的对手方风险,防范系统性风险。[15]

三、美国期权业发展中遇到的主要问题及规制举措

(一)主要问题

1. 合法性问题——期权是否为赌博或投机行为

在近代相当长的一段时期,美国立法和监管规制禁止期权交易,因

---

〔15〕 See SEC, *Rules Principally Applicable to Trading of Option Contracts*, https://www.sec.gov/rules/sro/pcx/34 – 49451_a6.pdf; also see FINRA, *Large Options Positions Report* (*LOPR*) – *Over – the – Counter*, https://www.finra.org/compliance – tools/report – center/options/lopr – otc, visited May 24, 2022.

此期权交易属于非法。之后,随着对期权产品认识的深入,规制也逐渐改变。1973 年至 1976 年,SEC 先后批准 CBOE、美国证券交易所、费城证券交易所、太平洋证券交易所、中西部证券交易所等开展期权业务,确认了在交易所上市和交易期权的合法性。

2. 合理性问题——期权是否能推动经济发展

20 世纪 70 年代初,受能源危机和布雷顿森林体系瓦解等因素影响,美国经济陷入衰退。为借助资本市场推动经济发展,美国监管当局对期权的合理性进行了研究。1973 年,布莱克和斯克尔斯提出了期权定价理论,默顿随后给出了该理论的数学模型。期权定价理论重新塑造了期权的形象和地位,指出期权具有风险对冲和有效定价的功能。1974 年,南森公司为 CBOE 起草了《对芝加哥期权交易所早期交易经历的回顾》报告,CBOE 在 1975 年、1976 年对报告又进行了持续更新(统称《南森报告》)。《南森报告》总体认为期权交易有助于平抑股票市场波动、增加股市流动性,期权市场有利于投资者变得更加成熟专业,金融市场对信息的反应速度也会变得更快、更有效。

1981 年,按美国国会要求,美国财政部、美国联邦储备委员会、CFTC 和 SEC 联合开展一项关于期货和期权市场对于美国经济影响的研究,并于 1984 年发布了《期货和期权交易对经济的影响研究》报告,[16] 再次肯定了期货和期权市场具有提供风险转移、增强流动性的功能,有利于提升经济效率和实体资本形成;确认期货和期权产品能够通过提供更有效的风险管理途径达到为实体经济发展服务的目的,并可以完善现货市场功能。报告基本统一了美国社会各界对期权产品功能的认识。

3. 不当行为问题

在 20 世纪 20 年代,一些证券经纪商从上市公司那里得到股票期权,作为利益交换,他们要将这些公司的股票推荐给客户,从而使该股票的市场需求迅速上升,上市公司和经纪商可以从中获益,而许多中小投资者却成为这种私下交易的牺牲品。由于当时期权市场缺乏监管,

---

〔16〕 参见王学勤:《美国联邦机构对期货和期权的研究——梅拉梅德解读〈期货和期权交易对经济影响研究报告〉》,载《期货日报》2005 年 3 月 31 日,第 4 版。

市场上充斥着利用期权进行市场操纵、内幕交易、欺诈等各种非法行为。[17] 由于这些骗局最初是在美国租金低廉、空气闷热的地方进行,因此被统称为"锅炉室骗局"(Boiler Room)。锅炉室骗局常选期权作为诈骗工具,一方面是因为期权交易相对复杂和隐蔽,骗局难以被轻易识别;另一方面则是因为期权交易还具有杠杆效应,可用较小的成本博取更大的收益,具有相当的诱惑性。近期,SEC 对二元期权的风险警示[18]和处置案例[19]也显示,惩治期权欺诈仍是监管的重点。此外,利用内幕信息进行期权交易[20]、操纵期权价格[21]等也是常见的违规行为,SEC 等对这些不当行为持续保持监管高压态势。

4. 系统性的风险隐患问题

2008 年的次贷危机将期权市场的系统性风险问题推到了风口浪尖。自 2003 年开始,美国保险集团创设并卖出大量场外交易的期权产品,[22]市值超过上万亿美元。次贷危机爆发后,各类期权的标的资产价格下跌,美国保险集团无法找到对手盘平仓头寸,并将自身推入破产边缘,最后不得不由美国联邦储备委员会出面拯救。这说明,如不加以合适监管,期权的创设及相关交易会具有系统性风险隐患。

(二)应对问题的规制举措

1. 承认期权场外交易的合法性

从 SEC、CFTC 批准期权在交易所交易开始,场内期权交易的合

---

〔17〕 相关案例可参见前注〔4〕。

〔18〕 See SEC, *Investor Alert*: *Binary Options Websites May Be Used for Fraudulent Schemes*, https://www. sec. gov/oiea/investor – alerts – bulletins/ia _ binaryoptions. html; SEC, *Investor Alert*: *Binary Options and Fraud*, https://www. investor. gov/introduction – investing/general – resources/news – alerts/alerts – bulletins/investor – alerts/investor – 61, visited May 14, 2022.

〔19〕 See SEC v. Banc de Binary, SEC v. Beserglik, and SEC v. Senderov.

〔20〕 See SEC, *SEC Charges Four California Residents in $12 Million Insider Trading Scheme*, https://www. sec. gov/news/press – release/2014 – 117, visited May 4, 2022.

〔21〕 See SEC, *SEC Charges Firms Involved in Layering*, *Manipulation Schemes*, https://www. sec. gov/news/pressrelease/2017 – 63. html, visited May 4, 2022.

〔22〕 比如,道琼斯美国保险集团大宗商品指数场外期权、美国房地产抵押贷款债券场外看跌期权等。

法性已不再被质疑。但上市期权的交易所希望在各自领域保持期权交易服务的独占利益,不认可交易所外期权交易的合法性。但随着时间推移,美国立法和司法机构从推动市场公平竞争、减少交易垄断等角度,开始为期权的场外交易提供法律支撑。2000年《商品期货现代化法》为美国机构投资者参与场外交易开了"绿灯";2007年美国第二巡回上诉法院裁定纽约商业交易所的结算价格不受版权保护,可以被交易所外的交易主体使用,确认了交易所结算价格可以合法地用于场外交易。期权场外交易的合法性在立法和司法层面都逐步得到了明确。

2. 场内外期权市场均纳入监管视野

场内外期权的合法性离不开监管的同步跟进。《商品交易法》规定,[23]未得到CFTC批准的商品期权皆为非法。《多德-弗兰克华尔街改革与消费者保护法》进一步将现金交割的商品期权纳入了《商品交易法》的互换产品范围,[24]也涵盖外汇期权;[25]但含在远期合约中并进行实物交割的商品期权,以及以真实贸易为基础的贸易期权不属于互换产品范围。

美国金融监管机构认为,交易场所的主要功能是为市场参与者提供集中的交易信息和交易机会,主要特点是集中买卖订单并根据公开、无歧视的交易规则组织成交,符合这两个特点的交易场所应该受到恰当的监管,而不论其为场内还是场外,也不论其具体形式为何。比如,电子交易平台等就并不因为其电子化的形式而游离于规制之外。对于交易主体,考虑到实体企业因业务需求而交易期权,CFTC豁免了多数

---

〔23〕 See Section 4c(b) of the Commodity Exchange Act.

〔24〕 Section 721 of the Dodd - Frank Act defines the term "swap" to include "a put, call, cap, floor, collar, or similar option of any kind that is for the purchase or sale, or based on the value, of 1 or more... commodities." Certain options transactions, like options on futures contracts, are not swaps under the statutory definition of "swap" in the Dodd - Frank Act. However, options on physical commodities are included in the statutory definition of "swap".

〔25〕 See CFTC Rule 1.3(xxx)(2)(i)(B) and Commodity Exchange Act Rule 3a69 - 2(b)(1)(ii) (2016); Swap Adopting Release at 48,254.

终端客户对贸易期权交易的报告和记录义务。[26]

3. 加强对场外非法期权的风险提示和监管行动

对于场外期权的销售和交易行为,SEC 和 CFTC 进一步强化了监管和风险提示。以二元期权为例,SEC 和 CFTC 联合发布了风险提示:一是从产品本身来看,如果二元期权属于证券,则根据《证券法》《证券交易法》的规定,未经注册,任何人都不可以销售二元期权;如果二元期权属于证券类互换,则还需要符合更多的监管要求;如果二元期权属于商品期权,除非在场内进行交易,或交易得到监管豁免,或交易方为净资产超过 500 万美元的高净值客户,否则也违法。二是从销售机构来看,如果相关证券销售方未注册为经纪交易商,则其销售证券或互换的行为就违反了证券法律;如果相关商品销售方未注册为期货经纪商或零售外汇交易商,则违反了《商品交易法》。[27] 同时,SEC 和 CFTC 对发现的二元期权违法行为,也都采取了监管行动。[28]

4. 防范系统性风险的规制考虑

次贷危机后,根据《多德 - 弗兰克华尔街改革与消费者保护法》新成立了美国金融稳定监督委员会,目的就是促进金融监管机构间合作,提升相互协调、互为补充的系统性风险整体防范和处置能力。CFTC 前任主席詹卡洛也认为,衍生品市场的规制重点内容之一是防范系统性风险。[29] 金融市场一旦发生异常情况就会引发立法和监管对系统性金融风险的关注。比如,2021 年 1 月美国证券和期权市场发生的

---

〔26〕 See 81 FR 14966.

〔27〕 See SEC, *Investor Alert: Binary Options and Fraud*, https://www.investor.gov/introduction-investing/general-resources/news-alerts/alerts-bulletins/investor-alerts/investor-61#:~:text=%20Investor%20Alert%3A%20Binary%20Options%20and%20Fraud%20,Options%20Trading%20Platforms.%20The%20SEC%20and...%20More%20, visited June 4, 2022.

〔28〕 See SEC, *SEC Charges Binary Options Trading Platform and Two Top Executives with Fraud*, https://www.sec.gov/news/press-release/2021-66; CFTC, *CFTC Files Enforcement Actions Against Two Affiliate Marketers for Binary Options Fraud*, https://www.cftc.gov/PressRoom/PressReleases/8047-19, visited May 4, 2022.

〔29〕 Giancarlo J. C., *Cross-Border Swaps Regulation Version* 2.0, https://www.cftc.gov/sites/default/files/2018-10/Whitepaper_CBSR100118_0.pdf, visited May 4, 2022.

GameStop 股票逼空事件就引发美国上下对金融交易场所结构和监管框架进行重新审视。[30]

四、我国对期权市场的认识和规制借鉴

(一)关于期权业务的基础问题

与美国期权业的发展历程类似,对于期权业务,我国也存在不同认识。有观点认为品种纷繁复杂的股指期货、期权,外汇期货,期货期权等金融衍生品,虽以风险管理工具为名设立,却经不住市场实践的检验,在多种内外因素的叠加作用下,会发生无法估量和无法控制的风险事件,非但不能控制风险,还会造成金融危机,具有经济金融化的倾向。[31] 也有观点认为,作为风险管理工具,期权在服务实体经济方面具有独特的价值,期权作为金融工具的存在具有正当性。[32] 以股票期权为例,其经济功能已初步发挥,对相关现货市场产生了积极影响:一是保险功能发挥,减少现货抛压;二是促进价格发现,降低市场波动;三是提升现货市场流动性,促进标的市场发展。[33] 对期权基本功能的厘清是期权市场健康发展的前提,认识分歧将是期权市场发展的最大障碍。例如,我国衍生品领域的第一部法律——《期货和衍生品法》历经近 30 年酝酿才最终得以成型,充分说明缺乏对衍生品功能的深入研究和探讨就无法形成对其规范的共识。建议可以对期权热点问题广纳社会意见,进行联合研究并发布研究成果,以在更广泛领域形成对期权业务的共识。

---

〔30〕 See SEC, *Staff Report on Equity and Options Market Structure Conditions in Early 2021*, https://www.sec.gov/files/staff-report-equity-options-market-struction-conditions-early-2021.pdf, visited May 4, 2022.

〔31〕 参见张云东:《疫后时代要警惕中国经济金融化》,载《经济导刊》2020 年第 8 期。

〔32〕 参见雷晓冰:《期权交易的本质及其法律规制的核心》,载《中国证券期货》2019 年第 3 期。

〔33〕 参见《上交所副总经理刘逖:股票期权对现货市场产生三大积极影响》,载《上海证券报》2021 年 12 月 6 日,第 4 版。

(二)我国期权市场的发展情况

1.期权产品及交易场所

我国场内期权主要在证券交易所、期货交易所、商品交易所进行集中交易;场外期权主要在证券公司间和银行间市场进行交易。

场内股票期权方面,2015 年 2 月 9 日,上海证券交易所推出了第一只股票期权——上证 50ETF 期权;2019 年,上海证券交易所、深圳证券交易所上市了沪深 300ETF 期权,中国金融期货交易所上市沪深 300 股指期权;2022 年 7 月,中国金融期货交易所继续上市中证 1000 股指期权。场内商品期权方面,2015 年,上海黄金交易所上市了黄金实物期权;2017 年,大连商品交易所和郑州商品交易所分别推出豆粕期权和白糖期权;2018 年,上海期货交易所挂牌交易铜期权;2021 年,上海国际能源交易中心、大连商品交易所分别挂牌交易原油、棕榈油期权。统计数据显示,2021 年,上海证券交易所股票期权市场日均成交 451.6 万张,日均持仓 500.4 万张,分别同比增长 11.7%、7.6%;全国商品期权累计成交量 2.15 亿手,累计成交额 2627.79 亿元,日均持仓量 227.3 万手,同比分别增长 97.33%、134.31%、27.10%。但场内个股期权以及利率、外汇期权还未推出。

场外期权方面,证券公司开展场外期权的交易场所主要集中在柜台,中证报价系统交易的期权占比较低。我国证券公司场外期权合约包括以中证 500、沪深 300、上证 50 为主的股指,以及 A 股个股、黄金期现货和部分境外标的的期权。目前交易量较大的是股指类期权,占比 53.06%。[34] 从证券公司的统计口径看(含柜台和报价系统),2021 年全年证券公司累计开展场外期权对应名义本金 36310.66 亿元,较 2020 年增长 39.41%;报价系统场外期权交易量占证券公司统计口径的比重由 2020 年的 0.66% 升至 0.69%。[35] 银行开展场外期权的交易场

---

〔34〕 数据截至 2021 年 6 月。参见中国证券业协会、中证机构间报价系统股份有限公司:《场外业务开展情况报告》(2021 年第 7 期,总第 70 期),载中国证券业协会网,https://www.sac.net.cn/hyfw/cwsc/202108/P020230612590635400407.pdf。

〔35〕《2022 年中证报价系统产品年度报告——私募基金专题报告》,载新浪网,http://finance.sina.com.cn/money/fund/fundzmt/2022-04-14/doc-imcwipii4309202.shtml? finpagefr=p_115。

所主要集中在银行间同业拆借中心和银行柜台,并以银行间同业拆借中心为主。2020 年,银行间同业拆借中心推出挂钩 LPR1Y/LPR5Y 的利率互换期权、利率上/下限期权,期权类型为欧式期权,属于场外利率期权。[36] 相比利率期权,外汇期权已成为我国企业使用较多的一种外汇套保工具。自 2011 年我国外汇市场推出普通欧式期权以来,交易量逐年增加,2021 年银行对客户外汇市场期权交易量为 3446 亿美元,占银行对客户外汇衍生品交易总量的 26%。[37]

2. 市场参与者培育

我国期权市场具有起步晚、发展快、专业性强的特点,存在市场分割、品种不全、中介机构期权业务内控不到位、市场风险高等问题。而且,总体而言,我国投资者对期权的认知程度也较低,真正了解期权的客户少之又少。[38] 2015 年,上海证券交易所推出了以上汽集团、中国平安为标的的个股期权模拟系统,但个股期权最终并未真正上市,主要原因估计也是担心个人投资者缺乏充分理解,仍未到合适的推出时机。一些外国专家也指出,期权市场的发展应契合我国的投资者结构,这是市场成功的关键;投资者培育不仅要针对个人投资者,也要针对机构投资者,并且将是一项长期的工作。[39]

(三)我国期权市场的规制完善建议

相比期货等衍生品,期权在我国发展时间不长,属于新型复杂金融产品,大部分投资者对其并不熟悉。参考美国 200 多年的期权发展和规制历史,可以发现,在期权发展初期,因规制跟不上市场发展,不仅期权业发展多次出现停顿,而且也容易滋生风险事件。《南森报告》、1978 年 SEC 的《关于期权市场的特别报告》都指出了当时美国期权市

---

〔36〕 场外利率期权不是标准化合约,虽然每一类场外利率期权都有一些共性的要素,但利率上/下限、合约期限可以由交易双方协商确定。

〔37〕 参见《国家外汇管理局副局长、新闻发言人王春英就〈关于进一步促进外汇市场服务实体经济有关措施的通知〉答记者问》,载国家外汇管理局网,https://www.safe.gov.cn/safe/2022/0520/20980.html。

〔38〕 参见彭会青:《我国期权市场推行现状与发展前景研究》,载《金融经济》2016 年第 22 期。

〔39〕 参见姚宜兵:《提升服务实体经济能力 加快期权创新步伐》,载《期货日报》2014 年 9 月 17 日,第 008 版。

场的监管规制供给不足问题并进行了大篇幅分析。我国在期权产品的发展过程中不妨以其为鉴，以健全的规制作为期权市场稳健发展的基础。

1. 期权市场的规制情况

在《期货和衍生品法》颁布实施前，我国期权市场缺乏统一的上位法，交易场所和交易规制存在分裂、滞后、相互抵触等问题，涉及的监管机构包括中国证券监督管理委员会（以下简称证监会）、中国人民银行、国家外汇管理局、国务院国有资产监督管理委员会等，涉及的自律组织包括中国银行业协会、中国证券业协会、中国期货业协会、中国证券投资基金业协会和中国银行间市场交易商协会，以及证券交易所、期货交易所、中国外汇交易中心暨全国银行间同业拆借中心等承担市场一线监管职能的市场基础设施机构，不同层级的规制彼此之间的标准不统一，有的实施严格事前市场准入，有的实施事后产品备案制度，规制呈现碎片化特征，[40]对参与场外期权交易企业的资质及其相应内控制度也没有统一要求，致使一些企业在准备不足的条件下，盲目参与场外期权市场。[41] 2022 年，我国《期货和衍生品法》颁布，第一次以法律

---

〔40〕 监管规则包括中国银行业监督管理委员会（现已撤销）《银行业金融机构衍生产品交易业务管理暂行办法》（2011 年修订）、国家外汇管理局《关于调整金融机构进入银行间外汇市场有关管理政策的通知》（2014 年）、国务院国有资产监督管理委员会《关于切实加强金融衍生业务管理有关事项的通知》（2020 年）、中国证监会《股票期权交易试点管理办法》（2015 年）等。2021 年 12 月，人民银行、中国银行保险监督管理委员会、中国证监会、国家外汇管理局共同起草了《关于促进衍生品业务规范发展的指导意见（征求意见稿）》。自律规范包括中国证券业协会发布的《证券公司金融衍生品柜台交易风险管理指引》、《中国证券市场金融衍生品交易主协议》（2013 年）及配套文件、《证券公司场外期权业务管理办法》（2020 年），中国期货业协会《关于进一步加强风险管理公司合规风控的通知》（2017 年）、《期货公司风险管理公司业务试点指引》（2019 年）及配套文件，中国证券业协会、中国期货业协会、中国证券投资基金业协会联合发布的《中国证券期货市场场外衍生品交易主协议（2014 年版）》《中国证券期货市场场外衍生品交易权益类衍生品定义文件（2014 年版）》《中国证券期货市场场外衍生品交易商品衍生品定义文件（2015 年版）》，中国银行间市场交易商协会《银行间市场金融衍生产品交易内部风险管理指引》（2008 年）、《关于银行间市场金融衍生产品交易备案事项的通知》（2009 年）等。

〔41〕 参见薛智胜：《我国场外期权市场发展及其监管制度的完善》，载《金融发展研究》2019 年第 5 期。

形式对期权市场进行规范,但规范集中在标准化期权业务和市场,[42]对非标准化期权未能形成详细规定。

2. 构建场内外期权市场的规制侧重点

建立健全多层次资本市场是党的十八大以来服务实体经济、开展金融领域改革的重要举措,同样适用于期权市场。《期货和衍生品法》的颁布统一了市场对期权的认识,明确期权合约是指约定买方有权在将来某一时间以特定价格买入或者卖出约定标的物(包括期货合约)的标准化或非标准化合约,并要求标准化期权合约品种应当具有经济价值,符合社会公共利益。对于标准化期权的上市和交易,我国实行严格的审批制度,并规定在指定场所进行,监管要求严密。目前,标准化期权包括股指期权、商品期权,但还不包括个股期权、债券期权、利率期权和外汇期权,未来标准化期权的规制重点在于产品和参与者范围拓展方面。[43]

在非标准化期权的规范发展方面,《期货和衍生品法》仅明确了以非标准化期权合约为交易标的的交易活动属于期货交易以外的衍生品交易,并授权国务院对衍生品交易及相关活动进行规范并制定具体监督管理办法。未来规制的重点将包括以下几个方面:

一是构建非标准化期权的判断和创设依据。《期货和衍生品法》没有要求非标准化期权"符合社会公共利益",非标准化期权是否会偏离服务实体经济轨道,沦为一种"虚拟化"的金融工具?对其创设和交易是否要设置限制?比如,2016 年 4 月,中国证监会发布二元期权网络平台的风险警示,[44]将二元期权界定为"创造风险"的一种投机工具,明确其"不具备规避价格风险、服务实体经济的功能",与受"监管的期权及金融衍生品交易有着本质区别,其交易行为类似于赌博";

[42] 根据《期货和衍生品法》第 3 条,标准化期权合约交易属于期货交易。如未特别指出,本文的期货交易涵盖标准化期权交易。

[43] 特别是考虑全球到场内期权交易量大于期货交易量的情况。

[44] 参见《最近我看到很多网站宣传,做外汇、股票等二元期权交易,操作简单方便还可赚大钱,请问我可以参与吗?》,载中国证监会网 2016 年 4 月 18 日,http://www.csrc.gov.cn/csrc/c106299/c1600711/content.shtml。

2018 年 4 月,中国证监会继续对场外个股期权交易进行风险警示。[45] 由于中国证监会未明确场外期权的合法性标准,对于类型多样的非标准化期权产品,目前市场无法形成稳定的合法性预期,如嵌套了期权的商业银行“选择权贷款”,[46] 大宗商品贸易中的基差合同,[47] 这些“期权”是否属于《期货和衍生品法》中的非标准期权,是否可以豁免相关监管?[48] 创设或交易此类期权是否有违法之虞?这些都迫切需要规制指引,建议及时通过建立健全行政法规以及相应的监管自律规则,明确非标准化期权的创设和交易合法性界限。

二是构建非标准化期权的规制协调机制。鉴于目前暂无相关行政法规,涉及非标准期权的规制主要体现在监管和自律规则中,不仅规制的法律层级不高,而且规制间还存在不衔接、不周全等情况。比如,在证券公司场外期权市场,根据中国证券业协会《证券公司场外期权业务管理办法》第 2 条的规定,场外期权业务指在证券公司柜台开展的期权交易,不包括在中证机构间报价系统股份有限公司(中证报价系统)交易的期权;而根据中证报价系统《机构间私募产品报价与服务系统场外衍生品交易业务指引(试行)》第 3 条、第 47 条等规定,参与人在报价系统可以进行场外期权交易,而证券公司就是报价系统重要的参与人。在银行间市场,全国银行间同业拆借中心制定了《银行间市场利率期权交易规则(试行)》,提供利率期权交易及交易相关服务平台,

---

〔45〕 参见《场外个股期权交易风险警示问答》,载中国证监会网 2018 年 4 月 12 日,http://www.csrc.gov.cn/csrc/c106299/c1600724/content.shtml。

〔46〕 选择权贷款,是指银行在向目标客户提供传统授信业务的基础上,额外获得一定的选择权。该选择权系指银行指定的符合约定要求的行权方(一般为商业投资机构)享有按约定行权条款(约定行权期间、价格、份额)认购目标客户股权或目标客户持有其他公司股权的权利,具体可细分为“可转换权”(针对目标客户股权)和“可交换权”(针对目标客户持有其他公司股权),可参见广发银行网,http://www.cgbchina.com.cn/Info/12125790,2022 年 6 月 8 日访问。

〔47〕 目前大型油厂、风险管理公司等都开始积极为客户提供附加价格保护的基差合同。基差合同中可以确定一个封顶的交易价格,或者提供二次点价的机会。这种安排相当于客户向大型油厂、风险管理公司等购买了一个看涨期权。如客户认为合同标的物价格将在一定区间内振荡,则可以在买一个看涨期权的同时,再卖一个看跌期权。大型油厂、风险管理公司再通过场内期权对冲风险。参见鲍仁:《大商所期权市场运行平稳 功能逐步发挥》,载《期货日报》2022 年 3 月 31 日,第 1 版。

〔48〕 比如,参考美国对贸易期权等的监管豁免安排。见前注〔9〕。

组织市场参与者开展利率期权报价和交易,履行市场日常监测和统计职责。国家外汇管理局要求金融机构在银行间外汇市场开展包括人民币对外汇期权在内的人民币对外汇交易时,需遵守银行间外汇市场交易、清算、信息等法规、规则及有关金融监管部门的规定。[49] 对于银行是否可以参与场外股票期权市场交易等不甚明确。此外,对非标准化的股票期权监管,目前仍主要由行业自律协会组织安排,规范的强制性和覆盖面仍有限。建议及时制定非标准化期权交易及相关活动的行政法规或监管部门联合规范,整合目前场外期权的不同监管和自律规则,填补监管空白,减少规制冲突。

3. 加强非标准化期权市场的行为监管

《期货和衍生品法》对标准化期权的销售和交易行为有比较明确的要求。对于非标准化期权的销售和交易行为要求,《期货和衍生品法》未制定详细规定,也主要依靠监管和自律规则来规范。截至2022年6月12日,就有3家证券公司因场外期权业务被中国证监会处罚,主要涉及场外期权合约对手方为非专业机构投资者、部分场外期权合约个股挂钩标的超出当期融资融券范围、场外期权业务相关内部制度不健全、内部流程执行不规范等问题。[50] 非标准化期权的创设、销售和交易行为将是未来的监管重点。

4. 关注非标准化期权市场的系统性风险

对标准化期权的交易有保证金、期货结算公司组织等市场整体风险管理安排,但对于非标准化期权交易市场,《期货和衍生品法》未直接规定。2023年3月,中国证监会发布的《衍生品交易监督管理办法(征求意见稿)》,也未对非标准化期权等衍生品交易的保证金安排作

---

〔49〕 参见国家外汇管理局《关于调整金融机构进入银行间外汇市场有关管理政策的通知》(汇发〔2014〕48号)。

〔50〕 参见《关于对华泰证券股份有限公司采取责令改正措施的决定》,载中国证监会网,http://www.csrc.gov.cn/csrc/c106065/c3255398/content.shtml,2022年7月28日访问;《关于对中国国际金融股份有限公司采取出具警示函措施的决定》,载中国证监会网,http://www.csrc.gov.cn/csrc/c106065/c3255258/content.shtml,2022年7月28日访问;《关于对中信建投证券股份有限公司采取出具警示函措施的决定》,载中国证监会网,http://www.csrc.gov.cn/csrc/c106065/c3255442/content.shtml,2022年7月28日访问。

出明确规定,与国际标准制定机构推荐的风险缓释安排尚有差距。[51] 国际货币基金组织的研究人员在分析次贷危机后各国金融部门评估规划情况后表示,[52] 交易场所是该评估的重要内容,国际货币基金组织定期审查相关国家是否对交易所外的交易场所进行充分监管,建议各国加强金融安全网、危机管理、风险预警能力建设。鉴于期权的底层资产多样,具有跨行业特征,可能引发的金融风险还不局限于个别行业,[53] 忽视期权的相关风险会制约我国金融市场的高质量发展。此外,银行等金融机构赋予高管的股票期权激励也可能强化金融机构的顺周期行为,诱发系统性风险。[54] 我国《金融稳定法(草案征求意见稿)》尚未将金融交易场所、期权激励等相关风险因素纳入金融稳定考虑,建议草案及前述《衍生品交易监督管理办法(征求意见稿)》在进一步修订过程中对非标准化期权的系统性风险影响进行全面评估并明确相关的风险缓释要求。

五、结语

美国的期权市场是世界最大市场,其期权交易经历了 200 多年的发展历史,积累了丰富的正反两方面经验教训。期权交易在我国刚刚起步,市场培育方兴未艾;2022 年 8 月开始实施的《期货和衍生品法》

---

〔51〕 2013 年 9 月,巴塞尔银行监管委员会等国际监管组织出台《非集中清算衍生品保证金要求》,要求全球主要司法辖区监管机构,自 2016 年开始逐步强制要求未进行集中清算的场外衍生品交易双方互相缴纳保证金,相关保证金不仅包括初始保证金,还包括盯市保证金,旨在降低金融机构潜在的风险敞口,防范系统性风险。

〔52〕 See Cuervo C., Long J. & Stobo R., *Strengthening Capital Markets——National Progress and Gaps*, https://www.imf.org/en/Publications/Departmental-Papers-Policy-Papers/Issues/2022/06/24/Strengthening-Capital-Markets-National-Progress-and-Gaps-518365, visited July 24, 2022.

〔53〕《国际期权市场监管体系分析及借鉴》,载《期货日报》2016 年 12 月 25 日。转引自新浪财经网,http://finance.sina.com.cn/money/future/fmnews/2016-12-25/doc-ifxyxvcr7553480.shtml。

〔54〕 See Armstrong C., Nicoletti A. & Zhou F. S., *Executive Stock Options and Systemic Risk*, Journal of Financial Economics, Vol. 146, 2022.

主要规范了标准化期权业务和市场,对非标准化期权业务和市场的规定较原则,仍有待后续配套规制的持续建立健全。参考美国的经验教训,我国仍需要对期权业务和期权市场的基础问题加强深入研究,推动形成更大范围的社会共识,在发展场内外多层次期权市场的同时,重点关注场外期权业务的合法性判断和发展路径、行为指引、系统性风险的影响程度,及时完善相应的监管协调机制和规范体系。

（编辑:孙秀满）

《证券法苑》(2024)
第三十九卷,第336~360页

实物交割中期货交易所的权责边界

唐　波[*]　王炜炫[**]

摘要:随着《期货和衍生品法》的正式颁布,我国已明文确立交易所为中央对手方。交易所直接介入期货合约成为"合约主体",进而享有合约项下对标准仓单的实质审查权限,同时交易所可以借助物联网等新兴技术建立健全审查机制以行使实质审查权。但结合中央对手方的制度目的和现行法之规定,因交易所仅在标准仓单指示交付完成之前承担中央对手方职责,其对后续实物交收环节中出现的交割违约现象不承担中央对手方职责。

关键词:交割违约　标准仓单　实质审查　中央对手方　实物交收

一、问题的提出

期货市场中的实物交割,是指交易双方在交割日将期货合约所载商品之所有权进行转移以了结

* 华东政法大学教授、博士生导师。
** 华东政法大学经济法学院硕士研究生。

未平仓期货合约的过程。[1] 虽然期货交易大多以对冲的方式了结合约，但仍有少部分期货交易将以实物交割的形式终结。实物交割是连接期货市场和现货市场的重要纽带，交割程序可以促进期货市场和现货市场的有机联动，进而促使期现价格最终趋于一致。[2] 在实务操作中，交割的大致流程为：(1)买方先向交易所申报意向；(2)卖方将货物存于交割仓库后取得由交割仓库开具且经交易所注册的标准仓单，并向交易所交付标准仓单；(3)交易所根据一定的原则匹配买方和卖方；(4)买方付款并取得标准仓单、卖方收款；(5)开具增值税专用发票。由此可见，标准仓单在交割程序中扮演着不可或缺的角色，其决定了买方是否能向交割仓库顺利提货，也决定了卖方的合约义务是否得以履行。

根据《期货和衍生品法》第45条第3款之规定，标准仓单，是指交割库开具并经期货交易场所登记的标准化提货凭证。虽然法条明确了交易所对于标准仓单生成的登记权限，但是对其审查标准仍不明晰，其在审查登记标准仓单所载商品真实状况时（包括但不限于商品数量、质量、储存位置、质押情况等信息）应采形式审查还是实质审查并无定论。在以往的实践经验中，交易所因无明确授权，常以形式审查为准绳。但这也引发了部分市场投机者的道德风险，无论是标准仓单持有人"一单多质"所引发的交割风险[3]，还是交割仓库监守自盗[4]，或

---

[1] 参见吴庆宝：《解读最高人民法院〈关于审理期货纠纷案件若干问题的规定〉》，载《法律适用》2003年第8期。

[2] 参见江必新主编，最高人民法院民事审判第二庭编著：《最高人民法院〈关于审理期货纠纷案件若干问题的规定〉的理解与适用》，人民法院出版社2015年版，第174页。

[3] 参见山西省高级人民法院：山煤煤炭进出口有限公司与青岛德诚矿业有限公司、德正资源控股有限公司、青岛亿达矿业有限公司、化隆先奇铝业有限责任公司、广南(香港)有限公司、新联国际集团有限公司合同纠纷一审民事判决书，案号：(2014)晋民初字第6号，2015年7月6日；山东省青岛市中级人民法院：中国建设银行股份有限公司青岛四方支行与青岛德诚矿业有限公司、德正资源控股有限公司等金融借款合同纠纷一审民事判决书，案号：(2014)青金商初字第443号，2015年8月8日。

[4] 参见《郑商所对违规交割仓库实施纪律处分》，载微信公众号"郑商所发布"2021年2月10日，https://mp.weixin.qq.com/s/vlKPipgy4EY5RcnoHVp_Vw。

者因自身司法风险〔5〕而导致的交割危机，都时有发生。

对此，我国司法倾向于认为交易所在交割违约的情况下应起到“先行赔付”的功能。根据最高人民法院《关于审理期货纠纷案件若干问题的规定》（以下简称《规定》）第47条第1款之规定，交割仓库不能在期货交易所交易规则规定的期限内，向标准仓单持有人交付符合期货合约要求的货物，造成标准仓单持有人损失的，交割仓库应当承担责任，期货交易所承担连带责任。但综观我国郑州商品交易所、大连商品交易所和上海期货交易所的交易规则，其均规定了此种情况下交割仓库应当承担赔偿责任，而交易所仅承担补充赔偿责任。〔6〕交割仓库基于仓储合同承担违约责任于法有据。但交易所在没有实质审查权限的情况下，却要在未归因于交易所责任时承担交割违约的连带责任在学理上是否具有合法性基础，仍需清晰界定。与此同时，是否应当赋予交易所对标准仓单生成的实质审查权限，也仍需进一步讨论。综上，本文拟从我国相关期货立法的演进入手，分析我国目前期货实物交割中交易所的权责边界现状，同时对境外成熟期货市场的交易规则进行梳理，并在研究的基础之上对我国期货实物交割中交易所的权责边界之重构提出建议。

二、交易所权责边界的历史考察

（一）形式审查：由“认定”到“登记”

在《期货和衍生品法》出台以前，我国期货市场的法律规制通常由行政法规主导，其中《期货交易管理条例》扮演重要角色。对于标准仓

---

〔5〕 参见广西壮族自治区南宁市青秀区人民法院：张某媚、邓某等骗取贷款、票据承兑、金融票证一审刑事判决书，案号：（2015）青刑初字第869号，2016年11月23日；北京市第二中级人民法院：北京祈德丰商贸有限公司与广西南宁市和顺糖业有限公司、广西储备物资管理局九一三处等仓储合同纠纷二审民事裁定书，案号：（2017）京02民终3317号，2017年4月19日。

〔6〕 参见《郑州商品交易所交易规则》第87条、《大连商品交易所交易规则》第98条和《上海期货交易所交易规则》第54条。

单的定义首次出现于《期货交易管理条例》(2012 年修订),其中第 82 条第 9 项明确标准仓单是指交割仓库开具并经期货交易所认定的标准化提货凭证。这一定义一直沿用到《期货交易管理条例》(2017 年修订)。

2022 年 8 月 1 日正式实施的《期货和衍生品法》对标准仓单的定义进行了细微的调整,即将“经期货交易所认定”改成“经期货交易场所登记”。形式上,“登记”相较于“认定”或有实质审查之意味,即期货交易所的登记权限直接影响了标准仓单能否生成。但实质上,词语的转换仍未赋予交易所实质审查权限,交易所在标准仓单注册的过程中仍然以形式审查为标准。

其理由在于,具有自律监管性质的交易所享有的监管权限须由法律法规和交易所交易规则明确授予。根据《期货和衍生品法》第 79 条之规定,期货交易场所实行自律管理。其自律监管权限源于法律的明确授权,但更重要的是交易中市场主体对于自身权利的部分让渡而形成的上位监管权力。因而交易所的自律监管有以下几个方面的特征:(1)交易所同其中的市场主体参与制定交易规则,在交易所交易的所有主体都应遵守该规则;(2)如若部分市场主体违反交易规则,则交易所有权根据交易规则实施一定的惩戒措施;(3)交易所的自律监管行为事关社会公共利益,甚至关系到国民经济命脉,因而自律监管必须受到外部制约,包括立法的事前规制、执法的全面监管和司法的审慎监督。[7] 交易所与市场主体之间存在纵向、不平等的关系,前者对后者具有一定的监管权限,监管权限的范围不限于交易规则,也需要遵循成文法之规定。因而,在期货交易市场当中,为了避免过度监管而打击期货交易者的积极性,从而阻碍我国期货和衍生品交易市场的稳步发展,“法无授权不可为”的理念应贯彻于自律监管全过程当中,即若无法律明确授权或市场主体对于自身权利让渡达成的合意,交易所不得擅自扩大监管权限。

而实质审查权限对于交易所而言正是一项监管权力。因为实质审

〔7〕 参见卢文道:《证券交易所及其自律管理行为性质的法理分析》,载徐明等主编:《证券法苑》(第 5 卷),法律出版社 2011 年版,第 1008 ~ 1009 页。

查的本质乃通过核对实物消灭标准仓单持有人或者交割仓库所带来的信用风险。对于标准仓单持有人和交割仓库而言,其便捷的交货方式和标准仓单开具方式将受到实质审查的影响,进而危及交易效率。换言之,实质审查对于被监管者而言乃增设负担。而如此的监管权限须由法律法规或交易规则明确授予,未明确授予则意味交易所对标准仓单登记仍不享有实质审查权限。

(二)连带责任:从“保证”到“中央对手方”

《规定》首次出现于2003年,在此之前,我国期货市场法律法规的缺位导致司法实践中对于期货纠纷的裁判标准存在较大分歧。为了及时公平地审理那时无序状态下的期货纠纷案件,最高人民法院印发了《关于审理期货纠纷案件座谈会纪要》(法〔1995〕140号)。其中明确指出对于期货违约纠纷,期货交易所应当承担保证期货合约履行的责任。交易所应当对交割违约代为履行,未代为履行的应承担赔偿责任。“保证”一词指明交易所在期货合约中的地位,即其为期货合约履行的担保人。

这样的观点在《规定》中得以确立,同时《规定》规定期货交易所应对交割违约承担连带赔偿责任。《规定》进一步明确期货交易所为“连带保证人”,并被如今的司法实践所沿用。

我国之所以长期以“担保人”的视角监督期货交易所,重要原因在于未有法律法规明确引入中央对手方制度。20世纪80年代开始,随着中国经济体制不断深化改革,市场逐渐具备催生期货交易的土壤。为了加快经济发展,国家成立“期货市场研究工作小组”并于1990年正式建立中国郑州粮食批发市场。〔8〕但由于我国的期货市场的建设起步较晚,大多数规则和制度都借鉴国外成熟资本市场的经验,其中就包括中央对手方制度。比如,上海金属交易所曾借鉴伦敦金属交易所和美国芝加哥商品交易所的交易规则,将其自身职能界定为“作为买卖双方的中介,既是卖方会员的买方,又是买方会员的卖方”。〔9〕但这

---

〔8〕 参见唐波:《改革开放三十年来的期货市场及其法制建设历程》,载《华东政法大学学报》2009年第3期。

〔9〕 常飞:《商品期货实物交割中期货交易所法律责任探析——基于中央对手方理论的建构》,载《广西社会科学》2022年第9期。

一制度的定义从未正式出现在官方文件当中，这导致在实践中交易所在期货交易中并非期货合约的当事人，其承担的更多是监管期货合约达成以及履行情况的职能。同时，由于没有明确的法律依据，我国司法实践通常以担保法的角度代入思考期货交易买卖双方与交易所之间的法律关系，并结合交易所提供履约担保的职能，最终确立期货交易所"连带保证人"的身份。

与此同时，要求期货交易所承担连带保证责任可以降低期货市场的信用风险，以促进期货市场的稳健运行。由于我国期货市场处于建设初期，各方主体的信用风险将加剧市场的不稳定性，无论是买卖双方还是交割仓库，都存在监管套利的投机性。如若此时交易所仅处于中介地位，不将市场主体的信用风险集于自身，恐怕无人敢进行期货交易，最终导致期货交易无法正常运行。所以，为了增强期货市场交易主体的交易信心，保障期货市场交易的有序进行，我国司法倾向于让交易所承担连带保证责任。无独有偶，在行政法规方面，《期货交易管理条例》（2007 年）首次规定期货交易所的职责包括"保证合约的履行"，"保证"一词与司法实践中的"连带保证责任"有异曲同工之妙。

但此乃实务界对于中央对手方职能的误解。国际证监会组织于 2012 年发布的《金融市场基础设施原则》对中央对手方职能的定义为"确保敞口合约的履行"。[10] 确保（ensure）一词不同于大陆法系中的担保责任（guarantee），由此可见其并未将中央对手方作为担保人，而是要求其承担确保合约履行的责任。因而，2012 年之后相关用词修改为：期货交易所的职责包括"为期货交易提供集中履约担保"。同时，2012 年修改稿说明中曾提及"期货交易所在统一组织结算中，作为交易各方的中央对手方的地位是明确的"，此乃确立中央对手方制度的体现。[11] 此后，《期货交易所管理办法》（2021 年修正）正式确立了我国的中央对手方制度，其中第 81 条第 2 款，明确指出承担期货结算职责的期货交易所是期货交易的中央对手方，自期货交易达成后介入期

---

〔10〕 See *Principles for Financial Market Infrastructures*, https://www.bis.org/cpmi/publ/d101a.pdf, visited January 29, 2023.

〔11〕 参见姜洋：《发现价格：期货和金融衍生品》，中信出版集团股份有限公司 2018 年版，第 262～270 页。

货交易双方,成为所有买方的卖方和所有卖方的买方,承继双方在期货交易中的权利和义务,为期货交易提供集中履约保障。此条款为交易所直接成为期货合约当事人提供了合法性基础。

(三)小结

通过梳理我国期货相关立法的历史沿革,不难发现以下两点:(1)我国期货交易所因缺少上位法和交易规则明确授权而不享有对标准仓单生成登记的实质审查权限;(2)期货交易所的连带责任仍为交割违约中的金科玉律。

上述两点单独分析各有其合理性,一方面,为了提高期货市场交易效率、降低买卖双方的交付成本,对标准仓单的生成登记采形式主义有助于促进期货交易的蓬勃发展;另一方面,为了提高市场主体对于我国期货市场的交易信心,以具有行政色彩的交易所为信用背书担保人有助于提高期货市场的成交量。但将二者结合起来则有其不合理之处。在未赋予期货交易所对于标准仓单生成登记实质审查权的情况下,要求其承担连带保证责任或有强人所难之嫌,并不符合理性经济人的合理预期。

在实践中,连带保证人与债务人设立反担保条款的案例并不少见。反担保实质是担保人在为自己在承担担保责任之后的求偿权得以实现与债务人或者第三人设定的担保。[12] 这样的反担保符合理性经济人的交易预期,对于连带保证人而言不失为一种保护自身利益最大化的有效途径,其中反担保限度由双方的意思自治决定。但是对比到交割违约中交易所责任中,虽然我国交易所指定交割仓库时要求其缴纳交割担保金[13],但是交割担保金并非"反担保",且担保金的额度恐怕难以覆盖所有实物交割的总价值,对于交易所承担连带责任后的追偿权实现限度仍存在不确定因素。对于期货交易所而言,在事前难以通过实质审查控制市场主体的信用风险,在事后又无类似"反担保"的制度保障其追偿权,其在交割违约中或仅起到"赔付箱"的作用。

---

〔12〕 参见程啸:《担保物权研究》,中国人民大学出版社2017年版,第51页。

〔13〕 参见《郑州商品交易所指定商品交割仓库管理办法》第7条第3项。

诺斯认为制度是选择的集合、行动的指南。[14] 确然,基于大时代背景选择产生的权责体系将成为期货交易所在经营活动中的指南。但制度作用的核心在于对激励的影响和制约,激励较约束而言对市场主体的作用更为明显。对于交易所而言,在没有充足责任保障机制的情况下承担强责任对其实则为一种制约。但交易所作为期货合约交易和结算中重要的一环,对于期货市场的推动与监管而言,其承担至关重要的职能和责任,如若一味地向其施加制约,让其在承担强责任的情况下却没有相应的自身利益保障,或将打击其履行职能的积极性。长远来看,不利于我国期货发展走向国际化。因而,在交割违约的情形下,交易所的权责体系仍需重新梳理,以期构建一个既能符合交易所"保障期货合约履行"的职能又能保障交易所自身合法利益的权责架构。

三、交易所权责边界的域外经验

制度构建需要因地制宜。我国的期货市场之建构起步较晚;而在国际层面,期货市场起源于欧洲,并在美国发展中逐渐成熟,早在古罗马和古希腊时期就已经出现大宗商品交易所的雏形,而现代意义的期货市场首创于19世纪30年代的美国。[15] 由此可见,境外期货商品的交易规则在长年累月的探索当中得以完善,其成熟的经验或可为我国交易所在交割违约中的权责体系构建提供国际范本。

但综观域外成熟的期货市场,其均采取水平式的组织架构,即交易所和清算所分别独立,各自对外承担责任,其中清算所通常在结算交割中扮演中央对手方的角色。而在我国内地期货交易所结算模式下,承担结算功能的主体乃期货交易所的特设机构,其不独立对外承担责任,须以期货交易所的名义承担法律责任,因而我国的期货交易所整体上扮演中央对手方的角色。据此,在借鉴境外经验时,既要考虑境外交易

---

〔14〕 参见[美]道格拉斯·C.诺斯:《制度、制度变迁与经济绩效》,刘守英译,上海三联书店1994年版,第4页。

〔15〕 参见李辉主编:《期货市场导论》,浙江大学出版社2002年版,第1~2页。

所的权责边界,更要总结境外清算所的权责边界以探清我国相关制度的未来发展之路。在对境外交易规则进行梳理的过程中,笔者发现针对境外交易所和清算所在交割违约中的权责边界的立法模式主要有两种,即请求权保留模式和责任豁免模式。

(一)请求权保留模式——以美国芝加哥商业交易所集团为代表

请求权保留模式,是指法律法规或者交易规则仍然要求交易所或者清算所在交割违约中承担损害赔偿责任,美国期货市场则是典型代表。在美国,美国芝加哥商业交易所集团为期货和衍生品提供国际化和多元化的交易平台。作为期货和衍生品交易服务行业的龙头,其旗下拥有4个主要的交易中心,分别为CME、纽约商业交易所(New York Mercantile Exchange, NYMEX)、CBOT和纽约商品交易所(New York Commodity Exchange, COMEX)。四个交易所分别独立,且均经过CFTC注册成立。4个交易所均有独立的交易规则,并对自身交易市场实行自律监管。但是为了向市场主体提供一个相对统一的监管框架,4个交易所的交易规则手册已基本统一。[16] 因此,在研究的过程上可仅以其中一家交易所的交易手册为范本。

以CME为例,结合CME交易规则手册第7章之规定,其中关于实物交割中交易所和清算所的权责主要体现在以下两个方面。

第一,CME交易所对标准仓单背后所代表商品规格不负责任。根据CME交易规则手册第710条之规定,交易所不对商品等级、数量或者根据美国农业部或其他分级证书所要求的任何商品规格负责。[17] 由此可见,CME对于实物交割中出现的商品瑕疵不负责任,交割仓库对交割商品的质量安全负责,如若出现交割违约的现象,将由交割仓库承担赔偿责任。在交易所完全免责的情况下,其自然对交割仓库所签发的标准仓单不会进行实质审查。

第二,CME清算所在清算会员未尽特定交割义务时应承担赔偿责任。根据CME交易规则手册第714条之规定,在清算会员未能根据交

---

〔16〕 See *Rulebooks*, https://www.cmegroup.com/market-regulation/rulebook.html, visited January 5, 2023.

〔17〕 See *CME Rulebook*, https://www.cmegroup.com/content/dam/cmegroup/rulebook/CME/I/7/7.pdf, visited January 6, 2023.

易所规则履行特定的交割义务时，清算所仅承担由此造成的合理损害赔偿，金额限度不得超过特定商品的交割价格和指定交割日该特定商品的公允市场价之间的差额。清算所不承担以下3个方面的责任：(1)实际履行或者接受实物交割；(2)支付由证书、文书、仓单、运输证书或者其他类似文件准确性、真实性、完整性或者可接受性所引起的任何损失；(3)支付由银行、存款机构、仓库、货运站或者其他类似机构或可能涉及交割的组织和实体破产或资不抵债所引起的任何损失。同时，本条赋予清算所对未履行交割义务的清算会员的追偿权。[18] 虽然交易所对交割商品不承担责任，但在交割违约的情形下，清算所仍应承担适当的赔偿责任，只不过衡量标准或由司法或行政裁量。但可以明确的是，清算所对于标准仓单登记不会进行实质审查，因其对仓单的准确性和真实性并不承担责任。

（二）责任豁免模式——以新加坡交易所集团和我国香港交易所为代表

责任豁免模式，是指法律法规或者交易规则直接规定交易所和清算所在交割违约中不承担任何责任，新加坡期货市场和我国香港地区期货市场则属于此类立法模式的典型案例。新加坡交易所(Singapore Exchange, SGX)为海内外交易主体提供证券和期货衍生品交易平台。其前身为新加坡证券交易所和新加坡国际金融交易所，二者丰富的金融市场经验为SGX制定相关交易规则提供制定模板。作为亚洲第一大证券和期货衍生品交易中心，其成熟经验值得研究。

新加坡交易所衍生品清算所(Singapore Exchange - Derivatives Clearing, SGX - DC)作为SGX的全资子公司，在期货衍生品交易中为交易主体提供清算服务。结合SGX交易规则手册和SGX - DC清算规则，交易所和清算所在交割违约中的权责体系主要体现在以下两个方面。

第一，SGX对实物交割和交割仓库的仓储行为不负责任。首先，交易所不保证任何可交割的期货合约下的特定交割义务得以履行，对

〔18〕 同前注〔17〕。

交割违约不承担任何责任。[19] 其次,交易所不会审查交割商品、标准仓单或者指定的交割港口和仓库。交易所没有义务为交割商品的规格、标准仓单的真实性和指定交割的港口和仓库所提供的仓储质量服务提供担保责任。[20] 最后,对于因伪造文件而导致交割违约所造成的损害,交易所不承担赔偿责任。[21] 换言之,交易所的职责在于为交易双方提供中介平台,对于最后的交割违约损害赔偿以及标准仓单真实性的审查,交易所均不负责。

第二,SGX－DC 不承担保证实物交割的义务。首先,清算所的职责是为实物交割提供便利,其并不保证实物交割得以圆满履行。其次,清算所对于标准仓单等文件的真实性、有效性、准确性和完整性不负责任,如若买卖双方的清算会员因此受到损失,清算所不承担赔偿责任。最后,清算所对于指定交割场所不承担检查义务,如若因卖方清算会员未能交付或者在交付中出现任何违规行为而导致的损害,清算所不承担责任。[22] SGX－DC 虽然在交易中扮演中央对手方的角色,但是在交易规则中其对标准仓单的生成登记不负检查责任,同时,对于交割违约所产生的一切损失均不承担赔偿责任。

我国香港交易所(Hong Kong Exchanges,HKEX)亦是采取此种交易模式。根据 HKEX 发布的《中央结算系统一般规则》第 2104 条之规定,交易所和结算机构须勤勉尽责(in good faith)。在此基础上,HKEX 对二者的免责条款进行列举式规定,包括但不限于二者不对因市场交易参与者未遵守本规则、因结算公司根据法令按照任何政府或监管的指示而采取相应行动,或因结算过程中采用的任何系统发生故障等因

〔19〕 See 5. 3. 1 *Title Documents and Transfer of Title*, https://rulebook. sgx. com/rulebook/531－title－documents－and－transfer－title, visited January 7, 2023.

〔20〕 See 5. 3. 2 *Exchange Does Not Check Commodity, Documents or Designated Ports or Factories*, https://rulebook. sgx. com/rulebook/532－exchange－does－not－check－commodity－documents－or－designated－ports－or－factories, visited January 7, 2023.

〔21〕 See 5. 3. 3 *Forged Documents*, https://rulebook. sgx. com/rulebook/533－forged－documents, visited January 7, 2023.

〔22〕 See 6. 02A *Clearing House Merely Facilitates Delivery*, https://rulebook. sgx. com/rulebook/602a－clearing－house－merely－facilitates－delivery, visited January 7, 2023.

素所产生的任何损失承担责任。[23] 该规则明确期货卖方结算会员的交割责任，如若其发生交割违约之行为，HKEX 和结算机构无须承担任何责任，交割违约责任分配仅发生于交割仓库和买卖双方之间，二者自然对标准仓单登记的真实性和准确性不承担实质审查的义务。与SGX 相比，HKEX 的免责条款虽设前提，即“交易所和结算机构须勤勉尽责”，但在实践当中 HKEX 和结算公司对于期货交易市场具有完备经验，其通常不会违反勤勉尽责义务。所以从本质上而言，HKEX 对于交割违约的态度仍与 SGX 一致。

（三）相关经验与借鉴

通过境外考察，可以得出境外成熟期货市场已达成以下共识：交易所更多承担的是提供期货交易平台、促进期货交易合约达成的责任，其自然对交割违约不承担任何责任，对于交割仓库所签发的标准仓单不进行任何审查。在印度，此条规则已被国家法律所认可，印度相关法律明确规定印度国家证券交易所对存放在交割仓库的货物质量、价值等客观因素不承担任何责任。[24]

而清算所作为合格的中央对手方，境外通常认为其对标准仓单不具有审查义务，但是否应承担交割违约的赔偿责任在境外没有固定标准，CME 保留其应对合理损害的赔偿义务，而 SGX – DC 和 HKEX 却直接明文规定清算所在此种情况下的免责声明。综观境外相关规制模式，或对我国有以下启示；

第一，境外法上清算所对交割仓库所签发的标准仓单不负有实质审查权限的规则或不适合我国目前的期货市场发展情况。

首先，在事前风险防范上，境外交割仓库的指定标准相对严格，而且具有完善的物流运输体系和商品仓储体系。在美国芝加哥商业交易所集团旗下的 4 个交易所，由于期货合约标的的种类不同，其对于交割

〔23〕 See *Charter* 21 *Duties and Labilities of HKSCC*, https://www.hkex.com.hk/-/media/HKEX-Market/Services/Rules-and-Forms-and-Fees/Rules/HKSCC/General-Rules-of-CCASS/R21.pdf, visited February 7, 2023.

〔24〕 See *Delivery and Settlement Procedure – Bullion*, https://www.nseindia.com/products-services/commodity-derivatives-delivery-settlement-procedure, visited February 7, 2023.

仓库的审批标准也存在差别。以 CME 为例,由于其以农业大宗商品期货合约为主,所以,其要求交割仓库须经交易所、美国农业部或者其他监管机构的检查,同时还需要满足一定的仓储条件和物流运输条件。[25] 而在 NYMEX 中,交割仓库还需要提供相应的担保(guarantees)、债券(bonds)或者其他金融工具(other financial instruments),以确保其履行交易规则项下的交割义务。[26] 由此可见,境外交割仓库的准入门槛之高可以降低交割仓库的信用风险,进一步化解交割风险。而在我国,指定交割仓库的准入仅由交易所审查,且其对于担保金额度的要求并不明确。[27] 在没有完备的事前化解风险制度的情况下,如若直接对交割仓库签发的标准仓单予以采信或者仅以形式审查的方式进行注册登记,或可导致部分交割仓库的信用风险不断扩大,最终影响期货市场的正常运作。虽然交易所对违规的交割仓库享有惩戒权限,但是从保护广大金融消费者的利益出发,事后救济相较于事前监管而言其所能发挥的弥补作用相对微薄。

其次,在事中风险控制上,由于我国期货市场发展历史不长,期货交易主体的信用风险仍处于不可控的阶段。而美国期货市场的发展历史已有百年,新加坡期货市场的发展也经历了漫长岁月的积累。以新加坡为例,在 1986 年《新加坡期货交易法》颁布实施之前,新加坡期货市场没有相应的监管制度,市场交易主体主要通过契约精神和意思自治进行交易,但这样引发了许多监管套利的投机行为,自此新加坡对期货交易逐渐加强管控。[28]

市场主体具有理性经济人的特质,在制度面前会比较机会成本作出选择。我国大陆交割违约的违规成本相对较低,《大连商品交易所违规处理办法》第 30 条对此最低处罚力度仅为警告。但在我国台湾地区,除非有明确证据证明交割违约非归责于交易当事人,否则交易当事

---

〔25〕 同前注〔16〕。

〔26〕 See *NYMEX Rulebook*, https://www.cmegroup.com/content/dam/cmegroup/rulebook/NYMEX/1/7.pdf, visited January 8, 2023.

〔27〕 参见《郑州商品交易所指定商品交割仓库管理办法》第 6 条、第 7 条。

〔28〕 参见刘道云:《境外主要期货市场对外开放的监管沿革、制度路径及借鉴》,载《新金融》2022 年第 11 期。

人一律5年内不准开户从事期货交易。[29] 在监管力度不够强硬且违规成本较低的情况下，投机主义将会趁机而入。但随着资本市场的不断发展，应对市场风险和交易风险的机制不断成熟，市场主体的诚信不断提高，交易主体的信用风险将逐步可控。目前在我国，由于卖方“一单多质”导致标准仓单持有人交割权益受损的案件屡见不鲜[30]，我国交易主体的信用仍有待提高。因而，在资本市场早期构建的过程中，如若我国交易所不通过适当的风险化解手段尽可能降低市场主体的信用风险，或将影响我国期货市场对外开放、走向国际化终极目标的实现。

最后，在事后风险化解上，我国期货交易所在化解交割违约所导致的市场风险方面经验尚不够成熟。以“九三一白糖事件”为例[31]，虽然郑州商品交易所及时在交割标的解除司法查封之后采取竞价拍卖的形式进行现货移转，以将市场主体的交易损失降到最低。但在制度层面上，此类风险处置程序并没有在交易规则或者法律法规中得以体现，故期货交易所在日后处理类似风险案例时亦只能照葫芦画瓢。但在境外，清算公司通常具有完善的违约风险处置程序。以为北欧交易所提供清算服务的纳斯达克清算所为例，根据其官网所披露的《纳斯达克清算所违约管理程序的重要方面》指导文件，其对于清算会员的违约程序主要包括违约风险评估(risk assessment)、净额结算(close out)等风险规避手段(hedging methods)和具体执行方式(means of execution)等。[32] 2018年9月10日，因市场剧烈波动，某结算会员因无法对其所有的北约电力期货合约和德国电力期货合约补充足额保证金，最终被宣布构成违约。纳斯达克清算所立即启动违约管理程序，在对违约进

[29] 参见《交易人违约》，载台湾期货交易所网，https://www.taifex.com.tw/cht/4/defaultPage，2023年2月7日访问。

[30] 同前注[3]。

[31] 在指定交割仓库九三一处存放的6000吨期货交割白糖被有关银行不当申请司法保全查封，造成该库期货交割白糖不能正常交割，郑州商品交易所为此公开竞买600张白糖标准仓单。参见王超：《郑商所将公开竞买白糖标准仓单》，载《中国证券报》2015年8月24日，A05版。

[32] See *Default Management – Rules and Processes for Member Default*, https://www.nasdaq.com/solutions/nasdaq-clearing-default-management, visited February 7, 2023.

行风险分析的基础上,通过净额结算、竞价拍卖等方式进一步缩小违约方之损失,并在违约发生起48小时内以最优价格处理了违约部分的合约。[33] 由此可见,相较于境外清算公司,我国在违约处置程序上并无相对清晰的制度框架。如若此时不通过事前风险防控的方式对期货交易市场违约风险进行适当预防,那么,交割违约或将引发系统性金融风险,从而危及我国金融市场的稳定。

第二,我国交易所在交割违约中是否应当承担责任需结合我国现行法之规定和法理基础予以考量。在境外,此问题没有固定标准,各交易所的选择均基于各交易市场的实际情况。两种模式均有其优劣性,关键差异无非在于制度选择倾向于保护交易主体还是作为中央对手方的清算所之权益,核心在于厘清清算所的法律地位及其所承担的法律责任。我国应选择何种规制模式需要结合我国市场背景以及现行法之规定加以分析,直接借鉴境外经验可能会造成制度的水土不服。

四、我国交易所权责体系之重构

交易所的法律地位及其功能价值决定了交易所在交割违约中的权责边界。重构交易所权责体系的关键在于厘清交易所在期货交易中的法律地位。《期货交易所管理办法》(2021年修正)首次指明我国承担结算职能的期货交易所为期货交易中的"中央对手方",同时,《期货和衍生品法》第93条明确"期货结算机构"的"中央对手方"身份,此为我国交易所法律地位的界定提供了合法性基础。

(一)中央对手方制度的内涵及其法理基础

中央对手方,是指结算机构自身介入已经达成的交易,成为买方的卖方和卖方的买方以凭借自身信用保障合约履行的结算过程。[34] 该制度的设立有助于降低金融市场的系统性金融风险,尽可能降低金融

---

〔33〕 See *Further Information Regarding Member Default – Q& A no2* – 2018 – 09 – 19, https://www.nasdaq.com/docs/Further – information – regarding – Member – Default – 180919.pdf, visited February 7, 2023.

〔34〕 参见沈伟:《中央对手方清算机制建设》,载《中国金融》2015年第10期。

市场信息不对称所带来的风险敞口。该制度为期货交易的结算提供新的运行框架,买卖双方和交易所的权利义务关系将发生变化,以保证交易结算的圆满完结。

十国集团中央银行支付结算体系委员会和国际证监会组织技术委员会于2004年联合发布《关于中央对手方的建议》,其中明确指出中央对手方制度的法理基础主要有合同更替与公开要约两种,但还包括其他类似的法律框架。在我国民事法律体系当中,并没有合同更替和公开要约的具体规则,因此,法理基础需要结合我国现行法之框架加以阐释。[35] 如图1所示,细究中央对手方制度的逻辑框架,我国合同法中的债权债务概括转让可以成为其法理基础。

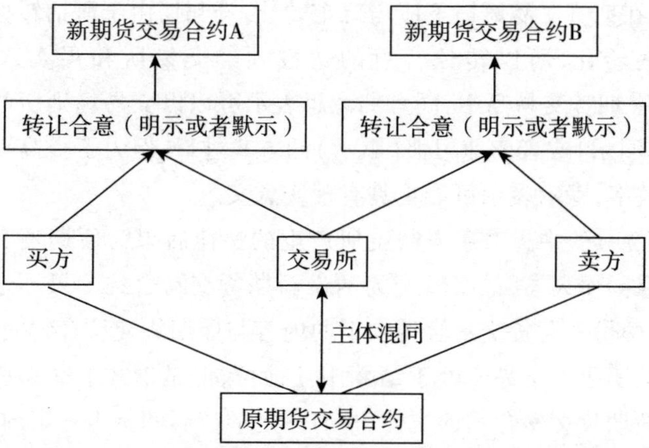

图1　我国现行法框架下中央对手方的法理解释路径

第一步,买方和卖方经过交易所的配对原则得以完成交易的匹配,二者之间存在一份原期货交易合约。此时,作为中央对手方的交易所开始介入交易与买方达成债权债务概括转让的合意,即原合约的主体已经转变为交易所和卖方。但由于结算机构在结算过程中应当保持中立性,即结算机构作为主体的期货交易合约应完全对冲。所以,在买方与交易所因达成转让合意而产生的合约中,交易所必须享有原期货交

〔35〕 参见李佳、刘道云:《期货结算中央对手方制度及其构建》,载《上海金融》2019年第2期。

易合约项下卖方的权利和承担同等义务,以达到交易所实质上不享有期货交易中的权利和承担期货交易中的义务。双方之间所产生的新期货交易合约A与原期货交易合约的内容相同,只不过主体变成买方和交易所。

第二步,与第一步基本类似,卖方与交易所达成债权债务概括转让的合意,此时原合约的主体转变为交易所和交易所自身,因主体混同而灭失。同时,基于结算机构的中立地位和职能,卖方与交易所基于转让合意所达成的合约与原期货交易合约的内容相同,只不过主体转变为卖方和交易所。[36]

不过还需指明,我国债权债务概括转让的模式包括意定转让和法定转让,在期货交易语境下应为意定转让。同时,由于概括转移包括合约义务的转让,所以转让合意的达成须经交易所和买卖双方的同意。[37] 在期货交易当中,同意的意思表示可以以交易规则所约定的声明文件(明示)或者商业习惯(默示)的方式进行,但为了提高期货市场的交易效率,默示表示可能更具有现实意义。

综上所述,中央对手方制度所产生的法律后果为原期货交易合约因主体混同而灭失,最终转变为两份新期货交易合约。只不过除合约主体外,两份新期货交易合约项下的内容与原期货交易合约完全相同。而且虽然实质上交易所处于结算中立地位,但是形式上交易所已经成为两份新期货交易合约的主体,享有一定的权利和承担一定的义务。

(二)从"形式审查"到"实质审查"

前文已经论述了我国目前交易所对标准仓单生成登记仅享有形式审查权限的不合理之处,以及我国目前亟须赋予交易所实质审查权限的现实必要性。而结合中央对手方的法理基础,赋予交易所实质审查权限具有学理依据。

标准仓单的流转过程大致为:卖方将交割商品移交至交割仓库—交割仓库在交易所的系统中开具标准仓单—卖方最终将标准仓单交付

---

〔36〕 参见邹启钊:《期货市场中央对手方:制度内涵与法律基础》,载《法学家》2015年第4期。

〔37〕 参见韩世远:《合同法总论》(第4版),法律出版社2018年版,第637页。

给买方。其中，买卖双方、交易所和交割仓库的法律关系如图 2 所示。因为根据《民法典》第二十二章之规定，当卖方与交割仓库达成交割商品仓储保管合意时，二者成立仓储合同，交割仓库须履行验收入库的义务，并承担仓储期内因保管不善造成仓储物毁损、灭失的损害赔偿责任。而当卖方将其所有的标准仓单交付给交易所时，实则是履行新期货交易合约 B 项下的给付义务，但由于交割仓库已经实际占有交割商品，根据《民法典》第 227 条之规定，此应构成指示交付。同理，在交易所最终将标准仓单交付给买方时，亦是履行新期货交易合约 A 项下的给付义务，其同样构成指示交付，至此交割程序得以基本完成。

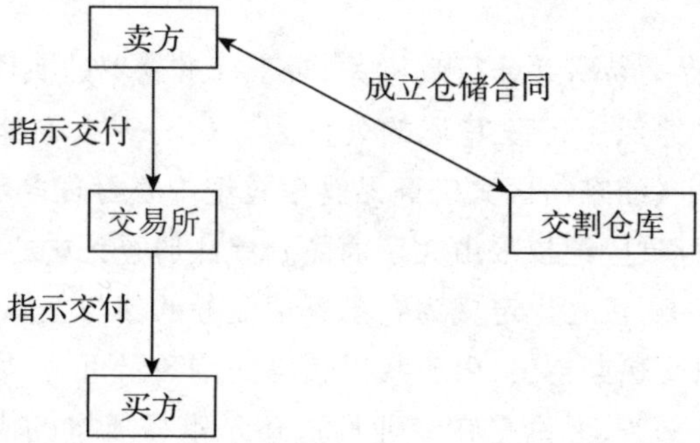

图 2　买卖双方、交易所和交割仓库的法律关系

其中不难发现，交易所作为两份新期货交易合约的当事人，虽然最终实质上不承担责任，但形式上须完成接受卖方交付和向买方交付的合约行为。而正是这样的“合约主体”身份和合约行为决定了交易所应对标准仓单生成登记享有实质审查权限。因为买卖合同的本质乃标的所有权之转让，为了实现最终目的，买方对交付货物的检查权限和卖方对交付货物的给付义务应为必备条款，也即交易所一方面在新期货交易合约 A 中承担向买方交付交割商品之义务，另一方面在新期货交易合约 B 中享有对卖方交付交割商品的检查权限。这样的制度安排亦符合理性商人的交易预期，因为在合约最终走向交割阶段时，买卖双方的最终目的是完成交割商品的转让程序，不同于前期竞价阶段的希望通过期货杠杆牟利的初衷。而检查权限应为实质审查，因为交易所在合约中为直接责任人，新期货交易合约 B 中的权利能否圆满行使影响着其在新期货交易合约A中的给付义务能否顺利履行,因而实质审查更能保护其自身利益。

但必须指出,期货交易所的实质审查权限并不会直接产生任何对抗效力,标准仓单抵押权的设立和变动仍需遵循《民法典》之规定。因为期货交易所是基于其"合约主体"的身份得以享有合约项下的实质审查权限,此乃其保护自身权益的手段,虽然经期货交易所实质审查登记后的标准仓单有助于提高市场仓单质押融资的效率,为期货市场提供相对真实可信的标准仓单登记系统,但其最终的目的仍然是保护期货交易所在交割过程中的自身利益,其本质仍属于"私权利",而非"公权力"。

此外,期货交易所并非行政机关,对于标准仓单的实质审查以及登记并不能产生类似于行政登记的公信力。这一观点亦体现于立法当中,根据上海市《浦东新区大宗商品仓单登记中心管理办法(试行)》之规定,仓单的行政登记权限由大宗商品仓单注册登记中心享有,交易所只能根据其第10条之规定成为仓单登记业务的参与主体。

学界有相反观点指出,由于我国实物交割数量可观,如若让交易所承担实质审查义务,无论是在专业性上还是审核成本的支出上都不具有可行性。[38] 但笔者认为,实质审查权限的确立具有一定的现实基础。

首先,制度成本的计算不仅要考量当事人实际付出成本,也应考虑当事人潜在成本和社会成本。我国期货市场信用风险目前处于不稳定的阶段,如若一味地坚持形式审查原则,当事人所付出的成本自然较低,但是其最终的赔付成本将会提高。与此同时,如若出现系统性金融风险导致金融危机,社会成本也将提高。因此,仅以此为由否定实质审查权限的设立或有不妥之处。

其次,物联网等新兴技术的更新迭代为实质审查奠定可行性。实质审查的内容无非在于核对交割商品的数量、质量、位置、担保情况等基础信息,以保证标准仓单持有人得以最终提取交割商品。其中交割

---

〔38〕 参见王艺璇:《论我国期货交易所在实物交割中的法律责任》,载《法律适用》2021年第12期。

商品的数量、质量、位置等物理状态相对容易核查,交易所应积极研发交割监管平台,在软件上利用物联网技术实时监控交割商品的存储、出入库情况等物理状态,并通过监控设施等确保权利人可以实时观察货物状态、存放情况等,以确保对动产全方位、全天候的监控,最终保障标准仓单持有人的权益。

最后,难点在于对交割商品担保情况的查明,目前我国交易所已经上线仓单登记查询系统,该查询系统实现了与中国人民银行相关大数据共享,旨在解决标准仓单质押监管难的窘境。[39] 但是根据《动产和权利担保统一登记办法》(中国人民银行令〔2021〕第7号)之规定,中国人民银行对于动产与权利担保不负实质审查义务,登记人对登记内容的真实性负责。因此,交易所的查询系统无法完全满足实质审查交割商品担保情况的需要,但系统的数据可以为交易所的审查指明方向。在此基础上,交易所可以通过汇集对比第三方资信数据、银行质押数据等,确定动产权利状态,并结合区块链技术"去中心化"的特征确保登记数据的不可篡改、可追溯以及对抵押物的全面监控,以行使对标准仓单生成登记的实质审查权。

(三)从"保证责任"到"免除责任"

我国司法实践倾向于将交易所置于期货交易担保人之地位,进而要求其在交割违约中承担连带保证责任。但在我国已经明文规定中央对手方制度的现状下,其法律身份应由"合约担保人"向"合约主体"转换。而新的问题得以产生,即中央对手方职责的结束时间点应为交割配对结束时,还是应涵盖实物提货阶段?有观点认为,在结算交割配对之后,期货交易买卖双方因交易所的配对原则而实现了一一对应关系,即之前买卖双方互相不知道实际对手方的情况已然消失,二者之间成立"一对一"的现货交易关系,所以,交易所的中央对手方职责止于交割配对结束时,其无须对实际的交割违约承担责任。[40] 对此,笔者认为,交易所的中央对手方职责应当延续到标准仓单持有人实际取得交

〔39〕 参见李莉:《大商所仓单登记上线》,载《中国证券报》2022年12月15日,A04版。

〔40〕 参见翟浩:《论我国商品期货交割库交割违约时的责任分配》,载《河北法学》2022年第5期。

割商品所有权时。

以下将结合图3,对前述观点展开论述。

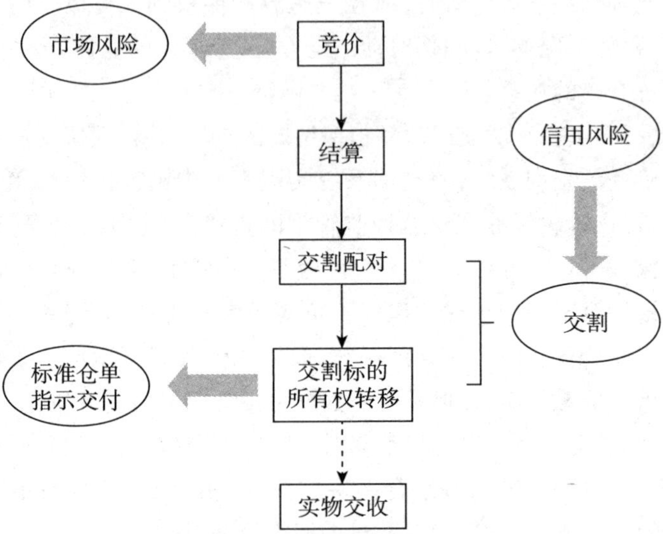

图3　期货交易流程

1. 交割的结束时间节点应为商品所有权转移之时

根据《期货交易管理条例》(2017年修订)第81条之规定,交割,是指合约到期时,按照期货交易所的规则和程序,交易双方通过该合约所载标的物所有权的转移,或者按照规定结算价格进行现金差价结算,了结到期未平仓合约的过程。从文义解释的角度,我国现行法规定的交割强调了合约标的物所有权之转移。换言之,商品所有权转移乃交割程序完成的判断标准,交割配对完成并不代表着交割程序得以终结。

2. 交割配对完成后的商品所有权移转并非现货交易

必须承认,交割属于期货交易阶段中的重要一环。在历史的演变中,关于期货交割理论主要有三种,即零交割理论、限制交割理论和无限制交割理论。关于零交割理论,托马斯·A. 希隆尼(Thomas A. Hieronymus)认为,一个正常运作的期货交易市场应当几乎不存在交割,如若存在大量交割,则说明这个市场的合约数量是失衡的。[41] 限制交割理论则主张应对交割量进行限制,而无限制交割理论为期货理论界的主流观点,其主张交割对于期货市场而言具有重要的价格调节功能,因而在正常的交易环境中,不应对交割量进行限制。[42]

从期货市场的发展史来看,期货市场衍生于现货交易市场并最终作为独立的市场而存在。虽然期货市场的最终目的并不是交割,其更多发挥的是风险管理的功能,即现货市场交易商可以通过期货市场转嫁风险或者投机牟利。但交割对于期货市场的稳定仍有积极意义,因而无限制交割理论才能在理论界屹立不倒。

交割之于期货交易的重要性主要体现在其是制衡现货价格和期货价格的重要力量。当期货价格低于现货价格时,现货市场交易商为降低成本会在期货市场上大量购买期货合约以达到进货目的;反之,其则会大量在期货市场抛售期货合约以达到利润最大化的交易目的。换言之,只要期现货价格存在价格差,那么市场就会有交割的需求,在长此以往的价格互动中,通过合约买进和卖出的对冲最终价格差将稳定在一定的幅度内,进而能反映市场相对真实的供求关系。此外,交割也是实现套期保值、遏制市场操纵行为和抑制逼仓行为的重要途径。交割亦能提高期货市场交易的合约流动性,因为交割程序的存在,期货市场中没有现货需求的投机者为了不进行实物交割,会选择在交割日到来之前通过买卖合约的方式进行平仓对冲,进而刺激期货交易所的交易量。[43]

由此可见,交割对于期货市场的发展和稳定极为重要,在判断交易属于现货还是期货时,应当结合交易阶段的目的、功能定位以及交易规则等整体情况,不宜仅通过交易的特征单独认定交易的性质。[44] 而交

〔41〕 See Thomas A. Hieronymus, *Economics of Futures Trading*: *For Commercial and Personal Profit*, Commodity Research Bureau, Inc., 1977, pp. 311 – 345.

〔42〕 参见霍瑞戎:《期货交割理论的演变及我国期货市场的选择》,载《北京工商大学学报(社会科学版)》2009 年第 1 期。

〔43〕 参见荆林波:《期货交割研究的几个问题》,载《首都经济贸易大学学报》1999 年第 4 期。

〔44〕 参见吴越:《现货与期货交易的界分标准与法律规制》,载《中国法学》2020 年第 2 期。

割不仅包括交易配对流程,更强调商品所有权的转移,因此,在判断交割配对完成后的商品所有权移转过程属于现货还是期货时,仅以二者之间已形成"一对一"之关系进而认为其属于现货交易阶段,从而排除交易所中央对手方的职责似乎过于片面,是故,应结合此阶段的交易性质、功能地位等具体情况加以具体分析。

3. 中央对手方的制度目的决定其结束节点

前文论述已经明确交割不属于现货交易,且交割的结束节点应以合约标的所有权转让为准。那么,为什么交易所承担中央对手方职责的时间节点应延续到交割结束终点呢?笔者将结合中央对手方的制度目的加以探析。

首先,期货交易市场中存在两种风险:(1)市场风险,主要体现在因市场供求关系变化而导致的价格波动,其主要存在于期货交易的竞价阶段;(2)信用风险,主要体现在期货合约主体最终的履约情况,其主要存在于期货交易的交割阶段。而中央对手方的制度目的是降低市场中的信用风险,故其仅存在于结算交割阶段。

其次,市场风险是期货交易的天然属性且不具有可控性。市场风险的存在是期货市场投机牟利的魅力,市场主体之所以愿意进行期货交易,实则因为其希望通过自身对于市场的研判而进行期货牟利。如若通过适当的方式对期货价格进行控制,则违反了期货交易的初衷,或可构成期货市场的操纵行为,对于广大期货交易者而言则是一种欺诈。

最后,期货交易合约具有"当前订立,未来履行"之特征,这一特征决定了其存在潜在的合约履行风险。在结算机构未介入交易时,双方对于合约未来的履行情况没有足够的信心,或导致无人愿意进行期货交易。而在中央对手方制度语境下,为了增加市场主体对于合约履行的安全感,交易所将市场主体的信用风险集于自身,并以自身信用保障合约的最终履行。在境外,以伦敦农产品清算所为例,其正是因为金融期货交易的引入,才正式采用中央对手方制度,要求清算所成为交易中买方的卖方和卖方的买方以保障履约。[45]

---

[45] 参见[英]彼得·诺曼:《全球风控家——中央对手方清算》,梁伟林译,中国金融出版社2013年版,第93~94页。

是故，中央对手方制度的设立初衷乃将期货交易市场中的双边信用风险集于自身，凭借自身信用为客户的合约履行提供保障。[46] 这样的保障可以理解为我国期货交易所职责中的“提供集中履约担保”，只是此“担保”并非我国民商事法律体系中的“保证责任”。交易所履职路径的合法性基础在于中央对手方制度，即通过直接成为“合约主体”而承担保障合约履行的职责。

因而，从中央对手方的制度目的出发，只要期货交易中存在信用风险，中央对手方制度就应该涵盖至此阶段。而在实物交割当中，实物交割乃期货交易的关键程序，同时，实物交割的完成标准在于合约标的所有权是否转移。在交割配对结束后，虽然买卖双方互相“知根知底”，但是由于此时的合约标的所有权并没有发生转移，潜在的信用风险仍然存在，即无论是卖方还是交割仓库，都存在不能履约的可能性。所以，在合约标的所有权发生移转之前，交易所仍然应承担中央对手方的职责。

4. 交易所在实物交收环节不承担中央对手方责任

如图 3 所示，交割的结束节点为标的商品所有权之转移。如上文所述，依据《民法典》的规定，标准仓单转移至卖方时构成指示交付，对于卖方而言，只要其受让标准仓单所载明的商品返还请求权，即发生了标的商品所有权之转让。[47] 据此，交割程序得以完结，交易所中央对手方角色正式落幕。后续卖方根据标准仓单向交割仓库进行实物提货阶段通常被称为实物交收环节，如图 3 虚线所示，期货交割环节已经结束，此时交易所不承担中央对手方责任。

综上，在实物交割阶段，由于交割违约通常发生于实物交收阶段，此时交易所的中央对手方职责已经结束，对于交割违约的情况，交易所理应免责，而非承担连带保证责任。如若出现交割违约的情形，标准仓单持有人可基于仓储合同要求交割仓库承担违约。同时根据《民法典》第 577 条之规定，违约责任的形式可以是继续履行、采取补救措施或者赔偿损失等。据此，对于交易所在交割违约中的责任问题，责任豁免模式或更符合我国现行的法律框架。

---

〔46〕 参见钟维:《期货市场中央对手方制度研究》，载《社会科学》2015 年第 12 期。

〔47〕 参见崔建远:《物权法视野下的指示交付》，载《法律适用》2014 年第 10 期。

五、结语

在期货市场发展的过程中,承担结算职能的交易所占据着至关重要的地位,为期货结算和交割提供优质服务。而目前,在我国实物交割违约多发的情况下,交易所更多承担着先行赔付的职责。一方面,其对于交割仓库所签发的标准仓单没有实质审查权限;另一方面,却要对交割违约承担连带保证责任。

是故,应从制度重构入手厘清交易所在交割违约中的权责边界。首先,境外对于标准仓单不进行实质审查的制度模式不适合我国目前的交易市场,我国仍应赋予交易所对于标准仓单生成登记的实质审查权限,同时,我国交易所可以结合物联网等技术建立健全适当的审查机制以行使实质审查权。其次,在我国现行法的框架下,交易所乃期货交易中的中央对手方,其直接介入期货交易合同并取得"合约主体"身份,其应在合约标的所有权未转移前,即标准仓单指示交付完成前承担中央对手方职责。最后,由于交割违约通常发生于实物交收阶段,而此时交易所的职责已经完成,故其在此阶段不承担中央对手方责任。

(编辑:宋　澜)

《证券法苑》(2024)
第三十九卷,第 361 ~404 页

联邦证券监管中的披露过程:一个简要回顾*

[美]艾莉森·格雷·安德森**著　左进玮***译

译者评注:艾莉森·格雷·安德森(Alison Grey Anderson)是美国加州大学洛杉矶分校法学院荣誉退休法学教授,主要研究领域为公司法、证券法。曾担任《加州法律评论》编辑、美国联邦第四巡回上诉法院法官助理等职务,1972 年加入加州大学洛杉矶分校法学院并于 2003 年担任副院长。艾莉森·格雷·安德森教授是一位杰出的教师,致力于课程改革和法律教学改进,曾获得大学杰出教学奖(Distinguished Teaching Award)、埃比教学艺术奖(Eby Award for the Art of Teaching)、鲁特卓越教学奖(Rutter Award for Excellence in Teaching)等荣誉奖励。被卡内基教学学术学会(Carnegie Academy for the Scholarship of Teaching and Learning)选为卡

---

* Alison Grey Anderson, *The Disclosure Process in Federal Securities Regulation: A Brief Review*, 25 Hastings L. J. 311 (1974). 本文已获得作者翻译授权。

** 美国加州大学洛杉矶分校法学院荣誉退休法学教授。1965 年拉德克利夫学院文学学士(B. A.);1968 年加州大学伯克利分校法律博士(J. D.)。

*** 武汉大学法学院博士研究生。

内基学者,被马奎斯名人录(Marquis Who's Who)列为值得关注的法律教育家。

文章的核心观点是,证券市场的披露过程兼具信息性和保护性双重目的,二者相对优先级的不确定性是美国证券市场披露过程饱受批评的重要原因。作者指出,美国证券市场披露过程的起源和立法史表明,法定披露方案更适于提供投资信息,而美国国会更为关注披露的投资者保护功能。同时,美国证券交易委员会在执行披露规则时也将投资者保护视为其主要工作,其制定的部分披露过程通过减损信息价值实现保护性目的,由此导致披露过程被批评为不合逻辑且效果欠佳。文章的结论是,美国证券交易委员会最近采取的一系列行动反映出其在披露应然功能的态度方面发生了从强调披露的保护性目的到强调信息性目的的转变,同时其并未放弃对保护性目的的持续关注。提升披露过程的信息价值,不仅要取消不合逻辑的披露要求,更关键的在于解决信息性披露政策和保护性披露政策之间的冲突。

文章呈现了美国证券市场披露过程的起源与发展历程,分析了信息性目的和保护性目的在披露过程中的冲突与协调,并归纳了美国证券交易委员会最近在披露领域的行动趋势及其对披露功能的态度转变,其突出贡献在于以披露过程价值取向的动态演变为视角,深度梳理并评析美国证券市场披露规则的形成与发展历程。而对信息披露制度的功能定位缺乏明确、深度的认知,正是当前我国证券法理论研究的重要缺失。本文为提升我国信息披露制度研究的纵深性提供了借鉴思路,引导我们从本质上反思披露的多重功能,并结合我国资本市场的特殊性厘清我国信息披露制度的价值取向。

摘要:披露兼具信息性和保护性双重目的,二者相对优先级的不确定性使美国信披制度饱受批评。制度起源和立法史表明,法定披露方案更适于提供投资信息,而彼时国会更关注的投资者保护方面效果欠佳。然而,美国证券交易委员会近来的行动表明了其从强调披露的保护性目的到信息性目的的态度转变,但其并未放弃对保护性目的的持续关注。提高披露过程的信息价值的关键,不在于放弃其保护价值,而在于解决保护性披露政策与信息性披露政策之间的冲突。

关键词:证券交易委员会　披露过程　信息性　保护性

1973年2月23日,美国证券交易委员会(Securities and Exchange Commission,SEC)候任主席在华盛顿执业法律学会(Practicing Law Institute)的一次演讲中预测:“未来几年,披露过程将发生非常根本性的变化……因为披露过程必须更有意义。”〔1〕联邦证券监管领域的初入者可能会想,为什么在《1933年证券法》(Securities Act of 1933)和《1934年证券交易法》(Securities Exchange Act of 1934)(由SEC执行的基本披露法律)颁布40年后,像“有意义”的披露过程这样的基本目标仍然是一种希望,而不是一项成就。〔2〕事实上,连证券评论员也表达了同样的疑惑,并于最近对披露过程的逻辑提出了质疑。〔3〕

SEC内外的批评者称,目前的披露政策不但未能令人满意地实现其既定目的,即确保“投资者能够在知情且现实的基础上评估公司的

---

〔1〕 Address by SEC Chairman - Designate Cook, Practicing Law Institute Program entitled "The SEC Speaks Again," February 23, 1973, in [1972 - 1973 Transfer Binder], CCH FED. SEC. L. REP. ¶ 79, 229, at 82,700 [hereinafter cited as Address by SEC Chairman - Designate Cook]. 在本文中,证券交易委员会将被称为“委员会”。

〔2〕 See Securities Act of 1933, 15 U.S.C. §§ 77a - 77aa (1970) [hereinafter referred to from time to time as 1933 Act]; Securities Exchange Act of 1934, 15 U.S.C. §§ 78a - 78hh - 1 (1970) [hereinafter referred to from time to time as 1934 Act].

〔3〕 See Cohen, "*Truth in Securities*" *Revisited*, 79 HARV. L. REV. 1340 (1966) [hereinafter cited as *Truth in Securities*]; Kripke, *The Myth of the Informed Layman*, 28 BUS. LAW. 631 (1973); Kripke, *The SEC, The Accountants, Some Myths and Some Realities*, 45 N.Y.U. L. REV. 1151 (1970) [hereinafter cited as *Myths*]; Mann, *Prospectuses: Unreadable or Just Unread? —A Proposal to Reexamine Policies Against Permitting Projections*, 40 GEO. WASH. L. REV. 222 (1971) [hereinafter cited as *Prospectuses*]; Schneider, *Nits, Grits, and Soft Information in SEC Filings*, 121 U. PA. L. REV. 254 (1972) [hereinafter cited as *Soft Information*]; *Conference on Codification of the Federal Securities Laws*, 22 BUS. LAW. 793 (1967) [hereinafter cited as *Codification Conference*]. 经济学家和律师都对披露过程提出了批评。See Benston, *The Effectiveness and Effects of the SEC's Accounting Disclosure Requirements*, in ECONOMIC POLICY AND THE REGULATION OF CORPORATE SECURITIES 23 (H. Manne ed. 1969); Benston, *Required Disclosure and the Stock Market: An Evaluation of the Securities Exchange Act of* 1934, 63 AM. ECON. REV. 132 (1973); Stigler, *Public Regulation of the Securities Markets*, 37 J. BUS. 117 (1964). But see Friend, *The SEC and the Economic Performance of Securities Markets*, in ECONOMIC POLICY AND THE REGULATION OF CORPORATE SECURITIES 185 (H. Manne ed. 1969).

证券”,而且似乎还在投资者搜寻信息的道路上设置了障碍。[4] 这种批评的依据是当前的披露政策将预测性信息等高度重要的信息排除在披露文件之外,同时要求以一种可能产生误导的消极的方式陈述所包含的信息。[5] 招股说明书(主要的披露文件)进一步引起了批评,许多人将其视为无意义的样板文件、夸大的免责声明和无用的视觉辅助材料的综合体。招股说明书中的财务报表过于复杂以至于普通投资者无法理解,但同时又不足以应对复杂的投资分析。[6] 此外,必须披露的情形似乎往往是 SEC 在没有考虑投资者信息需求的情况下挑选出来的,界定披露情形的规则被批评为近乎故意模糊。[7]

尽管这种关于披露的批评性评论被广泛接受,但矛盾的是,另一共识与之并存,即 SEC 的披露政策极大地提升了美国证券市场的优势。[8] 这种自相矛盾的观点存在的部分原因是披露过程的具体目标

---

〔4〕“联邦证券法的一个基本目的是披露有关寻求通过公开发行证券筹集资金的公司以及其证券已被公开持有的公司的重大财务和其他信息。这旨在使投资者能够在知情和现实的基础上评估这些公司的证券。”38 SEC ANN. REP 23 (1972). 正如本文将讨论的,投资者对证券进行“知情和现实”评估的目标,不仅包括为确定最理想的投资而进行的复杂和准确的投资分析,还包括与不成熟的投资者有效沟通所涉及的一般的证券交易风险和伴随特定证券的特殊风险因素。

〔5〕See Kripke, *The Myth of the Informed Layman*, 28 BUS. LAW. 631, 634 – 35; *Prospectuses*, *supra* note 3, at 225; *Soft Information*, *supra* note 3, at 264 – 68.

〔6〕See Kripke, *The Myth of the Informed Layman*, 28 BUS. LAW. 631 (1973); Panel Discussion, *New Approaches to Disclosure in Registered Security Offerings*, 28 BUS. LAW 505, 528 (1973) (remarks of H. Marsh, Jr. on visual aids); *Soft Information*, *supra* note 3, at 267 – 68.

〔7〕See SEC, DISCLOSURE TO INVESTORS: A REAPPRAISAL OF FEDERAL ADMINISTRATIVE POLICIES UNDER THE'33 AND'34 ACTS 152, 168 (1969) [hereinafter cited as WHEAT REPORT]; *Truth in Securities*, supra note 3, at 1349.

〔8〕See, e. g., Friend, *The SEC and the Economic Performance of Securities Markets*, in ECONOMIC POLICY AND THE REGULATION OF CORPORATE SECURITIES 185, 195, 198 – 99 (H. Manne ed. 1969). 38 SEC ANN. REP. XXV (1972); Wheat, *The Philosophy and Policies of the SEC's Disclosure Policy Study*, in PLI 1st ANN. INST. ON SEC. REG. 18 (1970).

及其相对优先级的不确定性。[9] 最近对 SEC 披露政策的许多批评性评论似乎都基于一个隐含的假设，即当前披露过程的主要目的（甚至是唯一目的）是促进投资分析，使成熟的投资者（sophisticated investors）能够在相互竞争的投资机会中作出最佳选择。[10] 如上所述，SEC 目前的一些披露政策似乎与这一目的并不一致。然而可以确定的是，至少 SEC 向来关心通过披露保护投资者，尤其避免不成熟的投资者（unsophisticated investors）受到欺诈和不易察觉形式的剥削。[11]

尽管将披露作为一种监管手段的理论假设可能尚未得到充分探讨，但披露的双重功能——促进准确的投资分析和保护不成熟的投资

〔9〕 See *Compare* Heller, *Disclosure Requirements Under Federal Securities Regulation*, 16 BUS. LAW. 300, 300 (1961) (“证券法本质上是一种用于获取对投资分析至关重要的某些基本信息的立法手段。”), with Knauss, *Disclosure Requirements—Changing Concepts of Liability*, 24 BUS. LAW. 43, 43 (1968) [hereinafter cited as Knauss] (“联邦证券法最初目的是保护投资者免受欺诈……投资者保护仍然是披露性政府监管的首要目的。”). *Compare* Benston, *Required Disclosure and the Stock Market: An Evaluation of the Securities Exchange Act of* 1934, 63 AM. ECON. REV. 132, 134 (1973) (资本市场公平有效运作所必需的披露), with Ferber, *The Case Against Insider Trading: A Response to Professor Manne*, 23 VAND. L. REV. 621, 622 (1970) (“我相信国会是在试图改善市场道德状况，我认为经济效果在很大程度上是无关紧要的。”), and Manning, *Discussion and Comments on Papers by Professor Demsetz and Professor Benston*, in ECONOMIC POLICY AND THE REGULATION OF CORPORATE SECURITIES 81, 84 - 85, 87 (H. Manne ed. 1969) (证券监管既不是效率问题也不是欺诈问题，而是公司管理层和公司投资者之间关系的“道德—政治问题”). 在 1933 年最初制定证券监管法律时，几乎没有人讨论以披露方式进行证券监管的原因。Knauss, *A Reappraisal of the Role of Disclosure*, 62 MICH. L. REV. 607, 613 - 15 (1964). 在一定程度上，许多证券律师同意 A. A. Sommer, Jr. 关于证券法的陈述：“我认为我们所有人都有一个长期潜伏的信念，即我们正在处理的概念、想法和主张可能缺乏足够的理论基础。” Sommer, *Discussion and Comments on Papers by Professor Demsetz and Professor Benston*, in ECONOMIC POLICY AND THE REGULATION OF CORPORATE SECURITIES 88 (H. Manne ed. 1969).

〔10〕 See Myths, *supra* note 3, at 1165 - 69; *Prospectuses*, *supra* note 3, at 224 - 27.

〔11〕 See S. REP. NO. 47, 73d Cong., 1st Sess. 1 (1933) [hereinafter cited as S. REP NO. 47]; Knauss, *supra* note 9; Schoenbaum, *The Relationship Between Corporate Disclosure and Corporate Responsibility*, 40 FORD. L. REV. 565, 575 - 76 (1972).

者免受不公平待遇——向来受到默认。[12] 一方面,披露为准确的投资分析提供了所需的信息,从而提升证券市场的有效性,这反过来又使国家的资本资源得到更好的配置。[13] 另一方面,作为一种保护手段,披露可以防止缺乏经验的投资者被欺诈和剥削,这种欺诈和剥削正是证券交易商或公司内部人员的不披露、披露不充分或误导性披露导致的。[14] 此外,披露间接地鼓励证券业和企业界坚守更高的行为标准。[15]

任何将特定披露要求限定为仅具有"信息性"或者"保护性"目的的尝试必然是徒劳的,因为 SEC 规定的大多数披露或多或少都促成了上述所有目的。然而,面对当前对披露的信息性目的的一系列批评,有必要对保护性披露在披露过程的发展史中所起的作用进行回顾。因此,本文描述了 SEC 关注保护性披露的根源,并表明当前披露过程某些方面形成的部分原因在于,SEC 最初强调以保护性的方式使用披露并获得了普遍认可,但这些方面与提供有用投资信息的目标相悖,因此

---

〔12〕 See REPORT OF THE SPECIAL STUDY OF SECURITIES MARKETS OF THE SECURITIES AND EXCHANGE COMMISSION, H. R. DOC. NO. 95, 88th Cong., 1st Sess., pt. 3, at 1 (1963); Knauss, *supra* note 9, at 43 - 44. 由于大多数披露都能促进这两个目的的实现,SEC 很少区分这两个目的,而只是称披露有助于投资者做出"知情和现实"的决定。*E. g.*, 38 SEC ANN. REP. 23 (1972). 早期,SEC 更倾向于强调披露要求的反欺诈方面,将其描述为旨在"在投资前向投资者提供充分和真实的信息,并防止通过虚假陈述出售证券——这可能是欺诈证券向公众出售的唯一途径"。1 SEC ANN. REP. 27 (1935).

〔13〕 See Knauss, *supra* note 9, at 43 - 44; Schoenbaum, *The Relationship Between Corporate Disclosure and Corporate Responsibility*, 40 FORD. L. REV. 565, 576 - 77 (1972).

〔14〕 See H. R. REP NO. 85, 73d Cong., 1st Sess. 7 (1933) [hereinafter cited as H. R. REP. NO. 85]; H. R. REP. NO. 1383, 73d Cong., 2d Sess. 11 (1934) [hereinafter cited as H. R. REP. NO. 1383]; E. MCCORMICK, UNDERSTANDING THE SECURITIES ACT AND THE S. E. C. 299 (1948) [hereinafter cited as E. MCCORMICK]. 除了阻止欺诈计划外,公开披露还通过使小投资者和市场专业人士或公司内部人士平等地获取相关信息来保护投资者。V BRUDNEY & M. CHIRELSTEIN, CORPORATE FINANCE 716 - 17 (1972).

〔15〕 See V BRUDNEY & M. CHIRELSTEIN, CORPORATE FINANCE 717 (1972); WHEAT REPORT, *supra* note 7, at 10, 50 - 51, Schoenbaum, *The Relationship Between Corporate Disclosure and Corporate Responsibility*, 40 FORD. L. REV. 565, 577 - 78 (1972).

现在被视为不合逻辑甚至适得其反。本文的结论是，SEC 最近尝试形成一个主要旨在提供有用的投资信息的披露过程，这反映出 SEC 在披露应然作用的态度方面发生了转变。然而，必须始终牢记，增加披露的信息价值不仅在于取消不合逻辑的披露要求，还在于解决两项政策之间的冲突，即旨在平衡保护粗心的投资者的政策与增加成熟投资者的可得信息的政策。

一、披露过程的起源和功能

SEC 的基本披露方案通常被认为是基于《1933 年证券法》和《1934 年证券交易法》的披露条款产生的。[16] 制定这些法律的主要目的是防止证券市场滥用行为的再次出现，这些行为被认为是造成 1929 年 10

〔16〕 *Cf.* WHEAT REPORT, *supra* note 7, at 3; *Truth in Securities*, *supra* note 3, at 1341 – 42. SEC 最近一直试图通过协调或"整合"这两项法律的规定，建立一个单一、连贯的披露制度。Address by SEC Chairman Cook, American Society of Corporate Secretaries, April 19, 1973, in CCH FED. SEC. L. REP. ¶ 79,341, at 83,025. 此外，美国法律协会（American Law Institute）目前正在参与一个项目，以编纂所有联邦证券法，将 1933 年和 1934 年两部法律的披露要求合并到一个单一的披露过程中。See ALI FED. SEC. CODE (Tent. Draft No. 1, 1972; Tent. Draft No. 2, 1973); Loss & Blackstone, *Codification of the Federal Securities Laws*, 28 BUS. LAW. 381 (1973). 事实上，所有由 SEC 执行的法律中都有披露规定。Securities Act of 1933, § 5, 15 U. S. C. § 77e (1970); Trust Indenture Act of 1939, § 313, 15 U. S. C. § 77mmm (1970); Securities Exchange Act of 1934, § § 12, 13, 15 U. S. C. § § 781, 78m (1970); Securities Investor Protection Act of 1970, § 9, 15 U. S. C. § 78iii (1970); Public Utility Holding Company Act of 1935, § § 4, 5, 15 U. S. C. § § 79d, 79e (1970); Investment Company Act of 1940, § 8, 15 U. S. C. § 80a – 8 (1970); Investment Advisers Act of 1940, § § 203, 205, 15 U. S. C. § § 80b – 3, 80b – 4 (1970). 除了执行的 7 项法规外，SEC 还对《破产法》第十章负有咨询责任，11 U. S. C. § § 501 – 676 (1970). 路易斯·罗斯（Louis Loss）经常被引用的陈述指出了披露在监管计划中的普遍作用："此外，在这些披露法律中，还有一个反复出现的主题，再次披露，以及更多的披露。实质性监管有其局限性。但'真相会让你自由'。" 1 L. LOSS, SECURITIES REGULATION 21 (2d ed. 1961) [hereinafter cited as L. LOSS].

月股市崩盘和随后的萧条的部分原因。[17] 因此,国会在通过立法时最关心的是为小投资者提供保护,许多小投资者在20世纪20年代末和30年代初因为投资证券市场而损失了积蓄。[18]

(一)历史背景

在20世纪20年代后期的大繁荣时期,相对不成熟的小规模投资者首次大量进入股票市场。[19] 证券行业通过新开发的分销技术、积极的广告和促销活动、越来越多证券推销员使用的高压销售策略以及对以保证金形式购买证券做法的公开宣传鼓励他们参与市场。[20] 由此带来的证券需求增加,在总体经济形势下意味着股票价格的上涨,这反过来又意味着投资者数量的进一步增加。这种增长不仅成功地推高了股价,还支持了公众对"证券价格将无限期上涨"的预期。[21] 当然,证券价格不会"无限期上涨",1929年10月的股市崩盘以及随后的市场大幅下跌给个人投资者带来了巨大的实际损失和账面损失。[22]

1932年至1934年,参议院举行了广泛宣传的听证会,提供了许多投资银行家和公司发起人在20世纪20年代末和30年代初的不道德和欺诈行为的证据,包括直接操纵股票价格、获取超额销售利润以及自

[17] See Loomis, *The Securities Exchange Act of* 1934 *and the Investment Advisers Act of* 1940, 28 GEO. WASH. L. REV. 214, 216 – 17 (1959).

[18] See H. R. REP NO. 85, *supra* note 14, at 1 – 3; S. REP NO. 47, *supra* note 11, Knauss, *A Reappraisal of the Role of Disclosure*, 62 MICH. L. REV. 607, 613 (1964).

[19] See H. R. REP. NO. 1383, *supra* note 14, at 3 – 4; V CAROSSO, INVESTMENT BANKING IN AMERICA 249-50 (1970) [hereinafter cited as INVESTMENT BANKING]; James, *The Securities Act of* 1933, 32 MICH. L. REV. 624, 629 (1934) [hereinafter cited as James].

[20] See H. R. REP NO. 85, *supra* note 14, at 2 – 3; INVESTMENT BANKING, *supra* note 19, at 250, 252, 253-54; E. MCCORMICK, *supra* note 14, at 19. See generally J. GALBRAITH, THE GREAT CRASH, 1929 (1954).

[21] See INVESTMENT BANKING, *supra* note 19, at 253 (引用财政部部长梅隆的话); see *id.* at 240.

[22] See H. R. REP. NO. 85, *supra* note 14, at 2 – 3; INVESTMENT BANKING, *supra* note 19, at 306.

我交易等多重利益冲突。[23] 面对公众对证券贪得无厌的需求，承销商放弃了传统的银行业判断和道德标准。他们鼓动公司在不需要额外资本的情况下发行新证券，并故意向不成熟的投资者出售高度投机性或欺诈性证券。[24] 投资从业者的这种行为被视为“不择手段地利用公众的轻信和贪婪”。[25]

许多改革者和评论家认为，欺诈和不道德行为的具体实例只是影响金融界和企业界的更广泛问题的一个方面。[26] 路易斯 · D. 布兰代斯（Louis D. Brandeis）和阿道夫 · A. 伯利（Adolf A. Berle）等作家曾发表观点认为，无论是金融从业者还是大型上市公司的管理者，都没有受到符合投资公众利益的有效控制。[27] 当这些人（理论上是控制投资者资金的受托人）违背信托标准时（他们经常这样做），这种控制的缺

---

〔23〕 See *Hearings on S. 14 and S. 56, Stock Exchange Practices, Before the Senate Comm. on Banking and Currency*, 72d and 73d Congs., 1st and 2d Sess. (1932 – 34); see INVESTMENT BANKING, *supra* note 19, at 322 – 51. See generally F PECORA, WALL STREET UNDER OATH (1939). Press coverage of the hearings is described in R. DE BEDTS, THE NEW DEAL'S SEC: THE FORMATIVE YEARS 17 – 24 (1964) [hereinafter cited as R. DE BEDTS].

〔24〕 See H. R. REP. NO. 85, *supra* note 14, at 2 – 3; E. MCCORMICK, *supra* note 14, at 19; Gourrich, *Investment Banking Methods Prior to and Since the Securities Act of* 1933, 4 L. & CONTEMP. PROB. 44, 52 (1937); see M. PARRISH, SECURITIES REGULATION AND THE NEW DEAL 31 – 34, 75 (1970) [hereinafter cited as M. PARRISH].

〔25〕 See INVESTMENT BANKING, *supra* note 19, at 254.

〔26〕 See H. R. REP. NO. 1383, *supra* note 14, at 4 – 5; James, *supra* note 19, at 628 – 29; Landis, *The Legislative History of the Securities Act of* 1933, 28 GEO. WASH. L. REV. 29, 30 (1959); Purcell, Foster & Hill, *Enforcing the Accountability of Corporate Management and Related Activities of the S. E. C.*, 32 VA. L. REV. 497, 499 – 500 (1946).

〔27〕 See A. BERLE & G. MEANS, THE MODERN CORPORATION AND PRIVATE PROPERTY (rev. ed. 1968); L. BRANDEIS, OTHER PEOPLE'S MONEY AND HOW THE BANKERS USE IT (1914); Tracy & MacChesney, *The Securities Exchange Act of* 1934, 32 MICH. L. REV. 1025, 1048 – 49 (1934) [hereinafter cited as Tracy & MacChesney].

乏会导致公众投资者无法对由此造成的损失进行补救。[28] 此外,由于证券业务的主要部分是跨州的,不受各州控制,州监管对证券交易几乎没有提供保护。[29] 此外,在20世纪20年代初,证券行业中的重要成员通过说服州立法机构相信自我监管的优点,获得了州监管的豁免。[30] 然而,20世纪30年代初发生的一系列事件证明,证券领域的自我监管显然是无效的。[31]

在1932年的总统竞选中,证券市场改革成为一个重要的政治议题,这主要是因为20世纪20年代股市繁荣和崩溃相关的具体市场滥用行为,同时也与不受控制的金融和公司权力以及州监管和行业自律的失败有关。富兰克林·罗斯福(Franklin Roosevelt)长期以来一直是公司和证券改革的倡导者,1932年的民主党政纲包含一项具体条款,即呼吁对证券发行进行强制披露和对证券交易所进行监管。[32]

改革的要求涉及需要对金融和公司领导的行为创造某种公共控制手段,不仅要防止近期证券市场的滥用行为再次发生,更重要的是要确保他们在管理个人投资者的投资资金时能够遵守适当的信托标准。可以设想,通过构建一个联邦实质性监管体系(也许是州证券委员会所实行的直接监管的拓展版本),简单地禁止欺诈性和高度投机性股票发行,或许可以最有效地实现这些目标。然而,实际通过的法律没有那么实质性,《1933年证券法》仅规定了披露和反欺诈要求,而《1934年证券交易法》虽然直接禁止了一些操纵行为,但主要依靠披露和行业自律来控制那些投资界人士的行为。

选择将披露作为证券行业监管的主要手段反映了路易斯·D.布

---

〔28〕 See A. BERLE & G. MEANS, THE MODERN CORPORATION AND PRIVATE PROPERTY 119 - 252 (rev. ed. 1968) (股东权利); Shulman, *Civil Liability and the Securities Act*, 43 YALE L. J. 227 (1933) (证券购买者的权利).

〔29〕 See 1 L. Loss, *supra* note 16, at 105 - 06; M. PARRISH, *supra* note 24, at 28 - 29 (1970).

〔30〕 M. PARRISH, *supra* note 24, at 23 - 24, 31.

〔31〕 *Id.* at 38 - 40.

〔32〕 See R. DE BEDTS, *supra* note 23, at 30 - 33; INVESTMENT BANKING, *supra* note 19, at 353. The language of the Democratic party platform is quoted in R. DE BEDTS, *supra* note 23, at 25.

兰代斯的观点对罗斯福总统和参与起草证券立法的人的影响。[33] 如前所述,布兰代斯曾是重要金融机构掌控者的主要批评者,因为这些掌控金融机构的人未能遵守管理他人资金的受托标准。布兰代斯曾极力主张公开是执行此类标准并显著减少自我交易和利益冲突的最有效手段。[34] 披露是一种可取的监管手段,因为它不仅抑制非法活动,而且倾向于劝阻那些技术合法但并不完全符合最高受托行为标准的行为。[35] 此外,披露可以在政府干预最少的情况下达到这种效果,这反映了布兰代斯及其追随者对广泛的政府改革方案的厌恶。[36]

披露这一概念既符合罗斯福政府的整体理念,也符合当前的政治需求。罗斯福和他的顾问们认为,国家经济复苏取决于对私营部门及其私营部门内部信心的恢复,[37] 他们认为金融改革的直接目标是恢复公众对证券市场的信心。[38] 而这大概这只能在公众相信 20 世纪 20 年代证券市场的滥用行为不会再次发生时才能做到。另外,如果商业要复苏,政府也不希望商业界的信心因为政府对股市"精妙机制"的过

---

〔33〕 See R. DE BEDTS, *supra* note 23, at 34, 199; W LEUCHTENBURG, FRANKLIN D. ROOSEVELT AND THE NEW DEAL [hereinafter cited as W LEUCHTENBURG] 59 (1963); 1 L. LOSS, *supra* note 16, at 123, 127 & n. 17; R. MOLEY, THE FIRST NEW DEAL 306 (1966).

〔34〕 See L. BRANDEIS, OTHER PEOPLE'S MONEY AND HOW THE BANKERS USE IT 99 - 105 (1914).

〔35〕 See Cary, *Corporate Standards and Legal Rules*, 50 CALIF. L. REV. 408, 408 - 09 (1962); Frankfurter, *The Federal Securities Act: II*, 8 FORTUNE, August 1933, at 53, 55 [hereinafter cited as Frankfurter]; Longstreth, *Corporate Social Responsibility Panel: The Role of the SEC*, 28 BUS. LAW. 215, 226 - 27 (1973 年特刊). See generally Note, *Disclosure as a Legislative Device*, 76 HARV. L. REV. 1273 (1963).

〔36〕 See New State Ice Co. v. Liebmann, 285 U. S. 262, 309 - 11 (1932) (持异议); W. LEUCHTENBURG, *supra* note 33, at 59 - 60; M. PARRISH, *supra* note 24, at 61 - 62.

〔37〕 See M. PARRISH, *supra* note 24, at 2 - 4; A. SCHLESINGER, JR., THE AGE OF ROOSEVELT: THE COMING OF THE NEW DEAL 3, 5 (1958); *cf.* 2 SEC ANN. REP. 1 (1936).

〔38〕 See MESSAGE OF PRESIDENT FRANKLIN D. ROOSEVELT TO CONGRESS ON MARCH 29, 1933, in H. R. REP. NO. 85, *supra* note 14, at 2; 25 SEC ANN. REP. xiii (1959).

度干预而被摧毁。[39]

证券监管的披露手段回应了上述需求。披露将使公众投资者能够保护自己免受更明目张胆的剥削。根据布兰代斯理论,披露还可以通过间接阻止欺诈和不道德行为来保护投资者。同时,金融界普遍认为可以接受披露法律。[40] 投资银行家对获取有关其公司客户的信息有浓厚的兴趣,[41] 而作为其证券在证券交易所上市的先决条件,大公司已经习惯于披露一些信息。[42] 此外,除非倡导欺诈,否则很难有反对披露的立场。[43] 最后,以披露的形式进行温和监管,对整个金融界具有一定的吸引力,因为它往往会消灭那些为老牌公司制造“不公平”竞争的投资界边缘成员。[44] 因此,仅规定披露的法律将有助于保护公众并重塑其信心,同时不会对商业界的士气产生不利影响。

(二)披露法律

从一开始就很明显,1933 年和 1934 年的两部法律并不十分适应保护小投资者免受国会所担心的各种滥用行为的影响。[45] 当代评论家认为,尽管强制披露显然会阻止一些对不成熟投资者的欺诈行为,但

---

〔39〕 See A. SCHLESINGER, JR., THE AGE OF ROOSEVELT: THE COMING OF THE NEW DEAL 5 (1958).

〔40〕 See H. R. REP NO. 85, *supra* note 14, at 3, INVESTMENT BANKING, *supra* note 19, at 357; M. PARRISH, *supra* note 24, at 47.

〔41〕 See INVESTMENT BANKING, *supra* note 19, at 363; Bates, *Some Effects of the Securities Act upon Investment Banking Practices*, 4 L. & CONTEMP PROB. 72, 77 (1937).

〔42〕 See A. BERLE & G. MEANS, THE MODERN CORPORATION AND PRIVATE PROPERTY 259 (rev. ed. 1968) M. PARRISH, *supra* note 24, at 38 – 41, Benston, *Required Disclosure and the Stock Market: An Evaluation of the Securities Exchange Act of* 1934, 63 AM. ECON. REV 132, 133 (1973).

〔43〕 See H. R. REP NO. 85, *supra* note 14, at 3.

〔44〕 See S. REP NO. 47, *supra* note 11, at 1; R. DE BEDTS, *supra* note 23, at 49.

〔45〕 See INVESTMENT BANKING, *supra* note 19, at 362; Douglas & Bates, *The Federal Securities Act of* 1933, 43 YALE L. J. 171, 171 – 72 (1933) [hereinafter cited as Douglas & Bates]; Frankfurter, *supra* note 35, at 109.

它的主要用途是使投资专业人士能够更准确地评估证券。[46] 那么,小投资者只能据此获得间接利益,即准确评估使证券市场的价格能更可靠地反映其真正的内在价值。[47] 因此,法定披露过程从一开始就存在内在冲突:一方面,国会希望披露能够有效地保护不谨慎的投资者,而另一方面,相较于保护缺乏经验的投资者免受欺诈和不道德行为的侵害,其创建的法定方案整体上更适合于让人们普遍获得有用的投资信息。

尽管保护性功能的一些弱点是选择披露而不是直接进行实质性监管所固有的,但国会仍希望1933年和1934年两部法律的特定条款能起到保护作用。然而在某些情况下,这些条款并没能为实现这一目的而得到很好的设计。本节回顾了1933年和1934年两部法律中具有前述双重作用的条款,审视了保护性条款的弱点,同时指出,许多现在被视为不合逻辑的SEC规则,实际上对于保护不谨慎的投资者而言是一种合理的尝试,尽管法定方案有其局限性。

1.《1933年证券法》

《1933年证券法》规定了发行新证券的披露要求。[48] 根据该法律规定,除非有特定的豁免,否则只有在向SEC提交涉及该证券的注册声明(registration statement)且生效后,才能在州际贸易中提供或出售新

---

〔46〕 关于《1933年证券法》的国会报告没有明确讨论如何促进准确的投资分析, see H. R. REP NO. 85, *supra* note 14; S. REP NO, 47, *supra* note 11, 但《1934年证券交易法》的立法历史似乎确实将有效市场和诚实市场作为披露法律的目标之一。See H. R. REP NO. 1383, *supra* note 14. 此外,尽管披露法律本身并没有明确说明它们是否旨在促进有效市场以及保护投资者,但法律要求披露的信息超出了仅发现欺诈所需的信息。Heller, "*Integration*" *of the Dissemination of Information Under the Securities Act of* 1933 *and the Securities Exchange Act of* 1934, 29 L. & CONTEMP. PROB. 749, 768 - 69, 771 (1964).

〔47〕 See Douglas & Bates, *supra* note 45, at 172.

〔48〕 See Securities Act of 1933, § § 4, 5, ch. 38, § § 4, 5, 48 Stat. 77 (1933), *as amended* 15 U. S. C. § § 77d, 77e (1970). 最初制定法规的讨论, see Douglas & Bates, *supra* note 45; James, *supra* note 19.

证券。[49]

SEC 原则上无权就注册证券的质量发表意见。[50] 因此,尽管提交日和生效日之间存在 20 天的静默期,以便 SEC 有时间确定注册声明是否符合适当的披露要求,但是只要披露充分,无论证券的外观质量如何,该声明都会在 20 天期限结束时自动生效。[51] 只有在披露不充分或具有误导性的情况下,SEC 才会发出阻止令从而阻止声明生效。[52]

注册声明一旦生效,即可出售证券,但必须向所有购买者提供载有注册声明中信息的招股说明书。[53] 法律列出了注册声明和招股说明书中均需包含的具体信息,但赋予了 SEC 广泛的自由裁量权来改变这

---

〔49〕 See Securities Act of 1933, § § 3 – 5, ch. 38, § § 3 – 5, 48 Stat. 75 – 77 (1933), *as amended* 15 U. S. C. § § 77c – 77e (1970); H. R. REP. NO. 85, *supra* note 14, at 6 – 7. 对注册和招股书交付要求的某些豁免是基于所出售证券的性质,其他豁免适用于在特定类型交易中出售的所有证券。Securities Act of 1933, § § 3, 4, ch. 38, § § 3, 4, 48 Stat. 75 – 77 (1933), *as amended* 15 U. S. C. § 77c, 77d (1970). 如果发行人、发行人的承销商或发行人的"控制人"出售债务证券,则需要进行注册。Securities Act of 1933, § § 4(1), 5, ch. 38, § § 4(1), 5, 48 Stat. 77 (1933), *as amended* 15 U. S. C. § § 77d(i), 77e (1970). 立法历史指出,豁免旨在将法律限制在"需要公共保护以防止再次发生明显滥用行为"的交易中。H. R. REP NO. 85, *supra* note 14, at 7.

〔50〕 该法规定,如果声称 SEC 认为一份注册声明表面上是真实的,或声称 SEC 已经发表关于证券价值的意见,则构成刑事犯罪。Securities Act of 1933, § 23, 15 U. S. C. § 77w (1970).

〔51〕 See Securities Act of 1933, § 8, ch. 38, § 8, 48 Stat. 79 (1933), *as amended* 15 U. S. C. § 77h (1970).

〔52〕 *Id.*

〔53〕 See Securities Act of 1933, § § 5(b)(2), 10, ch. 38, § § 5(b)(2), 10, 48 Stat. 77, 81 (1933), *as amended* 15 U. S. C. § § 77e(b)(2), 77j; (1970). 招股说明书交付要求不适用于发行人、承销商或交易商以外的其他人的销售,也不适用于经纪商的主动销售或首次发行后经销商的销售。Securities Act of 1933, § 4, ch. 38, § 4, 48 Stat. 77 (1933), *as amended* 15 U. S. C. § 77d (1970). 由于该法仅适用于州际贸易中的交易,因此,如果证券在未使用州际贸易邮寄的情况下出售和交付,则不适用招股说明书交付要求。直到 20 世纪 40 年代初,招股说明书都以叙述形式重复注册声明中已经列出的信息,尽管允许浓缩。自 20 世纪 40 年代初以来,招股说明书已构成注册声明本身的一部分,注册声明的其余部分由不需要分发给投资者的信息(如展示部分)组成。WHEAT REPORT, *supra* note 7, at 70 – 71.

些要求。[54] 除了为新发行的证券建立披露程序，《1933 年证券法》还直接禁止与证券销售有关的某些行为，并为那些购买到在出售时未适当披露或使用误导性陈述的证券的人提供私人救济方案。[55]

如前所述，刚刚回顾的这一系列规则旨在实现两大目标。该法律一方面旨在通过消息灵通的证券市场促进资本资源的有效分配；另一方面旨在预防那些依赖于隐藏的错误信息的欺诈形式，并阻止证券销售者、承销商和公司内部人员不符合"高受托标准"的活动。[56]

《1933 年证券法》推进第一个目标（增加有用的投资信息）的方式是不言而喻的。法律附表 A 要求向 SEC 提交的注册声明和向购买者提供的招股说明书必须说明发行人的业务、所出售证券的性质以及证券分销者和证券发行管理人的身份和相关财务利益。[57] 起草人希望，在静默期，注册声明中的信息将由投服机构和投资顾问向公众传播。[58] 因此，尽管经常有人指出，普通投资者无法依据招股说明书中复杂的披露作出明智的投资判断，但如果专业顾问利用注册声明和招股说明书为投资者评估证券，那么有望完全实现促进准确投资分析的法定目标。[59]

---

〔54〕 See Securities Act of 1933, § § 7, 10, Schedule A, ch. 38, § § 7, 10, Schedule A, 48 Stat. 78, 81, 88 (1933), *as amended* 15 U. S. C. § § 77g, 77j, 77aa (1970).

〔55〕《1933 年证券法》第 17 条禁止通过虚假陈述或其他欺诈手段出售任何证券，并禁止发表任何有关证券的文章或"举报人名单"，除非作者披露了他在证券销售中拥有的任何经济利益。第 12 条规定了对违反注册和招股说明书要求或通过口头或书面虚假陈述出售的证券（无论是否新发行）的买方提供的民事救济，第 11 条规定了对根据误导性注册声明出售的新发行证券的买方提供的民事救济。Securities Act of 1933, § § 11, 12, 17, ch. 38, § § 11, 12, 17, 48 Stat. 82 - 85 (1933), *as amended* 15 U. S. C. § § 77k, 771, 77g (1970).

〔56〕 See H. R. REP. NO. 85, *supra* note 14, at 3. 无论是立法还是立法史都没有明确指出或区分披露的两个目的，但当代评论家承认并评论了这两个方面。See, e. g., Douglas & Bates, *supra* note 45, at 172.

〔57〕 See Securities Act of 1933, § § 7, 10, Schedule A, ch. 38, § § 7, 10, Schedule A, 48 Stat. 78, 81, 88 (1933), *as amended* 15 U. S. C. § § 77g, 77j, 77aa (1970).

〔58〕 See H. R. REP. NO. 85, *supra* note 14, at 5 - 6, 20.

〔59〕 WHEAT REPORT, *supra* note 7, at 52 - 53; Douglas & Bates, *supra* note 45, at 172; Heller, *Disclosure Requirements Under Federal Securities Regulation*, 16 BUS. LAW. 300, 301 - 03 n. 6 (1961).

《1933年证券法》在实现保护投资者免受欺诈和提高商业标准的第二个目标方面的效果不那么直接。然而,鉴于当前的假设,即披露的目的主要是提供信息,有必要强调,《1933年证券法》显然也意在保护和告知。立法历史表明,4项特定要求——提交注册声明,静默期,招股说明书交付要求以及对发行人及其高级职员、董事和承销商施加民事责任的规定——都旨在发挥重要作用。

注册声明通常被认为是对最公然的欺诈计划的有效威慑,大概是因为发起人要么意识到他们的计划不保密就无法成功,要么不愿意向政府人员披露他们活动的性质。[60] 此外,其旨在阻止公司管理层和发起人的非法和不道德行为。[61] 为了达成后一种目标,法律要求对所有形式的承销商报酬以及公司与其高级职员、董事或主要股东之间的任何交易进行广泛披露。[62] 此类披露主要是为了阻止这些领域的不当行为,[63]与投资分析目的关系不大。[64]

静默期的目的是防止在注册声明中的信息发布之前出售证券,从而避免高压销售。[65] 这样,零售证券分销商将不会被迫盲目地作出承诺,然后通过各种方式向公众抛售证券以实现脱手。[66]

招股说明书包含的信息与注册声明基本相同,但被期望能发挥额外的保护性功能。特别是,招股说明书的交付要求旨在限制证券销售者使用的推销论据。[67] 首先,招股说明书交付要求直接限制了书面材料包含的不准确或过于乐观的推销论据。除非是符合法定要求的招股说明书或附有此类招股说明书,否则不得使用任何宣传或发售新证券

---

〔60〕 See H. R. REP. NO. 85, *supra* note 14, at 7; Douglas & Bates, *supra* note 45, at 172. 人们预计,州证券委员会将审查提交给SEC的注册声明,可能是为了发现违反州证券法的行为。See H. R. REP NO. 85, *supra* at 5-6.

〔61〕 See Frankfurter, *supra* note 35, at 106; James, *supra* note 19, at 646.

〔62〕 在附表A中的27项所需信息中,有8项涉及此类事项。Items 7, 10, 14, 16, 17, 20, 21, 22, 24, Securities Act of 1933, Schedule A, 48 Stat. 88 (1933); see Douglas & Bates, *supra* note 45, at 188 (关于强调这些项目的评论).

〔63〕 See Frankfurter, *supra* note 35, at 55.

〔64〕 See *Myths*, *supra* note 3, at 1171 & n. 90; *Soft Information*, *supra* note 3, at 264 n. 36.

〔65〕 See H. R. REP. NO. 85, *supra* note 14, at 3-4, 7-8.

〔66〕 *Id.* at 8.

〔67〕 *Id.*

的书面材料。[68] 其次,可以预料的是,如果知道潜在买方可以获得招股说明书中全面可靠的信息,口头推销将会受到影响。最后,显然,招股说明书通过让买方意识到证券是“复杂的商品”,从而使投资者在购买证券时对那些立基于不可靠承诺的证券更加谨慎。[69]

尽管招股说明书看似发挥着相当重大的保护作用,但其在实践中的效果受到法律规定的削弱,即在将购买的证券交付给买方之前无须将招股说明书交付给买方。[70] 事实上,投资者可能会被说服从而基于误导性口头陈述购买证券,并且在交付这些证券之前不会收到招股说明书。[71] 虽然在交付时,买方当然可以在看到招股说明书后拒绝完成购买,但是如果招股说明书在投资者作出最初决定并因此作出购买的心理承诺之前送达投资者,那么招股说明书的披露显然会更加有效。[72] 此外,如前所述,招股说明书非常复杂,以至于许多投资者即便阅读招股说明书也无法发现明目张胆的欺诈行为。[73] 因此,虽然招股说明书的规定可能减少了误导性的宣传资料,但它们并不适用于阻止基于误导性口头陈述的销售行为。

《1933 年证券法》的第四个保护性要素是其第 11 条的规定。其民事责任条款旨在将“每一项受托责任所共有的诚信和公平交易的道德标准纳入证券销售的一般领域”。[74] 为此,第 11 条对发行人、其高级

---

〔68〕 See Securities Act of 1933, § 5(b)(1), ch. 38, § 5(b)(1), 48 Stat. 77 (1933), *as amended* 15 U.S.C. § 77e(b)(1) (1970).

〔69〕 See H.R. REP. NO. 85, *supra* note 14, at 8.

〔70〕 尽管 § 5(b)(1)要求任何书面要约必须采用法定招股说明书的形式,但口头要约不受法律的约束。如果通过口头要约出售证券,则唯一相关的招股说明书要求是 § 5(b)(2),它要求通过邮寄或州际贸易交付的任何证券必须附有法定招股说明书。Securities Act of 1933, § 5, ch. 38, § 5, 48 Stat. 77 (1933), *as amended* 15 U.S.C. § 77e (1970).

〔71〕 *Id.* 事实上,大多数投资者正是在这样的情况下购买了证券。Byse & Bradley, *Proposals to Amend the Registration and Prospectus Requirements of the Securities Act of* 1933, 96 U. PA. L. REV. 609, 617 (1948).

〔72〕 See Byse & Bradley, *Proposals to Amend the Registration and Prospectus Requirements of the Securities Act of* 1933, 96 U. PA. L. REV. 609, 636 (1948); *Truth in Securities*, *supra* note 3, at 1350 - 51.

〔73〕 See INVESTMENT BANKING, *supra* note 19, at 362.

〔74〕 H.R. REP. NO. 85, *supra* note 14, at 5.

职员和董事、承销商和任何其他相关专业人士在注册声明中进行误导性或不充分披露的行为,施加了当时被视为惊人的民事责任。[75] 通过证明经过合理调查有理由相信该陈述的准确性,任何此类人员都可以保护自己免于承担责任,这种调查的合理程度将依照受托人适用的标准来确定。[76]

尽管该条款直接规定的唯一义务是进行全面披露,但很明显,国会希望该条款不仅能够要求全面披露,还能够要求那些承担责任的人"诚实、谨慎和尽责"。[77]《1933 年证券法》第 11 条的"合理调查"义务被寄希望于能够鼓励诚实但疏忽大意的董事更深入地参与公司事务,从而可能对公司和投资者产生有益的影响。[78] 此外,如果公司滥用行为(corporate abuses)一定程度上是由自我交易或欺诈造成的,那么对此类活动的披露义务或第 11 条项下的个人责任可能会敦促承销商或公司内部人员避免此类活动。[79] 如果根据州法律,这些活动是非法的,那么披露可能导致州执法行动或私人诉讼。如果这些活动严格来说不是非法的,而仅仅是可疑的或不道德的,那么许多人会放弃参与此类活动,而非公开披露这些活动。

---

〔75〕 See Securities Act of 1933, § 11, ch. 38, § 11, 48 Stat. 82 (1933), *as amended* 15 U. S. C. § 77k (1970); see Dooley, *The Effects of Civil Liability on Investment Banking and the New Issues Market*, 58 VA. L. REV. 776, 805 (1972).

〔76〕 See Securities Act of 1933, § 11(c), ch. 38, § 11(c), 48 Stat. 83 (1933). 该法律于 1934 年进行了修订,规定合理性标准应为"一个谨慎的人管理自己的财产",15 U. S. C. § 77k(c) (1970),但这种变化并不被认为是非常显著的。See 3 L. LOSS, *supra* note 16, at 1726; Dooley, *The Effects of Civil Liability on Investment Banking and the New Issues Market*, 58 VA. L. REV. 776, 806 n. 141 (1972).

〔77〕 在讨论民事责任条款时,众议院报告指出:"它们的基本特征是,要求所有那些为公众投资所依据的声明负责的人,都应遵守法律对受托人施加的标准行事。"诚实、谨慎和尽责是受托的要求。如果说对这些人施加这样的责任将改变这个国家的公司组织和公司惯例,那么这样的结果正是 SEC 所期望的。董事应承担指挥的责任,如果他们的多方面活动使其无法进行真正的指挥,他们应该为他们的疏忽向毫无戒心的公众负责。施加这种性质的责任不但没有妨碍诚实的商业行为,反而被纳入了证券销售的一般领域,这是每一项信托责任所共有的诚实和公平交易的道德标准。H. R. REP. NO. 85, *supra* note 14, at 5; see SEC Securities Act Release NO. 5275, at 6 - 7(July 26, 1972).

〔78〕 See Frankfurter, *supra* note 35, at 111.

〔79〕 See *id*. at 55.

《1933年证券法》第11条规定通过对那些为“他人资金”投资的人施以“高受托标准”，表现出其对不谨慎投资者保护的最直接尝试。尽管如此，第11条仅规定了未能提交准确注册声明的责任，这意味着在进行合理调查后，准确披露欺诈、自我交易或其他行为将完全符合法定条款。此外，它还希望披露义务能够间接推动负责任的承销行为和合乎道德的公司管理。

2.《1934年证券交易法》

《1934年证券交易法》的披露条款也反映了国会将披露用于保护性目的和信息性目的的意图。基本上，《1934年证券交易法》试图将《1933年证券法》为新证券引入的许多规则扩展到现有证券。因此，法律要求在证券交易所上市的证券的发行人向SEC注册此类证券，并提交定期报告，以使初始注册声明中的信息保持最新。[80] 此外，公司内部人士还被要求必须报告其对公司证券的持有情况以及此类持有情况的任何变化。[81] 最后，该法律授权SEC制定监管规则，管理股东代理权征集（solicitation of proxies）行为。根据立法史中的建议，SEC几乎立即将披露作为规范此类征集行为的手段。[82]

注册和定期报告的要求既是为了提供有用的投资信息，也是为了

[80] See Securities Exchange Act of 1934, § § 12, 13, ch. 404, § § 12, 13, 48 Stat. 892 – 95 (1934), *as amended* 15 U. S. C. § § 781, 78m (1970). 1936年，该法通过增加§ 15(d)进行了修订，该条款要求根据《1933年证券法》就一定总金额的发行提交了注册声明的非上市证券发行人遵守第13条的定期报告要求，只要他们拥有一定数额的未偿证券。Act of May 27, 1936, ch. 462, § 3, 49 Stat. 1377, *as amended* 15 U. S. C. § 780(d) (1970).

[81] See Securities Exchange Act of 1934, § 16, ch. 404, § 16, 48 Stat. 896 (1934), *as amended* 15 U. S. C. § 78p (1970). 除报告要求外，第16条还授权了私人诉讼，要求公司在6个月内收回公司内部人员因买卖公司股票而产生的利润。

[82] See Securities Exchange Act of 1934, § 14, ch. 404, § 14, 48 Stat. 895 (1934), *as amended* 15 U. S. C. § 78n (1970), SEC Securities Exchange Act Release No. 378 (1935), *as amended* SEC Regulation 14A, 17 C. F. R. § 240 14a – 1 – 14a – 103 (1973); see 2 L. LOSS, *supra* note 16, at 868 – 70.

防止依赖于保密而成功实施的股票市场操纵。[83] 据推测,如果可以获得有关发行人的可靠信息,投资者能够更容易地确定股票价格何时反映了操纵活动而不是证券的内在价值,从而可以保护自己免受欺诈。这种保护功能有所减弱,是因为定期报告仅提交给 SEC,而并不直接提供给投资者。[84] 因此,投资者无法获得 SEC 要求的详细而保守的披露信息,即旨在揭示证券价格操纵或证券不公平方面的披露信息。[85] 然而,由于投服机构和投资顾问在传递关于证券和投资者的基本数据方面具有经济利益,因此,交付要求的缺乏并没有削弱报告的信息性目的。而且,从投资分析的角度而言,在可靠信息普遍可得的市场中交易,投资者将会受益,无论他们是否单独获悉此类信息。[86]

内幕报告要求和代理权征集条款均出于保护性目的而进行披露。内幕报告要求反映了披露的主要监管用途,即披露旨在阻止内部人士不当使用公司信息。[87] 尽管法律对某些内幕交易规定了具体的制裁措施,但披露要求被寄希望于阻止这些制裁措施未涉及的内幕交易。[88] 代理

〔83〕 See H. R. REP NO. 1383, *supra* note 14, at 5, 11, Loomis, *The Securities Exchange Act of* 1934 *and the Investment Advisers Act of* 1940, 28 GEO. WASH. L. REV. 214, 226 (1959). 除了规定披露要求外,《1934 年证券交易法》还设立了证券交易委员会,禁止与证券交易所交易有关的各种舞弊活动,规定了对以保证金形式购买证券的监管,并建立或授权建立主要基于自律概念的监管机制,以控制证券交易所及其会员和场外交易市场。Securities Exchange Act of 1934, ch. 404, 48 Stat. 881 (1934), *as amended* 15 U. S. C. § § 78a - 78hh - 1 (1970). See generally Tracy & MacChesney, *supra* note 27, at 1025.

〔84〕 See Tracy & MacChesney, *supra* note 27, at 1057 - 58.

〔85〕 SEC 要求披露文件不仅要详细准确,而且要保守甚至悲观地提供信息。此类披露的大部分保护性作用是由于投资者直接对发行人的前景持悲观而非乐观的看法。这种作用取决于向投资者提供必要的披露文件,因为当那些有意向投资者出售证券的人向投资者传达信息时,悲观的方面很容易被过滤掉。See text accompanying notes 126 - 136 *infra*.

〔86〕 See Tracy & MacChesney, *supra* note 27, at 1058.

〔87〕 See H. R. REP. NO. 1383, *supra* note 14, at 24 - 25; S. REP. NO. 1455, 73d Cong., 2d Sess. 68 (1934); Tracy & MacChesney, *supra* note 27, at 1056 - 57.

〔88〕 "然而,人们希望,该法的公开性特点将倾向于使这些做法[不正当使用内幕信息]名誉扫地,并鼓励那些在公开交易所注册证券的大型公司的掌控者自愿维持适当的信托标准。"H. R. REP. NO. 1383, *supra* note 14, at 13.

条款只是授权SEC以任何适当的方式规范代理权征集行为。[89] 这些条款在目的上具有明确的保护性；立法历史表明，由大公司的所有权和控制权分离所引起的问题已经引起注意，[90] 代理条款被描述为旨在防止公司内部人员利用代理来"自私地利用"股东。[91] SEC 选择通过披露来行使其职权，这突显了披露能够有效地保护投资者免受剥削的当代观点。[92]

（三）披露过程的双重功能

上述对《1933 年证券法》和《1934 年证券交易法》的背景和立法历史的审视表明，披露要求作为联邦证券监管计划的一部分，具有两个基本目的：信息性目的和保护性目的。两部法律都是经过精心设计的，旨在为实现信息性目的而要求披露。对投资分析有用的详细信息已通过 SEC 提供；据推测，成熟的投资者和投资专业人士对它的利用将有助于形成有效的证券市场。通过为小投资者提供更好的投资建议和使市场价格更准确地反映证券价值，这种披露将间接使小投资者在其投资决策中受益。然而，人们认识到，普通投资者几乎无法直接利用法律所要求的详细信息，而且披露的信息性作用的实现取决于那些能够理解信息的人对信息的有效使用。[93] 因此，披露的信息效用并不依赖于向个人投资者实际交付披露的信息。出于这个原因，招股说明书交付规则的不足和《1934 年证券交易法》中披露交付要求的缺失并没有成为法定披露方案信息性目的的有效实现的阻碍。

---

〔89〕 See Securities Exchange Act of 1934, § 14, ch. 404, § 14, 48 Stat. 895 (1934), *as amended* 15 U. S. C. § 78n (1970).

〔90〕 See H. R. REP. NO. 85, *supra* note 14, at 5.

〔91〕 See H. R. REP. NO. 1383, *supra* note 14, at 14; *see* Purcell, Foster & Hill, *Enforcing the Accountability of Corporate Management and Related Activities of the S. E. C.*, 32 VA. L. REV. 497, 499 – 500 (1946).

〔92〕 See 2 L. LOSS, *supra* note 16, at 868 – 69.

〔93〕 See SEC Securities Act Release No. 5275, at 4 (July 26, 1972); WHEAT REPORT, *supra* note 7, at 52 – 53; Douglas & Bates, *supra* note 45, at 172; *Truth in Securities*, *supra* note 3, at 1353.

法定方案在实现国会预期的保护性目的方面效果欠佳。[94] 从法律实现投资者保护目标的几个方面来看,其只是间接地实现了这一目的。首先,人们希望披露要求的存在本身就能够提高公司和金融界的一般道德标准。因此,正如我们所看到的那样,包括利益冲突披露要求、内幕交易制裁和《1933 年证券法》第 11 条规定的民事责任在内的披露要求的实施效果取决于那些受其要求约束的人能否自愿放弃不道德的行为。其次,人们认为披露将阻止那些在新股发行市场和交易市场上依赖于保密信息或虚假信息而成功实施的欺诈行为。最后,《1933 年证券法》规定的静默期和招股说明书交付要求旨在向投资者提供有关证券的准确和详细的信息,从而减少误导性的宣传材料并抵制误导性或不可靠的推销论据。

披露是实现上述保护性目的的一种相当间接的方式。对比两部法律的具体披露规定并回顾立法史中对它们的讨论,我们可以发现,从一开始,提供信息性披露方面最有效的法定方案本身与强调披露保护性作用的明确预期之间就存在一些不一致之处。选择实施披露方案而不是直接监管,部分是出于政治考虑,并非将其视作针对国会希望消除的滥用行为的完全有效的救济措施。

因此,在 SEC 成立的最初几年,尽管其作出了一些披露规定,但实践效果仍然难以令人满意。作为回应,SEC 利用其自由裁量权制定了一个披露过程,该过程为投资者提供了比单纯的法定方案所允许的更多的保护。虽然该过程存在的一些扭曲性结果受到现在的很多批评,但披露法律的立法史表明,SEC 有权利用其法定权力来最大限度地保护不谨慎的投资者免受欺诈和剥削。

二、披露过程的行政发展

SEC 在 1934 年开始工作时,负责执行一项披露方案,该方案最适

[94] See INVESTMENT BANKING, *supra* note 19, at 362 - 63, Morton & Booker, *The Paradoxical Nature of Federal Securities Regulation*, 44 DENVER L. J. 479, 490 - 97 (1967).

合于让成熟的投资者获取对投资分析目的有用的信息，尽管国会已经明确打算将该方案用于提高商业标准和保护不谨慎的投资者免受欺诈或剥削。[95] 本节回顾了 SEC 为增加对投资者的保护所做的努力。例如，强调要求直接披露的《1933 年证券法》，而不是不要求直接披露的《1934 年证券交易法》，并通过利用其对披露方式的巨大自由裁量权，对于需要注册的证券施加实质性要求。

在某些情况下，SEC 出于保护投资者的考虑制定披露政策，这些政策通过强调投资分析师不感兴趣的信息、要求披露过于悲观以至于误导的信息以及施加对披露的信息性目的没有作用的繁重限制，削弱了披露的信息效应。在某种程度上，披露的这些保护性方面是造成目前对披露过程不合逻辑或没有作用的批评的原因。

（一）保护性披露的框架

SEC 历来强调《1933 年证券法》规定的披露要求，认为《1934 年证券交易法》的披露不太重要。[96] 这种强调反映了一个事实，即由于向出售新发行证券的人支付特殊补偿，证券的初始发售比交易活动更可能被认定为涉及需要保护性披露的欺诈或不当销售活动。[97] 此外，《1933 年证券法》的披露比《1934 年证券交易法》的报告具有更大的保护性作用，因为披露信息实际上将被交付给投资者。因此，《1933 年证券法》招股说明书中的披露可以用来抵消误导性的销售承诺、警告投资者风险因素并且通常强调证券的消极方面而非积极方面。因此，强调《1933 年证券法》的披露意味着强调最需要和最适合投资者保护的

---

〔95〕 SEC 之所以依赖披露，是因为尽管根据《1934 年证券交易法》其拥有对证券行业重要的直接监管权力，但直到最近其一直不愿行使这些权力。“这种犹豫不决的部分原因是行业组织的政治权力，而这种政治权力很大程度上依赖于美国传统的观念，即商人比政府官员更了解公司应该如何经营；部分原因是 SEC 实际上无法进行那种广泛的调查，从而使其为改变游戏方式找到理由。” Ratner, *The SEC: Portrait of the Agency as a Thirty – Seven Year Old*, 45 ST. JOHN'S L. REV. 583, 591 (1971); see SUBCOMMITTEE ON SECURITIES, SENATE COMMITTEE ON BANKING, HOUSING & URBAN AFFAIRS, 93d Cong., 1st Sess., SECURITIES INDUSTRY STUDY 180 (Comm. Print 1973).

〔96〕 See *Truth in Securities*, *supra* note 3, at 1361, see WHEAT REPORT, *supra* note 7, at 11.

〔97〕 See WHEAT REPORT, *supra* note 7, at 60; *Truth in Securities*, *supra* note 3, at 1385.

披露。[98]

SEC 对《1934 年证券交易法》中代理披露要求的执行进一步体现了其对保护性的关注。1964 年之前,只有在证券交易所上市的证券发行人才需要遵守《1934 年证券交易法》的报告要求。因此有人争辩说,SEC 将重点放在《1933 年证券法》的披露上,是因为它认为根据《1934 年证券交易法》实施严格的披露标准会导致发行人退市而不是遵守披露要求。[99] 但尽管存在退市问题,SEC 向来严格执行《1934 年证券交易法》的代理披露要求,就像执行《1933 年证券法》的招股说明书披露规则一样。[100] 代理规则的主要目的是保护投资者,它要求委托书(proxy statements)像招股说明书一样,必须实际交付给投资者。SEC 对招股说明书和代理披露的重视及其对《1934 年证券交易法》定期报告的降级反映了其对保护性披露的偏好胜于信息性披露。

SEC 对《1933 年证券法》的披露要求的执行也说明了这一点,SEC 为此制定了一个自由裁量审查程序,使其能够防止或阻碍不良证券的销售。如果注册声明"在任何重要方面不完整或不准确",SEC 有权拒绝让其生效或中止其效力。[101] 通过广义地解释"不完整或不准确",只

---

[98] See WHEAT REPORT, *supra* note 7, at 11; Heller, *"Integration" of the Dissemination of Information Under the Securities Act of* 1933 *and the Securities Exchange Act of* 1934, 29 L. & CONTEMP PROB. 749, 763 - 64 (1964).

[99] See WHEAT REPORT, *supra* note 7, at 62. 这一论点并非完全具有说服力,因为至少在注册和定期报告要求方面,《1934 年证券交易法》第 15(d)条规定,大多数根据《1933 年证券法》提交注册声明的公司都必须遵守《1934 年证券交易法》的披露要求,无论其证券是否在交易所上市。See note 80 *supra*. 此外,正如正文中所讨论的,SEC 确实非常积极地执行了代理披露规则,尽管代理规则仅适用于上市证券的发行人,而不适用于第 15(d)条的公司。

[100] See 2 L. LOSS, *supra* note 16, at 880; *Codification Conference*, *supra* note 3, at 837; *Truth in Securities*, *supra* note 3, at 1361 - 62.

[101] See Securities Act of 1933, § 8(b), (d), ch. 38, § 8(b), (d), 48 Stat. 79 (1933), *as amended* 15 U. S. C. § 77h(b), (d) (1970).

要SEC 愿意,其总能发现注册声明中存在的缺陷。[102] 因此,注册声明是否生效几乎完全取决于 SEC 的自由裁量权,并不像法律所表明的那样自动生效。[103]

SEC 对这种自由裁量权的选择性使用,能够使可靠的发行人的披露过程变得容易,同时使欺诈性或高度投机性证券的发行人的披露过程变得困难。[104] 如果披露过程并没有完全阻止后者发行证券,那么他们被迫作出的消极性披露也会让他们很难卖出证券。[105] 此外,在 SEC 强迫他们披露流向发起人的超额利益或者对公众投资者利益缺乏保护后,一些发起人实际上改变了融资计划,而不是试图出售证券。[106]

SEC 还选择性地使用了阻止令程序,主要针对那些它认为欺诈或

---

[102] See Securities Act of 1933, § 8(b), (d), ch. 38, § 8(b), (d), 48 Stat. 79 (1933), *as amended* 15 U. S. C. § 77h(b), (d) (1970); see Chilgren, *Federal Securities Law*, 3 JOHN MARSHALL L. Q. 85, 86 (1937) [hereinafter cited as Chilgren]; MacChesney, *The Securities Act and the Promoter*, 25 CALIF. L. REV. 66, 69 – 70 (1936) [hereinafter cited as *The Securities Act and the Promoter*]; Comment, *Administrative Interpretation of the Securities Act of* 1933, 45 YALE L. J. 1076, 1097 (1936). 关于早期被 SEC 认为具有误导性的披露示例, see Krupsaw, *Opinions of the Securities and Exchange Commission*, 10 MISS. L. J. 8, 24 – 28 (1937).

[103] See H. R. REP. NO. 85, *supra* note 14, at 4; E. MCCORMICK, *supra* note 14, at 240 –41; *cf.* Woodside, *Development of S. E. C. Practices in Processing Registration Statements and Proxy Statements*, 24 BUS. LAW. 375, 378 (1969). SEC 在这方面的自由裁量权在实践中不受司法审查。*Codification Conference*, *supra* note 3, at 902 (remarks of Judge Henry J. Friendly).

[104] See Chilgren, *supra* note 102, at 91, MacChesney, *Further Developments in "Disclosure" under the Securities Act*, 33 ILL. L. REV. 145, 168 (1938) [hereinafter cited as *Further Developments*] (SEC 更坚持在对证券价值有疑问的地方进行特别披露); MacChesney, *supra* note 102, at 69 (由 SEC 保存的欺诈发起人名单,以及对其姓名进行更彻底调查的注册声明).

[105] See PLI DISCLOSURE REQUIREMENTS OF PUBLIC COMPANIES AND INSIDERS 8 (Flom, Garfinkel & Freund eds. 1967) [hereinafter cited as DISCLOSURE REQUIREMENTS]; Comment, *Administrative Interpretation of the Securities Act of* 1933, 45 YALE L. J. 1076, 1097 (1936).

[106] See 1 L. LOSS, *supra* note 16, at 185 – 86; E. MCCORMICK, *supra* note 14, at 302 –04. 由于披露要求,内幕交易发生了类似的变化。See WHEAT REPORT, *supra* note 7, at 51.

不道德的人。[107] 面对其认为有缺陷但出于善意试图符合要求的注册声明，SEC使用非正式的不合格意见书审查流程来纠正缺陷。相反，面对那些其认为是故意逃避披露要求的注册声明，SEC迅速启动与注册声明有关的正式阻止令程序。[108] 同样，在纠正注册声明的修订作出后，SEC将解除针对善意注册声明的阻止令程序，但将会继续进行诉讼并在认为发行人"无视基本商业道德"时发布公告。[109] 因此，公开被用来代替禁止不合格证券上市的权力。[110]

SEC以一种非常微妙的方式解释披露，以便有效地为证券发行创造某些实质性要求。[111] 发行人对其资产价值的陈述被视为使用了真实评估方法的一种表示。[112] 更通俗地说，SEC对通常被认为是观点事项的内容进行解释，就好像它们包含某些事实断言，如果发行人情况中

---

〔107〕 See *Further Developments*, *supra* note 104, at 165 – 66; Comment, *Administrative Interpretation of the Securities Act of* 1933, 45 YALE L. J. 1076, 1097 (1936). 因阻止令、拒绝令或撤回令而未能在早期生效的注册声明，往往对投资者来说风险较小。*See* Cale, *A Study of Ineffective Investment Trust and Precious Metal Mining Issues*, 4 L. & CONTEMP PROB. 32, 43 (1937).

〔108〕 See 4 SEC ANN. REP 35 (1938); Johnson & Jackson, *The Securities and Exchange Commission: Its Organization and Functions Under the Securities Act of* 1933, 4 L. & CONTEMP PROB. 3, 11 (1937); Woodside, *Development of S. E. C. Practices in Processing Registration Statements and Proxy Statements*, 24 BUS. LAW 375, 378 (1969).

〔109〕 *In re* Haddam Distillers Corp., 1 S. E. C. 37, 47 (1934); *Further Developments*, *supra* note 104, at 164 – 65.

〔110〕 See Krupsaw, *Opinions of the Securities and Exchange Commission*, 10 MISS. L. J. 8, 11 & n. 15, 16 & n. 39 (1937); MacChesney & O'Brien, *Full Disclosure Under the Securities Act*, 4 L. & CONTEMP. PROB. 133, 152 – 53 (1937) [hereinafter cited as MacChesney & O'Brien]. 公开有其局限性。See Morton & Booker, *The Paradoxical Nature of Federal Securities Regulation*, 44 DENVER L. J. 479, 494, 497 n. 54 (1967).

〔111〕 See, e. g., *In re* Unity Gold Corp., 1 S. E. C. 25, 33 (1934)（在确定价值披露是否符合证券法披露的"真实性"目的时，关于购买股票资产然后将其捐赠回发行人的州法律与其无关）; *In re* Brandy – Wine Brewing Co., 1 S. E. C. 123, 135 (1935)（州法律关于董事估值的终局性规定对SEC为实现披露目的而采取的措施不具备约束力）; MacChesney, *supra* note 102, at 74 – 75.

〔112〕 *In re* Haddam Distillers Corp., 1 S. E. C. 37, 42 (1934); see *Further Developments*, *supra* note 104, at 147 – 49.

的这些事实不真实，则该意见的表达被视为具有误导性。[113] 例如，除非某人具有某些特定资格，并且其在特定领域的工作符合专家的正常专业标准，否则不能被描述为专家。[114] 此外，即使在意见陈述中涉及理性人可能存在不同意见的事项，如果 SEC 认为证券的价值是可疑的，那么 SEC 也会坚持认为其观点就是唯一准确的观点。[115]

通过应用上述各种披露规则，SEC 能够以一种基于公平的接近直接监管的方式对待投机证券的发行人。几乎没有人会质疑，这种披露过程对可靠的发行人来说很容易，但对欺诈或可疑的发起人来说很难。[116] SEC 为保护投资者而设，并且 SEC 积极利用披露来做到这一点。[117] 然而，在少数情况下，SEC 的保护性冲动导致披露过程的有效性可能低于为成熟的投资者和专业人士提供对投资分析有用信息的有效性。[118]

（二）保护性披露的缺点

考虑到投资者保护，SEC 制定了一些措施，这些措施在为实现投资分析目的而提供更好的信息这一方面要么无用，要么适得其反。其中包括下放其监管会计的权力、坚持以悲观的语气披露“事实”以及采用不合逻辑和模糊的规则来界定受《1933 年证券法》注册要求约束的交易。这种做法虽然是为了应对特定的滥用行为而发展起来的，并且在保护投资者方面很有效，但在信息性披露方面增加了成本。

---

〔113〕 See *In re* American Kid Co., 1 S. E. C. 694 (1936)（各种估计和观点在与其他行业不一致且没有证据证实时具有误导性）.

〔114〕 See MacChesney & O'Brien, *supra* note 110, at 144 – 45.

〔115〕 See *Further Developments*, *supra* note 104, at 168（“SEC 坚持其对信贷可用性相关事实问题的观点，这表明该决定是基于公司的价值作出的。”）.

〔116〕 See 1 L. LOSS, *supra* note 16, at 185 – 86; Chilgren, *supra* note 102, at 86. But see ECONOMIC POLICY AND THE REGULATION OF CORPORATE SECURITIES 376 (H. Manne ed. 1969) (remarks of Professor Bossons)（对投机发行人的行政歧视是“法外的”）.

〔117〕 “很明显，该法的行政部门所规定的披露的性质和范围超出了早期评论人士的预期。” MacChesney & O'Brien, *supra* note 110, at 152; see Chilgren, *supra* note 102, at 86.

〔118〕 See *Soft Information*, *supra* note 3, at 264, 268 & n. 46.

1. 会计政策

披露法律赋予SEC充分的权力以确定所需财务报表应遵循的会计方法,[119]从而使SEC有机会要求发行人使用统一的会计方法。因为如果披露的财务数据经过可比性计算,投资者就可以更加准确地在相互竞争的证券中作出明智的投资选择,一致性将增加这些披露对信息性目的的有用性。[120] SEC没有采取一种统一规定的会计方法,但实际上其通过要求财务报表按照"普遍接受的审计标准"去编制和提交,将会计原则的制定委托给会计专业和企业界。[121]

由于会计行业普遍采用使资产价值最小化的保守会计原则,因此可以预期,会计师将帮助监管向不成熟的投资者严重夸大证券价值的行为。[122] 然而,会计师在促进可比性方面并没有强烈的兴趣,因为灵活的会计原则允许每个公司在"普遍接受的原则"中进行选择,以使其最好地前行,由此他们的客户利益得到了最好的满足。[123] 因此,会计界或企业界是否会在没有来自SEC的持续压力的情况下努力提高财务报告的可比性,这是值得怀疑的。然而,在成立初期,SEC放弃了其在会计领域的积极角色,并普遍接受了会计行业认可或采用的任何会计准则。[124] 通过将其在会计领域的所有权力下放给会计师,SEC提供了一些防止欺诈的保护,但对于提高财务报告在投资分析目的方面的

[119] See Securities Act of 1933, § 19(a); Securities Exchange Act of 1934, § 13(b); L. RAPPAPORT, S. E. C. ACCOUNTING PRACTICE AND PROCEDURE 21.2 (3d ed. 1972) [hereinafter cited as L. RAPPAPORT].

[120] Address by SEC Chairman Cohen, 19th Annual Conference of the Financial Analysis Conference, May 24, 1966, in 122 J. ACCOUNTANCY 58 – 59 (Aug. 1966).

[121] See L. RAPPAPORT, *supra* note 119, at 26.8; see SEC Accounting Series Release No. 4 (April 25, 1938).

[122] See 38 SEC ANN. REP. 34 (1972); LeBlanc, *Accounting as a Consumer Protector*, 27 BUS. LAW. 75, 79, 81 (1971).

[123] See Kripke, *Conglomerates and the Moment of Truth in Accounting*, 44 ST. JOHN'S L. REV. 791, 792 – 94 (1970); see *Myths*, *supra* note 3, at 1184 – 86. 有关操纵会计方法的一般性讨论和案例研究,see A. BRILOFF, UNACCOUNTABLE ACCOUNTING (1972).

[124] See *Myths*, *supra* note 3, at 1177.

有效性作用甚微。[125]

2."事实"披露

在会计方面,SEC 的行为本质上是一种疏忽之罪,因为它没有利用机会来提高为投资分析目的而要求的财务披露的有用性。然而,SEC 坚持"事实"披露和在招股说明书中排除"软"信息是 SEC 的罪过。[126] SEC 认为,盈利预测、资产评估、公司市场地位评估以及其他基于观点或估计而非历史事实的信息本质上是可操纵的,客观上无法验证,并且对小投资者而言有害。因此,此类信息不能在招股说明书和其他 SEC 文件中披露,即使此类信息可能对投资分析非常有用。[127] 由于此类信息未经客观验证,因此可能会被操纵以误导投资者,使其认为证券比其实际情况更理想。根据 SEC 的经验,这种"软"信息经常被欺诈或不道德的发起人以误导的方式披露。[128] 为了保护那些倾向于认为此类信息比其实际更明确、更可靠的小投资者,SEC 禁止在所有要求提交给它的文件中披露这种信息。[129] SEC 的这一做法使成熟的投资者无法获得这些对投资分析非常有用的信息。[130]

3.悲观的披露

SEC 将"软"信息排除在披露文件之外的做法,属于其拓展适用悲观主义披露要求的一个政策方面。虽然无法客观核实的有利信息被排

[125] Address by SEC Commissioner Whitney, Washington Society of Investment Analysts, February 5, 1963, in L. RAPPAPORT, *supra* note 119, at 3.4.

[126] 在 SEC 的披露政策中,"软信息"一词是由卡尔·施耐德(Carl W. Schneider)提出的,指的是无法客观核实的各种信息或声明,因此以往都被排除在提交给 SEC 的披露文件之外。施耐德先生认为这个术语包括关于未来的陈述、关于没有特定数据支持的过去或现在情况的陈述、关于质量的主观评价或意见以及动机或意图的陈述。*Soft Information*, *supra* note 3, at 255.

[127] See *Prospectuses*, *supra* note 3, at 224-25; see Chalmers, *Truth and Consequence—The New Game in Forecasting*, 47 ST. JOHN'S L. REV. 38 (1972); *Soft Information*, *supra* note 3, at 268.

[128] See Address by SEC Chairman Casey, National Investor Relations Insitute, Oct. 3, 1972, in *Soft Information*, *supra* note 3, at 268 n.46.

[129] See Heller, *Disclosure Requirements Under Federal Securities Regulation*, 16 BUS. LAW 300, 307-08 (1961); *Soft Information*, *supra* note 3, at 258.

[130] See *Soft Information*, *supra* note 3, at 268.

除在备案之外,但即使是高度不确定的不利信息也必须包括在内。[131] 整个报告中必须彻底描述和强调风险因素。[132] 如果被要求披露的事项并非严格符合事实,如描述发行人的股息政策或其竞争地位的信息,SEC 要求其包含强调披露消极方面的免责声明。[133]

由于大多数发行人被要求进行悲观的披露,投资者很难区分中等成功的企业和濒临破产的企业。[134] 此外,由此产生的披露肯定会误导现有股东,这些股东可能会因为招股说明书中这些不切实际的悲观形象而低估证券价值,从而抛售其持有的证券。[135] 如此,免责声明样板文件和消极偏见导致披露在实现信息性目的方面的效果从无用变成了实际误导。

SEC 的会计政策、对"软"信息的态度以及对悲观偏见的坚持和对风险因素的强调表明,SEC 关注的是如何避免小投资者购买不良证券,而不是确保其作出肯定好的投资决策。[136] SEC 的行动表明,其促进"明智的投资决策"的目的不是确保投资者在经济可取性的基础上理性地选择投资,而是确保投资者在做出购买特定证券的决定之前,已经意识到其购买特定证券所涉及的所有可能的危险。[137] 此外,正如之前

---

〔131〕 See *Prospectuses*, *supra* note 3, at 225; *Soft Information*, *supra* note 3, at 261 – 62.

〔132〕 *In re* Universal Camera Corp., 19 S. E. C. 648, 652 (1945); see WHEAT REPORT, *supra* note 7, at 52; Heller, *Disclosure Requirements Under Federal Securities Regulation*, 16 BUS. LAW. 300, 302 n. 6, 319 n. 34 (1961).

〔133〕 See *New Approaches to Disclosure in Registered Security Offerings*, 28 BUS. LAW. 505, 506, 525 – 26 (1973) (remarks of Mr. Sommer, Mr. Marsh).

〔134〕 See *Soft Information*, *supra* note 3, at 267 – 68.

〔135〕 Address by SEC Chairman Casey, National Investor Relations Institute, Oct. 3, 1972, in *Soft Information*, *supra* note 3, at 268 – 69 n. 46. SEC 对保守披露的强调倾向于保护证券的买方而不是卖方,这与其对《1933 年证券法》披露的一般强调一致,该法仅适用于证券销售。See text accompanying notes 96 – 98 *supra*; Manne, *Accounting and Administrative Law Aspects of Gerstel v. Gamble – Skogmo, Inc.*, 15 N. Y. L. F. 304, 317 (1969).

〔136〕 See *Prospectuses*, *supra* note 3, at 225; *Soft Information*, *supra* note 3, at 264.

〔137〕 "该法的目的不是消除投资风险,而只是披露足够的信息,使投资者能够衡量风险。" 13 SEC ANN. REP. 1 (1947); see WHEAT REPORT, *supra* note 7, at 52. SEC 最近对主要涉及新公司的"热点"市场的关注反映了这种态度。SEC 认为,"特别有必要披露与新公司有关的信息,因为投资此类公司可能会带来更大的损失风险"。SEC Securities Act Release No. 5395 (June 1, 1973); see *Soft Information*, *supra* note 3, at 262 – 63.

的讨论所表明的，当SEC工作人员认为证券是“高度投机性的”时，其可能需要这样的消极披露，以使购买者不仅被警告所有风险两次以上，而且实际上会被劝阻购买该证券。[138] 正如人们广泛评论的那样，这种做法接近于确定证券的质量，而不是确定披露的充分性。[139] 这些方法中的每一种都强调以牺牲信息为代价的保护。

（三）作为投资者保护的注册要求

披露过程中另一个受到批评的方面是需要注册的证券交易与豁免注册的证券交易之间的界限不合逻辑且不明确。[140] 精确性的缺乏经常给试图遵守法律的发行人带来沉重的负担。现有的具体规则或指导方针通常与投资者对投资信息的需求关系不大或根本没有关系。[141] SEC对豁免条款的解释似乎与披露的信息性目的不符，因为其主要关注点是保护性的，即防止那些具有欺诈或不道德动机的人滥用豁免条款。[142]

出于这个原因，SEC一直反对制定具体规则，因为担心这些规则只会让不道德的人绕过它们。[143] 相反，SEC试图灵活地执行法律，以便严厉打击被视为滥用的活动，而在其他情况下适用规则略有不同。[144] 然而，由此产生的不确定性不仅给合法的发行人和证券交易商带来了沉重的负担，而且在监管欺诈方面起到了反作用。在缺乏准确规则的情况下，SEC的宽泛解释使不道德的人可以打擦边球，从而满足他们自己的目的，SEC的执法行动也将因为这些人没有明确违反既定规则而

---

[138] See *Disclosure Requirements*, *supra* note 105, at 8.

[139] *Id.*

[140] See *Truth in Securities*, *supra* note 3, at 1347 – 50.

[141] See WHEAT REPORT, *supra* note 7, at 152, 168 – 70, 172 – 74.

[142] See 25 SEC ANN. REP 5 (1959); Schneider & Kant, *Uncertainty Under the Securities Act*, *An Open Letter to William J Casey*, *Chairman*, *Securities and Exchange Commission*, 26 BUS. LAW 1623, 1635 (1971) [hereinafter cited as Schneider & Kant]. 国会显然根据防止欺诈的需要而不是投资者对信息的需要来构建最初的法定豁免。See H. R. REP. NO. 85, *supra* note 14, at 7, 16 (1933)（豁免将法律限制在“防止已证明的滥用行为再次发生”所需的保护范围内；在没有销售压力的情况下豁免股票认购）.

[143] See Schneider & Kant, *supra* note 142, at 1635.

[144] *Id.*

受到阻碍。[145]

SEC 解释的不确定性和不合逻辑性是相互关联的。尽管 SEC 通常不愿意建立区分豁免注册的证券交易与需要注册的证券交易的准确界限,但它经常通过颁布非常具体的规则来限制豁免的使用,以此应对特定豁免条款的广泛使用。[146] SEC 认为,试图逃避注册要求的行为通常是出售证券的欺诈性计划,如果已经充分披露,那么这些证券就无法出售。[147] 由于由此产生的限制性规则代表了对不良行为的特别反应,因此,就投资者对投资信息的一般需求而言,这些规则似乎不合逻辑。[148]

例如,在 20 世纪 50 年代后期,利用私募发行豁免向公众发售未注册证券的做法开始发展起来。[149] 作为回应,SEC 收紧了对此类私募证券转售的管理规则。[150] 由此产生的规则侧重于原始购买者的“投资意图”(如证明其证券持有期较长和存在一些需要转售的“情况变化”),几乎不能确保最终购买者能够获得有关所出售证券的有用投资信息。[151] 然而,这些规则确实有一些阻止欺诈计划的倾向,因为很少有欺诈发起人愿意长期持有证券以证明他们的投资意图,而且很少有人能够证明存在使未注册证券转售行为合法化的必要的情况变化。

同样,根据规则 133,在试图使用未经注册的合并公司向公众发售可疑股票的浪潮之后,SEC 颁布了新的限制性转售要求。[152] 同样,新规则几乎没有为投资者提供所需的信息,但它们确实阻止了某些欺诈

---

[145] See WHEAT REPORT, *supra* note 7, at 177; Schneider & Kant, *supra* note 142, at 1635.

[146] See *Codification Conference*, *supra* note 3, at 836.

[147] See 25 SEC ANN. REP. 5 (1969).

[148] See, e. g., WHEAT REPORT, *supra* note 7, at 168.

[149] See O' Boyle, *Problems of Private Placements from the Viewpoint of the Issuer*, in PLI 1ST ANN. INST. ON SEC. REG. 21, 22 (1970).

[150] See Garrett, *Concept of Restricted Securities and Eligible Insurers*, in PLI 3D ANN. INST. ON SEC. REG. 12 (1972).

[151] See WHEAT REPORT, *supra* note 7, at 168.

[152] See Bialkin, *Corporate Acquisitions and the Securities Act of* 1933, in PLI 1ST ANN. INST. ON SEC. REG. 159, 161 (1970); *Codification Conference*, *supra* note 3, at 836.

计划。最后，在1969年，SEC对突然增加的使用分拆作为出售未注册股票工具的情况作出反应，并发布了一份声明，[153]将某些公司的分拆活动解释为需要注册的销售。[154] 在每种情况下，SEC实施注册要求并不是为了响应信息需求，而是旨在限制向公众合法出售未注册股票的技术渠道，这些股票充斥着欺诈性证券。显然，如果提供投资信息被认为是《1933年证券法》的基础，这样的规则就显得不合理了。

（四）总结：从1934年到20世纪60年代

从1934年到20世纪60年代中期，SEC制定的披露过程显然使有关证券及其发行人的信息更完整、更可靠，从而在披露的信息性目的方面取得了很大成就。[155]然而，由于SEC及其工作人员持续关注小投资者保护问题，整体披露过程受到重大影响，他们利用披露过程强调证券的消极和风险因素，并利用行政审查程序以阻止欺诈者和劝阻不道德的人。因此，由此产生的披露过程反映了复杂的动机：一是希望提供有用的信息；二是希望让不负责任的发起人不好过；三是希望教育小投资者了解证券交易的危险性。

最终的披露政策在实现投资分析目的方面的作用，没有预想中那么大。投资分析的核心——会计——留给了会计师；SEC由此失去了推行具有可比性的财务报告的机会。SEC在行政审查过程中采取的温和强制策略导致样板文件泛滥，因为发行人及其律师能够由此最大限度地缩减审查过程花费的时间。[156] 悲观主义披露能够有效地保护投资者免受发起人不切实际的乐观主义的误导，但它既不能提供特别丰富的信息，也不能完全准确。最后，SEC试图通过不确定的规则和特别声明来打击欺诈，这给那些主观愿意但客观无法遵守定义模糊、执行不稳定的披露要求的发行人带来了不可接受的负担。

---

[153] See SEC Securities Act Release No. 4982 (July 2, 1969).

[154] SEC v. Harwyn Industries Corp., 326 F. Supp. 943, 954 (S.D.N.Y. 1971); Long, *Control of the Spin-Off Device Under the Securities Act of* 1933, 25 OKLA. L. REV. 317 (1972).

[155] See *Soft Information*, *supra* note 3, at 258; *Truth in Securities*, *supra* note 3, at 1344.

[156] See Letter from Carl W Schneider to Alan B. Levenson, Esq., Director, Division of Corporation Finance, Securities and Exchange Commission, Aug. 11, 1971, in BNA SEC. REG. & L. REP. H-1 (Aug. 18, 1971).

三、当前的披露过程

从20世纪60年代中期开始,SEC在某种程度上逐渐转变了对披露的态度。SEC对保护小投资者免受欺诈、教育其了解投机风险以及改革证券和企业界行为的关注仍然存在,披露仍然被认为有助于实现上述目的。然而,最近为了使披露对投资分析的目的更有意义,SEC在一定程度上放宽了其严格的要求,即披露的消极语气仅限于"硬事实"。[157] 这表明SEC意识到,主要用于信息性目的的披露是最有效的,直接监管行为可能是阻止欺诈和不良行为的最佳手段。[158]

造成这种变化的原因有很多。首先,《1934年证券交易法》的披露要求在1964年扩展到场外交易市场,极大地扩展了SEC提供与交易市场相关的有用投资信息的能力,而大部分证券交易发生在交易市场。只要《1934年证券交易法》仅适用于上市证券,SEC在披露方面的权力就受到限制,这既是因为许多发行人根本不受其权力的约束,也是因为颁布严格的上市证券披露标准可能会导致大量退市而不是改善披露状况。1964年之后,随着大多数涉及重大公共利益的公司都必须进行披露,SEC可能会开始提出更多要求。[159]

其次,随着证券市场专业化程度的提高以及专业资金经理和分析师队伍的扩大,投资分析信息的需求显著增长。与此同时,随着越来越多的个人从上市公司的证券中获得直接或间接利益,投资者对信息的

---

[157] See SEC Securities Act Release No. 5395 (June 1, 1973)(披露有关新产品、竞争地位的更有意义的信息); SEC Securities Act Release No. 5362 (Feb. 2, 1973)(披露经济等预测性信息);38 SEC ANN. REP. XXV (1972); *Soft Information*, *supra* note 3, at 260.

[158] 例如,SEC最近增加了通过直接监管来减少不良销售行为的尝试。See SEC Securities Act Release No. 5275, at 14 – 16 (July 26, 1972); NASD Notice of Proposed Rules of Fair Practice to Govern Member Conduct with Respect to Distribution of First – time Public Offerings, March 14, 1973, in 194 BNA SEC. REG. &L. REP. I – 1 (March 21, 1973); Address by SEC Chairman Casey, Investment Bankers Association of America, Dec. 1, 1971, in 129 BNA SEC. REG. &L. REP. I – 1, at I – 2 (December 1, 1971).

[159] See WHEAT REPORT, *supra* note 7, at 62 – 63.

需求也随之增加。[160] 最后，披露过程越来越多地被批评为烦琐且不合逻辑，与其过去的成就相比，人们更多地关注其不足。[161] SEC 以多种方式做出回应，以消除披露过程中的缺陷，并使该过程对投资分析目的更有用。尽管 SEC 的许多行动反映了对投资者保护的持续关注，但总体影响是强调披露的信息性功能，并在一定程度上削弱其保护性角色。

（一）披露法律的"整合"

SEC 最近试图通过减少《1933 年证券法》的披露要求来"整合"其披露规则，前提是所出售证券的发行人必须遵守《1934 年证券交易法》的持续披露要求。[162] 同时，《1934 年证券交易法》的披露要求也有所增加，并且得到了更为严格的执行。[163] 如前所述，《1933 年证券法》中的招股说明书披露规定被认为具有显著的保护作用。其详细和悲观的披露实际上是向投资者传达的，旨在阻止与新发行证券相关的高压的、过度乐观的或误导性的销售策略。[164] 然而，仅向 SEC 提交信息而不向投资者传达并不会产生这种影响，尽管这可以使投资公众间接获得重要的投资信息。就 SEC 接受《1934 年证券交易法》的披露作为招股说明书披露的替代而言，在保留其信息性功能的同时，其在一定程度上放弃了披露的保护性作用。[165]

---

〔160〕 See *id.* at 47.

〔161〕 See WHEAT REPORT, *supra* note 7, at 46, 48; *Truth in Securities*, *supra* note 3, at 1344. 关于披露过程的成就和不足的一般性讨论，see *Codification Conference*, *supra* note 3.

〔162〕 See Address by SEC Chairman Cook, American Society of Corporate Secretaries, April 19, 1973, in CCH FED. SEC. L. REP. ¶ 79, 341, at 83,025 [hereinafter cited as Address by SEC Chairman Cook]. 关于整合两个披露法律的一般性讨论，see Heller, "*Integration*" *of the Dissemination of Information Under the Securities Act of* 1933 *and the Securities Exchange Act of* 1934, 29 L. & CONTEMP. PROB. 749 (1964); *Truth in Securities*, *supra* note 3.

〔163〕 See SEC Securities Act Release No. 5196 (Sept. 27, 1971); SEC Securities Exchange Act Release No. 9004 (Oct. 28, 1970); SEC Securities Exchange Act Release No. 9000 (Oct. 21, 1970); SEC Securities Exchange Act Release No. 8996 (October 14, 1970); Schneider, *Developments in* 1934 *Act Reporting*, in PLI 3D ANN. INST. ON SEC. REG. 89, 94 (1972).

〔164〕 See text accompanying notes 67 – 69 *supra*.

〔165〕 See H. R. REP NO. 85, *supra* note 14, at 8 (招股说明书的交付需要"吓唬"买家并且减少抛售的理由); *Truth in Securities*, *supra* note 3, at 1352 – 53.

SEC 的整合行动包括限制招股说明书中所需的信息,或在新证券的发行人目前正在按照《1934 年证券交易法》要求进行定期披露的情况下完全免除招股说明书的交付要求。[166] 此外,如果发行人按照《1934 年证券交易法》的要求提交报告,通过私募获得的未注册证券的所有者现在可以更容易地转售这些证券。[167] SEC 仅减少了《1933 年证券法》对优质证券的要求,这表明对于这类证券不太需要特别保护,或者已有专门规则提供所有需要的保护。[168] 此外,SEC 最近通过更严格执行"适当性"和"充分依据"规则,加强对销售行为的直接监管,这些规则试图通过直接禁止不当销售活动来限制不适当的销售活动。[169] 因此,招股说明书的保护功能在某种程度上被对销售人员的直接监管控制所取代。

(二)"软"信息的披露

SEC 最近宣布在某些条件下允许向 SEC 申报预测性信息,这项行

---

〔166〕 表格 S-7 已被采用和修订,以允许某些已成立的发行人使用简短的招股说明书。SEC Securities Act Release No. 5100 (Nov. 12, 1970); SEC Securities Act Release No. 4886 (Nov. 29, 1967). 表格 S-16 允许有资格使用表格 S-7 的发行人在某些二次发行和配股发行中使用简短的招股说明书。SEC Securities Act Release No. 5346 (Jan. 5, 1973); SEC Securities Act Release No. 5265A (Aug. 3, 1972); SEC Securities Act Release No. 5265 (June 27, 1972); SEC Securities Act Release No. 5117 (Dec. 23, 1970); see Merow, *Changes in* 1933 *Act Forms*, in PLI 3D ANN. INST. ON SEC. REG. at 133 (1972). 根据规则 174,如果发行人遵守《1934 年证券交易法》的定期报告要求,则免除交易商在《1933 年证券法》第 4(3)条规定的发行开始后的 40 天或 90 天内的招股说明书交付要求。SEC Securities Act Release No. 5101 (Nov. 19, 1970).

〔167〕 See 1933 Act, SEC Rule 144(c)(1), 17 C.F.R. § 230.144(c)(1) (1972); SEC Securities Act Release No. 5223 (Jan. 11, 1972).

〔168〕 如前所述,前注〔166〕、表格 S-7 和 S-16 只能由已成立的发行人使用,而不能由对投资者带来更大风险的新公司使用。See REPORT OF THE SPECIAL STUDY OF SECURITIES MARKET OF THE SECURITIES AND EXCHANGE COMMISSION, H.R. DOC. NO. 95, 88th Cong., 1st Sess., pt. 1, at 552-53(对于新发行人,披露过程必须"特别完善"); *cf.* SEC Securities Act Release No. 5010 (Oct. 7, 1969), at 3 ("现有公司普通股和优先股的投资条件明显不同,可以放宽限制。"). 规则 144 允许《1934 年证券交易法》发行人销售未注册证券,但数量有限,且只能通过不请自来的经纪商销售,从而最大限度地减少高压销售的危险。SEC Rule 144(e), (f), 17 C.F.R. § 230.144(e), (f) (1972).

〔169〕 See authorities cited note 158 *supra*; 6 L. LOSS, *supra* note 16, at 3708-27.

动最为显著地表明其态度发生了转变。[170] 如前所述,这种“软”信息以往被认为具有操纵性,并且由于其存在误导投资者的高度可能而被排除在披露文件之外。[171] 然而,这些信息是复杂投资分析的核心,并且SEC最近态度的转变表明其愿意要求披露非常有用的信息,即使它存在误导投资者的可能。

这并不是说,SEC对预测性信息采取的全新处理方式是对披露保护性目的的忽视。SEC采取行动的原因之一是希望使小投资者能够平等地获得这种“软”信息。[172] 尽管在向SEC提交的招股说明书和其他文件中不允许进行预测,但这些预测性信息在金融界内非正式地传播,因此内部人士和有内部消息来源的机构投资者可以使用这些预测。[173] 通过允许在SEC文件中提供这类信息,SEC可以保护小投资者免受来自拥有更准确信息的竞争对手的伤害。

除了在规定的披露中允许预测以外,SEC最近还要求披露某些“软信息”,这进一步反映了其认可有用信息的新态度,即使这些信息无法被完全验证。[174] SEC将从现在起要求就新产品的开发和发行人在其行业中的竞争地位进行具体披露,尽管这些信息以往被认为对于披露而言不够“硬”。[175] 同样,SEC将要求披露补偿性现金余额安排(compensating cash balance arrangements),尽管此类安排通常是非正式

〔170〕 See SEC Securities Act Release No. 5362 (Feb. 2, 1973); statement by SEC Chairman Casey accompanying SEC Securities Act Release No. 5362, in [1972 - 1973 Transfer Binder] CCH FED. SEC. L. REP ¶ 79,211, at 82,665.

〔171〕 See text accompanying notes 126 - 130 *supra*.

〔172〕 See SEC Securities Act Release No. 5362 (Feb. 2, 1973); Address by SEC Chairman Cook, American Society of Corporate Secretaries, April 19, 1973, in CCH FED. SEC. L. REP. ¶ 79,341, at 83,026.

〔173〕 *Id.*

〔174〕 See *Soft Information*, *supra* note 3, at 260 - 61 & n. 19.

〔175〕 SEC Securities Act Release No. 5395 (June 1, 1973); see *Soft Information*, *supra* note 3, at 259 & n. 12. SEC也在考虑要求首次发行人披露其预测的未来现金预算。SEC Securities Act Release No. 5276 (July 26, 1972). 该提议尚未被采纳,因为SEC意识到,业绩记录有限且业务经验有限的发行人很难作出可靠的预测。SEC Securities Act Release No. 5395 (June 1, 1973).

的,因此难以准确界定。[176] 由于这些信息对投资者显然有用,因此即便可靠性较低也会被接受。

(三)适用准确的规则

SEC 最近试图提高注册要求相关规则的清晰度和确定性,这进一步表明其重点从披露的保护性功能转向信息性功能。[177] 如前所述,SEC 历来不愿意在这些领域制定准确的规则,因为它认为不道德的人只会绕过他们。[178] 该政策被批评为为了阻止少数欺诈者而给大多数有道德的发行人带来了巨大的负担,并且未能促进披露的信息性功能。[179]

作为回应,SEC 已经编制和明确了其对各种豁免注册规定的解释,并表示整体上愿意更多地依赖具体的指导方针,而不是对特定问题采取逐案分析的方法。[180] SEC 提议或通过了明确私募发行豁免和州内豁免范围的规则,并明确了对转售私募中获得的证券的限制。[181] 它还放弃了与公司合并有关的不确定的"禁止出售"理论,取而代之的是直接的注册要求和明确的规则以管理在此类合并中获得的证券的转售。[182] 通过提供明确可获得豁免的"避风港"情形,SEC 降低了其打击欺诈性发起人的能力,但减轻了合法发行人的负担。此外,这些规则要求所有公司合并都必须进行注册,并根据发行人是否符合《1934 年证券交易法》的报告要求对各种证券交易进行限制,从而增加了投资者

---

[176] See SEC Securities Act Release No. 5384 (April 12, 1973); see *Soft Information*, *supra* note 3, at 255 n. 3, 261 n. 19.

[177] See Casey, *The SEC' s Strategy for Increasing Investor Confidence in the Integrity of our Capital Markets*, 28 BUS. LAW. 537, 537 – 38 (1973).

[178] See text accompanying notes 143 – 45 *supra*.

[179] See Schneider & Kant, *supra* note 142, at 1635.

[180] See Casey, *The SEC' s Strategy for Increasing Investor Confidence in the Integrity of our Capital Markets*, 28 BUS. LAW. 537, 537 – 38 (1973); Address by SEC Chairman – Designate Cook, *supra* note 1, at 82,701.

[181] See SEC Securities Act Release No. 5349 (Jan. 8, 1973)(拟议规则 147 涉及州内发行豁免);SEC Securities Act Release No. 5336 (Nov. 28, 1972)(拟议规则 146 涉及私募发行豁免);SEC Securities Act Release No. 5223 (Jan. 11, 1972)(采纳了涉及限制性证券转售规定的规则 144).

[182] See SEC Securities Act Release No. 5316 (Oct. 6, 1972). See generally WHEAT REPORT, *supra* note 7, at 251 – 96.

可获得的投资信息。

SEC 还通过了一些规则,更准确地界定了发行人在发行新证券的过程中可以在不违反《1933 年证券法》的情况下发布的信息。[183] SEC 还宣布将发布有关正确使用内幕信息的指导方针,并将提供与使用收益预测相关的责任的"避风港"规则。[184] 这些行动所涉及的领域,不正当披露的可能性很大,且 SEC 以往倾向于逐案处理,一定程度上依靠不确定性来阻止不当行为。[185] 然而,这些领域的不确定性极大地减少了有用投资信息的流动。[186] SEC 显然认识到这一趋势,因此决定颁布明确的规则,这些规则不会对逐案处理产生负面效应,但会促进投资分析所需信息的自由流动。

SEC 态度的转变不应被夸大。SEC 之所以更愿意颁布具体规则,在某种程度上是因为执行领域的不确定性存在很多弊端。例如,在规则解释不明的情况下,规避规则的风险可能较小,因为 SEC 很难在这种情况下证明其恶意。[187] 同样,不道德的律师会鼓动客户在没有具体规则禁止交易的情况下违反 SEC 裁决的"精神",而负责任的律师和发行人将遵守该精神和文字。[188] 因此,SEC 转向制定具体规则,一定程度上反映出其将灵活性作为执行工具的失败。然而,SEC 最近的其他行动似乎也表明,SEC 更关心有用的披露,而不是披露规则在监管方面的作用。

---

〔183〕 See SEC Securities Act Release No. 5101 (Nov. 19, 1970)(经纪自营商发布根据《1933 年证券法》已申请或已注册证券的发行人的信息).

〔184〕 Address by Chairman - Designate Cook, *supra* note 1, at 82,701(内幕消息指引); Address by SEC Chairman Cook, *supra* note 162, at 83,026(预测的"避风港"规则).

〔185〕 See Cohen & Rabin, *Broker - Dealer Selling Practice Standards: The Importance of Administrative Adjudication in Their Development*, 29 L. & CONTEMP. PROB. 691, 714 - 16 (1964).

〔186〕 See WHEAT REPORT, *supra* note 7, at 127; Casey, *The SEC's Strategy for Increasing Investor Confidence in the Integrity of our Capital Markets*, 28 BUS. LAW 537, 542 (1973).

〔187〕 See SEC v. Harwyn Industries Corp., 326 F Supp. 943, 954 (S. D. N. Y 1971); Schneider & Kant, *supra* note 142, at 1635.

〔188〕 See WHEAT REPORT, *supra* note 7, at 177.

(四)有意义的财务披露

SEC的行动显示出其对所披露的信息日益关注的最后一个领域是财务报告。如前所述,其传统的会计方法一直是采用会计行业的标准,因为这些标准比较保守,而且会计权力的下放为更重要的领域保留了其稀缺的资源。然而,最近,SEC强调了披露的投资分析功能,要求财务披露在收益质量和公司的"经济现实"方面要具有更大的可比性和更丰富的信息量。[189]

发行人现在必须披露在各种可接受的会计方法中进行选择的影响,并且必须说明会计原则的任何变化及其对财务报表的影响。[190] 通过提高财务报表的可比性,这些要求将显著提高其对投资分析目的的效用。其他新的披露要求旨在显示发行人的"盈利能力"。必须披露税收选择对财务报表的影响。[191] 必须披露异常的支出或信贷的性质,并且正如SEC建议的那样,当近期可能出现重大支出时,必须及时披露。[192] 如前所述,必须披露补偿性余额安排(compensating balance arrangements)的影响,并且必须更详细地披露融资租赁条款。[193] 销售额和收益必须按业务细分,并且必须包括资金来源和使用情况的说明。[194] 此外,选择性地纳入收益预测将使必要的披露文件更加有用。[195]

---

〔189〕 See SEC Securities Act Release No. 5342 (Dec. 18, 1972); statement of SEC Chairman Casey accompanying Release No. 5342 in CCH FED. SEC. L. REP. ¶ 79,144, at 82,476-77; Address by SEC Chairman Casey, New York Financial Writers' Association, June 7, 1971, in 105 BNA SEC. REG. & L. REP. F-1, at F-1, F-2 (June 9, 1971).

〔190〕 See SEC Securities Act Release No. 5343 (Dec. 18, 1972); SEC Securities Act Release No. 5342 (Dec. 18, 1972); SEC Securities Exchange Act Release No. 9344 (Sept. 27, 1971).

〔191〕 See SEC Securities Act Release No. 5344 (Dec. 18, 1972).

〔192〕 See SEC Securities Act Release No. 5313 (Oct. 2, 1972); Securities Exchange Act Release No. 9345 (Sept. 27, 1971).

〔193〕 See SEC Securities Act Release No. 5401 (June 6, 1973); SEC Securities Act Release No. 5384A (Apr. 27, 1973); SEC Securities Act Release No. 5384 (Apr. 12, 1973).

〔194〕 See SEC Securities Act Release No. 5135 (Feb. 26, 1971); SEC Securities Act Release No. 4988 (July 14, 1969).

〔195〕 See SEC Securities Act Release No. 5362 (Feb. 2, 1973).

最近的披露要求大多是由于成熟投资者和专业分析师对信息需求的敏感性增加,而不是由于普通投资者在没有专业人士协助的情况下无法使用大部分新披露的信息。[196] 因此,新的披露要求主要是为信息性目的而设计的。

然而,即使在财务披露领域,SEC 也并没有忽视披露的保护性作用。新规定的有关会计政策的披露不仅通过增加财务报表的可比性来实现有用的信息性目的,而且还可以阻止操纵会计,并间接提醒投资者注意会计方法的灵活性。[197] 此外,SEC 最近发布了一份公告,其中专门警告披露现金流和净收入的发行人,现金流的披露可能会"误导外行人",只应在特定情况下使用,并有适当的条件限制。[198]

尽管如此,SEC 最近的大部分行动显然都是为了让专业人士能够更好地履行他们的投资分析和投资咨询职能。SEC 已经意识到,在没有专业协助的情况下,普通投资者很难做出"明智的投资决策"。[199] 正如对 1933 年和 1934 年两部法律中披露规则的"整合"减少了对普通投资者的实际信息传递,披露改革越来越多地针对专业人士,对普通投资者只有间接的好处。[200]

(五)具有可读性的招股说明书

然而,在一个方面,SEC 最近在披露领域的活动强烈反映了其对披露保护性功能的持续关注。纵观其历史,SEC 一直试图让普通投资者

---

[196] See SEC Securities Act Release No. 5275, at 4 (July 26, 1972)(只有在专业人员核实和使用时,披露才有效); Address by SEC Chairman Cook, *supra* note 162, at 83,027(财务分析师在向投资大众传播信息方面很重要); *cf.* Address by SEC Chairman Cook, N. Y Society of Security Analysts, March 27, 1973, in CCH FED. SEC. L. REP ¶ 79,301, at 82,914 (SEC 负责为成熟的专业分析师提供足够的信息).

[197] 在可接受的会计方法中所作的选择可以并且已经被用来掩盖而不是揭示公司的经济现实。Statement by SEC Chairman Casey accompanying SEC Securities Act Release No. 5342, in [1972 – 1973 Transfer Binder] CCH FED. SEC. L. REP. ¶ 79,144, at 82,476 (Dec. 18, 1972). 更多关于会计方法的披露将使公众了解会计的潜在操纵方面,并改变公众对会计技术产生精确计量而非估计的印象。See Address by SEC Chairman Casey, Annual Meeting of American Institute of Certified Public Accountants, in 171 BNA SEC. REG. & L. REP. A – 1 (Oct. 4, 1972).

[198] See SEC Securities Act Release No. 5377 (March 15, 1973).

[199] See authorities cited note 196, *supra*.

[200] See WHEAT REPORT, *supra* note 7, at 52.

"读懂"招股说明书;[201] 它已经认识到,确保"全面"披露所需的复杂而详细的信息对于普通投资者来说是难以理解和混乱的。[202] 因此,"全面"披露对成熟的投资者有用,"公平"披露则向普通投资者展现可以理解的公司情况,二者之间存在内在冲突。[203] 如果招股说明书要通过提醒投资者公司所涉及的消极因素并向投资者提供可靠信息来发挥其保护性作用,则后一种类型的披露是必要的。

SEC 一直敦促发行人减少招股说明书的篇幅、降低其复杂性,并避免使用专有术语或法律术语。[204] 在这一方面,最近 SEC 要求每份招股说明书都包含一份内容摘要,注明本次发行的显著特征。[205] 在最近通过正式指导方针之前,复杂的招股说明书和合并委托书(merger proxy statements)都已被要求提供此类摘要。[206] 使用此类摘要已受到评论员的批评,他们问道:如果事实上的全面披露需要非常详细的信息,那么如何才能认为摘要的披露是充分的?[207] 对这种批评的回答是,摘要的设计并不是为了让投资者彻底了解公司,而只是为了让投资者对公司的基本情况有所了解,这样投资者就可以评估口头的销售承诺或发现证券文件中的明显不当。[208] 换言之,此类摘要可能无法使投资者在竞争性投资中作出合理的选择,但可以防止其购买不良证券。因此,摘要与悲观披露和保守的会计实践具有相同的功能。

SEC 最近还要求在招股说明书中包含饼状图和条形图,以图表方

---

[201] See 1933 Act, SEC Rule 460(f), 17 C.F.R. § 230.460(f) (1954); 4 SEC ANN. REP. 46 (1938); 1 L. LOSS, *supra* note 16, at 261-65.

[202] See WHEAT REPORT, *supra* note 7, at 52; see Heller, *Disclosure Requirements Under Federal Securities Regulation*, 16 BUS. LAW. 300, 301-02 n.6 (1961).

[203] See *Myths*, *supra* note 3, at 1165.

[204] See Guides for Preparation and Filing of Registration Statements, SEC Securities Act Release No. 4936 at ¶ 5 (Dec. 9, 1968); 1 L. LOSS, *supra* note 16, at 261-65; WHEAT REPORT, *supra* note 7, at 77-81.

[205] See SEC Securities Act Release No. 5396 (June 1, 1973).

[206] See SEC Securities Act Release No. 5231 (Feb. 3, 1972) (在冗长或复杂的招股说明书中包括易读的摘要); Smith, *An Overview of the Registration Statement Process*, in GOING PUBLIC: FILING PROBLEMS 3, 9 (J. McCord ed. 1970).

[207] See *Myths*, *supra* note 3, at 1165.

[208] See B. GRAHAM, D. DODD & S. COTTLE, SECURITY ANALYSIS 677 (4th ed. 1962).

式表示因发行而导致的投资者股权稀释、发起人的投资与公众投资者的投资对比以及收益的使用。[209] 这一发展也被批评为对招股说明书的信息性功能毫无增益。[210] 然而,很明显,图表披露的目的不是传达额外的信息,而只是向投资者简单地强调投资的消极方面。[211] 换句话说,招股说明书旨在强调投资的消极影响,这些影响可能会被急于推销的推销员忽略。[212] 此类披露工具并非针对有经验的招股说明书读者,而是针对普通读者。它们的设计目的不是告知,而是警告。过去,SEC要求在投机性证券的招股说明书中包含这些风险因素,而图表披露是突出描述相关风险因素的现代性补充方式。[213]

SEC对"可读的"招股说明书的持续关注,在某种程度上与其最近向更具信息性披露和更少保护性披露的明显转变不一致。当然,部分原因是使招股说明书更具可读性的尝试不仅让普通投资者受益,也让成熟投资者受益。最近,为了使招股说明书对所有读者(无论是没有经验的还是成熟老练的)都更有用,SEC试图消除样板文件,避免赘述。[214] 然而,对图表形式披露的要求以及对风险因素和投资消极方面的强调,与SEC最近主要为成熟投资者提供投资分析信息的尝试不一致。SEC之所以采取这样的行动,只能解释为它相信披露可以继续成

[209] See SEC Securities Act Release No. 5278 (July 26, 1972).

[210] See *New Approaches to Disclosure in Registered Security Offerings*, 28 BUS. LAW. 505, 528 (1973) (remarks of H. Marsh); see Kripke, *The Myth of the Informed Layman*, 28 BUS. LAW 631, 633 – 34 (1973).

[211] *Cf.* Letter from Carl W. Schneider to Alan B. Levenson, Esq., Director, Division of Corporation Finance, Securities and Exchange Commission, Aug. 11, 1971, in BNA SEC. REG. L & REP H – 1, H – 2 (Aug. 18, 1971). "带有'稀释'字样的招股说明书带有污名。这清楚地向公众表明,其已被作出某种不利的评价,因为一只优质的股票,很少做出稀释表示。"

[212] 最近的一项规定显然也是出于同样的目的,即财务报表附注的印刷字体要比以前大;该规定的发布强调,关键的财务信息往往以小字印刷的形式披露在附注中,这容易被投资者忽视。See SEC Securities Act Release No. 5145 (Apr. 30, 1971)(采纳规则); SEC Securities Act Release No. 5112 (Nov. 23, 1970)(提议规则).

[213] See SEC Securities Act Release No. 4936, at ¶ 6 (Dec. 9, 1968); authorities cited note 132 *supra*.

[214] See SEC Securities Act Release No. 5396 (June 1, 1973); Address by SEC Chairman – Designate Cook, *supra* note 1, at 82,700.

为普通投资者的有效保护手段。

人们似乎普遍承认,仅靠披露不足以阻止投资者在牛市期间购买高风险甚至毫无价值的证券。[215] 然而,SEC 的言行似乎表明,其希望即使只靠披露也可以做到这一点。人们可能会推测,对可读的招股说明书做出承诺,可能既是一种信念,即如果进行足够多的劝说,就可以说服普通人理性行事,也是促使证券市场更诚实的一种实际手段。[216]

四、结论

SEC 对联邦证券法披露规则的执行表明,其历来将保护不成熟的投资者视为主要工作;为促进证券市场的有效运行而提供有用的投资信息在某种程度上已经让步于前一项任务。然而,最近,随着证券市场变得更加复杂,专业分析师和基金经理的相对重要性增加,SEC 对此的回应是将更多精力放在提供有用的信息上,而不是强调必须利用披露来保护粗心的投资者免遭不良投资的影响。

尽管如此,SEC 并没有放弃披露的保护性作用;SEC 在直接监管证券交易商方面活动的增加表明,它已经意识到在保护投资者方面,披露可能不如直接监管有效。然而,SEC 将披露作为一种保护手段的承诺由来已久,并且对于诸如可读的招股说明书等问题的持续关注表明,该承诺将会继续下去。

(编辑:徐安安)

---

[215] See Knauss, *A Reappraisal of the Role of Disclosure*, 62 MICH. L. REV. 607, 616 (1964); Levenson, *The Role of the SEC As a Consumer Protection Agency*, 27 BUS. LAW. 61, 62 - 63 (1971).

[216] See Sommer, *Random Thoughts on Disclosure as "Consumer" Protection*, 27 BUS. LAW. 85, 88 (1971).

《证券法苑》(2024)
第三十九卷,第405~460页

联邦证券法下的内部人、外部人及信息优势*

[美]维克托·布鲁德尼** 著
薛前强*** 高 尚**** 译

译者评注: 维克多·布鲁德尼(Victor Brudney)教授是公司法领域的巨擘。职业生涯早期,他曾在

---

* Victor Brudney, *Insiders, Outsiders, and Informational Advantages under the Federal Securities Laws*, 93 Harv. L. Rev. 322(1979), pp. 322 - 376. 本文已获期刊社翻译授权。

本文获得我国司法部2021年度法治建设与法学理论研究部级科研项目"后疫情时代公司应急治理法律问题研究"(21SFB4050)、中央民族大学2022年青年教师科研能力提升计划项目"共同富裕视野下企业慈善行为法律规制研究"(2022QNPY39)、中央民族大学2022年研究生课程建设和教育教学改革项目"新时代法学类研究生教育教学多维改革研究"(GRSJYGG013)、中央民族大学2021年度科研管理人员能力提升计划项目"法学院科研创新活化培育机制研究"、2023年中央民族大学青年能力提升滚动支持项目"少数民族企业应对社会突发紧急公共事件法律机制研究"、2024年中国青少年研究会重点课题"算法时代青少年数字权益的保障与发展研究"(2024A03)的经费支持。

** 哈佛大学法学院韦尔德法学教授。1937年获纽约城市学院文学学士学位,1940年获哥伦比亚大学法学学士学位。

*** 中央民族大学法学院讲师。

**** 中央民族大学法学院硕士研究生。

美国罗格斯大学法学院任教,后来在波士顿学院担任名誉法学教授。1970年,以客座教授的身份加入哈佛大学法学院。1971年至1988年,担任法学教授,后担任公司金融法名誉教授。他还是耶鲁大学、斯坦福大学、哥伦比亚大学和福德汉姆大学的客座法学教授。布鲁德尼教授总是率先预言并分析那些至今仍是主流争议焦点的公司法问题。例如,在最高法院2010年对联合公民诉联邦选举委员会一案作出裁决的30年前,布鲁德尼就探讨了公司法规则在规范公司言论方面的重要性,建议将公司用于政治竞选的开支问题作为公司法的一个问题来处理,要求股东批准政治竞选的开支。2002年,布鲁德尼与艾伦·法瑞尔教授合著的《企业慈善捐赠》一文对可能解决企业慈善捐赠问题的公司治理规则进行了全面分析,产生了深远的影响。1982年,布鲁德尼被选为美国艺术与科学学院的成员。布鲁德尼教授在学术研究领域堪称丰功至伟,以至于哈佛大学商学院的公司治理项目专设以其姓名命名的写作奖项来奖励公司治理相关主题的最佳学生论文。哈佛大学法学院院长玛莎·米诺也毫不吝惜赞誉之词——维克托·布鲁德尼是一位杰出的教师和学者,他对公司法和金融领域的公平、平等和自由等基本问题的探索使几代学生和同事受益。布鲁德尼教授于2016年4月离世,享年98岁。

“披露或禁止交易”规则源于美国联邦证券法的反欺诈条款。本文提出了一个确定“披露或禁止交易”规则适用范围的原则,即若一方拥有信息优势,而公众投资者无论多努力或拥有何种资源,都不能合法地克服其信息劣势,则应该禁止其交易。公众投资者无法合法地获取信息才是“披露或禁止交易”规则的基础。虽然禁止利用他人无法克服或合法抵消的信息优势进行交易的原则在实际应用中也并不容易,但与确定何时违反该原则所涉及的困难相比,确定和适用违反者罪责的条件所遇到的问题并不新颖。本文对外部人士、内部人士以及信息优势逐步分析,得出了禁止利用一个交易商相对于另一个交易商所具有的不可逾越的信息优势的结论,这也从立法的政策中获得了正当性和适当性基础。虽然从历史上看,美国的反欺诈条款主要规制公司内部人员或市场专业人员,但它所体现的原则却延伸到保护公众投资者免受与拥有信息优势的人进行的交易的影响。这是对披露义务的扩展,具有深远的理论意义。

摘要:联邦证券法规定的信息披露制度禁止一部分拥有信息优势的人进行内幕交易,但仍需找到一个原则来定义和限制反欺诈条款的边界范围。内部人士的信托责任是披露义务学说公认的核心内容。利用内幕消息在股市获利的人、投资顾问和经纪人都会受"披露或禁止交易"规则影响,公众投资者无法合法地获取信息才是"披露或禁止交易"规则的基础,其表明禁止利用一个交易商相对于另一个交易商所具有的不可逾越的信息优势在立法政策层面存在正当性和适当性。

关键词:联邦证券法　反欺诈条款　信息披露　披露与禁止交易规则

虽然联邦证券法的反欺诈条款明显限制了公司内部人员根据内幕信息进行交易,但迄今为止,将法律扩展到可能拥有其他信息优势的外部人员的做法仍未系统化。本文中,布鲁德尼教授提出了一个确定"披露或禁止交易"规则(disclose - or - refrain rule)适用范围的原则。其结论是,若一方拥有信息优势,而公众投资者无论多努力或拥有何种资源,都不能合法地克服这种信息劣势,则应该禁止其交易。

至少自德州海湾硫黄公司内幕交易案(Texas Gulf Sulphur)判决[1]以来,联邦证券法的反欺诈条款已呈现"披露或禁止交易"规则——就公司证券价值持有非公开[2]和重大信息的人或至少特定人,不能买卖证券,除非他们事先披露该信息。这一规则最早是在解释10b - 5 规则[3]时引用的,即为了解决内部人员或公司本身利用与公

〔1〕 See SEC v. Texas Gulf Sulphur Co., 401 F. 2d 833 (2d Cir. x968), *cert. denied*, 394 U. S. 976 (1969).

〔2〕 非公开,是指投资者未经同意不得合法获取的信息。它还包括那些虽然可以合法传播,但尚未可以普遍获取的信息。关于"普遍可得"这一概念的讨论,见后注〔137〕。

〔3〕 See 17 C. F. R. §240. 10b - 5 (1979). 10b - 5 规则规定:任何人利用各州之间的商业工具或者商业手段,或者利用信函方式,或者利用某全国性证券交易所的任何设备,直接或者间接地从事以下行为,均为非法:(1)使用任何计划、技巧和策略进行欺诈的;(2)进行不真实的陈述或遗漏实质性的事实,这一实质性的事实在当时的情况下对确保陈述不具有误导性是必要的;(3)从事任何构成或可能构成欺诈的行为:购买或出售证券有关的行为、做法或业务过程。

司资产或前景有关的内幕信息进行交易之情况。[4] 但此后,根据10b-5[5]规则和其他反欺诈条款(如《投资顾问法》[6]第206条和《威廉姆斯法案》[7])的规定,该规则被扩展为限制非内部人员利用影响证券价格的信息实施交易的行为,即使这些信息与公司前景无关。例如,关于某人即将提出收购要约或发布"卖出"建议的信息,其预计会对股票价格产生急剧且直接的影响,即使这种影响只是短期的。因此,最近的案例和美国证券交易委员会(United States Securities and Exchange Commission,SEC)的提案表明,对"披露或禁止交易"规则的限制影响了经纪人在收到"市场信息"[8]时的行为,影响了要约人的附属公司[9](如果不是要约人的话[10]),也限制了报纸专栏作家试图"剥削"公众投资者的行为。[11] 另外,如果不是直接执行代理人或

---

〔4〕 See Northern Trust Co. v. Essaness Theatres Corp., 103 F. Supp. 954 (N. D. Ill. 1952); Speed v. Transamerica Corp., 99 F. Supp. 808 (D. Del. igsi); Kardon v. National Gypsum Co., 73 F. Supp. 798 (E. D. Pa.), *modified*, 83 F. Supp. 613 (E. D. Pa. 1947); Ward La France Truck Corp., 13 S. E. C. 373 (1943).

〔5〕 See, e. g., Oppenheimer & Co., SEC Exchange Act Release No. 12,319, [,975 - ,976 Transfer Binder] FED. SEC. L. REP. (COH) 80,551 (Apr. 2, 1976).

〔6〕 See 15 U. S. C. § 80b - 6 (,976); *see* SEC v. Capital Gains Research Bureau, Inc., 375 U. S. i8o (1963).

〔7〕 See SEC Proposed Rule 14e - 2, 44 Fed. Reg. 9954, 9976 - 79, 9987 - 88 (如获批准,将被编入 17 C. F. R. § 240. 14e - 2). See also Electronic Specialty Co. v. International Controls Corp., 409 F. 2d 937, 940 (2d Cir. 1969) [暗示《威廉姆斯法案》第14(e)条"实际上"使规则 I0b - 5 的限制适用于要约人和要约的反对人。]; Flynn v. Bass Bros. Enterprises, 456 F. Supp. 484 (E. D. Pa. 1978); Berman v. Gerber Prods. Co., 454 F. Supp. 1310 (W. D. Mich. 1978).

〔8〕 同前注〔5〕。

〔9〕 See United States v. Chiarella, 588 F. 2d 1358 (2d Cir. 1978), *cert. granted*, 99 S. Ct. 2158 (1979); SEC v. Manderano, [1978 Transfer Binder] FED. SEC. L. REP. (CCII) 96,357 (D. N. J.); SEC v. Primar Typographers, Inc., [1976 - 1977 Transfer Binder] FED. SEC. L. REP. (CCH) 95,734 (S. D. N. Y. 1976); SEC v. Ayoub, [1975 - 1976 Transfer Binder] FED. SEC. L. REP. (CCH) 95,567 (S. D. N. Y. 1976); ef. SEC v. Sorg Printing Co., [1974 - 1975 Transfer Binder] FED. SEC. L. REP. (CCI -) 95,034 (S. D. N. Y. 1975) (法院在没有作出决定的情况下,根据10b - 5规则假定出版公司负有责任).

〔10〕 同前注〔7〕。另见下文相关内容。

〔11〕 See Zweig v. Hearst Corp., 594 F. 2d 1261 (9th Cir. 1979).

高级管理人员和控股股东在管理或合并其公司时的信托义务，那么，该规则在执行方面的适用性仍然不确定。[12] 这些发展中隐含着对披露义务的扩展，其后果足以让人探究证券立法或由该立法衍生的政策是否为扩展或限制其范围提供了令人满意的理由。

一、信息披露的条件

联邦证券法规定了一套信息披露制度，这套制度中一部分是强制性的，一部分源自该法的反欺诈条款。强制性信息披露条款——《1933年证券法》(Securities Acts of 1933)[13] 和《1934 年证券交易法》(Securities Acts of 1934)[14] 的注册和报告条款——要求向委员会或交易所提交信息，并直接向股东以这种方式或其他方式提供信息。某些强制性信息要在特定交易或询价中提供；[15] 除了询价或特定交易外，还需要定期提供其他信息。[16]

---

〔12〕 See United States v. Chiarella, 588 F. 2d 1358 (2d Cir. 1978), *cert. granted*, 99 S. Ct. 2158 (1979); Goldberg v. Meridor, 567 F. 2d 209 (2d Cir. 1977), *cert. denied*, 434 U. S. io69 (1978). Compare Kidwell *ex rel.* Penfold v. Meikle, [1979 Transfer Binder] FED. SEC. L. REP. (CCH) 96,912 (9th Cir. June 1, 1979), and Wright v. Heizer Corp., 56o F. 2d 236 (7 th Cir. 1977), *cert. denied*, 434 U. S. io66 (1978), *with* Biesenbach v. Guenther, 588 F. 2d 400 (3d Cir. 1978).

〔13〕 See 15 U. S. C. § § 77a – 77aa (1976).

〔14〕 See 15 U. S. C. § § 78a – 78kk (1976).

〔15〕 例如，《1934 年证券交易法》要求提供以下方面的信息：(1) 某些购买股票的行为，§ 13(d), IS U. S. C. § 78m(d) 1976; see also SEC Rule 14d – 4, 17 C. F. R. § 240. 14d – 4 (1979); (2) 代理权征集，§ 14, IS U. S. C. § 78n (1976); (3) 询价，§ 14(d), is U. S. C. § 78n(d) (1976); and (4) 内幕交易，§ 16(a), IS U. S. C. § 78p(a) (1976)。

〔16〕 例如，根据《1934 年证券交易法》第 13 条和第 15 条，必须编制定期报告。IS U. S. C. § § 78m, 780 (1976).

与强制性信息披露条款不同,反欺诈条款[17]并没有规定对特定信息项目的提交或报告。相反,只有在特定情况下没有披露,给买卖已经受到影响的证券或接受投资顾问服务的投资者造成相关事态的错误印象时,才会涉及披露事宜。在买卖交易或咨询服务中未进行相关沟通时,反欺诈条款表面上并没有明确要求披露的内容。然而,从判例法中可以清楚地看出,反欺诈条款并不仅仅是对强制性信息披露制度的执行,[18]而是关注信息披露本身的力量,并且不考虑其适用是不是为了支持强制性信息披露条件。它们独立运作——部分是为了填补强制性信息披露制度留下的空白,[19]部分是为了阻止或预防某些交易。在

---

〔17〕 各种反欺诈条款的措辞并不统一,至少在覆盖范围和罪责标准上存在差异,甚至在披露的信息内容上也有所不同。See Steadman v. SEC, 603 F. 2d II26 (Sth Cir. 1979); V. BRUDNEY & M. CHIRELSTEIN, CASES AND MATERIALS ON CORPORATE FINANCE 705 – 08 (2d ed. 1979). 因此,由于前者仅提及“操纵”和“欺骗性”手段和方法,以及在购买或销售证券时发生违规行为的需要,《1934 年证券交易法》第 10(b)条,《美国法典》第 78j(b)条(1976),以及 10b – 5 规则因此受到限制。See Ernst & Ernst v. Hochfelder, 425 U. S. 185 (1976); Blue Chip Stamps v. Manor Drug Stores, 421 U. S. 723 (1975). 其他的章节和规则以不同的语言援引了“欺诈”、“欺诈性”手段、计划或诡计以及“欺诈行为……”等概念。See § 15(c)(I) of the 1934 Act, IS U. S. C. § 78o(c)(i) (1976), and rule 15ci – 2, 17 C. F. R. § 24o. 15cI – 2 (1979) (经纪人和交易商); § 13(e), is U. S. C. § 78m(e) (1976) (发行人购买自己的股票); § 4(e), 15 U. S. C. § 78n(e) (1976) (要约收购); § 17(a) of the 1933 Act, 15 U. S. C. § 77q(a) (1976); § 206 of the Investment Advisers Act, IS U. S. C. § 80b – 6 (1976).《1933 年证券法》第 17(a)条和《1934 年证券交易法》第 14(e)条还援引了一个单独的概念,即“陈述必要的重要事实,以使所作的陈述……不具误导性”。《美国法典》第 15 卷第 78n(a)条(1976 年)及其下的规则14a – 9,《联邦判例汇编》第 17 卷第 240. 14a – 9 条(1979 年)援引了这一概念,不受任何附带的“欺骗”、“操纵”或“欺诈”的限制。See Gerstle v. GambleSkogmo, Inc. , 478 F. 2d 1281, 1299 & n. 18 (2d Cir. 1973). See also § § ix (a) and 12(2) of the 1933 Act, 15 U. S. C. § § 77k(a), 771(2) (1976); § 9(a)(4) of the 1934 Act, 15 U. S. C. § 78i(a) (1976) (covering “dealers”); § 18(a) of the 1934 Act, is U. S. C. § § 78i(a)(4), 78r(a) (1976). 尽管这些法规之间的语言不同,但就本文所涉及的问题而言,这些法规及其下的条例实际上可以被视为没有区别。See SEC v. Capital Gains Research Bureau, Inc. , 375 U. S. 180(1963).

〔18〕 Exceptions are § ii of the 1933 Act, i U. S. C. § 77k (1976), and possibly § 18 of the 1934 Act, IS U. S. C. § 78r (1976).

〔19〕 See Bauman, *Rule 10b – 5 and the Corporation's Affirmative Duty to Disclose*, 67 GEO. L. J. q35 (1979).

这些交易中，一方比另一方拥有信息优势。

鉴于联邦证券法中存在一个复杂的强制性信息披露结构，以及反欺诈条款在执行该制度方面的明确性职能，随即而来的问题是——为什么这些条款本身也应规定强制性信息披露制度中未曾要求的内容——特别是由于反欺诈条款的内容中没有明确要求披露，而普通法也没有包括任何这样的义务。[20] 可以肯定的是，有一些反欺诈条款确实明确要求披露，以完成相关陈述或要求陈述的内容。就这一点而言，这些条款并没有对正在发展中的有关欺诈性失实陈述的普通法进行实质性扩展，而且当信息是自愿提供或是为响应强制制度而提供时，可以适当地援引这些条款来要求其作出完整的陈述。[21] 但问题是，这些条款是否适用于被称为“单纯沉默”(mere silence)的行为范围。有什么理由可以支持这样的结论，即证券法反欺诈条款关于禁止虚假陈述的规定也产生了“披露或禁止交易”义务。

(一)证券市场环境

将禁止性规定转化为披露要求的理由，无疑是源于信托考虑。[22] 但是，除了信托义务，上市公司证券交易的市场环境在功能上也要求将披露义务同化为避免虚假陈述的义务。上市公司对其投资者和公众不断地描述其业务和前景，这不仅体现在强制性信息披露的信息和定期财务报告上，还体现在对股东的定期报告、大量且频繁的新闻发布、与证券分析师的会议(包括正式会议和非正式的个别会议)以及媒体广

〔20〕 See I F. HARPER & F. JAMES, THE LAW OF TORTS § 7 - 14 (1956); Peek v. Gurney, L.R. 6 E. & I. App. 377, 403 (1873).

〔21〕 See I F. HARPER & F. JAMES, *supra* note 20, § 7.14, at 588 - 90; RESTATEMENT (SECOND) OF TORTS § 551 (1977).

〔22〕 公司及其内部人员在与证券持有人打交道时负有的披露非公开公司信息的义务，可以适当地被视为保护受益人免受受托人过度干预的延伸，在联邦证券法颁布时，普通法正在逐步形成对公司内部人员的约束。See, e. g., Note, *Civil Liability Under Rule X - iob - 5*, 42 VA. L. REV. 537, 546 - 54 (1956); Comment, *A New Concept of Fraud on the Securities Exchange - A Comment on In re Cady*, Roberts & Co., I5 S. C. L. REV. 557, 561 - 64 (2963). 另见后注〔71〕。

告上。[23] 无论新闻是关于科研突破、新官员的任命、新工厂、业务线的中断还是其他方面,可以公平地说,任何人在考虑对一家上市公司的股票作出投资决策(是否购买、出售或持有)时,在作出决定之前,都会根据公司所提供的大量信息行事。[24] 投资者自己的调查和研究可能会产生额外的信息,但即使没有这些信息,也可以说其已经从公布的信息中对企业及其前景有了一定的印象,无论是强制性的还是非强制性的。

鉴于公司不断地制造关于公司事务的特定印象,如果发生的事件使先前产生的印象具有了重大误导性,且未能就这些事件的发生进行沟通,就可能会被合理地认为是一种表述——或者至少可以公平地允许投资者推断——所有先前的披露仍然是准确和完整的,并且可以为外部人士的投资决策提供充分的基础。用法律语言来说,未能披露这些事件构成了对必要的重大事实的遗漏,这些事实是为了使所做的陈述在当时的情况下不会产生误导。否则,如果再加上先前已经产生了的误导印象,那么未披露部分就可以被看作"经营过程中的……欺诈"[25] 的一部分,甚至是"欺诈计划或诡计"[26] 的一部分,至少要对这种不披露行为规定适当的罪责标准。[27]

---

〔23〕 关于20世纪60年代初的企业宣传和公共关系的描述,see SECURITIES AND EXCHANGE COMMISSION, REPORT OF SPECIAL STUDY OF SECURITIES MARKETS, H. R. Doc. No. 95, 88th Cong., ist Sess. (1963) (3 parts) [hereinafter cited as SEC SPECIAL STUDY]. 对于后续的发展, see HOUSE COMMITTEE ON INTERSTATE AND FOREIGN COMMERCE, 95TH CONG. IST SESS., REPORT OF THE ADVISORY COMMITTEE ON CORPORATE DISCLOSURE TO THE SECURITIES AND EXCHANGE COMMISSION 8-11 (Comm. Print 1977) [hereinafter cited as ADVISORY COMMITTEE REPORT].

〔24〕 See, e. g., SEC Securities Act Release No. 5092, [1970-1971 Transfer Binder] FED. SEC. L. REP. (CCH) $ 77,915 (Oct. I5, 1970).

〔25〕 See I7 C. F. R. § 24 0. Iob-5(c) ('979).

〔26〕 See *id.* § 240. 10b-5(a).

〔27〕 See Ross v. A. H. Robins Co., [Current] FED. SEC. L. REP. (CCH) 97,115 (2d Cir. Sept. 24, 1979); Bruce v. Rosenberg, 463 F. Supp. 673 (E. D. Wis. 1979); Bauman, 参见前注〔19〕, 第963~972页。值得注意的是,拟议中的《联邦证券法》解决了由于公司信息的持续流动而造成的虚假陈述问题,但实际上是将纠正不再准确的重要事实的责任限制在了最近发表的声明中。See ALl FED. SEC. CODE § 602(b) (Proposed Official Draft 1978). 在第16条第3款中,法典明确规定了披露非"普遍可得"的事实的义务,尽管该义务仅适用于"公司内部人员"和"特别重要的事实",这一范畴可能比"重大"事实要狭隘得多。See also CAL. CORP. CODE § § 25402, 25502 (West 1977).

证券市场环境给那些在其中进行交易的人带来了特殊的困难,他们难以弄清楚有关事实,即过去产生的印象是否仍然是准确的。正如国会所指出的那样,证券是“复杂的商品”(intricate merchandise)[28],有关它的重要信息通常只来自企业内部。要找到企业信息或任何其他类型的相关信息,需要进行大量的研究,而被动型投资者很少具备这方面的能力,顾问们也需要为此偿付费用。因此,纠正一个不再准确的印象涉及搜索成本,这恰恰与寻求纠正或抵消虚假信息所涉及的成本一样,说假话的人或掌握信息的人所承担的成本是最低的。在证券交易中,搜索成本的差异性得到强调,因为它们通常发生在非个人化的市场中,在这种市场中,当买方或卖方与其他(未知的)卖方或买方进行交易时,进一步寻求该公司信息的成本很高(如果不是不可能的话)。

总之,我们很容易接受这样一种观点:将未能披露变更的罪责与先前事态产生的持续性影响相结合,从而得出公司或其内部人员违反法律法规的结论,至少在进行证券交易时是如此的。这样的结论忠实于法规的语言和目的,[29]而且在证券市场的背景下采用这样的结论并不需要将普通欺诈法则进行扩展,以要求在其他市场或其他商品或服务

---

〔28〕 See H. R. REP. No. 85, 73 d Cong., ist Sess. 8 (1933). See also A. BERLE & G. MEANS, THE MODERN CORPORATION AND PRIVATE PROPERTY 300 – 25 (1933). 相比之下,对于“实物”商品或货物,购买者可以进行检验,除标准化消费品外,还可要求或说明其规格。此外,在标准化消费品的情况下,以前购买的经验或品牌名称本身就提供了自己的信息,而这些信息对于证券来说是不可用的,因为股票价格的过去表现不一定指示着未来。

〔29〕 法院很少主动指出,10b – 5 规则或讨论中的法规或条例的反欺诈部分中哪条规定是“披露或禁止交易”规则的基础。In SEC v. Texas Gulf Sulphur Co., 401 F. 2d 833, 852 (2d Cir. 1968), cert. denied, 394 U. S. 976 (1969), 法院建议第 10b – 5 条(c)款支持这项裁定。See also List v. Fashion Park, Inc., 340 F. 2d 457, 462 (2d Cir.), *cert. denied*, 382 U. S. 811 (i965); Berman v. Gerber Prods. Co., 454 F. Supp. 1310 (W. D. Mich. 1978); In re Cady, Roberts & Co., 40 S. E. C. 907, 913 (1961). (b)条款似乎不恰当。See 6 L. Loss, SECURITIES REGULATION 3547 (2d ed. Supp. 1969); i A. BROMBERG, SECURITIES LAW § 2.6(2) (1974). 注意,尽管《投资顾问法》第 206 条,《美国法典》第 15 卷第 80 b – 6 页(1976)并不包含与 10b – 5 规则(b)条款相等同的内容,但最高法院在“证券交易委员会诉资本收益研究局公司”一案中[《美国最高法院判例汇编》第 375 卷第 180 页、第 197 ~ 199 页

中进行类似的披露。[30]

反欺诈条款的历史和政策(当然也包括其内容),都没有将其覆盖范围限制在公司内部人员和公司信息——来自公司内部或由于反映公司预期收益或资产而影响公司股票价格的信息。[31] 其他类型的信息,

---

(1963)]对206条的解释不难体现出“披露或禁止交易”规则。最后,值得注意的是,构成《1934年证券交易法》基础的参议院法案规定,为诱导购买或出售证券而作出虚假或误导性陈述为非法行为,并规定“如本款所使用的‘陈述’一词应解释为包括对重大事实的任何遗漏”。S. 3420, 73d Cong., 2d Sess. § 9(a)(4) (1934). 根据“会议报告”,H. R. REP. No. 1838, 73d Cong., 2d Sess. 32 (1934),该条款“被作为多余的内容从替代品[折中法案]中省略,因为一项陈述显然可能因重大遗漏而产生误导”。在过去几年的几次发布中,证监会提醒发行人有义务及时报告重大的新发展, SEC Securities Act Release No. 5092, [1970 - 1971 Transfer Binder] FED. SEC. L. REP. (CCH) 77,915 (Oct. 25, 1970); SEC Securities Act Release No. 5009, [1969 - 1970 Transfer Binder] FED. SEC. L. REP. (CCH) 77,744 (Oct. 7, 1969),并至少含蓄地建议,他们应该纠正随后发生的事件所造成的错误陈述或后来发现的错误陈述, SEC Securities Act Release No. 5992, [1978 Transfer Binder] FED. SEC. L. REP. (CCH) 81,756 (Nov. 7, 1978); SEC Securities Act Release No. 6084, [2979 Transfer Binder] FED. SEC. L. REP. (CCH) 82,1I7 (June 25, 1979). 最近,在公司正在从事的交易(如合并或要约收购)的预测中,这种告诫在提议中变得更加明确。同前注。

〔30〕 普通法关注商品交易中当事人之间的充分沟通,重点是在肯定性的错误陈述上。在有可能进行检查或直接谈判的情况下,为确保结果符合预期,披露要求就显得不那么必要。事实上,买方应该承担风险,使自己确信得到了承诺的东西,这是首要议题。卖方显然被认为有权获得保护,免受买方随后无限制地提出不披露的要求。只有那些确实歪曲了某些具体事实的卖家才会被追究责任。担保的发展,特别是适用性或适销性的担保,将风险转移给了卖方,在日益客观的经济中,可能被视为披露要求的替代品。See, e.g., 2 F. HARPER & F. JAMES, 参见前注〔20〕, 第159~190页(1956); Prosser, *The Implied Warranty of Merchantable Quality*, 27 MINN. L. REV. Ⅱ7 (1943); *Special Project - Article Two Warranties in Commercial Transactions*, 64 CORNELL L. REV. 30 (1978); Comment, *Implied Warranties of Quality in Texas Sales*, 32 TEx. L. REV. 557 (1954). 后来,产品责任理论和强制披露规则的发展为更多茫然的消费者提供了保护。See R. POSNER, ECONOMIC ANALYSIS OF LAW 134 -37, 273 -76 (2d ed. 1977). 此外,在买方是所购买产品的消费者或使用者的情况下,鼓励其追求发现价值的必要性要小于证券,因为所购买的是使用价值而不是收入。相比影响未披露委托人的责任和期望的法律来说,卖方很少有权通过信息披露的要求来保护自己免受过分的买方的侵害,或是超越保护买方不受肯定性的虚假行为的影响。See R. STEFFEN, CASES ON AGENCY - PARTNERSHIP 477 -514 (3d ed. 1969).

〔31〕 公司信息的例子包括对自然资源的重大发现、研究和开发的突破、新订单的涌现或潜在的合并意向,任何这些信息在公开披露后都可能会导致公司股票价格的上涨。公司的信息也可能是负面的,比如知道订单被取消,新产品不被接受,新计算出的收益下降,红利的消逝,或者一个失败的企业被注销。在后一种情况下,一旦消息传到市场,公司的股票价格可能会下跌。

如市场信息也可能对投资决策有影响。市场信息涉及公司证券的交易，其关注的是公司证券交易对未来价格的影响，而不是公司收益或资产的预期变化。因此，尽管市场准确地反映了某一特定公司的经营前景，但其股票的市场价格可能并不能准确地表明股东可以卖出的价格，因为市场并没有反映这样一个事实，即在第二天会有更高价格的要约收购，或该股票将被摘牌，或者某个大宗交易的持有人将会平仓，或一家著名的经纪公司会提出买入或卖出股票的建议。[32] 市场信息不一定来自企业"内部"，或者根本不需要被知晓；除了要约收购、退市或抛售大量股票会对市场产生短期影响外，它也不需要反映公司的价值。然而，任何人对此类市场状况所作出的肯定性虚假陈述——例如，有人将在第二天提出收购要约——都属于反欺诈条款的范围，因为它会误导投资者进行交易，就像对公司事务的虚假陈述一样有效。

---

〔32〕 虽然知道可能会以明显高于当前市场的价格进行询价是此类信息的典型特征，但这绝不是唯一的例证。要了解可能在公开市场为投资目的购买大量股票的情况，see, e. g. , Reed v. Riddle Airlines, Inc. , 266 F. 2d314, 315, 319 (5th Cir. 1959); Brascan Ltd. v. Edper Equities Ltd. , [x979 Transfer Binder] FED. SEC. L. REP. (CCH) 96,882 (S. D. N. Y. May 25, 1979)，或为移除悬而未决的区块而购买股票，或有意在市场上出售一个大区块，都是其他例证；see also Rogen v. Ilikon Corp. , 362 F. 2d 260, 264 (1st Cir. 2966); Langert v. Q - i Corp. , [1973 - 1974 Transfer Binder] FED. SEC. L. REP. (CCH) 94,445 (S. D. N. Y. 1974); Birdman v. Electro - Catheter Corp. , 352 F. Supp. 1271 (E. D. Pa. 1973); Matarese v. Aero - Chatillon Corp. , (1971 - 1972 Transfer Binder) FED. SEC. L. REP. (CCH) 93,322 (S. D. N. Y. 1971). 同样，如果知道外部权威机构即将提出建议或发表意见，就会产生一种预期，即股票交易将改变其价格，至少在短期内如此，而不考虑推动该建议的公司信息是否为市场所知、理解或相信。See Zweig v. Hearst Corp. , 594 F. 2d 2261 (9 th Cir. 2979); Oppenheimer & Co. , SEC Exchange Act Release No. 12,319, [1975 - 1976 Transfer Binder] FED. SEC. L. REP. (CCH) 80,55I (Apr. 2, 1976). 通常情况下，这种市场信息是由投资顾问、经纪人、商情报告书的撰写者或金融专栏作家产生的，并与预期他们的公开建议或报告的交易有关。另一种市场信息是由专业从事股票买卖的人所拥有的信息。因此，进行市场交易的经纪人、交易所的场内交易员或专家，通常拥有关于股票供求的信息，而这些信息是一般人无法获得的。See 2 SEC SPECIAL STUDY，可见前注〔23〕，第 2 部分，第 161 ~ 171 页、第 208 ~ 220 页。

有时,SEC 还会强制要求披露市场信息。[33] 而在《1934 年证券交易法》[34]的立法历史中,存在向媒体支付未披露款项,“联手操纵”(pools)和洗售(wash sales),或是其他形式的市场操纵行为的证据,这无疑表明未能披露的这些支付款项,或即将发生的“虚假”买卖安排(会对市场价格产生影响),是该法案所要纠正的问题。让市场免受误导性信号的影响——无论是关于市场交易还是公司事务——显然是反欺诈条款的一个重要目的。[35]

---

〔33〕 See e. g. , rule 144 (h), 17 C. F. R. § 23 0.1 4 4 (h) (1979); see THIRD ANNUAL INSTITUTE ON SECURITIES REGULATION 35, 50 (R. Mundheim & A. Fleischer, Jr. eds. 1972); Form S – i, Item 29, 2 FED. SEC. L. REP. (CCH) 8220 (1979)(根据《1933 年证券法》的注册声明);*cf.* ALI FED. SEC. CODE § § 242, 520(1978 年拟议正式草案);Securities Act Releases Nos. 5274, 5276 (July 26, 2972). 此外,还要考虑在首次公开募股的招股说明书中经常提到的一些市场信息,如一些悬在市场上空、可以自由出售或者很快就可以出售的无报价股票。*Cf.* Birdman v. Electro – Catheter Corp. , 352 F. Supp. 1272 (E. D. Pa. 1973)[如果公司知道个人计划出售其未注册普通股,则必须在公开发行股票之前披露这一事实(如果是重大事实)。].

〔34〕 See S. REP. No. 792, 73d Cong. , 2d Sess. 7 – 9 (1934).

〔35〕 因此,无论是在该法案颁布之前以及之后进行的广泛曝光的调查,还是时代历史都表明,公众对证券市场中的特定行为不再抱有幻想,而国会决心阻止他们。例如,人们注意到专业人员或普通人组成“资金池”来抬高或压低(操纵)证券价格,以便于他们脱手或买入股票获利。《1934 年证券交易法》第 9 条针对的就是这些做法。不仅是公司内部人士,提供服务的市场专业人士和自行交易的市场常客也将受到限制。See 2 SEC SPECIAL STUDY, 参见前注〔23〕, 第 2 部分,第 226 ~ 227 页。And § 10(b) of the 1934 Act, IS U. S. C. § 78(b) (1976),旨在作为一项剩余禁令,针对那些行为或类似的做法和任何其他“狡猾的手段”。因此,正如委员会早先建议的那样,10(b)条款不仅涵盖了那些参与操纵的人的操纵行为,还涵盖了他们基于操纵信息进行交易的行为,因为公众投资者无法获得这些信息。See Carroll v. First Nat'l Bank, 413 F. 2d 353 (7th Cir. 1969), *cert. denied*, 396 U. S. 1003 (,970); In re JAB Sec. Co. , Admin. Proc. File No. 3 – 4424 (S. E. C. June 25, 1979); Jacobs, *Regulation of Manipulation by SEC Rule* 10*b* – 5, 18 N. Y. L. F. 51I (1973). 与此相关的还有对“首选名单”的敌视。毫无疑问,这在一定程度上是基于对贿赂公职人员或记者以及内部人之间相互利用内幕信息的怀疑。从表面上看,这种做法并不意味着公共投资者在与他们进行的交易中越权。它只是给了优先股持有人一些公共投资者得不到的“讨价还价”的机会,后者本来没有资格获得这些好处,而且它们也不会因此受到损害,除非它们的公司因最初向“优先股”持有人发行“廉价”股票而受到损害。*Cf.* SEC v. Texas Gulf Sulphur Co. , 4o F. 2d 833, 856 – 57 (2d Cir. 1968)(公司董事根据重大内幕消息接受股票期权而不作披露违反了 10b – 5 规则), *cert. denied*, 394 U. S. 976 (1969). 但是,按披露要求剔除优先股的概念,也是反欺诈条款总体方案的一部分——该条款旨在“清洗”市场中内部人士(包括市场“常客”和公司职员)的“偏爱”或“偏好”,并消除由公共投资者无法获得或被认为无法获得的大量此类优势所导致的系统性偏差。

毫无疑问,要实现这一目标,还涉及其他类型的信息。比如,了解即将发生的外交变动,遥远国家间的战争,即将取得成果的科学发现或是另一公司的研究突破。这些信息可能是某一特定公司的外部信息,也可能确实与该公司的业务或证券交易无关,并可以由外部人士合法获得。从反欺诈条款的内容和历史来看,该条款并没有区分非公司信息和公司信息,也没有区分外部人士和内部人士。〔36〕 任何人在与证券交易有关的重要信息上作假都是被禁止的。

在某种程度上,如果非公开的市场信息,或其他与证券价值普遍印象相矛盾的重要信息,可能被一个无相关责任的人获得,那么将其与要求公司或内部人士披露非公开公司信息进行类比是不完善的。尽管专家和场内交易人员不需要对当时的市场价格负责,但他们的行为活动包括在公平交易中使用有关这些价格的有利非公开信息。〔37〕 尽管《1934 年证券交易法》没有废除他们的角色或完全剥夺他们的特权,但却通过第二节以及第10 条和第 15 条的反欺诈条款来授权委员会努力遏制这种优势。〔38〕 此外,

---

〔36〕 在反欺诈条款的语言、历史或政策中,其限制条款的内容均未排除适用于外部人士和内部人士。而判例法没有作出任何区分。See, e. g. , United States v. Naftalin, 99 S. Ct. 2077 (1979); Lewelling v. First Cal. Co. , 564 F. 2d 1277 (9th Cir. 1977); Frigitemp Corp. v. Financial Dynamics Fund, Inc. , 524 F. 2d 275, 281 – 83 (2d Cir. 1975); Carroll v. First Nat'l Bank, 413 F. 2d 353 (7th Cir. 1969), *cert. denied*, 396 U. S. ioo3 (1970); Allico Nat'l Corp. v. Amalgamated Meat Cutters, 397 F. 2d 727 (7th Cir. 1968); A. T. Brod & Co. v. Perlow, 375 F. 2d 393 (2d Cir. 1967); Errion v. Connell, 236 F. 2d 447 (9 th Cir. 1956). 这些案例也没有要求重大信息必须是"公司"信息。See Errion v. Connell, 236 F. 2d 447 (9th Cir. 1956); Flynn v. Bass Bros. Enterprises, 456 F. Supp. 484 (E. D. Pa. 1978); Bush v. Masiello, S5 F. R. D. 72 (S. D. N. Y. 1972); In re Wunsch, 44 S. E. C. 95 (1969). See also ALI FED. SEC. CODE § 1603(b)(3) (Proposed Official Draft 1978) (指的是"具有特殊意义的事实",显然不必是公司信息).

〔37〕 See 2 SEC SPECIAL STUDY, 参见前注〔23〕, 第 2 部分,第 161 ~ 171 页、第 208 ~ 220 页、第 225 ~ 226 页; SECURITIES AND EXCHANGE COMMISSION, REPORT ON THE FEASIBILITY AND ADVISABILITY OF THE COMPLETE SEGREGATION OF THE FUNCTIONS OF BROKERS AND DEALERS II – 5I (1936).

〔38〕 See S. REP. No. 792, 73d Cong. , 2d Sess. 18 – 20 (1934); H. R. REP. No. 2383, 73d Cong. , 2d Sess. 14 – 15, 22 (1934); 2 SEC SPECIAL STUDY, 参见前注〔23〕, 第 2 部分,第 226 ~ 227 页。虽然《1934 年证券交易法》的具体条款针对的是各种各样的市场操纵手段,但该法案第 10 节的反欺诈条款则包罗了无数种其他条款无法捕捉的欺诈行为。参见 BROMBERG 文,前注〔29〕第 § 2.2 部分。

公众投资者对其出售对象所知的,即将发生但未披露的收购要约或法院判决一无所知,这与投资者对得克萨斯海湾硫黄矿的发现或麦克唐纳—道格拉斯公司(McDonnell - Douglas)的收益修正一无所知存在同样的问题。[39] 在一个表面上正常有序的市场中,现行价格并不能正确反映与其进行交易的人所知的重大非公开信息。

诚然,并非所有的市场信息都必须在交易前向所有想要获得信息的人披露。事实上,如果促使披露这类信息的考虑因素不如促使公司内部人员披露公司信息的考虑因素那样广泛,就会产生一个问题,即在前一种情况下,披露要求的范围和场合是否应该比后者更小。[40] 在直接寻求这个问题的答案之前,我们先来看看反欺诈条款和联邦证券法中的强制披露条款在披露作用上的功能差异。

(二)反欺诈条款的功能

人们经常指出,联邦证券法中信息披露制度的起源和发展过程是伴随很多希望的。[41] 虽然反欺诈条款和强制信息披露制度在支持这些不同的愿景方面有所重叠,但它们在强调披露制度所要达到的一个又另一个的政策目标方面各有不同。因此,反欺诈条款被认为主要起

---

〔39〕 See ALI FED. SEC. CODE § 1603, Comment (2)(i) (Proposed Official Draft 1978). 其指出:就"内幕人士"使用市场信息而言,无论是在原则上还是判例法中,都没有理由区分——法律也没有区分——对公司固有的重大信息(如重大矿产发现)和不会影响公司资产或盈利能力的市场信息(例如,总裁从一家大型经纪公司的分析师那里得到的信息,该分析师曾与他进行过面谈,大意是该公司即将发表一份对该公司有利的报告,同时提出"买入"建议)。

〔40〕 委员会建议,披露或禁止交易规则,至少是体现在10b-5规则中的披露或禁止交易规则,在适用于竞价人打算发出要约的市场信息时,应基于一些不同的原则,并且与适用于内部人员的公司信息时具有不同的适用范围。See i SECURITIES AND EXCHANGE COMMISSION, INSTITUTIONAL INVESTOR STUDY REPORT, H. R. Doc. No. 92-64, 92d Cong., 1st Sess. xxxii (1974). 尽管在某些情况下可能有理由将一些市场专业人员排除在"披露或禁止交易"规则的运作之外,因为允许对市场信息实行垄断,以便使他们能够履行其市场职能,see pp. 349, 364-65 *infra*,但没有人提出任何理由来改变该规则的范围,使其超过允许他们履行这些职能的必要范围。

〔41〕 See Anderson, *The Disclosure Process in Federal Securities Regulation: A Brief Review*, 25 HASTINGS L. J. 311 (1974); ADVISORY COMMITTEE REPORT, *supra* note 23; Fleischer, Mundheim & Murphy, *An Initial Inquiry into the Responsibility to Disclose Market Information*, 121 U. PA. L. REv. 798 (1973).

到防止公众投资者过度投资的保护作用,效率[42]只是其次要目标。[43]另外,虽然保护公众投资者免受拥有信息优势的买方或卖方的欺骗肯定是强制性信息披露制度的一部分,[44]但其他部分,如《1934 年证券交易法》第 13 条和第 15 条以及某些代理规则,意味着一种超越防止在特定交易中越权的目标。其目的是建立信息流,使投资决策能够系统地反映相关事实和预期。这种信息需求(提高可公开获得的信息的质量)的目的是提高市场效率,使价格反映价值,从而使财政资源和最终的实际资源得到最优配置。[45]

与整套披露制度的效率功能和保护功能同样相关的是坦诚,这种坦诚对于恢复证券市场的信心是至关重要的。[46] 此前有观点认为,投资者对市场欺诈行为的恐惧已经到了需要国会强制推行信息披露制度

---

〔42〕 参见 Anderson 文,前注〔41〕; W. LEUCHTENBERG, FDR AND THE NEW DEAL 90 - 91 (1963); I A. SCHLESINGER, HISTORY OF THE NEW DEAL 457 (1958); ADVISORY COMMITTEE REPORT, 见前注〔23〕; H. R. REP. No. 85, 73d Cong., ist Sess. 2 - 4 (1933); H. R. REP. No. 1383, 73d Cong., 2d Sess. 4 - 5 (1934); S. REP. No. 1455, 73d Cong., 2d Sess. 153 (1934); S. REP. No. 792, 73d Cong., 2d Sess. 12 - 13 (1934).

〔43〕 只要公司管理人员和董事能够控制公司信息的发布,他们就不能享受非公开公司信息的交易收益,这就消除了信息及时发布的障碍,从而提高了市场定价效率。

〔44〕 一个例子是《1933 年证券法》的注册条款。See Knauss, A Reappraisal of the Role of Disclosure, 62 MICH. L. REV. 607, 614 (1964).

〔45〕 参见 Anderson 文,前注〔41〕; S. REP. No. 1455, 73d Cong., 2d Sess. 153 (1934); H. R. REP. No. 1383, 73 d Cong., 2d Sess. 11 (1934); Douglas & Bates, *The Federal Securities Act of* 1933, 43 YALE L. J. 171, 272 (933).

〔46〕 参见前注〔42〕; M. PARRISH, SECURITIES REGULATION AND THE NEW DEAL 42, 142 - 43, 180 (1970); I A. SCHLESINGER, 参见前注〔42〕, 第 423 ~ 424, 470 页; Landis, *The Legislative History of the Securities Act of* 1933, 28 GEo. WASH. L. REV. 29, 30 (1959); *Banking, Financing and Securities Sales Practices: Hearings on S. Res.* 84 *and S. Res.* 56 *Before the Senate Comm. on Banking and Currency*, 73d Cong., ist Sess. (1933) (7 volumes); 77 CONG. REC. 2982 - 83 (1933) (remarks of Sen. Fletcher); ADVISORY COMMITTEE REPORT, 参见前注〔23〕, 第 556 ~ 618 页。

的地步,评论人士对这种观点提出了疑问。[47] 但毫无争议,在经历了1929年和1930年的市场灾难以及后来调查所揭示的情况之后,国会认为,信息披露制度是达到这一目的必要的、最起码的手段。[48] 投资者对市场信心的恢复预期所带来的一个附带好处是资本成本的降低,因为投资者不再需要更高的风险溢价来补偿他们对过度投资的恐惧。

最后,联邦证券法的强制性信息披露制度和反欺诈条款都旨在发挥监管功能。在某种程度上,这种功能体现于布兰迪斯(Brandeis)关于“阳光是……最好的消毒剂”的典故中。[49] 这个概念引申意味着,人们会避免参与某些可能违法,也可能不违法,但如果披露会让他们感到尴尬的公司事务行为(除了根据内幕信息进行交易)。[50] 因此,与没有信息披露要求的情况相比[51],当存在信息披露的情况时,他们在自我交易中转移到自己身上的资金会更少(或更有可能停止行贿)[52]。另外,还有一种理念认为,公司前景信息披露越早,内部人士披露的公司证券交易信息越多,则操纵公司事务的可能性就越小,为了创造一种有

---

〔47〕 See G. BENSTON, CORPORATE FINANCIAL DISCLOSURE IN THE U. K. AND THE U. S. A. 19 (1976); *Benston*, *Required Disclosure and the Stock Market: An Evaluation of the Securities Exchange Act of* 1934, 63 AM. ECON. REV. 132 (1973); Stigler, *Public Regulation of the Securities Markets*, 37 J. Bus. 117 (1964).

〔48〕 同前注〔42〕、〔46〕。

〔49〕 See L. BRANDEIS, OTHER PEOPLE'S MONEY AND HOW THE BANKERS USE IT 62 (new ed. 1933).

〔50〕 See Frankfurter, *The Federal Securities Act: II*, FORTUNE, Aug. 1933, at 53, 55; Securities and Exchange Commission, DISCLOSURE TO INVESTORS (1969); Cary, *Corporate Standards and Legal Rules*, 50 CALIF. L. REv. 408, 410 – Ii (1962); Cary, *The Case for Higher Corporate Standards*, 40 HARV. Bus. REV. 53 (1962). 在国会听证会上,内幕交易与操纵公司事务之间存在联系的证据经常被提及。See *Banking, Financing and Securities Sales Practices: Hearings on S. Res.* 84 *and S. Res.* 56 *Before the Senate Comm. on Banking and Currency*, 73d Cong., 1st Sess. (933) (7 volumes).

〔51〕 See H. R. REP. No. 1383, 73d Cong., 2d Sess. 5 (934)(必须扩展信托概念,以保护无法监督管理层的股东).

〔52〕 首选列表或选项的例子,参见前注〔35〕;SEN. REP. No. 792, 73d Cong., 2d Sess. (1934).

利于内部人士进行个人证券交易的印象也就会越少。[53] 简而言之，内部人士通过挪用或交易等方式从公司资产中秘密补偿自己的能力越低，投资者监管这些资产所需的开支就越少。因此，我们可以得出这样的结论：包括反欺诈条款在内的信息披露制度的主要功能是防止公司及其股东以高昂的代价违反信义义务，而这与防止市场上的越权交易完全是两码事。

对于信息披露制度的保护特征应该在多大程度上干涉其效率愿景，或允许效率愿景淡化保护特征，评论家之间存在相当大的意见分歧。[54] 但很少有人会反对，反欺诈条款往往更侧重于保护作用而不是效率作用。如果反欺诈条款所规定的披露义务只是在拥有信息的人进行交易时才会发挥作用，即基本上是为了阻止交易而进行的监管工作，那么，这种义务就是在发挥保护作用。但有迹象表明，它还旨在提供信息，使其作为投资决策的依据。可以说，与禁止虚假陈述一样，信息披露义务也适用于既不考虑也不从事任何证券交易的公司。事实上，委员会、评论员和法院都认为，在某些情况下，公司有义务根据反欺诈条款来披露有关其事务的信息，即使强制性信息制度在当时并没有要求

---

〔53〕 See id. at ii（"延迟、不准确和误导性的报告是……不忠的公司官员利用内部信息进行投机的工具。"）. See also H. R. REP. No. 85, 73d Cong., 1st Sess. 5 (1933). 如果允许内幕人士利用这些信息谋取个人利益，他就会受到诱惑而损害公司及其证券持有人的利益，要么是立即损害（如决定推迟或加速或巧妙地对信息的发布进行"着色"，以满足他的交易或借贷需求，而不是企业及其公众投资者的利益），要么是更长期地损害（如对公司事务的处理和财务报告方式的决定）。加快公司的收入或改变折旧政策或宣布股息的决定，可能是为了影响股票的价格，以便内部人士可以利用预先知道的变化进行交易，但该决定可能对企业及其公众股东产生不利影响。因此，允许内部人士使用非公开信息的规则不仅会给从事这种行为的人带来巨大的诱惑，而且识别、监察和逮捕这种行为也会很困难，成本很高。

〔54〕 See H. KRIPKE, THE SEC AND CORPORATE DISCLOSURE 292 - 97 (1979); Anderson, 参见前注〔41〕; cf. SEC Securities Act Release No. 5180, [1970 - 1971 Transfer Binder] FED. SEC. L. REP. (CCH) $ 78,192 (Aug. 16, 1971)（已登记的证券发行人发布信息的指引）.

披露这些信息,而且公司也没有考虑进行任何证券交易。[55] 在这种情况下,信息披露义务就像不作虚假陈述的义务一样,是绝对的,至少在信息披露的时机成熟时如此。这种要求明显更多地实现了效率功能,而不是信息披露制度的保护功能。

相反,在预期交易涉及信息披露义务的情况下,该义务只是附带性的——它随着义务人在证券交易中的功能而发挥作用。据说,除非其进行披露,否则不得不停止交易。这种义务更多的是出于保护投资者不受侵害的考量,而不是为了满足市场效率的要求。[56] 与效率相比,保护功能的重要性体现在两种义务在范围上的区别。因此,为了触发绝对义务,需要披露的信息必须比"披露否则禁止"交易的或有义务所要求的交易信息更加明确或确定。同样地,某些特定类型的信息在绝对义务下无须披露,因为披露会中止或阻碍合法的公司交易(如合并谈判),这属于"或有义务"(contingent obligation)的范畴——正如得克萨斯海湾硫黄公司内幕交易案所表明的那样。[57] 因此,如果不考虑进行交易的话,必须披露的信息可以在没有交易的情况下予以保留。[58]

---

〔55〕 同前注〔29〕; Bauman,参见前注〔19〕. See also FIF v. McDonnell – Douglas Corp. , 474 F. 2d 514, 521 (1Oth Cir.) (dictum), cert. denied, 414 U. S. 874 (1973); Mitchell v. Texas Gulf Sulphur Co. , 446 F. 2d 90, 100, 102 (ioth Cir.) (dictum), *cert. denied*, 404 U. S. 1004 (1971); SEC v. Texas Gulf Sulphur Co. , 4ox F. 2d 833, 861 n. 12 (2d Cir. 1968), *cert. denied*, 394 U. S. 976 (1969); Heit v. Weitzen, 402 F. 2d 909 (2d Cir. 1968), *cert. denied*, 395 U. S. 903 (1969). But see Goldberg v. Meridor, 567 F. 2d 209, 221 n. 10 (1977) (明确拒绝决定是否需要披露这些信息),cert. denied, 434 U. S. 1069 (,978).

〔56〕 这并不是要否认它也可能有助于增强投资决策能力。参见 Bauman 文, 前注〔19〕。

〔57〕 比较 SEC v. Texas Gulf Sulphur Co. , 401 F. 2d 833 (2d Cir. 1968), *cert. denied*, 394 U. S. 976 (1969), Astor v. Texas Gulf Sulphur Co. , 306 F. Supp. 1333 (S. D. N. Y. 1969); 比较 James v. Gerber Prods. Co. , 587 F. 2d 324 (6th Cir. 1978), Elkind v. Liggett & Myers, Inc. , 472 F. Supp. 123 (S. D. N. Y. 1978). See also Bauman, 参见前注〔19〕,第 973 ~ 974 页。

〔58〕 因此,公司业务的重大衰退或威胁(可能仅是暂时的)可能会导致信贷取消和破产(如果已公布),在报告日期之间的一段时间内可以不公布,但据推测,进行交易的内部人员必须披露。允许公司隐瞒信息的同时也同样禁止内幕人员披露信息。类似的考虑还表明,对不履行绝对义务的补救措施和可能的损害赔偿措施,应与适用于或有义务的措施不同,就像弗兰德利(Friendly)法官在得克萨斯州海湾硫黄案中指出的那样,401 F. 2d 833, 866 – 68 (2d Cir. 1968), *cert. denied*, 394 U. S. 976 (1969),为了确定被告违反前一项义务的罪责,明知可能比后者更合适。

如果拥有内幕信息的人不打算进行公司证券交易,则不需要披露该信息,但如果有交易,则必须披露该信息,这种情况的存在强调了反欺诈法中披露要求的目标更侧重于禁止越权行为,而不是强制披露。在得克萨斯海湾硫黄公司内幕交易案这样的情况下,反欺诈条款的主旨是显而易见的——信息披露会使公司失去一个机会。在这种情况下,内部人士是完全被禁止进行交易的,因为如果他披露,他将以受托人的身份对公司负责,如果他不披露,则要根据反欺诈条款对卖方负责。[59] 如果公司披露信息的时机尚未成熟(如即使合并仍然存在不确定性),这样类似的限制,尽管可能不那么迫切,实际上会使该规则成为禁止交易的规定,而不是强制披露的机制。[60] 但是,即使披露不会对公司造成损害(如披露一项重大但尚未计算出结果的矿石发现,只是因其规模的不确定性而阻止了公司的披露),反欺诈条款的效果(如果不是功能)也是阻止交易。信息披露会剥夺内部人士达成交易的市场优势,因为他不确定披露是否是充分的,通过披露,他可能要承担责任,却不会因为这种风险而获得补偿。

总之,在有限的范围内,反欺诈条款似乎要求在非交易情况下进行披露,以促进投资决策。这一规定并不以证券的预期交易为前提,因此,并没有提供任何选择以拒绝披露或避免交易。但到目前为止,反欺诈条款主要适用于信息拥有者不进行交易的情况下,允许其不披露信息。这样做的目的是不让拥有者在与其他投资者进行交易时获得信息优势,而不是让后者了解当前的状况,以便他们作出总体的投资决策。

---

〔59〕 因此,就内部人而言,禁止的依据是他对公司的义务,即不会作出背叛公司利益的披露。同样的前提也适用于对公司交易的禁止,只是受托责任从公司延伸到了所有的股东,如果披露,他们将失去机会。

〔60〕 See Gerstle v. Gamble – Skogmo, Inc., 478 F.2d 1281, 1297 n.15 (2d Cir. 1973).

虽然这种努力有时会带来信息披露,[61]但它的总体意义在于监管:它有效地禁止了那些拥有信息优势的人(或至少是其中一些人)进行交易。将不披露等同于作出虚假陈述,即禁止基于任何一种情况的交易,为这样一个问题扫清了障碍:是否如虚假陈述一样,该规则限制了所有未披露的人,还是只影响到了某些人。[62]

二、外部人士与内部人士:传统意义上的含义

强制性信息披露制度确定了负责进行披露的人员范畴,因此,对于谁为责任人这一点几乎不存在不确定性。另外,反欺诈条款虽然使用了“任何人”、“任何投资顾问”或“任何经纪人”的措辞,并明确涉及所有作出肯定性虚假陈述的人,但并没有明确地将“披露或禁止交易”的义务扩大到所有未能披露的人。

(一)外部人士:发现价值

可以肯定的是,有人认为,“披露或禁止交易”要求的适用范围并不比禁止虚假陈述小,也就是说,它适用于所有的人。有人或明确或含蓄地提出了这样的论点:反欺诈规则的作用是将所有交易所的交易商与所有其他人置于同等的信息地位——拒绝给予任何证券市场交易者

---

[61] 承认“披露或禁止交易”规则的禁止性作用,并不是说该规则永远不能起到强制披露的作用,也不是说它不能通过披露而不是通过排除交易。来抵消信息优势的作用。例如,当一个经纪人在与客户进行交易之前必须披露他作为做市商的角色时,他并没有被阻止进行交易。See Affiliated Ute Citizens v. United States, 406 U. S. 128 (1972); Chasins v. Smith, Barney & Co., 438 F. 2d 1167 (2d Cir. 1971). 与披露买卖的公司信息的抑制性后果相比,披露经纪人作为做市商的角色会劝阻客户采取行动的可能性相对较小。但即使在这种情况下,披露的功能也是为了抵消交易中的信息优势,而不是为了获取优势而促进投资决策。更不明确的是,反欺诈法要求在就并购(尤其是母公司—子公司并购)发布的委托书中进行披露。在这种交易中,披露的作用确实是为了抵消信息优势,但它可以在不妨碍交易的情况下进行。

[62] SEC v. Great Am. Indus., Inc., 407 F. 2d 453 (2d Cir. 1968), *cert. denied*, 395 U. S. 920 (1969). 这个案例极大地说明了这样一个问题:如果确实误报了信息,就会使公平交易者违反 10b-5 规则,但如果仅仅是遗漏了信息,则可能不构成违规。

相对于其他交易者的信息优势。[63] 无论这种平等主义的乌托邦能否实现，我们都有充分的理由去质疑它是否应该实现，以及反欺诈条款是否打算（或确实）走了那么远。当然，其并没有明确要走到哪一步。而且，在美国立法史上，没有任何一项法案提出如此广泛的目标。

如果立法没有走那么远，那么禁止“欺诈”也不会（不应该）走很远。否定所有人自由作出虚假陈述的交易优势，并不是要求剥夺所有交易者在比交易对象了解更多情况时，都没有保持沉默的权利。在某些情况下，允许使用虚假陈述来诱导商品或服务的销售，可能会被认为具有某些价值。但是，禁止所有此类陈述反映了这样一种观点，即根据非寻常情况的需要，并不能证明管理和监督一项只是选择性地禁止虚假陈述的规则，所耗费的成本是合理的，[64] 也不能证明绝对禁止规则

---

〔63〕 See FIFTH ANNUAL INSTITUTE ON SECURITIES REGULATION 287 – 304 (R. Mundheim, A. Fleischer, Jr. & J. Schupper eds. 1974) (PLI conference) (由 M. Lipton 引发的关于市场信息的讨论); Peloso, *SEC Rule iob – 5 and Outside Information*, N. Y. L. J., Dec. 11, 1972, at 32; DEPARTMENT OF TRADE & INDUSTRY, COMPANY LAW REFORM, CMD. 5391 (1973). 司法意见书中偶尔会有支持这一观点的暗示，see, e. g., Mitchell v. Texas Gulf Sulphur Co., 446 F. 2d go, 101 (10th Cir.), *cert. denied*, 404 U. S. 1004 (1971); SEC v. Great Am. Indus., 407 F. 2d 453, 462 (2d Cir. 1968) (Waterman, J., concurring), *cert. denied*, 395 U. S. 920 (2969); Birdman v. Electro – Catheter Corp., 352 F. Supp. 2272, 2274 (E. D. Pa. 1973); Courtland v. Walston & Co., 34o F. Supp. 1076, 2o82 (S. D. N. Y. 1972), and in SEC releases such as Faberge, Inc., SEC Exchange Act Release No. 10,174, [1973 Transfer Binder] FED. SEC. L. REP. (CCH) $ 79,378 (May 25, 1973). See also I A. BROMBERG, *supra* note 29, § 3.2(200) – (300) (June 1970 Supp.) (collecting authorities). 另外，对这一立场的否认也同样具有权威性。See P. Loomis, Some Reflections on Rule 10b – 5 and Market Information 12 – 13 (Remarks before Second Annual ALI – ABA Course of Study, San Francisco, May 6, 2976) (on file with the author and the *Harvard Law Review*) [hereinafter cited as Loomis Remarks].

〔64〕 这并不是否认，即使是绝对禁止意味着选择性，原因是伴随的条件，即虚假是“实质性的”。有关区分可诉与可允许的虚假陈述的适当实质性标准的争议，以及解决这些争议时的模糊性，都强调了这一点。See R. JENNINGS & H. MARSH, SECURITIES REGULATION 892 – 940 (4th ed. 1977).

所带来的利益损失是合理的。[65] 然而,另一种情况是,禁止基于未披露信息进行交易。这种规则的成本不仅高于禁止虚假陈述规则,[66]而且隐名委托人的运用表明,一方对另一方隐瞒信息的交易具有合法性。可以肯定的是,在非个人的证券市场中,对隐名委托人的规范性约束并不一样。例如,缺乏对隐名委托人的代理人或未披露信息的拥有者质疑的机会。但是,支持使用隐名委托人的基本考虑,也是允许证券交易中至少有一些交易者可以获得信息优势(不包括误传或虚假的陈述)的基础。

探索相关企业和经济信息是市场运作中的一项有价值的服务,如果该信息与企业的资产或预期业绩有关,那么它被发现得越早,评估得就越准确,就能越快地引起购买或出售,证券的市场价格也就越能准确地反映企业的价值。因此,市场会有效地将"储蓄"分配给利润较高的企业,并将其从利润较低的企业中转移出来。此外,有关公司价值的信息越快为公众所知,利用内幕信息进行交易的机会就越少(公众对内幕信息的恐惧也就越少)。

但是,对于那些与公司没有关系的人来说,要想获得这些信息,就需要花费时间、精力和金钱进行研究,以及进行相应的专业分析培训。为了满足获得和分析信息的成本,必须要有收益回报。其中一个回报就是有机会利用信息发现者的价值,即拥有第一视角所获得的优势。因此,如果鼓励人们(通过由此获得的信息优势而获得交易回报)寻求这种优势,以购买或出售特定证券,那么市场效率将得到提高。事实上,人们可能会注意到,在公司中发现的不仅是交易回报,还有可发展价值。从事研究的外部人士可能对如何实现这些潜在价值有自己的想

---

〔65〕 对效率方面的考虑会促使人们避免在交易中付出代价,即使不一定强迫所有人检查交易的事实。禁止虚假的成本比创造一种安排要低得多,在这种安排中,除非交易人核实所有的陈述,否则交易人可能被合法地欺骗。

〔66〕 要求披露是为了不让拥有信息的人获得信息优势,需要他提供他所拥有的所有非公开的和重要的信息。虽然他显然是避免肯定性虚假陈述的最低成本者,但他可能不是相关信息的最低成本生产者。R. POSNER,参见前注〔30〕,第83页; see A. KRONMAN & R. POSNER, THE ECONOMICS OF CONTRACT LAW 116 - 120 (1979). 此外,界定及识别什么是非公开及应披露的,以及监管未能披露的成本,肯定会高于界定及识别什么是虚假陈述,然后监管其发生的可比成本。最后,在要求披露信息时,定义和管理必要的要求比在禁止虚假陈述时更加困难。

法,如通过改变生产流程或营销技术,或其他方式来产生规模经济或协同效益。为了鼓励这些人,他们也被允许(或至少在《威廉姆斯法案》之前)以自己的努力所获得的信息优势来进行交易。[67]

我们认识到,否认一个人通过自己在"外部"(outside)上的努力而获得的信息优势是成本高昂的,但并不意味着要排除这种否认。如果享受这些优势的好处低于它们给他人带来的不可避免的成本,那么就应该拒绝这些优势。[68] 可以想象的是,国会对恢复投资者对证券市场信心的关注可能反映了这种权衡,强制规定任何人都不能获得这些优势,坚持证券市场上所有交易者之间的信息平等——如果不是公司信息,至少是市场信息的平等[69]。如果在交易中实现信息普遍平等的目标被认为成本太高或在其他方面不可行,那么,一个更容易接受的规则是在证券市场上,否认每个交易者相对于其他交易者的信息优势,除非是在交易中为了社交便利性的平衡需要这些优势的存在。例如,当没有特殊渠道获得公司信息的陌生人在公平交易中可能出现的情况。[70]

---

〔67〕 See, e. g., Mutual Shares Corp. v. Genesco, Inc., 384 F. 2d 540 (2d Cir. 1967); Mills v. Sarjem Corp., x33 F. Supp. 753 (D. N. J. 1955). 参见后注〔127〕案例引用。

〔68〕 与证券相关的信息反映在其价格中的机制并不明确。也不清楚拒绝对发现不可预见价值的交易奖励,会在多大程度上遏制对这种价值信息的追求。至少从理论上讲,一个强制披露的制度,再加上为了在所有交易者之间平衡相关信息而进行披露的法律义务,将产生使市场价格与股票价值相符的信息,就像奖励发现价值的制度一样。要求共享将消除交易者因发现新信息而获得的回报,但该信息将由法定的披露制度和附随的反欺诈条款提供。该制度的成本是否会低于允许奖励发现的成本,或者前者的好处是否会超过后者,这些问题还没有足够的经验证据可以证明。参见后注〔161〕。

〔69〕 尽管立法历史上没有任何要求或建议这样做,但可以"合理地"认为,如果市场信息与有关企业价值的信息无关,那么,鼓励追求市场信息发现价值的社会利益就会非常少,因此要求共享这些信息将是适当的。因此,有人建议,为了鼓励人们追求发现价值,没有必要允许买方或卖方利用他们所拥有或获得的所有信息优势,即使是在公平交易的情况下。克朗曼(Kronman)推测,如果法院能够区分那些"偶然"获得信息的人和那些"故意"获得信息的人,"该经济考虑很可能证明对前者施加披露义务而不对后者施加是合理的,至少在逐案适用时行政成本不高的情况下是如此"。A. KRONMAN & R. POSNER, *supra* note 66, at 120. 然而,如果市场信息对企业价值有一定的影响,那么对市场信息的追求就不应该像对企业信息那样,因为要求共享而受到阻碍。

〔70〕 这似乎就是弗莱舍建议的"公平"测试的意义所在。Fleischer, Mundheim & Murphy, 参见前注〔41〕,第 817 ~ 819 页。

这一规则的困难之处在于,它只是简单地主张,在交易中对公众投资者信息劣势的保护范围,仅限于为了效率利益的需要而鼓励对相关信息("发现价值")的追求。它留下的问题是,如何找到一条可行的业务线去突破这一点。虽然联邦证券法的立法历史表明,我们迫切地需要恢复投资者对证券市场的信心,但要对信息优势进行多大程度的限制才能满足这一需求,历史留下了相当大的不确定性。

(二)内部人士:信托责任

我们既没有遵循允许(如果不是鼓励)对发现价值进行奖励的前提,也没有界定谁有权在市场交易中保持信息优势,即所有人都应该有权获得他们可能获得的,比与其进行交易的其他人更多的信息优势。特别是在证券市场上,正如国会得出的结论,在许多情况下我们有充分的理由拒绝这种优势。虽然对于确定谁应该和谁不应该被剥夺这些优势并因此受制于反欺诈条款的标准,既没有在法规或条例中明确规定,也不容易制定,但也并不是完全没有的。

1.公司内部人士

显然,无论从立法历史还是从传统法律来看,被这些条款规定的义务所约束的群体都是公司内部人员——董事、高级管理人员和执行雇员。[71] 立法历史中明确规定了反欺诈条款对内部人员的约束,而信托

〔71〕 联邦证券法的反欺诈条款反映了一些法院和评论人士所提倡的信托概念(及其或有披露概念)的结合,作为对其公司证券内幕交易的限制,see, e.g., Jacquith v. Mason, 99 Neb. 509, 156 N.W. 1041 (1916); Stewart v. Harris, 69 Kan. 498, 77 P. 277 (1904); Oliver v. Oliver, 118 Ga. 362, 45 S.E. 232 (1903); Laylin, *The Duty of a Director Purchasing Shares of Stock*, 27 YALE L.J. 731(1918); Wilgus, *Purchase of Shares of a Corporation by a Director from a Shareholder*, 8 MICH. L. REV. 267 (1910). 贝莱的著作中提出了强制披露财务信息的概念,以此来否认内部人士的优势,see, e.g., Berle, *Publicity of Accounts and Directors' Purchases of Stock*, 25 MICH. L. REv. 827 (1925); A. BERLE & G. MEANS, THE MODERN CORPORATION AND PRIVATE PROPERTY (1933). See also R. DEBEDTS, THE NEw DEAL'S SEC (1964); H.R. REP. No. 85, 73d Cong., 1st Sess. 3 (1933) (《1933 年证券法》的目的是让内部人士"遵守高标准的托管规定")。H. R. REP. No. 1383, 73d Cong., 1st Sess. 13-14 (1934) ("Control of Unfair Practices by Corporate Insiders"); see generally 3 L. Loss,参见前注〔29〕,第 1445~153 页 (2d ed. 1961); 6 *id.* at 3556-72 (2d ed. Supp. 1969).

原则是关于公司内部人员披露义务学说中公认的核心内容。[72] 委员会在卡迪，罗伯茨和公司案(In re Cady, Roberts & Co.)中通过对两个主要因素的阐述表达了适用反欺诈条款的理由：首先，存在一种关系，使人能够直接或间接地获得只为公司目的而不是为任何人的个人利益而提供的信息；其次，如果一方当事人明知与他进行交易的人无法获得这种信息，却利用这种信息，就会涉及内在的不公平。[73]

内部人士获得这些信息是以企业为代价的，是为了所有股东的集体利益而开展业务，而不是为了从其证券交易中获得个人利益。他们没有理由为了自己的利益以这些信息为基础进行交易，特别是当我们已经注意到，允许他们这样做(如果不是诱使他们)将会损害公司和所有股东的利益。剥夺内部人的信息优势仅仅是建立在一个狭隘的前提上，即他们在与公司股东打交道时无权获得信息，因为他们是作为股东的代理人或受托人在从事后续的业务过程中才能获得该信息。因此，这种推论认为，后者同样有权获得这些信息，或者无论如何，在他们与代理人打交道时，不会因为缺乏这些信息而处于不利地位。[74] 但这种否认也建立在一个更广泛的基础上。内部人士通过对公司机构的控制，产生了对公司事务的印象，而这种印象(当它成为一种错误印象时)就是披露要求的目标，即纠正这种印象。他们拥有需要进行纠正的信息。因此，禁止虚假信息规则所依据的效率因素也同样适用于此。在他们自己和与其进行交易的外部人士之间，他们是纠正信息所需成本最低的提供者，特别是在一个外部人士很少有机会能够直接与内部

---

〔72〕 See Kohler v. Kohler, Co., 319 F. 2d 634 (7 th Cir. 1963); Davidge v. White, 377 F. Supp. 1084 (S. D. N. Y. 1974); Katz Corp. v. T. H. Canty & Co., x68 Conn. 201, 362 A. 2d 975, 98o (1975); Jacobson v. Yaschik, 249 S. C. 577, r55 S. E. 2d 6ox (1967).

〔73〕 See 40 S. E. C. 907, 912 (1961) (脚注省略).

〔74〕 如果内幕人士在这种情况下买入，将以卖出的股东为代价，因为这些信息是"属于他们的"。内幕人士卖出而非买入的偶然性不应改变其在交易中使用公司信息的法律义务。Gratz v. Claughton, 187 F. 2d 46, 49 (2d Cir.), *cert. denied*, 341 U. S. 920 (1951). 他为了诱使某人成为他的受益人而采取隐瞒的做法，并不比停止成为他的受益人更合理。无论内部人是在出售还是购买中寻求自我利益，处理公司事务或掩盖公司信息的诱惑都是一样的。

人士进行交易并向其咨询的市场中。[75] 另外,要求内部人士在交易中披露否则避免交易的唯一成本,是禁止他们通过交易而寻求个人利益。[76] 这是一个可以容忍的成本,除非允许内部人士利用内幕信息进行交易而给予他们回报是一种美德。虽然有人认为,允许这种交易会给内部人士带来重要的回报,而且无论如何都会加速信息在市场价格中的融入,[77] 但我们有充分的理由怀疑每一个说法,如果不是真的相信其对立命题的话。[78]

如果说内部人士利用公司信息进行交易适用"披露或禁止交易"规则是基于诚信和效率的考虑,那么它也是基于公平。与拥有内幕信息的内部人士进行交易的公共投资者无法合法地削弱对方的信息优势,这就产生了一种不公平的感觉。内部人士从公司获得了相关的、重要的公司信息,而与他进行交易的人不能从公司合法地获得这些信息(至少没有公司的同意),而内部人士知道这些信息没有被给予,也不会被给予。用卡迪(Cady)和罗伯茨(Roberts)的话来说,允许内部人士在与外部人士进行交易时拥有信息优势被认为是"不公平的",这大概是因为内部人合法地垄断了对相关信息的获取。这种不公平不仅是拥

〔75〕 不仅内部人可以以最低成本提供相关信息,而且允许他们利用信息进行交易的规则可能会产生额外的成本。它可能会刺激外部人士屈服于诱惑,通过贿赂内部人士来寻求信息,并减少在获取和分析公开信息方面的努力。

〔76〕 对内部人员已经收集到的信息进行披露只会带来微不足道的成本,如果他们不进行交易,就不需要进行披露。事实上,如果公布信息会损害公司,他们就不得在不承担责任的情况下披露信息;这是在限制他们交易的成本时要考虑的一个因素。在一定程度上,一项以要求披露为前提的规则比一项简单禁止肯定性虚假陈述的规则会引起更多的诉讼(因为不充分的披露比虚假陈述更容易引起诉讼),这就产生了一个目前尚未解决的成本问题。目前似乎还没有设计出计算该成本的方法,更不用说随之而来的利益了。在任何情况下,任何此类计算在很大程度上都取决于是否允许进行私人损害赔偿诉讼,或者是否只让公共机构来执行。

〔77〕 See H. MANNE, INSIDER TRADING AND THE STOCK MARKET 131 – 45, 152 (1966).

〔78〕 See Schotiand, *Unsafe at Any Price: A Reply to Manne, Insider Trading and the Stock Market*, 53 VA. L. REV. 1425 (1967) (criticizing H. MANNE,见前注〔77〕); 0. WILLIAMSON, CORPORATE CONTROL AND BUSINESS BEHAVIOR 93 – 96 (1970). But see Manne, *Insider Trading and the Law Professors*, 23 VAND. L. REV. 547 (1970). See generally W. PAINTER, THE FEDERAL SECURITIES CODE AND CORPORATE DISCLOSURE § 5.10 (1979).

有更多的信息——某些外部人士可能因为他们的勤奋或热情而比其他外部人士拥有更多的信息——这是一个无法竞争的优势,因为它取决于外部人士无法获得的合法特权。出于同样的考虑,拒绝让公司内部人士获得公司信息特权的好处,也适用于拒绝让他们获得有关公司证券价值的其他重要信息,无论是市场信息(如回购计划或对即将进行的询价)还是其他信息。如果重要信息不是因为他们是公司内部人员而获得的,可以设想到这种可能性,那么这一结论不需要改变。不以有关信托的信息优势为基础与信托资产受益人进行交易的责任,并不在于他们如何获得信息优势。在某种程度上,这种严格的规定来自依赖和期望。在一定程度上,它预防性地避免了对内幕获得的信息和非内幕获得的信息之间的界限进行监管的必要性。

2. 公司

内部人员受制于“披露或禁止交易”规则的考虑,使公司也受到同样的限制。正如《1933 年证券法》(包括其反欺诈条款)所暗示的那样,当公司出售其股票时,无论是管理层还是现有股东都无权获得因未向新投资者披露对其购买决定有重要影响的信息而产生的利益。而当公司购买自己的股票时,我们没有理由允许它为了使其他人受益而越过股东,不向卖家披露信息。如果需要探讨信托责任的特征,可以从所有股东都有权平等地获取公司信息这一前提出发。同质性的前提排除了对同一阶层的股东的区别对待。[79] 如果管理层拥有大量的股票,那么对受托人从事自我交易的常规限制,就迫使公司将全面信息披露作为其买卖的一个条件,因为管理层作为一个大股东会从越权行为中获益,几乎就好像它自己是越权的买家或卖家。在另一个层面上,对公司交易适用“披露或禁止交易”规则,也是源于对信息的排他性,这也是

〔79〕 公司应该被剥夺利用这种信息的优势,因为它只能利用这种信息使一组股东比另一组股东有利。如果它因为知道股票价格过低而买入,那么它就有利于那些不卖出的股东,而牺牲那些在不知情的情况下卖出的股东。如果它故意以过高的价格卖出,它就会偏向于那些持有股票而不卖出的人,而不是那些买入的人,这也是在无视证券法旨在消除的不利因素。

卡迪和罗伯茨所说的"不公平"的基础。[80]

3. 利用内部消息在股市获利的人

除了高级职员和高管、董事以及公司外,谁还会被"披露或禁止交易"规则所影响,这仍然是经常发生的主要诉讼问题。[81] 当然,这些要求也适用于那些为公司服务的人,包括律师、会计师、财务顾问或其他雇员或独立承包商,他们获取公司事务的信息(如高级管理人员和董事的信息)完全是为了公司,而且他们的服务除了从公司证券交易中获得预期收益外,还获得了其他补偿。虽然对"内部人士"这一类别的界定可能有些模糊,但毫无疑问,它包括所有平常被认为在企业业务开展中具有保密关系的人。

毫无疑问,一个准备买卖公司证券的陌生人,如果首先从内部人士或公司那里购买了非公开信息,而其他人没有得到这些信息(或将要得到这些信息),那么,他在利用这些信息进行交易时的地位与内部人

---

〔80〕 参见前文。可以肯定的是,当公司是被告时,根据第 10b-5 条规定的民事损害赔偿责任问题,比内部人士是被告时更为微妙。See generally SEC v. Texas Gulf Sulphur Co., 401 F. 2d 833, 866-68 (2d Cir. 1968) (Friendly, J., concurring), cert. denied, 394 U. S. 976 (1969); Cohen, "*Truth in Securities*" *Revisited*, 79 HARV. L. REV. 1340, 1370 (1966). 但是,至少当公司从越权行为(通过在不披露的情况下买入或卖出)中获得好处时,没有理由不要求公司向越权的人请求返还利益,从而保护公司(及其"无辜"的股东)。

〔81〕 比较一下为公司目的获得信息的投资或商业银行人士的情况,和完全不知情的极端情况,后者只是简单地闯入并窃取信息。虽然后者的使用显然是被禁止的,参见前注〔126〕,前者的使用产生了"中国墙"(Chinese wall)或"不要告诉你的合伙人"(don't tell your partner)问题。See, e. g., Lipton and Mazur, *The Chinese Wall Solution to the Conflict Problems of Securities Firms*, 50 N. Y. U. L. REv. 459 (1975); N. WOLFSON, CONFLICTS OF INTEREST 61-70 (1976); E. HERMAN, CONFLICTS OF INTEREST 76-87 (1975). 在这两个极端之间还有很多不同的情况。See I A. BROMBERG, supra note 29, § 7.5(6); W. PAINTER, 参见前注〔78〕, § § 5.02-.03; Jacobs, *The Impact of Securities Exchange Act Rule iob-5 on Broker-Dealers*, 57 CORNELL L. REv. 869 (1972); Note, *Investors Management: Institutional Investors as Tippees*, 19 U. PA. L. REv. 502 (1971); Comment, Investors Management Company *and Rule* 10*b*-5-*the Tippee at Bay*, 72 COLUM. L. REv. 545 (1972); Comment, "*Tippee*" *Liability Extended to Remote Third Parties*, 53 NEB. L. REv. 279 (1974).

士或公司就没有任何区别。而且,不需要对该规则的逻辑进行任何禁止性的延伸,就可以将“在双方都不愿意或不被允许向公众提供信息的情况下,从任何一方获得此类信息的任何人”视为公司或内部人员。事实上,这正是这些案例中所阐述的规则。[82] 从理论上讲,内部人员有选择地提供信息,实际上是把信息卖给接收者,以换取现金、互惠信息或其他对自己有价值的东西,包括可能的声望、地位或类似的东西。在所有事件中,内部人员通过有选择地发布信息而不是向广大公众发布信息从而获得收益,再加上被选定的受益人收到信息也同样会败坏接受者,因此,他不应该比贡献信息的人更有资格在交易中使用它。[83] 即使在这种情况下,也有相当大的不确定性,即所有这些通信是否会败坏接收人并阻止他在交易中使用该信息。[84] 但是,不管分界点是什么,允许接收者使用信息的理由是,披露的方式有效地切断了信息与披露受托人的私人利益联系无论是为了利润、声望还是地位。这样,其接收者就不会在公共投资者无法进入的封闭回路中与信息的传播者发生联系。

4. 投资顾问和经纪人

受托人在没有充分披露所拥有的相关信息(无论是公司信息还是有关市场条件的信息或其他)的情况下,不能向其受益人购买或出售证券,这一概念也是“披露或禁止交易”规则适用于客户或与顾客进行

〔82〕 See, e. g. , Shapiro v. Merrill Lynch, Pierce, Fenner & Smith, Inc. , 495 F. 2d 228 (2d Cir. 1974); SEC v. Shapiro, 494 F. 2d 1301 (2d Cir. 1974); *In re* Investors Management Co. , SEC Exchange Act Release No. 9267, [1970 - 1971 Transfer Binder] FED. SEC. L. REP. (CCH) 78,163 (July 29, 1971).

〔83〕 See ABA Comment Letter on Material, Non - Public Information (Oct. 15, 1973), *reprinted in* [1974] 233 SEC. REG. & L. REP. (BNA) D - i [herinafter cited as ABA Comment Letter].

〔84〕 See Jennings & Smith, *Insider Trading and the Analyst*, in FIFTH ANNUAL INSTITUTE ON SECURITIES REGULATION 261 (R. Mundheim, A. Fleischer, Jr. & J. Schupper eds. 1974). 参见前注〔139〕、〔140〕。

交易的市场专业人士的基础。围绕着经纪人[85]或顾问[86]的这种交易信托光环,随之而来的披露义务不需要详细说明,只需注意到这是一种约束,它不仅是依赖于受托人对信息的特权而获取。《1934 年证券交易法》第 15 条的反欺诈条款和《投资顾问法案》第 206 条与 SEC 努力"提高"职业行为标准之间的联系是,基于保护那些被明确或含蓄邀请的专业人员及拥有专业知识的人,或其他情况迫使他们这样做。[87]事实上,正如已经指出的那样,包括反欺诈条款在内的一系列要求,既保护了客户不受专业人士的影响,也限制了专业人士与公众的交易,这些措施是必要的,因为他们在市场中的地位赋予了他们制度优势。[88]

5. 联邦信息披露要求和州信托法

联邦的"披露或禁止交易"禁令起源于信托背景,但这并不意味着它可以替代当地法律对信托责任进行定义,也不意味着联邦法院有权根据当地法律定义信托义务。可以肯定的是,在经纪人或顾问

---

〔85〕 See 3 L. LOSS, supra note 29, at 1482 – 93 (2d ed. 1961) (shingle theory); Knauss, 参见前注〔44〕,第 635 ~ 640 页; Comment, *Current Problems in Securities Regulation*, 62 MICH. L. REv. 680, 730 – 43 (1964); *see* Norris & Hirshberg, Inc. v. SEC, 139 F. 2d 434 (2d Cir. 1943), *cert. denied*, 321 U. S. 786 (i944); M. S. Wein & Co., 23 S. E. C. 735, 746 – 54 (2946).

〔86〕 Knauss, 参见前注〔44〕,第 640 ~ 643 页; see, e. g., SEC v. Capital Gains Research Bureau, Inc., 375 U. S. 180 (2963); Courtland v. Walston & Co., 340 F. Supp. 1076 (S. D. N. Y. 1972) (偏袒自己或亲戚而忽略客户); Kidder, Peabody & Co., 43 S. E. C. g (1968).

〔87〕 See SEC v. Capital Gains Research Bureau, Inc., 375 U. S. 180 (1963); Archer v. SEC, 133 F. 2d 795, 803 (8th Cir.), *cert. denied*, 319 U. S. 767 (1943); SEC Exchange Act Release No. 9950, [1972 – 1973 Transfer Binder] FED. SEC. L. REP. (CCH) 79,178 (Jan. 16, 1973); 2 T. FRANKEL, REGULATION OF MONEY MANAGERS 173 (1978); Brudney, 参见前注〔84〕; Cohen & Rabin, *Broker – Dealer Selling Practice' Standards: The Importance of Administrative Adjudication in Their Development*, 29 LAW & CONTEMP. PROB. 691, 694 – 7,0 (2964); Loomis Remarks, 参见前注〔63〕.

〔88〕 一些市场专业人员,如专家或交易所成员,在市场交易中受到限制,而不仅仅是与客户的交易,受到证券立法和自律组织提供的广泛监管机构的限制。See Fleischer, Mundheim & Murphy, 参见前注〔41〕。还有其他人,如经纪人,在与客户的交易中也受到监管机构的限制, see, e. g., the shingle theory in 3 L. Loss, *supra* note 29, at 1482 – 93 (2d ed. 1962); Comment, *supra* note 85. 然而,它们对经纪人后一种交易的影响不亚于它们对陌生人之间的公平交易的影响。

与客户进行交易的情况下，有充分的理由将《1934年证券交易法》的相关反欺诈条款和《投资顾问法案》理解为强制施加的联邦监管限制，即联邦信托标准，而不仅仅是拒绝信息优势。[89] 在证券交易中普遍利用内幕信息的情况下，正如Santa Fe案所表明的那样，《1934年证券交易法》规定的范围可能更窄，[90]尽管并不像法院在区分，联邦禁止的"欺骗"行为（在交易所交易中利用内部人的信息优势）和违反当地信托义务的"单方面"征用行为之间的区别时所表现的那么窄。

当地法律所规定的信托责任的存在，并没有消除或减少联邦反欺诈条款对内部人士或母公司规定的"披露或禁止交易"义务，也没有使这些联邦要求不作用于促进当地受托责任的执行。相反，在历史和政策上有充分的理由将联邦规定与当地法律义务联系起来，正如我们所看到的，其规定在信托概念中是有先例的。[91] 后者的执行有助于对前者的遵守，[92]而后者的存在很可能要求前者提供比在非信托背景下援引联邦规定时更广泛的信息。[93] 正如法院在戈德博格诉凯利一案[94]（Goldberg v. Meridor）中所提出的，实施联邦政策的联邦反欺诈披露条

---

〔89〕 参见前注〔86〕、〔87〕。

〔90〕 See Santa Fe Indus., Inc. v. Green, 430 U.S. 462 (1977).

〔91〕 参见前注〔71〕。

〔92〕 See, e.g., Gerstle v. Gamble-Skogmo, Inc., 478 F.2d 1281, 1296-97 n.x5 (2d Cir. 1973)（在母子公司合并的情况下，对委托书实行"披露或禁止交易"规则）; Gould v. American Hawaiian Steamship Co., 535 F.2d 761 (3d Cir. 1976)（情况一样）.

〔93〕 See V. BRUDNEY & M. CHIRELSTEIN, CASES AND MATERIALS ON CORPORATE FINANCE 703 (2d ed. 1979). 比较 Lynch v. Vickers Energy Corp., 383 A.2d 278 (Del. 1977), TSC Indus., Inc. v. Northway, Inc., 426 U.S. 438 (1976). See also Blanchette v. Providence & Worcester Co., 428 F. Supp. 347 (D. Del. 1977); Broder v. Dane, 384 F. Supp. 1312, 1318 (S.D.N.Y. 1974).

〔94〕 See 567 F.2d 209 (2d Cir. 1977), *cert. denied*, 434 U.S. 1069 (1978).

款有效地促进了地方信托标准的实行,尽管是在联邦法院。[95]

在某些情况下,仅仅是受托人在没有得到受益人知情同意的情况下从事交易,就违反了受托责任;在其他情况下,特别是在不可能寻求同意或实际上已经同意的情况下,该义务就是"公平"对待受益人。[96]在第一种情况下[例如,代理人使用其委托人的财产,或者当代理材料没有披露有关所给予价格和交易条款的相关数据时,控股(而非多数)母公司收购了一家子公司],没有披露可能同样违反了当地需获得知情和同意的信托义务和联邦"披露或禁止交易"规则相关内容。[97] 联邦法律对于信息的要求可能低于当地法律,[98]但每项法律都规定了告知交易相对方的一般义务(通过一些适当的标准),如果没有这样做,就违反了联邦法律。

在第二种情况下,受托人可能通过单方行为违反当地法律。例如,一个由母公司持股70%股份的子公司被母公司吸收,该交易在某种意义上是"不公平"的,或以其他方式剥夺了受益人的机会,如评估权,当地法律会赋予他们寻求更好的待遇。在这种情况下,信息披露的作用

---

〔95〕 委员会认为披露的作用是促进当地法律规定的权利和信托义务的执行,这一点在其最近的决定中得到证明,in *In re* Spartek, Inc., SEC Exchange Act Release No. 15, 567, [1979 Transfer Binder] FED. SEC. L. REP. (CCH) 81,96i (Feb. 14, 1979), and Woods Corp., SEC Exchange Act Release No. 15,334 (Nov. 6, 1978),其关于在征求股东批准合并的委托书中披露的信息种类(利益冲突、交易原因和给控制方带来的收益)的建议,以及根据13e-3条规则规定的私有化条例中的建议,15 C. F. R. § 240.13e-3 (1979), SEC Exchange Act Release No. 6,075, [I979 Transfer Binder] FED. SEC. L. REP. (CCH) 82,66 (Aug. 2, 1979). 根据《1934年证券法》第3条和第14条的规定,I5 U. S. C. § § 78m, 78n (1976),委员会强制披露的权力应比在执行反欺诈条款时援引的"实质性"概念更广泛。

〔96〕 See Greene v. Dunhill Int'l, Inc., 249 A. 2d 427, 430 (Del. Ch. 1968); RESTATEMENT (SECOND) OF TRUSTS § 170 (1957); Brudney & Chirelstein, *Fair Shares in Corporate Mergers and Takeovers*, 88 HARv. L. REV. 297 (1974).

〔97〕 See, e. g., United States v. Chiarella, 588 F. 2d 1358, 1368 n. 14 (2d Cir. 1978), *cert. granted*, 99 S. Ct. 2158 (1979); Jones v. National Distillers & Chem. Corp., [Current] FED. SEC. L. REP. (CCH) 97,140 (S. D. N. Y. Oct. 1o, 1979); Brophy v. Cities Service Co., 31 Del. Ch. 241, 70 A. 2d 5 (1949); 参见前注〔93〕案例引用。比较 Mills v. Electric Auto-Lite Co., 396 U. S. 375 (1970), Mills v. Electric Auto-Lite Co., 552 F. 2d 1239 (7th Cir. 1977), *cert. denied*, 434 U. S. 922 (1978).

〔98〕 同前注〔93〕。

是确保受益人了解交易的性质和其所涉及的价值,以便他们可以明智地决定是否同意,或者在他们不同意的情况下寻求维护其在当地的法律权利。如果联邦要求的披露是“充分的”,并揭示了确实或可能违反当地信托义务的交易,那么披露将足以引发当地诉讼,以执行该法律体系。[99] 面对这样的可能性,如果进行了信息披露,受托人很可能会避免过度的非法行为。简而言之,所要求的信息披露对交易以及所涉及的任何价值差异说明得越清楚,受托人就越能在第一时间提出一个“公平”的交易。根据这些假设,联邦法院执行联邦反欺诈披露条款产生的效果要么是禁止过度交易要么是鼓励遵守当地的信托法。

当然,当地信托法中的含义有很大的不确定性,特别是“不公平”这个概念。[100] 因此,在事前,可能很难确定一个特定的价格或一组条款是否“公平”,或者在当地法院看来是否会被认定为“公平”。因此,在价格或条款处于公平边界的情况下,联邦信息披露要求可能不会阻止交易,而只是要求强制信息披露,并可能使任何受益人都不能就案情提出异议。这些都是边缘案件,而且确实可能引起妨害性索赔(nuisance claims)。但事实是,联邦信息披露要求有时可能仅起到告知的作用,有时可能引发妨害索赔,但这并不妨碍它们在其他时候,而且是在更多时候,作为执行地方信托义务的有效模式发挥作用。[101]

---

〔99〕 See, e. g., Kidwell ex rel. Penfold v. Meikle, [1979 Transfer Binder] FED. SEC. L. REP. (CCH) 96,912 (9th Cir. Jan. xx, 1979); Goldberg v. Meridor, 567 F. 2d 2o9 (2d Cir. 1977), cert. denied, 434 U. S. 1069 (1978); Healey v. Catalyst Recovery, Inc., 463 F. Supp. 740 (W. D. Pa. 1979); Valente v. Pepsico, Inc., 454 F. Supp. 1228 (D. Del. 1978). But see Biesenbach v. Guenther, 588 F. 2d 400 (3d Cir. 1978); Golub v. PPD Corp., 576 F. 2d 759 (8th Cir. 1978); Diana v. Merrill Lynch, Pierce, Fenner & Smith, [Current] FED. SEC. L. REP. (CCH) 97,124 (S. D. N. Y. Sept. 25, 1979).

〔100〕 Brudney & Chirelstein,参见前注〔96〕。

〔101〕 在这种情况下,衡量披露是否充分的标准可能存在争议。可以说,只有在交易事实上是不公平的情况下,才必须进行披露以揭示不公平。或者,也可以要求披露,而不考虑交易是否最终被确定为公平,以使受益人能够决定是否就公平问题提起诉讼。在前一种观点中,披露要求的范围较窄,但联邦法院在衡量受质疑的披露是否充分方面,实际上是在检验了地方上的“公平”问题。在后一种观点上,要求披露的内容更广泛,但联邦法院并没有审理地方上的公平问题。See Note, *Suits for Breach of Fiduciary Duty Under Rule 10b – 5 After* Sante Fe Industries, Inc. v. Green, 92 HARv. L. REV. 1874, 1884 – 98 (1978). 参见前注〔99〕案例引用。

联邦反欺诈条款的功能是忠实于其内容和含义的。正如我们所看到的,通过强制信息披露在交易中发生的任何自我交易或过度交易的事实和范围,并征求同意或发出通知,其目的不仅是通知受益人,而且是禁止受托人的行动。就像阳光一样,它们是一种消毒剂,而不仅仅是一种照明的来源。

三、无法利用的信息优势

我们从一个极端的角度可以看到,鼓励私人追求信息的需要,对受反欺诈规则披露义务约束的个人和信息都设定了限制;另外,公司内部人士及其附属机构必须对有关重要的非上市公司和非公司信息遵守“披露或禁止交易”规则,与客户打交道的证券专业人员也有类似的义务。但是,除了这些人之外,还有谁应该在哪些信息方面受“披露或禁止交易”规则的约束,以及根据什么原则?〔102〕在回答这个问题时,必须要牢记我们所讨论的或多或少是开放式的内容,即国会和法院都一致承认其目的,是在证券交易中扩大普通法中欺诈的适用范围。〔103〕我们的任务是找到一个原则来定义和限制反欺诈条款中所体现的概念的范围。

(一)理论原理

有一项建议是,应参照联邦证券法中信息披露要求的两项功能来划定必须披露者与拒绝披露者之间的界限:“通过促进公司和公司官员的披露,以及通过满足投资者在市场上受到的公平待遇的预期,来提

〔102〕 联邦证券法没有为这个问题提供解决方案。它对企业“内部人士”提出了披露公司和市场信息的要求,也对“任何人”都提出了狭隘的纠正要求。See ALI FED. SEC. CODE § § 1602(b), 603 (Proposed Official Draft 1978). 但对于非内部人士而言,这让事情陷入了一种悬而未决的境地。它本身拒绝了针对这些个人实行“披露或禁止交易”规则,但特别指出,“恶劣”的情况将属于第1602条规定的范畴。See *id.* § 1603, Comment 3(d).

〔103〕 正如委员会所指出的那样,in Cady, Roberts & Co., 40 S. E. C. 907, 911 n. 12 (1961),人们早就认识到,“岁月不会枯萎,习惯也不会使其千变万化”。See also SEC v. Capital Gains Research Bureau, Inc., 375 U. S. 180, 193 n. 41 (1963).

高公众对证券市场的信心。"[104] 这一观点似乎将卡迪、罗伯茨所描述的"不公平"概念建立在投资者的预期前提下,即市场参与者能够相对容易地获得公司信息。但该规则的功能并不局限于鼓励公司信息披露(通过使内部人士难以进行交易或禁止内幕交易成为公司信息披露的动力),也不局限于仅通过对内部人士和股东之间,或有"特殊关系"的人之间的交易实施信托约束的方式,来获得信息优势。[105] 从反欺诈条款产生的各种情况以及它们被援引的情况来看,毫无疑问,它们的告诫适用于公平的关系,而不仅仅是受托人和受益人之间的交易。[106]

事实上,正如提出上述建议的人所承认的那样,该规则建立在一个更广泛的前提之上。另一个——实际上是最基本的——使拥有信息优势的人在与没有信息优势的人进行交易时无法利用的因素是,无论后者多么勤奋或多么有资源,都无法合法地克服前者的信息优势。[107] 这

---

〔104〕 See *Insider Trading: Some Questions and Some Answers*, I SEC. REG. L. J. 323, 331 (1974) (reprinting Comment Letter from the Subcommittee on Broker - Dealer Matters and the Subcommittee on Rule 10b - 5 of the Committee on Federal Regulation of Securities of the Section of Corporation Banking and Business Law of the American Bar Association) (Oct. IS, '973) [hereinafter cited as ABA Letter].

〔105〕 *But cf. id.* at 335(主张委员会没有赞同投资者信息最终平等的理念); Fleischer, Mundheim & Murphy, 参见前注〔41〕,第 815 ~ 817 页(认为在非信义的情况下强制规定披露义务,是对治理原则的极大延伸); Jennings, *Insider Trading in Corporate Securities: A Survey of Hazards and Disclosure Obligations Under Rule* 10*b* - 5, 62 Nw. U. L. REv. 809, 815 (1968)(指出根据 10b - 5 规则规定的情况,如果不存在信托关系,不披露重要事实是不可诉的)。

〔106〕 除了涉及公平交易中"单纯沉默"的情况外,参见前注〔118〕、〔119〕,当一个人的行为表明了他未能披露的后果时,他可能会触犯并违反反欺诈条款,尽管这涉及公平交易。See, e. g., United States v. Naftalin, 99 S. Ct. 2077, 2o81 - 82 (1979); Frigitemp Corp. v. Financial Dynamics Fund, 524 F. 2d 275, 281 - 83 (2d Cir. 1975); A. T. Brod & Co. v. Perlow, 375 F. 2d 393, 396 - 97 (2d Cir. 1967); Omega Executive Servs., Inc. v. Grant. [1979 Transfer Binder] FED. SEC. L. REP. (CCH), 96,848 (S. D. N. Y. Apr. 23, 1979).

〔107〕 See Cady, Roberts & Co., 40 S. E. C. 907, 912 (1961); ABA Letter, 参见前注〔104〕,第 333 ~ 336 页。比较没有违反 10b - 5 规则的情况,如果未公开的信息对于一个勤奋的搜索者是可获得的, *e. g.*, Klamberg v. Roth, 473 F. Supp. 544 (S. D. N. Y. 1979); Frigitemp Corp. v. Financial Dynamics Fund, Inc., 524 F. 2d 275, 282 (2d Cir. 1975).

个概念有时会被投射到一个规则中,该规则旨在使相互交易的人能够平等地获得[108]重要信息。“平等获取”(equal access)这一概念的含义并非不言自明。但从最广泛的角度来看,它并没有延伸到要求实际的平等或分享信息的程度。[109] 如果从更狭义的角度来看,它可能会剥夺那些试图使用非公开信息的人的信息优势,因为法律限制他们不能向公众投资者披露。而它可以适当地扩展到那些法律不禁止其放弃信息优势的情况中,即从非公开的信息来源处,公众不能合法获得的信息优势。[110]

正如卡迪、罗伯茨所解释的那样,该规则的依据是限制这种信息独占者所享有的交易特权,而依据的是利用信息优势存在“固有不公平”(inherent unfairness)的概念。无论允许利用这种信息优势的“不公平”是反映了投资者“感觉上的”或“内在的”期望,还是由该规则产生的期望,它都有一个合理的功能基础。这一基础并不局限于投资者在与受

---

〔108〕 The ABA Letter,参见前注〔104〕,第335页,表明反欺诈条款的目标充其量是投资者之间“平等获取信息”(有别于“信息平等”)。The court in SEC v. Texas Gulf Sulphur Co., 401 F. 2d 833, 851 - 52 (2d Cir. 1968), *cert. denied*, 394 U. S. 976 (1969),建议“10b - 5规则的核心是执行国会的宗旨,即所有投资者都应该平等获得参与证券交易的回报……基于知识获取的不平等不应被视为我们生活方式中不可避免的一部分而置之不理,否则,鉴于国会在这一领域的关注,这种不平等仍将得不到纠正”。See also Speed v. Transamerica Corp., 99 F. Supp. 808, 829 (D. Del. 1951).

〔109〕 参见Loomis的评论,前注〔63〕,第1~12页;案例引用见后注〔127〕。

〔110〕 “基本目标……就是保护那些不了解市场状况的人免受那些了解市场状况的人的过度干预。”Charles Hughes & Co. v. SEC, 139 F. 2d 434, 437 (2d Cir. I43), *cert. denied*, 321 U. S. 786 (1944). 值得注意的是,普通法有时会要求披露“某一方特别和专有地……而另一方没有资格自己去发现某些事实。”IF. HARPER &F. JAMES,见前注〔20〕, § 7.14, at 588. See also Lingsch v. Savage, 213 Cal. App. 2d 729, 735 - 37, 29 Cal. Rptr. 202, 204 - 05 (1963)(卖方和房地产经纪人未能披露该建筑已年久失修,已被市政府官员谴责);Jenkins v. McCormick, 284 Kan. 842, 844 - 45, 339 P. 2d 8, 11 (1959)(卖方未披露地下室楼层缺陷,买方经合理调查也未能发现);Jones v. Arnold, 359 Mo. i6i, 169, 221 S. W. 2d 187, 193 (1949)(未通知未成年人未决诉讼的);Simmons v. Evans, I85 Tenn. 282, 285 - 87, 206 S. W. 2d 295, 296 - 97 (1947)(卖方未能向买方描述供水限制)。因此,先前的法律暗示了证券法的反欺诈条款所建议的政策(尽管它并非强制)——拒绝向交易者提供关于正在购买或出售的产品的信息优势,这些信息优势不能被与他们交易的人合法地侵蚀。

托人的交易中对公司信息权利的期望。如果一个交易人,由于他的职业或正常的职业利益或其他原因,获得了他不被允许向其他交易人披露或公共交易人不能合法获得的重大非公开信息,前者利用该信息对自己有利,而后者则对自己不利,那么在经济效果上可能会产生反作用。市场上的理性买家(或卖家),如果知道与他交易的人拥有他无法合法获得的关于产品价值的重要信息,就会避免与该交易人进行交易,或者要求获得风险溢价(risk premium)。如果市场被系统性地认为充斥着这样的交易人,那么一些投资者将完全避免交易,而另一些投资者也将花费成本来避免与这样的交易人进行交易,或者以舞弊的方式来克服他们不可逾越的信息优势。这些回应都对社会无益。所有这些都提高了资本的成本。而有些纯粹是非法的,企图以舞弊的方式从被禁止披露信息的人那里获得信息。

利用这种信息特权的能力并不如刺激信息产生那么有益,以至于需要施加上述成本。在禁止收购方披露或暗示其消息来源不会向他人披露的情况下合法获得的有关证券价值的信息,一般不会被其持有人用于个人证券交易。无论是公司内部信息、市场信息还是其他任何可以想象的相关信息,都是在实现其他目的的过程中寻求并提供给少数人的。例如,向信息来源或其他人提供服务或销售商品。因此,从交易中获得个人利益的动机并不是诱导那少数人去追求它所必需的。[111]没有这种激励,它也会产生,并对产生它的其他目的有用。允许此类利用重大信息的规则也不能带来任何可接受的收益。[112] 相反,正如我们在公司内部人员(或公司)的案例中所看到的,任何这样的信息利用

---

〔111〕 事实上,卢米斯委员曾提出,内幕信息的一个基本特征是,它是"出于某种目的秘密获得的,而不是为了利用它来为自己谋利和损害市场中投资公众的利益",referred to the circumstances of *Texas Gulf Sulphur*, *Cady*, *Roberts and*, *hypothetically*, *Investors Management. Interview with Philip A. Loomis*, *Jr.* ,FINANCIAL ANALYSTS REC. , Oct. 7, 1968, at 3, 5 [hereinafter cited as *Loomis Interview*]. 同样,弗莱舍、蒙德海姆和墨菲也将不可用的市场信息定义为仅出于或为了促进保密业务关系而获得的信息,这些信息清楚地表明了"期望公平交易是合理的"。See Fleischer, Mundheim & Murphy,参见前注〔41〕,第 821 ~ 822 页。See also ABA Comment Letter,参见前注〔83〕(侧重于"不使用机密业务数据的合理预期").

〔112〕 比较 H. MANNE, 参见前注〔77〕、〔78〕。

都可能是以企业或一些公共投资者的利益为代价的,因为这些信息是为他们服务或为他们的利益而积累的。而那些最有可能拥有市场信息的人,即那些因其在证券市场上的职业或地位而获得市场信息的人对此类市场信息的使用,也往往是以他们为其服务或为了利益而获得信息的人为代价。

如果说上述逻辑和政策保护了人们免受不可逾越的信息优势的影响,那么证券立法的历史则表明和决定支持这一观点。国会试图保护的不仅是那些与公司内部人员(以及他们的获益人)进行交易的人,而且保护一般的公共投资者免受他人的各种欺诈,包括利用他们无法竞争掉的机构信息优势。这些优势不仅损害了公众投资者的利益,而且根据国会的了解,这些优势所产生的怀疑限制了公众投资者进入市场,或者至少是阻碍了他们进入市场,从而提高了资本的成本。[113] 因此,尽管立法内容不需要如此广的范围,但其历史表明,在努力恢复对证券市场的信心时,国会认为应该剥夺这种信息优势。而反欺诈条款下的判例法不仅否认了"内部人士"的信息优势,而且至少否认了不能合法进行披露的外部人士的信息优势,即使禁止这种披露是出于对不希望披露该事项的第三人负有的责任。

因此,反欺诈规则被用来对付印刷商的雇员,他们在计划的收购要约之前获得信息,并利用拟议的收购要约价格和目标公司股票的当前市场价格之间的价差,以后者买入并以前者卖出或投标。[114] 这种交易不仅违反了雇员对其雇主和要约人的普通法义务,而且还违反了基于禁止使用无法获得的信息这一原则的反欺诈条款。由于公众投资者无法获得有关募资临近和目标公司股票报价的信息,该雇员与他进行交

---

〔113〕 See V. CAROSSO, INVESTMENT BANKING IN AMERICA 320 – 51 (1970); 参见前注〔46〕。

〔114〕 同前注〔9〕。

易的公众投资者相较而言,获得了永远也无法竞争掉的优势。[115] 这并不影响这一结论,即该雇员对投标报价人及其雇主的信托责任也因同一交易而受到违反。正如我们所看到的,反欺诈规则是为了在受托人和其受益人之间的交易中实施信托原则。不能因为这些交易还涉及根据当地法律对第三方履行的信托义务,就否定它们对陌生人之间交易的适用性。[116]

类似的分析可以证明,当一名 SEC[117] 或联邦储备委员会(Federal

---

〔115〕 Chiarella 案的法院认为,他对竞价人义务的违反也构成了对 10b-5 规则的违反。See United States v. Chiarella, 588 F. 2d 1358, 1368 n. 14 (2d Cir. 1978), *cert. granted*, 99 S. Ct. 2158 (I979). See also pp. 350-51 *supra*. 然而,尽管最近最高法院的意见增加了一些不确定性,但这并不意味着竞价人具有要求损害赔偿的默示诉讼权利。比较 United States v. Naftalin, 99 S. Ct. 2077 (1979)("投资者保护不是《1933 年证券法》的唯一目的,因此它的禁止性规定延伸到了专业人士之间的交易),Piper v. Chris-Craft Indus., Inc., 430 U. S. 1 (1977)("《威廉姆斯法案》的唯一目的是保护面临要约收购的投资者",而实现这一目的并不要求对竞价人提起民事损害诉讼);比较 Crane Co. v. Westinghouse Air Brake Co., 419 F. 2d 787 (2d Cir. 1969)(在 A. T. Brod & Co. v. Perlow 一案中被明显拒绝, 375 F. 2d 393) (2d Cir. 1967), which Naftalin cites with approval, *cert. denied*, 400 U. S. 822 (i97o), Carroll v. First Nat'l Bank, 413 F. 2d 353 (7 th Cir. 1969), *cert. denied*, 396 U. S. 1003 (1970),Lewelling v. First Cal. Co., 564 F. 2d 1977 (9th Cir. 1977). 第 10b-5 条规定也适用于经纪人的雇员对雇主义务的违反。See *In re* Wunsch, 44 S. E. C. 95 (x969). See also Allico Nat'l Corp. v. Amalgamated Meat Cutters, 397 F. 2d 727 (7 th Cir. 1968). 在任何情况下,在理论上否认私人诉讼原因,都并不能消除侵权行为或排除政府的强制执行。根据传统的信托原则,普通法上也存在代表竞价人提起诉讼的诉因,这似乎是显而易见的。

〔116〕 比较一下《邮件欺诈法》,18 U. S. C. § 1341 (1976),并不仅仅因为其不当行为也违反了信义义务或当地法律而不适用。See United States v. Keane, 522 F. 2d 534, 544-51 (7th Cir. 1975), *cert. denied*, 424 U. S. 976 (1976); United States v. Peltz, 433 F. 2d 48 (2d Cir. 1970), *cert. denied*, 401 U. S. 953 (1971); United States v. Groves, 122 F. 2d 87, 90 (2d Cir.), *cert. denied*, 314 U. S. 670 (1941); United States v. Buckner, io8 F. 2d 921 (2d Cir.), *cert. denied*, 309 U. S. 669 (1940).

〔117〕 *Cf.* United States v. Peltz, 433 F. 2d 48 (2d Cir. 1970)(认为美国证券交易委员会雇员违反职责,泄露重要信息以促进私人利益的计划违反了《联邦阴谋法》), *cert. denied*, 401 U. S. 953 (I971). See generally Note, *The Government Insider and Rule 10b-5: A New Application for an Expanding Doctrine*, 47 S. CAL. L. REv. 1491 (1974).

Reserve Board)的雇员[118],在知悉会对特定证券价格(甚至是一般市场)产生影响的未公布决定的基础上进行交易,或一名法院书记员进行类似的交易时,就违反了10b-5规则。同样的道理,当银行员工知道银行作为契约受托人的债券计划被催缴时,他们会在预估催缴时购买债券;[119]或者当投标人雇用的存托机构在要约收购期间或预估要约收购时为自己购买债券时,都会被认定为违规并可能承担法律责任。[120] 更有甚者,当一家公司寻求收购一家新公司或回购自己的股票时,在公司"之前"购买股票的公司高管将受到"披露或禁止交易"规则的约束。[121]

然而,所涉及的问题不仅仅是禁止用户披露信息。公众投资者无法合法地获取信息才是"披露或禁止交易"规则的基础。例如,关于一家公司的研究突破或上一季度业绩的中期信息,由于其不确定性,该公司可能有权保留,而内部人士可以自由披露,作为他自己交易的预测,至少如果他有资格的话。然而,如果公司的利益不允许其承担披露的风险,那么外部人员就不能合法地从该公司获得此类信息。因此,内部人员必须遵守"披露或禁止交易"规则。同样地,尽管没有任何法律理论可以封锁供应商对客户订单大幅增加的了解,但供应商在客户的股票交易中比公众更有信息优势,除非客户愿意披露,否则公众无法克服这种优势。如果客户在正常的商业环境下不愿意这样做(这很可能是真的),信息对公众来说将是无法获取的,那么这种信息优势就应该援引"披露或禁止交易"规则。如果客户知道他已经拒绝了供应商的新产品,而他又想出售供应商的股票,那么就会产生类似的结果。[122] 同

---

[118] See *In re* Byth & Co., 43 S.E.C. 1037 (1969).

[119] See *In re* Honohan, 13 S.E.C. 754 (1943).

[120] 保存人将具有信息优势,即知道要约收购成功的可能性有多大,而与其交易的公众投资者不可能合法地获得这一信息优势。

[121] 在这种情况下让内幕人士承担责任,并不"偏离"这里阐述的第10b-5条理论规则。比较 Fleischer, Mundheim & Murphy,参见前注[41],第817~819页,以及后注[128]引用案例。

[122] See ABA Committee Letter,参见前注[83]。证券分析师从客户处获得该信息,其使用该信息的权利与从该公司高管处获得该信息的权利相同。参见前注[84]。FIFTH ANNUAL INSTITUTE ON SECURITIES REGULATION 265-66 (R. Mundheim, A. Fleischer, Jr. & J. Schupper eds. 1974).

样的考虑也适用于已中止(或刚开始)的并购的一方——或可能是友好的收购要约——他试图在出版谈判中利用目标公司的信息进行交易。[123]

总而言之,“披露或禁止交易”规则的逻辑排除了利用公众无法合法克服或抵消的信息优势的情况。虽然从历史上看,反欺诈条款可能只是针对公司内部人员或市场专业人员(或常客),即使是在公平交易的情况下所拥有的不可逾越的信息优势,但它所体现的原则却延伸到保护公众投资者免受与拥有这种信息优势的人进行的交易的影响。[124]但这并不影响这一结论,即由于个别投资者在权力、财富、勤奋或智慧方面的差异,在合法获取信息方面可能存在系统性的不平等。一项旨在通过要求普遍分享信息来抵消这些差距的规则,淡化了(如果不是摧毁的话)通过鼓励追求有关证券价值信息来实现定价和资源配置效率的价值。另外,如果拥有不可复制的信息优势(通常为非贸易目的获得)的人被禁止在贸易中利用这种优势,那么这些价值的实现就不会受到阻碍。事实上,我们有理由相信,国会认为这样的禁止会有利于

---

〔123〕 See SEC v. Shapiro, 494 F. 2d 1301 (2d Cir. 1974); SEC v. Geon Indus., Inc., 531 F. 2d 39 (2d Cir. 1976). 比较 *In re* Ward LaFrance Truck Corp., 13 S. E. C. 373, 378 – 79 (I943), Frigitemp Corp. v. Financial Dynamic Fund, Inc., 524 F. 2d 275, 279 (2d Cir. I975), *In re* Hughes & Treat, 22 S. E. C. 623, 626 (1946).

〔124〕 同前注〔35〕。可以肯定的是,如果反欺诈条款的范围第一次被“扩展”到受托人、市场常客以及与他们进行交易的人之外,可能会有人争论说,这件事最好留给国会处理,在国会修正法规之前,法院不应该“扩展”他们的覆盖范围。但法规的内容是针对所有人(或所有顾问或经纪人)的虚假陈述。在某种程度上,“披露或禁止交易”规则是司法上对肯定性虚假陈述禁止的“另一面”,问题不在于是否扩大其覆盖范围,而在于如何将其范围限制在所有人以下。法院的意见体现在 United States v. Chiarella 一案中, 588 F. 2d 1358 (2d Cir. 1978), *cert. granted*, 99 S. Ct. 2258 (1979),“任何经常收到重大非公开信息的人都不得利用该信息进行证券交易”588 F. 2d at 1365(在原文中重点强调),显然其只涉及市场常客的行为,而且更多的是局限于立法所依据的历史事件。对于“经常获得市场信息”或“作为市场内部人士”的测试并没有触及那些在市场上对公众投资者具有偶发(而非系统)信息优势的人。See Case Comment, *The Application of Rule* 10*b* – 5 *to* “*Market Insiders*”: United States v. Chiarella, 92 HARV. L. REv. 1538, 1547 – 48 (1979). 但无论是政策还是原则,都没有规定必须围绕市场内部人士划定界限,而不是围绕其他人,这些人的地位使他们获得了不可复制的信息优势;还有更早的案例,参见前注〔117〕、〔118〕, suggest a broader reach,参见前注〔9〕。

这些价值的实现。

值得强调的是,禁止利用他人无法合法获得的重要信息的原则并不妨碍利用信息优势进行交易,这种优势本身是由投资者或其顾问合法获得的数据或信息项目的集合所产生的。因此,从专业顾问或经纪人那里购买投资建议或收集的信息所带来的好处,不需要仅仅因为购买这种建议的人没有或没有能力购买而放弃。信息并非不可合法获得的,仅仅是因为承担了收集和汇总信息费用的人不愿意(除了收费)与那些与他交易的人分享这些信息,而这些信息对于勤奋的调查者来说是可以获得的。

可以肯定的是,收集的信息,或个人在收集现有信息后作出的分析或投资决定,本身可以被定性为他人不能合法获得的独立"信息"。然而,这并不意味着收集和作出分析或决定的人有义务披露它或避免交易。[125] 尽管它被定性为"信息",但汇集和由此产生的投资决策至少在产生它的人手中(尽管不在出于非交易目的而从他那里获得信息的人手中),[126]就像他打算在特定时间以特定价格购买或出售证券的"信息"。他既没有义务披露该"信息",也没有义务不进行交易。因此,举例来说,传统的研究表明,一个人在进行初步的市场购买的同时,如果他计划进行一项重大投资,在购买股票的过程中就会提高股票的价格,那么他不需要首先披露他的计划,至少如果他不是市场专业人士。计

---

[125] 如果交易的内部人员不需要披露"高级财务或其他专家的分析"或"感知分析"的好处,see SEC v. TexasGulf Sulphur Co., 401 F. 2d 833 (1968), *cert. denied*, 404 U. S. 005 (1971); *In re* Cady, Roberts & Co., 40 S. E. C. 907 (1961),那么,与作出这种分析的人保持一定距离的人也无权获得该信息。

[126] 一个合法的投资建议和信息的购买者可能有权从他的购买中获得任何利益。但是,如果该顾问是出于有限的目的(排除用于个人交易)而向他提供此类信息,或者如果他通过盗窃获得这些信息,则证明该权利合理性的政策并不包括他对此类信息的使用。如果他从一位顾问的文件中窃取了基础数据,而这位顾问将收集的信息提供给所有买家出售,那么对他在交易中使用这些数据的任何限制都必须基于其他前提。普通法认为,如果一个人非法获取另一个人的产品信息,并在与另一个人的交易中使用,他就不能利用后者对这些信息的不知情因素。See G. BOWER & A. TURNER, THE LAW OF ACTIONABLE MISREPRESENTATION 107 (1974); Keeton, *Fraud – Concealment and Non – Disclosure*, 15 TEX. L. REv. i, 25 – 26 (1936). 他是否可以利用该资料与合法取得该资料的第三者进行交易则是另一个问题。

划进行清算以降低股票价格的大宗股票持有者也不需要在出售之前提前披露他的计划。而直到最近,人们也没有禁止投标人在宣布收购要约之前购买一类股票的5%。然而,在任何情况下,交易人都比与他进行交易的公众有一个优势,而且公众不能合法地削弱或克服这个优势——他对以后的购买或销售所产生的价格影响的了解。

在所有这些交易中,交易人的优势是他知道自己后续作出的买入或卖出股票的单边决定的结果。通过要求提前披露来限制他以后买入的自由,将剥夺他从该决定中获利的机会,这仅仅是因为只有他自己事先知道该决定。交易者比公众拥有的唯一不可改变的优势是他知道他打算以某个特定的价格进行交易,或者以任何可能与当前市场价格不同的价格进行交易,而且如果将其公开的话就会改变市场价格。尽管这种优势是不可逾越的,但它是我们的交易系统所特有的,而且要求向他人披露,并不比谈判者获取某些信息优势(他会支付比在谈判过程中拟定的更多或接受更少的价格)更有效。要求买方或卖方告诉交易对象,他们愿意支付更多或更少的价格(以及多多少或少多少),相比要求分享有关发现的信息,会对追求发现价值造成更大的破坏。它要求分享评估和判断并相应地减少买方承担风险的回报而不降低风险或把获得的部分回报分配给新的风险承担者。在证券法的反欺诈条款理论或内容中都没有规定,在缺乏其他理由否认这种信息优势时去否认它。[127]

但是,收购要约人或清算人有权在其后来的收购要约或清算价格产生影响之前进行交易,并不意味着得知其计划的其他人也有这种权利。当然,其他得知该计划的人在无法披露该计划的情况下(如他的助手),也无权利用自己的信息进行交易,就像那些被禁止利用公司内

[127] See Frigitemp Corp. v. Financial Dynamics Fund, 524 F. 2d 275 (2d Cir. 1975); General Time Corp. v. Talley Indus., Inc., 403 F. 2d 159, 164 (2d Cir. 1968), *cert. denied*, 393 U. S. 1026 (1969); *cf.* Brascan Ltd. v. Edper Equities Ltd., [1979 Transfer Binder] FED. SEC. L. REP. (CCH) 96,882 (S. D. N. Y. May 25, 1979) (无须披露持股情况及未来购买意向); Jacobsen Mfg. Co. v. Sterling Precision Corp., 282 F. Supp. 598 (E. D. Wis. 1968) (竞价要约中不要求附有控制意向书); Pacific Ins. Co. v. Blot, 267 F. Supp. 956 (S. D. N. Y. 1967) (法官的附带意见) (无须披露即将进行的收购要约); Mills v. Sarjem Corp., 133 F. Supp. 753 (D. N. J. 1955) (无须披露计划出售的公司资产).

部信息进行交易的人一样。因为这样的交易不仅不能达到交易的合法目的,而且还有可能损害委托人的目标。因此,它缺乏抵消公众无法削弱的信息优势的理由。事实上,同样的考虑也适用于所有得知某人预期交易信息的其他人,[128]除非他们可以在未经该人同意的情况下合法地使用这些信息,[129]或者除非他们的交易得到了该人的授权,[130]这样他就可以像自己利用这些信息进行交易一样,来达到他的目的。

最后,必须指出的是,一般考虑认为,对发现价值的正常追求可以证明某些信息优势是正当的,而反欺诈条款不应禁止这些优势,但可以为特定目的引入例外。因此,在证券市场的运作中,有某些参与者拥有获取市场信息的特权,他们被允许利用这些信息,大概是为了允许他们促进市场的有效运作,如专家、交易所成员或做市商。对于履行这些职能需要多大程度的信息优势,以及在一些情况下,这些参与者是否会通过市场职能所不需要的行为来利用他们的优势,存在相当大的争议。[131] 例如,根据反欺诈规则,场内的交易商对这些优势的利用长期受到质疑。[132] 然而,只要有理由证明需要履行市场职能,并履行这些

---

[128] 例如,收购方的管理人员未经收购方同意就购买了收购方的股票。See SEC v. Stone, No. 78 C-4259 (S. D. N. Y. 1978),在委员会发布的 No. 8527, I5 SEC DOCKET 14 (Sept. ii, 1978)中被讨论; SEC v. Healy, 74 C-4305 (S. D. N. Y. Oct. 23, 1974), discussed in SEC Litigation Release No. 6589, 5 SEC DocKET 524 (Nov. 18, 1974). See also Oppenheimer & Co., SEC Exchange Act Release No. 12, 319, [1975-1976 Transfer Binder] FED. SEC. L. REP. (CCH) 80,551 (Apr. 2, 1976).

[129] 例如市场专家。参见前注〔36〕和后注〔133〕~〔135〕。

[130] See Cohen v. Colvin, 266 F. Supp. 677 (S. D. N. Y. 1967)(收购方的高管在征得收购方的同意后购买目标公司的股票). See also Fleischer, Mundheim & Murphy,参见前注〔41〕,第813~817页。

[131] See 2 SEC SPECIAL STUDY,参见前注〔23〕,第2部分,第48~246页; SECUIRITIES AND EXCHANGE COMMISSION, REPORT ON THE FEASIBILITY AND ADVISABILITY OF THE COMPLETE SEGREGATION OF THE FUNCTIONS OF BROKERS AND DEALERS I-5I (1936); Note, *The Downstairs Insider: The Specialist and Rule* 10*b*-5, 42 N. Y. U. L. REV. 695 (I967).

[132] See 2 SEC SPECIAL STUDY,参见前注〔23〕,第2部分,第38~42页; SEC Exchange Act Release No. 7290, [1961-1964 Transfer Binder] FED. SEC. L. REP. (CCH) 76,989 (Apr. 9, 1964); SEC Exchange Act Release No. 9950, [1972-1973 Transfer Binder] FED. SEC. L. REP. (CCH) 79,178 (Jan. 16, 1973).

职能时需要获取特权信息,就应该授权其使用这些优势,但是要受到SEC、交易所和自律组织的约束,以确保这些职能的有序履行。[133] 同样,如果不遵守这些限制,或将市场信息用于履行特权获取义务之外的其他目的,市场专业人员就应受到"披露或禁止交易"规则的严格约束。[134] 我们有可能对因允许市场专业人员使用信息优势,而专门制定的限制措施的充分性提出争论。但在这些争论得到解决之前,遵守根据证券法的其他条款颁布的、为了管理市场专业人员行为的一系列详尽的限制措施,似乎可以允许他们使用信息优势特权,否则他们在反欺诈条款的规定下可能会被否定。[135]

禁止利用他人无法克服或合法抵消的信息优势进行交易的原则在实际应用中并非没有困难,尽管在大多数情况下,这些困难是对传统问题的重复。一般来说,当一个人获得了别人无法合法获得的信息时,这种情形并不难识别。但问题是,是否可以证明他获得的是别人无法合

---

〔133〕 美国证券交易委员会指出,"传统上,市场专业人士被允许享受这些市场信息和竞争优势,是因为他们对他们交易的证券市场负有义务,并且为这些证券市场的连续性、流动性和深度做出了重大贡献"。HOUSE COMM. ON INTERSTATE AND FOREIGN COMMERCE, 96TH CONG., IST SESS., REPORT OF THE SPECIAL STUDY OF THE OPTIONS MARKETS 1 - 4 (Comm. Print 1978). See also 2 SEC SPECIAL STUDY,参见前注〔23〕,第2部分,第78~83页、第90~94页、第123~28页、第135页、第220~25页; Albert Fried & Co., SEC Exchange Act Release No. 15,293, 6 SEC DOCKET 100, 104 n.7 (Nov.3,1978)(给予专家和其他证券交易商优势的"交换条件"是"实施监管,以确保他在为自己的账户交易时,也为了市场的整体利益而使用这些特权").

〔134〕 值得注意的是,各种各样的市场专业人士(专家、场内交易员、大宗仓位商、套利者、经纪人,可能还有机构投资者)对市场均负有不同的义务,因此,"披露或禁止交易"规则可能不适用于每个人。参见前注〔131〕; Fleischer, Mundheim & Murphy,参见前注〔41〕,第847~860页。

〔135〕 See 2 SEC SPECIAL STUDY,参见前注〔23〕,第2部分,第48~246页; SEC Exchange Act Release No. 9950, [1972 - 1973 Transfer Binder] FED. SEC. L. REP. (CCH) 79,178 (Jan. 16, 1973). The Securities Act Amendments of 1975, Pub. L. No. 94 - 29, § 6(2), 89 Stat. 110 (1975),《1934年证券交易法》修正案第Ⅱ(b)取消了禁止专家为自己的账户进行交易的规定。但由于某些反欺诈条款本身就是委员会对市场专业人士颁布限制的权力来源,see Securities Exchange Act of 1934, § 15(c), 15 U.S.C. § 780(c) (1976); Investment Advisers Act, § 206, 15 U.S.C. § 80b - 6 (1976),在确定根据法规的其他条款制定的限制,在多大程度上取代了反欺诈条款的命令时,必须小心谨慎。

法获得的信息,如证券分析师向公司高管公开询问公司的前景。对合法可得性的检验可以适当地转为,公司官员是否愿意向其他人传播他们在回答询问时所提供的信息。例如,如果他(或他和其他一两个人)经常是这些高级管理人员提供公司信息的唯一渠道,那么就会产生严重的疑问,是否他收到的信息仍处于内部人士的身份保护之下,因此就不能合法获得。[136]

当有人声称信息已经成为"公共"信息时,因为它已经被如此多的获益人或不同的群体所了解,也会出现类似的问题。[137] 我们的任务是界定标准,以确定如何区分公开和非公开信息。[138] 与这些问题相关的是,当投资决策开始将信息组合成一个马赛克(mosaic)时,就会出现这

〔136〕 比较 *Loomis Interview*,参见前注〔3〕,第 5 页(区分了"公司会提供给任何有合法利益的人要求的信息"和他们正在"向这位特定的分析师传递……他们期望得到回报"的信息)和 FIFTH ANNUAL INSTITUTE ON SECURITIES REGULATION 264 (R. Mundheim, A. Fleischer, Jr. & J. Schupper eds. 1974)(史波金的评论)(这些信息之所以无法普遍获得,仅仅是因为该公司表示,它本可以让这些信息普遍获得)。

〔137〕 关于信息在合法获取后必须经过多长时间,或者传播了多大范围,才能使其不再是非公开的或"普遍可得"的问题一直存在很大争议。See SEC v. Texas Gulf Sulphur Co., 401 F. 2d 833 (2d Cir. 1968) (Coates' sale), *cert. denied*, 394 U. S. 976 (1969); SEC v. Avis, Inc. [1974 Transfer Binder], FED. SEC. L. REP. (CCH) 94,419 (S. D. N. Y.) (抱怨); Faberge, Inc., SEC Exchange Act Release No. 10, 174, [1973 Transfer Binder] FED. SEC. L. REP. (CCH) 79,378 (May 25, 1973) (Autex distribution); *In re* Investors Management Co., SEC Exclange Act Release No. 9267, [1970 - 1971 Transfer Binder] FED. SEC. L. REP (CCH) 78,163 (July 29, 1971). See also DuPont Glore Forgan, Inc. v. Arnold Bernhard & Co. [1978 Transfer Binder], FED. SEC. L. REP (CCH) 96,346 (S. D. N. Y.)联邦证券法试图在第265条中解决这一问题,该法定义了"普遍可得"的概念,规定"一个事实通过备案或新闻稿或任何其他合理设计以引起投资公众注意的方式披露后一周(或委员会规则规定的任何其他期间)就可普遍可得"。"否则,证明一个事实是'普遍可得的'的责任就落在提出该主张的人身上了。"ALI FED. SEC. CODE § 265 (Proposed Official Draft 1978).

〔138〕 另一个与此相关的是,当 B 通过对 XYZ 公司进行掩饰而发现了有关 XYZ 公司的信息,并将这些信息提供给 A 时,就会产生这样的问题。See *In re* Investors Management Co., [1969 - 1970 Transfer Binder] FED. SEC. L. REP. (CCH) 77, 832 (June 26, 1970). 假设这样获得的信息是"不合法的",因此 A 在交易中使用它违反了规则,至少在 B 或其他人广泛传播它,使其"公开"之前是这样。

样的问题:有些部分是其他投资者不能合法获得的,而有些是可以的。[139] 当然,同样的问题也会在不同的环境中遇到,那就是作为马赛克一部分的公认的"内部"公司信息是否是"实质性"信息。[140] 虽然没有简单的解决方案,但无论是马赛克问题还是其他提到的问题,对于这里讨论的原则的运作来说都不是什么新鲜事。

与确定何时违反该原则所涉及的困难相比,确定和适用违反者罪责的条件所遇到的问题并不新颖。这些条件包括要求违反者必须知

---

〔139〕 See, e. g. , SEC v. Bausch & Lomb, 565 F. 2d 8 (2d Cir. 1977). *Compare* FIFTH ANNUAL INSTITUTE ON SECURITIES REGULATION 276 - 82 (R. Mundheim, A. Fleischer, Jr. &J. Schupper eds. 1974)(史波金的评论), *with Loomis Interview*, 参见前注〔2〕,第 4 ~ 5 页、第 7 页。See also ALl FED. SEC. CODE § § z602, 1603 (Proposed Official Draft 1978)(将"重大"事实与"特殊意义的事实"进行对比,以区分内部人士的披露义务和"任何人"纠正不再准确的陈述的义务)。

〔140〕 在《卢米斯访谈录》中,卢米斯委员将重大内部信息的特点定义为:"一般来说……具有鲜明而直接的意义……而不仅仅是分析信息链中的一个环节……而且它是……你判断的依据。"然而,他承认,即使该项目只是一个环节,它也可能足以使整个链条无法运作。Loomis Interview, 参见前注〔3〕, 第 5 页。人们提出了许多不同的标准,用以确定"内部"或非公开信息项目何时会与"外部"或可公开可获得的信息结合,得出结论。最极端的建议是,如果内部项目是得出结论所必需的(尽管其本身不是"重大的"),则分析师不能利用(或出售)他的综合优势,因为某一部分受到影响就会难以体现出总体信息优势。See Note, *Rule* 10*b* - 5: *The Effect of the Insider Trading Decisions on the Security Analyst*, 54 MINN. L. REv. 147,169 (1969)."激励因素"这个标准虽然没那么极端,但实施起来要困难得多。在这个测试下,如果内部项目是"激励"交易者采取行动的项目,那么这将是一个更大合成的一部分,其包括外部信息,也不会排除非法信息优势。See SEC v. Shapiro, 349 F. Supp. 46, 54(S. D. N. Y. 1972), afTd, 494 F. 2d 1301 (2d Cir. 1974); Faberge, Inc. , SEC Exchange Act Release No. 10,174, [1973 Transfer Binder] FED. SEC. L. REP. (CCH) 179, 378 (May 25, 1973). 也有人建议这么做, see *In re* Investors Management Co. , SEC Exchange Act Release No. 9267, [1970 - 1971 Transfer Binder] FED. SEC. L. REP. (CCII) 1 78,163 (July 29, 1971), and denied, see FIFTH ANNUAL INSTITUTE ON SECURITIES REGULATION 273 - 76 [R. Mundheim, A. Fleischer, Jr. & J. Schupper eds. (1974)(史波金的评论)],如果交易企业中做出买入或卖出决定的人没有使用该内部信息,那么该内部信息就不会"玷污"该结论。在另一个层面上,只有当秘密或内部信息在得出结论时以某种未定义的方式比外部信息更重要时,人们才会禁止使用该信息。比较 ALI FED. SEC. CODE § § 293, x602(b) (Proposed Official Draft 1978), *id.* § § 257, 16o3(a)(区分"实质性"事实和具有"特殊意义的事实")。

道,或者至少有理由知道,他所利用的信息是非公开的。如果一个人获得了非公开的信息,但由于他对信息来源的忠诚度,而被禁止披露这些信息,仅这一禁令就足以表明他的信息是排他性的,就会使他因违反“披露或禁止交易”规则而承担责任——除非他证明他的信息是公开的,也就是说,其他人可以合法(和普遍)〔141〕获得。这与其在向信息来源提供服务或销售商品的过程中获取信息时,要求自己警惕类似的排他性优势之间,并无实质性区别。对于不是在这种情况下或是以受托人身份获得的信息,罪责应取决于使用者有理由知道或已经知道其排他性;在很多情况下,推定排他性并要求他证明这种推定是错误的,可能是不适当的。〔142〕 在反欺诈条款要求明知方面的新兴研究中表明,不同法规〔143〕和不同执法环境〔144〕会出现更多不同要求。

(二)一些变化

1. 倒卖

茨威格诉赫斯特公司一案(Zweig v. Hearst Corp.)〔145〕说明了当前在另一个维度检验该原则适用范围的问题,该案例涉及倒卖行为。投资顾问或报纸专栏作家的倒卖行为,是指其在预期发表的推荐意见会对市场造成影响的情况下买入或卖出证券,然后再在市场做出反应时

〔141〕 同前注〔137〕。

〔142〕 See, e. g., SEC v. Monarch Fund, [Current] FED. SEC. L. REP. (CCH) T 97, 148 (2d Cir. Oct. 23, 1979). 根据《美国最高法院判例汇编》第 425 章 185 节的 Ernst & Ernst v. Hochfelder 一案,并不排除在私人诉讼中因违反规则 10b - 5 而被起诉的信托人,可以比公平交易者承担更低标准的责任。同前注〔93〕。

〔143〕 比较 Gerstle v. Gamble - Skogmo, Inc., 478 F. 2d 1281 (2d Cir. 1973) (interpreting rule 14a - 9), Ernst & Ernst v. Hochfelder, 425 U. S. 185 (1976) (interpreting rule 10b - 5)。

〔144〕 See SEC v. Texas Gulf Sulphur Co., 401 F. 2d 833, 868 (2d Cir. 1968) (全体法官出庭审案) (Friendly, J., concurring), *cert. denied*, 394 U. S. 976 (1969); SEC v. Aaron, [1979 Transfer Binder] FED. SEC. L. REP. (CCH) 96,800 (2d Cir. Mar. 12, 1979), *cert. granted*, 48 U. S. L. W. 3253 (U. S. Oct. 16, 1979) (No. 79 - 66); Berner & Franklin, *Scienter and Securities Exchange Commission Rule 10b - 5 Injunctive Actions: A Reappraisal in Light of Hochfelder*, 5i N. Y. U. L. REV. 769 (1976); Bucklo, *The Supreme Court Attempts to Define Scienter Under Rule 10b - 5: Ernst & Ernst v. Hochfelder*, 29 STAN. L. REV. 213 (1977).

〔145〕 See Zweig v. Hearst Corp., 594 F. 2d 1261 (9th Cir. 1979).

卖出或买入。这需要他使用两种信息:第一,他所发现和收集的关于企业及其前景的信息;第二,他的建议公布后会对证券的市场价格产生影响的信息,这仅仅是由于其公布的原因。[146] 问题在于,顾问或专栏作家利用公司信息的权利与利用市场信息的权利(至少针对非客户的公众投资者)之间可能存在差异。

正如我们所看到的,投资顾问和销售投资咨询服务的人,在与客户进行交易时,不能利用信息优势,比如过度接触客户,[147]或者有系统地偏袒某些客户,至少在未事先告知其他客户的情况下是这样。[148] 在倒卖案的判决中,客户保护得到了延伸,禁止顾问将自己置于黄牛的地位,因为他们可能会向客户提供腐败性的建议。[149] 虽然倒卖案的教训是顾问必须向客户披露他们的倒卖意图或避免倒卖,但其不可避免的效果和目的是禁止倒卖。该限制与投资顾问和经纪人在与客户进行交易时承担的信托义务相类似,其可以为声称向他们的读者提供信息的报纸专栏作家阐明,他们所述的信息没有被任何以获得交易利润的个人利益所偏向。虽然金融专栏作家和他的读者之间的信托关系可能不像顾问和他的客户之间的信托关系那样令人信服,但也没有理由让前者免除其无利益的默示保证,从而允许倒卖交易。[150] 简而言之,要求专栏作家向读者披露其意图,以获取其出版物的市场影响,或使其避免通过倒卖获取利益,是反欺诈条款的适当要求。[151]

---

[146] 这种影响是不确定的,但在大多数情况下,不难认识到这种影响的可能性很高,在这方面,专栏作家的立场与发表建议的顾问的立场没有太大的不同。如果传达给获利者的信息太不明确或不确定,无法构成优势,就会出现类似的困境。但是获利者对它采取行动这一事实,往往掩盖了它的不足。See SEC v. Texas Gulf Sulfur Co., 401 F. 2d 833, 85i (2d Cir. i968), *cert. denied*, 394 U. S. 976 (1969).

[147] 同前注[85]~[88]。

[148] See, e. g., Courtland v. Walston, Inc., 34o F. Supp. 1076, 1082 (S. D. N. Y. 2972); *In re* Kidder, Peabody & Co., 43 S. E. C. gii (1968).

[149] See SEC v. Capital Gains Research Bureau, Inc., 375 U. S. 180 (1963). See generally Fleischer, Mundheim & Murphy, *supra* note 41, at 824 - 35.

[150] See Peskind, *Regulation of the Financial Press: A New Dimension to Section so(b) and Rule* 10*b* - 5, 14 ST. Louis U. L. J. 8o, 88 - 92 (1969).

[151] See Zweig v. Hearst Corp., 594 F. 2d i261, 1266 - 67 (gth Cir. 1979)[专栏作家违反第10(b)条和第10b - 5条的规定,在写这篇文章之前没有披露他购买了该公司的股票]。

虽然反倒卖的判例法谈到的是对客户的责任,[152]而且似乎更关心保护客户或读者,而不是一般的投资大众,但其禁令是保护后者的,因为它不可避免地排除了与公众的交易。最近的判例法表明,反欺诈条款还规定了顾问和报纸专栏作家对与其进行交易的公众投资者的义务,这种义务不会因为他们有义务向客户或读者披露倒卖意图而消除。茨威格诉赫斯特公司案(Zweig v. Hearst Corp.)表明,根据10b-5规则,反倒卖的义务适用于公众投资者,[153]这仅仅是因为投资公众对未受操纵的市场(不受试图影响价格以促进个人交易的市场)的兴趣不亚于专栏作家的读者。然而,排除顾问或专栏作家利用其市场信息,并因此禁止他倒卖的考虑,并不同样适用于他利用发现和收集到的公司信息进行投资的行为。可以说,顾问或专栏作家积累了关于某公司经济事务的信息,使他相信该公司的股票价格过高或过低,但他对其客户或读者没有义务去避免预先利用该信息,且不自己出售或购买证券。顾问或专栏作家基于他的研究而进行的预先销售或购买,仅仅是对他的发现价值的奖励。虽然他的权利——至少针对客户或读者的权利——并非无可争议,[154]但现行规范并不仅仅因为他们被允许向客户出售其研究所得的信息或建议,以此赚取费用,而禁止顾问、专栏作家

[152] See, e.g., SEC v. Capital Gains Research Bureau, Inc., 375 U.S. 180, 191 (1963) [《1940年投资顾问法案》,《美国法典》(1976)80(b)15,反映了国会对投资顾问和客户之间信托关系的认可]。

[153] Zweig v. Hearst Corp., 594 F.2d i261 (9th Cir. 1979). Zweig案实际上走得更远;它要求一个黄牛专栏作家对那些他不可能与之交易的人承担民事责任,并检验了由Blue Chip Stamps v. Manor Drug Stores一案(1975年)强加的买方—卖方的外部限制。

[154] 事实上,这些工作是他为他的客户或专栏做的,这可能意味着他无权根据这些信息进行投资或出售。他不仅会因为搜索自己报告或建议所依据的信息而获得专门报酬,因此交易利润并不是诱导搜索的必要条件,而且他的提前交易将不利于他的咨询或阅读客户,至少在某种程度上,他的提前交易会使其建议对读者的利润更低,因为他的建议在他给客户提供之前就引起了证券价格的波动。这位顾问实际上是在暗中向他的客户收取额外的费用。比较§17(j) of the Investment Company Act, iS U.S.C. § 80(a) (976). See also In re Kidder, Peabody & Co., 43 S.E.C. gii (1968); Courtland v. Walston & Co., 34o F. Supp. bo76 (S.D.N.Y. 1972). 但是,即使这些考虑可以成为禁止投资活动的理由,以确保客户或读者对顾问或专栏作家的忠诚,也并不意味着公众投资者有任何义务不使用他的信息。

甚至经纪人从自己的研究中为自己寻求投资回报。

有趣的问题是，为什么对公众投资者的责任（有别于对客户或读者的责任）应该是利用市场信息的优势而不是利用公司信息的优势。在每一种情况下，用户的优势都是他自己努力的结果，并不是对非公开信息的利用，除非他得出结论的信息是非公开的。答案可能在于，顾问的公司信息优势可能会被类似的研究所削弱。但他的市场信息优势是不可超越的，因为这包含了他（也只有他）对自己发表的决策的了解，以及其决策对市场的买卖情况所产生的影响。

禁止黄牛党[155]利用不可复制的市场信息实行垄断，但允许竞价人或私人财产管理人或清算人利用这种垄断，这两者并不矛盾。后者只是在寻求利用某些发现价值，该价值体现在他们掌握了所要收购或处置的公司的信息；他们试图通过不公开该市场信息（他们随后购买或出售的意图）来避免这些价值的损失或减少。然而，黄牛党是在利用市场信息，而且仅仅是市场信息，以获取它带来的利益。他通过保密来利用市场信息，并不是为了保护关于企业经济前景的发现价值。事实上，通过倒卖计划，他正在对企业信息中所体现出的价值产生怀疑。

---

〔155〕 有人认为，如果经纪人即将发布关于X公司的报告，并且正在购买X公司的股票，以便在报告发布后供应给客户，那么使用防倒卖规则来保护那些向其出售股票的人，会适得其反，而且是不恰当的。See Fleischer, Mundheim & Murphy, *supra* note 41, at 831－34. 该观点是，应该允许券商有机会让客户从这份报告中受益，途径是提前获得股票，然后按有序的方式卖给他们，而不是要求客户在报告创造的繁忙市场中竞价，从而加剧其“无序性”。有人进一步辩称，只有“信息均等”原则，即否认对发现价值的权利，才会支持禁止库存采购的规则。但是，允许这种安排与禁止公共投资者的黄牛行为并不矛盾。为了客户的利益而便宜购买根本不是倒卖，他们不会仅仅为了转售而购买。例如，如果在发布报告之前，经纪人私下通知他的客户，并直接为他们在市场上购买股票，而不是为了库存，那么公众在任何意义上都不会受到欺骗，至少只要客户不是为了在报告发布后的市场上转售而去购买。经销商为客户提供购买建议而进行的购买，实际上与根据自己的投资研究为自己进行的购买没有什么区别，至少是在客户没有倒卖行为的情况下进行的。如果是采取通知的形式，那么交易商就不会被视为客户的代理人，而是被视为转售给客户的企业家，那么，转售给客户的增量价格就可以被视为额外的补偿，或者是倒卖。如果这是补偿，那么，根据10b－5规则，让交易商对那些卖给他股票的人负责，并没有比他作为经纪人为客户购买股票的依据多。如果它的规模大到可以用来倒卖，它就可以被适当地禁止，这样既可以保护消费者，也可以保护公开卖家免受交易商的侵害。

有一种观点认为,这一结论说明了这样一个命题:并非所有信息都同样有权获得为鼓励发现价值而给予的保护,因为并非所有信息都包含这种价值。黄牛党利用其市场信息的权利本身无权受到保护——只有当这种市场信息的使用有助于保护被发现的公司信息时——发现者有权利用的信息,其才应该得到保护。[156] 另一种观点认为,从整体上看,黄牛党的行为是对公众的正面误导,因此应该被禁止。

2. SEC 的要约收购披露建议

如果反欺诈规则的范围涵盖了询价人雇用的印刷商(或其雇员),但并没有普遍扩展到禁止询价人在询价前的购买行为,那么就必须找到一些其他的依据,来支持 SEC 最近提出的禁止后者实施购买行为的建议。[157] 显然,SEC 认识到了这种必要性,打算依靠对竞价报价的特有考虑和对其进行立法处理来解决上述问题。该提议的正式来源是《1934 年证券交易法》第 14(e)条,[158] 其理论依据是在要约收购的高压氛围下,有必要保护公众投资者。

《威廉姆斯法案》的发起人认为,该法案只是将联邦证券立法的披露理念延伸到要约收购领域。[159] 但是,正如其颁布时评论家所暗示的那样,它显然走得更远。[160] 事实上,尽管它的发起人和倡导者提出了抗议,但是它运作的披露前提似乎与其他联邦证券法完全不同。它要求一个对企业完全不了解的人去披露,其通过自己的努力所了解到的信息,以及他计划如何利用这些信息——从而失去,或至少会危及这种信息优势给他带来的相当一部分回报。由此引起的收购报价成本的增

---

[156] 同前注[69]。

[157] See SEC Proposed Rule 14e - 2, 44 Fed. Reg. 9954, 9976 - 79, 9987 - 88 (to be codified if approved at 17 C. F. R. § 240. 14e - 2).

[158] See I5 U. S. C. § 78n(e) (1976).

[159] See Cohen, Address on Proposed Legislation to Regulate Tender Offers (June 28, 1966), *reprinted in* V. BRUDNEY & M. CHIRELSTEIN. 参见前注[93],第 720 ~ 724 页。

[160] See generally Brudney, *A Note on Chilling Tender Solicitations*, 21 RUTGERS L. REv. 609 (1967); Manne, *Cash Tender Offers for Shares – A Reply to Chairman Cohen*, 1967 DUKE L. J. 231; *Full Disclosure of Corporate Equity Ownership and in Corporate Takeover Bids*: *Hearings on S.* 510 *Before Subcomm. on Securities of the Senate Comm. on Banking and Currency*, goth Cong. , xst Sess. (1967).

加，可能给目标公司的公众投资者带来重大利益，而且由于引发了收购报价的特殊情况，这种增加可能是合理的。[161] 但任何这样的理由都与早期的反欺诈或披露立法的理论依据不同。[162] 在任何情况下，《威廉姆斯法案》都不打算要求披露，甚至在潜在收购者已经获得目标公司5%以上的股票时也不要求披露。但是，SEC最近的建议将进一步增加收购成本，通过对反欺诈条款第14(e)条的实行，来削弱竞标者以低于投标价而获得目标公司前5%股票的能力。

在某种程度上，这些建议试图阻止竞价人的代理人进行购买，因为这些代理人此前曾根据10b－5规则在涉及印刷厂等案件中被捕。[163] 但有些人认为，对代理人援引传统的反欺诈条款是不合适的，而让委托人可以自由地利用受代理人保护的同一卖家的信息优势，可能会促使

---

〔161〕《威廉姆斯法案》的一些条款很明显是为了保护公众投资者免受拉锯式决策过程的压力，或竞价人的偏袒，或竞价人或市场专业人士的价格操纵。但是它的主要条款——披露条款——据说是为了使公开招股者能够作出明智的投资选择，尽管它们的效果是减少或否认对竞价人发现价值的奖励，因此减少了外部人士追求信息的动机。在这个意义上，《威廉姆斯法案》的披露要求降低了市场效率，并对收购企图和投资者的利益构成了障碍。另外，披露要求，加上它们在竞价过程中所允许的拖延，似乎有利于目标公司的公众投资者，因为这有利于管理层征集竞争性报价，或鼓励独立进行竞争性报价。Kummer & Hoffmeister, *Valuation Consequences of Cash Tender Offers*, 33 J. FINANCE 505 (1978); Jorden & Woodward, *An Appraisal of Disclosure Requirements in Contests for Control Under the Williams Act*, 46 GEo. WASH. L. REv. 817 (1978); Note, *The Constitutionality of State Takeover Statutes: A Response to Great Western*, 53 N. Y. U. L. REv. 872, 90 (1978). 因此，要求潜在竞价人放弃寻求信息和尝试收购的诱因，以换取在尝试收购时旨在诱导竞争性竞价的结构，会给公众投资者带来净收益。尽管在该法规颁布之前有过相反的担心，参见前注〔160〕，这个过程似乎是这样运作的，see Kummer & Hoffmeister, supra; Dodd & Ruback, *Tender Offers and Stockholder Returns*, 5 J. FINANCIAL ECON. 351 (1977).

〔162〕此外，与个体A和个体B之间的交易不同，对于涉及竞价人、目标股东和目标管理层之间的三角关系的收购，为发现价值提供奖励的合理性考虑可能不那么充分。竞价人可以向目标股东提供目标公司管理层没有给予他们的利益，并刺激更高的报价（或目标公司管理层对更高报价的征询），以最终使目标股东受益。在这种情况下，迫使竞价人分享发现价值将有利于目标公司的股东。参见前注〔161〕。

〔163〕See SEC Proposed Rule 14e－2(a), 44 Fed. Reg. 9987 (1979) (to be codified if approved at 17 C. F. R. § 240.14e－2).

SEC将禁令扩大到竞价人和代理人。[164] 通过将扩大的禁令建立在要约收购过程中所表明的特殊要求上,SEC避免了以10b-5规则和其他传统反欺诈规则为前提,来证明要约收购的必要性。[165] 其主张是,在要约收购前期,"泄密"和"内部人士"(要约收购指定的人员)与公众在信息方面的差异,可能会导致"市场混乱"和"《威廉姆斯法案》旨在要约收购中避免的'蜂拥效应'(stampede effect)"。[166] SEC提到的市场混乱是指"对目标公司股票的人为需求"而导致的扭曲。[167]

这项提议的效果——如果强制性的话[168]——将把《威廉姆斯法案》的信息披露理论扩展到潜在收购方对股票的最初收购行为,尽管该法案似乎打算在收购目标公司超过5%的股票之前,不对收购方施加这些信息披露要求。毫无疑问,《威廉姆斯法案》的考虑因素延伸到了阻止竞价人的代理人或其盟友欺骗竞价人,即使是在他获得目标公司5%的股票之前的那段时间。而第14(e)条和其他反欺诈条款一样,旨在保护公众投资者不被竞价人的代理人或盟友在同一时期内利用信息优势来获取自己的交易利益。但是,迫使竞价人尽早披露其意图,比这种保护要走得更远。

---

〔164〕 因此,在1969年,委员会在通过10b-13规则时说:本规则并不特别禁止在该期间开始之前进行的购买,尽管在特定前期间内进行的此类购买的披露需要在根据《法案》第13(d)条和第14(d)条提交的附表中进行。当然,一般的反欺诈和反操纵条款也可以适用于这类标前采购。SEC Exchange Act Release No. 8712, [1969-1970 Transfer Binder] FED. SEC. L. REP. (CCH) 77,745 (Oct. 8, 1969). 这一内容表明,委员会当时认为反欺诈条款"可以"适用于某些此类购买(如由竞价人代理人的购买),但其显然本身并不适用于所有此类购买。

〔165〕 Proposed Rule 14e-2(c), 44 Fed. Reg. 9988 (i979) [to be codified if approved at 17 C. F. R. § 240. I4e-2(c)]; *Cf.* [SUMMARY VOLUME] SECURITIES AND EXCHANGE COMMISSION, INSTITUTIONAL INVESTOR STUDY REPORT, H. R. Doc. No. 92-64, 9 2d Cong., ist Sess. xxxi-xxxiii (1971)(10b-5规则不应被用来禁止机构投资者购买目标股票,如果购买是为了帮助要约人).

〔166〕 44 Fed. Reg. at 9977.(省略脚注)

〔167〕 *Id.* at 9977 n.113.

〔168〕 为"测试市场"而进行的采购不要求竞价书所规定的披露,而由真正"决定"发出要约的人进行的采购则要求披露,see SEC Exchange Act Release No. 15,548 (Feb. 5, 1979),如果只是为了试探市场而购买目标公司股票,官方规定可以不公开地购买少于5%的目标公司的股票。但它太脆弱了,无法承受因违反协议而承担的责任。

毫无疑问，这种披露将最大限度地减少竞价代理人的偏袒或“作弊”(cheating)的机会。但对竞价人来说，任何节省都是微不足道的。根据一项及时披露规则，竞标者必须以投标价格购买所有股份，包括前5%的股份。显然，如果没有及时披露的要求，投标人就会在前5%支付的价格上有所节省。如果不允许代理人作弊，这种节省就是净节省。如果没有该规定，投标价格就可能会因代理人作弊对其产生影响而提高。敦促通过减少代理人作弊的机会来节约成本，与敦促将自杀作为一种不一定是不治之症或致命疾病的治疗方法并无多大区别。

除了减少代理人作弊的机会，将规则延伸到竞价人身上也是没有道理的，因为投标人在没有规则规定的情况下，完全有动力在出价前将市场伪装成低价而有序的。只有在所有公众投资者必须获得相同价格的前提下，收购要约的“扭曲”效应才能被禁止——该法案似乎拒绝了这一前提，因为该法案推迟了披露要求，直到收购目标达到至少5%的股票后才予以披露。如果国会打算让前5%的卖家获得与所有其他人相同的价格，为什么要采用5%的限制？[169]新的提案可能与5%的壁垒是一致的。[170] 但这与它的精神很难相容。如果按照SEC的建议，逐步提高收购成本，天就不会塌下来。但是，这些规则是否有助于维护现有管理层和竞标者之间的平衡仍是值得怀疑的，该法规所寻求的是避免倾覆。同样重要的是，新规则的前提——没有人有权获得比其他人拥有更多的信息优势——是对追求发现价值的侵入，是对合法提高证券市场定价效率的实质性干扰。利用第14(e)条来保障收购过程，和保

---

〔169〕 *Cf.* Kennecott Copper Corp. v. Curtiss – Wright Corp., [1978 Transfer Binder] FED. SEC. L. REP. (CCH) T 96,565 (2d Cir.)(法院拒绝采纳会让5%的上限变得毫无意义的法律理论).

〔170〕 同前注〔168〕。

护公众投资者免受代理人背叛委托人的影响,可能是合理的。[171] 可以想象,这一理由可以延伸到禁止竞价人同意其盟友使用预期投标报价信息。但它不能扩展到禁止竞价人的预期购买行为。[172]

四、结语

"披露或禁止交易"规则源于联邦证券法的反欺诈条款。该规则和这些条款都没有明确限定为,仅保护公众投资者免受公司内部人士和市场专业人士的侵害。对于它们的历史也不需要进行如此狭义的解读。但是,要对"披露或禁止交易"规则进行更广泛的解读,需要有一个原则性的基础,以证明扩大覆盖面的合理性并对其进行一定的限制。这里提出的概念——该规则禁止利用一个交易商相对于另一个交易商所具有的不可逾越的信息优势——从立法的政策中获得了正当性和适当的限制。

(编辑:徐安安)

---

〔171〕 在 SEC 于 1979 年 2 月 5 日发布的第 15548 号法案中,委员会对其拟议的规则 14e-2(a)表示:规则 14e-2(a)虽然不适用于竞价人,但将确认任何其他利用直接从竞价人或间接从竞价人获得的非公开重要信息而进行交易的人,例如在竞价报价的开始前规划和准备阶段中竞价人所涉及或咨询的人,有披露的义务。这些人在没有适当披露的情况下进行交易,与定期收到市场信息的人进行交易一样,会造成市场混乱和损害投资者利益的问题。委员会认为,由于过去的滥用行为、这种市场信息的至关重要性以及要约收购的特殊性质,披露义务对于保护投资者是必要。由于如果知情人士或有理由相信的人士[原文如此]不进行交易标的公司的证券,则不会产生披露责任,因此提案将根据第 14(e)条建立"披露或放弃交易"规则。虽然受该建议书约束的人可在公告公布后购买有关公司的证券,但委员会不认为遵守拟议的规则 14e-2(a)规定可作为该人违反对竞标人所负义务的抗辩理由。

〔172〕 值得注意的是,如果要约收购的氛围或《威廉姆斯法案》的内容和历史证明任何此类扩展是合理的,那么仍然存在不协调之处,即禁止向询价人提供此类信息优势,但在更一般的反欺诈规范下,如果预期交易将产生市场影响,但不是要约收购,如大量股票的累积或清算,则允许这种交易。See Brascan Ltd. v. Edper Equities Ltd., [1979 Transfer Binder] FED. SEC. L. REP. (CCH) 96,882 (S. D. N. Y. May 25, 1979).

《证券法苑》(2024)
第三十九卷,第 461 ~506 页

信息披露作为监管系统的使用与误用*

[美]宝拉·J. 戴利**著

薛前强***　孟弋丁****　韦涵兮*****译

译者评注:宝拉·J. 戴利(Paula J. Dalley)教授是美国公司证券法领域的一名重要女性学者,现任职于美国俄克拉何马城市大学法学院,担任该校法学院副院长和教授。戴利教授还投身于公司法实践,在著名律师事务所 Cravath, Swaine & Moore 任律师。在 1996

---

* Paula J. Dalley, *The Use and Misuse of Disclosure as a Regulatory System*, 34 FLA. St. U. L. REV. 1089 (2007). 本文已获得作者及期刊社翻译授权。

本文获得司法部 2021 年度法治建设与法学理论研究部级科研项目"后疫情时代公司应急治理法律问题研究"(21SFB4050)、中央民族大学 2022 年青年教师科研能力提升计划项目"共同富裕视野下企业慈善行为法律规制研究"(2022QNPY39)、中央民族大学 2022 年研究生课程建设和教育教学改革项目"新时代法学类研究生教育教学多维改革研究"(GRSJYGG013)、中央民族大学 2021 年度科研管理人员能力提升计划项目"法学院科研创新活化培育机制研究"、2023 年中央民族大学青年能力提升滚动支持项目"少数民族企业应对社会突发紧急公共事件法律机制研究"的经费支持。

** 俄克拉何马城市大学法学院教授。

*** 中央民族大学法学院讲师。

**** 伦敦大学学院法学硕士研究生。

***** 伦敦大学学院法学硕士研究生。

年加入俄克拉何马城市大学法学院之前,戴利教授曾任职于芝加哥—肯特法学院。在学术成果方面,戴利教授最早于1987年在《哈佛国际法杂志》上发表过文章,后在《美国法律史杂志》《卡多佐法律评论》《俄克拉何马城市大学法律评论》等法学期刊上发表过文章。

在过去的几十年里,立法者和监管者主要采用信息披露来实现其对公司的监管,学界对于信息披露制度也有浩如烟海的讨论。本文中,作者通过梳理信息披露的目的、运行机制,指出其作为监管工具的局限性。在此基础上,作者在考量信息披露制度的实际收益和成本后,构想出更合理的信息披露制度的设计方案。作者认为,信息披露制度作为一种监管手段,适用于高度发达、相对有效的市场,同时,信息影响行为的机制十分复杂,信息披露制度是否能实现监管目标,存在一定的不确定性的。

摘要:在过去的几十年里,立法者和监管者越来越多地转向信息披露而不是实质性监管来实现监管目标。然而,期望信息披露方案实现其目标的机制通常是模糊的。披露系统的特定运行机制往往没有考虑个人和公司处理信息的方式及对信息作出反应的方式。本文考察了信息披露制度作为监管工具的使用标准和设计标准,这些标准参照了信息披露制度的实际收益和成本,并揭示了以信息披露作为一种监管方法的局限性。

关键词:信息披露　证券监管　信息披露目标

一、引言

在过去的几十年里,立法者和监管者已经采用信息披露方案来实现其监管目标。[1] 从《诚信借贷法》(Truth in Lending Act)[2] 到美国

〔1〕 据笔者所知,最早类似于信息披露的义务被用于监管的例子发生在1360年,当时一项禁止秘密售鱼的规则取代了设定固定价格的规则。See GWEN SEABOURNE, ROYAL REGULATION OF LOANS AND SALES IN MEDIEVAL ENGLAND 88 (2003).

〔2〕 See Truth in Lending Act, Pub. L. No. 90 – 321, 82 Stat. 146 (1968) [codified at 15 U. S. C. § § 1601 – 93 (2000)].

律师协会的《关于保险信息披露的示范法庭规则》(Model Court Rule on Insurance Disclosure)[3],立法者已经将信息披露作为一种监管工具。一方面,它在政治上是可接受的;另一方面,它对个人选择和市场运行的干扰较小。强制性信息披露已成为一种"精简监管"(regulation lite),即使是那些通常反对监管的人也赞叹不已。[4]

然而,即使信息披露要求变得越来越普遍,其监管目标也越来越宏伟,但是心理学和经济学研究已经对人们如何处理信息的传统假说产生了怀疑。目前对启发式认知偏差和有限理性的研究表明,信息可能会以意想不到的方式影响行为,而且在某些情况下也可能根本不会影响行为。更令人不安的是,我们可能无法预测信息将如何影响行为。行为学层面的研究还表明,更多的信息不一定是好事。这种行为研究已经导致越来越多的人呼吁改变基于信息披露的监管方式,并有一些人质疑基于信息披露而得到的监管效用。[5]

证券法律体系建立了一种将信息披露作为监管手段的模式。但该模式并不完美,它的成功很大程度上在于其是在一个独特的环境中运作的:一个高度发达、相对有效的市场,拥有市场和信息中介组成的巨大支持结构。在这样的环境中,决策者经常寻求专业化的建议并尽可能做到谨慎行事。这种环境提供了一种机制,即借助该机制,被披露的信息可以通过其对单个变量(证券价格)的影响到达其受众,左右其行为并产生预期结果。但信息披露是否能实现类似的目标是不确定的,而且也根本没有理由认为信息披露可以在不同情况下实现多元化的目标。证券监管应存在一个目标,而且有理由认为,证券监管可通过某种机制

〔3〕 See Model Court Rule on Insurance Disclosure (2004), available at http://www.abanet.org/cpr/clientpro/Model_RuIe_InsuranceDisclosure.pdf.

〔4〕 See Kimberly A. Strassel, The Weekend Interview with Christopher Cox: Full Disclosure, WALL St. J., May 20, 2006, at A8. Ms. Strassel 是《华尔街日报》的一名编辑,对证券市场应通过信息披露进行监管这一明显新颖的(对她来说)想法表示非常高兴。See id.

〔5〕 See, e.g., Susanna Kim Ripken, The Dangers and Drawbacks of the Disclosure Antidote: Toward a More Substantive Approach to Securities Regulation, 58 BAYLOR L. REV. 139, 148-49 (2006)(讨论了基于信息披露的监管的缺点).

的运行来实现这一目标。〔6〕 以信息披露为基础的方案往往是基于诸如“提高透明度”或“向消费者提供信息”之类的目标声明,但它们通常无法解释为什么这些额外的信息会有价值,或者为什么它的存在会导致行为发生一些预期变化。信息影响行为的作用机理颇为复杂,前提是信息必须走向适当的决策者,引发适当的决策。此外,信息还必须以决策者可获得和使用的方式提供,而且决策者必须能够对信息作出进一步的反应。此外,除了创建和传播信息的成本之外,信息披露还可能产生其他巨额成本。

本文试图以证券法规为例,总体考察证券信息披露监管制度以确定该制度何时发挥作用以及如何发挥作用,并为监管者使用信息披露提供指引。文章第二部分讨论了以信息披露为基础的法规流行的实践和法哲学原因。第三部分对证券信息披露展开讨论,具体包括目的、运作机制以及局限性。第四部分以各种信息披露方案为例,对信息披露制度进行了一般性的类似检视。第五部分就监管者在使用信息披露作为监管手段之前必须满足的先决条件提出了一些对策、建议。

二、基于信息披露的证券监管之普及

当下,有几十种甚至几百种监管方案全部或部分使用信息披露来实现其目的。〔7〕 在20世纪80年代里根政府执政期间,信息披露监管

---

〔6〕 See Administrative Procedures Act, 5 U. S. C. § 553(c) (2000) (要求规则包括“对其基础和目的的简要概括说明”). 用一篇论文的话来说,一个机构必须在详细的说明(通常有几百页)中阐述规则的基础和目的,其中机构应提到所有事实前提的证据基础,解释其从事实前提到规则的预期效果的推理方法,(并)将规则的事实前提和预期效果与机构被要求进一步或考虑的每个法定目标或目的联系起来。Richard J. Pierce, Jr., Administrative Law Treatise §7.4, at 442 (4th ed. 2002).

〔7〕 玛丽·格雷厄姆列举了以下基于信息披露的监管实例:饮用水、营养成分、有毒物质排放、住宅中的含铅涂料、运动型多功能车(SUV)翻车率、有机种植和转基因食品、工作场所危害、血汗工厂条件、航空安全事故和贷款“红线”做法。Mary Graham, Information as Risk Regulation: Lessons from Experience 1 - 4 (Innovations in American Government Program, Ash Institute for Democratic Governance and Innovation, Paper 10 - 01, 2001), available at http://www.ashinstitute.harvard.edu/Ash/m_graham.pdf; see also William M. Sage, Regulating Through Information: Disclosure Laws and American Health Care, 99 COLUM. L. REV. 1701, 1707 - 10 (1999) (描述了医疗保健领域基于信息披露的大量法规).

方案得到蓬勃发展,成为宣传教育和监管的趋势之一。[8] 以信息披露为基础的监管有其实用性和政治上的双重理由。首先,它契合命令和控制型监管不起作用的观点。[9] 此外,信息披露监管比进行实质性监管更容易,[10]后者需要识别可取和不受欢迎的行为,显示它们是有益还是有害的,评估拟议的监管将对行为产生预期的效果以及证明遵守监管的成本和监管的意外后果不会超过其好处。[11] 即使无法确定监管对象,信息披露仍可用于监管,原因在于关于行为的决策权留给了第三方,即信息披露的对象。信息披露将决策权从政府转移到个人或公司之上,而这通常也会得到、允许更为有效的决策。[12] 其次,信息披露方案符合普遍的政治理念,因为披露在保留了个人选择的同时,避免了政府的直接干预。[13] 信息披露是一种"软"形式的干预,并不直接要求改变其潜在行为。[14] 换句话说,它是一种民间监管形式——由社会而

---

[8] See Robert S. Adler & R. David Pittie, Cajolery or Command: Are Education Campaigns an Adequate Substitute for Regulation?, 1 YALE J. ON REG. 159, 159 - 60 (1984); See also Cass R. Sunstein, Informational Regulation and Informational Standing: Akins and Beyond, 147 U. PA. L. REV. 613, 613 (1999) (注意到通过披露对某事进行监管已成为上一代美国法律中最引人注目的发展之一).

[9] See Adler & Pittie, supra note 8, at 160 - 61; See also GRAHAM, supra note7, at 1 [注意到,在不信任和缩减政府规模是主导主题的时代,(强制性信息披露)越来越突出];Sage, supra note7, at 1714; Sunstein, supra note8, at 625.

[10] See Stephen Breyer, Regulation and Its Reform 163 (1982); Douglas A. Ky - sar, Preferences for Processes: The Process /Product Distinction and the Regulation of Consumer Choice, 118 Harv. L. Rev. 526, 527 (2004). 在无法进行直接监管时,也可以使用披露方案。例如,在第一修正案禁止直接监管的情况下,拟议的 V 型芯片系统将评级系统与家长控制技术相结合。See Sunstein, supra note8, at 621.

[11] See,e. g. BREYER, supra note10, at 101 - 09(描述标准制定过程); PIERCE, supra note6, §7.1, at 413 (讨论法院对"武断和反复无常"标准的解释,要求机构解释规则背后的推理并回应所有主要评论和替代方案); Bradley C. Karkkainen, Information as Environmental Regulation: TRI and Performance Benchmarking, Precursor to a New Paradigm? y 89 Geo. L. J. 257, 272 - 76 (2001) (描述环境监管的困难).

[12] See Karkkainen, supra note11, at 293.

[13] See id. ; GRAHAM, supra note 7, at 11; Sage, supra note 7, at 1707.

[14] See John Parkinson, Disclosure and Corporate Social and Environmental Performance: Competitiveness and Enterprise in a Broader Social Frame, 3 J. CORP. L. STUD. 3, 4 (2003).

非政府进行监管。[15] 此外,以信息披露为基础的监管吸引了那些具有公共市场政治取向的人,因为它在解决市场失灵的同时,不会干扰市场的其他有益功能。[16] 此外,基于信息披露的监管可能反映出政治动态的变化。[17] 公共选择理论可适用于信息披露法规,也适用于任何其他类型的法规。同时,以信息披露为基础的监管的增加可能反映出被监管团体利用立法程序来避免直接监管的能力。[18] 监管机构采用侵入性较小的信息披露方案,相应也可能反映出被监管方对机构规则制定的影响力在不断增加。[19]

三、证券法规下的信息披露

将信息披露用作监管方案的典型是证券法规所建立的制度体系。《1933 年证券法》要求证券在向公众出售之前,需披露有关证券发行人的大量特定信息。[20] 《1934 年证券交易法》要求公开交易的公司定期向股东和市场提供特定信息。[21] 尽管几乎所有人都认可证券法规的基本理念是信息披露,[22] 但这一监管机制的运行甚至其目的,都是较为模糊的。

---

〔15〕 See id.

〔16〕 See Sage, supra note 7, at 1706 – 1707, 1796 – 1797(一则轶事说明了将信息披露作为支持市场的机制的重要性).

〔17〕 See Wesley A. Magat & W. Kip Viscusi, Informational Approaches to REGULATION 1 (1992)(注意到 20 世纪 70 年代知情权运动的兴起和对命令和控制监管的怀疑增加); Sage, supra note7, at 1772(注意到颁布披露要求相对容易); Sage, at 1828(注意到使用信息披露作为替代解决方案来解决棘手的政治问题的诱惑).

〔18〕 See Sunstein, supra note 8, at 614 n. 7.

〔19〕 See Mary Graham, Democracy by Disclosure 140 (2002)(描述行业对披露要求的支持); cf. Kimberly D. Krawiec, Organizational Misconduct: Beyond the Principal – Agent Model, 32 FLA. St. U. L. Rev. 571, 610 – 13 (2005)(在组织采用合规政策的情况下,限制组织刑事责任的制度数量的增长也提出了类似的观点).

〔20〕 See Securities Act of 1933 § 5(a), 15 U. S. C. § 77e (2000)(需要注册声明); Form S – 1 Registration Statement, 2 Fed. Sec. L. Rep. (CCH) 7121, at 6237 – 2(描述内容).

〔21〕 See Securities Exchange Act of 1934 § § 13, 14, 15 U. S. C. § 78m, 78n (2000).

〔22〕 这一事实比人们想象的更有新闻价值。See Strassel, supra note4.

(一)目的

1. 减少信息不对称

证券信息披露的目的通常被认为是向投资者提供更多的信息。[23] 另外,这政策也可以被描述为弥补 1933 年以前存在于投资者与证券发行者、发起人之间的信息不对称。[24] 因为信息不对称会导致市场参与者要求补偿性溢价,所以,减少这些不对称的披露政策会改善市场的定价功能。[25] 一份国会报告显示,《1933 年证券法》的基础是:如果证券市场上买卖双方有足够的信息,那么他们的独立判断将最好地确定证券准确价格。[26] 因此,信息披露对资本市场的运行至关重要,因为"当信息足以满足决策者的目的时,当它可靠且被及时传播时,资源的最有效分配就会发生"[27]。为风险定价是证券市场的基本功能之一,信息披露提高了市场参与者评估和定价风险的能力。另外,通过向所有人提供信息而不是让信息以一种被认为不公平[28]的方式不均衡地分配给选定的市场参与者,信息披露要求可以增加公众对市场的信心。强制性信息披露[29]要求还能确保披露的信息是标准化的,从而更容易

---

〔23〕 See generally SEC. & EXCH. COMM'N, DIscLoSURE TO INVESTORS: A REAPPRAISAL OF FEDERAL ADMINISTRATIVE POLICIES UNDER THE '33 AND '34 ACTS (THE WHEAT REPORT) 10, 46, 49 (1969) [hereinafter THE WHEAT REPORT] (注意到国家证券政策强调披露,因为证券监管的一个主要目的是为投资者和投机者提供获取信息的机会).

〔24〕 See Joel Seligman, The Obsolescence of Wall Street: A Contextual Approach to the Evolving Structure of Federal Securities Regulation, 93 MICH. L. REV. 649, 649 - 50 (1995). 对交易经纪人的监管也是针对投资者和市场专业人士之间的信息不对称。See id.

〔25〕 See Merritt B. Fox et al., Law, Share Price Accuracy, and Economic Performance: The New Evidence, 102 MICH. L. REV. 331, 346 - 48, 368 (2003). See generally Robert E. Verrecchia, Essays on Disclosure, 32 J. ACCT. & ECON. 97, 101 - 40 (2001) (详细描述了各种有助于描述信息披露对价格影响的投资者行为经济模型).

〔26〕 H. R. REP. NO. 98 - 910, vol. 1, at563, 574 - 575 (1977) [之后简称为 SEC 1977 ADVISORY COMMITTEE REPORT].

〔27〕 Id.

〔28〕 See id., at 632.

〔29〕 长期以来,人们一直在争论证券信息披露是否应该是强制性的。See Louis Loss & JOEL SELIGMAN, SECURITIES REGULATION 180 - 88 (3d ed. 1989) (讨论辩论).

进行比较分析。[30] 最后,信息披露要求向投资者保证,将定期和及时地提供额外信息。

这些目标都涉及增强证券市场的功能。然而,美国证券交易委员会(Securities and Exchange Commission,SEC)也认为其使命是保护投资者。[31] 但这些目标各异,甚至可能不是纯粹的互补关系。例如,当投资者犯错时,其会受到损失的惩罚,投资人就有机会学习进行更理性的投资或者远离市场;当将决策权留给专家时,市场效率可能会得到提高。[32] 现代投资组合理论表明,任何理性的投资者都会持有普通股股票和其他投资的多样化组合。[33] 证券法规的设计是否应该考虑到这些投资者,或者SEC是否应该关注保护可能面临更大风险的非多元化投资者?[34]此外,对不同类型投资的监管面对的可能是不同类型的投资者。例如,对冲基金的投资者往往富有且聪明,而共同基金的投资者往往是中产阶级且不太聪明。[35] 而且如下文所述,大多数证券信息披露的相关受众根本不是投资者,而是信息和市场中介。总而言之,向投

〔30〕 See Sharon Hannes, Comparisons Among Firms: (When) Do They Justify Mandatory Disclosure?, 29 J. CORP. L. 699, 703 - 04 (2004).

〔31〕 其网站显示:"(美国证券交易委员会)的使命是保护投资者,维护公平、有序和有效的市场,并促进资本形成。" U.S. Sec. & Exch. Comm'n, The Investor's Advocate: How the SEC Protects Investors, Maintains Market Integrity, and Facilitates Capital Formation, http://www.sec.gov/about/whatwedo.shtml (last visited Nov. 12,2007).

〔32〕 See Jill E. Fisch, Regulatory Responses to Investor Irrationality: The Case of the Research Analyst, 10 LEWIS & CLARK L. REV. 57, 74 (2006).

〔33〕 See Loss & SELIGMAN, supra note29, at 185 n.42.

〔34〕 在美国法学院协会年会上,与会者之间的交流说明了这一辩论。See Podcast: Do the Benefits of Securities Regulation in the United States Warrant the Costs?, held by the Section on Securities Regulation, Association of American Law Schools (Jan.4, 2006), available at http://www.aals.org/am2006/program/wednesday.html. 美国证券交易委员会市场监管司司长、前SEC首席经济学家、当时担任巴布森学院金融学教授的埃里克·西里(Erik Sirri)表示:"如果……从监管的角度来看……监管和其他事情——你要假设投资者是多元化的,我认为你会有一个非常不同的框架来处理证券监管。很多事情都是建立在不同的假设之上的……"同上,马里兰大学法学教授理查德·布斯(Richard Booth)插话道:"而且,我会说,不正确。"同上,西里教授回答说:"'投资者保护'并不是'多元化投资者的投资者保护',这是'投资者保护'。"同上。

〔35〕 See Henry T. C. Hu, The New Portfolio Society, SEC Mutual Fund Disclosure, and the Public Corporation Model, 60 Bus. LAW. 1303, 1307, 1357 - 58 (2005).

资者提供信息的目标没有人们想象的那么简单直接。

2. 规范合法行为

有些学者认为,证券法规的信息披露要求也是为了阻止不良行为,这也使证券监管目标更加复杂。[36] 评论者在描述证券法规披露要求的起源时,经常引用路易斯·布兰迪斯(Louis Brandeis)的话:“阳光是……最好的消毒剂。”[37] 例如,《1933 年证券法》试图通过“强调公开内部人的报酬”来解决内部人和承销商报酬过高问题,包括利益冲突交易。[38] 布兰迪斯认为,如果承销商的费用和佣金不合理,投资者将拒绝向他们投资,承销商也将改变他们的政策。[39] SEC 和国会最近采取举措,继续使用信息披露作为监管金融市场和其参与者的主要手段,但同时也似乎越来越多地旨在影响公司行为。2002 年的《萨班斯·奥克斯利法案》(Sarbanes - Oxley Act,以下简称《SOX 法案》)[40] 是为应对 21 世纪初一些公司财务丑闻而颁布的,而这就是一个鲜活例证。《SOX 法案》要求上市公司披露其审计委员会是否有财务专家,以及是否有针对高级管理人员(以下简称高管)的道德规范。[41] 《SOX 法案》

---

[36] 根据 SEC 的一份报告,证券信息披露的一个最直接的考虑是:“宣传往往能阻止有问题的做法。” See THE WHEAT REPORT, supra note23, at 10; see also supra note23, at 50 - 51 (注意到披露有助于消除“利益冲突和可疑的商业行为”);Cynthia A. Williams, The Securities and Exchange Commission and Corporate Social Transparency, 112 HARV. L. Rev. 1197, 129496 (1999). 威廉姆斯详细论述了要求公司披露“社会”信息(如环境影响)的合法性。See id., at 1273 - 1311. 然而,她把对这些信息的效用的讨论限制在两页之内——提到披露信息将使股东了解经济利益和社会或环境危害之间的权衡,将鼓励管理者改进,因为“管理者管理他们所衡量的东西”,并将鼓励良好的行为,因为人们希望在媒体上看起来不错。See id. ,at 1294 - 96.

[37] LouIs D. BRANDEIS, OTHER PEOPLE'S MONEY AND How THE BANKERS USE IT 92 (reprint 1971) (2d ed. 1932).

[38] Joel Seligman, The Historical Need for a Mandatory Corporate Disclosure System, 9 J. CORP. L. 1, 45 - 46 (1983).

[39] See BRANDEIS, supra note 37, at 101 - 104.

[40] Sarbanes - Oxley Act of 2002, Pub. L. No. 107 - 204, 116 Stat. 745 (在 11、15、28 和 29 U. S. C. 的零散章节中进行了编纂).

[41] 15 U. S. C. § § 7264 - 65 (Supp. 2004). 根据 SEC 的说法,这些规则的目的是创造“更大的透明度”“提高投资者可获得的信息质量”“协助市场对证券进行适当的估值,这会导致更有效地分配资本资源”。Disclosure Required by Sections 404, 406 and 407 of the Sarbanes - Oxley Act of 2002, Securities Act Release No. 8177, Exchange Act Release No. 47235, [2002 - 2003 Transfer Binder] Fed. Sec. L. Rep. (CCH) 86,818, at 86,901 (Jan. 23, 2003).

和据此颁布的规则都没有要求公司拥有这样的专家或道德准则;但是不这样做的公司必须披露其不这样做的原因。[42] 如果要求信息披露的目的是为投资人提供作出明智投资决策所需的信息,那么,只有当审计委员会专家或道德准则的存在与投资决定相关时,这一新要求才富有意义。[43] 考虑到已经披露的信息量,该要求更有可能的目的是迫使公司任命审计委员会专家和采用道德准则。

最近改进高管薪酬[44]的信息披露也旨在改变具体行为。[45] 利用信息披露来控制高管薪酬的做法可追溯到《1933 年证券法》,该法设想披露内部人员薪酬不仅可以提醒潜在的投资者——特定的公司中有相对较高的直接或间接的高管薪酬,而且还可以为现有的投资者提供用

---

〔42〕 See 15 U. S. C. § § 7264 – 65.

〔43〕 从理论上讲,各种非财务信息都可能影响投资风险性,从而影响到其价格。关于公司治理、高管补偿和利益冲突的信息都可能属于这一类。然而,证据和理论也表明,决策者的决策是基于有限数量的因素,并且随着更多因素信息的出现,决策的质量也会下降。See infra notes 161 – 64 and accompanying text. 此外,公司治理和财务业绩之间的联系还没有被最终确定。See Bernard S. Black et al., Does Corporate Governance Predict Firms' Market Value?: Evidence from Korea, 22 J. L. ECON. & ORG. 366, 367 (2006); Phyllis Plitch, Moving the Market: S&P Quits Rating Corporate Governance in U. S., WALL ST. J., Sept. 13, 2005, at C3; Stephen M. Bainbridge, A Critique of the NYSE's Director Independence Listing Standards 17 – 19 (Univ. Cal. L. Sch., L. A., Research Paper No. 02 – 15, 2002), available at http://www. ssrn. com/abstractid = 317121 (调查关于独立董事和股东价值的实证文献).

〔44〕 See Executive Compensation and Related Party Disclosure, 71 Fed. Reg. 6542, 6542 (proposed Feb. 8, 2006) (to be codified at 17 C. F. R. 228 – 40, 245, 249, 274), available at http://www. iasplus. com/usa/0601seccompensation. pdf(修正案"旨在提供……更清晰、更完整的[行政]补偿框架").

〔45〕 对于新的披露要求对高管薪酬做法可能产生的影响,SEC 是这样说的:我们认为,提高高管和董事薪酬披露的透明度和完整性会在多大程度上带来更广泛的利益,至少部分取决于当前高管和董事的薪酬在多大程度上与投资者的利益相一致,这一点在投资者的投资和投票决定中得到了体现。一个公司可能发生的任何变化,包括公司治理的变化、控制权的变化、特定高管雇佣的变化或其他变化,在一定程度上都取决于高管和董事薪酬透明度的提高会在多大程度上影响投资者对该公司的决策。我们强调,我们不是在寻求促进任何特定的方向性或其他影响。我们的目标是提高透明度,使决策者能够作出更明智的决定,这可能导致不同的政策或做法,或增加投资者对现有政策或做法的信心。Id., at 6591.

于不公平或浪费行为的证据。[46] SEC 主席克里斯托弗·考克斯(Christopher Cox)在评论 2006 年提出的规则时指出，披露高管薪酬是"SEC 披露任务的核心"[47]，只要市场拥有足够的信息，市场就有能力消除过度的报酬。[48] 而且更重要的是，投资者和消费者拥有他们所需的所有信息，以便以更低的价格从高管和经理人那里获得更好的服务。[49]

3. 其他目的

无论关于证券信息披露的目的还有什么值得商榷的地方，非常清楚的是，这些法案的目的并不是根据证券的优点或财务健全性来进行监管。[50] 避免价值监管的目标反映出一种信念——是投资者而不是政府应该决定资本的投资方向。[51] 根据这种观点，如果投资者投资于无价值的证券，那么不是因为他们不理性，而是因为他们缺乏信息或被欺诈。[52] 一旦有了充分的信息，就不需要对投资质量进行监管。评论员还将《1933 年证券法》的披露要求归结为其他目的，如防止欺诈和促进欺诈的发现和起诉。[53] 促使《1933 年证券法》通过的主要原因是股票市场上普遍存在虚假陈述，或采取直接虚假陈述的方式，抑或采取遗漏方式[54]，尤其是投资银行和承销商。[55] 然而，尚不清楚信息披露要

---

〔46〕 See Seligman, supra note 38, at 51.

〔47〕 SEC's New Leader Shares His Views on Range of Issues, WALL ST. J., Sept. 19, 2005, at A13 (发表了对 SEC 主席克里斯托弗·考克斯的采访节选).

〔48〕 See Kara Scannell, SEC to Propose Overhaul of Rules on Executive Pay, WALL ST. J., Jan. 10, 2006, at Al.

〔49〕 See SEC's New Leader Shares His Views on Range of Issues, supra note 47.

〔50〕 See JOEL SELIGMAN, THE TRANSFORMATION OF WALL STREET 50 – 56, 229 – 30, 565 – 67 (rev. ed. 1995) (描述了《1933 年证券法》的主流披露理念，而不是赋予政府禁止销售不健全投资的权力的监管).

〔51〕 "该(法案)的目的……是保护公众，尽可能减少对诚实商业的干扰，诚实的商业。" President's Message, Mar. 29, 1933, S. REP. No. 47, 73rd Cong., 1st Sess. 6 – 7 (1933), quoted in SEC 1977 ADVISORY COMMITTEE REPORT, supra note26, at 556 – 57.

〔52〕 See SEC 1977 ADVISORY COMMITTEE REPORT, supra note26, at 562.

〔53〕 See Seligman, supra note 38, at 18.

〔54〕 See id., at 18 – 33.

〔55〕 See id., at 24.

求将如何有助于防止欺诈。据推测,一旦重新要求信息披露,在不披露情况下愿意进行欺诈的人仍会愿意制造虚假信息。然而,披露要求可以增加实施欺诈所需的努力与成本。为满足有广泛披露要求的市场需求,欺诈者必须构建业务的基本面,并“呈现可信的外衣”[56]。据推测,信息披露制度也能提供事情出错的早期警告。[57] 此外,随着市场上可用信息量的增加,个别虚假信息能够误导他人的可能性也会降低。[58] 例如,安然(Enron)公司的违规行为首先是由分析师和记者依靠公开披露的信息而发现的。[59] 然而,这一事实并不能证明披露要求可防止证券欺诈。除了防止证券欺诈,证券信息披露还有其他附带的目的。披露要求可以改善公司治理。正如一位评论员所指出的,它为董事们提供了更多信息,使他们能够评估公司实力和高管表现;加强了审计师的监督作用;提高了股东投票和股东诉讼作为公司治理制约因素的有效性;使政府监督机构能够更有效地发挥作用。[60] 信息还可以缓解发起人、经理人、投资者三者之间的代理问题。[61]

---

[56] See Larry E. Ribstein, Commentary, Bubble Laws, 40 HOUS. L. REv. 77, 80 (2003).

[57] See Seligman, supra note 38, at 56.

[58] See Andy Kessler, Show Me the Books, WALL ST. J., July 19, 2002, at A10.

[59] See Bala G. Dharan & William R. Bufkins, Red Flags in Enron's Reporting of Revenues and Key Financial Measures, in ENRON: CORPORATE FIAscos AND THEIR IMPLICATIONS 97, 105 – 06 (Nancy B. Rapoport & Bala G. Dharan eds., 2004); see also John R. Emshwiller, Opening the Books: Corporate Disclosure Has Come a Long Way over the Decades, but It Still Has a Ways to Go, WALL ST. J., Oct. 17, 2005, at R6 (注意到“一些帮助安然公司沉没的可疑活动……已被公司公开披露”).

[60] See Robert B. Thompson, Corporate Governance After Enron, 40 HOUS. L. REV. 99, 111 (2003). 1977 年的信息披露咨询委员会采纳了这样的观点(尽管是以微弱的优势):代理规则应该提供有关治理事项的信息,因为董事会是管理层的监督者,股东必须能够评估董事会的表现,以便作出投票决定。See SEC 1977 ADVISORY COMMITTEE REPORT, supra note 26, at D – 22.

[61] See Paul G. Mahoney, Mandatory Disclosure as a Solution to Agency Problems, 62 U. CHI. L. REV. 1047, 1048 – 50 (1995). 马霍尼(Mahoney)认为,针对代理问题的披露要求比针对投资者决策的一般信息更可能有效。因为前者有利于双方讨价还价,而后者必须在多方复杂的交易网络中采取行动。在这种情况下,政府的干预一般不会有效。See id., at 1089 – 90.

(二)运行机理

若证券监管的目标是改善金融市场运行,同时在这一过程中保护投资者,那么,证券信息披露实现这一目标的机理是相对清晰的,原因正在于披露的对象是一个组织良好的市场中的参与者。根据《1933 年证券法》进行的注册为投资者在决定购买发行人向公众发售的证券之前提供了广泛的信息。[62] 在发行人向 SEC 提交初步注册声明和招股说明书后,会存在一个等待期,在此期间,有关所发售证券的公共交流将受到限制。[63] 该等待期可以防止发行人和承销商在市场(或更具体地说,分析师和其他专业人士)消化初步招股说明书中的信息时进行积极、简单和误导性的销售工作。[64] 该等待期也让个人在投资前有时间进行考虑。[65]

二级市场的信息披露要求受《1934 年证券交易法》的约束。[66]《1934 年证券交易法》有一个不同的重点,因为它认为二级市场的投资者不必受到承销商在一级市场使用的积极销售策略的保护。[67] 只要有足够数量的市场参与者可以获得信息以确定准确的价格,就实现了

---

〔62〕 这个过程相当不完善:提交给 SEC 的注册声明只向那些寻求信息的人提供广泛的信息。招股说明书必须在销售前交付给购买者,它包含的信息不那么广泛,尽管它仍然是大量的。某些发行人可以通过私人配售和货架注册来避免《1933 年证券法》中烦琐的披露要求,这在一定程度上对披露制度的效力产生了不利影响。此外,SEC 最近对"知名的老牌发行人"采取了新的监管制度,旨在减少注册的负担,而不减少公众可获得的信息。See Securities Offering Reform, Securities Act Release No. 8591, Exchange Act Release No. 52056, Investment Company Act Release No. 26993, [2005 - 2006 Transfer Binder] Fed. Sec. L. Rep. (CCH) 87,421, pp. 82,373 (Jul. 19, 2005) [hereinafter Securities Offering Reform].

〔63〕 法规规定的等待期为 20 天,但这一时间可以延长或加速。See Securities Act of 1933 § 8, 15 U. S. C. § 77h (2000).

〔64〕 See SEC 1977 ADVISORY COMMITTEE REPORT, supra note 26, at 568 - 569, 570.

〔65〕 See THE WHEAT REPORT, supra note 23, at 129 - 130. 因此,投资的复杂性应该是考虑加快注册声明生效时间的请求的一个因素。Id., at 78 - 79.

〔66〕 See LOUIS LOSS & JOEL SELIGMAN, SECURITIES REGULATION 226 (3d ed. 1998).

〔67〕 See SEC 1977 ADVISORY COMMITTEE REPORT, supra note 26, at 575.; see also THE WHEAT REPORT, supra note23, at 57 - 61(讨论一级市场与二级市场的区别); cf. THE WHEAT REPORT, supra note 23, at 50(讨论二级市场信息的重要性).

其目的。[68] 因此,完整的定期报告,包括年度报告都要提交给SEC。[69] 只有简短的材料才会发送给股东。[70] 定期报告制度提供了最低限度的信息,并"鼓励发行人自愿向市场提供信息"[71]。证券信息披露的内容是由SEC通过通常的规则制定程序加以确定,其中包括征求公众意见的机会。SEC已经努力减少一些发行人的披露负担[72],并简化披露要求。例如,1982年通过了1933年和1934年法案的综合披露制度。[73] 然而,作为一项普遍性规则,需要披露的信息量多年来一直在增加。[74] 尽管这些法案规定的欺诈责任仅限于重大虚假陈述或遗漏,但并没有要求强制披露的信息必须是重大性的。[75]

所有这些信息如何改善市场并保护投资者?理想情况下,投资者会收到信息,仔细分析并根据他们的分析作出投资决策。然后,他们的市场活动会将证券价格推向更准确的水平。然而,很少有投资者有时间用专业知识来适当地利用现有信息。因此,证券披露机制的一个重

---

〔68〕 See SEC 1977 ADVISORY COMMITTEE REPORT, supra note 26, at 574 - 75.

〔69〕 See Form 10 - K Annual Report Pursuant to § 13 or 15(d) of the Securities Exchange Act of 1934 (Instruction D), 5 Fed. Sec. L. Rep. (CCH) 31,101, at 22,062(描述归档要求)。

〔70〕 See Rule 14c - 3 under the Securities Exchange Act, 3 Fed. Sec. L. Rep. (CCH) 24, 203 (描述将包含在年度报告中的信息); Form 10 - K [Instruction G(2), Fed Sec. L. Rep. (CCH) 31,101, at 22,063](允许参照向证券持有人提交的年度报告进行注册).

〔71〕 See THE WHEAT REPORT, supra note 23, at 332.

〔72〕 See, e. g. , Small Business Initiatives, 57 Fed. Reg. 36,442 (Aug. 13, 1992) (简化对小型企业的要求).

〔73〕 See Adoption of Integrated Disclosure System, Securities Act Release No. 6383, Exchange Act Release No. 18524, Public Utility Holding Company Act Release No. 22407, Trust Indenture Act Release No. 700, Investment Company Act Release No. 12264, [Accounting Series Releases 1937 - 1982 Transfer Binder] Fed. Sec. L. Rep. (CCH) 72,328, at 62,990 (Mar. 3, 1982).

〔74〕 最近对注册要求的改革并没有减少披露的信息量;相反,它简化了"经验丰富的知名发行人"的流程,前提是市场已经可以获得足够的信息。See Securities Offering Reform, supra note 62, at 82,373.

〔75〕 根据《1933年证券法》的规定,当"一个合理的股东很可能认为它在做出决定时很重要"时,信息是"重要的"。See TSC Indus. , Inc. v. Northway, Inc. , 426 U. S. 438, 449 (1976).

要部分是中介机构的活动,它能改善市场的功能并保护投资者。证券市场上有两种中介机构,即金融中介和信息中介。做市商和其他专业投资者决定了证券交易的价格,因此,正是他们所掌握的信息决定了这些价格的准确性。[76] 如果这些价格是准确的,即使是完全忽视所披露信息的投资者,如果他们根据价格进行交易,那么也将会得到保护。[77] 因此,市场本身就是一个金融中介机构。[78] 此外,共同基金和其他管理基金允许不成熟的投资者通过专业的金融中介机构来引导投资活动。与金融中介机构一样,信息中介机构对证券信息披露制度的运行至关重要。这些参与者选择、分析和传播更易于管理的披露信息版本。[79] 证券分析师、投资组合经理、金融媒体、评级机构(倾向于提供有用的选择和格式化功能)以及注册代表,如经纪人和财务顾问,都向普通公众或不成熟的投资者提供经消化后的信息。[80] 1973 年,46.8%的投资者报告说他们在投资决策中使用股票经纪人的信息,另外 15.6%使用咨询服务,9.7% 从朋友和亲戚那里获得信息。[81] 尽管对专业建议的使用有所下降,但中介机构仍然是重要的。2002 年,51% 的拥有个人股票的投资者(通过雇主赞助的退休计划除外)说他们在做投资

---

〔76〕 See generally Paul G. Mahoney, Market Microstructure and Market Efficiency, 28 J. CORP. L. 541 (2003)(讨论做市商和其他主体在市场中发生的复杂机制); Roberta Romano, Empowering Investors: A Market Approach to Securities Regulation, 107 YALE L. J. 2359, 2378 (1998)(注意到机构投资者比证监会更有能力处理市场信息,并有更多的财务激励来这样做).

〔77〕 在市场效率机制的词汇中,中介机构创造了"衍生的交易",也就是说,由那些观察到由专业知情者引起的价格变化的人进行的交易,是"专业知情的交易"。也就是那些观察到由专业知情交易者引起的价格变化的人的交易。See Ronald J. Gilson & Reinier Kraakman, The Mechanisms of Market Efficiency Twenty Years Later: The Hindsight Bias, 28 J. CORP. L. 715, 721 (2003).

〔78〕 See Hu, supra note35, at 1355.

〔79〕 See SEC 1977 ADVISORY COMMITTEE REPORT, supra note26, at xi; Stephen J. Choi, A Framework for the Regulation of Securities Market Intermediaries, 1 BERKELEY Bus. L. J. 45, 46 - 47 (2004).

〔80〕 See SEC 1977 ADVISORY COMMITTEE REPORT, supra note 26, at D - 9, 312 - 14, 564 n. 11; THE WHEAT REPORT, supra note 23, at 1052 - 1054.

〔81〕 See SEC 1977 ADVISORY COMMITTEE REPORT, supra note 26, at 243 - 44.

决定时依赖专业财务顾问的建议。[82] 因此,传播者的诚信和能力至关重要。[83] 毫不奇怪,发行人和 SEC 在设计信息披露要求和准备披露文件时都会考虑分析师和其他专业人士的需求。[84]

如果证券信息披露目的不是改善市场运作和投资者决策,而是为了阻止不法行为,那么实现这一目的信息披露机制就会有所不同。信息披露仍然通过影响市场来运行,但在这种情况下,市场的一个重要附加特征是竞争。例如,投资者可以为拥有审计委员会专家的公司股票支付更多的费用,这将鼓励所有公司任命这样的专家。[85] 监管分析师认证(AC)条例要求分析师披露他们的报酬,并证明他们确实相信他们所表达的观点,旨在通过在没有与报酬有关的利益冲突的基础上创造分析师之间的竞争来提高分析师研究的质量。[86] 同样,SEC 关于加强

---

〔82〕 See INV. CO. INST. & SEC. INDUS. ASS'N, EQUITY OWNERSHIP IN AMERICA 77 (2002). 通过雇主赞助的退休计划拥有股票或拥有共同基金的投资者的百分比更高。退休金计划或拥有共同基金的投资者的百分比更高。Id., at 87, 95.

〔83〕 See Donald C. Langevoort, Taming the Animal Spirits of the Stock Markets: A Behavioral Approach to Securities Regulation, 97 Nw. U. L. REV. 135, 166 – 70 (2002)(描述了分析师的偏见);See WHEAT REPORT, supra note23, at 319 – 323(讨论经纪商在作出建议前调查和咨询信息的义务)。在颁布金融披露法规(FD)之前,该法规要求向证券市场专业人士或证券持有人披露的任何重大非公开信息也应向公众披露,公司高管可以将信息作为商品来影响特定分析师或投资者。See Selective Disclosure and Insider Trading, Securities Act Release No. 7881, Exchange Act Release No. 43154, Investment Company Act Release No. 24599, [2000 Transfer Binder] Fed. Sec. L. Rep. (CCH) 86,319, at 83,677 (Aug. 15, 2000); cf. Deborah Solomon & Robert Frank, "You Don't Like Our Stock? You Are Off the List"—SEC Sets New Front on Conflicts by Taking Aim at Companies that Retaliate Against Analysts, WALL ST. J., June 19, 2003, at C1(描述一些公司惩罚对其股票做出负面报道的分析师的做法).

〔84〕 See SEC 1977 ADVISORY COMMITTEE REPORT, supra note 26, at 5, 11.

〔85〕 这似乎是一个难以置信的场景。更有可能的是,SEC 依靠某种声誉机制来实现这一特定目标。Cf. Joann S. Lublin & Kara Scannell, They Say Jump: SEC Plans Tougher Pay Rules, WALL ST. J., Jan. 11, 2006, at C1[引用 SEC 前首席会计师林恩·特纳(Lynn Turner)的话说,披露高管薪酬不会减少薪酬,除非股东根据信息采取行动]。

〔86〕 See Regulation Analyst Certification, Securities Act Release No. 8193, Exchange Act Release No. 47384, [2002 – 2003 Transfer Binder] Fed. Sec. L. Rep. (CCH) 86, 833, at 87,247 (Feb. 20, 2003) [hereinafter Regulation Analyst Certification]. 披露的目的也是让投资者更好地确定分析师的研究质量。See SELIGMAN, supra note50, at 372 – 73。描述 20 世纪 60 年代利用披露来改善共同基金竞争的努力。

对共同基金投资者信息披露的拟议规则旨在促进投资者明智投资决策,因为投资者被认为缺乏足够信息来了解与分销相关的成本和造成投资者和经纪人之间利益冲突的安排。[87] 有了这样的信息,大概就可以让投资者根据这些标准来选择基金,从而对基金施加压力,迫使其改变政策。[88]

(三)有效性的限制

尽管证券信息披露几乎被普遍认为是通过披露进行监管的典范,但其有效性仍有很大的局限性。只有当接受者能够处理和理解所披露的信息时,披露才会有用。[89] 这是股票市场中的一个特殊问题,因为普通公民广泛参与到涉及日益复杂的金融安排的交易中。[90] 因此,SEC 和其他参与金融信息披露的机构正在寻求通过更仔细地设计信息格式来提高信息披露的实用性。[91] 1998 年,SEC 通过了要求披露文件以"普通的英语"编写的规则。[92] 对高管薪酬披露要求的拟议变更旨在使信息易于理解。[93] 在提议共同基金的费用和佣金披露时,SEC

〔87〕 拟议规则:某些共同基金和其他证券交易的确认要求和销售点披露要求,以及其他确认要求修订,以及共同基金登记表的修订,《1933 年证券法》第 8358 号,《证券交易法》第 49148 号,《证券投资法》第 26341 号发布,[2003 – 2004 Transfer Binder] Fed. Sec. L. Rep. (CCH) 87,135, at 89,008(Jan. 29, 2004)[以下建议规则:共同基金披露]。

〔88〕 对于 SEC 共同基金披露制度的尖锐批评,参见 HU, supra note 35。

〔89〕 See THE WHEAT REPORT, supra note 23, at 78 – 80; William O. Douglas, Protecting the Investor, 23 YALE REV. 521, 523 – 24 (1934).

〔90〕 See Douglas, supra note 89, at 527(注意股权投资的本质是风险和复杂的,并认为几乎不可能写出一份可以理解的招股说明书); Steven L. Schwarcz, Rethinking the Disclosure Paradigm in a World of Complexity, 2004 U. ILL. L. REV. 1, 12 – 19(认为某些交易可能过于复杂,以至于披露系统无法监管); see Jesse Eisinger, Ahead of the Tape: Misunderstood, WALL ST. J., Aug. 12, 2003, at C1[请注意,"安然和泰科国际等一些最大的爆炸事件(分析师)很难报道,这并非巧合"].

〔91〕 See Hu, supra note35, at 1345(描述为设计有用的信息格式所做的努力).

〔92〕 See generally Plain English Disclosures, Securities Act Release No. 7497, Exchange Act Release No. 39593, Investment Company Act Release No. 23011, [1998 Transfer Binder], Fed. Sec. L. Rep. (CCH) 86,003, at 80,127 (Jan. 28, 1998)(要求招股说明书用通俗易懂的英文书写).

〔93〕 See Executive Compensation and Related Party Disclosure, 71 Fed. Reg. 6542, 6542 (proposed Feb. 8, 2006) (to be codified at 17 C. F. R. 228 – 40, 245, 249, 274), available at http://www.iasplus.com/usa/0601seccompensation.pdf(修正案"旨在提供……更清晰、更完整的[行政]补偿图").

专门讨论并征求了对信息格式[94]以及披露时间和形式的意见。当然,如果信息披露直接针对中介机构,这些担忧就会减少。然而,SEC 关于投资者保护的法规要求投资者仍被视为披露信息的受众。

金融中介机构能否发挥其制定准确价格的作用,取决于市场效率,即价格能否反映现有信息。但是,市场可能并不是高效的,市场上的专业人员在履行分配给他们的价格制定作用方面可能存在局限。[95] 此外,启发式认知偏差[96]会在专业人员和普通投资者中产生有限理性。[97] 由于一个证券的流通股和可交易股的数量("流通量"的大小)决定了该证券的市场效率,即使有活跃的中介机构对小规模证券的定价也不会那么准确。[98] 对有效市场至关重要的套利机会可能会受到限制。[99] 此外,越来越多的投资资金被投入投资组合,如指数基金。出于多样化的目的,这些投资组合被限制在一个特定的股票组合中。这些持有者可能拥有非常多的股票,但不能通过他们的交易行为影响市场。[100]

正如我们在过去几年中所看到的,基本的信息机构也存在问题:管理人员有扭曲信息的动机;信誉中介,如会计师和律师,未能发挥预期

[94] See Proposed Rule: Mutual Fund Disclosure, supra note87, at 89,008.

[95] See, e. g. Gilson & Kraakman, supra note77, at 723 – 735(描述投资者非理性和有限套利机会对市场效率机制构成的挑战).

[96] See infra notes 151 – 159 and companying text.

[97] See ANDREI SHLEIFER, INEFFICIENT MARKETS: AN INTRODUCTION TO BEHAVIORAL FINANCE 12 – 13 (2000); Schwarcz, supra note 90, at 17 – 19. 对于一般投资者理性行为的极限探索, see Robert Prentice, Whither Securities Regulation? Some Behavioral Observations Regarding Proposals for Its Future, 51 DUKE L. J. 1397, 1454 – 89 (2002); See Langevoort, supra note 83, at 154 – 55(提供示例).

[98] See Gilson & Kraakman, supra note77, at 735 – 36.

[99] See id; see SHLEIFER, supra note 97, at 13 – 16, 51 – 52, 89 – 90.

[100] See Disclosure of Proxy Voting Policies and Proxy Voting Records by Registered Management Investment Companies, Securities Act Release No. 8188, Exchange Act Release No. 47304, Investment Company Act Release No. 25922, [2002 – 2003 Transfer Binder] Fed. Sec. L. Rep. (CCH) 1 86,826, at 87,144 – 45 (Jan. 31, 2003) [hereinafter Proxy Voting Policies].

的监督功能;与分析师有利益冲突。[101] 此外,证券分析师并不总是进行广泛的研究,有时并不了解他们所审查的公司。[102] 财务信息越来越多地从各种可靠度有问题的来源获得,其速度之快,令人吃惊。因此,信息获取的改善可能只是给了人们更快犯傻的机会。[103]

此外,最近的技术进步可能导致投资者减少对专业建议的依赖,转而依赖来自互联网[104]的原始或未经检验的数据,或盲目跟随投资趋势(也称为"从众行为"),因为他们没有能力在日益复杂的环境中作出合理的决定。[105] 现在,小投资者在没有专业人士的帮助下购买证券要容易得多,也便宜得多。关于分析师利益冲突和他们建议的不可靠宣传,也可能有助于减少对专业建议的使用。[106] 这些趋势的结果可能是降低证券信息披露的有效性,因为其消除了证券信息披露的主要机理——复杂的金融专业人士对复杂信息的过滤和处理。此外,个人投资者减少对中介机构的使用也可能对市场专业人员的定价功能产生不利影响,可能增加"噪声交易"(因为投资者以非成熟的方式对信息作出反应)。[107]

最后,如果披露的信息不涉及目标受众认为突出的问题,无论受众是个人投资者还是中介机构,披露信息的可用性和可理解性都不足以

---

〔101〕 See Gilson & Kraakman, supra note77, at 736 – 737;See supra note 83(描述公司对分析师的影响).

〔102〕 See Harvey L. Pitt, How to Prevent Future Enrons, WALL ST. J., Dec. 11, 2001, at A18; see Langevoort, supra note 83, at 149 – 52(讨论对金融分析师绩效的限制,包括代理成本和过度自信等启发式偏见,并质疑分析师是否对市场有任何影响).

〔103〕 See EDWARD CHANCELLOR, DEVIL TAKE THE HINDMOST: A HISTORY OF FINANCIAL SPECULATION 237 – 40 (1999); Donald C. Langevoort, Technological Evolution and the Devolution of Corporate Financial Reporting, 46 WM. & MARY L. REV. 1, 7 – 10 (2004). 此外,FD 法规专门用于将之前通过中介过滤的信息直接提供给公众。See supra note 83.

〔104〕 See Langevoort, supra note 83, at 154.

〔105〕 See Schwarcz, supra note 90, at 15.

〔106〕 到 2002 年,对专业投资建议的依赖已明显低于 1973 年报告的水平。See supra note82 – 83 and accompanying text.

〔107〕 See Langevoort, supra note103, at 9; Langevoort, supra note 83, at 172 – 175.

使信息变得有用。一位评论员认为,股票期权费用被金融分析师所忽视,并不是因为这些信息不可用,也不是因为这些信息过于投机,而是因为这些信息无利益可循:分析师们只关心收益。[108] 关于公司治理实践的更多披露是否会被证明对投资者和中介机构很重要,还有待观察。[109] 对于证券分析师和其他金融中介来说,不重要的信息无论被披露得多么清楚,也不会提供信息披露制度所设想的好处。

(四)直接监管手段之替代

如上所述,证券监管的一个补充目的是对合法行为的监管。就信息披露目的而言,它是在试图替代直接监管。SEC 的董事提名提案为这种现象提供了一个清晰的例证。为应对公司不愿意回应股东的关切,SEC 提议设立一项新的实质性权利,允许股东在某些情况下提名董事。[110] 该建议受到广泛批评并被搁置。取而代之的是,SEC 通过了一项基于信息披露的规定,其目标是增加投资者对董事提名过程的了解,并允许投资者对董事会的提名委员会进行评估。[111] SEC 还描述了一个目标:增加证券持有人对……董事会问责制、董事会责任的了解。董事会的责任感、董事会的反应能力和……公司的治理政策,[112] 但这些政策似乎超出了证券信息披露的通常市场促进目的。同样,SEC 要求共同基金披露其代理投票政策和实际投票做法,据称是为了提高透明度,同时也是为了鼓励共同基金对持股公司管理层施加更多压力,从而

---

[108] See Comments of Susan Lee, Wall Street Journal Editorial Board (CNBC television broadcast Aug. 9, 2002).

[109] See Ken Brown & Robin Sidel, Scoring Boards on Governance Has Its Risks, WALL ST. J., Oct. 2, 2002, at C1; Plitch, supra note43; See also Bainbridge, supra note 43, at 16 - 17.

[110] 证券持有人董事提名,《1933 年证券交易法》第 48626 号,《投资公司法案》第 26206 号,[2003 - 2004 Transfer Binder] Fed. Sec. L. Rep. (CCH) 87,101, at 88,401 (Oct. 14, 2003)。

[111] 关于提名委员会职能和证券持有人与董事会之间沟通的披露,《1933 年证券法》第 8340 号,《1933 年证券交易法》第 48825 号,《投资公司法案》第 26262 号,[2003 - 2004Transfer Binder] Fed. Sec. L. Rep. (CCH) 87,116, at 88,719, 88,722 (Nov. 24, 2004).

[112] See id. at 88,722. 评论者对是否可能发生实际改善反应不一。See id.

改善公司治理。[113] 最近,对高管薪酬披露要求的修改拟议明确表示,不仅要提高“透明度”,而且要使市场能够约束过度的薪酬。[114] 换句话说,在没有权力或政治意愿直接监管的情况下,SEC 可以通过金融市场中的中介机构和投资者的行动,利用信息披露制度来实现基本的监管目标。

总之,证券信息披露有 3 个目标:通过改善投资者的决策来保护他们;改善市场的定价功能;有时改变公司的行为。证券信息披露至少能够实现其中的前两个目标,因为它在一个理想的环境中运行:资本市场和相关金融机构。流程是把各式各样的中介机构和一个(相对)有效的市场结合起来处理所披露的信息,并将其转化为一个单一的信号,即证券价格,然后投资者可以利用它来作出投资决策。投资的性质决定了投资者有可能像任何人一样理性,即使这种理性明显不完美。此外,投资者经常寻求专家的建议。因此,证券信息披露作为监管的背景是相当不寻常的。例如,对于一个决定购买冰箱或沙拉酱的消费者来说,这些特征都是不存在的。[115]

---

[113] SEC 表示,要求基金披露其代理投票政策将“使基金股东能够监控其基金参与投资组合公司的治理活动,这可能对股东价值产生巨大影响”。代理投票政策,Supra note 100,at 87,144。同样,SEC 认为,作为受托人持有股票的机构会违反《投资顾问法》规定的受托责任,因为他们的政策总是与管理层一起投票。See Proxy Voting by Investment Advisers, Investment Advisers Act Release No. 2106, [2003 Transfer Binder] Fed. Sec. L. Rep. (CCH) 86,825, at 87,132 (Jan. 31, 2003). SEC 发出了一个明确的信息,它不仅要让股东积极行动成为可能,而且要“鼓励基金更多地参与其投资组合中持有的发行人的公司治理,这可能使所有投资者受益,而不仅仅是基金股东”。Proxy Voting Policies, supra note100, at 87,146; see also Ken Brown, Vanguard Gives Corporate Chiefs a Report Card, WALL ST. J., Nov. 10, 2003, at C1 (描述先锋最近投票反对合作管理的意愿).

[114] See supra note 48 and accompanying text.

[115] See Strassel, supra note 4. 引用 SEC 主席克里斯托弗·考克斯的话说,他对披露制度的目标是“让消费者能够做出与购买汽车或其他产品时相同的比较”,并对“一个不害怕投资,但将访问 SEC 网站视为类似于浏览《消费者报告》的美国”的前景感到惊叹。

四、信息披露作为监管手段

在证券法规之外的其他背景下,有许多极其不同的使用信息披露来作为监管的范例。它们的目的也各不相同,但大多数都是为了减少现有市场中的信息不对称或改变某人的行为。它们的运行机理或拟议运行的机理很少是明确的,对这些机制的研究揭示了信息披露制度的一些缺点和局限性。

(一)目的

1. 在现有市场中提供信息

许多披露制度只是为了向被认为对信息有预先需求的决策者提供信息,通常是因为他们要在某个市场上进行经济交易。[116] 信息披露制度旨在提高该市场的汇总偏好和有效定价的能力。[117] 信息不对称阻碍市场效率,并导致大量的经济活动被用来寻找信息。[118] 披露要求可以通过增加市场参与者可获得信息量和减少搜索成本来提高市场效率。[119] 此外,信息披露为市场参与者提供了作出理性决策所需的信息,而不是随波逐流。在信息不对称的市场中,市场行为本身就传达了

---

[116] See Joseph E. Stiglitz, Information and the Change in the Paradigm in Economics, 92 AM. EcON. REV. 460, 470 (2002)(描述行为者对信息不对称作出反应的情况).

[117] 行动者作出理性决策的能力取决于行动者对可能结果及其概率的了解。See Lewis A. Kornhauser, The Domain of Preference, 151 U. PA. L. REV. 717, 719 – 20 (2003)(描述确定性、风险和不确定性下的决策).

[118] See George J. Stigler, The Economics of Information, 69 J. POL. ECON. 213, 213, 224 (1961). 可以制定制度和机制来促进搜索,但无知永远不可能被完全消除。Supra note, at 224. 斯蒂格勒还指出,声誉具有价值,因为它降低了搜索成本。同上。

[119] See Colin F. Camerer & George Loewenstein, Information, Fairness, and Efficiency in Bargaining, in PSYCHOLOGICAL PERSPECTIVES ON JUSTICE 155, 155 (Barbara A. Mellers & Jonathan Baron eds., 1993); Gilson & Kraakman, supra note 77, at 721 (表明市场对公共信息的反应更有效). 缺乏信息可能会导致市场失灵,从而阻止参与者对风险进行定价。See MAGAT & VISCUSI, supra note 17, at 4. 然而,信息使市场有效的能力是有限度的。See Gilson & Kraakman, supra note77, at 736 – 737.

信息。[120] 为了利用这一事实,市场参与者会改变他们的行为并影响市场的功能。[121] 信息可以减少这种影响。因此,信息披露要求可以减少经济交易中的搜索成本,[122] 提高市场的效率,并提供其他社会效益来作为这些经济效益的结果。[123] 房地产披露要求是促进市场效率的一个例子。这些法律要求住宅的卖家向买家披露某些信息,减少通常了解情况的卖家和不知情的买家之间的信息不对称。[124] 营养标签的部分目的也是纠正信息不对称,尽管规模要小得多。竞选资金披露虽然不是在经济市场上运行,但它解决了信息不对称的问题;它的目的是向选民提供信息,使他们更有能力去了解情况,从而更好地确保他们的投票与他们的偏好相符。[125] 这种信息披露的使用并不是为了改变决策的结果,只是为了改善决策过程,它可以在各种非市场和市场背景下使用,包括劳动力市场、资本市场和产品市场。

2. 规范合法行为

基于信息披露的监管的另一个共同目标是改变合法行为,如污染

〔120〕 See Stephen M. Bainbridge, Mandatory Disclosure: A Behavioral Analysis, 68 U. CINN. L. REV. 1023, 1041 (2000).

〔121〕 See Stiglitz, supra note 116, at 469 – 470, 473; See also Camerer & Loewenstein, supra note 119, at 157 – 59(描述谈判实践,如战略延迟和自己立场的战略表述).

〔122〕 强制性而非自愿性的披露对于促进市场交易是必要的,因为信息的创建者很难将这些信息的利益据为己有,因此一些合意的信息要么不会产生,要么不会传播。See Stiglitz, supra note 116, at 463. 此外,正如有些人想要创建和发布信息一样,也有些人想要阻止创建和发布。See id., at 463, 473. 强制披露还有助于确保信息可信,因此更有用。See Paul Pecorino & Mark Van Boening, An Empirical Analysis of Bargaining with Voluntary Transmission of Private Information, 33 J. LEGAL STUD. 131, 153 (2004). 否则,在个人基础上生成的信息可能是标准化的,因此对于比较更有用。See Sage, supra note 7, at 1741 – 42.

〔123〕 例如,根据斯蒂格利茨的说法,政府的"知情权"法律一直是"对政府滥用权力的一项重要但不完善的检查"。See Stiglitz, supra note 116, at 488.

〔124〕 See Florrie Young Roberts, Disclosure Duties in Real Estate Sales and Attempts to Reallocate the Risk, 34 CONN. L. REV. 1, 19 (2001).

〔125〕 See Elizabeth Garrett & Daniel A. Smith, Veiled Political Actors and Campaign Disclosure Laws in Direct Democracy, 4 ELECTION L. J. 295, 296 (2005).

物的生产[126]、劳动力的使用[127]、农业技术的使用[128]、家庭用品和服务的生产,[129]甚至还包括食品消费。[130] 一个类似的目标是改善现有产品或服务的质量或降低其价格。卫生保健信息披露制度,如医院的"报告卡"是为了提高质量,[131]就像餐饮卫生披露要求一样。[132] 最近关于公布医疗机构收费价格的建议旨在降低医疗成本。[133] 这些要求也是为了解决信息不对称的问题,希望通过补救这些不对称能做出更好的决策和更好的行为。

3. 为政府运行提供信息

一些信息披露要求旨在供政府自身使用并改进其运作。监管者需要搜集信息来设计并运行直接监管系统。[134] 虽然信息越来越多地以

---

[126] 例如,根据有毒物质排放清单(TRI),42 U.S.C. § 11023(2000),要求公司披露特定有毒物质的排放。See Karkkainen, supra note11, at 286. 该信息是标准化的并且是公开的。TRI 被认为是一个巨大的成功;自 TRI 创建以来,有毒物质的排放量减少了近一半。See id., at 287 – 88.

[127] Canjianl David J. Doorey, Who Made That?: Influencing Foreign Labour Practices Through Reflexive Domestic Disclosure Regulation, 43 OSGOODE HALL L. J. 353, 355 – 57 (2005).

[128] See Margaret Gilhooley, Reexamining the Labeling for Biotechnology in Foods: The Species Connection, 82 NEB. L. REV. 1088, 1101 – 02 (2004).

[129] See Safe Drinking Water and Toxic Enforcement Act, CAL. HEALTH & SAFETY CODE § 25249.6 (West 1999)(如果产品含有"[加利福尼亚州]已知会导致癌症的物质",则要求产品带有标签).

[130] 《1990 年营养教育和标签法》,21 U.S.C. § 343(2000)要求食品加工商在其产品上标注特定营养素的信息。信息的格式是标准化的,食品和药物管理局监督营养标签的细节。See 21 C.F.R. pt 101 (2006).

[131] See Sage, supra note 7, at 1707 – 1710, 1715 – 1720.

[132] See Ginger Zhe Jin & Phillip Leslie, The Effect of Information on Product Quality: Evidence from Restaurant Hygiene Grade Cards, 118 Q. J. ECON. 409, 410 (2003)(描述餐厅张贴卫生报告卡的要求及其效果).

[133] See Vanessa Fuhrmans, Insurer Reveals What Doctors Really Charge, WALL ST. J., Aug. 18, 2005, at D1.

[134] See Karkkainen, supra note11, at 283 – 286.

电子化的形式出现在大家面前,[135]但是还不至于被广泛泄露[136]。信息披露制度不仅仅是告知公民和消费者们他们所享有的合法权益[137],还在某种意义上缓解了政府和民众之间的信息不对称问题,进而完善了法律制度。

4. 改善管理手段与提高公司绩效

其他的信息披露制度的目的是改善管理人员的业绩,或提供可用于监督代理人的信息[138],或创造管理者无法获得的信息[139],或迫使公司基于所收集的数据和信息来面对现实。管理学理论认为,管理者只会管理他们能够把握的事情,[140]也就是说,他们会关注那些能够掌握相关数据和信息的事情[141]。例如,医院内部机密和医疗事故报告可以形成一个数据库,供医院管理者在进行医疗安全管理时使用[142]。同

---

〔135〕 这方面的一个例子是《动物福利法案》[Animal Welfare Act § 10, 7 U. S. C. § § 2140 (2000)],该法案要求实验室保留记录供政府检查。参见斯里·桑斯坦文, supra note 8, at 622。

〔136〕 See e. g. , Sage, supra note7, at 1799.

〔137〕 See id. , at 1765 - 66.

〔138〕 Eric Talley, Disclosure Norms, 149 U. Pa. L. Rev. 1955, 1956 (2001).

〔139〕 See Karkkainen, supra note11, at 297 - 300 (描述信息如何改善管理); see also Charlotte Villiers, Disclosure Obligations in Company Law: Bringing Communication Theory into the Fold, 1 J. CORP. L. STUD. 181, 199 - 200 (2001) (描述组织内部对信息的需求). 理论上,对管理层有价值的信息会产生,因为在公司内部不可能存在市场失灵,但是代理问题可能导致内部信息的产生不足。此外,提供其他公司信息的披露要求可以通过提供改进的基准来改进管理。See Karkkainen, supra note11, at 261.

〔140〕 See Karkkainen, supra note11, at 295、297 - 300; Louis Loewenstein, Financial Transparency and Corporate Governance: You Manage What You Measure, 96 COLUM. L. REV. 1335, 1342 - 45 (1996), supra note7, at 1778 n. 285; Williams, supra note36, at 1294 - 1296; Troy Paredes, Blinded by the Light: Information Overload and Its Consequences for Securities Regulation, 81 WASH. U. L. Q. 417, 465 (2003).

〔141〕 SEC 可能已经考虑到了这一现象,它建议要求分析师证明他们的建议将使他们在作出这些建议时更加小心。See Regulation Analyst Certification, supra note 86, at 87, 247.

〔142〕 See GRAHAM, supra note 7, at 1.

时,信息披露系统也能使得公司之间的合作更加紧密[143]。该系统享有专利,开发出系统的管理者将信息公之于众,其他人可以利用这些信息推进他们自己的研究,无形之中也促进了公司间的相互合作[144]。一个相当奇怪的例子是最近 SEC 规则的变化,变化后的规则要求公司将与之产生纠纷而辞职的董事之间的通信内容公布于众[145]。时任主席哈维·皮特(Harvey Pitt)表示,信息披露是有必要的,它会让董事们更加放心地提出他们的问题和担忧[146],使董事会决策也更加有效。

5. 提高公众意识

所有的这些情况表明,监管机构通常认为有必要或至少有意向对信息进行披露。然而,在某些情况下,信息披露是为了引起人们对信息本身的兴趣[147]。SEC 正尝试着改善高管薪酬的信息披露制度[148],此事反映出 SEC 希望投资者最终将目光转移到对信息披露的关注上来。“美国制造”的服装标签和早期的“ILGWU”[149]标签都是为了提高公众意识,至少也是为了加深消费者对该产品的印象。

6. 不明目的

一些公开的信息披露计划方案,如饮用水质量报告,是在没有明确

[143] See Sage, supra note 7, at 1771 – 78.

[144] See also Sharon Begley, In Switch, Scientists Share Data to Develop Useful Drug Therapies, WALL ST. J., Jan. 20, 2006, at A9(描述支持医学研究的基金会提出的披露要求,目的是导致研究人员和临床医生之间的早期合作).

[145] See Additional Form 8 – K Disclosure Requirements and Acceleration of Filing Date, Securities Act Release No. 8400, Exchange Act Release No. 49424, [2003 – 2004 Transfer Binder] Fed. Sec. L. Rep. (CCH) 87,158, at 89,508 (Mar. 16, 2004).

[146] See Phyllis Plitch Pull Disclosure: Full Disclosure: New SEC Rules Reveal the Corporate Underbelly, WALL ST. J., Oct. 12, 2005, at B4B.

[147] 这种效果可能是意想不到的。在食品标签上披露苯丙酮醛酸盐(NutraSweet)的存在引起了人们的好奇和担忧。谷歌上搜索“苯丙酮药”时,公告栏上出现了一些恐慌的帖子,询问为什么政府会要求披露。根据一种反应,苯丙酮药物的披露是针对那些使苯丙氨酸消费危险的人。See Ask the Doc, http://www.wwu.edulchw/ask the doc/post/1 – 1000/0537.html (last visited Nov. 12, 2007); see also Kevin Helliker, To Warn or Not to Warn, WALL ST. J., Oct. 10, 2005, at R7 [描述消费者对儿童食用蚕豆的警告的反应(避免食用四季豆),蚕豆在极少数情况下会导致疾病].

[148] 参见 supra notes 44 – 49 和相关内容。

[149] 国际女装工人联盟。熟悉本文的读者可能记得“寻找工会标签”的电视广告。

目标[150]的情况下制定的。他们通常被看作提供重要信息,但信息的效用可能是不明确的计划或方案。性犯罪者登记[151]就是一个有趣的例子。它们通过给公民指出性犯罪者[152]来保护公众。公民们采取他们认为适当的任何预防措施,比如让孩子待在室内,但大概不包括杀死性侵犯者[153]。也许法律的目的实际上是在给那些性侵者实施性侵行为设置障碍(如使得公民提高警惕),从而逼迫他们离开所在城市。或者通过性侵记录登记迫使罪犯即使从监狱释放后也羞于待在原来城市[154],从而选择在另一个州定居[155]。通过这些方式,使性犯罪者越来越少。一些证据表明,这实际上符合法规的预期目的,在某种程度上来讲,他们实际上也是按照预期运作的[156]。

---

[150] See, e. g. , MODEL COURT RULE ON INSURANCE DISCLOSURE, supra note 3. 示范规则要求律师披露其医疗事故的承保范围,其目的是"为潜在客户提供有关律师代理的相关信息,以便对是否聘请特定律师作出知情的决定"。然而,有 3 个州要求律师向律师事务所报告他们的覆盖范围,但并没有向公众提供这些信息。See AM. BAR ASS'N, STATE IMPLEMENTATION OF ABA MODEL COURT RULE ON INSURANCE DISCLOSURE (2006), available at http://www. abanet. org/cpr/clientpro/malpracdiscchart. pdf.

[151] 目前,每个州都有某种版本的性犯罪记录法案,一般要求被判犯有特定性犯罪的人在刑满释放后向其居住地的执法人员登记。Smith v. Doe, 538 U. S. 84, 89 - 90 (2003). 联邦对应法案是 42 U. S. C. § 14071(2000). 一些有关资料已向公众提供。Smith, 538 U. S. at 91.

[152] See Smith, 538 U. S. at 99, 101.

[153] Id. at 101,105(性侵犯者登记网站包括一个警告,即利用其中所载的资料对任何人犯罪都将受到刑事起诉); see also Editorial, Knowledge Protects: Online Sex Offender Registries Are Vital, DALLAS MORNING NEWS, April 28, 2006, at 22A (目前尚不清楚这些登记处是否能保护所有人的,但公布罪犯信息是"至关重要的").

[154] *Cf. Smith*, 538 U. S. at 100 - 01 (描述对一名登记在案的性犯罪者的所谓骚扰).

[155] 然而,这只是将风险转移给了其他人,特别是如果性侵犯者吸取了教训,在搬家后没有重新登记。Cf. Scott v. Shepard, (1773) 96 Eng. Rep. 525, 525 - 26 (K. B.)(描述了把一个"点燃的哑炮"扔进市场,以及随后反复扔掉这个哑炮以避免伤害自己)。然而最终,每个州都将有类似的注册要求,而法规将不再能够实现这一目标。

[156] See Doron Teichman, The Market for Criminal Justice: Federalism, Crime Control, and Jurisdictional Competition, 103 MICH. L. REV. 1831, 1854 - 57 (2005). 如果这是真的,那么法律可以说是在一种州际市场中为合意的居民服务。

(二)信息化监管的障碍

然而,即使就某一事项要求披露的预期目标相对明确,但是缺乏信息披露实现预期目标机制的解释。此外,对披露方案运作机制的考察往往也揭示了方案目的存在一定模糊性。因此,在考虑信息披露如何实现监管目标之前,理解以下3点很是重要。第一个是个人处理信息的能力;第二个是信息影响个人行为的方式;第三个是信息影响企业行为的方式。在过去的几十年里,不同学科的学者们对个人信息处理方式有了更深刻的见解。他们提出在许多情况下,因个体有限的信息处理能力〔157〕会造成可预测的认知偏差。虽然对这些文献的完整讨论超出了本文范围,但是这里面一些启发性的偏见与信息披露系统的操作息息相关。〔158〕例如,可用性偏差使人们对信息的反应建立在"容易想起或联想到的事例基础上"。因此,人们在看到或听到这样的事故后,会高估事故的风险〔159〕。虽然信息披露系统允许其他人提供更新的信息,理论上也更容易获得这些信息,但除非是直接告知决策者注意,否则这些信息实际上可能毫无用处。"锚定"偏差导致人们不能完全适应新信息。小众的偏见会使之变得更糟,也会阻止人们接受对他们个人利益有负面影响或与现有想法相矛盾的信息〔160〕。此外,与书面或抽象的信息相比〔161〕,人们更容易

---

〔157〕 See generally JUDGMENT UNDER UNCERTAINTY: HEURISTICS AND BIASES (Daniel Kahneman et al. eds., 1982).

〔158〕 Amos Tversky & Daniel Kahneman, Availability: A Heuristic for Judging Frequency and Probability, in JUDGMENT UNDER UNCERTAINTY: HEURISTICS AND BIASES, supra note 157, at 163, 163-64; see also Prentice, supra note 97, at 1469-70(指出"在作决定时,人们倾向于专注于记忆中'可用'的事实"); Cass R. Sunstein, Introduction to BEHAVIORAL Law AND ECONOMICS 1, 3-5 (Cass R. Sunstein ed., 2000)(描述各种偏差,包括可用性偏差).

〔159〕 See Tversky & Kahneman, supra note 158, at 178.

〔160〕 See Amos Tversky & Daniel Kahneman, Judgment Under Uncertainty: Heuristics and Biases, in JUDGMENT UNDER UNCERTAINTY: HEURISTICS AND BIASES, supra note 157, at 3, 14-18; see also Bainbridge, supra note 120, at 1043-49(讨论现状偏差和捐赠效应);Prentice, supra note 97, at 1483(指出人们常常不能充分适应新信息).

〔161〕 See Michael Ross & Fiore Sicoly, Egocentric Biases in Availability and Attribution, in JUDGMENT UNDER UNCERTAINTY: HEURISTICS AND BIASES, supra note 157, at 179, 179-82; Camerer & Loewenstein, supra note 119, at 164-67(注意到在侵权案件"公平"解决的评估中因角色而异的显著差异).

被口头交流或涉及情感的交流所说服。这些偏见反映出人们经常接受来源并不可靠的信息〔162〕,在决策中逸事往往比传闻更有影响力〔163〕。最后,决策者经常会有"从众行为"〔164〕,他们会按照大部分人的行为行事,而不是独立决策〔165〕。

另一个被充分研究的是"信息过载"现象〔166〕。当过多的信息同时出现时,决策者往往拒绝或忽略有用的信息而作出不明智的决定〔167〕。信息有用性的增加会导致更好的决策〔168〕,但是一般来说,更多的信息会导致决策者处理信息的成本更高。因此,随着处理新信息的成本提高,增加有用信息的数量实际上会导致个人作出更糟糕的决定〔169〕。此外,随着信息质量的提高,人们倾向于使用更多的可用信息。研究表明,随着决策者使用的信息量的增加,他们的决策起初会有所改善,但随后往往会变得更糟。因此,信息质量的提高也可能导致信息过载,因为信息的质量诱使决策者试图使用更多的可用信息〔170〕。研究还表明,掌握无用或不相关信息的决策者可能会比完全没有信息的决策者做出更糟糕的决策〔171〕,当有很多可用信息时,使用部分但不是所有相

---

〔162〕 See Prentice, supra note 97, at 1467 – 69.

〔163〕 See Langevoort, supra note 83, at 156 – 63(讨论回应互联网聊天的交易行为).

〔164〕 See Richard E. Nisbett et al., Popular Induction: Information Is Not Necessarily Informative, in COGNITION AND SOCIAL BEHAVIOR 113, 128 – 31.

〔165〕 See Bainbridge, supra note 120, at 1038; Langevoort, supra note 83, at 156 – 63.

〔166〕 See MAGAT & VISCUSI, supra note 17, at 90 – 91; Kevin Lane Keller & Richard Staelin, Effects of Quality and Quantity of Information on Decision Effectiveness, 14 J. CONSUMER RES. 200, 200 – 01 (1987)(包括一篇文献综述).

〔167〕 See Paredes, supra note 140, at 440 – 43.

〔168〕 See id. at 202; see also Camerer & Loewenstein, supra note 119, at 156 (认为拥有更多信息的人更关心公平,这将影响市场的运作). But see Lublin & Scannell, supra note 85 (引用 SEC 主席考克斯的话:这是一种奇怪的方法,暗示我们将在信息较差的情况下做出更好的决定,我知道没有市场是这样运作的).

〔169〕 See Keller & Staelin, supra note 166, at 210 – 11.

〔170〕 See id.; see also MAGAT & VISCUSI, supra note 17, at 102 – 04. [描述了研究表明,增加不那么重要的信息(如何使用产品)导致个人对一些事情的记忆较少(采取什么预防措施),而只记住更一般的信息(产品会造成什么伤害)。]

〔171〕 Tversky & Kahneman, supra note 160, at 5; Colin Camerer et al., The Curse of Knowledge in Economic Settings: An Experimental Analysis, 97 J. POL. ECON. 1232, 1244 – 46 (1989).

关信息时做出的决策似乎更完美[172]。因为信息的格式会引起或消除信息过载现象[173],所以该问题是设计信息披露系统的一个重要考虑因素。信息过载的问题也可以通过中介来解决,这些中介受过处理和筛选相关信息的培训,当然,前提是这些中介机构不受自身偏见和认知局限的影响[174]。不规范的信息以及不是为便于比较而设计的信息对决策者来说用处并不大。此外,解释信息的能力可能取决于决策者[175]对业务的熟练程度。

一旦信息披露系统处理了新信息,就要决定是否改变,以及如何改变其行为。影响消费者行为的信息数量和质量一直是大部分研究的主题[176]。研究人员发现,消费者在购买高价耐用品时所寻求的信息来源很大程度上受到消费者所收到的最早的信息性质影响[177]。与使用书籍和购物指南的消费者相比,最初通过朋友、家人或购买产品的商店等信息来源的消费者不太可能寻求其他信息。[178] 也许令人惊讶的是,

---

[172] See Keller & Staelin, supra note 166, at 210 – 11.

[173] See W. KIP VISCUSI & WESLEY A. MAGAT, LEARNING ABOUT RISK: CONSUMER AND WORKER RESPONSES TO HAZARD INFORMATION 18 – 26 (1987).

[174] See Paredes, supra note 140, at 452 – 59; Daniel Kahneman & Amos Tversky, Intuitive Prediction: Biases and Corrective Procedures, in JUDGMENT UNDER UNCERTAINTY: HEURISTICS AND BIASES, supra note 157, at 414, 414 – 16.

[175] See GRAHAM, supra note 7, at 13 – 18 (criticizing disclosure systems that fail to provide up – to – date, standardized, comparative, or otherwise easy – to – use information).

[176] 如果交易中一方知道可核实的信息,但未向另一方披露,则第二方应将此视为该信息对第一方不利的信号。See Paul Milgrom & John Roberts, Relying on the Information of Interested Parties, 17 Rand J. ECON. 18, 30 – 31 (1986). 然而,并不是所有的人都会作出这样的推断。在一项对要求营养标签之前的沙拉酱市场的研究中,非色拉酱(可能是高脂肪)品牌的市场份额随着受过大学教育的购物者在人口中的百分比而变化。Alan D. Mathios, The Impact of Mandatory Disclosure Laws on Product Choices: An Analysis of the Salad Dressing Market, 43 J. L. & ECON. 651, 665 (2000).

[177] See, e. g., ROBERT LEVINE, THE POWER OF PERSUASION (2003).

[178] See Richard Staelin & John W. Payne, Studies of the Information – Seeking Behavior of Consumers, in COGNITION AND SOCIAL BEHAVIOR, supra note 164, at 185, 199 – 200.

拥有高学历的消费者比其他人寻求的信息更少[179]，而且购买物品的价格并不受购买前顾客获取的信息多少所影响[180]。其他研究还表明[181]，相比一般警告，消费者更易对单一危险的、具体性的警告产生反应[182]。只有新的信息，而不是对旧信息的反复规劝（如关于烟草和安全带的警告）才会影响行为[183]。

让人们改变习惯性行为比影响他们无论具体情况如何都做出的单一决定还要难[184]。同样，影响消费者一次性改变行为，如购买烟雾探测器比促使他们防火要容易得多[185]。即使其他人的态度发生改变，他们也不会改变自己的行为[186]。一些研究得出结论，信息根本不会改变行为，消费者对安全信息不感兴趣，提供更多的信息会导致人们更加墨守成规，从而适得其反[187]。另一个是否会因信息而改变行为的决定因素是看该信息是否醒目。具体的、有趣的信息比抽象的信息更有可能影响行为[188]，

---

〔179〕 Id. , at 195 – 96; see also Ginger Zhe Jin, Consumer Information About Health Plan . Quality: Evidence Prior to the National Medicare Education Program 13 – 15 (Dec. 18, 2002) (unpublished manuscript), available at http://www. glue. umd. edu/ – ginger/research/Medicare Dec02. pdf. 金教授指出，虽然消费者说他们想要医疗保健提供者的信息，但不清楚他们是否使用这些信息。相反，他们通常更频繁地使用“自己的经历，信任的朋友和家人的经历，以及医生的建议”，而不是正式可用的信息。

〔180〕 See Staelin & Payne, supra note 178, at 201.

〔181〕 See id. , at 200 – 201.

〔182〕 See W. KIP VISCUSI & WESLEY A. MAGAT, LEARNING ABOUT RISKCONSUMER AND Worker Responses to Hazard Information 18 – 26 (1987).

〔183〕 See VIScUSI & MAGAT, supra note 173, at 124. 这或许可以解释健身大师理查德·西蒙斯提到的现象：睡前吃四颗葡萄，或者喝一杯特制的茶，或者从萨尔瓦多买一颗小豆，总会有一些奇怪的事情发生. 如果你注意你的分量，你有一个好的态度，每天锻炼，会活得更久，感觉更好。Awaiting the Next Hot Diet Fad, WALL ST . J . Aug. 3, 2005, at D4.

〔184〕 See Adler & Pittle, supra note 8, at 163.

〔185〕 Id. , at 191.

〔186〕 Id. , at 168 – 69.

〔187〕 See id. , at 166 – 68. 或者，人们可能反应过度。See MAGAT & VIScUSI, supra note 17, at 163.

〔188〕 See VIScuSI & MAGAT, supra note 173, at 17（注意到人们“忽视他们认为没有什么好处的信息”）.

因为这样的信息更有可能引起人们注意。[189] 比如,宣布一种产品会导致癌症,比公布它超过联邦推荐的每日脂肪摄入量更有可能改变消费者的行为,尽管后者可能会带来更大的健康风险。[190] 最后,如大多数公司一样,涉及公司行为的信息披露计划将依赖于复杂的企业行为机制[191]。

正如经济学家经常指出的那样[192],由于不同行为者的激励不同,企业特别容易受到代理问题的影响[193]。不同理论阐述了企业对外部刺激如规章制度或新信息的反应方式[194]。公司的结构将在很大程度上决定管理者的行为,这种结构可能会导致个人的行为不能促进公司的整体目标,而只能促进个人目标[195]。此外,信息可能会在不同层级之间丢失[196]。系统理论认为,企业在一种平衡状态下运作,并试图维持这种平衡以应对外部力量[197]。根据这一理论,一个企业将独立于其员工的行为而存在[198]。将企业视为一种文化[199],则每家企业都有

[189] See Nisbett et al., supra note 164, at 128. This phenomenon illustrates the operation of the availability bias.

[190] See generally MAGAT & ViscusI, supra note 17, at 174 – 75 (讨论不适当的公众恐惧); Kevin Helliker, supra note 147. 关于公众对风险评估不准确的例子, Kevin Helliker, supra note 147. For examples of the public's inaccurate assessment of risks, see Cass Sunstein, Commentary, Fear Factor: Truth Is, Sunbathing Is Probably More Dangerous than Terrorism, L. A. TIMES, Mar. 10, 2003, at Bl; see also MAGAT & VISCUSI, supra note 17, at 12, 64.

[191] See Edward L. Rubin, Images of Organizations and Consequences of Regulation, 6 Theoretical Inquiries in Law 347,348 (2005).

[192] See, e. g., id., at 351(讨论公司中"权力滥用"的代理问题); Michael J. Meurer, Law, Economics and the Theory of the Firm, 52 Buff. L. Rev. 727, 733 – 36 (2004) (一般讨论代理成本和企业理论).

[193] See generally Meurer, supra note 192 (描述了各种经济组织模式); Rubin, supra note 191 (same).

[194] See Rubin, supra note 191, at 353.

[195] See id., at 356.

[196] Id.

[197] See id., at 358.

[198] See id., at 360.

[199] See id., at 362 – 63.

一套自己的行为机制和行为态度独立于企业中的个人。公司内部的员工会按照企业文化行事,他们的行为反过来会决定公司的决策[200]。包括信息披露在内的监管机制必须考虑这样一个事实,即公司的结构和公司内部个体的行为最终决定了公司本身的行为。企业中的个人会受到上述所有偏见和认知偏差的影响,但企业本身的结构会影响决策。高管可能有提高公司盈利能力的想法,[201]因为他们在公司投入了大量的个人资本,而且他们的报酬可能与公司的财务业绩挂钩。因此,从理论上讲,他们有动力对消费者偏好等经济刺激作出反应。然而,在一个庞大而复杂的组织中,高管可能无法获得关于消费者偏好的详细信息。接触消费者信息的员工可能没有与负责设计公司产品的员工一起都有着相同的目标,或者决定劳动力的引入或危险废物的处理。[202] 依赖于公司对市场活动反映的信息披露政策必须考虑公司高管层是否允许这种情况。例如,影响资本市场和公司声誉的信息可能影响产品市场的信息更有可能导致公司行为的变化,因为这些影响更有可能引起高管层的注意[203]。

(三)运作机制

根据我们对公众如何处理信息以及信息如何影响行为的了解,信息披露系统是如何实现监管目标的呢？从广义上讲,大多数信息披露系统都是通过市场来运作的。向决策者提供信息有望促使他们选择更

[200] See id. ,at 364. ; see also Krawiec, supra note 19, at 599 -601.

[201] 他们可能只有增加自己财富的动机。

[202] See Cf. Joseph P. White & Stephen Power, VW Chief Confronts Corporate Culture, WALL ST. J. , Sept. 19, 2005, at B2 (引用大众汽车公司首席执行官的抱怨,即“经理和工程师过于关注技术和功能”以及对客户来说还不够,而且“经理们认为他们的经营是成功的,因为他们把利润计入了对大众其他业务部门的销售”).

[203] See RONALD J. ALSOP, THE 18 IMMUTABLE LAWS OF CORPORATE REPUTATION: CREATING, PROTECTING, AND REPAIRING YOUR MOST VALUABLE ASSET 36 -51 (2004) (指出企业的声誉取决于它如何平衡各种利益相关群体的需求).

好的产品[204]。如果有足够多的公众作出这样的选择,劣质产品将被完全挤出市场,生产商也将提高自己产品的质量。例如,洛杉矶的餐馆卫生在颁布了一项要求公布卫生分数的法令后得到了改善,在公布有毒物质排放清单后,有毒废物的产生量下降了,同时要求公司公开某些指定的生产产生的污染物数量[205]。也有其他的机制[206],如声誉效应和简单的劝说,同样也发挥作用。披露制度的目的及其背景将决定其运作的机制。

1.市场的角色

在某种程度上,信息披露制度的目的是通过改善信息不对称来整治现有市场,如果必要的信息以可用的形式传递给了大众,它就达到了目的。买家如何处理这些信息并不重要。然而,除非所披露的信息对市场中的决策者确有意义且有用,否则信息披露就是徒劳的。例如,如上所述,人们可以批评证券信息披露规则要求披露一些对于大多数投资者来说并不重要的信息。同样,正如第四部分所讨论的,信息必须以相关决策者或者是中介机构能够理解的形式呈现。虽然这并不简单,但利用信息披露要求来改善现有市场中的信息不对称现象,涉及的机制亦非难事。然而,更常见的是,信息披露监管计划往往会在市场中产生特定结果[207]。关于反式脂肪酸的食品标签要求可能不仅是为了告知消费者,也是为了鼓励他们购买更健康的食品。如果消费者这样做,制造商将调整他们的配方,生产更健康的食品,至少会生产更健康的替代品。如果出于某种原因,消费者使用新的信息来增加他们的脂肪摄

---

[204] See, e. g., Parkinson, supra note 14, at 11 – 19.(描述产品、贷款和金融市场的操作); cf. Sage, *supra* note 7, at 1781(引用了方案中“竞争力量、基层行动主义和声誉问题”的操作).一些信息计划——如食物金字塔、烟草警告标签以及劝阻酒后驾车和鼓励系安全带的广告——仅仅通过说服就起作用了。旨在劝说人们放弃危险行为的项目可以与那些仅仅试图告知人们危险并允许他们作出自己判断的项目区分开来。例如,营养和杀虫剂标签以及药物副作用的警告。See GRAHAM, supra note 7, at 7.

[205] See Jin & Leslie, supra note 132, at 410 – 11, 449 – 50.

[206] See infra note 244.

[207] 作为改善动物待遇努力的一部分,欧盟提议批准在食品上贴一个标签,表明食品是用人道的“方法”生产的。人们希望这将鼓励消费者购买这类食品。Mary Jacoby, EU Arm Backs “Humane” Farming Label, WALL ST. J., Jan. 24, 2006, at A19.

入量[208],该系统将会改善市场的功能,但不会实现其公共健康的目标。如果消费者完全忽视这些信息,这个系统将一事无成。因此,该计划的成功与否取决于新信息影响市场的方式,这反过来又取决于消费者是否以及如何使用这些信息。

这种市场效应取决于许多条件。首先,消费者必须足够关注这些信息,以便这些信息能改变消费者的决定。例如,消费者对医疗保健提供商的选择和价格可能并不敏感。[209] 其次,消费者们必须作出决定。如果购买决策不受消费者控制,那么信息将无法改变消费者的行为(在选择医疗保健计划或提供商时可能会出现这种情况)[210],抑或是没有足够相似的竞争产品(这可能属于医院或航空公司的情况)。[211] 再次,生产商必须能够调整自己的行为以应对市场压力。例如,现有技术可能无法使制造商不使用有毒物质[212]。最后,监管系统的全体角色——消费者、生产商和中介——必须至少保持一定程度的理性。职业安全与健康标准[213]要求化学品生产商和卖家向化学品使用者[214],包括在工作场所接触化学品的工人提供有关有毒物质风险的信息。[215] 前提是劳动力市场的参与者不能接触有毒物质,除非他们有一般和特

[208] 高脂肪阿特金斯饮食法的暂时流行使这个假设不像看起来那么荒谬。

[209] See Sage, supra note 7, at 1725.

[210] See id. ,at 1720 - 1721.

[211] See June Kronholz, A New Wealth of Details for Comparing Colleges, WALL ST. J., June 30, 2004, at Dl (尽管有大量可用的信息,但在学院和大学之间进行比较还是很困难的).

[212] See Lueian Bebchuk, Beyond Disclosure, FORBES, Jan. 19, 2006, www. Forbes. com/columnists/2006/01/18/sec - executive - comp - comment - cxlb_0119bebchuk. html (认为在高管薪酬的市场没有发挥作用的情况下,高管薪酬披露不会减少过高的薪酬)。

[213] 经济学家告诉我们,市场压力最终会导致必要的技术发展,但在实现这一目标之前,可能会有很长一段时间的延迟。

[214] See 29 C. F. R. § 1910. 1200 (2006).

[215] See Richard H. Pildes & Cass R. Sunstein, Reinventing the Regulatory State, 62 U. Chi. L. Rev. 1,106 (1995).

定工作场所接触的毒性信息。[216] 一旦工人被充分告知该信息,工人会去争取能够补偿毒性风险的工资和福利。制造商和卖家也将采取有效措施,有毒物质的暴露度也会下降。[217] 除了信息不对称外,劳动力市场没有效率也是原因之一,[218] 如果除了安全之外的其他因素主导了工人的决策,该标准就不能实现改善工作场所安全度的目标。

2. 非市场机制

如果上述市场条件不存在,那么信息影响行为的其他机制还是存在的。其中最强有力的是对声誉的影响。正如一位评论员所写,广告评论员阿姆斯特朗·威廉姆斯被迫透露,教育部将支付他24万美元以促成《不让一个孩子掉队法案》[219],但是他大概率不会接受这笔钱。著名节目,如"约翰电视"在当地电视台或互联网上公布那些因教唆卖淫而被逮捕或定罪的人的名字和面孔,取得了明显成效[220]。有人提议要求大学披露早期决定录取的种族和经济数据,因为一旦知道其影响[221],学校将会限制这种录取偏好。声誉效应对公司尤其重要,因为

[216] See Leslie I. Boden & Carol Adaire Jones, Occupational Disease Remedies: The Asbestos Experience, in PUBLIC REGULATION: NEW PERSPECTIVES ON INSTITUTIONS AND POLICIES 321, 325 – 26 (Elizabeth E. Bailey ed., 1987); see also Thomas A. Lambert, Avoiding Regulatory Mismatch in the Workplace: An Informational Approach to Workplace Safety Regulation, 82 NEB. L. REV. 1006, 1015 – 32 (2004) (将工作场所安全问题确定为信息不对称).

[217] See Boden & Jones, *supra* note 216, at 327 – 28; Lambert, *supra* note 216, at 1021 n. 69, 1038 n. 118. But see MAGAT & VISCUSI, *supra* note 17, at 5 – 8, 168 (讨论对风险信息的不适当反应).

[218] 为了讨论在劳动力市场上谈判的一些局限性,可参见 Cass R. Sunstein, Human Behavior and the Law of Work, 87 VA. L. REV. 205, 229 – 31, 24045 (2001)。

[219] See David Wessel, Conflict – of – Interest Disclosures May Not Protect the Unsophisticated, WALL ST. J., Jan. 13, 2005, at A2; see also Sage, supra note 7, at 1769 – 70 (认为不专业行为的披露会阻止专业人员的这种行为).

[220] See Eva – Marie Ayala, Dallas Police Web Site Posts Photos of Arrested Johns, FORT Worth Star – Telegram, June 8, 2004, at B5.

[221] See Daniel Golden, Bill Would Make Colleges Report Legacies, Early Admissions, WALL ST. J., Oct. 29, 2003, at B1.

公司必须依赖顾客、雇员和政府的好评[222]。任何利用信息来影响公司声誉的人都必须考虑到这样一个事实——顾客、投资者、雇员、陪审团和监管者通常会基于事先的、背景的理解而不是理性的分析来对公司做出决定[223]。然而,为使信息具有声誉效应,公众就必须关心其声誉,关心所披露的信息[224]。当有关团体在政治领域使用信息时,披露计划可以产生预期的结果[225]。在政治上,信息可能以多种方式被利用,包括游说、直接立法或监管,以及组织集体行动[226]。这种类型的披露方案的一个例子是《国家环境政策法》[227],它要求政府对任何对环境有重大影响的项目都要选择环境影响研究的机构。

该法案的目标是简化数据的整理和披露;该机构不必考虑或重视数据[228]。当公众收到信息的时候,如果关心可以就此事采取政治行动[229]。同样,《1993 年证券法》中与公司社会活动相关的拟议披露要求,是让政治活动家而非投资者获得信息[230]。《社区再投资法案》在贷款实践中引起了实际变化的信息披露[231],被美联储和货币监理署

---

[222] See Ronald J. Alsop, Word of Mouth Is Cheap, but Valuable, Survey Finds, WALL ST. J., Dec. 6, 2005 (讨论声誉的重要性); Alsop, supra note 203, at 36 – 51 (same); Alsop, supra note 203, at 36 – 51 (same); Karkkainen supra note 11, at 327 – 28 (same); Graham, supra note 7, at 8(讨论名誉对雇员的重要性); Parkinson, supra note 14, at 14(讨论了声誉在与政府打交道中的重要性).

[223] See supra notes 158 – 65 and accompanying text (讨论认知偏见的例子).

[224] 思考"下水道账单藐视法律电视"是否有可能降低青少年犯罪率是一件有趣的事情。See Russ Pulley, Tattletale Television, KANSAS CITY STAR, July 10, 2005, at B1 (描述建议城市在本地接入电视上张贴拖欠下水道账单居民的姓名).

[225] See Karkkainen, supra note 11, at 310, 315; Sage, supra note 7, at 1784; Sunstein, supra note 8, at 619(以生态标签为例).

[226] See Karkkainen, supra note 11, at 316 – 20(讨论了规章的背景).

[227] National Environmental Policy Act of 1969, 42 U. S. C. § § 4321 – 4347 (2000).

[228] Sunstein, supra note 8, at 621.

[229] See id., at 622.

[230] See Villiers, supra note 139, at 194 – 95, 202 – 03, 209 – 08; see also Donald C. Lange voort, Commentary: Stakeholder Values, Disclosure, and Materiality, 48 CATH. U. L. REV. 93, 95 – 96 (1998) [如果我们将投资者仅仅视为一种公司股东,为什么不为了其他利益相关者(包括公共利益)的利益而提供信息披露?].

[231] 12 U. S. C. A. § § 2901 – 2907 (2006) (建立对贷款行为的监管审查). Disclosure is made pursuant to the Home Mortgage Disclosure Act, 12 U. S. C. A. § 2801 et seq. (2006).

用于合并批准过程,同时也被倡导团体和媒体使用[232]。当然,要想通过政治机制或集体行动来实施信息披露,其披露的信息必须是足够多且是公众所感兴趣的。

最近许多基于信息的法规通过向消费者披露高度突出的风险信息,制造了一连串的恐慌。消费者的信息处理机制与披露信息的内容和设计间的相互作用、披露本身的事实都可能导致消费者对所披露的风险反应过度。这种机制被加利福尼亚州第65号提案所采用,该提案要求相关产品包含警告信息,说明该产品含有"加州已知的致癌物质"[233]。警告的目的据称是告知消费者有关风险,但警告并未提供有关实际风险的信息,即使是专家也可能对其理解不足[234]。据报道,该要求敦促制造商改进其产品,改进标签要求[235]以最终符合监管目标[236]。同样,新的食品标签要求披露任何数量的常见过敏原,包括由交叉污染引起的微量过敏原[237],这一要求已经导致几家制造商重新

[232] See Archon Fung et al., The Political Economy of Transparency: What Makes Disclosure Policies Sustainable? 20 – 22 (John F. Kennedy Sch. of Gov., Harvard Univ., Faculty Research Working Paper No. RWP03 – 039, Oct. 2003), available at http://papers. ssrn. com/sol3/papers. cfm? abstract_id = 384922.

[233] Safe Drinking Water and Toxic Enforcement Act, CAL. HEALTH & SAFETY CODE § 25249.6 (West 1999); see also MAGAT & VISCUSI, supra note 17, at 165. 国会目前正在考虑一项法案,该法案将优先考虑与FDA规定不一致的食品标签法。参见《2005年全国统一食品法案》。See National Uniformity for Food Act of 2005, H. R. 4167, 109th Cong. (2005).

[234] See MAGAT & Viscusi, supra note 17, at 166; see also Kevin Helliker, supra note147 (报告医生反对警告所有危险的立场,因为一些风险非常小,警告可能会引起误解).

[235] See Peter Waldman, Toxic Traces: New Questions About Old Chemicals, WALL ST. J., July 25, 2005, at Al (描述了对目前认为的化学毒性质疑的新研究).

[236] See Randolph B. Smith, California Spurs Reformulated Products, WALL ST. J., Nov. 1, 1990, at B1, cited in Karkkainen, supra note 11, at 345 n. 364.

[237] 禁止这些产品需要对产品禁令进行成本效益分析。See BREYER, supra note 10, at 163, 184 – 85, 193(描述了围绕拟议的糖精禁令的问题和分析,以及使用警告代替的不利作用);supra note 11 and accompanying text. 该公开系统利用未受过毒理学或风险评估训练的消费者的基本上不知情的决策实现了相同的结果。Cf. BREYER, supra note 10, at 162 (描述了国家公路运输安全管理局开发轮胎评级系统的8年过程).

设计他们的产品。食品和药物管理局没有要求[238]，甚至没有发布关于披露过敏原含量或其产生反应的可能性指南[239]，部分原因是人们对过敏原的反应不同[240]。因此，标签要求会导致轻度过敏的人不要食用此类食品，因为他们没有评估风险所需的信息。更有可能的是，制造商将重新设计产品以去除微量的过敏原，这些过敏原会使食品对相对较少的人群有害。

3. 信息的有用性

无论信息是针对市场、声誉还是社区团体，都必须以一种可用的方式进行披露。信息资料的格式对决定其用途极为重要[241]。例如，两个项目的信息必须采用相同的格式[242]，并且都放在决策者在决策时可以看到的地方[243]。单一事实的信息比大范围的信息更有用[244]。

---

〔238〕 See Food Allergen Labeling and Consumer Protection Act of 2004, Pub. L. 108282, Part II, codified at 21 U. S. C. § § 321, 343 (2000).

〔239〕 See Jane Zhang, How Much Soy Lecithin Is in That Cookie?, WALL St. J., Oct. 13, 2005, at DI; CTR. FOR Food SAFETY & APPLIED NUTRITION, U. S. FOOD & DRUG ADMIN., Approaches to Establish Thresholds for Major Food Allergens and Gluten in FOOD 45 - 48 (Mar. 2006), available at http://www.cfsan.fda.gov/~acrobat/alrgn2.pdf. Id., at 47 - 48(描述了对极低剂量过敏原的严重反应问题).

〔240〕 See Zhang, supra note 239, at D1.

〔241〕 See BREYER, supra note 10, at 163 - 64; cf. Schwarcz, supra note 90, at 8 - 9. 讨论了 SEC 旨在让信息披露更容易理解的举措。Note, The Elephant in the Room: Evolution, Behavioralism, and Counteradvertising in the Coming War Against Obesity, 116 Harv. L. REV. 1161, 1182 (2003)(讨论了 FDA 关于确保营养标签的有用格式的失败努力); Laura Landro, The Informed Patient: Doctor's Orders Are Useless if They're Befuddling, WALL ST. J., July 3, 2003, at D2 (讨论如何提高患者的理解能力).

〔242〕 See MAGAT & VISCUSI, supra note 17, at 133 - 56, 159 - 60; Viscusi et al., supra note 182, at 356 - 61(漂白剂和下水道清洁剂上各种警告标签的试验结果). 同上。A 药品标签规则只关注格式。See Anna Wilde Mathews, FDA Issues New Rules for Drug Labels, WALL ST. J., Jan. 19, 2006, at D1.

〔243〕 例如，比较信息应单独放在销售点，而不是放在包装上。See ViScusi & MAGAT, supra note 173, at 18 - 19, 26, 29, 33 - 38; see also Lambert, supra note 216, at 1042 - 44(认为当数据不以比较格式呈现时，消费者需要信息中介).

〔244〕 See J. Edward Ruaao, Nutrition Information in the Supermarket, 13 J. CONSUMER RES. 48, 62, 64 - 65 (1986).

在某些情况下,评级系统比原始数据更有用[245]。甚至表述、字体和设计也会对信息的有用性产生重大影响[246]。此外,中介可以像在证券市场上一样,在其他领域增加信息的有用性。一方面,如果有足够数量的知情买家,市场本身就可以充当不知情和不熟悉的投资者的中介,“就像证券市场一样”。或者如媒体和特殊利益集团等媒介可以解释披露的信息或将其消化成简单信息,就像理论上金融信息通过市场行为被纳入证券价格一样。中间媒介,特别是媒体,也可以用来增加所披露信息的显著性[247]。当然,这也存在一种危险,即中介机构对信息的解释可能会有偏差。依赖中间人的信息披露制度应考虑这些中间人本身将如何处理,因此,披露的信息应设计成供中间人使用的形式[248]。在某些情况下中介是不必要的,如家用电器的“能源之星”评级。另一方面,将更复杂的信息透露给一个没有中间人的市场不可能产生预期的效果。当披露的信息很复杂或者需要额外的知识来理解信息时,格式、设计和中介的存在是特别重要的考虑因素。职业安全与健康标准中的危险沟通标准只有在工人能够理解的范围内才是有效的。披露制度通常用于难以进行实质性监管的地方[249],这一事实可能会增加信息披露制度要求披露人们对其相关性知之甚少的信息的可能性[250]。

4. 示例

太和研究院就是信息披露系统运作的复杂机制的一个很好例子,

---

[245] See id. ,at 59, 67; Jin, supra note 179, at 13, 15.

[246] See Viscusi et al. , supra note 182, at 356 - 61.

[247] See Michael J. Fishman & Kathleen M. Hagerty, Mandatory Versus Voluntary Disclosure in Markets with Informed and Uninformed Customers, 19 J. L. ECON. & ORG. 45, 50 (2003); Lambert, supra note 216, at 1024 n. 77, 1038 n. 117, 1061 - 62.

[248] See, e. g. , Mathews, supra note 242(描述了针对医生的 FDA 药品标签规则).

[249] See supra note 218; see also Karkkainen, supra note 11, at 325(注意,根据危险通报标准披露的信息没有标准化或以有用的形式提供).

[250] See GRAHAM, supra note 7, at 18 - 19(认为营养和其他风险信息不仅是,而且应该是有限的,因为没有人真正了解目标风险);cf. Karkkainen, supra note 11,at 291 (作为 TRI 的一个好处是它不要求环境保护局确定物质的风险).

它成功地减少了有毒物质的再释放[251]。因为这些信息被政治团体、媒体和投资者广泛使用,所以很难说是什么原因导致企业调整它们的行为[252]。这些可能性包括:对实质性法规的恐惧,维护公司对消费者和工人[253]的良好声誉的愿望,维护管理者个人声誉的愿望,管理者突然意识到他们正在污染[254],考虑到投资者对污染本身或对污染事实的潜在监管的反应[255],对公司股票价格的担忧,或者最有可能的是,以上所有[256]。竞选财务披露要求报告中的捐款和支出的来源,倾向于通过利益集团、政党和媒体等中介机构运作,这些中介机构有兴趣编辑该信息并吸引选民的注意[257]。此外,该信息本身也是关于额外未披露信息的信号[258]。候选人或提议的支持者的身份可以帮助选民决定如何投票,特别是如果支持者有公认的意识形态或政治立场。同样,如果竞选财务披露的目标是阻止腐败[259],而不是告知选民[260],那么,这些信息很可能会引起反对派和媒体对捐赠行为的关注。这种关注反过来会通过声誉效应发挥作用。劳工行为的披露可以为政治进程中的各种团体提供动力。这也将导致消费者和投资者拒绝与有不可接受的

---

[251] See Karkkainen, supra note 11, at 287 – 88. 关于 TRI 运作的相关机制的精彩讨论,同前,at 294 – 331。

[252] See id. ,at 311.

[253] See id. ,at 323 – 28.

[254] See id. ,at 261,295 – 300(认为标准化和易于分析的 TRI 数据使管理者能够处理有毒物质的释放,并提供了衡量其进展的基准).

[255] See id. ,at 323 – 24.

[256] See id. ,at 328 – 29.

[257] See 2 U. S. C. § 434(f)(1) – (2) (Supp. 2002).

[258] See Garrett & Smith, supra note 125, at 297 – 98. 注意到政党和利益集团在简化选民选择方面的作用。See Elizabeth Garrett, Tlse lYiffiom J. Bremen The William J. Brennan Lecture in Constitutional Law: The Future of Campaign Finance Reform Laws in the Courts and in Congress, 27 OKLA. CITY U. L. REV. 665, 690 – 91 (2002). 注意到中介机构往往提供不完整和片面的信息。

[259] See Garrett, supra note 258, at 678 – 80.

[260] See Elizabeth Garrett, McConnell u. FEC and Disclosure, 3 ELECTION L. J. 237, 238 – 42 (2004). 加勒特教授描述了法官对公司财务披露的目的及其操作方法的评估,包括网络日记的重要性和启发式方法的使用。at 239 – 40. 及其可能的负面影响, Id. , at 241 – 243. 她还注意到,法院强调披露捐款人的真实身份,不仅是为了遏制腐败,也是为了确保知情投票。Id. ,at 240 – 41.

劳工行为的公司打交道[261]。这种预期也许是基于一些毫无根据的假设:第一,消费者和投资者足够关心劳工实践[262]并在作出购买决定时根据这种利益采取行动;第二,消费者和投资者理解他们收到的信息的含义[263];第三,企业将通过改善劳动实践来回应消费者和投资者的行为[264]。一旦了解运行的机理,信息披露系统的设计就可以考虑这些要素[265]。

(四)使用信息披露作为监管手段的缺点

即使监管者的目标能被识别,并通过信息披露来实现,但仍须考虑其他因素。信息披露是有成本的,包括创建、编辑和发布相关信息的成本[266],任何特定披露方案的成本都可能超过其收益[267]。如所有事例一样,信息披露计划亦可有以下情况。如果更多信息的披露与一些现有信息的披露相关联[268],则该方案可能根本不鼓励任何信息的披露[269]。遵守披露义务的费用——税负可能会导致一些参与者退出市场。[270]此外,要求披露可能会导致输家与员工"博弈"。例如,据报道,心脏搭桥手术单使一些医院拒绝接受病情较重的病人[271]。再如,法律教授

---

[261] See Doorey, supra note 127, at 357, 378, 390, 393, 394.

[262] 关心劳工惯例是一回事,因为劳工惯例而拒绝购买一件令人满意的产品是另一回事。See Pat Auger & Timothy M. Devinney, Do What Consumers Say Matter? The Misalignment of Preferences with Unconstrained Ethical Intentions (Apr. 2006), available at http://ssrn.com/abstract=901861.

[263] See Doorey, *supra* note 127, at 380–84(对美国消费者来说离谱的工资实际上可能相当高,对外国的工人有吸引力).

[264] See id., at 386–88.描述严重后果:如果公司简单地停止生产,将会大大恶化当地工人的生存条件。

[265] See id., at 395–404(基于这些标准评估几个提议的公开方案).

[266] See Sage, supra note 7, at 1721–22.

[267] See Sunstein, supra note 8, at 626.

[268] See David Wessel, Grading Surgeons May Be Healthy Practice, WALL ST. J., July 6, 2006, at A2(注意到评级不佳的外科医生可能已经转移到了没有报告卡的州); Elizabeth Garrett & Adrian Vermeule, Transparency in the Budget Process 11 (Univ. of S. Cal. L. Sch., Legal Studies Working Paper Series No. 6, Jan. 23, 2006)(注意预算过程早期的透明度可以允许特殊利益集团干预立法过程).

[269] Sunstein, supra note 8, at 628.

[270] See Sage, supra note 7, at 1721–22.

[271] See Hu, supra note 35, at 1317.

可能熟悉一些法学院的做法[272],《美国新闻与世界报道调查》会修改被诽谤的美国大学的统计数据[273]。预期结果也存在一定的成本。加利福尼亚州可能倾向于支持65号提案,以迫使生产商重新调整产品配方,排除"致癌"物质。但这种改变是有代价的。然而由于监管使用了信息披露,关于规则的成本效益分析(如果有的话)不太可能关注这些成本。相反,大多数监管者只考虑生产信息的直接成本[274]。事实上,没有人考虑重新配制一种产品的成本是否超过所涉物质带来的风险:消费者没有必要的信息,而且由于消费者通常避免使用带有警告标签的产品,生产者不得不权衡重新配制的成本与继续销售其产品的收益。

总之,虽然信息披露制度可以通过各种方式实现其目标,但其有效性将受到制度设计中必须考虑的许多因素的限制。此外,只有当一个人理解了信息披露制度的运作机制,他才能评估披露计划是否能实现其目标,以及披露要求的真实成本是多少。[275] 信息披露系统具有政治色彩,即使它成本低廉,但它们确实是经常在没有被理解和被评估的情况下被采用。

五、结论和建议

研究者们提出了一些可能决定信息披露制度是否成功的因素[276]。

---

[272] David Wessel, Eatery Report Cards: A Model for Schools?, WALL ST. J., May 29, 2003, at A2.

[273] See Jeffrey E. Stake, The Interplay Between Law School Rankings, Reputations, and Resource Allocation: Ways Rankings Mislead, 81 IND. L. J. 229, 232 - 42 (2006); Alex Wellen, The $8.78 Million Maneuver, N. Y. TIMES, July 31, 2005, § 4A, at 18.

[274] Executive Compensation and Related Party Disclosure, 71 Fed. Reg. 6542 (proposed Feb. 8, 2006) (to be codified at 17 C. F. R. 228 - 40, 245, 249, 274), *available at* http://www.iasplus.com/usa/0601seccompensation.pdf. 讨论收集、准备和发布信息的各种成本,但不考虑任何后果的成本。

[275] Cf. MAGAT & Viscusi, supra note 17, at 1 - 2(注意到在采用信息披露制度时需要进行成本效益分析).

[276] See GRAHAM, supra note 7, at 29 - 30.

例如,如果披露者对其成功有利害关系,如损失者可从披露中获得一些利益;又如,公开的目标是有组织的、忠诚的用户群[277],则信息披露计划更有可能适应并长期存在。在要求披露者报告有关其自身的负面信息以及信息必须是新创建的情况下[278],披露系统不太可能起作用[279]。披露义务也必须被人们履行。像披露系统[280]本身一样,方案的实施必须根据系统的目标和操作方法来进行设计。对各种披露方法进行更全面的分析,可以提出其他成功标准以及可采用的考虑因素。

第一,监管者必须为披露制度确定一个具体的监管目标,最好是一个非外部目标。增加公众可用的信息量本身并不是一个可接受的监管目标。相反,如果披露系统[281]的目标是向消费者、投资者或公众提供更多的信息,监管目的必须解决为什么这些信息对潜在的监管目标有用,以及为什么目前不能获得这些信息。事实上,信息披露制度可能看起来不如传统监管那样具有侵入性,但这不应成为监管者不表明其目标的借口,尤其是披露制度的目标将决定其可能运作的机制[282]。

第二,监管者必须确定一种或多种机制,通过这些机制,信息披露制度将发挥作用,并应表明该机制的运作有可能达到监管者的要求,即保守派的目标。[283] 如果监管者无法确定这种机制,那么,解除封锁就不是合适的监管方法[284]。此外,信息披露制度的设计必须考虑到运作机制。如果系统是通过对决策者声誉的影响来运作的,那么,信息必

---

[277] See Fung et al., supra note 232, at 38 – 40.

[278] See id., at 34(注意到潜在的预算影响和对声誉的负面影响).

[279] See, e. g., Sage, supra note 7, at 1821 – 23.

[280] See BREYER, supra note 10, at 34 – 35. 传统上,监管是合理的,因为市场无法处理"结构性"问题。Id., at 5. 这种监管的第一步是识别市场存在的问题。See id., at 15 – 34(描述可能需要监管机构干预的问题).

[281] 人们可以想象一个蒙蒂—皮森尼斯式的信息部门,由国会负责确保各种有用和无用的信息得到传播。然而,目前还没有这样的机构(有些人可能会说除了SEC)。

[282] Cf. Lambert, supra note 216, at 1013 – 14, 1032 – 33(认为采用工作场所安全法规的过程应该:第一,识别问题;第二,确定导致问题的市场故障;第三,确定解决市场故障的适当方法).

[283] See BREYER, supra note 10, at 191 – 94(描述创建信息披露要求的适当步骤); see also Lambert, supra note 216, at 1067 – 69(建议采用工作场所安全信息披露要求的结构).

[284] See BREYER, supra note 10, at 193.

须被设计成方便到达决策者关心的受众群体的形式，且必须包含受众群体可能会感兴趣的信息。如果期望通过政治过程进行信息披露，则必须针对可能吸引有组织的利益集团注意的问题。如果信息披露制度旨在通过市场运作，则必须进一步审查该市场。监管者必须表明，额外的信息将足够突出，并以强有力的形式直接通过中介机构的运作影响市场参与者的行为。此外，还必须考虑市场参与者是否有可能对建议的信息作出理性反应，以及他们是否有能力通过自己的市场行为改变他人的行为。披露信息的内容和格式应考虑目标受众可能存在的启发性偏见和决策过程。任何中间媒介的偏见也必须考虑在内。监管者还必须得出结论，市场是充分竞争的，决策者拥有选择权，生产者有对需求变化做出反应的动力。在某种程度上，公司的行为是画面的一部分，监管者必须考虑公司是否可能如所希望的那样对市场信号作出反应。

如果预期的信息披露制度不会通过这些机制中的任何一种来运作，那么监管者必须找到一种替代机制。也许信息披露要求是为了迫使公司收集他们原本会忽略掉的信息，从而提高管理者的绩效。也许这种披露的目的是通过使有关创新的信息既可用于进一步的开发、挑战和测试，从而促进公司之间的合作。这种公开方案必须仔细设计，以便更高效地提供信息。一旦监管者确定了一个信息披露系统的预期运作机制，则必须考虑该计划的成本。这不仅包括创造、收集和传播信息的成本，还包括披露者的成本，以及因目标改变以响应计划所产生的成本。意外后果的成本也必须考虑在内，这些成本很可能在通知和评论流程中才被发现[285]。与所有监管一样，在采用该计划之前，必须将所有这些成本与预期收益进行权衡。简而言之，采用信息披露制度并不容易。

总之，每一个信息披露方案都必须有一个明确的目标，一个可以实现此目标的机制，一个考虑该机制如何运作的设计，以及一个表明该系统的利益大于其成本的详细分析。以往，尽管一些具体的信息披露要求可能有问题，但是大部分证券信息披露均符合这些标准。此外，证券

---

〔285〕 See Rubin, supra note 191, at 390. 注意到如果公司非常想逃避监管，通常可以找到办法。

信息披露是在一个非常不寻常的背景下进行的。证券监管只有在经过类似的精心设计、仔细考虑,通过可识别和可信的机制运作的情况下,才能成为其他披露制度的榜样。

(编辑:朱锡俊)

征 稿 启 事

《证券法苑》是上海证券交易所主办、面向国内外公开连续出版的法学学术著作,并已被中国社会科学评价中心收录为中文社会科学引文索引数据库(CSSCI)来源出版物。《证券法苑》致力于繁荣资本市场法治研究,弘扬资本市场法治理念,推动资本市场法治建设,促进资本市场健康稳定发展。

《证券法苑》坚持学术性与实践性并重、现实性和前瞻性兼顾,紧紧围绕我国资本市场的改革发展,密切关注资本市场法治动态,集中研究资本市场立法、监管执法和司法等法治活动,深入剖析资本市场法律制度和法律关系,积极探讨资本市场法治建设中的重点、难点、热点问题。

《证券法苑》设置"理论前沿""专题研究""名家论坛""热点追踪""制度研究""市场监管""域外法制""法学随笔""案例评析"等栏目,每卷根据实际情况略有不同。

2017 年起,《证券法苑》计划每季度出版一卷,视稿件质量全年出版 3 ~ 4 卷,诚邀各界惠赐稿件。现就征稿相关事项说明如下:

一、征稿范围

《证券法苑》选题范围包括:证券法、公司法、金融法等的法理研究,资本市场法治发展动态研究,资本市场监管的法律研究,资本市场创新的法律研究,资本市场典型法律案例研究,境外资本市场法律制度研究等。特别是,在党中央、国务院要求加强监管、防范风险、推动资本市场高质量发展的背景下,欢迎就中国特色资本市场监管与制度问题开展深入探讨研究。

参考选题如下(可不受此限):

1. 新《公司法》实施:新《公司法》修订通过后,上市公司控股股东、实际控制人等"关键少数"的规制路径,公司治理结构的职权与设置,非上市公众公司监管制度,股份发行与转让制度的改革方向,公司集团化趋势下的法律应对策略。

2. 发行上市全链条监管制度:注册制制度创新与实践评估,上市公司监管与退市、中介机构规范从业等制度的实践情况、法律问题与对策,注册制司法保障的法律问题探讨分析。

3. 信息披露制度:信息披露制度的完善方向,如何提高信息披露制度的针对性和有效性,如何界定和分配信息披露法律责任,自愿性信息披露制度的逻辑与完善建构。

4. 证券交易制度:多层次市场上市、交易、登记结算、转板制度体系完善,交易技术发展(另类交易、程序化交易、高频交易、暗池交易等)对传统证券交易制度的挑战与监管对策。如何通过交易制度设计与强化交易监管,助力投资者公平交易权益维护。

5. 证券监管执法机制:新形势下如何强化机构监管、行为监管、功能监管、穿透式监管、持续监管,近年来境外资本市场监管体系与制度的发展变化。从严打击证券违法行为过程中的法律适用与完善问题,如何实现监管执法"长牙带刺"、有棱有角。

6. 投资者保护制度:内幕交易、操纵市场行为民事赔偿责任制度构建,证券市场民事诉讼制度完善,证券市场多元化纠纷解决机制等投资者保护制度完善。强化全方位立体式追责,加强行政监管与民事赔偿、刑事追责的衔接机制。

7. 资本市场稳定发展法律制度:研究机构投资者等长期资金入市配套机制,场外衍生品对证券市场的影响评估与制度完善,证券市场风险监测、预防、化解与逆周期调节机制建设,以及证券市场稳定安全法律制度构建。

8. 资本市场制度型对外开放:红筹企业境内发行上市法律问题研究,证券法律冲突与域外法律适用,跨境监管协作机制构建。统筹开放与安全机制的法律问题研究。

二、投稿要求

1. 论文应当立论科学、论据充足、论证严密、层次清晰、语言流畅,尤其欢迎贴近市场脉搏、具有学术深度和实践应用价值的文章。稿件篇幅以一万字左右为宜,特别优秀稿件不受此限。

2. 投稿请发送至以下电子邮箱:zqfy@ sse. com. cn(建议投稿后电

话确认)。所有投稿应符合国家著作权规定、公认学术规范和本书“编辑体例”要求(详见上海证券交易所官方网站 http://www.sse.com.cn/“关于”栏目或《证券法苑》图书)。

3. 本书实行匿名审稿制度,作者投稿时请一律将作者简介(姓名、出生年月、工作单位、学位、职称、研究成果等)、通信方式(地址、邮编、电话、电子信箱等)以及本文是否为何种课题成果等内容,另页单独注明,正文中不要出现任何个人信息。

4.《证券法苑》编辑部保留对来稿进行文字性和技术性修改的权利。《证券法苑》所载文章,均不代表上海证券交易所观点,文责由作者自负。除作者特别说明外,其文章均为其个人观点,与其所在单位、职务无关。

5. 向《证券法苑》投稿即视为授权本书将稿件纳入《中国学术期刊网络出版总库》及中国知网(CNKI)系列数据库、“北大法宝”(北大法律信息网)数据库、万方数据库以及本书确定的其他学术资源数据库,本书支付给作者的稿酬已包含上述数据库著作权使用费。如有异议,请在来稿时注明,本书将做适当处理。

6. 凡投给本书的稿件,请勿一稿多投。自投稿之日起 3 个月未接到本书用稿通知的,作者可以自行处理。稿件编辑过程中如拟被他方采用的,请作者及时告知相关决定,以免重复出版。

7. 联系人:

赵老师　电话:021 - 68602391;

张老师　电话:021 - 68602397。

编辑体例

一、标题：宋体小三号字，居中。如有关于本篇文章的说明，注脚注，用上标(*)。

二、作者：宋体小四号字，居中，并用上标星号(*)作为介绍作者脚注的标志，在脚注中注明作者姓名、工作单位、职务、职称(为便于联系，另请作者向《证券法苑》联系邮箱提供通信地址、邮政编码、固定及移动电话、电子邮箱，本书对此予以保密)。如有两名作者，第二名作者用两枚上标星号(* *)，依此类推。

三、中文摘要、关键词：楷体 GB2312 小四号字，摘要 200 字以内、关键词 3 ~ 5 个。

四、英文标题、摘要、关键词："Times New Roman"字体，标题小三号字居中，摘要与关键词小四号字。

五、正文：宋体小四号字，首行缩进，行距 18 磅。区分标题和要点，标题层级依次为"一、……""(一)……""1. ……""(1)……"，要点层级依次为"1. ……""(1)……""①……"，一段之内的要点列举使用"(1)……"一级标题采用四号宋体加粗；二级标题采用黑体小四号字不加粗；三级标题宋体小四号字，不加粗。引用具体法律文件应加书名号，如《证券法》《上市公司收购管理办法》。法条序号(第×条、第×款、第×项)、时间(世纪、年代、年月日等)、数量金额等用阿拉伯数字，但直接引用原文的从原文。

六、注释：采用脚注，全文连续注码，注码放标点之后，注码符号为"1、2、3、……"非引用原文者，注释前加"参见"；引用资料非原始出处者，注明"转引自"；数个注释引自同一资料者，可合并同注某。宋体小五号字。

注释示例如下：

1. 著作类

(独著作品)史尚宽：《民法总论》，中国政法大学出版社 2000 年版，第19页、第22页。

(合著作品)崔建远、韩世远:《债权保障法律制度研究》,清华大学出版社2004年版,第10页。

(多人合著作品)蔡守秋等:《可持续发展与环境资源法制建设》,中国法制出版社2003年版,第214~216页。

(编辑作品)张文显主编:《法理学》,法律出版社2004年版,第65~67页。

2. 论文类

(期刊)俞荣根、刘霜:《立法助理制度述论》,载《法学杂志》2007年第2期。

(论文集)尹田:《论动产善意取得的理论基础及相关问题》,载梁慧星主编:《民商法论丛》(第29卷),法律出版社2004年版。

(学位论文)刘晓华:《私法上的信赖保护原则研究》,山东大学2013年博士学位论文。

3. 译作类

[英]亚当·斯密:《国富论》,唐日松等译,华夏出版社2005年版,第224页。

4. 报纸类

李希慧等:《"轻轻重重"应成为一项长期的刑事政策》,载《检察日报》2005年5月26日,第1版。

5. 古籍类

《明太祖实录》卷二十六。

6. 辞书类

《牛津法律大辞典》,光明日报出版社1988年版,第68页。

7. 网络类

梁慧星:《关于中国物权法的起草》,载北大法律信息网,http://article.chinalawinfo.com/article/user/article_display.asp? ArticleID=29283,2009年8月8日访问。

8. 判决书类

最高人民法院:上海大智慧股份有限公司与冯某雄证券虚假陈述责任纠纷二审民事判决书,案号:(2018)沪民终28号,2018年9月17日。

9. 外文类

从该文种注释惯例。英文注释体例如下:

著作类:

Harold U. Faulkner, *American Economic History*, New York, Harper & Brothers Publishers, 1960, pp. 23 – 25.

论文类:

Gavin Goh & Andreas R. Iiegler, *Retrospective Remedies in the WTO after Automotive Leather*, Journal of International Economic Law, Vol. 6, 2003.

网络类:

Impact Exchange, *Impact Exchange Board Listing Guide: A Board of the Stock Exchange of Mauritius*, https://iixglobal. com/wp – content/uploads/2017/04/Impact_Exchange_Listing_Guide – 2017 – 1. pdf, visited May 4, 2017.